CB076834

DICIONÁRIO BRASILEIRO
de expressões idiomáticas e ditos populares

desatando nós

COMITÊ EDITORIAL DE LINGUAGEM
Anna Christina Bentes
Cláudia Lemos Vóvio
Edwiges Maria Morato
Maria Cecilia P. Souza e Silva
Sandoval Nonato Gomes-Santos
Sebastião Carlos Leite Gonçalves

CONSELHO EDITORIAL DE LINGUAGEM
Adair Bonini (UFSC)
Arnaldo Cortina (UNESP – Araraquara)
Heliana Ribeiro de Mello (UFMG)
Heronides Melo Moura (UFSC)
Ingedore Grunfeld Villaça Koch (UNICAMP)
Luiz Carlos Travaglia (UFU)
Maria da Conceição A. de Paiva (UFRJ)
Maria das Graças Soares Rodrigues (UFRN)
Maria Eduarda Giering (UNISINOS)
Maria Helena Moura Neves (UPM/UNESP)
Mariângela Rios de Oliveira (UFF)
Marli Quadros Leite (USP)
Mônica Magalhães Cavalcante (UFC)
Regina Célia Fernandes Cruz (UFPA)

Dados Internacionais de Catalogação na Publicação (CIP)
(Câmara Brasileira do Livro, SP, Brasil)

Urbano, Hudinilson
  Dicionário brasileiro de expressões idiomáticas e ditos populares : desatando nós / Hudinilson Urbano. — São Paulo : Cortez, 2018.

  ISBN 978-85-249-2626-6

  1. Português - Expressões idiomáticas 2. Provérbios - Dicionários I. Título.

18-12923   CDD-469.31

Índices para catálogo sistemático:
1. Expressoes idiomaticas e ditos populares : Dicionários : Português 469.31

Hudinilson Urbano

DICIONÁRIO BRASILEIRO
de expressões idiomáticas e ditos populares

desatando nós

CORTEZ EDITORA

DICIONÁRIO BRASILEIRO DE EXPRESSÕES IDIOMÁTICAS
E DITOS POPULARES – desatando nós
Hudinilson Urbano

Capa: de Sign Arte Visual
Preparação de originais: Elisabeth Matar
Revisão:Ana Paula Luccisano e Maria de Lourdes de Almeida
Projeto gráfico e diagramação: Linea Editora
Coordenação Editorial: Danilo A. Q. Morales

Nenhuma parte desta obra pode ser reproduzida ou duplicada sem autorização expressa do autor e do editor.

© 2017 by Hudinilson Urbano

Direitos para esta edição
CORTEZ EDITORA
R. Monte Alegre, 1074 — Perdizes
05014-001 — São Paulo-SP
Tels. +55 11 3864-0111 / 3611-9616
cortez@cortezeditora.com.br
www.cortezeditora.com.br

Impresso no Brasil — março de 2018

Para Cida, companheira na vida e nas obras, que sempre incentivou e *segurou a barra*.

DEMAIS**MENTIRA**RELÓGIO**PECADO**PESTANA**TOSSE**CHEIO**HORTA**ENXERGAR**CA
POTE**PIJAMA**CARNE**VARIAR**SARNA**PROFETA**NINHO**ESTACA**FULO**COPAS**BENEDI
TO**CATÓLICO**ARQUIVO**INÍCIO**ALAS**DOZE**CEGO**VALER**ANALFABETO**TOMAR**MUT
RETA**CARRO**FUMO**DIABO**DIA**ÂNCORA**SEDE**TECLA**FOGUETE**PRATA**CAIR**CARNAV
AL**PAPO**MÁSCARA**PERNA**FARINHA**BRIGA**SUSTO**FAVA**POBRE**PATACA**CUSPIDO**HI
DRA**TROPA**MOLHO**QUEM**PILHAS**EMANA**MORTO**PARAFUSO**ATIRAR**POETA**PRO
PÓSITO**CHINELO**SAÚDE**CARGA**TIM-TIM**TONA**RIPA**FEIO**VINAGRE**MAS**PROCUR
AR**BASTA**PECHINCHA**INFELIZ**REMÉDIO**BALELA**PERU**TEMPO**FÉ**ASSINAR**CANOA
VENTA**SACO**COMIDA**BRUXA**CORDÃO**CHEQUE**TESTA**FOGO**LIXAR**SALIVA**LONGE
DOIDOARROCHO**ENCRENCA**DAR**LAR**BRISA**ARCO**PORTEIRA**PODER**PAREDE**CAR
A**FOLHA**PIQUE**GALHO**DISCO**CACETE**BATENTE**VIVER**CALHAR**DECRETO**ILUSÃO**V
ESPEIRO**TITIA**IDEIA**GUARDA**BIGORNA**CALADA**PADRE**FORRA**LOBO**BISCOITO**GE
LO**PESO**VAI**AVESTRUZ**BOLINHO**LÍQUIDO**FACE**PASSAR**PERGUNTAR**BÁRBARO**E
RRO**TÁBUA**GAMBÁ**AFRONTA**CANECO**ALARDE**TORÓ**VARA**TROCO**SOLA**CERA**Q
UATRO**QUEIXO**CHARME**SETE**GRÃO**PONTUALIDADE**VIAGEM**CÍRCULO**MÃO**NOVE
S**BALANÇA**PRATO**CREDO**GARGANTA**CORTESIA**PODRE**LINHA**ESCARRADO**SIRIRI
CA**FURO**XEQUE**SOPA**DERIVA**FACHADA**GLÓRIA**JOGADA**SAFIRA**CABRITO**BISPO
CORDA**PONTA**DEIXAR**MARGARIDA**TIRIRICA**NOVO**DOBRADO**GAFE**LISTA**GENTE
QUESTÃO**CANJA**FANTASIA**RAIA**PELO**FULANO**PRESSA**CHAVE**FICHA**ASA**CÉU**OUT
RA**ACAMPAMENTO**CIÊNCIA**HISTÓRIA**DINHEIRO**FAMA**TANGA**VERDE**LEITE**QUEIJ
O**POMO**ASSIM**GÁS**MARINHEIRO**DIVINO**HOJE**TOALHA**CALAFRIO**MANSINHO**GE
MA**AMOR**JUDAS**CIRCO**NADA**REALIDADE**RECORDAR**VERO**ARRANCAR**ASSUNT
O**NERVO**ESCOLA**ARAPUCA**OLHO**BOLHA**PEDRA**COVA**TRÂNSITO**SENTADO**DED
O**ÉGUA**PIRA**HORA**HÁBITO**LIMPO**PAPEL**JEITO**AMIGO**RISO**CABELO**PROPINA**LÁB
IA**PIRIPITIBA**GOSTO**QUARTEIRÃO**NINGUÉM**INGLÊS**LINGUIÇA**CURTO**GREGO**SEIS
MÚSICAVENETA**CORAÇÃO**TRAVE**DEGAS**COQUINHO**ESTRELA**AREIA**BERÇO**CAL
OR**PESADA**BALAIO**CABRA**CINTO**BUSÍLIS**ESPERANÇA**MANJAR**GALO**BOLA**ASSA
DO**MARTELO**AZAR**ATOLEIRO**OUVIDO**PAI**PAPELÃO**RABO**RAMPA**PASSO**ALHEIO**B
OTÃO**EFE**APAGAR**ACONTECER**ÚTIL**CANELA**BACIA**LENHA**DOSE**MEMÓRIA**TIRO**PÍ
LULA**NÚMERO**BOCA**EMINÊNCIA**GOTA**VIDA**INFERNO**LÉGUA**ARMAZÉM**TAGARE
LA**TROMBA**TERRA**CRÍTICA**MESMA**CRUZ**MACIOTA**MANGA**PASSAGEM**SENTENÇ
A**SENHOR**TRELHO**ENGRAÇADINHO**CAMAROTE**VOLTA**VÁLVULA**ABUNDAR**TINT
A**ARRANCA-RABO**CHEIRAR**ALMA**FIGURINO**REFRESCO**DIFERENÇA**NOTA**ANZOL
PERHAPSMURRO**ONTEM**PULO**PIMENTA**BARRA**CRISTO**AMARELO**MAIOR**NARIZ
CARTEIRATRILHO**SABER**VINTÉM**CHUPETA**PATO**SAMBA**BARRIL**AVE**ARREBENTAR
SINALDITO**REDONDAMENTE**BARBA**FEITIÇO**REAL**ESTILO**PRENSA**MUDO**DELE**P
ARTO**SALA**EMBAIXO**EMENDA**FAIXA**CONTROLE**TODAS**ERMÃO**CAÇAMBA**DORF
UTURO**TRASEIRO**BRAÇO**SUA**FLOR**QUEBRA**GÊNERO**TELHADO**MAIS**APITO**BULH
UFAS**OVO**PITO**REGRA**PALPITE**SENTIDO**ABRIR**PÓLVORA**PRÁTICA**CACIFE**CRISTA**

Sumário

Agradecimentos 9

Prefácio — *Evanildo Bechara* 11

Introdução 13

    LEVANTANDO A PONTA DO VÉU 13

    ABRINDO MAIS O JOGO E MOSTRANDO AS CARTAS 14
        Sentido literal *versus* Sentido não literal 14
        Frases feitas e Expressões idiomáticas 16

    ESTRUTURA 24
        1.ª Parte – VERBETES SIMPLIFICADOS 24
            Composição dos verbetes 24
            Palavras-chaves 27
            Variáveis 29
        2.ª Parte – VERBETES ESPECULATIVOS 31
            Expressões correspondentes, equivalentes e similares 32
            Botando o preto no branco 33

Recorrência de tipos, estruturas e fenômenos frásicos............... 33
A origem das expressões... 36
Variabilidade das expressões.. 39

DICIONÁRIO DE EXPRESSÕES E DITOS POPULARES 43
Primeira parte – verbetes simplificados de A a Z................... 45
Segunda parte – verbetes especulativos de A a Z................... 315

REFERÊNCIAS – Códigos de autores e obras 501
OUTRAS REFERÊNCIAS 507

A todos os que, direta ou indiretamente, colaboraram para a realização deste Dicionário. Particularmente, a Fabiane de Oliveira Alves, ex-orientanda, com quem pude contar não apenas em questões técnicas na construção deste Dicionário, mas também com sua dedicação especial ao longo desta jornada.

Em particular aos autores, vivos e *in memoriam*, constantes na BIBLIOGRAFIA.

Mais em particular, ao Professor Dino Preti, meu permanente orientador, expoente dos estudos sobre *oralidade*, e pela liberação de sua biblioteca, fundamental na confecção desta obra.

DEMAIS**MENTIRA**RELÓGIO**PECADO**PESTANA**TOSSE**CHEIO**HORTA**ENXERGAR**CA
POTE**PIJAMA**CARNE**VARIAR**SARNA**PROFETA**NINHO**ESTACA**FULO**COPAS**BENEDI
TO**CATÓLICO**ARQUIVO**INÍCIO**ALAS**DOZE**CEGO**VALER**ANALFABETO**TOMAR**MUT
RETA**CARRO**FUMO**DIABO**DIA**ÂNCORA**SEDE**TECLA**FOGUETE**PRATA**CAIR**CARNAV
AL**PAPO**MÁSCARA**PERNA**FARINHA**BRIGA**SUSTO**FAVA**POBRE**PATACA**CUSPIDO**HI
DRA**TROPA**MOLHO**QUEM**PILHAS**EMANA**MORTO**PARAFUSO**ATIRAR**POETA**PRO
PÓSITO**CHINELO**SAÚDE**CARGA**TIM-TIM**TONA**RIPA**FEIO**VINAGRE**MAS**PROCUR
AR**BASTA**PECHINCHA**INFELIZ**REMÉDIO**BALELA**PERU**TEMPO**FÉ**ASSINAR**CANOA
VENTA**SACO**COMIDA**BRUXA**CORDÃO**CHEQUE**TESTA**FOGO**LIXAR**SALIVA**LONGE
DOIDOARROCHO**ENCRENCA**DAR**LAR**BRISA**ARCO**PORTEIRA**PODER**PAREDE**CAR
A**FOLHA**PIQUE**GALHO**DISCO**CACETE**BATENTE**VIVER**CALHAR**DECRETO**ILUSÃO**V
ESPEIRO**TITIA**IDEIA**GUARDA**BIGORNA**CALADA**PADRE**FORRA**LOBO**BISCOITO**GE
LO**PESO**VAI**AVESTRUZ**BOLINHO**LÍQUIDO**FACE**PASSAR**PERGUNTAR**BÁRBARO**E
RRO**TÁBUA**GAMBÁ**AFRONTA**CANECO**ALARDE**TORÓ**VARA**TROCO**SOLA**CERA**Q
UATROQUEIXO**CHARME**SETE**GRÃO**PONTUALIDADE**VIAGEM**CÍRCULO**MÃO**NOVE
S**BALANÇA**PRATO**CREDO**GARGANTA**CORTESIA**PODRE**LINHA**ESCARRADO**SIRIRI
CA**FURO**XEQUE**SOPA**DERIVA**FACHADA**GLÓRIA**JOGADA**SAFIRA**CABRITO**BISPO
CORDA**PONTA**DEIXAR**MARGARIDA**TIRIRICA**NOVO**DOBRADO**GAFE**LISTA**GENTE
QUESTÃO**CANJA**FANTASIA**RAIA**PELO**FULANO**PRESSA**CHAVE**FICHA**ASA**CÉU**OUT
RA**ACAMPAMENTO**CIÊNCIA**HISTÓRIA**DINHEIRO**FAMA**TANGA**VERDE**LEITE**QUEIJ
O**POMO**ASSIM**GÁS**MARINHEIRO**DIVINO**HOJE**TOALHA**CALAFRIO**MANSINHO**GE
MA**AMOR**JUDAS**CIRCO**NADA**REALIDADE**RECORDAR**VERO**ARRANCAR**ASSUNT
O**NERVO**ESCOLA**ARAPUCA**OLHO**BOLHA**PEDRA**COVA**TRÂNSITO**SENTADO**DED
O**ÉGUA**PIRA**HORA**HÁBITO**LIMPO**PAPEL**JEITO**AMIGO**RISO**CABELO**PROPINA**LÁB
IA**PIRIPITIBA**GOSTO**QUARTEIRÃO**NINGUÉM**INGLÊS**LINGUIÇA**CURTO**GREGO**SEIS
MÚSICAVENETA**CORAÇÃO**TRAVE**DEGAS**COQUINHO**ESTRELA**AREIA**BERÇO**CAL
OR**PESADA**BALAIO**CABRA**CINTO**BUSÍLIS**ESPERANÇA**MANJAR**GALO**BOLA**ASSA
DO**MARTELO**AZAR**ATOLEIRO**OUVIDO**PAI**PAPELÃO**RABO**RAMPA**PASSO**ALHEIO**B
OTÃO**EFE**APAGAR**ACONTECER**ÚTIL**CANELA**BACIA**LENHA**DOSE**MEMÓRIA**TIRO**PÍ
LULA**NÚMERO**BOCA**EMINÊNCIA**GOTA**VIDA**INFERNO**LÉGUA**ARMAZÉM**TAGARE
LA**TROMBA**TERRA**CRÍTICA**MESMA**CRUZ**MACIOTA**MANGA**PASSAGEM**SENTENÇ
A**SENHOR**TRELHO**ENGRAÇADINHO**CAMAROTE**VOLTA**VÁLVULA**ABUNDAR**TINT
A**ARRANCA-RABO**CHEIRAR**ALMA**FIGURINO**REFRESCO**DIFERENÇA**NOTA**ANZOL
PERHAPSMURRO**ONTEM**PULO**PIMENTA**BARRA**CRISTO**AMARELO**MAIOR**NARIZ
CARTEIRATRILHO**SABER**VINTÉM**CHUPETA**PATO**SAMBA**BARRIL**AVE**ARREBENTAR
SINALDITO**REDONDAMENTE**BARBA**FEITIÇO**REAL**ESTILO**PRENSA**MUDO**DELEP
ARTO**SALA**EMBAIXO**EMENDA**FAIXA**CONTROLE**TODAS**ERMÃO**CAÇAMBA**DORF
UTURO**TRASEIRO**BRAÇO**SUA**FLOR**QUEBRA**GÊNERO**TELHADO**MAIS**APITO**BULH
UFAS**OVO**PITO**REGRA**PALPITE**SENTIDO**ABRIR**PÓLVORA**PRÁTICA**CACIFE**CRISTA

Prefácio

De há muito vem o autor Hudinilson Urbano estudando o mundo maravilhoso das palavras sob a orientação competente dos colegas da USP que têm à frente o Mestre Dino Preti. Investiga para o leitor atento e vigilante o segredo que as palavras escondem, quer nas unidades simples, quer nas frases feitas, quer nos discursos, cujos provérbios traduzem a experiência humana. Com o título *Dicionário brasileiro de expressões idiomáticas e ditos populares*, seu livro oferece ao leitor não somente informações de ordem da técnica linguística, mas também abre o caminho para notícias históricas, folclóricas e de cultura geral. Cada capítulo tem título que espicaça a curiosidade do leitor e o estimula, curioso, a enveredar por todo o livro adiante. Assim, "Levantando a ponta do véu" e "Botando o preto no branco" dão bem a amostra do desejo de estimular a curiosidade do seu leitor. Aproveita, também, o autor para discorrer sobre expressões e ditos populares, nem sempre conhecidos, numa linguagem acessível que enveda por muitas explicações de ordem cultural.

Cada produção que sai da pena competente do professor Urbano é obra de leitura fácil e proveitosa. Este novo livro percorre esta mesma estrada, num terreno em que a língua portuguesa oferece ao pesquisador uma floresta rica e densa, à espera de que a nova geração de estudiosos siga tão oportuno exemplo.

Evanildo Bechara

DEMAIS**MENTIRA**RELÓGIO**PECADO**PESTANA**TOSSE**CHEIO**HORTA**ENXERGAR**CA
POTE**PIJAMA**CARNE**VARIAR**SARNA**PROFETA**NINHO**ESTACA**FULO**COPAS**BENEDI
TO**CATÓLICO**ARQUIVO**INÍCIO**ALAS**DOZE**CEGO**VALER**ANALFABETO**TOMAR**MUT
RETA**CARRO**FUMO**DIABO**DIA**ÂNCORA**SEDE**TECLA**FOGUETE**PRATA**CAIR**CARNAV
AL**PAPO**MÁSCARA**PERNA**FARINHA**BRIGA**SUSTO**FAVA**POBRE**PATACA**CUSPIDO**HI
DRA**TROPA**MOLHO**QUEM**PILHAS**EMANA**MORTO**PARAFUSO**ATIRAR**POETA**PRO
PÓSITO**CHINELO**SAÚDE**CARGA**TIM-TIM**TONA**RIPA**FEIO**VINAGRE**MAS**PROCUR
AR**BASTA**PECHINCHA**INFELIZ**REMÉDIO**BALELA**PERU**TEMPO**FÉ**ASSINAR**CANOA
VENTA**SACO**COMIDA**BRUXA**CORDÃO**CHEQUE**TESTA**FOGO**LIXAR**SALIVA**LONGE
DOIDOARROCHO**ENCRENCA**DAR**LAR**BRISA**ARCO**PORTEIRA**PODER**PAREDE**CAR
A**FOLHA**PIQUE**GALHO**DISCO**CACETE**BATENTE**VIVER**CALHAR**DECRETO**ILUSÃO**V
ESPEIRO**TITIA**IDEIA**GUARDA**BIGORNA**CALADA**PADRE**FORRA**LOBO**BISCOITO**GE
LO**PESO**VAI**AVESTRUZ**BOLINHO**LÍQUIDO**FACE**PASSAR**PERGUNTAR**BÁRBARO**E
RRO**TÁBUA**GAMBÁ**AFRONTA**CANECO**ALARDE**TORÓ**VARA**TROCO**SOLA**CERA**Q
UATRO**QUEIXO**CHARME**SETE**GRÃO**PONTUALIDADE**VIAGEM**CÍRCULO**MÃO**NOVE
S**BALANÇA**PRATO**CREDO**GARGANTA**CORTESIA**PODRE**LINHA**ESCARRADO**SIRIRI
CA**FURO**XEQUE**SOPA**DERIVA**FACHADA**GLÓRIA**JOGADA**SAFIRA**CABRITO**BISPO
CORDA**PONTA**DEIXAR**MARGARIDA**TIRIRICA**NOVO**DOBRADO**GAFE**LISTA**GENTE
QUESTÃO**CANJA**FANTASIA**RAIA**PELO**FULANO**PRESSA**CHAVE**FICHA**ASA**CÉU**OUT
RA**ACAMPAMENTO**CIÊNCIA**HISTÓRIA**DINHEIRO**FAMA**TANGA**VERDE**LEITE**QUEIJ
O**POMO**ASSIM**GÁS**MARINHEIRO**DIVINO**HOJE**TOALHA**CALAFRIO**MANSINHO**GE
MA**AMOR**JUDAS**CIRCO**NADA**REALIDADE**RECORDAR**VERO**ARRANCAR**ASSUNT
O**NERVO**ESCOLA**ARAPUCA**OLHO**BOLHA**PEDRA**COVA**TRÂNSITO**SENTADO**DED
O**ÉGUA**PIRA**HORA**HÁBITO**LIMPO**PAPEL**JEITO**AMIGO**RISO**CABELO**PROPINA**LÁB
IA**PIRIPITIBA**GOSTO**QUARTEIRÃO**NINGUÉM**INGLÊS**LINGUIÇA**CURTO**GREGO**SEIS
MÚSICAVENETA**CORAÇÃO**TRAVE**DEGAS**COQUINHO**ESTRELA**AREIA**BERÇO**CAL
OR**PESADA**BALAIO**CABRA**CINTO**BUSÍLIS**ESPERANÇA**MANJAR**GALO**BOLA**ASSA
DO**MARTELO**AZAR**ATOLEIRO**OUVIDO**PAI**PAPELÃO**RABO**RAMPA**PASSO**ALHEIO**B
OTÃO**EFE**APAGAR**ACONTECER**ÚTIL**CANELA**BACIA**LENHA**DOSE**MEMÓRIA**TIRO**PÍ
LULA**NÚMERO**BOCA**EMINÊNCIA**GOTA**VIDA**INFERNO**LÉGUA**ARMAZÉM**TAGARE
LA**TROMBA**TERRA**CRÍTICA**MESMA**CRUZ**MACIOTA**MANGA**PASSAGEM**SENTENÇ
A**SENHOR**TRELHO**ENGRAÇADINHO**CAMAROTE**VOLTA**VÁLVULA**ABUNDAR**TINT
A**ARRANCA-RABO**CHEIRAR**ALMA**FIGURINO**REFRESCO**DIFERENÇA**NOTA**ANZOL
PERHAPSMURRO**ONTEM**PULO**PIMENTA**BARRA**CRISTO**AMARELO**MAIOR**NARIZ
CARTEIRATRILHO**SABER**VINTÉM**CHUPETA**PATO**SAMBA**BARRIL**AVE**ARREBENTAR
SINALDITO**REDONDAMENTE**BARBA**FEITIÇO**REAL**ESTILO**PRENSA**MUDO**DELEP
ARTO**SALA**EMBAIXO**EMENDA**FAIXA**CONTROLE**TODAS**ERMÃO**CAÇAMBA**DORF
UTURO**TRASEIRO**BRAÇO**SUA**FLOR**QUEBRA**GÊNERO**TELHADO**MAIS**APITO**BULH
UFAS**OVO**PITO**REGRA**PALPITE**SENTIDO**ABRIR**PÓLVORA**PRÁTICA**CACIFE**CRISTA**

Introdução

LEVANTANDO A PONTA DO VÉU

Antes de mais nada e sem muitos rodeios, exponho o tema, as intenções, a proposta, o conteúdo, alguns conceitos-chaves, a história e a trajetória da elaboração da presente obra. Depois, dedico alguns *dedos de prosa,* que certamente *darão panos pras mangas,* mas que são informações necessárias para a compreensão do Dicionário. Nessas, encontram-se textos específicos, aprofundados, relativos à estrutura e ao manuseio e produção do dicionário. Serão dadas, em particular, explicações prévias sobre as duas partes básicas de que se compõe o dicionário: uma com verbetes "simplificados" e outra com verbetes "especulativos". A primeira contém a coleção das expressões, de forma simplificada, para leitura mais ligeira, enquanto a segunda expõe uma seleção de expressões com perfil aprofundado e circunstanciado, com vistas a um leitor mais meticuloso e interessado.

Antes de tudo, mas *com algum rodeio,* pressupondo um *corpus* oral de natureza conversacional, cabe pontuar a noção básica de língua falada conversacional exposta em Urbano (2011, p. 63-64), particularmente quanto ao caráter par da linguagem conversacional, em termos de perguntas e respostas. Aqui interessa, sobretudo, um tipo de par conversacional, em que as respostas e mesmo muitas perguntas têm a feição de comentários.

ABRINDO MAIS O JOGO E MOSTRANDO AS CARTAS

O presente dicionário contém frases típicas, com sentidos implícitos em suas "entrelinhas" ou traduzidos *por outras palavras*, isto é, sentidos *ditos pelos não ditos*. Trata-se de *frases relativamente cristalizadas,* que expressam seus *sentidos literais nas linhas*, encobrindo, entretanto, normalmente, os respectivos *sentidos não literais nas entrelinhas*.

São frases e expressões que completam paralelamente o vocabulário diário das pessoas, normal para as suas necessidades comunicativas, muitas vezes de uso inevitável, como acontece com as próprias gírias. Tais frases e expressões têm o condão de funcionar, pois, como um real *vocabulário figurativo* para uso das pessoas, sobretudo da língua falada, ao lado de todo tipo de lexia previsto e registrado nos dicionários comuns ou construções gramaticalmente elaboradas. Com efeito, para qualquer falante, fica mais fácil dizer ou ouvir que fulano *ficou com uma mão na frente outra atrás* do que fulano ficou "paupérrimo". Dificilmente, nas conversas informais e casuais em geral, se emite uma resposta enxuta, vazia de comentários ou pensamento que não passe por uma expressão idiomática, um ditado ou uma palavra figurada: "— *O que você faz na semana de fim do ano? — Nada, a última semana é uma semana 'morta'*". Diversos dicionários comuns, principalmente os modernos, como os do Houaiss e Aurélio, já registram muitas palavras com sentidos figurados, locuções conotativas e expressões idiomáticas. Aqui, porém, elas são listadas em quantidade, temática e sistematização próprias e específicas.

Sentido literal *versus* Sentido não literal

O sentido literal é o sentido primeiro, concreto, comum a todos os usuários. É o sentido denotativo, referencial, normalmente decodificável com facilidade: "O preço da banana aumentou muito" significa, literalmente, "o valor de compra da fruta banana aumentou muito". O sentido não literal, por seu lado, da expressão na frase "Comprei *a preço de banana*"* é o sentido

---

* Sempre que há referência a uma expressão, aconselha-se que o leitor consulte o respectivo verbete para complemento de informações.

final da frase, derivado, subjetivo, conotativo, abstrato, mais significativo para o estatuto das expressões ou frases feitas, objeto do presente dicionário, eventualmente tocando em aspectos emocionais e comportamentais, e, ainda, dependendo, inclusive, da linha isotópica do contexto. Assim, *A preço de banana,* no seu sentido não literal, significa "algo muito barato", conotado ao preço real da banana, que costuma ser vendida a preço muito baixo, em comparação com outras frutas.

O sentido literal, ainda que simples, pode, todavia, falhar, por vezes, à primeira vista, por envolver léxico desconhecido do usuário. Pode ser o caso de "calote", "popa" e "pá" nas expressões *dar calote, vento em popa* e *da pá virada,* o que, porém, não impedirá, como veremos adiante, o uso eficaz das referidas expressões. Essa deficiência momentânea vai demandar, então, apenas, pesquisa inicial extra em dicionário comum ou consulta a outros falantes, para a compreensão dos sentidos literais de alguns componentes de determinadas expressões.

É verdade que se espera que o sentido literal tenha um mínimo de vinculação lógica, ainda que aparente, com o sentido não literal. Diz-se, então, que uma expressão tem maior ou menor grau de "discernibilidade", como adiante se conceitua e exemplifica. A questão da discernibilidade poderia ser traduzida também em graus de *transparência* e opacidade. *Ser do peru; Ser biruta; Ver passarinho verde,* evidentemente, são mais opacas do que *Cair do cavalo; Beco sem saída* ou *Ver pelas costas.* De qualquer forma, é condição *sine qua non* que o sentido literal e o sentido não literal se "amarrem", graças a si próprios ou às diversas circunstâncias contextuais.

É verdade também que uma sequência de uso literal pode coincidir verbalmente com uma expressão idiomática, de uso não literal. "Bom pra cachorro", por exemplo, é usada, literalmente, em comercial de *pet shop,* referindo-se a alimentos para cachorro. Nesse caso, no uso, até se costuma dizer: "literalmente falando". Interessante abonação constitui a manchete publicada num jornal de esporte, "Ganso [jogador] usa a cabeça na vitória do tricolor", referindo-se à cabeça como linguagem metonímica (mente, inteligência) e, ao mesmo tempo, como cabeça em sentido literal (parte física do corpo) ([DSP], 17/2/2013) (Cf.: ideia retomada adiante, na letra (c).

Frases feitas e Expressões idiomáticas

A locução *frases feitas* é aqui entendida como hiperônimo, ou termo "guarda-chuva", para expressões ou frases feitas, uma lexia complexa textual ou construção fixa, em certo grau fossilizada em sua forma e sentidos. Assim, compreendem vários rótulos, como ditos ou ditados populares, adágios, gírias ou expressões gírias, expressões populares ou expressões idiomáticas, abrangendo, ainda, excepcionalmente, expressões simplesmente convencionais [TAG], p.13-17*. [AM] (p. 217), embora pareça usar a palavra "adágio" como termo guarda-chuva, já admitia, em 1948, entre as dificuldades de sistematização dessa matéria, a impossibilidade de traçar linhas divisórias entre os vários tipos de frases feitas. Também [MEF] é explícito quanto ao problema: "Não nos importamos com as definições específicas ou a diferença entre Adágios, Aforismos, Apotegmas, Anexins, Ditados, Ditos, Máximas, Provérbios, Rifões, Sentenças. Porque a todos os incluímos sob o conceito de lugar-comum – estrutura frásica decorada, fossilizada e envelhecida."

No correr desta exposição, entretanto, diante de tantos nomes e rótulos, prefiro usar simplesmente, de forma genérica, o termo "expressão", *embarcando* na sugestão de Fontes Filho, quando diz no último verso do seu soneto epígrafe: "Ora, aí eu troco o nome e chamo tudo de 'expressão'".

Na seleção das expressões, preside um leque conceitual criterioso e ao mesmo tempo aberto. A palavra "brasileiro", do subtítulo deste *Dicionário*, por exemplo, lembra o registro de expressões e ditos populares de grande vitalidade correntes, no Brasil, independentemente do seu trânsito eventual no restante do mundo lusófono.

Dentro desse propósito, privilegiaram-se, entre outros, os seguintes critérios de seleção e incorporação das frases feitas ou expressões:

a) expressões idiomáticas coloquiais, simples, breves e populares. Quanto à forma e conteúdo figurado e expandido, as expressões possuem em média três palavras lexicais, de uso e circulação cotidianos. Excepcionalmente,

---

* [TAG] refere-se a TAGNIN, conforme codificação nas REFERÊNCIAS – Códigos de autores e obras. O mesmo critério é aplicado em casos semelhantes adiante, inclusive nos verbetes.

porém, são referidas expressões não coloquiais, mais complexas e até literárias, pontualmente justificadas. Algumas podem até não ser de uso tão frequente, mas tornaram-se exemplos clássicos que estão em quase todos os dicionários, como *Lágrimas de crocodilo*;

b) os itens lexicais componentes são vinculados a um vocabulário de amplo domínio popular, que possibilita, no geral, entendimento imediato do sentido literal, veiculados em *frases* que *estão a toda hora na boca do povo* (ou no ouvido, segundo sugestão do dramaturgo inglês William Shakespeare: "O êxito de um bom dito ou ditado depende mais do ouvido que escuta do que da boca que o diz"). Segundo outros, uma expressão é considerada boa, quando se caracteriza pelos seguintes três SSS: *sal, senso e simplicidade*. O sal pode ser entendido como a imaginação de que fala Machado de Assis neste trecho de sua crônica em *A Semana*: "Cada erro de lógica pode ser um tento que a imaginação ganha, e a imaginação é o sal da vida.";

c) preferência pelas expressões instigantes, intrigantes, criativas, provocativas e hipnóticas, em termos de cotejo entre a lógica do sentido figurado e o respectivo sentido comum. Com efeito, a ilação nem sempre é metaforicamente discernível. São casos como *falar abobrinhas* e *comer barriga* (em que figuram combinações lexicais literais aparentemente indiscerníveis frente aos sentidos figurados "falar coisas desnecessárias, banais" e "perder a vez de jogar, perder uma boa oportunidade por distração, enganar-se"). Já *virar uma fera* e *a vaca foi pro brejo*, embora também revelem uma composição semântica aparentemente desconexa, dão ideia aceitável dos sentidos figurados, isto é, "ficar muito irritado, exaltar-se" e "a situação malogrou-se, deu tudo errado";

d) provérbios só são listados, em princípio, na medida em que são de uso frequente, popular e coloquial. Tal atitude atende à filosofia do dicionário, que pretende privilegiar as expressões, ditados ou ditos, de construções mais simples, semântica e formalmente falando. Ademais, elas são fruto coletivo e recurso da sabedoria popular, que emprega conceitos breves e linguagem corrente, ao contrário dos provérbios que requerem "idade, ponderação e experiência";

e) locuções e frases feitas de cunho denotativo e/ou gramatical foram excepcionalmente contempladas, como *achados e perdidos* e *passo a passo*; *estar/ter sob controle*; *antes de mais nada*;
f) expressões de cunho regionalista, técnico e grupal foram evitadas. Como curiosidade, registre-se a expressão bem popular *Estar na estica*, que no Nordeste significa "estar na miséria" e no Sul, "estar muito bem vestido" [NAS/SILV/5667/AUR]. Por outro lado, não há preocupação com expressões neológicas, que aparecem todos os dias; essas são registradas ao acaso, como *De repente; Com certeza; Dar pitaco*;
g) na impossibilidade, muitas vezes, de exaurir todos os sentidos figurados de uma expressão, a exemplificação fornecida auxilia, incorporando frequentes matizes contextuais e semânticos;
h) expressões gírias, que são, sabidamente, recursos da linguagem popular, e "adivinhas", que são enigmas populares apresentados sob a forma de pequenas frases livres ou versos rimados, às vezes estapafúrdios, são excepcionalmente incorporadas. São os casos das adivinhas como: "- *O que há de novo?*" e respectiva resposta: "- *Muita galinha e pouco ovo*" ou "- *Que é isso?*" / "- *Paçoca com chouriço*".

Em relação às gírias em especial, foram elas aqui incorporadas, embora parcimoniosamente, não só por tratar-se, em princípio, de empregos figurados de palavras simples, inclusive trazidas de outros dicionários do gênero, como também por constituírem unidades com vocação para integrarem naturalmente as próprias expressões e frases verbais, representando, assim, um rico acervo metafórico de um modo de dizer popular. Elas se "casam" com outras palavras, normalmente verbos, principalmente o verbo *ser*, mas também *dar, fazer* e outros, combinados ou não com outras classes de palavras, em sequências frasais, como: *Ser caxias; Ser batata; Ser estrela; Ser fogo; Ser sopa; Ser pé-frio; Descascar o/um abacaxi; Dar bandeira, Dar (o/um) bode; Dar moleza; Dar o/no pira*, etc.

Todavia, fica a advertência de que, naturalmente, as gírias aqui referidas são as chamadas gírias "comuns, vulgarizadas", não as "de grupo". (Urbano, 2001, p. 182)

Quanto às *expressões idiomáticas*, esclarece-se que *expressões tipicamente idiomáticas* são sequências de palavras, que apenas em conjunto e combinadas, expressam um sentido global, não traduzindo, pois, a soma dos seus diversos sentidos literais individuais.

No âmbito deste dicionário, ressalta-se, de forma mais simples, que expressão idiomática, por outras palavras, é uma "sequência", relativamente fixa, de duas ou mais palavras combinadas, valendo uma "lexia complexa", formal e semanticamente mais ou menos fechada, ou "sequência de palavras com significado próprio, não construído pelo nexo dos significados das palavras que a formam". [AUL]

Ao se caracterizar a sequência das expressões idiomáticas como "relativamente fixas" ou de "fixidez relativa", tem-se em mente a queda ou a quebra de alguns mitos ou dogmas sobre as expressões idiomáticas, como a "intraduzibilidade, a indecomponibilidade, a irreversibilidade da ordem, a impossibilidade de substituição sinonímica", e outros, que, naturalmente, só estudos e testes específicos e aprofundados podem delimitar precisamente.

Assim, e reforçando-se a oposição sentido literal *versus* sentido não literal, considere-se, por exemplo, a expressão *tirar uma casquinha*. Evidentemente, ela não significa "extrair uma casca pequena" de algo, mas sim "tirar vantagem de algo".

Por outro lado, cabe considerar que o termo *idiomático* não é de aceitação conceitual pacífica, mas sua veiculação é comum. Idiomático, com efeito, significa o que é próprio (do grego *idios*), no sentido de único, ou original. A velha expressão "frases idiomáticas" teria, então, a impropriedade lexical de fazer esquecer que toda língua é idiomática, e não apenas, particularmente, as "chamadas expressões idiomáticas". Idiomático significaria, então, o que é intraduzível e disso derivaria a utilidade de dicionários de frases idiomáticas, que, traduzidas palavra por palavra para outra língua, perdem o sentido e o uso que têm ou ficam até sem sentido algum. (Antonio Telmo, Prólogo de *Por outras palavras*, apud [MOU]) Nesse sentido, merece consulta a experiência que fez [MF], *The cow went to the swamp* (*A vaca foi pro brejo*), com simples tradução "literal" de inúmeras expressões idiomáticas brasileiras, "desidiomatizando-as". Mas também merece reparo a ideia fixa da "intraduzibilidade" das expressões idiomáticas, defendida por alguns estudiosos, pois muitas expressões idiomáticas possuem versões correspondentes em diversos idiomas, conforme comprovado amplamente neste *Dicionário*, como é o caso das correspondentes literais *Break the ice* e *After a storm comes a calm*, que [MF] teve o cuidado de não verter.

Ainda, em relação ao termo, vale relembrar a contestação de Said Ali (s/d apud Bechara, 1999, p. 604) sobre a noção de idiotismo como "construção particular de uma língua, estranha, portanto às outras línguas, porque ninguém conhece todos os outros idiomas em todos os seus segredos e modos especiais de falar".

Ademais, ressalte-se também que transitarão aqui como sinônimos os termos *sentido não literal, idiomático, conotativo, figurado*, com preferência para o último, por ser mais comum, conhecido e de mais fácil assimilação.

Entre expressões idiomáticas típicas e expressões de vários outros tipos, abre-se muitas vezes um campo contínuo sem fronteiras nítidas, em que muitas expressões podem ser consideradas apenas "parcialmente" figuradas ou idiomáticas. É o que acontece, por exemplo, com *matar a sede,* em que *matar* é tomada figuradamente, mas *sede* mantém o sentido literal, diferentemente de *matar o tempo*, em que ambas as palavras jogam com sentidos figurados. Por isso, *matar a sede* não figura em muitos dicionários de expressões idiomáticas, ao passo que *matar o tempo* tem registro generalizado. Outras expressões são simples sequências denotativas ou gramaticais, como *passo a passo, a fim de que, de chofre, a título de informação*, muitíssimo usuais em qualquer texto, coloquial ou não, as quais, paralelamente à denominação frases feitas de teor idiomático e estrutura verbal, poderiam ser chamadas de "sequências feitas" ou "fórmulas fixas", ou até "lugares-comuns", isto é, blocos de palavras amplamente compartilhados, de uso contínuo e repetitivo em determinados contextos, etc.

Esclarecendo melhor: no caso de *passo a passo* ou *a título de informação*, há fórmulas fixas num sentido geral; no caso de "cair do cavalo", tem-se uma sequência ou construção *ad hoc,* quando se trata de um cavaleiro que sofre um acidente, ao "cair do seu cavalo". Neste caso, porém, a sequência é formalmente igual à expressão idiomática *Cair do cavalo*, quando se refere a um pretensioso cavaleiro, que *caiu do cavalo,* no sentido de que teve uma surpresa decepcionante, ao flertar com uma garota, pensando que *estava dando uma* de príncipe.

Um dicionário deste gênero não é obra de simples impulso nem de encomenda, o que não o impede de ser um trabalho de pesquisa tão sério e árduo quanto prazeroso e, com certeza, terapêutico. Nasce do fascínio do seu autor pela linguagem verbal, pela obsessão com a funcionalidade da linguagem, em particular pela linguagem popular, e, mais particularmente, pela linguagem coloquial da conversa informal do povo. O termo "popular" significa aqui "do povo", sem conotação à pessoa inculta, analfabeta ou pobre.

O envolvimento, direto ou indireto, com o tema, percorre praticamente toda a minha vida acadêmica, a começar pela intensa participação, de longa data, em dois amplos, tradicionais e conhecidos projetos sobre *Oralidade* ou *Língua falada de falantes cultos* (Projeto NURC-Brasil e Projeto da Gramática do Português Falado), passando pela publicação de vários artigos, pela participação em simpósios e congressos e pela tese de doutorado publicada (*Oralidade na literatura:* o caso Rubem Fonseca). Mais recentemente, junta-se a publicação de *A frase na boca do povo,* verdadeiro laboratório de frases populares, que pode ser considerada uma introdução geral ao presente *Dicionário*.

Mais objetivamente, venho me dedicando especificamente às chamadas *frases feitas* há mais de quinze anos, em especial, em razão de um artigo publicado em 2002 na Série Projetos Paralelos do Projeto NURC-SP, denominado "Uso e abuso de provérbios". Em 2008, após uma palestra proferida na Academia Brasileira de Letras – ABL, no Seminário Brasil, brasis – Linguagens da periferia urbana, o coordenador Professor Evanildo Bechara, divulgando a próxima publicação da terceira edição de *Frases feitas*, de João Ribeiro, pela Academia, se manifestou, incentivando a continuação desses estudos, que eram também preocupações da Casa.

Para a elaboração do presente *Dicionário*, sempre norteadas pelos propósitos e objetivos preestabelecidos, foram realizadas exaustivas pesquisas em inúmeros dicionários, tanto específicos e modernos, como clássicos tradicionais. Constantemente, porém, me servi da experiência e intuição pessoal, seja como ponto de partida, seja visando a cercar falhas, incoerências, incompletudes e falta de paralelismos das diversas obras consultadas. A seleção do material recolhido e listado pessoalmente foi baseada nas observações de rua, de "papo" e de leitura de lazer (por exemplo, de palavras cruzadas), bem como em outras atividades de leituras e trabalhos acadêmicos. Em princípio, a recolha foi feita independentemente de preocupações sobre origens, filiação histórica e motivações particulares: o importante foi sempre a constatação do uso; por isso tudo foi constantemente cotejado normalmente com vários dicionários. Numa etapa posterior foram realizadas novas pesquisas, sobretudo quanto à tentativa de explicações vinculadas ao sentido literal/não literal, em relação ao aspecto da discernibilidade, mediante a metodologia própria e específica.

Obviamente que um eventual levantamento específico em obras de contistas e cronistas contemporâneos, envolvidos com os temas e respectivas linguagens, sobretudo populares, como Rubem Fonseca, Rubem Braga, Fernando Sabino, Carlos Drummond de Andrade e outros, comprovariam sobejamente o emprego, particularmente contextual, das expressões e enriqueceriam a quantidade delas, mas fugiria ao propósito do trabalho.

Muitas obras lexicográficas específicas foram submetidas à aprofundada análise crítica, tendo-se revelado compatíveis e produtivas. Entre elas, merecem referência: *Conversando é que a gente se entende*: dicionário de expressões coloquiais brasileiras, de N. C. Mello (com prefácio do Prof. Evanildo Bechara), 2009; *Dicionário de expressões populares da língua portuguesa*: riqueza idiomática das frases verbais: uma hiperoficina de gírias e outros modismos luso-brasileiros, de J. G. da Silveira, 2010; *O dito pelo não dito*: dicionário de expressões idiomáticas, de A. Fontes Filho, 2006; *Frases feitas*: estudo conjetural de locuções, ditados e provérbios, de J. Ribeiro (com recente reedição prefaciada por Evanildo Bechara); *Tesouro da fraseologia brasileira*, de A. Nascentes, 2 ed., 1966; *Locuções tradicionais do Brasil*, de L. C. Cascudo, 2 ed., 1977; *Dicionário brasileiro de provérbios, locuções e ditos curiosos*, de R. Magalhães Junior, 3 ed., 1974; *Dicionário de coloquialismos anglo-americanos*, de R. Magalhães Junior, 1964; *Adagiário brasileiro*, L. Mota, 1982, este com inúmeras versões similares em outros idiomas, basicamente latim, espanhol, francês, italiano e inglês, e *Tradições populares*, de A. Amaral, 1948. Além desses dicionários específicos, e de inúmeros outros, não foi possível prescindir de dicionários comuns, como do *Dicionário Houaiss da língua portuguesa*, 2001, e do *Novo dicionário Aurélio da língua portuguesa*, 2009, este cotejado esmiuçadamente nas suas 2.120 páginas. Todavia, ao arrolar e explicar as expressões, não foram questionados aspectos específicos de lexiologia e lexicografia, certamente pertinentes, mas em outros níveis de abordagem. Por exemplo, não se discutiram questões como transferências semânticas, graus de lexicalização, metáforas mortas, etc. (Cf.: Malheiros-Poulet, 2007)

Embora se tenha levado em conta o formato geral dos demais dicionários do gênero, o presente exibe pontos e aspectos muito diferenciados, a começar pela sua estruturação em duas partes complementares.

Outro ponto diferenciado, mas inspirado na análise crítica dos dicionários consultados e nos propósitos que norteiam o presente *Dicionário*, é a metodologia ousada de condensação de expressões variáveis, sinonímicas, paralelas e comparáveis (sinalizadas com Cf.) nos mesmos verbetes únicos, conforme delineado e explicado nos tópicos seguintes da "composição dos verbetes", "variáveis" e "palavras-chave".

O tema, o conteúdo e os enfoques aqui veiculados, bem como a linguagem autoral, destituída de feição acadêmica tradicional, são acessíveis tanto ao leitor comum como aos consulentes iniciados. Além de servir aos leitores brasileiros em geral, este dicionário, como qualquer dicionário de expressões idiomáticas, certamente prestará bom auxílio aos estrangeiros que se dispõem a aprender português falado no Brasil. Na verdade, sabe-se que, no aprendizado formal de qualquer idioma, os estudantes tomam contato basicamente com o sentido literal, *ao pé da letra,* das palavras e expressões, como estão nos dicionários e, mais raramente, com o sentido figurado coloquial, tão presente na linguagem do povo.

Determinadas expressões, mais curiosas e hilárias, servem, inclusive, para "apimentar" ou ilustrar a conversa de falantes mais desinibidos e espirituosos, como o ditado de uso internacional *se non è vero è bene trovato* (se não é verdade, é, porém, um belo "achado"), ouvido de um renomado gramático.

A recolha foi feita sem a pretensão, entretanto, de *exaustão*, a qual, reconhecidamente, é impossível; todavia foi extensiva, dentro dos objetivos propostos. Contém mais de 3.000 expressões, consideradas também as suas variáveis explicitamente relacionadas nos verbetes condensados.

ESTRUTURA

O *Dicionário*, como um todo, compreende duas partes distintas, mas complementares, a saber:

1ª Parte – Verbetes simplificados
2ª Parte – Verbetes especulativos

A 1ª. Parte é a parte básica, destinada ao conhecimento generalizado de todas as expressões listadas. Compreende a relação completa das expressões, cujos verbetes o leitor pesquisará com leitura ligeira, horizontal e objetiva, pelo critério de busca na lista, dentro de "palavras-chave" identificadoras (v. adiante), ou, eventualmente, por remissões, sob o código Cf.

A 2ª. Parte, de consulta opcional, compreende uma seleção de verbetes selecionados e extraídos da 1ª. Parte (cerca de 50%), acrescidos, porém, de observações, informações e dados complementares, periféricos, mas de interesse, ligados, direta ou indiretamente, às referidas expressões. Sua pesquisa é feita também pelas palavras-chave, igualmente com o auxílio de remissões.

Na sequência, é feita a descrição da estruturação e características das duas partes, com a inclusão alternada de instruções de manuseio e uso.

1ª Parte – VERBETES SIMPLIFICADOS

Composição dos verbetes

Tomem-se, inicialmente, para acompanhamento da exposição e descrição, os seguintes verbetes, transcritos nesta 1ª. Parte – VERBETES SIMPLIFICADOS:

Do arco-da-velha: complicação, reunião de coisas disparatadas, espantosas, inimagináveis, incríveis. *Durante a excursão, os alunos fizeram coisas do arco da velha.* Constrói-se com vários verbos, bem como a expressão pode ser encabeçada por vulgarismos léxicos, como *coisas(s) do, histórias do,*

etc. Cf.: *Coisa do outro mundo*. [3331/LCC/JRF/HOU/RAM/SIM/MEL/ALV/FUL/XAre/WER/NAS/AUR]⁽*⁾
Bater/Martelar/Tocar na mesma tecla/no/num (mesmo) assunto: insistir no mesmo assunto ou argumento. *Você se torna inconveniente por bater sempre na mesma tecla*. A variável tecla pode sugerir a tecla do piano. Usa-se também o verbo *insistir*. [WER/1179/NAS/MEL/HOU/AUR] ⁽*⁾
Ser analfabeto de pai e mãe: completamente analfabeto, ser muito ignorante, comparado no nível cultural a um órfão. *Você não sabe nada, é analfabeto de pai e mãe*. Expressão com função intensificadora. [FUL/WER/NAS/AUR]

Os verbetes desta 1ª. Parte apresentam a seguinte *composição*, em parte fixa e em parte eventual, basicamente com os seguintes itens e formulações, difíceis de ocorrer, porém, em conjunto:

a) *registro da expressão pelo seu sentido literal*, com configuração, ou configurações ou versões expressionais ou eventuais variáveis, cujos núcleos temáticos são compostos basicamente por palavras-chave (v. adiante), desprezados os eventuais vulgarismos léxicos ou palavras semelhantes, como *coisas(s) do, histórias do, negócio do*, etc. (que podem figurar, entretanto, na exemplificação do verbete); em itálico e negrito, com inicial(is) maiúscula(s); as variáveis ou alternativas figuram separadas entre si por (/) sem espaço ou encerradas entre parênteses ( );
b) seu *sentido não literal*, figurado ou idiomático, em redondo;
c) *exemplificação* de uso, com base em aplicações no dia a dia, em itálico;
d) eventual *sinonímia* (Sinônimo) em itálico, com inicial maiúscula. Os sinônimos também possuem frequentemente verbetes próprios. Evidentemente, a sinonímia exaustiva é impossível e dispensável, pois ela visa apenas a um precário enriquecimento circunstancial. Ademais, as expressões sinonímicas compostas de itens referenciais diversos são classificadas também como Sinônimo(s), embora a equivalência não seja propriamente de ordem semântica, como exemplifica o verbete *Carregar água em/na peneira*, com o(s) Sinônimo(s): *Enxugar gelo; Dar nó em pingo d'água; Tapar o sol com a peneira*, em que as quatro expressões significam "realizar tarefa impossível e inútil";

e) eventuais *confrontações* de interesse com outros verbetes, sinalizados com o símbolo Cf.:, numa tentativa, sobretudo, de "amarrar" e "costurar" as expressões, para casos que possam sugerir alguma vinculação entre elas;
f) eventuais *comentários*, particularmente presos às circunstâncias e interesses imediatos dos brasileiros, incluindo eventualmente verbetes derivados;
g) *fontes* escritas (diretas e indiretas) pesquisadas, separadas por barras e codificadas entre colchetes, no final dos verbetes, como: [LAU/SAB/WER/LCC/LMOT/6224], esclarecendo que os quatro dígitos são uma codificação dos verbetes do dicionário *O dito pelo não dito*, de Fontes Filho; a codificação geral encontra-se no final do *Dicionário*, nas "REFERÊNCIAS — Códigos de autores e obras", os quais servem também para suprir eventuais outras citações remissivas ou para consultas esclarecedoras. As fontes escritas, não literárias, às vezes são indiretas. Valem, então, como sugestão, tendo um caráter subsidiário, conforme realmente devem ter, no justo entendimento de [AM]: "A fonte básica é a língua viva do povo, que tais fontes escritas apenas comprovam e informam.";
h) eventuais *sinalizações* para consulta opcional à 2ª. Parte, ou seja: "Verbetes Especulativos, por meio de asterisco remissivo entre parênteses, sobrescrito no final de determinados verbetes da seguinte forma: (*); remissões em relação a verbetes que contêm múltiplas palavras-chave trazem: Cf.

Os verbetes são de três tipos: *simples, complexos* e *especulativos* (estes específicos da 2ª. Parte). Os simples são os mais diretos, de leitura mais fácil. Os complexos compreendem uma diversidade de configurações semântico--formais, de difícil e custosa padronização, incluindo os núcleos temáticos e combinações periféricas, mais genéricas e/ou mais específicas como os Sinônimos, o que exige constantes remissões e recorrências feitas por meio dos comandos "Cf.". Os núcleos temáticos são representados basicamente por palavras-chave.

Os verbetes complexos compreendem uma riqueza maior de informação, outros modos de dizer as expressões ou de abordar o mesmo tema e até a mesma função ou valor, sem que seja preciso listar múltiplos verbetes, como acontece com alguns dicionários do gênero. Essa estratégia, auxiliada por outras remissões, contribui para que seja um dicionário, quanto possível, "enxuto" em volume, mas denso em conteúdo, uma vez que o mesmo verbete, se desdobrado, corresponde a 2, 5 ou mais verbetes. Há verbetes de complexidade tal que, eventualmente, receberão tratamento especial.

Palavras-chave

As palavras-chave constituem a "chamada" inicial para a localização e identificação das expressões. Esse critério de listar as expressões dentro de palavras-chave é uma estratégia das mais econômicas e seguras. Vários dicionários o utilizam, mas nem sempre com sucesso, por descuido ou falta de boa sistematização. As palavras-chave têm a vantagem de cercar todas as possíveis variáveis das expressões, a despeito de suas inúmeras configurações, possibilitando uma consulta segura de todas as expressões listadas na 1ª. Parte, independentemente da formulação verbal de cada uma.

Palavras-chave são palavras predefinidas, destacadas do núcleo temático das expressões, identificadoras delas, por remissão individualizada, ordenadas alfabeticamente. São referidas nas suas formas gramaticais ou lexicais indistintas, sem flexões ou derivações. A formulação e identificação das expressões constituem, aliás, um dos grandes problemas para a confecção de dicionários desse tipo, o *busílis*, que "derruba" muitos estudiosos, pois, é praticamente insolúvel o registro, de forma pacífica e insofismável, de todas as configurações, conforme é consenso entre a maioria dos entendidos. Nesse ponto, parece-nos que a estratégia do uso de palavras-chave, grande achado de [NAS], se não resolve, *descasca relativamente bem o abacaxi*.

A questão das palavras-chave concentra-se na definição dos seus *critérios* de seleção, que atendam ao perfil do formato dos dicionários. No caso deste *Dicionário*, os critérios adotados foram selecioná-las, segundo a seguinte ordem de preferência: 1) substantivos ou palavras substantivadas; 2) adjetivos ou palavras adjetivadas; 3) determinados pronomes mais ponderáveis, inclusive pronomes substantivos; 4) advérbios e 5) verbos, normalmente no infinitivo. Os vulgarismos léxicos ou palavras-ônibus, como "coisa(s), negócio, troço" e outras palavras com significados genéricos ou secundários, como "história, coisa, negócio, pessoa, parte, gente, alguém", não são normalmente levados em conta, tal como em: *Coisas/Histórias **do arco da velha**.* Se todas essas indicações ainda não forem suficientes, a opção derradeira é procurar a expressão desejada palavra por palavra, sendo sempre possível sua localização.

Existindo, porém, duas ou mais palavras da mesma classe, a primeira tem preferência. Excepcionalmente, indicam-se duas palavras das mais significativas, como no caso de *A **voz** de **Deus** é a voz do povo,* em que são selecionadas VOZ e DEUS. Dessa forma, as buscas das expressões devem ser feitas, na listagem da 1ª. Parte — Verbetes Simplificados, primeiramente pelas palavras-chave dentro dos critérios atrás estabelecidos. Localizada a palavra-chave identificadora, que capitaneia a expressão de interesse, pesquisa-se, dentro da sua listagem, a expressão desejada, pela ordem alfabética. Assim, se se têm em mente as expressões ***Abrir o olho*** ou ***Abrir os olhos***, tais expressões devem ser pesquisadas pela palavra-chave **OLHO**, que, como substantivo, tem prioridade 1, e não pelo verbo, que tem prioridade 5.

Como, no caso, o verbete em questão apresenta ainda, no seu final, o asterisco (*) remissivo, abre-se uma segunda opção, ou seja, pode-se, se se desejar, adquirir outras informações e achegas, consultando, na 2ª. Parte — Verbetes Especulativos, o verbete correspondente.

Na hipótese de um verbete conter muitas palavras-chave, consideradas sinônimas, quase sinônimas ou paralelas, uma delas representará um verbete matriz completo e as demais aparecerão como verbetes filiais resumidos. Assim, por exemplo, na série "***...de amargar/arrasar (quarteirão)/amarrar/ arrepiar (dos cabelos)/doer/enlouquecer/lascar/morrer/tinir*, etc.**", a primeira palavra-chave (*AMARGAR*) representará o verbete matriz e as demais representarão verbetes filiais, enxugados, resumidos ou simplificados, terminados com o comando "Cf.: AMARGAR".

A estratégia da palavra-chave tem a vantagem ainda de revelar um conjunto de expressões que utilizam os mesmos referentes (Cf.: a própria palavra OLHO, que agrupa, como num verdadeiro grupo temático, cerca de 30 expressões), sugerindo discussões e estudos temáticos recorrentes, ao observar a ocorrência do mesmo referente, destacando-se, por outro lado, o grau de sua produtividade na linguagem falada popular. Vale lembrar, nesse sentido, a crônica "A excitante extremidade", de Carlos Eduardo Novaes,

2005, com a temática "pé", em que o cronista usa quase quarenta expressões com essa palavra (15 das quais estão contempladas neste dicionário).

Variáveis

Variáveis são configurações mais ou menos diferentes entre si ou aditadas com equivalência, total ou quase total, do sentido não literal, que representam alternativas opcionais na expressão das falas, dentro do mesmo contexto de uso ou em contextos próximos. Nesses termos são entendidas em sentido amplo, comportando múltiplos aspectos ou feições.

Há diversos tipos de variáveis, variantes ou alternativas, que são detectados e identificados por barra(s), (/), ou parênteses ( ):

1. a <u>barra</u> é usada na identificação de conjuntos, dentro dos quais qualquer palavra, que o compõe, é permutável por outra. Há, então, diversos tipos de alternativas:
   a) alternativa sinonímica lexical de "verbos de entrada na cabeça dos verbetes" e alternativa sinonímica lexical de "palavras-chave". Assim, no verbete
   — ***Bater/Martelar/Tocar na mesma tecla/no/num (mesmo) assunto***, temos, inicialmente, dois conjuntos: as palavras *Bater, Martelar e Tocar* (sempre com iniciais maiúsculas), nos verbos de entrada, e as palavras-chave *tecla e assunto*, todas reciprocamente permutáveis entre si, respondendo, cada uma, pela configuração de uma expressão, a saber:
   — ***Bater na mesma tecla. Martelar na mesma tecla. Tocar na mesma tecla.***
   — ***Bater no/num (mesmo assunto). Martelar no/num (mesmo) assunto. Tocar no/num (mesmo) assunto.***
   b) alternativa sinonímica gramatical. Assim, no mesmo verbete, o mesmo acontece com as palavras *no* e *num*, possibilitando, então, em relação a elas, as variáveis:
   — ***Bater/Martelar/Tocar no (mesmo) assunto.***
   — ***Bater/Martelar/Tocar num (mesmo) assunto.***

Dessa forma, identificam-se no verbete *Bater/Martelar na mesma tecla/ no/num (mesmo) assunto*, em relação às barras, as seguintes nove alternativas expressionais individuais:

1. *Bater na mesma tecla.* 2. *Martelar na mesma tecla.* 3. *Tocar na mesma tecla.* 4. *Bater no (mesmo) assunto.* 5. *Martelar no (mesmo) assunto.* 6. *Tocar no (mesmo) assunto.* 7. *Bater num (mesmo) assunto.* 8. *Martelar num (mesmo) assunto.* 9. *Tocar num (mesmo) assunto.*

2. os parênteses são usados na identificação de acréscimos periféricos, normalmente gramaticais. Assim, ainda no mesmo verbete *Bater/Martelar/ Tocar na mesma tecla/no/num (mesmo) assunto*, a palavra *mesmo*, que está entre parênteses, é uma alternativa de não emprego (*não adição*) ou emprego (*adição*) na configuração das expressões, possibilitando mais as seguintes doze expressões individuais, perfazendo um total de 21 expressões individuais, computando-se as alternativas nucleares e periféricas, utilizáveis dentro de seus vários contextos:

1. *Bater no assunto.* 2. *Martelar no assunto.* 3. *Tocar no assunto.* 4. *Bater no mesmo assunto.* 5. *Martelar no mesmo assunto.* 6. *Tocar no mesmo assunto.* 7. *Bater num assunto.* 8. *Martelar num assunto.* 9. *Tocar num assunto.* 10. *Bater num mesmo assunto.* 11. *Martelar num mesmo assunto.* 12. *Tocar num mesmo assunto.*

Ao menos em tese, cabe admitir a hipótese de variáveis *por subtração*, quando uma expressão, já usualmente reconhecida, acaba sendo mutilada, reduzida ou abreviada, como *Devagar com o andor*, abreviada de *Devagar com o andor que o santo é de barro*.

3. Uma variante metodológica constante, mais complexa ainda, é a combinação de (1) e (2), cuja perspicácia dos consulentes analisará e compreenderá oportunamente, e que, eventualmente, receberá tratamento e considerações especiais pelo autor.

4. Há que se ter em conta, ainda, que há muitos outros tipos de variáveis muito instáveis, mas facilmente intuídas, como as variáveis *para/*

pra; para o/pro; estou/tô, que/do que; como/que nem/feito, de água/ dágua/d'água, até porque são registradas frequentemente elocuções tipicamente faladas, como *Num tô nem aí. Tô nem aí,* além das inúmeras flexões nominais, verbais, etc.

5. Excepcionalmente são destacadas variáveis arcaicas ou antigas, já sem uso frequente, como *Não é o demo tão feio como o pintam,* cotejado com a forma atual: *O diabo não é tão feio como parece/como se pinta.*

2ª. Parte – VERBETES ESPECULATIVOS

Os verbetes desta parte são sinalizados com o símbolo (*) na referida 1ª. Parte, repetidos com o acréscimo de observações "especulativas", dentro do critério adotado para esse termo. O critério de consulta dessas expressões é o mesmo da 1ª. Parte: por palavras-chave. Podem ser considerados verdadeiros "artigos lexicográficos".

Sua consulta e leitura atendem a consulentes interessados em origens, explicações aprofundadas, história, folclore, cultura, "causos", curiosidades, correspondência, equivalência e similaridade em outros idiomas, respeitados os núcleos idiomáticos das referidas expressões, dados normalmente já anunciados nos Verbetes Simplificados.

Enriquecidos desses novos dados, os Verbetes Especulativos ganham naturalmente maior corpo e extensão, exigindo, também, consequentemente, um nível maior de trabalho e atenção para a realização de uma leitura analítica acurada.

As observações colhidas para esta 2ª. Parte decorrem da pesquisa em muitas fontes, quantitativa e qualitativamente representativas, como dicionários, estudos, teses e levantamentos específicos, revistas, internet, etc. Ademais, trata-se de verbetes organizados, sistematizados e consolidados, à base de análises críticas. Nesse sentido, os verbetes especulativos podem instigar pesquisas e temas, até de nível acadêmico, como dissertações e teses.

Expressões correspondentes, equivalentes e similares

No cotejo comparativo de dados com outros idiomas, foram observadas expressões ora classificadas como *correspondentes*, ora como *equivalentes* ou, ora, de forma mais geral, como *similares*.

As expressões correspondentes são aquelas que possuem, basicamente, versão literal ou muito próxima às do português brasileiro nos idiomas estrangeiros; as equivalentes são as que, embora compostas com referentes diferentes, possuem, basicamente, ideias equivalentes em idiomas estrangeiros, explicáveis, em princípio, pelos costumes e cultura de cada povo, segundo o ditado: *Cada terra/povo com seu uso, cada roca com seu fuso*. Cf., nesse sentido, *Fazer tempestade num copo d'água*, que no idioma inglês se diz: *Storm in a tea cup* (*Tempestade numa xícara de chá*), respeitando a tradição do chá inglês. As expressões similares são as expressões não claramente identificáveis quanto a esse aspecto.

As expressões correspondentes, as equivalentes e as similares são anunciadas nos Verbetes Simplificados, mas não identificadas totalmente; são exemplificadas e comentadas apenas nos Verbetes Especulativos.

A pesquisa sobre a correspondência, equivalência e similaridade das expressões em outras línguas revela e documenta, entre outros aspectos, a internacionalização, a universalização e a popularidade dessas expressões; particularmente quanto ao latim, revela, ainda, a sua longevidade. Por outro lado, desfaz o mito da idiomaticidade exclusiva, haja vista a frequente coincidência de ideias reciprocamente ocorrentes e muitas vezes formalizadas literalmente em vários idiomas. É evidente que fica, como adverte [AM], muitas vezes por apurar a identificação da língua que "primeiro" introduziu determinada expressão, tendo as outras simplesmente importado e traduzido. Por isso, prefere-se aqui usar o termo mais geral "versão" ao de tradução ou importação.

A exemplificação de expressões correspondentes, equivalentes e similares na 2ª. Parte, com formulações nos idiomas estrangeiros, permite, ainda, aos consulentes a revisão prática de um amplo vocabulário usual dessas línguas.

Não se deve confundir expressões correspondentes, equivalentes e similares com expressões *emprestadas*, isto é, empréstimos registrados como tais em dicionários de Língua Portuguesa, ou seja, transcritos nesses dicionários nas respectivas línguas de origem, como ocorre no Aurélio: *rendez-vous, bon vivant, bon mot* (dito espirituoso), *prêt-à-porter, en passant*, sem falar das muitas expressões latinas como *cogito, ergo sum; in memoriam; alea jacta est; prima facie; bona fide*, etc.

Botando o preto no branco

Na expectativa de que a presente obra seja consultada por leitores de gostos e níveis de instrução variados, repasso, a título de lembretes ou "chamadas", alguns apontamentos sobre certos tipos formais ou semânticos de construções muito recorrentes e/ou mais representativos, pondo em destaque, ao final, *à guisa de* conclusão, apenas dois aspectos dos mais questionados e provocativos.

Alguns enfoques podem despertar interesses de temas para estudos mais profundos, mas a maioria deles serve também para, de forma mais objetiva, dimensionar o perfil do presente dicionário, em cotejo com os propósitos definidos.

Creio que a fisionomia do dicionário revela desde logo um perfil de simplicidade, expressividade e criatividade da maioria das expressões e frases feitas listadas, que, compreensivelmente, transitam, às vezes, à margem da norma culta, contemplando inúmeras recriações e retextualizações imaginosas, com possíveis imprecisões ou liberdades vocabulares, inclusive, excepcionalmente, com palavras ou construções chulas.

Recorrência de tipos, estruturas e fenômenos frásicos

Em termos de *estruturação sintática e informação semântica, estilística e até social*, exceção feita, talvez, aos poucos provérbios relacionados, chama atenção a ocorrência de grande número de

a) construções *verbo + complemento,* como: *Bagunçar o coreto, Comer barriga, Comer bola, Dobrar a língua, Descobrir a América, Engolir uma afronta, Falar abobrinha(s), Lavar a alma, Perder as estribeiras, Usar a cabeça*, etc.;

b) expressões *nominais* e/ou *sintagmas preposicionais*, que normalmente integram frases verbais, graças à inclusão de vários verbos alternativos, tipos de verbos-suporte, além do verbo *ser, estar, ficar, andar, fazer, ter, dar, viver*, etc., como: *A corda e a caçamba, A pão e água, Alfa e ômega, Beco sem saída,* etc., compondo frases como: *Ser a corda e a caçamba, Ser alfa e ômega, Viver a pão e água, Ficar num beco sem saída,* etc. Nesse sentido atente-se à observação feita adiante quanto a expressões de estrutura verbal construídas com núcleos gírios;

c) expressões *bimembres* do tipo: *A corda e a caçamba, A pão e água, Achados e perdidos, Agora ou nunca, Alfa e ômega, Altos e baixos, Cresça e apareça, Curto e grosso, De corpo e alma, Dito e feito, Em carne e osso, Mundos e fundos, Nem assim nem assado,* etc.;

d) expressões *elípticas*: *Estar/Ficar numa boa, Corta essa!, Dar uma de, Beber/Tomar umas e outras,* em que os pronomes substantivos demonstrativos, indefinidos, possessivos, e adjetivos substantivados, com forma marcada no feminino, pressupõem a elipse de palavras femininas, como "situação", "coisa", "opinião", "maneira", "atividade", "dose", "onda", "crise", "encrenca" e inúmeras outras, normalmente semelhantes, conforme o contexto; ou há elipses de outra natureza, como: *Não dar um pio* ("de coruja", por exemplo), *Por um fio* (de cabelo, por exemplo), *A mil* (quilômetros, por exemplo), etc.;

e) expressões *intensificadoras,* posposicionadas ou não: *...de arrancar os cabelos, ...de amargar, ...de arrepiar, ...pra burro, ...pra caramba, A dar com/cum pau, Ser analfabeto de pai e mãe, Matar cachorro a grito,* etc. (Cf.: "Locuções com valor intensivo em português, transferências semânticas, graus de lexicalização" em Malheiros-Poulet, 2007);

f) expressões aparentemente de sentido literal inusitado, como: *Carregar água na peneira, Dar nó em pingo d'água, Falar abobrinha(s), Comer barriga,* etc.;

g) ainda na linha de enfoques semânticos, envolvendo itens referenciais relativos a nomes e cognomes, observo a frequência como tais itens comparecem na formulação das expressões: *A voz do povo é a voz de Deus; Ao deus-dará; Ele mora pra lá de deus me livre; Ela falou mal de você pra deus e o mundo; Deus me livre cair na boca dessa mulher;*

Até ai morreu (o) Neves; Negócio da China; No céu, Cristo, na terra, isto; Ovo de Colombo; Se a montanha não vem a Maomé, Maomé vai à montanha; Ser um sósia; Ser um judas; Ser (uma) madalena arrependida; Tempo do Onça; Tempo do padre Inácio, etc. Uma questão que se coloca nesses casos é se os referidos nomes e cognomes devem ser grafados com maiúsculas ou minúsculas iniciais. A questão, mais modernamente evidenciada, não goza de consenso, mas adoto o critério de grafar com maiúscula os nomes e cognomes que mantêm contextualmente a sensação de nomes próprios, com valor individualizante, e, com minúscula, a sua vulgarização como nomes comuns, por terem perdido a sua individualidade, identificando-se apenas pela especificação das qualidades e características, encarnadas e perenizadas na tradição ou história desses próprios nomes. (Cf.: *Calcanhar/Tendão de aquiles*, com quatro registros de "Aquiles", com maiúscula: [NAS], 1966; [RMJ], 1974; [PUG], 1981, [PIM], 2016, e três com "aquiles", com minúscula: [1652], 2006; [MEL], 2009 e [AUR], 2009, que demonstram a instabilidade denunciada. Por outro lado, o "Acordo ortográfico" (XVI) prevê quinze hipóteses de "Emprego das Iniciais Maiúsculas", mas nada orienta sobre o presente caso, e Luft, 1985, p. 78: "Minúsculas e maiúsculas", e Garcia, 1980, p. 101-102, não regularizam a questão.

h) Dentro do aspecto que se pode denominar estilístico, despertam atenção expressões com *rimas*, aparentemente sem motivação semântica, muitas vezes configuradas apenas com o propósito do aproveitamento fonético delas: *Alhos com/e bugalhos, Aos trancos e barrancos, Beleza não (se) põe (na) mesa, Comigo não violão, De fio a pavio, Mundos e fundos, Não tem eira nem beira nem ramo de figueira*, etc. Adoniran Barbosa, autor da composição "Trem das onze", confessou, em 1966, ao extinto *Jornal da Tarde*, que o bairro Jaçanã entrou na canção por causa da rima com "manhã". Também na estrutura estilística, cabe, ainda, observar o aproveitamento do recurso da linguagem figurada. Fala-se muito da ocorrência de "metáforas", mas não se pode esquecer o uso de "metonímias": *Usar a cabeça, Ser um crânio*.

i) Chama a atenção, por outro lado, o emprego de expressões, cujos referentes, em termos de significados literais, pertencem a grupos sociais específicos, como os dos universos caracteristicamente masculinos ou femininos, que mais adiante são rotuladas de aparentes "esquisitices".

Muitas dessas questões mereceram guarita em vários verbetes e explicam as frequentes retomadas em muitos deles, como acontece frequentemente nos Verbetes Especulativos em relação aos Simplificados. Embora se admita o critério de que, sendo o dicionário uma obra de referência, cujos verbetes teriam de facilitar leituras autônomas e independentes, uma obra desse tipo, principalmente com a metodologia criada e adotada, é muito complexa, e não encontra soluções ideais para tudo. Acaba admitindo opções próprias; apesar de criticamente pensadas e analisadas.

A origem das expressões

Um ponto que provoca muita atenção, imediata curiosidade e grande interesse do povo em geral, e particularmente de jornalistas, cronistas, etc., em relação às frases feitas e, sobretudo, às expressões idiomáticas, é a questão de suas *origens* ou etimologia. Por que chorar *lágrimas de crocodilo*? Por que participar de uma *mesa-redonda*? Metaforicamente falando, a origem de muitas frases feitas se perde na noite dos tempos e no horizonte dos espaços, sobretudo quanto à datação e ao lugar de nascimento. A origem, e/ou motivações das expressões é um domínio muito difícil em que os dicionários comuns são de uma pobreza desconcertante: há explicações artificiais, muitas vezes ingênuas e até simplesmente anedóticas...

Por origem, e/ou raízes, entendo as respostas às perguntas "quem?" (autoria), "quando?" (datação), "onde?" (país, idioma, região), "por quê?" (etiologia, causa, motivação), que frequentemente têm implicações paralelas entre si.

A questão é intrigante e com frequência fica sem solução definitiva, ao menos cientificamente falando, e em relação à totalidade das perguntas, por falta de comprovação, sobretudo nos casos mais usuais, simples e populares, como *É um barato, Cara de pau, Pagar pra ver, Pagar o mico, Ter cabeça de vento, Entrar areia*, etc. Para *Ser/Fazer bicho de sete cabeças*, por exemplo,

[NAS] levanta a hipótese de que seria reminiscência da Besta do Apocalipse, descrita por São João Evangelista. A aceitar essa hipótese, ela é válida para a "origem" da expressão, ligada à Bíblia, mas não para o seu "uso", que, evidentemente, é bem mais recente.

Sem aprofundar no mérito da questão (que vale uma tese), entendo, entretanto, que "todas as frases, em particular as expressões idiomáticas", tiveram origem e motivação, estando implícitas, consequentemente, a respectiva explicação e interpretação. Entretanto, em sua maioria, essa origem e explicações de suas motivações são desconhecidas e praticamente impossíveis de serem recuperadas. Pode-se ter em mente 1.001 circunstâncias motivadoras para a criação de uma expressão idiomática. Conheço um fato concreto, em que uma pessoa foi a uma dermatologista que precisou lhe "queimar" uma verruga (variante vocabular: berruga) no lóbulo de uma orelha; essa pessoa saiu do consultório, reclamando, literalmente, que sua *orelha estava quente, ardendo/pegando fogo*". Perdido o referencial das circunstâncias reais iniciais em que se baseia a formulação da expressão literal — o que acontece com frequência — o seu sentido não literal — nascido da criatividade popular — pode tornar-se incompreensível, indescritível, indiscernível, opaco. Isso, todavia, não inviabiliza de forma alguma seu uso, pois, nessa perspectiva, defendo a tese de que o "desconhecimento de origens e demais explicações sobre as unidades frasais em questão não impede o seu emprego eficaz", ao menos na qualidade de vocabulário passivo de todos os usuários. Interessa-lhes, sim, a "compreensão" dos seus sentidos, em particular, o sentido não literal ou figurado, ainda que às vezes imprecisos, e o conhecimento e técnica do seu uso eficiente e eficaz, sendo tais expressões muitas vezes até insubstituíveis na conversa diária. (Urbano, 2013). Nisso, alinho-me à tese de Mattoso Câmara, quando, paralelamente, afirma: "Antes de tudo, há a circunstância de que os falantes de uma língua nada sabem espontaneamente da história dela e a manejam apesar de tudo de maneira plenamente eficiente." (1995, p. 14)

No caso, por exemplo, de *o casamento vai de vento em popa*, em que "popa" pode ser um termo desconhecido, cabe a seguinte interpretação: o ouvinte tem um significado de *vento em popa* disponível em seu repertório, previamente adquirido, de que "vento em popa" significa "algo que tem sucesso". Essa interpretação não passa pela percepção de que *vento em popa* não se aplica a um casamento, nem pelo processo de procurar significado que funcione naquele contexto. O significado *de vento em popa* consta do dicionário mental do ouvinte, exatamente como constam os significados "casamento" ou "menino": e essa expressão pode ser perfeitamente compreendida, então, mesmo por uma pessoa que, digamos, não saiba o que significa "popa". Caso semelhante é exemplificado pela expressão *em gênero, número e grau* na frase "concordo com o que você disse em gênero, número e grau", significando "concordo totalmente com você", sem que o falante tenha a mínima ideia das noções gramaticais de "gênero", "número" e "grau".

Ligada à questão da origem ou surgimento de expressões, há que considerar certas aparentes "esquisitices" de uso, como quando ocorre o uso unissex de expressões só atribuíveis aparentemente ao homem ou, inversamente, só à mulher. São os casos de expressões como *Botar as barbas de molho; Ficar com o saco cheio; Ficar de saia justa; Ser (uma) madalena arrependida,* por exemplo. Nesses casos abrem-se as expectativas de uso privativo masculino nas duas primeiras e feminino nas duas últimas, mas na realidade há muita mulher *botando as barbas de molho* ou *de saco cheio* e muito homem ficando *de saia-justa* ou admitindo *ser uma madalena arrependida* em certas ocasiões. O mesmo, entretanto, não acontece com *Agarrado à saia*, que será sempre "agarrado à saia de uma mulher", normalmente à da mãe.

Outra aparente esquisitice linguística do falante ou do idioma parece ocorrer com a expressão *ir pras cabeças*, com "cabeças" no plural, quando se sabe que a "cabeça" é uma parte única no corpo, diferentemente das "mãos" e dos "pés".

Neste tópico das origens das expressões, deve-se esclarecer ainda que muitas delas são compostas de "gírias" guindadas a frases verbais, principalmente predicativas com o verbo *ser*, mas também construídas com verbos transitivos, como *ter* e outros: *Ter o diabo no corpo; Descascar o/ um abacaxi.* O dicionário de [SILV], composto só de frases verbais, contém cerca de 1.300 verbetes encabeçados com o verbo de ligação *ser*. Dentre eles, cerca de 100 compõem-se do verbo *ser* mais palavras catalogadas como gírias em dicionários específicos, como: *Ser abelhudo; Ser ovelha negra; Ser da pá virada; Ser barra pesada; Ser batata; Ser pé-frio; Ser mão-de-vaca,* etc.

Variabilidade das expressões

Aristóteles abre o livro Z da *"Metafísica"*, reconhecendo que aquilo que é se diz de várias maneiras, o que consagra a variabilidade do dizer uma coisa como uma norma e condição.

Nessa hipótese, outro aspecto que desperta muitos efeitos é a "extrema variabilidade e instabilidade semântico-formal" das expressões, normalmente de ocorrência periférica, isto é, respeitados os núcleos temáticos e semânticos básicos individuais delas. Vale a pena, numa observação final, a retomada desse foco.

Antes de mais nada, fica o reparo de que as expressões, sobretudo idiomáticas, sejam sequências "fixas, cristalizadas, fossilizadas, congeladas". Na realidade, apesar da frequência dessa ideia, o ponto de vista, aqui defendido e comprovado, é de sua "relativa cristalização" ou "relativa fixidez", válidas para o seu núcleo temático literal, nos termos expostos anteriormente, porém, não para as zonas morfossemânticas periféricas, que permitem e admitem, produtivamente, frequentes variações, embora de pequeno porte, como muitas vezes demonstrado nos verbetes.

Naturalmente, o consulente desta obra possui as noções básicas de concordância gramatical, graças às quais fará as devidas depreensões de alguns verbetes, como no caso de *A cavalo dado não se olha(m) o(s) dente(s)* do qual se extraem, pelas noções de concordância verbal e nominal e flexões de número, as expressões padrões: *A cavalo dado não se olha o dente* e *A cavalo dado não se olham os dentes*. Por outro lado, seu perspicaz conhecimento semântico e bom senso o habilitarão a reconhecer, no verbete *Azar/Infeliz no jogo, sorte/feliz no amor*, as seguintes configurações: *Azar no jogo, sorte no amor*; *Infeliz no jogo, feliz no amor*, e, ainda, as interpretações: *Feliz no jogo, infeliz no amor*, ou até *Sorte no jogo, azar no amor*.

Essa variabilidade decorre evidentemente da reconhecida vitalidade da linguagem popular falada e da sua capacidade criativa, em particular na interação conversacional diária, criando, recriando e multiplicando, sem qualquer pejo, essas expressões, inclusive de forma incontrolável e ilimitada. Entretanto, são normalmente discerníveis os seus matizes semântico-formais, na base da polissemia, sinonímia e antonímia, entre outros inúmeros procedimentos, de ordem linguística e sociolinguística, como recursos e usos fonéticos e morfológicos, explicáveis pelos contextos situacionais imprevisíveis (tempo, espaço, interlocutores, etc.). Ademais, a grande quantidade de variáveis tem a vantagem de revelar a possibilidade de uso pontual, a cada momento, de uma determinada variável. Assim, um verbete como *Baixar/Descer/Meter a lenha/a pua/a ripa/o pau/o porrete/o sarrafo* indica seis opções de uso do núcleo temático (isto é, envolvendo seis palavras-chave referenciais), de acordo com o momento e a circunstância da conversa.

A vitalidade e criatividade da linguagem popular atingem, inclusive outros veículos, como a redação de jornais, sobretudo os de cunho popular, os quais, diariamente, usam e abusam das expressões, muitas vezes retextualizando-as. Tudo isso torna praticamente impossível qualquer listagem exaustiva e definitiva de expressões na confecção de dicionários do gênero; mas vale o risco.

Exemplificam, ainda que de forma incompleta, essa variabilidade os seguintes fenômenos:

a) de ordem puramente *fonética*: *para/pra, para o/pro, estou/tô*, etc.;
b) de ordem *morfológica*, flexões nominais, verbais: *Falar abobrinha(s), Vai fritar bolinho(s), A vaca foi pro brejo/Assim a vaca vai pro brejo*, ou, simplesmente, *Ir para o brejo*, etc.;
c) *expressões afirmativas/negativas*: *Ter/Não ter os pés no chão, Ser/Não ser relógio de repetição, Ser/Não ser burro de carga, Saber/Não saber onde tem o nariz, Dizer/Não dizer coisa com coisa, Dar/Não dar (nem) um pio, Dar/Não dar bola*, etc. Nesses casos, às vezes são registrados os dois sentidos opostos; às vezes, por clara desnecessidade, como faz [NAS], registra-se só o sentido positivo, deixando-se ao "perspicaz conhecimento semântico e bom senso do consulente" conclusões definitivas;
d) *expressões antônimas ou de valores opostos*, tradicionais ou *ad hoc*: *Tempo de vacas gordas/magras*, isto é, *Tempo das vacas gordas* x *Tempo das vacas magras*; inclusive graças a verbos antônimos: *Entrar/Sair (de fininho)*, isto é, *Entrar (de fininho)* x *Sair (de fininho)*; *Falar/Ouvir abobrinha(s)*, isto é, *Falar abobrinha(s)* x *Ouvir abobrinha(s)*; *Abrir/Fechar a mão, o(s) olho(s)*, isto é, *Abrir a mão, o(s) olho(s)*, etc. x *Fechar a mão, o(s) olho(s)*, etc.;

e) *expressões sinonímicas*: *A todo o vapor/A pleno vapor*, inclusive graças à penca de verbos sinônimos: *Botar/Colocar/Meter/Pôr*, etc.; *Abaixar/Baixar*, etc.:
f) graças a *verbos polissêmicos e/ou genéricos,* do tipo de verbos suportes, que multiplicam as expressões: *Dar, Pegar, Fazer, Levar, Ser, Estar, Cair*, etc.;
g) *expressões usadas semântica e formalmente de maneira completa ou incompleta, ou reduzida ou abreviada.* As completas atendem a construções frasais com verbos e predicações, como os provérbios: *Devagar com o andor que o santo é de barro*; *O castigo vem a cavalo*. As incompletas são de inúmeros tipos e feições, muitas vezes pontualmente reconstruídas, como *Devagar com o andor*, derivada de *Devagar com o andor que o santo é de barro* ou *Ir para o brejo* derivada de *Ir para o/pro brejo a vaca*. Pode-se também distinguir as "ampliadas", como *Uma mão lava a outra,* ampliada às vezes pela sequência "*e as duas lavam a cara*" ou *Cá entre nós*, ampliada com "*que ninguém nos ouça*", e as "reduzidas", como *Fechar a porteira*, reduzida de *Fechar a porteira depois de arrombada,* cujo original vem do latim: *Accepto damno januam claudere;*
h) expressões (re)alinhadas em campos semânticos ou linhas isotópicas diversas. Uma palavra, por exemplo, pode figurar em campos semânticos ou linhas isotópicas diferentes, segundo o enfoque dado. É o caso, por exemplo, da palavra "cotovelo", que aparece no campo semântico do ciúme ou inveja, *Dor de cotovelo,* ou no campo semântico do comportamento linguístico, *Falar pelos cotovelos*, falar muito. [ALV, p. 38/39].

Para ilustrar a extrema variabilidade formal de uma expressão, modelo de muitas outras, alinho as ocorrências abaixo, recolhidas em diversos dicionários do gênero: *Aí é que a porca torce o rabo/Aí que a porca torce o rabo/Aqui é que a porca torce o rabo/Aqui que a porca torce o rabo/É aí que a porca torce o rabo/É aqui que a porca torce o rabo/Agora que a porca torce o rabo/Agora é que a porca torce o rabo/Onde a porca torce o rabo/ Até aí a porca torce o rabo* entre outras, em que se observam pequenas, mas inúmeras diferenças formais.

Realizada nas mais diferentes circunstâncias, inclusive em conversas informais, esta recolha de expressões, repasso-a a você, caro leitor, na expectativa de que o ajude a *entender as suas linhas e entrelinhas, o dito e o interdito*, de forma sobejamente ilustrativa e intelectualmente prazerosa, como verdadeiro e colorido repertório da sabedoria popular. Ademais, a expectativa é sempre de um consulente perspicaz e inteligente que, na sua análise ligeira, descubra a fundamentação de expressões também inteligentemente e perspicazmente motivadas, criadas e formuladas, como um **Zero à esquerda**.

Antes do fecho, não quero deixar de renovar os agradecimentos à colaboração, indistinta e aparentemente passiva dos autores, vivos e *in memoriam*, constantes da Bibliografia, sem os quais, jamais uma obra, de cunho e porte desta, seria possível.

DICIONÁRIO BRASILEIRO
de expressões idiomáticas e ditos populares

desatando nós

DEMAIS**MENTIRA**RELÓGIO**PECADO**PESTANA**TOSSE**CHEIO**HORTA**ENXERGAR**CAPOTE**PIJAMA**CARNE**VARIAR**SARNA**PROFETA**NINHO**ESTACA**FULO**COPAS**BENEDITO**CATÓLICO**ARQUIVO**INÍCIO**ALAS**DOZE**CEGO**VALER**ANALFABETO**TOMAR**MUTRETA**CARRO**FUMO**DIABO**DIA**ÂNCORA**SEDE**TECLA**FOGUETE**PRATA**CAIR**CARNAVAL**PAPO**MÁSCARA**PERNA**FARINHA**BRIGA**SUSTO**FAVA**POBRE**PATACA**CUSPIDO**HIDRA**TROPA**MOLHO**QUEM**PILHAS**EMANA**MORTO**PARAFUSO**ATIRAR**POETA**PROPÓSITO**CHINELO**SAÚDE**CARGA**TIM-TIM**TONA**RIPA**FEIO**VINAGRE**MAS**PROCURAR**BASTA**PECHINCHA**INFELIZ**REMÉDIO**BALELA**PERU**TEMPO**FÉ**ASSINAR**CANOA**VENTA**SACO**COMIDA**BRUXA**CORDÃO**CHEQUE**TESTA**FOGO**LIXAR**SALIVA**LONGE**DOIDO**ARROCHO**ENCRENCA**DAR**LAR**BRISA**ARCO**PORTEIRA**PODER**PAREDE**CARA**FOLHA**PIQUE**GALHO**DISCO**CACETE**BATENTE**VIVER**CALHAR**DECRETO**ILUSÃO**VESPEIRO**TITIA**IDEIA**GUARDA**BIGORNA**CALADA**PADRE**FORRA**LOBO**BISCOITO**GELO**PESO**VAI**AVESTRUZ**BOLINHO**LÍQUIDO**FACE**PASSAR**PERGUNTAR**BÁRBARO**ERRO**TÁBUA**GAMBÁ**AFRONTA**CANECO**ALARDE**TORÓ**VARA**TROCO**SOLA**CERA**QUATRO**QUEIXO**CHARME**SETE**GRÃO**PONTUALIDADE**VIAGEM**CÍRCULO**MÃO**NOVE**S**BALANÇA**PRATO**CREDO**GARGANTA**CORTESIA**PODRE**LINHA**ESCARRADO**SIRIRICA**FURO**XEQUE**SOPA**DERIVA**FACHADA**GLÓRIA**JOGADA**SAFIRA**CABRITO**BISPO**CORDA**PONTA**DEIXAR**MARGARIDA**TIRIRICA**NOVO**DOBRADO**GAFE**LISTA**GENTE**QUESTÃO**CANJA**FANTASIA**RAIA**PELO**FULANO**PRESSA**CHAVE**FICHA**ASA**CÉU**OUTRA**ACAMPAMENTO**CIÊNCIA**HISTÓRIA**DINHEIRO**FAMA**TANGA**VERDE**LEITE**QUEIJO**POMO**ASSIM**GÁS**MARINHEIRO**DIVINO**HOJE**TOALHA**CALAFRIO**MANSINHO**GEMA**AMOR**JUDAS**CIRCO**NADA**REALIDADE**RECORDAR**VERO**ARRANCAR**ASSUNTO**NERVO**ESCOLA**ARAPUCA**OLHO**BOLHA**PEDRA**COVA**TRÂNSITO**SENTADO**DEDO**ÉGUA**PIRA**HORA**HÁBITO**LIMPO**PAPEL**JEITO**AMIGO**RISO**CABELO**PROPINA**LÁBIA**PIRIPITIBA**GOSTO**QUARTEIRÃO**NINGUÉM**INGLÊS**LINGUIÇA**CURTO**GREGO**SEIS**MÚSICA**VENETA**CORAÇÃO**TRAVE**DEGAS**COQUINHO**ESTRELA**AREIA**BERÇO**CALOR**PESADA**BALAIO**CABRA**CINTO**BUSÍLIS**ESPERANÇA**MANJAR**GALO**BOLA**ASSADO**MARTELO**AZAR**ATOLEIRO**OUVIDO**PAI**PAPELÃO**RABO**RAMPA**PASSO**ALHEIO**BOTÃO**EFE**APAGAR**ACONTECER**ÚTIL**CANELA**BACIA**LENHA**DOSE**MEMÓRIA**TIRO**PÍLULA**NÚMERO**BOCA**EMINÊNCIA**GOTA**VIDA**INFERNO**LÉGUA**ARMAZÉM**TAGARELA**TROMBA**TERRA**CRÍTICA**MESMA**CRUZ**MACIOTA**MANGA**PASSAGEM**SENTENÇA**SENHOR**TRELHO**ENGRAÇADINHO**CAMAROTE**VOLTA**VÁLVULA**ABUNDAR**TINTA**ARRANCA-RABO**CHEIRAR**ALMA**FIGURINO**REFRESCO**DIFERENÇA**NOTA**ANZOL**PERHAPS**MURRO**ONTEM**PULO**PIMENTA**BARRA**CRISTO**AMARELO**MAIOR**NARIZ**CARTEIRA**TRILHO**SABER**VINTÉM**CHUPETA**PATO**SAMBA**BARRIL**AVE**ARREBENTAR**SINAL**DITO**REDONDAMENTE**BARBA**FEITIÇO**REAL**ESTILO**PRENSA**MUDO**DELEP**ARTO**SALA**EMBAIXO**EMENDA**FAIXA**CONTROLE**TODAS**ERMÃO**CAÇAMBA**DOR**FUTURO**TRASEIRO**BRAÇO**SUA**FLOR**QUEBRA**GÊNERO**TELHADO**MAIS**APITO**BULH**UFAS**OVO**PITO**REGRA**PALPITE**SENTIDO**ABRIR**PÓLVORA**PRÁTICA**CACIFE**CRISTA**

Primeira parte

Verbetes Simplificados

De A a Z

DEMAIS**MENTIRA**RELÓGIO**PECADO**PESTANA**TOSSE**CHEIO**HORTA**ENXERGAR**CAPOTE**PIJAMA**CARNE**VARIAR**SARNA**PROFETA**NINHO**ESTACA**FULO**COPAS**BENEDITO**CATÓLICO**ARQUIVO**INÍCIO**ALAS**DOZE**CEGO**VALER**ANALFABETO**TOMAR**MUTRETA**CARRO**FUMO**DIABO**DIA**ÂNCORA**SEDE**TECLA**FOGUETE**PRATA**CAIR**CARNAVAL**PAPO**MÁSCARA**PERNA**FARINHA**BRIGA**SUSTO**FAVA**POBRE**PATACA**CUSPIDO**HIDRA**TROPA**MOLHO**QUEM**PILHAS**EMANA**MORTO**PARAFUSO**ATIRAR**POETA**PROPÓSITO**CHINELO**SAÚDE**CARGA**TIM-TIM**TONA**RIPA**FEIO**VINAGRE**MAS**PROCURAR**BASTA**PECHINCHA**INFELIZ**REMÉDIO**BALELA**PERU**TEMPO**FÉ**ASSINAR**CANOA**VENTA**SACO**COMIDA**BRUXA**CORDÃO**CHEQUE**TESTA**FOGO**LIXAR**SALIVA**LONGE**DOIDO**ARROCHO**ENCRENCA**DAR**LAR**BRISA**ARCO**PORTEIRA**PODER**PAREDE**CARA**FOLHA**PIQUE**GALHO**DISCO**CACETE**BATENTE**VIVER**CALHAR**DECRETO**ILUSÃO**VESPEIRO**TITIA**IDEIA**GUARDA**BIGORNA**CALADA**PADRE**FORRA**LOBO**BISCOITO**GELO**PESO**VAI**AVESTRUZ**BOLINHO**LÍQUIDO**FACE**PASSAR**PERGUNTAR**BÁRBARO**ERRO**TÁBUA**GAMBÁ**AFRONTA**CANECO**ALARDE**TORÓ**VARA**TROCO**SOLA**CERA**QUATRO**QUEIXO**CHARME**SETE**GRÃO**PONTUALIDADE**VIAGEM**CÍRCULO**MÃO**NOVES**BALANÇA**PRATO**CREDO**GARGANTA**CORTESIA**PODRE**LINHA**ESCARRADO**SIRIRICA**FURO**XEQUE**SOPA**DERIVA**FACHADA**GLÓRIA**JOGADA**SAFIRA**CABRITO**BISPO**CORDA**PONTA**DEIXAR**MARGARIDA**TIRIRICA**NOVO**DOBRADO**GAFE**LISTA**GENTE**QUESTÃO**CANJA**FANTASIA**RAIA**PELO**FULANO**PRESSA**CHAVE**FICHA**ASA**CÉU**OUTRA**ACAMPAMENTO**CIÊNCIA**HISTÓRIA**DINHEIRO**FAMA**TANGA**VERDE**LEITE**QUEIJO**POMO**ASSIM**GÁS**MARINHEIRO**DIVINO**HOJE**TOALHA**CALAFRIO**MANSINHO**GEMA**AMOR**JUDAS**CIRCO**NADA**REALIDADE**RECORDAR**VERO**ARRANCAR**ASSUNTO**NERVO**ESCOLA**ARAPUCA**OLHO**BOLHA**PEDRA**COVA**TRÂNSITO**SENTADO**DEDO**ÉGUA**PIRA**HORA**HÁBITO**LIMPO**PAPEL**JEITO**AMIGO**RISO**CABELO**PROPINA**LÁBIA**PIRIPITIBA**GOSTO**QUARTEIRÃO**NINGUÉM**INGLÊS**LINGUIÇA**CURTO**GREGO**SEIS**MÚSICA**VENETA**CORAÇÃO**TRAVE**DEGAS**COQUINHO**ESTRELA**AREIA**BERÇO**CALOR**PESADA**BALAIO**CABRA**CINTO**BUSÍLIS**ESPERANÇA**MANJAR**GALO**BOLA**ASSADO**MARTELO**AZAR**ATOLEIRO**OUVIDO**PAI**PAPELÃO**RABO**RAMPA**PASSO**ALHEIO**BOTÃO**EFE**APAGAR**ACONTECER**ÚTIL**CANELA**BACIA**LENHA**DOSE**MEMÓRIA**TIRO**PÍLULA**NÚMERO**BOCA**EMINÊNCIA**GOTA**VIDA**INFERNO**LÉGUA**ARMAZÉM**TAGARELA**TROMBA**TERRA**CRÍTICA**MESMA**CRUZ**MACIOTA**MANGA**PASSAGEM**SENTENÇA**SENHOR**TRELHO**ENGRAÇADINHO**CAMAROTE**VOLTA**VÁLVULA**ABUNDAR**TINTA**ARRANCA-RABO**CHEIRAR**ALMA**FIGURINO**REFRESCO**DIFERENÇA**NOTA**ANZOL**PERHAPS**MURRO**ONTEM**PULO**PIMENTA**BARRA**CRISTO**AMARELO**MAIOR**NARIZ**CARTEIRA**TRILHO**SABER**VINTÉM**CHUPETA**PATO**SAMBA**BARRIL**AVE**ARREBENTAR**SINAL**DITO**REDONDAMENTE**BARBA**FEITIÇO**REAL**ESTILO**PRENSA**MUDO**DELEPARTO**SALA**EMBAIXO**EMENDA**FAIXA**CONTROLE**TODAS**ERMÃO**CAÇAMBA**DORFUTURO**TRASEIRO**BRAÇO**SUA**FLOR**QUEBRA**GÊNERO**TELHADO**MAIS**APITO**BULHUFAS**OVO**PITO**REGRA**PALPITE**SENTIDO**ABRIR**PÓLVORA**PRÁTICA**CACIFE**CRISTA**

A

A

De a a z: do princípio ao fim. *Não brinque em serviço; faça tudo conforme combinado, de a a zê*. Sinônimo: *Alfa e ômega*. Há expressão similar em inglês. [HOU/AUR/BAR] (*)

Provar por A mais B: apresentar provas cabais, exatas, sem deixar dúvidas. *Terá que provar por A mais B que faltou ao trabalho por doença*. [PIP/SILV/MEL/7200]

À TOA

Cf.: TOA.

ABACAXI

Descascar o/um abacaxi (abacaxi, gír.: coisa ou pessoa desagradável): 1. resolver um problema de solução difícil, complicada, penosa; coisa embaraçosa, questão intrincada; desvencilhar-se de uma incumbência desagradável. 2. negócio indesejável. *Eles arrumaram a confusão e eu é que tenho de descascar o abacaxi. Vou ter que descascar o abacaxi que me deixaram*. Sinônimo: *Matar (a/as) charada(s)*. [HOU/AUR/DI/WER/VIO/MEL/SILV/3191/NAS/GUR/CF/BRIT] (*)

ABELHUDO

Ser abelhudo: ser intrometido, curioso. *O abelhudo do teu irmão já queria saber o que estávamos planejando*. Usado individualmente como gíria em expressões com vários verbos alternativos, inclusive com o verbo *ser*: *Ele é um abelhudo sem tamanho*. [SILV/MEL/GUR]

ABOBRINHA

Falar abobrinha(s): falar coisas desnecessárias, banais. *O cidadão só fala abobrinha, não se aproveita nada*. [MEL/SILV/AUR]

ABRAÇO

Abraço de afogados: referência à situação de duas ou mais pessoas estarem juntas nas mesmas dificuldades. *A presidente Dilma e o ex-presidente Lula estão num abraço de afogados.* (opinião do senador Aloysio Nunes Ferreira, do PSDB, repercutida em diversos jornais e TVs em 4/3/2016, em face da situação crítica envolvendo a presidente Dilma e o ex-presidente Lula). Usa-se alternativamente com diversos verbos. Cf.: *Estar/Ficar no mesmo barco*.

Abraço de tamanduá: abraço de falso amigo, abraço traiçoeiro, desleal, cortesia de gente falsa. *Ao me denunciar, ela me deu um abraço de tamanduá.* Usa-se com vários verbos, como *dar, receber*, etc. [MEL/0401/PIM/NAS/RIB/MOT/BEC] (*)

ABRIR

Num abrir e fechar de olhos: num instante, rapidamente. *Fiz toda a tarefa num abrir e fechar de olhos.* Sinônimo: *Num piscar de olhos*. Em espanhol há expressão correspondente. Não admite inversão de ordem. [AUR/MEL/NAS] (*)

ABUNDAR

O que abunda não prejudica: é melhor sobrar do que faltar. *Para chegar na hora, é melhor calcular uma hora a mais do trânsito, o que abunda não prejudica.* [NOG/6224]

ACAMPAMENTO

Levantar acampamento: ir embora, retirar-se. *Já está muito tarde, vou levantar acampamento.* [NAS/MEL/SILV/AUR]

ACEITAR

Aceita que dói menos: expressão moderna de resignação. *O adversário venceu, paciência; aceita que dói menos.* [DSP]

ACERTO

Acerto de/Acertar (as/umas) contas: fazer justiça, vingar-se, exigir satisfações. *Assim que o encontrar, vou acertar as contas com ele.* Sinônimo: *Ajuste de/Ajustar (as/umas) contas*. [0559/SILV/MEL/AUR]

ACHAR

Achar-se: julgar-se o melhor, o maior, estar cheio de si, presunçoso, arrogante, ou, simplesmente, encontrar-se depois de um "apagão mental". *O modelo ficou tão evidente que estava se achando. Ele é até um bom ator. Mas se acha demais. Lula e FHC estão se achando. Com aquele elogio todo eu estava me achando e fui discutir a minha nota. Depois daqueles momentos de "apagão mental", eu me achei de novo e falei "coisa com coisa".* Trata-se de um uso transobjetivo do verbo com tom de "modismo", de temporalidade efêmera, portanto. Frequentemente se usa sem o predicativo do objeto direto, normalmente pronominal (*se, me*), sugerindo teor semântico altamente positivo, como se vê nas abonações, ou seja, em desacordo com a norma gramatical de "*Achar + OD + predicativo do objeto direto*". (*Achava o professor um gênio; ele se achava um gênio*), ou, ainda, na fórmula: *Achar + OD (= se) + 0* (com predicativo zero). Cf.: ENGRAÇADINHO.

Achados e perdidos: aviso afixado em certos locais públicos, denominados "seção de achados e perdidos" (em estações de metrôs, aeroportos, etc., onde "objetos perdidos podem ser procurados"). A expressão, não idiomática, mas convencional, não está registrada em nenhum dicionário específico de expressões, mas aparece em [AUL] no verbete "achado", aquilo que se achou: *Seção de achados e perdidos*. Não admite inversão de ordem. [AUL/PRA1/VIL/TAG] (*)

ACONTECER

Aconteça o que acontecer: dê por onde der, sem temer as consequências. *Vou terminar o meu mestrado, aconteça o que acontecer.* Sinônimos: *Der no que dar; Der no que der; Haja o que houver. Quer chova ou faça sol.* Em inglês há formulação da expressão com formulação muito próxima. [RMJ2/NAS/6227]

ACORDO

Selar (um) acordo: decidir, fazer acordo. *Vamos selar acordo e acabar com essa discussão.* [SILV]

ADVOGADO

Advogado do diabo: pessoa que faz o contraponto em um debate para esclarecer o assunto ou fazer provocações. *Não quero ser o advogado do diabo, mas será que a sua acusação contra ele é justa?* É usada em vários contextos, configurada por diversos verbos, inclusive com *ser* na função predicativa. A expressão teve origem no direito eclesiástico da Igreja Católica. [MEL/RMJ/PIM/0494/AUR] (*)

AFRONTA

Engolir uma afronta: sofrer uma afronta, uma ofensa impassivelmente. *Não teve jeito, a funcionária engoliu a afronta e calou-se.* [SILV/NAS]

AGORA

Agora ou nunca: há pouquíssimo tempo para a realização. *Faltam só dois minutos: é agora ou nunca.* Há fórmula literal igual em inglês. [0507/RMJ2] (*)

ÁGUA

A pão e água: à míngua, na penúria. *Por causa do jogo, vive agora a pão e água.* Em princípio, não admite inversão de ordem. [MEL/AUR/NAS]

Afogar-se em pouca água: afligir-se por pouco, atrapalhar-se com pequeno problema. *Ficar muito preocupada só porque o filho ficou resfriado é afogar-se em pouca água.* Cf.: *Afogar-se em (em um/num) copo/pingo de/d'água.* [0500 / MEL/SILV]

Água com açúcar: pessoa simples, ingênua, algo fraco, ruim. *Este negócio está meio água com açúcar, não gostei.* Originada na ideia de café feito com muita água e pouco café, o que não deixa de passar um sentido figurado do uso de "café fraco". Usada com verbos diversos, entre outros, *estar.* [0525/GUR]

Água mole em pedra dura tanto bate/dá até que fura: com persistência, consegue-se tudo. Embora classificado como provérbio, é muito usado coloquialmente. *Apostou na loteria por anos e anos, até que ganhou: água mole em pedra dura tanto bate até que fura.* Há outras versões no português e em outras línguas, mas a origem é latina. [MEL/RMJ2/FRI/MEF/SILVA2] (*)

Água na boca: ser muito bom, despertar o apetite, ser uma delícia, causar admiração, não satisfazer o desejo. *Esse negócio de mulher bonita é de dar água na boca. Aquela pizza deu água na boca de todos.* Expressão fixa nominal que deixa em aberto várias combinações e formulações estruturais, como: *Dar/Deixar água na boca. Estar/Ficar com (a) água na boca. Ser de dar/Pôr água na boca. Viver com água na boca.* Há similar em francês. [LP/SILV/MEL/FUL/BAL/XAcm] (*)

Águas passadas não movem moinho: não se deve levar em conta o que passou. *Já esqueci todas as suas ofensas; águas passadas não movem moinho.* Sinônimo: *Com águas passadas não mói o moinho.* Há versões parecidas desde o latim e em espanhol, italiano e inglês. [MEL/MEF/LMOT/AM/0531] (*)

Até debaixo d'água: de qualquer modo, enaltecendo atitudes e convicções inabaláveis. *Confio nele até debaixo d'água.* Uso alternativo com vários outros verbos, como *confiar, acreditar*, entre outros. Há versão literal em espanhol. [NAS/MEL/CA/AM/AUR] (*)

Botar/Colocar/Pôr água (fria) na fervura: tentar conciliar, abafar uma discussão, sufocar, acalmar. *A bomba não chegou a explodir porque os filhos puseram água fria na fervura. Não estou querendo botar água na fervura, mas acho que está tudo errado.* Cf.: *Um balde/Uma ducha de água fria.* As expressões são usadas também com o verbo *jogar*. Em espanhol há expressão similar. [SILV/MEL/WER/4915]. (*)

Caldo de galinha e água benta não/nunca fazem mal a ninguém: Cf.: CAUTELA.

Carregar água em/na peneira: realizar tarefa impossível e inútil. *Tudo o que eu faço, ela rejeita, estou carregando água na peneira.* Há similar em inglês. Sinônimos: *Enxugar gelo. Dar nó em pingo d'água. Tapar o sol com a peneira.* [RMJ2/WER/SILV/MEL/1995/AUR] (*)

Cozinhar em água (fria/morna)/em banho-maria/em fogo lento: procrastinar a solução de um caso. *Cozinha os empregados em banho-maria e não dá logo o aumento.* Cf.: *Cozinhar o galo.* [MEL/SILV/ALV/NAS/2325]

Dar/Ficar em águas de bacalhau: não ter resultado, variante lusa para *Acabar em pizza.* (v). Cf. também: *Terminar em água de bacalhau.* [SILV/NAS]

Desta água não beberei: afirmação de que nunca fará algo que um dia não poderá deixar de fazê-lo. *Em matéria de vício, nunca diga dessa água não beberei.* [MEL/JRF] (*)

Fazer água: cair o rendimento, perder-se durante uma tarefa, ser um fiasco. *Seu projeto político começou a fazer água quando perdeu o apoio do partido.* [SILV/MEL]

Furo n'água: ação infrutífera. *Essa campanha foi um furo n'água.* É usada com vários verbos alternativos. Também se usa *Dar um furo n'água.* [4573]

Ir por água abaixo: cair por terra, arruinar-se. *Com a derrota no Senado, os planos* *do governo foram por água abaixo.* [SILV/MEL/NAS/AUR]

Mudar da água para o vinho: mudar completamente. *Estávamos nos entendendo, quando ele mudou o assunto da água para o vinho e bagunçou tudo.* Expressão intensificadora, de origem bíblica, vinculada ao milagre de Cristo durante um casamento. [FUL/WER/MEL]

Muita água rolar: acontecerem muitas coisas. *Muita água já rolou desde que você me procurou a primeira vez.* [MEL]

Presunção/Pretensão e água benta cada um usa/toma quanto quer/a contento: Cf.: PRESUNÇÃO.

Terminar em água de bacalhau: variante lusa para *Acabar em pizza* (v). Cf. também: *Dar/Ficar em águas de bacalhau.* [SILV]

Tirar água do joelho: urinar. *O coitado foi tirar água do joelho justo no muro da casa do sargento.* Expressão eufemística. [SILV/MEL/DI/4352/AUR]

Tirar água/leite da/de pedra: realizar tarefa impossível. *Resolver esse problema é tirar leite de pedra.* Sinônimo: *Dar nó em pingo d'água.* Em inglês há expressão equivalente. [2212/RMJ2/AUR] (*)

Vender como/que nem/feito água: em grande quantidade, muito. *O seu último livro vendeu como água. Ela vendeu doce na feira que nem água.* [MEL/SILV/8838]

Virar água: não ter resultado, não vingar. *O projeto dos pedágios ponto a ponto virou água.* [DSP]

AGULHA

Procurar/Encontrar (uma) agulha em/no/num palheiro: procurar/encontrar coisa muito difícil de achar; realizar atividade praticamente impossível, procurar defeito onde não há. *Encontrar quem falou isso é procurar agulha no palheiro. Achar meu amigo nesta multidão é como procurar agulha no palheiro.* A expressão tem uso universal, ao menos em latim, inglês, francês, italiano. Cf.: *Dar nó em pingo d'água*, e *Este (olho) é irmão deste*. [MEL/RMJ2/NAS/7189/LMOT /WER/SILV /SILVA2/AM] (*)

AI

Ai de!: locução interjetiva de lamento, pobre de. *Perdi meu emprego. Ai de mim!* [AUR]

AÍ

Não estar nem aí: não dar importância, não dar a menor atenção, demonstrar indiferença. *Ela não está nem aí para o que possa acontecer.* Sinônimos: *Não dar a mínima. Dar de ombros. Num tô nem aí. Tô nem aí.* A expressão negativa, expressa normalmente em tom popular, como *num tô nem aí*, costuma ser acompanhada e reforçada por um movimento dos ombros para cima e para baixo; caso típico de frase oral-gestual. Cf.: caso semelhante se observa em *No céu, Cristo; na terra, isto!* em que a fala da palavra "isto" é acompanhada de gesto de esfregar os dedos polegar e indicador, simbolizando dinheiro, e em *Dar (uma) banana*. [MEL/SILV/ABL/2485/AUR]

AJOELHAR

Ajoelhou, tem que rezar: compromisso assumido tem de ser cumprido, coisa começada tem que ser terminada. *Você disse que ficaria do meu lado; agora, meu caro, ajoelhou, tem que rezar.* Também pode aparecer o uso no condicional: *Se ajoelhar, tem que rezar.* [MEL/0556]

AJUSTE

Ajuste de/Ajustar (as/umas) contas: fazer justiça, vingar-se, exigir satisfações. *É bom que o procures, pois ele está a fim de ajustar as contas contigo.* Sinônimo: *Acerto de/Acertar (as/umas) contas.* [0559/SILV/MEL/AUR]

ALARDE

Fazer alarde: fazer exibição. *A criançada fazia alarde do novo uniforme.* [LAP] (*)

ALAS

Abrir alas: abrir passagem. *Oi, abram alas que eu quero passar.* (marchinha de carnaval) [0411/SILV]

ALEGRE

Entrar de alegre: envolver-se em problema por desinformação. *Entrou de alegre na confusão.* Sinônimo: *Entrar de gaiato.* [3793]

ALFA

Alfa e ômega: o princípio e o fim. *Para os cristãos de modo geral, Deus é o alfa e o ômega.* O sinônimo sugerido para os cristãos de língua portuguesa deveria ser: *Deus é o A e o Z.* Usa-se normalmente com o verbo *ser*. Em princípio, não admite inversão. [AUR/HOU/RMJ] (*)

ALFINETADA

Dar uma alfinetada: alfinetar alguém, atingir alguém com picuinha, criticar magoando. *Despeitada, a menina deu uma alfinetada na colega que obtivera a maior nota da turma.* [MEL/SILV]
Levar uma alfinetada: ser ironicamente atingido, criticado. *Por não merecer a nota mais alta na prova, levou uma bela alfinetada das colegas de classe.* [HU]

ALFINETE

Não valer (a cabeça de) um alfinete: não valer nada. *O televisor que comprei há anos, atualmente não vale um alfinete.* [SILV/NAS/MEL/AUR]

ALHEIO

Amigo do alheio: ladrão. *Recebeu a visita do amigo do alheio; levaram-lhe tudo o que havia comprado com tanto sacrifício.* [MEL/NAS]

ALGUMA

Aprontar alguma/uma: realizar algum tipo de malfeito, agir de forma a merecer alguma reprimenda. *Esse menino aprontou alguma, olhem a cara dele! Foi demitido por aprontar alguma na empresa.* Expressões marcadas com o feminino, pressupondo a elipse de palavra feminina compatível, como "ursada". Cf.: ESSA e p. 34, d. [MEL/SILV]

ALHO

Alhos com/e bugalhos: coisas muito diferentes, tomar uma coisa por outra. *Não mistureis alhos com bugalhos* (crônica de Machado de Assis, "Na cena do cemitério"). Usada alternativamente com vários verbos, como: *confundir, comparar, misturar, distinguir, falar, responder*, etc. É costume reunir pela consonância fonética das formas, independentemente do aspecto semântico, as palavras *alhos e bugalhos*. Não admite inversão de ordem. [RMJ/JRF/SILV/NAS/LP/LP/LAU/FRI/4072/5539/PIM/AUR] (*)

ALMA

Alma gêmea: companhia ideal com que se tem uma total afinidade. *Sei que ainda você vai encontrar a sua alma gêmea.* Usada alternativamente com vários verbos, como *encontrar, achar* e ligada como predicativo pelo verbo *ser*. [MEL]

Alma penada: pessoa desorientada. *A solidão está fazendo dela uma alma penada. É uma alma penada, não encontra ninguém que a ajude.* Usa-se com diversos verbos, como *parecer, ser*, etc. [MEL/0582]

Botar/Colocar/Pôr a alma pela boca: 1. ficar assustado, ficar ofegante. 2. demonstrar cansaço. *Fugindo da polícia, entrou em casa botando a alma pela boca. Subi a pé os doze andares, mas pus a alma pela boca.* Cf.: *Botar o coração pela boca*. Usadas alternativamente com vários outros verbos. [1404/NAS/SILV/MEL/CA/AUR]

Cortar/Partir a alma/o coração: dar pena, dó, comover ao extremo. *Corta a alma vê-lo preso a uma cama.* [SILV/MEL/AUR/NAS]

De alma lavada: ficar com a consciência tranquila, desabafar. *O marido ficou de alma lavada, quando foi desfeito o mal-entendido.* Usa-se normalmente com os verbos *estar, ficar*, entre outros. Sinônimo: *Lavar a alma*. [MEL/SILV]

Lavar a alma: ficar com a consciência tranquila, desabafar, livrar-se de grande trauma psicológico. *Lavei a alma, ao desfazer aquele mal-entendido.* Sinônimo: *Ficar de alma lavada*. [MEL/SILV/5012]

Sua alma, sua palma: faça-se a sua vontade, ainda que seja para seu mal. *Se você insiste em não seguir o meu conselho, tudo bem, sua alma, sua palma.* Usa-se também com vários verbos alternativos. Há expressões similares em espanhol e inglês. Em princípio, não admite inversão. [NAS/MEL/8068/LMOT] (*)

Tirar uma alma do inferno: falar de alguém que, excepcionalmente, dá esmola ou pratica um ato de honestidade inesperado. *Não acredito, pagou o que devia; vai tirar uma alma do inferno.* Usa-se com frequência na perífrase com o verbo *ir*: *Vai tirar uma alma do inferno.* [NAS/SILV]

Vender a alma ao diabo: comprometer-se por ato imperdoável. *Para obter uma vantagem financeira ele é capaz de vender a alma ao diabo.* Há similares em francês e espanhol. [ALV/MEL] (*)

ALTO

Altos e baixos: os prós e os contras, os pontos positivos e negativos que a vida oferece. *A minha passagem pela advocacia foi cheia de altos e baixos.* Usa-se com diversos verbos alternativos. Não admite inversão de ordem. [MEL]

Chutar/Jogar (tudo) para o alto: pôr de lado, abandonar, desprezar. *Chutou para o alto o emprego que o pai lhe arranjara com tanto sacrifício.* [AUR/SILV/MEL]

Voar alto: ser otimista em extremo, fazer projetos irrealizáveis ou de realização difícil. *Sempre que ele voa alto, tento fazê-lo cair na real.* [AUR/MEL/SILV]

ALTURA

Nesta/A essa altura do campeonato: no presente momento, naquele momento. *A essa altura do campeonato, ele já deve ter voltado para casa.* Usada em várias composições verbais e como adjuntos oracionais. [MEL/6028/AUR]

Quanto maior (é) a altura, maior (é) o tombo: quando se perde posição social e/ou econômica elevadas, sente-se demasiadamente, ou diz-se a homenzarrão provocador. *Ficou desnorteado ao perder toda a fortuna; quanto maior é a altura, maior é o tombo.* Há expressão correspondente em inglês. [MEL/RMJ2/FRI/MEF/LMOT/SILVA2/7259/AM] (*)

Responder à altura: responder nos mesmos termos, de forma categórica. *Responderá à altura a todos que o ofenderam.* (SILV/MEL/AUR]

AMANHÃ

Não (se) deixa para amanhã o que (se) pode fazer hoje: não adiar uma ação ou solução de um problema para não correr o risco de não poder praticá-lo depois. *Se você tem que ir ao médico, vá logo, não deixe para amanhã o que pode fazer hoje.* Semelhante conselho é dado também em versões próprias em outros idiomas. Na forma afirmativa: *Deixar para amanhã* significa "embromar, protelar": *Eu pedi pra ele comprar logo, mas ele quis deixar pra manhã, já viu...* [MOT/MEL/SILV] (*)

O futuro/O amanhã a Deus pertence: imprevisível, somente Deus sabe do futuro. *Não sei o que acontecerá se eles perderem o pai; o futuro a Deus pertence.* A mesma ideia aparece em adágios do espanhol e italiano. [MEL/6189]

AMARELO

O que seria do amarelo se todos gostassem do azul ou **Se não fosse o mau gosto o que seria do amarelo**: por ser de cunho pessoal, não se deve criticar a preferência de alguém. *Ele gosta de futebol, sua mulher, de novela; o que seria do amarelo se todos gostassem do azul.* Cf.: *Gosto não se discute*; *Quem ama o feito bonito lhe parece*. [MEL/7288/AM]

AMARGAR

... de amargar/arrasar (quarteirão)/arrancar/arrepiar (os cabelos)/arrebentar (a boca do balão)/doer/enlouquecer/ fechar (o comércio/o trânsito)/lascar/ morrer/tinir, etc. expressões formadas com "*de + infinitivo*" de alguns verbos, às vezes com os seus respectivos complementos, com função superlativa, positiva ou negativa, pospostas a "coisas, pessoas, ações, estados ou sensações diversas": espantoso, muito bom, extraordinário, insuportável, etc. *Ninguém consegue aturá-lo; é uma pessoa de amargar.* As expressões com complementos são usadas também singularmente como predicativos, com o verbo *ser*: *Ser de arrasar quarteirão*. Cf.: ...*pra burro/cacete/cachorro/ caralho/caramba/chuchu/danar*. Cf. ainda: DE. [MEL/SILV/PIP/FUL/WER/ NAS/3021/2705/2712/2828/AUR] (*)

AMÉRICA

Descobrir a América: propor algo já conhecido como se fosse uma novidade. *Essa gente dos anos 90 acha que descobriu a América porque pensa no mercado.* Sinônimos: *Descobrir a pólvora. Inventar a roda.* [PIP]

AMIGO

Amigo certo se conhece nas horas incertas: o bom amigo se conhece nas ocasiões adversas. *Ele é um bom amigo, lembra-se da gente sobretudo nas horas difíceis.* Essa máxima já vem do latim sob duas formas diferentes. [SIVA2/ LMOT] (*)
Amigo da onça: Cf.: ONÇA.
Amigo do alheio: ladrão. *Recebeu a visita do amigo do alheio; levaram-lhe tudo o que havia comprado com tanto sacrifício.* Integra construções e/ou frases verbais com diversos verbos, inclusive com o verbo *ser*. [MEL/NAS/AUR]
Amigo do peito: amigo íntimo. *Em qualquer ocasião serás sempre meu amigo do peito.* Expressão com função intensificadora. É usada normalmente com o verbo *ser*. [FUL/WER/0636/MEL]
Amigo-urso: amigo falso, desleal. *Não confie; ele é um amigo-urso.* Expressão usada normalmente com o verbo *ser*. Cf.: *Amigo da onça*. [NAS/RIB/MOT/PIM/ AUR/NAS/ABL] (*)
Amigos, amigos, negócios à parte: não se deve misturar amizade com negócios. *Não posso deixar de cobrar o que me deves, amigos, amigos, negócios à parte.* Não admite inversão de ordem. [MEL/AM] (*)

AMIZADE

Amizade colorida: relacionamento amoroso e sexual, geralmente passageiro, sem compromisso social. *Fomos jantar no Sheraton e ele insistiu para a gente passar a noite juntos lá mesmo, esse negócio de amizade colorida.* Constroem-se expressões de várias feições e verbos alternativos. [AUR/MEL/0642]

AMOR

Amor à primeira vista: amor ao primeiro encontro. *Tive, com o lugar onde moro, um caso de amor à primeira vista.* Constrói-se a expressão com vários verbos, como *ter*, etc. [AUR/MEL]

Amor com amor se paga: deve-se retribuir o bem com o bem. *Farei por ela tanto quanto ela fez por mim, pois amor com amor se paga.* Combina-se também com diversos outros verbos. [MEL/FRI]

Fazer amor: ter/manter relações sexuais, transar. *Ela ficou apenas alguns dias sem fazer amor.* [AUR/MEL/SILV]

Mais amor (e) menos confiança: não se deve confundir bom tratamento com permissividade, modo de repelir abusos por parte de pessoa a quem se deu intimidade. *A nossa amizade não lhe permite desrespeitar-me; mais amor menos confiança.* Em princípio, não admite inversão. [MEL/MEF/LMOT/5196/NAS]

Matar de amor(es): causar demasiado amor. *Com aquela exagerada admiração, ela matava de amor o primo.* Cf.: *Matar de...* [AUR/MEL/5373/SILV]

O amor é cego: justificativa para o casamento ou união de uma pessoa com outra muito feia, pobre ou de condição moral ou social bem inferior, um apaixonado não consegue discernir defeitos. *Apaixonado, casou com a prostituta; o amor é cego.* Sinônimos: *Quem ama o feio bonito lhe parece.*

Gosto não se discute. Cf.: *Mãe coruja.* [MEL/RMJ2] (*)

ANALFABETO

Ser analfabeto de pai e mãe: completamente analfabeto, ser muito ignorante, comparado no nível cultural a um órfão. *Você não sabe nada, é analfabeto de pai e mãe.* Expressão com função intensificadora. [FUL/WER/NAS/AUR]

ÂNCORA

Levantar (a) âncora: ir embora. *Já é tarde, está na hora de levantar âncora.* Em inglês há expressão similar. [SILV/RMJ2] (*)

ANDOR

Devagar com o andor (que o santo é de barro): é preciso ter calma ao falar, fazer ou pretender algo. *Tenha muito cuidado ao guardar os copos; devagar com o andor que o santo é de barro.* [MEL/LMOT/RMJ/NAS] (*)

ANDORINHA

Uma andorinha só não faz verão: uma pessoa sozinha não faz grandes coisas. *Você não dará conta de todo o serviço, uma andorinha só não faz verão.* Andorinhas são aves migratórias que preferem o clima quente. A ideia aparece desde o latim, espalhando-se em outros idiomas, ainda que com referentes assemelhados. [MEL/RIB/LMOT/MEF/FRI/SILVA2] (*)

ANEL

Vão-se os anéis, ficam os dedos: perde-se o supérfluo, mas conserva-se o essencial. *Perdeu o carro, mas saiu ileso do acidente; vão-se os anéis, ficam os dedos.* Sinônimo: *Dos males o menor.* Não admite inversão de ordem. [MEL/8809/LMOT]

ANGU

Angu de caroço ou *Caroço de/no angu*: intriga, confusão, complicação, coisa que dá resultado contrário ao esperado ou desejado. *Tem caroço nesse angu, maninho, tão armando.* Caroço aqui se refere à pequena porção de farinha que não se dissolve no angu, o qual é papa grossa feita com farinha de milho. Usada com vários verbos, como *ter* entre outros. [SILV/NAS/AUL]

ANJO

Dormir como/que nem/feito um anjo: dormir tranquilamente. *O nenê está dormindo como um anjo.* [HU]

ANO

Entra ano/dia/semana/mês, sai ano/dia/semana/mês: diz-se do que acontece ao passar do tempo, constantemente, sem interrupção. *Entra ano, sai ano, e ele não procura os filhos.* [MEL]

ANZOL

Cair no anzol: cair na rede, deixar-se apanhar ou envolver de tal forma que fica difícil desvencilhar-se, cair no logro. *Se você acreditar nas promessas dele, cairá no anzol.* [MEL/SILV/AUR]

APAGAR

Ao apagar das luzes: ao final, ao término de algum período de tempo. *Ao apagar das luzes do mandato, o prefeito empregou muitas pessoas.* Usa-se com variados verbos. [MEL/AUR/NAS]

APARÊNCIA

As aparências enganam: as pessoas e coisas nem sempre são aquilo que aparentam. *Ela demonstra ser uma santa, mas as aparências enganam.* Com outras palavras, a ideia, mais neutra, porém, já aparecia no latim. A expressão portuguesa, em versão literal, é reproduzida, todavia, em espanhol, francês, italiano e inglês. Cf.: *Ilusão de ótica; Quem vê cara não vê coração.* [MEL/MEF/0914/SILVA2/LMOT] (*)

Manter/Salvar as aparências: disfarçar. *Como político famoso, ele mantinha o casamento para manter as aparências.* [NAS/SILV/MEL]

APITO

Que apito (é que) ele toca?: que profissão, que função ele tem, quais são seus costumes, suas intenções? *Que apito ele toca* na empresa em que você trabalha? [PUG/NAS/MEL/SILV/LMOT/7270/GUR] (*)

APRESSADO

(O)Apressado come cru: quem tem muita pressa acaba dando-se mal, de quem faz as coisas com pressa não se pode esperar perfeição. *Apressado come cru, é bom aguardar o que ele tem a dizer.* Cf.: *A pressa é inimiga da perfeição.* [MEL/6155]

AQUI

Aqui se faz aqui se paga: pelo mal que a pessoa faz, ela acaba sofrendo em vida. *Maltratou tanto a mãe e acabou com uma doença grave; aqui se faz aqui se paga.* [MEL/0834]

(Já) Não estar (mais) aqui quem falou: expressão de arrependimento pelo que disse e, por algum motivo, não devia ter dito. *Se a minha opinião te magoou, não está mais aqui quem falou.* [MEL/4883]

AR

Com a cara/o ar de poucos amigos: Cf.: CARA.
Com a cabeça nas nuvens/no ar/no mundo da lua: Cf.: CABEÇA.

ARÁBIAS

Ser das arábias: muito esperto, insólito. *Ninguém pode com ele. Ele é das arábias.* Os árabes tinham fama de esperteza. Expressão intensificadora. [SILV/NAS] (*)

ARANHAS

Andar/Ficar às aranhas: andar ou estar sem norte, fora de controle, estar ou ficar desorientado. *Após perder a chefia, o homem anda completamente às aranhas.* Cf.: *Estar/Ficar fora de si.* [SILV/MOU]

ARAPUCA

Cair na arapuca/armadilha/esparrela/ratoeira/rede: cair no logro, ser enganado. *Foi comprar um carro usado e caiu na arapuca.* [MEL/SILV/1621/AUR]

ARAQUE

De araque: por acaso, de qualidade inferior. *Herói de araque. Salvou o menino por mero acaso. Champanhe de araque.* Constrói-se também, alternativamente, com diversos verbos. [MEL/AUR/HOU/GUR]

ARARA

Ficar/Virar uma arara: ficar muito irritado. *Eu ficaria uma arara se fizessem isso comigo.* A irritação do grito da arara é manifestada com veemência, aos brados, aos gritos. Sinônimos: *Estar/Ficar fulo (da vida). Estar/Ficar puto (da vida). Estar/Ficar pê da vida. Estar/Ficar louco de raiva. Lançar/Soltar fumaça (pelas ventas)*, entre outros. O comportamento, então, assemelha-se ao de uma arara, a qual, por natureza, é inquieta, não para de esganiçar em tom estridente, como se estivesse em constante reclamação. São usados ainda outros verbos, como *estar*, etc. [ALV/SILV/MEL/RIB/8733/AUR]

ARCO

Do arco-da-velha: complicação, reunião de coisas disparatadas, espantosas, inimagináveis, incríveis. *Durante a excursão, os alunos fizeram coisas do arco-da-velha.* Constrói-se com vários verbos, bem como a expressão pode ser encabeçada por vulgarismos léxicos, como *coisa(s) do, história(s) do*, etc. Cf.: *Coisa do outro mundo*. [3331/LCC/JRF/HOU/RAM/SIM/MEL/0866/ALV/FUL/XAre/WER/AUR/NAS/CF] (*)

AREIA

Entrar/Botar areia: estragar, complicar, frustrar, falhar, surgir algo imprevisto capaz de estragar a realização de um plano. *Entrou areia na jogada do ministro. Se não entrar areia nos meus planos, ainda irei à Europa este ano.* Sinônimo: *Dar crepe.* [NAS/SILV/MEL/PIP/1409/3790/AUR] (*)

ARMADILHA

Cair na arapuca/armadilha/esparrela/ratoeira/rede: cair no logro, ser enganado. *Não percebeu a armação e caiu na armadilha.* [MEL/SILV/1621/AUR]

ARMÁRIO

Sair do armário: assumir a sua condição de homossexual, ou, por extensão, assumir posições ou atitudes eventualmente contestáveis. *Saiu do armário e passou a ser mais leve e feliz.* [SILV/MEL/7621] (*)

ARMAZÉM

Armazém/Saco de pancada(s): pessoa que vive recebendo pancadas de várias outras, que é sempre responsabilizada, nem sempre tendo culpa. *Na escola ele era um verdadeiro armazém de pancadas dos colegas.* Constroem-se expressões verbais com vários verbos alternativos, como *virar, ser*, etc. [NAS/TOG/MEL/AUR/7587]

ARQUIVO

Queima de arquivo: ação criminosa com o objetivo de eliminar provas e/ou testemunhas de um crime. *A eliminação da principal testemunha foi queima de arquivo.* Usada com diversos verbos, inclusive como predicativo com o verbo *ser*. Também se usa: *Queimar (o) arquivo*. [MEL/7329/AUR]

ARRANCA-RABO

Arranca-rabo: discussão, briga, disputa, confusão, guerra. *No final da festa saiu o maior arranca-rabo entre as famílias dos noivos.* Constrói-se com diversos verbos. [MEL/PIM] (*)

ARRANCAR

... *de amargar/arrasar(quarteirão)/arrancar/arrepiar (os cabelos)/arrebentar (a boca do balão)/doer/enlouquecer/ fechar (o comércio/o trânsito)/lascar/ morrer/tinir*, etc. Cf.: AMARGAR e ARRANCAR. (*)

ARRASAR

... *de amargar/arrasar (quarteirão)/arrancar/arrepiar (os cabelos)/arrebentar (a boca do balão)/doer/enlouquecer/ fechar (o comércio/o trânsito)/lascar/ morrer/tinir*, etc. Cf.: AMARGAR.

ARREBENTAR

... *de amargar/arrasar (quarteirão) /arrancar/arrepiar (os cabelos)/arrebentar (a boca do balão)/doer/enlouquecer/fechar (o comércio/o trânsito)/lascar/morrer/ tinir*, etc. Cf.: AMARGAR.

ARREGO

Pedir arrego/penico: render-se, acovardar-se, entregar os pontos. *Teve que pedir arrego para não lhe baterem mais.* [MEL/SILV/NAS/AUR]

ARREPIAR

... *amargar/arrasar (quarteirão)/arrancar/ arrepiar (os cabelos /arrebentar (a boca do balão)/doer/enlouquecer/fechar (o comércio/o trânsito)/lascar/morrer/ tinir*, etc. Cf.: AMARGAR e CABELO.

ARROCHO

Dar um arrocho: forçar alguém, pressionar, coagir, deixar sem alternativa. *Deram-lhe um tamanho arrocho, que ele nunca mais chegou atrasado.* Sinônimos: *Botar/Meter/Pôr a faca no peito. Encostar alguém contra a parede.* [AUR/MEL/SILV]

ARROZ

Arroz-de-festa: pessoa que está presente em todas as comemorações ou eventos importantes, que comparece a qualquer tipo de recepção. *Não perde uma; é um verdadeiro arroz de festa.* Sinônimo: *De boa árvore, bom fruto.* Expressão nominal normalmente usada com o verbo *ser*, ligando predicativo, entre outros. [LCC/PUG] (*)

ÁRVORE

Árvore ruim não dá bons frutos: não se pode esperar coisas boas de quem é ruim. *Não me estranha que esse mau-caráter tenha agido mal, árvore ruim não dá bons frutos.* Registram-se versões correspondentes em vários idiomas. [LMOT/ MEL/FRI/0912/SILVA2] (*)

ÁS

Ser um ás: ser um dos primeiros entre os primeiros em sua profissão, ser exímio.

Ayrton Senna foi um ás das corridas da Fórmula 1. Aplicou-se em princípio aos aviadores. O ás é a carta mais forte da bisca e em outros jogos de cartas. [SILV/RMJ]

ASA

Arrastar (a/uma) asa(s): insinuar-se, diz-se de quem está interessado em alguém, dirigir galanteios, sonhar acordado. *Dizem que ele está arrastando asa pra empregada.* [SILV/MEL/PIM/CA/AUR] (*)

Bater (as) asas: fugir, desaparecer. *O marido dela bateu asas e nunca mais apareceu.* [AUR/MEL/SILV]

Dar asas à imaginação: dar expansão à imaginação. *Deu asas à imaginação e produziu dois bons livros.* [MEL/SILV/2439]

Debaixo da asa: sob proteção, muito protegido. *Estando debaixo da asa da mãe, acha que nada lhe vai acontecer.* Usa-se com vários verbos como *estar, ficar, pôr, botar, ter, trazer.* [MEL/AUR]

ASPAS

Entre aspas: ressalva ou destaque sobre algo que se falou ou vai falar. *Tem regalias por ser o melhor funcionário, entre aspas.* Na conversação e em exposições orais, como palestras, costuma-se desenhar no ar as aspas com dois dedos de cada mão. Usa-se com vários verbos alternativamente, como *dizer, falar*, etc. [MEL]

ASSADO

Assim e/ou assado: de um jeito ou de outro. *Não importa se está assim ou assado, eu quero agora.* É usada com vários verbos alternativos, inclusive o verbo *ser.* Cf.: *Nem assim nem assado.* Não admite inversão de ordem. [MEL/0964/NAS/AUR]

Nem assim nem assado: nem de um jeito ou de outro. *Não haverá festa nem assim nem assado.* É usada com vários verbos alternativos, como *dizer*, entre outros. Há similar em espanhol. Cf.: *Assim e/ou assado.* [NAS/0964]

ASSIM

Assim e/ou assado: de um jeito ou de outro. *Não importa se está assim ou assado, eu quero agora.* É usada com vários verbos alternativos, inclusive o verbo *ser.* Cf.: *Nem assim nem assado.* Não admite inversão de ordem. [MEL/0964/NAS/AUR] (*)

Nem assim nem assado: nem de um jeito ou de outro. *Não haverá festa nem assim nem assado.* É usada com vários verbos alternativos, como *dizer*, entre outros. Há similar em espanhol. Cf.: *Assim e/ou assado.* [NAS/0964]

ASSINAR

Assinar em branco: ratificar, apoiar o que outra pessoa faz ou diz, assinar sem ler, cegamente. *Assino em branco tudo o que ele fizer.* Sinônimo: *Confiar cegamente.* [MEL/SILV]

ASSUNTO

Bater/Martelar/Tocar na mesma tecla no/num (mesmo) assunto: Cf.: TECLA.

Ir direto ao assunto/ao ponto/ao pote: ir diretamente ao assunto, ao que interessa, ir à fonte limpa. *Vou direto ao assunto para não perder tempo.* A mesma ideia é explorada em francês. Cf.: *Falar sem rodeios*. [NAS/MEL/SILV/4098/PIP] (*)

Morar na jogada/no assunto: entender uma explicação, uma situação. *Finalmente ela morou na jogada e saiu de fininho.* [5556/SILV/AUR]

ATAQUE

À beira de um ataque de nervos: muito nervoso, na iminência de passar mal. *Ao saber que seria demitido, ficou à beira de um ataque de nervos.* É usada com vários verbos alternativos, como *ficar, estar*, entre outros. [MEL]

Ter um ataque de nervos: ficar muito irritado. *Tem um ataque de nervos a cada notícia na TV.* Sinônimo: *Estar/Ficar (como/que nem/feito) uma pilha de nervos.* [HU]

ATAR

Não atar nem desatar: não decidir, não resolver, não ir para frente nem para trás. *Ele não ata nem desata, e nós ficamos sem saber o que pretende.* O espanhol registra expressão correspondente. Cf.: *Desatar o(s) nó(s)*. [MEL/LMOT/SILV/AUR] (*)

ATINGIR

O que vem de baixo não me atinge: não me incomodam as ofensas de pessoas de baixo nível. *Ela é uma pessoa desclassificada, que vive me criticando, mas o que vem de baixo não me atinge.* [MEL]

ATIRAR

Atirar no que viu e acertar/matar o que não viu: agir com determinado objetivo e alcançar outro, pretender uma coisa e obter outra. *Prendeu o ladrão sem saber que era o assassino procurado; atirou no que viu e acertou o que não viu.* Reminiscência de uma história infantil, em que um jovem faz uma advinha que a filha do rei não conseguiu decifrar. [SILV/AM/MEL/LMOT/NAS] (*)

ATO

Ato falho/falhado: aparecimento de palavras acidentais, inconscientes e aparentemente sem propósito na fala, que podem traduzir desejos recalcados. *Eu queria dizer era bendito, não bandido; foi um ato falho.* Usa-se em diversas configurações, inclusive com o verbo *ser*, como predicativo. [AUR/1016] (*)

ATOLEIRO

Sair do atoleiro: sair das dificuldades, livrar-se de situação difícil. *Ele só conseguiu sair do atoleiro quando pagou todas as dívidas.* [NAS/MEL/SILV/AUR]

ATROPELO

Aos atropelos: sem ordem, sem o mínimo cuidado. *Fez o projeto aos atropelos.* Compõe frases graças a verbos como *fazer, sair, chegar, trabalhar,* entre outros. [0784]

AVE

Ave de mau agouro: pessoa agourenta, pessimista, que acha que tudo pode dar errado, que traz azar. *Para sermos vitoriosos, não pode haver no grupo ave de mau agouro.* Como expressão nominal, integra construções variadas e frases alternativas com diferentes verbos, como o verbo *ser*. Cf.: *Um urubu pousou na minha sorte.* [MEL/1045/NAS/RMJ/MOT/PIM] (*)

Ave rara: coisa extraordinária, pessoa ou coisa, difícil de encontrar. *Naquelas terras, a indiazinha era linda, uma ave rara de se encontrar.* Como expressão nominal, integra construções variadas e frases alternativas com diferentes verbos, como o verbo *ser*. [NAS/AUR/1046/RIB/RMJ] (*)

AVESTRUZ

Bancar o avestruz: não querer ver o lado desagradável das coisas. *Diante dos graves problemas dos filhos, ele prefere bancar o avestruz.* [MEL/MOT/SILV] (*)

Estômago de avestruz: pessoa que come muito sem selecionar os alimentos, sem se sentir mal. *É impressionante como ele come de tudo, parece ter estômago de avestruz.* O avestruz, quando come, engole tudo o que estiver misturado com os alimentos, paus, pedras, etc. Usada em combinação alternativa com vários verbos, particularmente o verbo *ter*. [NAS/MEL/AUR/SILV]

AZAR

Azar/Infeliz no jogo, sorte/feliz no amor: Cf.: JOGO.

Que azar!: interjeição de lamento, de contrariedade. *Estava certo que ganharia, mas perdi. Que azar!* Usada em diversos contextos negativos, vinculada a vários verbos. Há similar em inglês. [RMJ2] (*)

Dar (uma) canja/moleza/colher (de chá)/sopa (para o azar): facilitar, mostrar interesse por alguém, dar confiança, dar chance, dar oportunidade, descuidar-se, bobear, arriscar-se, etc. Cf.: CANJA.

AZUL

Tudo azul: tudo bem, tudo excelente. *Graças a Deus, está tudo azul com a minha saúde.* Sinônimo: *Tudo nos trinques.* Participa de frases alternativamente formadas com diversos verbos, como *estar, ficar,* etc. [MEL]

B

BACIA

Na bacia das almas: a troco de nada, a troco de reza, por preço baixo, extraordinariamente barato. *Foi obrigado a vender, na bacia das almas, a casa que o pai lhe deixara.* Sinônimo: *Ser (uma) galinha morta (o preço).* "*Na bacia das almas.* — Título de matéria do jornal *O Estado de S. Paulo*, de 11/10/2015, para o texto "Em vez de denunciar o tal 'golpe à paraguaia', Dilma deveria tentar salvar um pouco da dignidade que lhe resta." [MEL/5649/SILV/AUR]

BADERNA

Fazer/Promover baderna: fazer desordem, bagunçar. *Muitas vezes foi encontrado na bagunça, fazendo uma baderna, de onde saía totalmente bêbado para voltar para casa.* [PIM/AUR/HOU] (*)

BAGAÇO

Estar no/num/um bagaço: estar muito cansado, estar doente. *Não pôde sair conosco porque estava no bagaço.* Sinônimo: *Estar um trapo.* [MEL/SILV]

BAIANA

Rodar a baiana: enfezar-se, reagir de modo intempestivo. *Teve que rodar a baiana para ser atendido na emergência do hospital.* [SILV/MEL/7543/AUR]

BAILA

Chamar/Vir/Trazer à baila: ser objeto de conversa, surgir no comentário, estar em evidência. *Só vou falar do seu erro se ele vier à baila.* Usam-se ainda outros verbos, como *Andar na/Estar na*. [MEL/SILV/8626/NAS/8813/RMJ/AUR] (*)

BAILE

Dar um baile: ser o melhor de todos em qualquer coisa, ganhar por ampla diferença de pontos, humilhar, censurar. *O meu time deu um baile na estreia dos nossos reforços. O pai deu um baile no filho por causa de suas notas.* Cf.: *Levar/Ganhar um baile.* [MEL/SILV/NAS]

Levar/Ganhar um baile: ser repreendido, ser dominado com grande facilidade. *Todo dia ele ganha um baile da mãe por não arrumar o quarto. Por não querer sair com o irmão mais novo, ela levou um baile do pai.* Cf.: *Dar um baile.* [MEL]

BAITA

Baita: muito grande, imenso, bom, competente. *Aquele menino é um baita* *malandro. Levei um baita susto. A verdade é que ele é um baita escritor.* Palavra intensificadora, geralmente anteposta, com função adjetiva. [MEL/ABL/HOU]

BALA

Mandar/Largar bala/brasa: trabalhar ou fazer algo com muita disposição e vontade. *Vamos mandar bala que o serviço tem que ficar pronto hoje.* [AUR/MEL/SILV/5275]

BALAIO

Ser (um) saco/(um) balaio de gatos: conflito ou briga em que se envolvem várias pessoas, coisa confusa, situação complicada. *Ninguém se entendia, lá era um balaio de gatos na reunião de pessoas que não se entendem.* Usa-se de diversas formas, com diversos verbos, além do verbo *ser*. [MEL/NAS/SILV/WER/AUR]

BALANÇA

Fiel da balança: ser o que vai decidir uma questão. *O pai, no fim, vai ser o fiel da balança na compra ou não do carro.* Usa-se com diversos verbos, inclusive com o verbo *ser*. [HOU/NAS] (*)
Bater/Colocar/Pesar/Pôr na balança: avaliar determinada situação de forma ponderada. *É bom ter calma e botar tudo na balança para decidir se vai ou não morar no exterior.* [MEL/NAS/7040/SILV]

BALÃO

Criar/Lançar/Soltar (um) balão de ensaio: espalhar uma notícia, tentar uma experiência, tatear uma opinião sem se comprometer. *O governo insiste em criar balões de ensaio sobre a reforma da Previdência para saber como ela é recebida pelos trabalhadores.* Sinônimo: *Sondar o terreno.* [NAS/SILV/1080]

BALDE

Balde de água (fria): causa de desânimo, de diminuição do entusiasmo. *Jogou um balde de água fria nas crianças quando disse que não viajariam mais.* Constrói-se também com verbos como *botar, jogar,* entre outros. [MEL/1081]
Chutar o balde: revoltar-se, desistir. *Aborreceu-se no trabalho, chutou o balde e não voltou mais.* [FUL/DI/WER/MEL/1936/SILV] (*)

BALELA

Balela: afirmação ou boato infundado, mentira. *Pessoas vindas de morros próximos contaram que houvera batalha; desmenti esse princípio de balela (...).* Constrói-se de várias formas, com diversos verbos, inclusive com o verbo *ser*. [HOU/AUR/GUR] (*)

BANANA

Dar (uma) banana(s): fazer um gesto obsceno, ofensivo, flexionando o braço direito, com o punho e mão cerrados, seguros pelo meio com o braço esquerdo, e o antebraço a oscilar, simulando o membro viril. A frase e o gesto são vulgares no Brasil. Na realidade, mais do que frase verbal, trata-se de frase gestual. É uma mímica obscena, plebeia e vetusta que parece corrente também em Portugal, Espanha, Itália e França com significação idêntica e intenção fálica. Em Portugal há a expressão correspondente *Fazer um manguito*. Cf.: *Não estar nem aí*. [LCC/SILV/SIM/VIL/PIM] (*)

A preço/A troco de banana: muito barato. *Vendo o carro importado a preço de banana*. Uso alternativo com vários verbos, como: *comprar, vender, ser, sair a preço de banana*. Cf.: *A preço de ouro*, antônimo. [WER/MEL]

BANANEIRA

Ser bananeira que já deu cacho: pessoa que está em decadência, que já deu o que tinha que dar. *Aquele velho advogado é competente, mas é bananeira que já deu cacho*. A bananeira só dá um cacho. Uma vez dado esse cacho, pode-se cortar o pé, para que não fique sugando inutilmente a terra. [SILV/MEL/AUR/NAS/CF] (*)

BANCA

Botar (a) banca: vangloriar-se, menosprezar. *Para de botar banca, pois isso se torna ridículo*. [WER/AUR/SILV]

BANDEIRA

Dar bandeira: cometer uma gafe ou indiscrição, deixar transparecer algo, revelar algo que não devia. *Deixa de dar bandeira, ninguém quer saber se você errou*. Usada com frequência na forma negativa: *Não dar bandeira*. Cf.: *Cometer gafe. Dar um fora*. [FUL/SILV/MEL/2443/AUR]

Virar (a) bandeira/(a) casaca: mudar de partido, de parecer ou de opinião, versatilidade política. *O chefe virou bandeira e passou a torcer para o Flamengo*. Em relação a "casaca", o francês e o espanhol possuem expressões similares. [SILV/AUR/MEL/NAS]

BANDEJA

Dar de bandeja: dar gratuitamente, oferecer todas as facilidades, ceder sem remuneração. *Ela me deu de bandeja a solução para um grave problema*. [SILV/7051/AUR]

BANGUELA

Na banguela: falha de dentes frontais na arcada dentária, a marcha do carro em "ponto morto", isto é, na posição da alavanca de mudança de marcha ou com a marcha desengatada, em que o motor fica desligado da transmissão. *Na banguela* lembra a falha dentária do indivíduo banguela. *Vivia rindo, apesar de ser banguela. Desceu a ladeira na banguela sem controle*. Usa-se normalmente com o verbo *descer*. [AUR/HOU/PUG/5650] (*)

BANHO

Banho de gato: banho rápido, mal tomado. *Tinha hora marcada, tomou um banho de gato e saiu correndo.* Usa-se com vários verbos alternativamente. [MEL/1101]

Banho de loja: ato de vestir-se e arrumar-se muito bem. *Deram-lhe um banho de loja, ficou parecendo outra pessoa.* Usa-se com diversos verbos alternativamente. [MEL/1102]

Cozinhar em água (fria/morna)/em banho-maria/em fogo lento: procrastinar a solução de um caso. *Cozinha os empregados em banho-maria e não dá logo o aumento.* Cf.: *Cozinhar o galo.* [MEL/SILV/ALV/NAS/2325]

Ir tomar banho: Cf.: FAVA.

BARATA

Barata tonta: pessoa desarvorada. *Fica andando o dia inteiro pela casa feito barata tonta. É uma barata tonta, não consegue fazer nada.* Expressão usada alternativamente com diversos verbos, como *estar, ficar, ser* ou conectores comparativos, como *que nem/feito/como*. [MEL/1111/AUR]

Estar/Ficar entregue às baratas/moscas/traças: estar abandonado, maltratado, sem ninguém, desocupado, sem cuidados. *Se continuar essa evasão de alunos, a escola vai ficar às baratas.* Usam-se também com outros verbos, como *ser entregue*, etc. [FSP/MEL/SILV/WER/0933/AUR]

BARATO

Cortar o barato de: impedir que alguém consiga algo, interromper o que alguém quer dizer ou fazer. *Cortaram o barato dele quando o proibiram de jogar futebol.* [MEL/SILV]

O barato sai caro: muitas vezes um preço barato engana, pois o produto é imprestável e sua reposição torna-se muito mais cara. *O televisor barato saiu muito mais caro, pois tive que comprar outro, para poder assistir à copa.* [LP/WER/LAU/MEL/FRI/MEF/6157] (*)

Ser um barato: diz-se daquilo que é ótimo. *Tem um preparado aí que dizem que é um barato.* [SILV]

BARBA

Botar/Colocar/Pôr a(s) barba(s) de molho: 1. precaver-se. 2. refletir. 1. *Tratei de botar as barbas de molho, antes que Dona Esmeraldina apanhasse nova remessa de ciúme.* (Carvalho, *O coronel e o lobisomem*). 2. *Botei a barba de molho, antes de comprar o carro.* São usadas também com *estar/ficar com*. [SILV/NAS/FUL/6957/WER/MEL] (*)

Empenhar as barbas: garantir, assegurar dívidas e/ou promessas. *O político empenhou até as barbas, garantindo a promessa.* [NAS/SILV] (*)

Fazer barba (e) cabelo (e bigode): vencer, dominar completamente. *Nas eleições a antiga diretoria se reelegeu; fez barba e cabelo.* Não admite inversão de ordem. [SILV/AUR/MEL]

Nas barbas de: na presença de. *Foi preso porque estava roubando nas barbas da polícia*. Expressão usada com vários verbos alternativos. [MEL]

BARBADA

Ser (uma) barbada: coisa considerada muito fácil, qualquer competição em que a vitória é considerada fácil. *Para o meu candidato a eleição será uma barbada*. Constrói-se normalmente com o verbo *ser*. Não parece discernível. Expressão gíria que provém do turfe. Como "barbada" significa literalmente beiço inferior de cavalo, onde aporta a "barbela", cadeia de ferro que prende o freio do cavalo, talvez a gíria faça alguma alusão ao sentido literal. [MEL/AUR/VIO]

BÁRBARO

Ser bárbaro: ser sensacional, espetacular. *O show do Chico é bárbaro. Comprei um quadro bárbaro*. Trata-se de expressão gíria. No sentido mais próximo do literal significa incivilizado, selvagem, em alusão ao indivíduo pertencente aos povos invasores do Império Romano. Usa-se também com outros verbos, além do verbo *ser*. [SILV/MEL/GUR/AUL/AUR/HOU] (*)

BARBEIRO

Ser barbeiro: indivíduo (geralmente motorista, médico ou qualquer outro profissional) incompetente ou inábil no que faz, mau motorista. *Jamais permitirei que um barbeiro dê carona a meus filhos*. Talvez alusão ao profissional que faz a barba, permitindo, por inabilidade, cortes de navalha na face do cliente ou pequenas trilhas no corte mal feito de cabelos, conhecidas por *caminhos de rato*. Usa-se também com outros verbos, além do verbo *ser*. [AUL/NASE/GUR/VIO/MEL] (*)

BARCO

Abandonar o/Pular do barco: desistir de fazer, fugir, acovardar-se. *Abandonou o barco na hora que mais a família precisava*. Sinônimo: *Pular fora do barco*. É também bastante comum a forma negativa: *Não se deve abandonar o barco justo nessa hora*. [WER/MEL/0397]
Afundar o barco: destruir. *O patrão afundou o barco e a empresa virou fumaça*. [SILV]
Deixar o barco andar/correr (solto): deixar que as coisas continuem no seu rumo e ritmo naturais, deixar que as coisas aconteçam normalmente. *É melhor deixar o barco andar, não vamos dar opinião sobre o trabalho dele*. [SILV/NAS/MEL/AUR]
Estar/Ficar/Entrar no mesmo barco: ser solidário, estar na mesma situação que outrem, dividir compromissos com alguém. *Amar e olhar junto na mesma direção, é estar no mesmo barco. Todos temos nossa parcela de responsabilidade, pois estamos no mesmo barco*. Há similar em francês. [WER/PIP/SILV/MEL/3994] (*)
Tocar o barco (pra frente): tocar a vida, realizar um trabalho, etc. haja o que houver. *São muitos os problemas, mas tenho*

que tocar o barco para frente. [MEL/ SILV/AUR]

BARRA

A barra estar pesada: a situação estar difícil, sem controle, haver perigo. *No meu trabalho, a barra tem estado pesada ultimamente*. [MEL/SILV/GUR]

Agarrado à barra da saia/à(s) saia(s): sob proteção feminina. *Vive agarrado às saias da mãe*. Ao contrário de *De saco cheio* e *Botar/Colocar as barbas de molho*, de uso unissex, tem emprego feminino. Cf.: *De saco cheio*. [NAS/0503] (*)

Aguentar/Segurar a barra: suportar situação difícil, assumir a responsabilidade. *É difícil aguentar a barra com família grande e salário baixo*. [MEL/AUR]

Aliviar a barra: tranquilizar. *O cara aliviou a barra e tudo ficou limpo, dentro da legalidade*. [SILV]

Limpar a barra: tentar consertar algo errado que se disse ou se fez, inocentar. *Só conseguiu limpar a barra com a família, quando parou de beber*. Também se usa *Ficar com/Ter a barra limpa*. [SILV/MEL]

BARRACO

Armar (o maior) (o/um) barraco: armar uma confusão. *Quando o viu com outra, ela armou um barraco*. [MEL/SILV/AUR]

BARRIGA

Chorar/Queixar-se/Reclamar de barriga cheia: queixar-se, reclamar, lamentar-se sem motivo. *Você já ganhou o que queria, portanto pare de chorar de barriga cheia*. [SILV/MEL/1909/AUR]

Comer barriga: perder a vez de jogar, perder uma oportunidade, enganar-se. *Acho que você comeu barriga não aceitando aquele emprego*. [SILV/MEL]

Empurrar com a barriga: não dar solução devida e a tempo a um caso, adiar a solução de um caso. *Ele, como sempre, está empurrando a solução com a barriga. Empurrou a dívida com a barriga, até conseguir meios para quitá-la*. [MEL/ SILV/WER/AUR]

Tirar a barriga da/de miséria(s): comer até fartar, gozar largamente de algo até então não desfrutado. *Se eu ganhar esse prêmio, vou tirar a barriga da miséria. Enriqueceu, e está tirando a barriga da miséria: só faz gastar*. Sinônimo: *Até a barriga fazer bico*. [MEL/ SILV/AUR]

A barriga não dói uma vez só: não se deve deixar de atender a um pedido ou necessidade que possam repetir-se, podemos ser necessários mais de uma vez. *Agradeça ao seu amigo o que ele fez por você, pois a barriga não dói uma só vez*. Sinônimo: *Dor de barriga não dá uma vez só*. [MEL/LMOT/3393/AM]

BARRIL

Barril de pólvora: situação delicada, tensa, de perigo latente, que está a ponto de explodir, com consequências imprevisíveis. *Todo presídio superlotado se transforma num barril de pólvora*. Constrói-se de diversas formas, com diversos verbos. [AUR/MEL/1130]

BARULHO

Durma-se com um barulho desses: é difícil aguentar, entender ou aceitar coisas absurdas ou que incomodam. *Ela diz ter direito a uma parte da minha herança, durma-se com um barulho desses.* [MEL/3430]

Muito barulho para/pra nada/por pouca coisa: muito trabalho para pouco resultado. *O povo esperava ampla reforma política, o governo fez muita onda, mas voltou atrás; muito barulho para nada.* Sinônimo: *Muita galinha e/para pouco ovo* Cf.: *Dizer/Não dizer/Falar/Não falar coisa com coisa.* Usa-se com vários verbos alternativos. [MEL]

BASE

Naquela base: em determinada situação imaginada, depreendida do contexto. *A batida foi tão violenta, que o carro ficou naquela base.* [MEL] (*)

Tremer na(s) base(s): ter medo a ponto de estremecer, tiritar de frio ou calafrio. *Tremeu na base, quando soube o que aconteceu.* [SILV/MEL/8640]

BASQUETE

Pegar no basquete/no batente: trabalhar, começar a trabalhar. *Vou pegar no basquete, preciso descolar uma nota.* [HOU/MEL/SILV]

BASTA

Dar o/um basta/chega: pôr ponto final numa conversa, acabar com um abuso, dar uma advertência. *Júlia deu um basta no namorado pra ele deixar de ser confiado.* [NAS/SILV/MEL]

BATATA

Ir plantar batata(s): Cf.: FAVA e BATATA. (*)

Na batata: com plena certeza. *Estou convicto de que ele será eleito, na batata. Foi só você falar que ia chover, batata, desabou um temporal.* Expressão aparentemente nada discernível em termos de sentido literal/sentido figurado. Constrói-se normalmente com o verbo *ser*, bem como de forma isolada, como na segunda abonação supra. Cf.: *Ir/Mandar plantar batatas.* [MEL/NAS/5652/AUR]

Ser batata: não falhar, ser decidido. *A velha é batata e num instante matou a charada.* Expressão aparentemente nada discernível em termos de sentido literal/ sentido figurado. Constrói-se com o verbo *ser* e de forma isolada. *Foi só você falar que ia chover, batata, desabou um temporal.* [SILV/MEL/GUR/7838]

BATENTE

Pegar no basquete/no batente: trabalhar, começar a trabalhar. *Todos os dias ele pega no batente às sete da manhã.* [HOU/MEL/SILV]

BATER

Bate (e) volta: viagens rápidas, em geral de um dia, modismo ligado a circunstâncias de época. *Não dá para ficar mais tempo,* *preciso trabalhar; será um bate e volta de um dia só.* [HU] (*)

BEÇA

À beça: muito, em grande quantidade. *Vamos beber à beça.* Sinônimos: *Ter para dar e vender. A dar com/cum pau.* Provém do sobrenome Beça. Constrói-se com diversos verbos. Cf.: p. 34, g. [REC/LUF/PIM/0307/AUR] (*)

BECO

Beco sem saída: dificuldade insuperável, caso sem solução; situação desesperada. *A crise financeira levou muitas empresas a um beco sem saída.* Sinônimos: *Estar/Ficar em/numa sinuca. Estar/Ficar em/numa sinuca de bico. Estar/Ficar no vinagre. Estar/Ficar em papos de aranha.* Expressão iniciada normal e alternativamente com vários verbos, como *estar, ficar, meter-se em* e, inclusive, usada na função predicativa, com o verbo *ser*. [HOU/NAS/MEL/1213/AUR] (*)

BEDELHO

Meter o bedelho: intrometer-se, meter-se em conversa alheia. *Meteram o bedelho na zona e em toda parte. Eu nunca fui de meter o bedelho, mas mulher como Joana não tem que juntar com homem mais novo.* Sinônimo: *Meter o nariz/o bico.* Expressão sem origem metafórica discernível, mas já ocorrente no século XVI. [FUL/NAS/SILV/MEL/AUR/RMJ] (*)

BELELÉU

Ir para o/pro beleléu: acabar, ter fim, morrer. Cf.: *Bater as botas* e *Ir às favas*. A palavra "beleléu" tem origem obscura e cunho expressivo.

BELEZA

Beleza não (se) põe (na) mesa: a beleza não é tudo. *O seu noivo é muito bonito, mas beleza não se põe na mesa, ele precisa arranjar um emprego.* [MEL/1217]

BEM

Bem ou mal: de qualquer jeito. *Bem ou mal ele fez o que pôde para que o filho se formasse.* Não admite inversão de ordem. [MEL]
Cair bem: ficar bem, agradar, condizer, ser adequado. *A calça caiu-lhe muito bem no corpo.* [MEL/SILV]
Entrar bem: sair-se bem ou sair-se mal, dar-se bem ou dar-se mal, conforme o contexto; mais frequentemente, e, paradoxalmente, com valor negativo, isto é, ser malsucedido. *Entrou bem porque se candidatou sem chance de se eleger. — Conseguiu entrar na Universidade? — Entrei e entrei (muito) bem; me classifiquei entre os primeiros.* [SILV/MEL/AUR] (*)
Fazer o bem sem olhar a quem: ajudar outrem, independentemente de classe social, posição cultural, cor, religião, etc. *Ajudava a todos, indistintamente, porque fazia o bem sem olhar a quem.* [MEL/FRI]

Não bater bem: não estar "regulando" bem, não estar bem da cabeça. *Para rejeitar um emprego desses, não deve estar batendo bem.* [SILV/AUR/MEL]

BENEDITO

Será o Benedito?: expressão exclamativa, que representa irritação, contrariedade, surpresa, espanto. *Quantas vezes já pedi silêncio? Será o Benedito?* Provém do nome do então interventor de Minas Gerais, Benedito Valadares. Usa-se em diversos contextos. Cf.: p. 34, g. [MEL/PRA2/7959] (*)

BERÇO

Nascer em berço de ouro: nascer no meio da riqueza. *É uma pessoa muito simples, apesar de ter nascido em berço de ouro.* [WER/SILV/MEL/5983/NAS/AUR] (*)

BERLINDA

Na berlinda: em situação delicada, ser motivo de zombaria ou alvo de comentário. *Com a divulgação dos escândalos, o governo está na berlinda.* Usa-se com diversos verbos alternativos, como *estar, ficar*, etc. [PIP/MEL/SILV/HOU/AUL/AUR] (*)

BESTA

Besta (quadrada): pessoa (completamente) idiota. *O besta do teu chefe só te humilha porque você é uma besta (quadrada).* Usa-se com vários verbos alternativamente, inclusive na função predicativa com o verbo *ser*. Cf.: Ser quadrado. [MEL/SILV/GUR/NAS/1259] (*)

BEZERRO

Chorar como/que nem/feito (um) bezerro (desmamado): chorar fazendo grande alarido. *Com muita fome, o bebê chorava como um bezerro desmamado.* Em italiano se registra expressão literalmente similar. [MEL/NAS/SILV/LMOT/1906/AM/AUR] (*)

BICHO

Agora/Aí que o bicho/a coisa pega: acontecer o pior. *Se você não estiver aqui na hora marcada, aí é que o bicho pega.* Expressões formalmente muito instáveis; admitem configurações formais semelhantes às arroladas para a expressão *Aí que a porca torce o rabo.* Cf.: *O bicho pegar.* [RAM/XAre/FSP/LP/RIB/NAS/PAS/LCC/WERT/ALV/MEL/LMOT/0055/0543]

Com (o) bicho-carpinteiro: sujeito muito inquieto. *Esse garoto não sossega, parece que esse sujeito tem bicho-carpinteiro.* Há quem advogue, com a etimologia popular, ser corruptela de "tem bicho no corpo inteiro". Pode aparecer também com o verbo *ter*: *O moleque parecia ter o bicho-carpinteiro no corpo.* [SILV/MEL/LP/3929/NAS/HOU/PIM/AUR] (*)

Ficar/Virar uma fera/onça/(um) bicho: ficar muito irritado, irado, exaltar-se.

Se você continuar chegando atrasado, o chefe vai virar um bicho. Sinônimo: *Ficar uma arara.* Em relação à "fera", há correspondente em espanhol. [FSP/ALV/MEL/SILV]

Matar o bicho: ingerir bebida alcoólica, sobretudo de manhã em jejum, sendo considerada popularmente uma terapia preventiva, uma vez que serve para matar os vermes ou evitar que se criem. *Sem ter o que fazer, dera-lhe vontade de matar o bicho e foi ao boteco do compadre.* Essa expressão tem origem francesa. Cf.: *Matar...* [SILV/LCC/ROB/LMOT/RIB/RMJ/5552/AUR] (*)

O bicho pegar: acontecer o pior. *Se você não estiver aqui na hora marcada, o bicho vai pegar. O bicho pegou, malandro, foi arte da entregação.* Cf.: *Aí que o bicho/a coisa pega.* [MEL/SILV]

Se correr, o bicho pega; se ficar, o bicho come: diz-se de algo inevitável com alternativa também inevitável. *Não sei o que é pior, enfrentar o pai ou o irmão dela; se correr, o bicho pega; se ficar, o bicho come.* [MEL/7687]

Ser/Fazer bicho de sete cabeças: coisa difícil de realizar, de compreender. *Não entendi nada, parece bicho de sete cabeças.* Muito usada na forma negativa e com outros verbos, como *parecer*. Cf.: *Guardar/Fechar/Trancar a sete chaves.* [NAS/WER/RIB/PIM/AUR] (*)

BICO

Abrir o bico/a boca: falar tudo o que sabe, quebrar o silêncio. *Sob tortura qualquer um abre o bico.* Esta expressão motiva construção colateral com o sentido oposto, na base de verbo de sentido contrário: *Fechar o bico*: calar-se. *Nessa hora acho melhor botar a boca no mundo ou fechar o bico de vez.* Cf.: *Calar o bico.* [MEL/SILV/0421/AUR]

Botar/Colocar/Meter/Pôr o bico/o nariz (onde não deve/onde não é chamado): intrometer-se em algo sem ser solicitado. *Quem é educado não mete o nariz onde não é chamado. Sem querer meter o bico no que não é da minha conta, gostaria que você lhe desse um conselho.* Sinônimo: *Meter o bedelho. Botar/Colocar/Meter/Pôr a colher.* Há similar em inglês. [MEL/SILV/WER/RMJ2/5472/NAS]

Cair na conversa/na lábia/na saliva/no bico/no papo: deixar-se engabelar. *Ela caiu fácil no bico do patrão.* Cf.: *Levar na conversa/na lábia/no bico/no papo. Passar a conversa/a lábia/o bico.* [MEL/SILV]

Calar o bico: não falar, calar, guardar segredo. *Senti vontade de perguntar muitas coisas. Mas calei o bico.* Cf.: *Abrir o bico.* [SILV/NAS/MEL]

Levar na conversa/na lábia/na saliva/no bico/no papo: enganar, seduzir, driblar um adversário, deixando-o para trás, fazer alguém de bobo. *O vendedor foi demitido por ter levado no bico vários fregueses.* Cf.: *Passar a conversa/a lábia/o bico. Cair na conversa/na lábia/no bico/no papo.* [MEL/SILV/2096/6554/5098]

Molhar o bico: ingerir bebida alcoólica (socialmente), embebedar-se. *Durante toda a festa, só molhou o bico duas vezes. Posso molhar o bico?* [MEL/SILV/AUR]

Passar a conversa/lábia/saliva/o bico: enganar, seduzir, driblar um adversário, deixando-o para trás, fazer alguém de bobo. *O vendedor foi demitido* *por ter passado o bico em vários fregueses*. Cf.: *Levar na conversa/na lábia/no bico/no papo. Cair na conversa/na lábia/no bico/no papo*. [MEL/SILV/2096/6554/5098]

Ser bom de bico: ser convincente ao falar. *O cara fala pelos cotovelos; ele é bom de bico*. [SILV/GUR]

BICUDO

Dois bicudos não se beijam: duas pessoas de características incompatíveis não se entendem. *O casamento não deu certo porque os dois têm gênio forte, dois bicudos não se beijam*. Sinônimo: *Duro com duro não faz bom muro*. Existem em espanhol e francês frases com ideias semelhantes. [MEL/LMOT/3372/AM/CF] (*)

BIGORNA

Estar entre a bigorna e o martelo (ou ***entre o martelo e a bigorna***): estar entre duas dificuldades, dois perigos, sem saber como evitá-los. *Ambos são meus amigos, não posso tomar partido, estou entre a bigorna e o martelo*. Sinônimo: *Entre a cruz e a espada*. [AUR/MEL/NAS/SILV]

BILHETE

Bilhete azul: dispensa de emprego. *Foi ao desespero por ganhar bilhete azul às vésperas do Natal*. Compõem-se expressões com diversos verbos, como *ganhar, receber*, etc. [MEL/NAS/AUR/SILV]

BIRRA

Fazer/Por birra: irritar. *Derrubou o café por birra*. [SILV/2983/4231/7154/HOU]

BIRUTA

Ser/Ficar biruta: ser/ficar inquieto, desorientado. *Acho que esse menino, como vai, vai ficar biruta*. Expressão relativamente moderna, ligada ao ambiente aeronáutico, que é de 1941. "Biruta" é sacola de tela, de forma cônica, alongada, utilizada para a indicação das correntes aéreas. É colocada no alto de edifício nos aeroportos e campos de pouso. O vento, enchendo o invólucro, faz com que ele se desloque constantemente, orientando a posição dos sopros. Como a "biruta" jamais está imóvel, sugeriu a ideia de "inquieto, amalucado". [MEL/LCC/PIM] (*)

BISCA

Ser boa bisca: ser pessoa de mau caráter, velhaca. *Esse cara não é boa bisca, é muito enrolado pro meu gosto*. "Bisca" é jogo de cartas. A palavra vem normalmente precedida de "boa". [SILV/MEL/GUR/NAS]

BISCOITO

Molhar o biscoito: fazer sexo, manter relação sexual com mulher. *Garoto novo, ele só pensa em molhar o biscoito*. Sinônimos: *Afogar o ganso. Agasalhar* *o croquete*. Expressão chula; biscoito é metáfora para "pênis". [DI/MEL/SILV]

BISPO

Ir se queixar ao bispo: Cf.: FAVA.
Queixar-se ao bispo: diz-se, em geral com ironia, a quem não tem a quem reclamar ou quer ver-se livre de um inoportuno. *Não posso fazer nada para melhorar o seu salário, vá se queixar ao bispo.* É usada frequentemente em perífrase com o verbo *ir* e com outros verbos, como *reclamar, apelar.* Há algumas versões ou variantes para explicação de sua origem. [NAS/RMJ/SILV/7340] (*)

BLÁ

Blá-blá-blá: Conversa fiada, oca, sem conteúdo, sem objetivo. *Se ficarmos nesse blá-blá-blá, não resolveremos nada.* [MEL/HU]

BOA

Estar/Ficar na/numa boa: ter bom relacionamento com. *O chefinho ficou numa boa, agora tem espaço. Estou sempre na boa com todos os meus colegas de trabalho.* Entendemos que nas expressões desse tipo, com forma marcada no feminino, ocorre a elipse de palavras como "situação", etc. Cf.: p. 34, d. [SILV/5654/6141]

BOBEIRA

Dar/Marcar bobeira: vacilar, fazer bobagem, descuidar-se. *Meus homens marcaram a maior bobeira: acabei de receber uma intimação da polícia. Se der bobeira, você não vai ser atendido hoje.* Sinônimo: *Dormir de touca.* [SILV/MEL]

BOBO

De bobo não ter nada: esperto que se faz de bobo. *Não fique preocupado, porque de bobo ele não tem nada.* [MEL]

BOCA

A boca pequena: com voz baixa, em segredo. *Comenta-se a boca pequena que muitos empregados serão demitidos.* Usam-se vários verbos, como *comentar, falar, dizer.* [AUR/MEL]
Abrir a boca/o bico: 1. falar, gritar. 2. chorar. 3. revelar segredo. 4. admirar-se. 5. bocejar. 1. *Não abriu a boca durante o debate.* 4. *Abriu a boca ao ver a paisagem.* 5. *Dormiu pouco, de manhã ficou abrindo a boca toda hora.* Expressões polissêmicas, com vários sentidos não sinonímicos. Cf.: *Fechar a boca. Abrir/ Botar/Soltar a boca no mundo.* [0403/ SILV/MEL/AUR]
Apanhar/Pegar com a boca na botija: apanhar em flagrante, flagrar em delito. *Antigamente, certos tipos faziam negócios e ficavam a ver navios; outros eram pegos com a boca na botija. Pegou o filho com a boca na botija, ligando o carro para sair escondido.* [NAS/1962/SILV/CDAs/ ALV/TOG/WER/1999/MEL/AUR] (*)
Arrebentar/Estourar (a boca do balão): conseguir vitória ou resultado expressivo em alguma coisa. *Nenhuma seleção*

brasileira arrebentou a boca do balão como a da Copa de 1970. [PIP/MEL/SIL]
Bater boca: conversar, discutir violentamente, brigar por meio de palavras. *Depois do incidente, Roberto voltou para casa e bateu boca com Ana.* [SILV/MEL/AUR]
Boca a boca: transmitir mensagens oralmente. *A divulgação do meu livro tem sido boca a boca.* Usam-se vários verbos, como *transmitir, divulgar*, etc. [AUR/MEL]
Boca de siri: segredo absoluto. *Boca de siri, senão você vai se dar mal como chefe. É bom você fazer boca de siri sobre o que você viu aqui.* Usa-se com vários verbos alternativos, como *fazer*. Usa-se, inclusive, como advertência exclamativa. [NAS/MEL/SILV/4160/PIM/MOT] (*)
Boca livre: lugar onde se come e bebe de graça. *Não posso perder essa festa; vai ser boca livre.* Usa-se com vários verbos alternativos. [1338/GUR]
Botar/Colocar/Meter/Pôr a boca no trombone: fazer uma denúncia pública, delatar, reclamar. *Os funcionários do Banco do Brasil puseram a boca no trombone, quando sentiram a intervenção indevida no Banco.* [MEL/SILV/AUR]
Botar/Colocar/Pôr a boca no mundo: 1. gritar. 2. falar demais. 3. fazer escândalo. 4. Denunciar. 1. *Ao perceber que fora roubada, ela botou a boca no mundo.* 3. *E a mulher quando acorda, de manhã, bota a boca no mundo, atacada de nervos.* 4. *Se perceber a fraude, bota a boca no mundo.* Expressões polissêmicas, com vários sentidos paralelos, mas não sinonímicos. São usadas ainda com outros verbos, como *meter, soltar*. [AUR/SILV/MEL/NAS]

Cair/Estar na boca do povo: ser alvo de maledicência, tornar-se falado, ficar falado ou mal falado. *Depois que ela aprontou com o marido, caiu na boca do povo. Procedendo mal desse jeito, ela vai cair na boca do povo.* [SILV/MEL/1605/AUR]
Cala boca já morreu, quem manda na minha boca sou eu: réplica a quem manda alguém calar a boca. *Cala a boca você! Quem manda na minha boca sou eu.* [NAS/MEL]
Calar a boca de: contrariar previsão de quem critica seu desempenho. *Calou a boca de muita gente, sendo aprovado em primeiro lugar.* [MEL]
Da boca para/pra fora: modo de falar sem convicção, sem maior preocupação com a verdade, sem revelar o que está pensando, atitude falsa. *Fique tranquilo, ele falou da boca pra fora; não é o que ele pensa de você. Elogiou só da boca para fora.* Usa-se normalmente com os verbos *dizer, falar*, entre outros, inclusive com o verbo *ser*. [WER/SILV/MEL/2376/AUR]
De boca: oralmente, sem comprovação por escrito. *Passou a casa para o filho mais velho, mas só de boca. Convidou-o só de boca.* Usa-se com diversos verbos, como *passar, concordar, convidar, entregar*, etc. [2732/MEL]
Estar/Ficar de boca aberta: ficar perplexo, pasmar-se do que está vendo. *Ele fez um trabalho de deixar qualquer um de boca aberta. Ficou de boca aberta com a festa.* Sinônimo: *Ficar de queixo caído*. Usada também com outros verbos, como *deixar*. [2729/SILV/MEL/NAS]
Estar/Ficar de boca fechada: calar, não cometer indiscrições, manter discrição. *Acho melhor você ficar de boca fechada*

na frente dos pais dela. Constrói-se também com os verbos *conservar a, manter a*, entre outros. Há similar em inglês. [RMJ2] (*)

Falar mais que a boca: falar muito. *Esse menino não para de falar, fala mais do que a boca*. Sinônimo: *Falar pelos cotovelos*. [SILV/4095]

Fechar a boca: parar de comer e fazer regime, calar-se. *Se você não fechar a boca, não vai emagrecer nunca. Se você não calar a boca, nós não podemos conversar*. Cf.: *Abrir a boca*. [MEL/SILV]

Quem tem boca vai a Roma: quem sabe se comunicar não se perde. *Fui perguntando até encontrar a tua casa, quem tem boca vai a Roma*. Há correspondentes em francês, italiano e inglês. [LAU/WER/MEL/FRI/MEF/7442/AM] (*)

BODE

Amarrar o/um bode/o burro: ficar de cara fechada, entrar na "fossa", na depressão. *A gente sabe quando você fica de mau humor, porque logo amarra o bode*. Cf.: *Dar o/um (maior) bode (danado)*. Cf.: *Onde fui amarrar o meu burro/a minha égua*. [MEL/AUR/0621]

Bode expiatório: aquele que expia os crimes que não cometeu, é o culpado inocente a pagar pelas culpas alheias. *O ladrão é o diretor, mas o servente foi o bode expiatório*. O bode original é o bode vivo, reminiscência da prática religiosa hebraica de descarregarem-se nele, uma vez por ano, na festa das Expiações, os pecados do povo, levando-o em seguida para o deserto (ou atirando-o de um penhasco). Usa-se também na função de predicativo com o verbo *ser*: *Ser (o/um) o bode expiatório*. [LCC/SILV/NAS/HOU/WER/RIB/MEL/PIM/AUR/1342] (*)

Dar o/um (maior) bode (danado) (bode: gír.): dar confusão, complicar. *Deu bode e tudo foi por água abaixo. Veja só o bode que deu. Quando ele souber o que você fez, vai dar um bode danado. Se você não obedecer, vai dar o maior bode*. Sem origem metafórica discernível, a não ser, talvez, pelo comportamento rebelde e odor catinguento do animal, que naturalmente sugere a ideia de confusão e complicação contidas na expressão. Cf.: *Amarrar o/um bode/o burro*. [HOU/SILV/MEL/FUL/LP/ALV/2502]

BOI

Boi de piranha: pessoa que se submete a um perigo em benefício de outra. *Ficou como boi de piranha, atraindo o porteiro para que os colegas pulassem o muro e entrassem na festa*. Usa-se normalmente com o verbo *ser*. [MEL/RIB/NAS/SILVB] (*)

Boi/Vaca/Vaquinha de presépio: pessoa sem opinião, sem iniciativa. *Ele aceita tudo que o chefe diz, é uma vaca de presépio*. Alusão à postura desse animal no presépio. Usa-se com diversos verbos alternativos, inclusive como predicativo com o verbo *ser*. [8781/MEL/SILV]

Conversa (mole)/História pra boi dormir: conversa vazia, monótona, fastidiosa, sem interesse e resultado prático. *Essa pesquisa é balela e conversa para boi dormir*. Usada normalmente em função predicativa com o verbo *ser*. Sinônimos: *Conversa mole. Conversa/Prosa fiada*. [AMF/WER/SILV/AUR]

Ir amolar o boi: Cf.: FAVA.

Ter/Haver boi na linha: pessoa que intercepta, atrapalha e/ou intervém intempestivamente, há embaraços ou coisa suspeita. *É bom mudarmos de assunto, pois tem boi na linha*. Essa expressão, como várias outras, no padrão popular é formulada com o verbo *ter*; no culto seria com o verbo *haver*. [SILV/MEL/8228/NAS] (*)

BOIAR

Ficar boiando: ficar sem entender nada. *Mesmo assim fiquei boiando em matéria de futebol*. [SILV]

BOLA

Baixar a bola: conter-se, passar a ter humildade. *É bom baixar a bola, senão vão dizer que você é prepotente*. [MEL/SILV]

Bola/Bolha de sabão: bola ou bolha, metafórica, que rapidamente se dispersa ou explode, formada soprando-se por um canudo cuja extremidade se emergiu num líquido composto de água e sabão. Por extensão, trata-se de expressões nominais idiomáticas, significando coisa leve, inconsistente, passageira, acontecimento ou esperança efêmeros, ilusão. *Ao saber do resultado do concurso, sua euforia virou bolha de sabão. Ela continua apegada a essa bola-de-sabão que é a promessa de casamento*. Expressões nominais usadas alternativamente com diversos verbos como *virar, ser (como), parecer (como)*, etc. [NAS/MEL/1373/LP/HOU] (*)

Bola murcha: pessoa que não tem expressão, disposição ou coragem. *Esse novo chefe é bola murcha*. A expressão tem origem na área do esporte, onde, no sentido literal, uma bola murcha é inútil. [GUR/MEL]

Comer/Levar bola: deixar-se enganar ou subornar. *O consumidor comeu bola, mas os fiscais da Prefeitura também*. [SILV/AUR] (*)

Comer a bola: jogar muito bem. *Comendo a bola desse jeito, deverá ser convocado para a seleção*. A expressão tem origem no futebol. [MEL/AUR/SILV/2091]

Dar/Não dar bola (gír.): 1. aceder, concordar, dar atenção, flertar. 2. subornar. 1. *Pode falar o que quiser que eu nem dou bola*. 2. *Ele sempre foi honesto; jamais deu bola a fiscal algum*. Sinônimo (moderno): *Dar propina*. É muito usada na forma negativa. Cf.: *Não dar (nem) um pio*. [SILV/MEL/CDAs/RMJ2/BAR]

Estar/Ficar com a/aquela bola toda: estar muito bem. *Sua marca não está com a bola toda*. [ALV/SILV/PIP](*)

Ora bolas!: locução interjetiva de enfado. *Ora bolas! Não me perturbe. Vai amolar o boi*. [NAS/MEL/6349/AUR] (*)

Pisar na bola: cometer um erro, uma indelicadeza, uma indiscrição, decepcionar alguém. *Se ele reclamou da sua atitude foi porque você pisou na bola*. Provém da área futebolística. Sinônimo: *Dar um fora. Dar uma mancada. Cometer gafe*. Há similares em inglês e espanhol. [ALV/FIELD/DI/WER/6880] (*)

Ser a bola da vez: 1. na sinuca, a próxima bola visada para encaçapar. 2. ser o próximo. 3. estar em evidência. Os três sentidos estão interligados. A bola da vez provém do futebol. *Quantas vezes já se falou que o Brasil era a bola da vez. Depois dos colegas, parece que ele é a bola da vez para ser demitido.* [SILV/AUR/MEL]

Ser bola de neve: aquilo que toma vulto progressivo e rapidamente como uma bola de neve descendo uma encosta. *Precisamos conter essa bola de neve que é o prejuízo da filial.* A expressão aparece com vários verbos, além do verbo *ser*. [AUR/1372/NAS]

Ter/Não ter bola de cristal: adivinhar, prever/não adivinhar, não prever o futuro. *Eu não tenho bola de cristal para saber se as ações vão reagir.* Alusão ao instrumento de videntes. [MEL/SILV/1361/AUR]

Trocar as bolas: cair em erro, dizer ou fazer alguma coisa em lugar de outra (à maneira do jogador de bilhar, que, por engano, joga com a bola do parceiro), confundir-se. *Ele trocou as bolas, em vez de me procurar, foi falar com você.* Provém do esporte. [PRA2/DI/ALV/MEL/SILV/AUR]

BOLHA

Bolha/Bola de sabão: Cf.: BOLA.

BOLINHO

Ir fritar bolinho(s): Cf.: FAVA.
Ser de fritar bolinho(s): ser uma nulidade, não servir para nada a não ser para a cozinha. *O Maneco é de fritar bolinho, não serve rigorosamente para nada.* É usada alternativamente com vários verbos. [RMJ/SILV]

BOLO

Dar (o/um) bolo: enganar alguém, deixar de cumprir um compromisso, gerar confusão. *Ficou mal perante a imprensa porque deu bolo.* Em espanhol há expressão com ideia próxima, a partir de outros referentes. [MEL/SILV/AMF/AUL/NAS/AUR] (*)

BOLSO

Botar/Colocar/Pôr (alguém) no bolso: enganar, passar para trás, superar. *O meu médico atual bota o anterior no bolso.* [MEL/SILV/AUR]
Tirar do/Trazer no bolso do colete: apresentar resposta e solução próprias de súbito. *Tirou a resposta do bolso do colete.* Cf.: *Tirar da manga do colete.* [SILV/NAS/3332/PIM/AUR]

BOM

O que é bom dura pouco: a felicidade é fugaz. *Ela gosta muito de viajar, mas acha que o que é bom dura pouco.* Sentido transparente. A ideia já aparecia num provérbio latino. [FUL/LMOT/6229] (*)
O que/Quem é bom já nasce feito: a pessoa já traz do berço as características positivas, inclusive morais. *Ele é brilhante em tudo o que faz, quem é bom já nasce feito.* [7374/MEL/MEF]

BOMBA

A bomba estourou na minha/sua mão: arcar com as consequências. *Os dois*

aprontaram, mas a bomba estourou na minha mão. [0029/NAS]
Cair como/que nem/feito uma bomba: causar grande surpresa. *A renúncia do presidente caiu como uma bomba.* [MEL/SILV/LP/AUR]
Levar bomba: ser reprovado em exame. *Se levar bomba, o pai não o deixará viajar nas férias.* Sinônimo: *Levar pau.* [NAS/MEL/SILV/AUR]

BONDE

Pegar/Tomar o bonde andando: chegar atrasado e querer tirar vantagem, tomar parte numa conversa sem conhecer o assunto. *Você não deve dar opinião porque chegou agora e pegou o bonde andando.* Trata-se de expressões brasileiras, que tendem ao desuso progressivo em razão da progressiva extinção e/ou desuso do veículo chamado "bonde". [SILV/MEL/AUR/WER/6722/PIM] (*)
Pegar/Tomar o bonde errado: enganar-se quanto ao resultado de algo, tomar uma coisa por outra. *Peguei o bonde errado, ao acreditar nas pesquisas que davam como eleito.* Cf.: *Pegar/Tomar o bonde andando.* [MEL/8563/SILV/NAS/AUR]
Perder o bonde: não aproveitar uma oportunidade, deixar de fazer um bom negócio. *Perdi o bonde ao não aproveitar a promoção do financiamento sem juros.* Cf.: *Pegar/Tomar o bonde andando.* [ALV/MEL/SILV]

BORRACHA

Passar uma borracha/esponja em: esquecer, perdoar. *Prometo passar uma borracha nas ofensas que você me fez.* [AUR/MEL/6545]

BOTA

Bater a(s) bota(s): morrer. *Os católicos podem zerar seus pecados antes de bater as botas.* É uma das expressões com inúmeros sinônimos, desde os mais grotescos aos de cunho religioso. Assim, [0492] registra mais de 50 sinônimos, [SILV] mais de 60, e no [AUR] há inúmeros, sendo mais de 20 só de expressões idiomáticas, como: *Ir para o/pro beleléu, Levar a breca, Ir pra caixa-pregos, Espichar/Esticar as canelas, Ir para a(s)/pra(s) cucuia(s), Apitar na curva, Passar desta para a/uma melhor, Abotoar o paletó (de madeira), Vestir o pijama de madeira, Descansar no Senhor, Ir pro vinagre* entre outros. É verdade que nem todos são exclusivos, valendo às vezes por suas extensões compatíveis de sentido. Cf.: *Ir às favas*; *Morrer.* Cf.: CANELA, CUCUIA, FAVAS. [SILV/JRF/FSP/WER/FUL/ALV/AUR /1153/MEL/XAre/NAS/6264/HOU/4838/AUL/5063/PIM/4832] (*)

BOTÃO

Com (os) seus botões: falar, dizer, conversar consigo mesmo. *Maria Quitéria falou baixinho com os seus botões: — Eu te conheço. Sozinha no quarto, ela falava com seus botões: — Será que ele me ama?* Usa-se com vários verbos, como *conversar, falar, pensar,* etc. [ALV/SILV/MEL/NAS/AUR]

BRAÇO

Braço direito (de alguém): pessoa extremamente útil, valiosa, necessária, indispensável, principal e eficaz auxiliar. *O filho mais velho é o seu braço direito na empresa.* Usa-se de várias formas, além da função predicativa com o verbo *ser*. Há similar em inglês e francês. [BAL/1431/WER/RMJ2/SILV/AUR] (*)

Cair nos braços de Morfeu: entregar-se às delícias do sono, adormecer, dormir profundamente. *Depois de comemorar intensamente a vitória, caiu nos braços de Morfeu.* Cf.: p. 34, g. Além do verbo *cair*, usam-se também *estar* e *recolher-se*. [MEL/SILV/NAS/RMJ/1607] (*)

Com os/De braços abertos: cordialmente, amistosamente, com efusão e sem reservas. *No aeroporto os torcedores receberam os atletas de braços abertos.* Expressão usada com vários verbos, como *receber*, entre outros. Há similar em inglês, registrando tradução literal com iguais referentes. [RMJ/MEL/SILV/AUR] (*)

Cruzar os braços: ficar ocioso, inativo, furtar-se ao trabalho. *Ninguém em nossa casa há de cruzar os braços quando existe um parente para socorrer.* [TOG/MEL/SILV/2344/AUR]

Dar o braço a torcer: mudar de opinião, ante a evidência do erro, admitir a derrota, pedir desculpas. *Pela primeira vez o "duro na queda" deu o braço a torcer. O patrão deu o braço a torcer e readmitiu o empregado. Acho que você é que está errado, não vou dar o braço a torcer.* Talvez haja uma alusão ao jogo "queda de braço" (v.). É usada frequentemente na forma negativa: *Não dar o braço a torcer.* Há correspondente em espanhol, na forma negativa, com tradução literal e os mesmos referentes. [WER/TOG/MEL/SILV/ALV/2537/AM/AUR] (*)

Queda de braço: (*Bras.*) jogo em que duas pessoas, com os cotovelos apoiados num suporte horizontal, se dão as mãos ou cruzam os pulsos, para medir forças e obrigar o adversário a dobrar. *Tenho uma sugestão, disse João que tal jogar uma queda de braço para ver quem é o melhor?* Expressão usada com vários verbos, como *jogar, disputar, enfrentar.* [HU]

Sair no braço: brigar. *É um desordeiro, por qualquer motivo quer sair no braço.* Sinônimo: *Sair na porrada.* [MEL/SILV]

Ter (o) braço curto: fugir ao cumprimento do dever, não se esforçar. *É difícil conseguir alguma ajuda dele, ele tem o braço curto.* Cf.: *Ser peso (morto). Fazer corpo mole.* [HU]

BRANCO

Assinar em branco: ratificar, apoiar o que outra pessoa faz ou diz, assinar sem ler, cegamente. *Assino em branco tudo o que ele fizer.* Sinônimo: *Confiar cegamente.* [MEL/SILV]

Dar (um) branco: esquecer. *Na hora agá me deu um branco, fiquei sem saber o nome dele. Na hora da prova, deu branco.* [WER/SILV/2447]

Dia branco: qualquer dia da semana, exceto domingo e feriados, dia de trabalho, dia útil. *Vou embora cedo que amanhã será dia branco.* [3280/MEL] (*)

Eles/Vocês (que) são brancos, (lá) que se entendam: as pessoas do mesmo nível social se entendem. *O que eles discutem é problema deles; não vou me meter na*

briga do casal; eles são brancos que se entendam. [7672/MEL/NAS/PIM/AM] (*)
Passar em branco: passar sem que ninguém note, sem providências. *Com a perda da mãe, seu aniversário passou em branco.* Sinônimo: *Em brancas nuvens.* [MEL/SILV]

BRASA

Mandar/Largar bala/brasa: trabalhar ou fazer algo com muita disposição e vontade. *Se não mandar brasa, não conseguirá concluir o trabalho a tempo.* [AUR/MEL/SILV/5275]
Pisar em brasa(s): passar por situação extremamente difícil, cheia de cuidados. *Sem dinheiro e tendo que levar comida para casa, ele está pisando em brasa.* A metáfora e o sentido não literal são perfeitamente discerníveis. No Brasil, nas festas juninas, é conhecida a brincadeira ou devoção de pisar nas brasas das fogueiras ou "pular/saltar uma fogueira". [SILV/MEL/WER/CA/AUR]
Puxar/Chegar (a/s) brasa(s) à/para a sua sardinha: procurar as suas conveniências ou vantagens, defender seus interesses. *Em tempo de crise, cada um puxa brasa para a sua sardinha.* Há uma versão mais antiga: *Cada um chega a brasa à sua sardinha.* O latim traduz palidamente essa ideia. [MEL/SILV/7217/FRI /MEF/SILVA2/AUR/NAS] (*)

BRASTEMP

Não ser (assim) nenhuma brastemp: não ser algo/alguém espetacular. *O novo chefe novo é bom, não é assim nenhuma brastemp, mas ao menos faz reuniões rápidas.* Trata-se de marca que virou "bordão" e *slogan* comercial, depois expressão. Cf.: GILETE. [SILV] (*)

BRECA

Levado da breca: muito levado, ter mau gênio. *Sempre foi um menino levado da breca; hoje é uma pessoa disciplinada e tranquila.* Trata-se de uma expressão intensificadora. É usada com diversos verbos alternativos, inclusive como predicativo com o verbo *ser*. Cf.: *Levar a breca.* [FUL/MEL/AUL/AUR /HOU/LCC/7949] (*)
Levar a breca: (sem crase): frase implicativa que denota contrariedade, dirigida a algum desafeto. *Quero mais que ele leve a breca.* Cf.: *Levado da breca.* [MEL/SILV/AUL/HOU/NAS/5063/AUR] (*)
Levar a breca: (sem crase). Cf.: *Bater as botas.*

BREJO

Ir para o/pro brejo: não dar certo, falhar, fracassar. *Ficou triste porque seus planos foram pro brejo.* Sinônimo: *Afundar o barco. Ir pro beleléu.* Cf.: p. 40, g. e *Ir pro brejo a vaca.* [MEL/SILV/AUR]

BREU

Escuro como/que nem/feito breu: muito escuro. *Saí para fora e não enxerguei ninguém: estava tudo escuro como breu.*

Compõe-se com diversos verbos, como *estar, ficar*, etc., além da construção com conectores comparativos. [NAS/PUG/AUR]

BRIGA

Briga de foice: briga violenta. *A eleição para governador vai ser uma briga de foice no escuro*. Pode ser usada com diversos verbos, inclusive com *ser* na função de predicativo. [MEL/1443/AUR]

BRINCAR

Brincando, brincando: naturalmente, sem notar, sem esforço, aos poucos, acontecer algo com grande facilidade. *Brincando, brincando já estamos no fim do ano*. A expressão é usada sempre antes de um acontecimento já realizado. [NAS/MEL/AUR/HOU]

BRISA

Ninguém vive de/Viver de brisa: opção irreal para a necessidade de recursos para a sobrevivência. *Segure esse emprego, senão você vai viver de brisa. Você não pode esperar indefinidamente um emprego cair do céu, pois ninguém vive de brisa*. [SILV/MEL/8945/AUR]

BRONCA

Dar (a/uma) (maior) bronca: fazer escândalo repreendendo, brigar, censurar, zangar-se. *Precisou dar uma maior bronca na empregada para a casa ficar bem-arrumada. Ele não dá bronca, ele não é nenhum monstro com os alunos*. Sinônimos: *Puxar/Torcer a(s) orelha(s). Dar/Passar um sabão/um sermão/um pito. Dar (um) duro*, no sentido de censurar com veemência. Expressão composta com o núcleo temático gíria "bronca": repreenda, repreensão áspera. Motiva ainda construções paralelas com verbos de valor passivo, naturalmente com a devida reinterpretação do novo sentido não literal: *Levar/Receber/Sofrer (a/uma) (maior) bronca: Os alunos levaram a maior bronca, mas o professor não é nenhum monstro*. Para o valor ativo, o espanhol tem similar. Cf.: *Estar/Ficar na/numa bronca*. [MEL/SILV/HOU/LAT] (*)

Estar/Ficar na/numa bronca: irritar-se. *Quando souber o que você fez, ele vai ficar na bronca*. Sinônimos: *Estar/Ficar pê da vida. Estar/Ficar por conta (da vida). Estar/Ficar fulo (da vida). Estar/Ficar puto (da vida). Ficar uma arara. Estar/Ficar tiririca. Estar/Ficar soltando fumaça (pelas ventas)*. Cf.: *Dar (a/uma) (maior) bronca*. [MEL]

BRUXA

A bruxa anda/está solta: acontece uma sucessão de coisas ruins. *Fui acidentado e o meu filho, reprovado no colégio, a bruxa está solta lá em casa*. [MEL/3912]

BULHUFAS

Não entender/falar patavina/bulhufas/lhufas: Cf.: PATAVINA. [FUL/FSP/CDAs/SILV/MEL/LCC]

BURACO

Tapar (um) buraco: substituir alguém numa equipe. *Pedro precisou faltar, mas o chefe pediu para Augusto tapar o buraco.* Cf.: [FRI]: Recebido o dano, tapa o buraco. [FRI/PUG/AUR]
O buraco é mais embaixo: ser bem diversa a situação, o problema não é bem esse, é mais grave, mais profundo. *Quando ela foi falar com ele, descobriu que o buraco era mais embaixo.* [SILV/6164]

BURRO

Amarrar/Botar/Colocar/Pôr o burro na sombra: proteger-se, ficar em boa situação, relaxar. *O cidadão amarrou o burro na sombra. Agora colhe o que plantou.* Usa-se, ainda, o verbo *estar com* nas construções de frases com essa expressão. [MEL/SILV/7052]
Amarrar o/um bode/o burro: ficar de cara fechada, entrar na "fossa", na depressão, irritar-se. *A gente sabe quando você fica de mau humor, porque logo amarra o burro.* Cf.: *Onde fui amarrar meu burro/minha égua.* [MEL/0617/AUR]
Dar com os/co's burros/burrinhos n'água/na água: não se conter, enganar-se completamente, prejudicar-*se*, dar tudo errado. *Ele se meteu a estudar pra doutor, mas deu com os burros n'água, e parou. Deu com os burros n'água, mas eu tinha avisado.* Cf.: *Levar na cabeça.* [PAS/WER/TOG/LP/CDAs/LCC/SILV/MEL/FUL/ALV/MOT/RIB/CA/2462/AUR] (*)
De pensar/Pensando morreu um burro: é o que se diz de alguém que parece estar muito pensativo e concentrado. *Ele pensou que eu fosse me arrepender, mas de pensar morreu um burro.* [WER/MEL/LCC/MEL/RIB/MEF/2975/AM/SILVB] (*)
Onde fui amarrar o meu burro/a minha égua: lamento por uma dificuldade real, imaginária ou inimaginável. *Em que confusão eu me meti, onde fui amarrar o meu burro, com tanto compromisso que assumi!* [0781/SILVB/HU]
Pra burro só faltam as penas/as orelhas: é um burro perfeito, completamente ignorante. *Ele é completamente ignorante; para burro só faltam as penas.* Cf.: *Só falta... fazer chover/cair de quatro.* [6491]
... pra burro/cacete/cachorro/caralho/caramba/chuchu/danar/dar e vender: muito, coisas, pessoas, qualidades e/ou quantidades intensificadas, positiva ou negativamente. São usadas adverbialmente, posposicionadas, com diversas classes de palavras, e sem interpretação semântica discernível e lógica, mas com caráter superlativo. *Meu sobrinho é inteligente pra burro. Ele é muito rico, tem dinheiro pra burro. A avó dele tem saúde pra dar e vender.* Cf.: *...de amargar/arrasar (o quarteirão)/arrancar/arrepiar (os cabelos)/arrebentar (a boca do balão)/doer/enlouquecer/fechar (o comércio/o trânsito)/lascar/morrer/tinir; ...da silva; ...da vida...; ...de morte; ...de raiva; ...do peru; ...de verde e amarelo,* etc. [FUL/MEL/XAre/7126/AUR/NAS] (*)
Quando um burro fala, (o) outro abaixa/murcha a orelha: *Quando um burro fala, o outro murcha a orelha é, em outras palavras, uma norma*

conversacional: fala um de cada vez. Trata-se de provérbio, mas muito usado coloquialmente, como muitos outros referentes a bichos. Outras configurações do provérbio são: *Quando um burro fala, o outro abaixa a cabeça. Quando um burro fala, o outro cala.* [MEL/GAL/LMOT/7252/SILVB]

Ser burro: ser privado de inteligência. *Ela saiu rapidinho, pois era preguiçosa, mas não burra.* [SILV/GUR]

Ser/Não ser burro de carga: não querer, não estar disposto a acumular deveres dos outros ou excessivos, sobretudo. *Na empresa ele é um burro de carga, trabalha pesado pelos outros, e ninguém reconhece.* [PUG/MEL/SILV/GUR/AUR]

BUSÍLIS

Busílis: enigma, problema, o nó ou xis de uma questão. *Aí está o busílis da questão.* Cf.: *Descobrir o x da questão.* Em latim aparece palidamente a mesma ideia, naturalmente com outra formulação. Usa-se com vários verbos alternativos, como *estar, ser,* entre outros. Há o mesmo uso em vários outros idiomas. [LUFT/HOU/AUR/NAS/SILVA2/GAR/PAR] (*)

CABEÇA

Observação: [AUR] e [HOU] arrolam inúmeras gírias, expressões e verbetes individuais com a palavra "cabeça", como *cabeça-dura, cabeça-inchada, cabeça-tonta,* etc., verdadeiros núcleos de expressões, construídas normalmente com os verbos *ser, estar* e *ficar,* na função de predicativos.

Abaixar/Baixar a cabeça/a crista/o topete: admitir o erro, humilhar-se. *A gente não deve baixar a cabeça. Acho melhor você baixar o topete e voltar para casa.* [0390/0391/SILV/MEL]

Bater cabeça: fazer um mau negócio, ficar desarvorado. *Depois que soube que não passara no concurso, ficou batendo cabeça pela rua até tarde.* [MEL/SILV/AUR]

Botar/Colocar/Pôr a cabeça no lugar: acalmar-se, parar para pensar. *É melhor botar a cabeça no lugar, antes de reclamar dessa forma.* [MEL/SILV]

Botar/Colocar/Meter/Pôr na cabeça: convencer(-se), persuadir(-se), acreditar. *E agora botou na cabeça que vai ser modelo.* [NAS/SILV/MEL/5485]

Cabeça de bagre: pessoa despreparada ou incompetente, estúpida, imbecil. *Não vou perder tempo discutindo com esse cabeça de bagre.* Usa-se em construções frasais com o auxílio de diversos verbos, inclusive como predicativo com o verbo *ser*. [1472/AUR]

Cabeça-dura: pessoa teimosa, estúpida, faz apenas o que quer. *Não seja cabeça-dura, ela está com a razão*. Usa-se inclusive com vários verbos, como *ter*, e como predicativo com o verbo *ser*. [HOU/AUR/SILV/1480]

Cabeça fria: tranquilidade, calma, despreocupação, sensatez, ponderação, indivíduo que calcula bem o que faz. *Temos que ter cabeça fria para resolver esse problema. Seja cabeça fria para não cair no ridículo*. Sinônimo: *Cuca fresca*. (*cuca* é vocábulo de teor mais vulgar). Combina-se com vários verbos, como *ter, ficar com*, e com *ser* na função predicativa. [MEL/SILV/NAS/GUR/AUR]

Cabeça-oca: cabeça vazia de preocupação, de projetos, de responsabilidade. *Seu filho é um cabeça-oca, só pensa em badalação*. Combina-se com vários verbos, como *ter, ficar com*, e com *ser* na função predicativa. [NAS/MEL]

Cabeça quente: intranquilidade, nervosismo, preocupação, insensatez, aflição. *Agindo com cabeça quente, você acabará cometendo injustiças. Não se deve resolver nada de cabeça quente*. Sinônimo: *Cuca quente*. (*cuca* é vocábulo de cunho mais vulgar). Combina-se com vários verbos, como *ter, ficar, andar, viver, ser* e *ter*. Há similar em francês. Cf.: *Esquentar/Fundir a cabeça/a cuca*. [MEL/PIP] (*)

Cada cabeça, uma sentença ou **Cada sentença, uma cabeça**: cada indivíduo pensa de um jeito diferente. *Lamento que ela não siga os meus conselhos; enfim, cada cabeça, uma sentença*. Cf.: *Tantas cabeças, tantas sentenças*. [MEL/FRI/MEF/1528/AM]

Coçar a cabeça: arrepender-se, conter-se, preocupar-se. *Não adianta ficar só coçando a cabeça e gritando com os empregados, precisamos orientá-los*. O italiano também tem uma expressão para a mesma ideia. [SILV/NAS/AM] (*)

(Com a cabeça) Nas nuvens/No mundo da lua/no ar: distraído, desatento, ficar fora da realidade, filosofar. *Esse garoto não aprende nada porque vive com a cabeça nas nuvens/no ar/no mundo da lua*. Sinônimos: *Estar/Ficar fora de órbita*. São usadas alternativamente com os verbos *estar com, ficar com, viver com, andar com, ter*, entre outros. Cf.: *Entrar em órbita*. [ALV/2002/NAS/MEL/WER/AUR/LAT] (*)

Da cabeça aos pés: em/por todo o corpo. *Ela é linda da cabeça aos pés*. Sinônimo: *Dos pés à cabeça*. É usada com vários verbos alternativos. Há expressão correspondente em francês. [2377/MIC/AZE] (*)

Dar à/na(s) cabeça/telha/veneta/venta(s): imaginar, vir ou passar pela mente, pelo pensamento, cogitar, fazer ou falar o que quer e entende, o que mandam o impulso repentino, a vontade rápida ou as inclinações do momento, tomar decisão, agir livremente. *De repente me deu na cabeça aquela cena. Certa vez, deu-lhe na telha a ideia de descobrir botijas. Quando dava na veneta subia pelo teto. Mas por estar na sua casa não quer dizer que o noivo pode fazer tudo quanto lhe vier às ventas.* As expressões admitem combinações sistemáticas com os verbos *fazer, dizer, falar, vir*, além de outros assistematicamente, produzindo expressões maiores como *Fazer/Dizer/ Falar o que dá/der/vir à/na cabeça*, etc. A palavra "telha" é metáfora natural para cérebro, cabeça, ligada ao sentido de "teto", "telhado", como parte do corpo humano. "Veneta" significa "impulso". [SILV/MEL/AUR/NAS/PIM/PUG /2520/2525/3327]

De cabeça para baixo: em desordem total, em confusão. *Quando voltou de viagem, encontrou a casa de cabeça para baixo.* Usada alternativamente com diferentes verbos, inclusive *estar, ficar, virar* entre outros. Sinônimo: *De ponta cabeça*. Cf.: *De pernas para o/pro ar.* Há similar em inglês. [RMJ2/MEL/2760] (*)

Duas cabeças pensam (mais e) melhor do que uma: duas pessoas pensam mais e chegam à melhor conclusão do que uma só. *Vamos pensar juntos; duas cabeças pensam melhor do que uma.* Cf.: *Dois olhos veem mais que um.* Há ideia equivalente em inglês. [3247/RMJ2/STEIN] (*)

Esfriar a cabeça: acalmar. *É bom deixar passar uns dias, para esfriar a cabeça.* [SILV/AUR]

Estar sem cabeça: estar sem condições de pensar, de raciocinar, de resolver. *Muito preocupado, hoje ele está sem cabeça para nada.* [MEL/SILV]

Esquentar/Fundir a cabeça/a cuca: ficar irritado, preocupado. *Quem esquenta a cabeça, acaba ficando doente.* No mesmo idioma, os portugueses dizem, porém: *Andar à nora.* Em relação à "cabeça", há expressão correspondente em espanhol. Cf.: *Cabeça quente.* [SILV/4564/MOU/AUR]

Fazer a (minha/sua) cabeça: convencer alguém a mudar suas convicções ou procedimento. *Fez a cabeça do marido para que ele comprasse um carro novo.* [MEL/4127]

Fazer o que lhe der (dá) na cabeça/na telha/na veneta/no nariz: vir à ideia, pensar, cismar, fazer o que manda a cabeça, o impulso. *O que dá na veneta ele fala, sem temer nada. Certa vez deu-lhe na telha de descobrir botijas. Fazia de vez em quando o que lhe dava na veneta: vendia tudo abaixo do preço. Você tem de refletir antes de fazer tudo que lhe der no nariz.* Há instabilidade na variação morfológica *der/dá*, aparentemente sem maiores propósitos e explicações. A palavra "telha" é metáfora natural para cérebro, cabeça, ligada ao sentido literal de "teto", "telhado". "Veneta" significa "impulso". [SILV/ABL/NAS/MEL]

Ir para as/pras cabeças: passar a liderar algo, arriscar tudo para alcançar um objetivo. *Ele vendeu tudo e foi para as cabeças. (...) e mesmo com a pulga atrás da orelha, foi para as cabeças.* [MEL/ SILV/4835]

Levar na cabeça: ter ou tomar prejuízo. *Os escritores muito preciosos estão a cada passo levando na cabeça quando escrevem para os jornais.* Cf.: *Dar com os/ co's burros/burrinhos n'água/na água.* [MEL/SILV/AUR]

Martelar a/na cabeça: pensar muito. *O menino ficou martelando a cabeça para resolver o problema.* [SILV]

Não perca a cabeça!: exclamação com base na expressão *Perder a cabeça. Não aja intempestivamente; não perca a cabeça!* Há similar em inglês, registrando a mesma advertência. Cf.: *Perder a cabeça.* [RMJ2] (*)

Não sair da cabeça: não conseguir esquecer, lembrar-se constantemente. *A falta* *de gratidão daquele empregado não me sai da cabeça.* [PUG/NAS]

Perder a cabeça: perder o controle da razão, agir intempestivamente, apaixonar-se. *O jogador perdeu a cabeça ao ser agredido deslealmente.* Sinônimo: *Perder o juízo.* Há similares em inglês e espanhol. Cf. a exclamação: *Não perca a cabeça!* [ALV/MEL/WER/SILV/7309/AUR] (*)

Quando a cabeça não pensa/não tem juízo, o corpo padece/é quem paga: quem não é prudente sofre. *Quem não usa o juízo para fazer as coisas sofre as consequências; quando a cabeça não pensa, o corpo padece.* [7231/LMOT]

Quebrar a cabeça: fazer um grande esforço mental, tentar desesperadamente lembrar algo. *Quebramos a cabeça durante duas horas tentando descobrir onde estava o erro.* Sinônimos: *Fritar os miolos. Dar tratos à bola.* Há similar em inglês. [RMJ2/WER/FUL/SILV/MEL/AUR] (*)

Ser cabeça de vento: pessoa avoada, leviana, imprudente, de pouco juízo. *Meu cunhado está desempregado de novo; é um cabeça de vento.* Usa-se inclusive com vários verbos, como *ter*, e como predicativo com o verbo *ser*. [SILV/NAS/1479]

Subir à cabeça: sentir-se poderoso, importante, ter sensação de glória. *O verdadeiro líder nunca deixa que o poder lhe suba à cabeça.* Cf.: *Subir o sangue à cabeça.* Cf. também: *Subir à cabeça* (em culto afro-brasileiro): penetração do orixá na cabeça do iaô, isto é, incorporação nela. [SILV/MEL/AUR]

Tantas cabeças, tantas sentenças: tantas cabeças, tantas opiniões. *Na reunião de ontem, todos deram palpites diferentes. Nada a admirar, tantas cabeças, tantas sentenças.* Expressão vinculada à metonímia de "cabeça" como espaço da "reflexão". Cf.: *Cada cabeça, uma sentença.* Expressão de uso antigo e universal, a se basear nas versões latina, espanhola, francesa, italiana, inglesa. [LMOT/MEL/FRI/MEF/SILVA2] (*)

Ter a cabeça (no lugar): ter bom senso, ser realista, equilibrado, ter juízo. *Eu sei que você tem a cabeça no lugar, mas cuidado para não gastar muito.* Usa-se também com os verbos *estar com, ficar com*. Com frequência, é usada na forma negativa: *Não ter cabeça (no lugar)*: não ter juízo. *Ter a cabeça fora do lugar.* [PIP/MEL/SILV]

Usar a cabeça: pensar, agir sensatamente. *Se você não usar a cabeça, não contornará essa dificuldade.* Há expressão equivalente em espanhol, com uso também metonímico, mas empregando outra palavra. [SILV/MEL/8768/DSP/LAT] (*)

Virar a cabeça de: influenciar o comportamento de alguém. *Ele não é mais o que é, a namorada virou a sua cabeça.* [PIP/MEL/SILV/AUR]

CABELO

...de amargar/arrasar (quarteirão)/arrancar/arrepiar (os cabelos)/arrebentar (a boca do balão)/doer/enlouquecer/fechar (o comércio/o trânsito)/lascar/morrer/tinir: Cf.: AMARGAR e ARRANCAR (*)

De cabelo em pé: espantado, assustado. *Vi um filme de deixar todo mundo de cabelo em pé.* Expressão usada alternativamente com vários verbos, como *deixar, ficar*. [MEL/2765]

Fazer barba (e) cabelo (e bigode): vencer, dominar completamente. *Nas eleições a* *antiga diretoria se reelegeu; fez barba e cabelo*. Não admite inversão de ordem. [SILV/AUR/MEL]

Procurar/Catar pelo/cabelo em (casca de) ovo: criar problema, procurar defeito, problemas onde não há, tentar realizar tarefa totalmente impossível, provocar situação difícil. *O chefinho tá procurando pelo em ovo*. [DI/7189/SILV/MEL]

CABIDE

Cabide de empregos: órgão do serviço público ou equivalente que emprega, por favorecimento, mais funcionários do que o necessário, por interesses escusos. *Os vereadores fizeram da Câmara Municipal um cabide de empregos*. É usada com vários verbos. [MEL/NAS]

CABO

De cabo a rabo: de ponta a ponta, do começo ao fim, totalmente. *Apesar disso, foram editados de cabo a rabo*. Expressão usada alternativamente com vários verbos. Além da justificativa semântica, na expressão, há ainda a sugestão da rima, que acontece também na sinônima: *De fio a pavio*. Sinônimos: *De fio a pavio. De ponta a ponta. Do começo ao fim*. Em espanhol há similar literal. [AMF/WER/FUL/TOG/AUR/LAT] (*)

CABRA

A cabra da vizinha dá mais leite do que a minha: tudo o que é dos outros parece melhor aos nossos olhos. *A geladeira que a minha cunhada comprou ontem armazena muito mais alimentos do que a nossa; na verdade é como se diz: a cabra da vizinha dá mais leite do que a minha*. A mesma ideia está explícita paralelamente nas seguintes formulações, válidas como sinônimas: *A galinha da vizinha é mais gorda do que a minha* (esta já arrolada em 1780); *A grama do vizinho é mais verde*. A expressão do *caput* do verbete também tem similar em espanhol [FRI/AM/LMOT/0131] (*)

CABRITO

O bom cabrito não berra (O): não se deve fazer alarde de suas realizações, deve-se aceitar o mal impingido sem reclamação, ética entre criminosos de não se delatarem. *Você me deu um grande prejuízo, mas bom cabrito não berra*. [RMJ/LP/CDAs/RIB/MOT/6159/GUR] (*)

CAÇA

Um dia é da caça, (o) outro (é) do caçador: quem ganha hoje pode perder amanhã e vice-versa. *Ganhou do adversário que o derrotara na eleição anterior; um dia é da caça, o outro é do caçador*. [MEL]

CAÇAMBA

A corda e a caçamba: diz-se de pessoas muito ligadas. *Esses dois não se separam um minuto, são a corda e a caçamba*. Deve ser derivada da expressão maior *Onde vai a corda, vai a caçamba*. É usada com vários verbos alternativos e com os conectores de comparação *como, que nem* ou *feito: Os dois não se separam, são como a corda e a caçamba*. Não admite inversão de ordem. [0068/MEL/SILV /AUR/NAS]

CAÇAR

Ir caçar o que fazer: Cf.: FAVA.

CACETADA

...e cacetada: indica que excede muito um número redondo, que a precede. *Já são duas horas e cacetada e ele ainda não chegou*. Cf.: *...e lá vai fumaça*. [MEL/3458/AUR]

CACETE

...pra burro/cacete/cachorro/caralho/ caramba/chuchu/danar/dar e vender: Cf.: BURRO e CARALHO.

CACHORRO

Amarrar (o) cachorro/cão com linguiça: Cf.: TEMPO: *Tempo (em) que se amarrava(m) cachorro/cães com linguiça*.
Brigarem/Viverem como/que nem/feito gato e cachorro ou *cão e gato*: brigar muito, viver em constantes e intermináveis desentendimentos e/ou conflitos. *Os dois meninos não podem ficar juntos; brigam como gato e cachorro. Lembrou que o pai e a mãe viviam como gato e cachorro, brigando e discutindo em voz alta*. Usa-se também com os verbos *ser* e *andar*: *Ser como gato e cachorro*, com similar literal em espanhol. Há similares em inglês e francês. [ALV/MEL/SILV/ RMJ/RMJ2/AUR] (*)
Cachorro com o rabo entre as pernas: Cf.: RABO.
Estar/Ficar com a cachorra: de péssimo humor. *Os jogadores perderam e ficaram com a cachorra*. [AUR/SILV]
Matar cachorro a grito(s): encontrar-se numa situação aflitiva, em atitude de desespero. *Todo mundo anda liso, leso e louco. Vive-se aqui a matar cachorro a grito*. Sinônimo: *Estar na/numa pior*. [WER/5944/SILV/AUR]
...pra burro/cacete/cachorro/caralho/ caramba/chuchu/danar/dar e vender: Cf.: BURRO.
Quem não tem cão/cachorro caça com gato: Cf.: CÃO.
Soltar os cachorros (em cima de): falar mal de, insultar, xingar, dizer mal de alguém. *Revoltado com a demissão, soltou os cachorros em cima do patrão*. Inferência compatível com o comportamento de cachorros de caça. [FUL/LP /MEL/ SILV/AUR] (*)

CACIFE

Ter cacife: ter dinheiro, poder, prestígio, influência. *Agora quero ver quem tem cacife*. "Cacife" significa a quantia mínima convencionada como fundo inicial de aposta de um jogador em certos jogos. [GUR/AUL]

CAFÉ

Ser café pequeno: ser coisa simples, de pouco valor, coisa fácil de realizar. *Esse ratinho da senhora é café pequeno para nós.* [PUG/SILV/1546]

CAIR

Cair matando: realizar algo com muita vontade e disposição. *Quando o mendigo pegou a comida, caiu matando.* [MEL/SILV]

CAIXA

Bater caixa: conversar. *Quando cheguei, eles já estavam batendo caixa havia horas.* [MEL/NAS/1161]

Caixa/Caixinha de surpresas: caixa ou caixinha, cujo exterior é igual ao de qualquer outra, mas de onde, quando se abre, surge qualquer objeto surpreendente, como pessoa, coisa, estado, diabinho, etc. que às vezes causa surpresas agradáveis ou desagradáveis. *Ela sempre aparece com um prato diferente, é uma caixa de surpresas. A vida é uma caixinha de surpresas. O futebol é uma caixa de surpresas.* Usada com vários verbos, inclusive, como predicativo com o verbo ser. Pode ser reminiscência da lenda mitológica grega da "Caixa de Pandora". [NAS/MEL /1637/LEL/LAR] (*)

Ir para a/pra caixa-pregos: Cf.: FAVA; BOTA.

CALADA

Às/Pelas caladas/Na calada (da noite/da madrugada): em silêncio, sem ruído, às ocultas. *Na calada da noite, os ladrões assaltaram a joalheria e os deputados aprovaram lei de seu exclusivo interesse.* "Calada" é substantivo deverbal de "calar", parar de falar, ocultar. [AUR/MEL/5668/NAS]

CALAFRIO

Calafrio: conjunto de pequenas contrações da pele e dos músculos com sensação de frio, provocada por baixa temperatura ou estado emocional, como medo, horror, espanto. *O rapaz sentiu um calafrio ao pensar que seria convocado para a guerra.* Sinônimo: *Arrepio*. É usada com verbos, como *sentir, causar*, etc. Cf.: *Frio*. [ABL/HOU/AUR/NASE/8071] (*)

CALÇA

Baixar as calças: ceder. *O chefe baixou as calças, agora é só se preparar para o resto.* Cf.: *Com as calças na mão*. [SILV/HOU]

Com as calças na mão: em estado de penúria, sem recursos. *Jogou fora a fortuna que o pai deixou; agora está com as calças na mão.* Sinônimo: *Com uma mão na frente outra atrás* ou *Com uma mão atrás e a outra na frente*. É usada alternativamente com vários verbos, como *estar, ficar, andar, viver*, etc. [MEL] (*)

De calça(s)-curta(s): desprevenido, de forma surpreendente. *A sua decisão de não querer viajar pegou a esposa de calças-curtas.* Expressão usada com vários verbos alternativos, como *ficar, pegar*, etc. [SILV/MEL/DI/WER]

CALCANHAR

Calcanhar/Tendão de aquiles: parte vulnerável, ponto fraco. *A atração pelas mulheres é o calcanhar de aquiles dele.* Cf.: ÍCARO. Cf. também: p. 34, g. É usada com diversos verbos, inclusive com o verbo *ser*. [MEL/NAS/RMJ/PIM /1652/AUR](*)

CALDO

Cautela e caldo de galinha não/nunca fazem mal a ninguém: Cf.: CAUTELA.
Engrossar o caldo: complicar, mostrar-se sem finura, sem tato. *Engrossou o caldo quando o pai a proibiu de ver o namorado.* Cf.: *Entornar o caldo*. [MEL/ SILV/3755]
Entornar o caldo: complicar, haver contratempo, botar tudo a perder, ser grosseiro. *Entornou o caldo ao dizer à família que pretendia mudar de cidade.* Cf.: *Engrossar o caldo*. [RMJ/NAS/MEL/ SILV/3784/JRF] (*)

CALENDAS

Adiar/Ficar/Para as calendas (gregas): para época que nunca chegará, dia ou tempo que nunca há de vir, ficar para as calendas gregas é ficar indefinidamente postergado. *Vamos transferir a reunião para as calendas gregas. Quando ela tomar juízo, para as calendas, talvez se case.* Sinônimo: *Dia de são nunca*. [NAS/MEL/6488/RMJ/AUR/HOU/ SILV] (*)

CALHAR

Vir (mesmo) a calhar: calhar, vir a tempo, ser oportuno, cair bem, convir, coincidir. *Essa chuva veio mesmo a calhar, estava muito calor.* [MEL/SILV/2831 /4245/HOU] (*)

CALO

Cada um sabe onde lhe dói/aperta o calo: Cf.: SAPATO.
Pisar (n)o(s) calo(s): provocar, atingir o ponto fraco. *Quem pisar no meu calo, vai se arrepender.* [SILV/NAS/MEL/MOU]

CALOR

No calor de: durante ou imediatamente após os fatos, denúncias, etc. *Tenho que esfriar a cabeça, não vou resolver nada no calor dos fatos.* [MEL]

CALOTE

Dar/Passar (um) calote: trapacear, não pagar dívidas. *Alguns países querem dar calote no FMI. Dei um calote, fiz como o Brasil.* Para o sentido de valor passivo, usam-se os verbos *levar, receber, sofrer*, naturalmente com matiz semântico próprio: *Levar/Receber/Sofrer (um) calote*. [MEL/SILV/LCC/HOU/PIM] (*)

CAMAROTE

Assistir de camarote: assistir a um fato em posição privilegiada ou sem nele se envolver. *Assistiu à briga de camarote. Viu quando estourou a briga, mas ficou de camarote, sem tomar partido.* Usam-se ainda outros verbos, como *ficar de*, entre outros. [WER/0970/MEL/AUR]

CAMINHO

Abrir (o) caminho: iniciar, entrar rompendo com esforço, forçar a passagem. *A polícia abriu caminho para o prefeito passar.* [NAS/SILV/0416]

Caminho da roça: marcha de pessoas, uma atrás da outra, em trilho estreito, como são os caminhos da roça, caminho que se faz usualmente. *Já passou da hora de ir para casa, pode pegar o caminho da roça.* Usa-se combinada com vários verbos, como *fazer, pegar, tomar, percorrer*, etc. [NAS/1670]

Caminho das pedras: meio pelo qual se pode chegar com mais rapidez por ser conhecido pelos mais experientes, proveito ou vantagem. *Ele descobriu o caminho das pedras para conseguir comprar aquele carro.* [1671]

Caminho de rato: linha sinuosa formada pela parte visível do couro cabeludo quando os cabelos são mal cortados ou penteados. *Cortaram o cabelo do menino na base do caminho de rato.* Constrói-se também com diversos verbos, como *fazer*, entre outros. [GUR/NAS/1672/AUR/HOU]

Cortar (o) caminho: utilizar atalho para encurtar o espaço a vencer. *Cortando caminho, chegaremos à praia antes deles.* [MEL/SILV]

Meio caminho andado: dificuldade parcialmente vencida ou superada, trabalho parcialmente realizado, estar com a solução bem encaminhada. *A pequena ajuda que você me deu já foi meio caminho andado. O primeiro golpe é meio caminho andado.* É usada com vários verbos, inclusive na função predicativa com o verbo ser. Cf.: *Um bom começo é meio caminho andado.* [MEL/SILV/8608/AUR] (*)

CAMISA

Camisa de onze varas: afrontar perigos, correr risco enorme, envolver-se em complicações. *Entrar naquele grupo foi meter-se numa camisa de onze varas, saiu-se muito mal.* Camisa alva longa usada pelos suplicados e condenados nos autos de fé inquisitoriais, dos enforcados, dos réus de morte. [HOU/RMJ/NAS/JRF/AUR/LCC] (*)

Vestir/Suar a camisa: empenhar-se ao máximo. *A nossa empresa só irá para frente se todos vestirem a camisa. Teve que suar a camisa para pôr o trabalho em dia.* Sinônimo: *Dar o sangue*. A conotação é com vestir o uniforme que simboliza a empresa, o time, etc. [SILV/MEL/8069/8875]

CANA

Assobiar/Assoviar e chupar cana (ou ***Chupar cana e assobiar/assoviar***): fazer duas coisas incompatíveis ao mesmo tempo. *Ou fazia a comida ou tomava conta das crianças, não podia chupar cana e assobiar ao mesmo tempo.* [NAS/MEL/SILV/1928]

CANECO

Pintar ((o(s) caneco(s))): fazer diabruras, comportar-se mal. *Nunca vi pintar como aquela garota. As crianças pintaram o caneco durante a festinha, deixando as mães loucas.* Sinônimos: *Pintar o diabo. Pintar o sete. Pintar e bordar. Pintar o bode,* entre outros. [SILV/MEL/PIM/NAS/HOU/RMJ/AUR] (*)

CANELA

Espichar/Esticar a(s) canela(s): Cf.: BOTAS e BALDE. (*)

CANIVETE

Chover canivete(s): 1. chover torrencialmente, principalmente chuva acompanhada de fortes ventos, "cortantes". 2. ocorrer em qualquer circunstância. 3. haver confusão. 1. *Nem que chova canivete, eu irei.* 2. *Ainda que chova canivete, aprontarei o trabalho.* 3. *Tá chovendo canivete no Pará; polícia e sem-terra não se entendem.* Sinônimos: *Chover a cântaros. Nem que a vaca tussa. Haja o que houver. Aconteça o que acontecer.* Tem função intensificadora. [AM] ainda arrola: *Nem que chova canivetes; Nem que chova facas de ponta.* Há equivalentes em inglês, francês e espanhol. [RMJ2/FUL/1917/SILV/MEL/RMJ/GUR/LUF/FRI /NAS/AZE/BAR/AUR/CF] (*)

CANJA

Canja de galinha não/nunca faz mal a ninguém ou ***Conselho e canja de galinha não/nunca fazem mal a ninguém*** ou ***Canja de galinha e cuidado não/nunca fazem mal a ninguém***: Cf.: CAUTELA.

Dar (uma) canja: cantar e/ou tocar de graça simplesmente. *Não hesitou em dar uma canja, quando teve que voltar ao palco para os aplausos.* Tem um significado figurado discernível, dando-se a origem do significado a partir dos referentes "caldo ou caldo de galinha", "sopa de galinha", que são alimentos que não precisam ser mastigados, daí serem fáceis de ingerir. Também se diz, nesse sentido, *Dar uma colher de chá.* Cf.: *Dar (uma) canja/moleza/colher (de chá)/sopa (para o azar).* [GUR/VIO/SIM/AUR/HOU/LEL/ABL/2606/LCC/MEL/SILV/FUL/WER] (*)

Dar (uma) canja/moleza/colher (de chá)/sopa (para o azar): facilitar, mostrar interesse por alguém, dar confiança, dar chance, dar oportunidade, descuidar-se, bobear, etc. *Se ficar dando canja nessa escuridão, você ainda acaba sendo assaltado.* Sinônimo: *Dar corda.* Têm significados figurados mais ou menos discerníveis, dando-se a origem do significado a partir dos referentes "caldo de galinha", "caldo de carne", "sopa de galinha", que são alimentos que não precisam ser mastigados, daí serem fáceis de ingerir. Usa-se também ainda *Dar mole,* que, como as demais, ocorre com frequência na versão negativa. *Não ser mole: Não dar mole pra polícia. Não dar mole*: *Não dar canja (para o azar).* Cf.: *Dar (uma) canja. Ser (uma) canja/moleza/sopa/colher (de chá).* [GUR/VIO/SIM/AUR/HOU/LEL /ABL/2606/LCC/MEL/SILV/FUL/WER] (*)

Ser (uma) canja/moleza/sopa/colher (de chá): ser coisa extremamente fácil de resolver ou realizar. *Vai ser canja. Para cada pergunta tenho a resposta na ponta da língua.* Sinônimo: *Ser (uma) galinha morta.* Os significados figurados são mais ou menos discerníveis. Usa-se também ainda *Ser mole,* muito empregada na versão negativa: *Não ser mole: Não foi mole pra polícia chegar aos delinquentes.* Usa-se também ainda *Ser mole,* que, como as demais, ocorre com frequência na versão negativa. *Não ser mole.* Cf.: *Dar (uma) canja/moleza/sopa/colher (de chá)(para o azar). Dar (uma) canja.* [SILV/MEL/GUR/3688] (*)

CANO

Dar (o/um) cano: não cumprir o prometido. *Dei um cano no safado, mas ele merecia.* [MEL/SILV/2542]
Entrar pelo/por um cano: sair-se mal em qualquer intento. *Como nem tudo na vida tem final feliz, o infeliz acabou entrando por um solene cano. O francês entrou pelo cano junto com todo o seu exército.* Sinônimo: *Entrar bem.* (com sentido negativo). [WER/MEL/SILV/3770]
Levar/Ganhar (o/um) cano: ser enganado, não receber o dinheiro emprestado. *Não vende mais fiado porque cansou de levar cano.* Cf.: *Dar (o/um) cano.* [MEL]

CANOA

Embarcar/entrar em canoa furada: meter-se em situação ou negócios arriscados. *Embarquei numa canoa furada, acho que vou me dar mal.* Sinônimo: *Entrar em/numa fria/gelada.* [MEL/SILV/ALV/CADs/AM/AUR]

CANSADO

Estar/Ficar cansado/careca de (tanto) + infinitivo, como *falar, ouvir, ver,* etc. Dá ideia de várias repetições ou recorrências da mesma ação indicada. *Carlos estava cansado de aconselhar o irmão.* Expressão pré-posicionada intensificadora. [NAS/3922]

CANTADA

Dar/Passar (uma) cantada em: tentar seduzir ou subornar habilmente. *Para sair de carro teve que dar uma cantada no pai.* [MEL/SILV/AUR]
Levar/Ganhar (uma) cantada: ser alvo de sedução ou receber proposta habilmente sedutora e/ou maliciosa. *Ela saiu de fininho para não levar uma cantada do patrão. Largou o emprego por ter ganhado uma cantada do chefe.* [MEL/SILV/AUR]

CANTO

Olhar com o/de/pelo canto/rabo de/do(s) olho(s): olhar disfarçadamente, de esguelha, de soslaio. *Embaraçado, limitei-me a olhá-la com o rabo do olho.* Usa-se, ainda, com os verbos *deitar, ver.* [NAS/SILV/PUG/3019/6297]

CÃO

Brigarem/Viverem como/que nem/feito gato e cachorro (ou *cão e gato*): Cf.: CACHORRO.

Cão que ladra não morde: quem muito fala, grita ou ameaça alguém geralmente não faz nada. *Pode esbravejar que eu nem ligo, cão que ladra não morde*. [MEL/FRI/HOU/STEIN/LMOT/1695]⁽*⁾

De/Do cão: cheio de problemas. *Não quero sair hoje, tive um dia de cão. Fez um calor do cão*. Locução intensificadora. Cf.: *De rachar*. [3271]

Quem não tem cão/cachorro caça com gato: quem não tem meios próprios improvisa outros, cada um age de acordo com suas possibilidades. *Foi à praia de bicicleta porque o carro estava quebrado; não tem cão caça com gato*. [FSP/MEDL/7417/LP/MEF] ⁽*⁾

CAPACHO

Ser/Servir de capacho: ser indivíduo servil, que se deixa humilhar. *Pediu demissão para não servir de capacho do patrão*. Cf.: *Puxar o saco de*. [MEL/NAS/RMJ]

CAPOTE

Dar (um) capote (não: *capota*): vencer um jogo pelo dobro ou mais que o dobro dos pontos, impor derrota esmagadora. *Deu capote em todas as partidas que jogou ontem*. Também existe apenas a locução *de capote* e, daí, *Dar/Vencer de capote*. Cf.: *Dar (um) baile*. [NAS/AUR/HOU/MEL]

Levar (um) capote (não: *capota*): sofrer derrota esmagadora, perder no jogo na proporção do dobro ou mais que o dobro dos pontos. *Levei um capote, tudo porque eu fui fazer gracinha*. Também existe apenas a locução *de capote* e, daí, *Levar de capote*. Cf.: *Levar (um) baile*. [NAS/AUR/HOU/MEL]

CARA

Amarrar/Fechar a cara: zangar-se com uma ordem recebida, fazer expressão de desagrado, ficar amuado, ficar sério, aborrecido. *Amarrou a cara para mim sem nenhum motivo*. Sinônimos: *Torcer o focinho. Torcer o nariz*. Essa ideia de zanga os portugueses expressam, no mesmo idioma, não só pela expressão *Cara de poucos amigos*, como no Brasil, como também com *Chegar/Subir a mostarda ao nariz*, como em *Não insistas em não ires para a cama, porque já me está a subir a mostarda ao nariz* e, ainda, entre outras, com *Ir-se aos arames*, como em *Vou aos arames quando mexem nos meus papéis*. Cf.: *De/Com (a) cara amarrada/fechada*. [SAB/SILV/4372/TOG/MEL]

Bater/Dar com a cara/com o nariz na porta: não encontrar ninguém em casa, ir inutilmente, sofrer recusa. *Fui falar com o diretor da empresa, mas bati com a cara na porta. Fomos ao churrasco, mas demos com o nariz na porta*. [MEL/SILV/AUR]

Botar/Dar a cara para/pra bater: fazer alguma coisa sem medo de se expor ao ridículo, críticas. *Botou a cara para bater ao fazer denúncias sem comprovação*. Certamente faz-se alusão à cena bíblica de Jesus oferecendo a outra face ao sofrer tapas no rosto. Cf.: *Pena de talião*. [MEL]

Cara de um focinho do outro: indivíduos muito parecidos. *Ele não pode dizer que não é teu filho, cara de um focinho do*

outro. A expressão é usada com vários verbos alternativos, inclusive em função predicativa com o verbo *ser*. [MEL/1715]
Cara de pau: pessoa irreverente, impassível, sem expressão. *É um tremendo cara de pau*. Usada normalmente em função predicativa com o verbo *ser*. A inferência do sentido literal está frustrada inclusive no cotejo com língua estrangeira como o italiano. É usada alternativamente também com vários verbos, inclusive o verbo *ser*. [SILV/MEL/NAS/1721/GUR/1721] (*)
Cara-metade: esposo(a), namorado(a), companheiro(a). *Finalmente encontrou sua cara-metade e casou*. Usa-se com diversos verbos, inclusive com o verbo *ser* no predicativo. Sinônimo: *Metade da laranja*. [1722]
Com (a) cara de quem comeu e não gostou: cara de quem está de mau humor, cara de enjoo, de contrariedade. *Você vai ter que me obedecer, não fique aí com essa cara de quem comeu e não gostou*. Sinônimo: *Cara de tacho*. A expressão pode ser composta encabeçada alternativamente com os verbos *estar, ficar, viver, andar, ter*, entre outros. [SILV/FUL/1711]
Com a cara e (com) a coragem: sem nenhum recurso, mas com determinação. *Começou o negócio com a cara e a coragem, e já conseguiu a sede própria*. Expressão usada alternativamente com vários verbos, como *entrar, fazer, montar*, etc. Em princípio, trata-se de expressão irreversível quanto à ordem. [SILV/MEL/2005]
Com a cara no chão: envergonhado, em situação vexatória. *Ficou com a cara no chão ao saber o que o filho tinha feito na escola*. Constrói-se normalmente com o verbo *ficar*. [5855/MEL/AUR]
Com (a) cara/(o) ar de poucos amigos: expressão visual de zanga, cara aborrecida, indisposta. *Não o provoque, que ele hoje está com cara de poucos amigos*. A expressão pode ser composta encabeçada alternativamente com os verbos *estar, ficar, viver, andar, ter*, entre outros. Sinônimo: *Cara amarrada*. Para essa ideia os portugueses tem modo próprio de falar. [MEL/SILV/1710/MOU/AUR] (*)
Dar o ar/ares da graça: aparecer. *Quem não quis dar o ar da graça foi meu irmão. Mandei chamá-lo, mas até o momento ele não deu o ar da graça*. [SILV/MEL/2533]
Com cara de tacho: própria de quem está sem graça, desapontado. *Quando fui pegar a encomenda, fiquei com cara de tacho, porque ninguém sabia de nada*. O sentido figurado de "tacho" está ligado ao sentido literal de vasilha grande, de cobre ou ferro, para cozimento, de formato redondo achatado; por analogia jocosa (1899): a cabeça humana. A expressão pode ser composta encabeçada alternativamente com os verbos *estar, ficar, viver, andar, ter*, entre outros. Cf.: *Com (a) cara de quem comeu e não gostou*. [HOU/MEL/SILV/1714]
Dar a(s) cara(s): aparecer, comparecer. *Só deu as caras em casa duas horas depois*. [MEL/SILV/AMF/2436] (*)
Dar de cara(s): encontrar imprevistamente. *Assustou-se ao dar de cara com o ex-marido*. Cf.: *Dar a(s) cara(s)*. [SILV/MEL]
De cara: antes de mais nada. *De cara ele foi logo dizendo que não*. Usada com diferentes verbos, como *falar, dizer*, etc. [MEL]

De/com (a) cara amarrada/fechada: cara aborrecida, indisposta, disposição de ânimo. *Após a derrota do seu time, ficou o dia todo de cara amarrada.* Além dos verbos *estar/ficar com*, as expressões são encabeçadas pelos verbos *viver, andar* e *ter*, entre outros. Sinônimo: *Cara de poucos amigos.* Cf.: *Fechar/Amarrar a cara.* [1701/SILV/MEL]

De duas caras: pessoa falsa, insincera. *Ele não presta como amigo: tem duas caras.* Usa-se com diversos verbos, como o *ter*. [PUG/8271]

(De) Meia-cara: de graça, gratuitamente. *Entrei na festa de meia-cara.* A interpretação do sentido e uso, porém, não é pacífica [2932/AUR/JRF/NAS/VIO] (*)

Esfregar/jogar na cara: mostrar, exibir com irritação ou acinte. *Não perde por esperar, vou esfregar tudo na cara dele.* [SILV/PIP]

Estar na cara: ser ou estar evidente. *Tá na cara que ele se apaixonou por aquela menina.* [MEL/SILV]

Livrar a cara: conseguir sair-se bem de uma situação desfavorável. *Aí, ele, pra livrar a cara, sujou a minha.* [MEL/SILV]

Meter a(s) cara(s): criar coragem, atrever-se. *E foi para São Paulo meter a cara na lavoura.* [SILV/MEL/5471]

Nunca viu, cara de pavio: exclamação interjetiva de admiração, auto-interpretativa. A rima entra apenas com valor expressivo. Parece-nos que é um caso de arredondamento de expressão, como ocorre em outros jogos de palavras. Cf.: *Nem assim nem assado.* [HU]

Quebrar a cara: dar-se mal, passar por vergonha ou vexame. *Aplicou o dinheiro todo em ações e quebrou a cara.* Atribui-se a frase "Quebramos a cara" ao Gal. Newton Cruz, depois da invasão à sede da OAB. [XAre/FUL/SILV/MEL/FSP/7310]

Quem vê cara não vê coração: não se deve julgar as pessoas só pelas aparências. *É mal-encarado, mas é uma pessoa boa, quem vê cara não vê coração.* Cf.: *As aparências enganam.* O embrião da ideia já aparece no latim. A princípio, não admite inversão da ordem. [MEL/MEF/SILVA2/LMOT/7454] (*)

Virar/Torcer a cara: mostrar má vontade, deixar de falar com alguém, desviar a atenção, desprezar. *Só porque critiquei o seu trabalho, passou a virar a cara para mim.* [SILV/MEL/NAS]

CARADURA

Caradura: pessoa cínica, excessivamente desembaraçada. *O caradura sentou, comeu o que quis e saiu sem pagar a conta.* Palavra usada também em frases expressionais com vários verbos alternativos, inclusive em função predicativa com o verbo *ser*. [MEL/PUG]

CARALHO

...pra burro/cacete/cachorro/caralho/caramba/chuchu/danar/dar e vender: Cf.: BURRO. Substituindo *pra cacete, pra cachorro, pra caralho, pra caramba*, usam-se às vezes formas mais reduzidas, como: *Pacacete; Pacachorro; Pacaralho; Pacaramba.* E, no caso específico de *pra caralho*, as formas *paca* e *pacas*.

CARAMBA

...*pra burro/cacete/cachorro/caralho/ caramba/chuchu/danar/dar e vender*: Cf.: BURRO e CARALHO.

CARAPUÇA

Botar/Colocar/Meter/Pôr/Vestir/Enfiar a carapuça: tomar para si alusão ou crítica dirigida a outra pessoa. *Não adianta vir com essa conversa, porque eu não vou botar a carapuça.* [MEL/SILV/WER/ COT/LP/NAS/FRI /8876/AUR] (*)

CARECA

Estar/Ficar careca/cansado de (tanto) + infinitivo, como *falar, ouvir, saber, ouvir, ver*, etc. Dão ideia de várias repetições ou recorrências da mesma ação indicada. *Ela está careca de saber que a reunião foi adiada.* Sem ligação metafórica discernível. Expressões pré-posicionadas intensificadoras. [SILV/MEL/FUL/ NAS/3922/AUR]

CARETA

Ser careta: ser pessoa antiquada, conservadora, "quadrada". *Alguns jovens consideram o teu espetáculo careta.* [SILV/ GUR/MEL]

CARGA

Fazer carga (cerrada) contra: fazer pressão moral sobre, dirigir uma série de acusações contra. *Fez carga cerrada contra o filho para que dissesse a verdade.* [NAS/AUR/MEL/SILV]
Por que cargas d'água?: por qual motivo, razão desarrazoada. *Todos foram à reunião do condomínio; por que cargas d'água você não foi? Não sei por que cargas d'água ele resolveu desistir da viagem.* Expressão portuguesa já vulgar no século XVI. [FUL/XAre/WER/1723/ LCC/JRF/PIM/NAS/AUR] (*)

CARNAVAL

Fazer um carnaval: fazer tumulto, bagunça, confusão, desordem. *Fez um carnaval ao saber que ficaria de castigo em casa.* [MEL]

CARNE

A carne é fraca: é difícil resistir às tentações do sexo. *Nem sempre é bom ficar a sós com mulher bonita, pois a carne é fraca.* [ALV/0045/WER/MEL/NOG] (*)
Cortar na (própria) carne: submeter-se a sacrifícios ou restrições para dar exemplo. *O governo devia cortar na própria carne antes de aumentar a carga tributária.* [MEL]
Em carne e osso: de corpo presente. *Ficou emocionada ao ver seu ídolo em carne e osso.* Usada com diversos verbos, como *estar, comparecer*, etc. Não admite inversão de ordem. [MEL/3530/AUR]
Por cima da carne seca: estar em situação favorável. *Agora que foi promovido, está por cima da carne seca.* Usa-se normalmente com o verbo *estar*. [NAS/4012]

Quem come/comeu a carne/filé, roa os ossos: quem usufruiu a parte boa de algo tem que arcar também com o lado ruim que possa existir. *A festa estava ótima, mas agora limpem a casa; quem come a carne tem que roer os ossos*. Ideias próximas aparecem em latim, italiano e inglês. [MEL/LMOT/FRI/7358] (*)

Sentir/Sofrer na (própria) carne: ressentir-se profundamente de alguma coisa. *Enganada por uma amiga, ela sentiu na carne a dor da ingratidão*. [MEL/SILV]

Ser carne de pescoço: perverso, cruel, malvado, desordeiro, irredutível, difícil de dobrar. *Ela é carne de pescoço, quando cisma com alguma coisa, nunca dá o braço a torcer*. Há similar em inglês. [RMJ2/MEL/SILV/1731/AUR] (*)

Ser carne e unha ou *Ser unha e carne*: serem duas pessoas muito chegadas entre si. *Por falar em políticos, vi uma foto de Lula e Marta quando eles eram unha e carne. Ela e a minha irmã são carne e unha, uma não sai sem a outra*. [SILV/MEL/FUL/7958/AUR]

Ser de carne e osso: estar sujeito às fraquezas humanas. *Se eu recebo um insulto desses, reajo. Afinal sou de carne e osso*. Não admite inversão de ordem. [FUL/SILV]

CAROÇO

Angu de caroço ou *Caroço de/no angu*: Cf.: ANGU.

CARONA

Dar/Passar/Pedir/Pegar/Andar de carona: solicitar/conseguir condução gratuita de alguém, embarcar na ideia de alguém. *Em que marcha você pegaria carona até Brasília: a dos sem-terra, a dos com-terra, a dos contra-Carajás?* Sinônimo: *Na faixa*. Para *Pedir carona*, o espanhol tem uma expressão híbrida equivalente. [SILV/MEL/NAS/JRF/6700/2454/AUR/LAT] (*)

Levar carona: sofrer calote, ser trapaceado. *Toda vez que empresta um dinheiro para o sobrinho, leva carona*. Cf.: *Dar/Passar/Pedir/Pegar/Andar de carona*. [SILV/AUR]

CARRADAS

Ter carradas de razão: ter toda a razão, com argumentos incontestáveis. *Temos que reconhecer que ele tinha carradas de razão naquele caso*. Sinônimo: *Estar coberto de razão*. [MEL/PUG/NAS/LCC/SILV/JRF/HOU/8247/AUR] (*)

CARREGAÇÃO

De carregação: de qualidade inferior, malfeito, mal-acabado, feito às pressas, em série. *Comprou, na liquidação, só roupas de carregação*. Usada como adjunto adnominal; costuma ser posposicionada: *roupas de carregação, móveis de carregação*, e compõe alternativamente com diversos verbos como *comprar, vender*, etc. [MEL/NAS/AUR].

CARRO

Botar/Colocar/Pôr a carroça/o carro adiante/na frente do(s) boi(s): inverter os fatos, agir de maneira precipitada. *Não pode ser atendido antes dos idosos: não bote a carroça na frente dos bois. Na reunião, se você falar antes do presidente, vai pôr a carroça na frente dos bois.* Em São Paulo e Minas Gerais aparecia ainda outrora a versão negativa *Não anda o carro adiante dos bois.* Em francês e espanhol há frases semelhantes, e em inglês a expressão usa outro referente. Constrói-se também com o verbo *passar,* entre outros. [ALV/SILV/MEL/AM/BAR/7053/AM/LMOT] (*)

Puxar o carro/a carroça: ir embora, abandonar. *Puxou o carro antes que a festa acabasse.* Há quem relacione a origem da expressão à época da escravidão e ao fato de os escravos puxarem as carroças transportando alimento para os seus senhores. [MEL/SILV]

CARROÇA

Botar/Colocar/Pôr a carroça/o carro adiante/na frente do(s) boi(s): Cf.: CARRO.

Puxar o carro/a carroça: ir embora, abandonar. *Puxou o carro antes que a festa acabasse.* Há quem relacione a origem da expressão à época da escravidão e ao fato de os escravos puxarem as carroças transportando alimento para os seus senhores. [MEL/SILV]

CARRUAGEM

Pelo andar da carruagem: pelo desenrolar dos acontecimentos, pelo que se vê. *Pelo andar da carruagem, essa peça fará um grande sucesso.* [LP/MEL]

CARTA

Botar/Colocar/Mostrar/Pôr as cartas na mesa: 1. fazer um ajuste. 2. passar a limpo, esclarecer todos os pontos da questão, contar a verdade. 1. *Mulher, chegou a hora de botar as cartas na mesa.* 2. *Pediu uma reunião com toda a família para botar as cartas na mesa.* Há similares em espanhol e em inglês. [ALV/SILV/MEL/6959/BAR/AUR/NAS] (*)

Dar as cartas: dar ordens, concordar, estar por cima. *Quem dá as cartas no governo são os ministros.* [MEL/NAS/2437/AUR]

Dar carta branca: dar autorização plena. *Diante do resultado do concurso, deu carta branca ao filho para que comprasse o presente que quisesse. Confiando na mulher, o marido deu carta branca ao decorador.* [RMJ2/SILV/MEL/1749/NAS] (*)

Ser carta fora do baralho: pessoa deixada de lado. *Hoje ele é carta fora do baralho, não é mais chamado para nenhum acontecimento social.* [MEL/DI/NAS/AUR]

Ter (uma) carta(s) na manga ou **Tirar (uma) carta(s) da manga**: ter uma saída, uma solução, argumentos de reserva, guardados, inesperados, escondidos; ter poderes. *Não se preocupe, tenho carta na manga para resolver a nossa situação.* Sinônimo: *Tirar coelho da cartola.* [LP/SILV/MEL/1750]

CARTAZ

Ter cartaz: ter fama, popularidade, renome. *Ele é muito querido pelos amigos e tem cartaz na comunidade.* [MEL/SILV/NAS/AUR]

CARTEIRA

Bater (a) carteira: roubar a carteira de alguém. *Bateram a carteira dela na saída do metrô.* [MEL/1146/AUR/SILV]

CARTILHA

Ler pela mesma cartilha: ter a mesma opinião, doutrina, teoria, seguir o mesmo modo de proceder. *Vocês se entendem bem, porque sempre leram pela mesma cartilha.* [MEL/NAS/AUR]

CARTUCHO

Queimar o(s) último(s) cartucho(s): esgotar todos os recursos. *Para fazê-lo estudar, queimou todos os cartuchos, prometendo um passeio.* Há expressão literal similar em espanhol. [LMOT/SILV/MEL/7338/AUR/LAT] (*)

CASA

A casa de alguém cair: resultar tudo errado. *— A casa caiu! — sentenciou o policial para o suspeito.* Cf.: *A ponte caiu. A vaca ir para o/pro brejo.* Cf.: *Um dia/Uma hora a casa cai.* [MEL]
Casa da sogra: lugar onde todos entram, todos mandam, onde cada um faz o que quer. *Ele entra no gabinete do diretor como se fosse a casa da sogra.* Cf.: *Casa da/de mãe joana.* Expressão nominal usada alternativamente com diversos verbos, além do *ser*. [LAU/LP/MEL] (*)
Casa da/de mãe joana: lugar, casa, etc. onde todos têm livre acesso, mandam, mexem ou fazem o que querem, ingênua ou licenciosamente. *Ele entrou como se fosse a casa da mãe Joana.* Parece que o sentido idiomático referido é consensual, talvez um pouco licencioso em alguns usos, dada a sua ligação semântico-formal com a expressão *O cu de mãe joana*. Há várias tentativas e elos que tentam explicar a origem dessa expressão, que vão desde inferências a partir de dados históricos reais até a interferência de motivação fônica, assim entendida pela etimologia popular. Expressão usada alternativamente com vários verbos, inclusive em função predicativa, com o verbo *ser*. Cf.: *Cu de mãe joana. Cu de maria Joana; Casa da sogra.* Cf. também: p. 34, g. [MP/SILV/1766/LCC/JRF/AUR/HOU/MEL /PIM/NAS] (*)
Casa de ferreiro, espeto de pau: em lugar tipicamente apropriado ocorre justamente o contrário. *O pai é bom professor, mas o filho foi reprovado; casa de ferreiro, espeto de pau.* Embora provérbio, é muito usado coloquialmente. [LAU/MEL] (*)
Casa de tolerância: casa onde se alugam quartos para encontros amorosos. *Antiga mulher de amor, gasta e repelida, abriu casa de tolerância, seduziu mulheres honestas.* Sinônimo: *Rendez-vous*, dicionarizada no [AUR], naturalmente sob a classificação de "empréstimo". Constrói frases com diversos verbos, como *ser, abrir, fechar, virar*, etc. [AUR/AUL/BL] (*)
Em casa de Gonçalo mais pode a galinha do que o galo. Cf.: *Triste (é) a casa onde a galinha canta e o galo cala* ou *Triste é a casa onde é a galinha quem canta.* [NAS] registra a expressão condensada de feição negativa *Não ser a casa de Gonçalo*, lugar onde a mulher manda mais do que o marido. Cf.: p. 34, g. [LMOT/NAS]

Mexer em casa de marimbondo: tocar em assunto delicado, provocar. *Se você for tomar satisfação com ele, vai mexer em casa de marimbondo.* Sinônimo: *Mexer/Meter-se em/num vespeiro.* [MEL/PUG]

Ser de casa: pessoa tratada como se fosse da família, não ser de cerimônia. *Vá entrando e não repare na bagunça, você é de casa.* Também se diz: *A casa é sua.* [PUG/MEL/0047/AUR]

Triste (é)a casa onde a galinha canta e o galo cala ou ***Triste é a casa onde é a galinha quem canta***: frase de índole machista que põe em pauta a incapacidade de a mulher também comandar a casa. *Só ele dá ordem em casa porque acha que a casa em que galinha canta o galo cala e não funciona.* Há outras frases semanticamente paralelas, a saber: *Onde canta a galinha não canta o galo. Onde há galo não canta a galinha. Em casa de Gonçalo mais pode a galinha do que o galo.* A mesma ideia, até com referentes iguais, aparece em vários idiomas, como o italiano e o francês. [LMOT/FRI/STEIN/AM] (*)

Um dia/Uma hora a casa cai: advertência para que se tome cuidado quanto ao comportamento. *É bom você dirigir mais devagar, porque um dia a casa cai. Faz tanta traição que uma hora a casa cai.* Cf.: *A casa de alguém cair/A ponte caiu.* [MEL/PUG/8701]

CASACA

Virar (a) bandeira/(a) casaca: mudar de partido, de parecer ou de opinião, versatilidade política. *Nesta legislatura alguns deputados viraram a casaca várias vezes.* Em relação a "casaca", o francês e o espanhol possuem expressões similares. [LCC/MEL/SILV/XAre/8913/AM/AUR/LAT] (*)

CASCA

Escorregar/Pisar em casca de banana: ser malsucedido em algum empreendimento, tarefa. *Muito ingênuo, pisou em casca de banana ao comprar o carro por um preço caríssimo.* [SILV/MEL/AUR] (*)

Sair da casca (do ovo): tornar-se adulto, passar a ser senhor de si. *Arranjou um empreguinho, achou que saiu da casca do ovo.* [SILV/NAS/MOU/7611]

Ser (um) casca-grossa: ser grosseiro, mal-educado, rude. *Não dá para conversar com ele; ele é um tremendo casca-grossa.* [SILV/NAS/1777/AUR]

CASO

Abafar o caso: esconder. *Vamos abafar o caso. Será melhor pra todo o mundo.* [SILV/0388]

Cada caso é um caso: cada caso deve ser considerado com as suas próprias características. *Não considerar você como ele, cada caso é um caso.* Certas pessoas usam essa frase simplesmente como bordão. [MEL]

Caso de vida ou morte: caso muito importante, sério, inadiável. *A compra do imóvel era um caso de vida ou morte, por isso não pudemos evitá-la.* Usada alternativamente com vários verbos, inclusive como predicativo com o verbo ser. [MEL/1783]

Criar caso(s): intrigar, fazer fuxico, causar dificuldades. *Depois que ficou doente, cria caso por qualquer motivo.* [SILV/MEL/NAS/AUR]

Fazer pouco(-caso): menosprezar, desprezar, humilhar, zombar. *Se ele faz pouco-caso de mim, faz também pouco-caso do que é dele. Duvido e faço pouco que ele cumpra o que prometeu. Quando lhe ofereci ajuda, ele fez pouco-caso.* [MEL/AUR/SILV]

CASQUINHA

Tirar (uma) casquinha: tirar (pequena) vantagem, bolinar. *O rapaz bem que aproveitou para tirar a sua casquinha.* [SILV/WER/MF/8453/AUR]

CASTELO

Construir/Fazer castelo(s) de areia/de cartas: fazer projetos que facilmente se desfazem. *Construiu castelos de areia pensando um dia tornar-se rico, por isso morreu pobre.* São usados ainda outros verbos alternativos conforme o contexto, como *ser*. [MEL/1787/AUR/NAS]

Construir/Fazer castelo(s) no ar: sonhar coisas irrealizáveis. *Muitas vezes o que os candidatos prometem são castelos no ar.* [PUG/NAS/LMOT/ 1787/AUR/NAS] (*)

CASTIGO

O castigo anda/chega/vem a cavalo: advertência aos transgressores da lei: os infratores sempre acabam punidos. *Não vai escapar da cadeia, o castigo vem a cavalo.* [WER/GAL/LEL/RMJ/MEL/LAU/LP] (*)

CATAR

Ir catar coquinho: Cf.: FAVA.

CATÓLICO

Não ser/estar muito católico: não ser ou não estar de bom humor. *Hoje ele não está muito católico.* [5892/AUR]

CAUTELA

Canja de galinha não/nunca faz mal a ninguém ou *Cautela e caldo de galinha não/nunca fazem mal a ninguém* ou *Caldo de galinha e água benta não/nunca fazem mal a ninguém* ou *Conselho e canja de galinha não/nunca fazem mal a ninguém* ou *Canja de galinha e cuidado não/nunca fazem mal a ninguém*: prudência nunca é demais; é sempre bom agir com cuidado, calma e serenidade. *Gosto de fazer tudo devagar e com cuidado; cautela e canja de galinha não fazem mal a ninguém.* É provérbio muito coloquial. A ideia, mais literal e/ou em metáfora expandida, aparece também em latim, inglês e espanhol, constituindo outras variáveis. Cf.: *Presunção/Pretensão e água benta cada um usa/toma quanto quer.* [MEL/LMOT/SILVA2/1795/LAC] (*)

CAVALO

A cavalo dado não se olha(m) o(s) dente(s): não se deve reclamar de presentes ganhos nem lhes pôr defeitos. *Não gostei* *do perfume que me deram, mas não reclamei, afinal, a cavalo dado não se olham os dentes.* Em português, ainda, há outras versões, como *Cavalo dado não se abre a boca*, entre outras. [MEL/MOT/RMJ/RIB/LMOT/AM] (*)

Cair do cavalo: ter uma grande e inesperada surpresa de cunho negativo. *Querer falar sobre a origem das expressões faz muita gente cair do cavalo.* Diz respeito à montaria e cair do cavalo é ter uma forte surpresa e dar-se mal. [SILV/WER/FSP/MEL/RIB/3770/AUR] (*)

Cavalo de batalha: 1. insistir na mesma ideia, exagerar numa ideia, preocupação. 2. embaraço, confusão, criar caso. *O governo faz dos programas sociais o seu cavalo de batalha.* A expressão é usada alternativamente com diversos verbos, como *fazer* entre outros. [SILV/MEL/WER/RIB/1800]

Cavalo de Troia. Cf.: *Presente de grego*.

Tirar o cavalo/cavalinho da chuva: desistir de um propósito, de um intento, reduzir as pretensões, não ser bobo. *Os fãs da atriz podem ir tirando o cavalinho da chuva. Pode tirar o cavalo da chuva que eu não vou comprar a sua casa.* É frequente o uso dessas expressões modalizadas pelo verbo "poder", às vezes mais *ir*. [SILV/XAre/WER/CDAs/8470/MEL/ALV/LP/FSP/RIB/MF/PUG/PIM/NAS/AM/AUR] (*)

CAXIAS

Ser caxias: ser determinado, resoluto, decidido, cumpridor dos seus mínimos deveres. *Mantém a vida organizada porque é muito caxias.* Cf.: p. 34, g. [SILV/MEL/GUR/7848] (*)

CEDO

Você não morre tão cedo: manifestação de prazer pelo reaparecimento de pessoa grata que não se via há muito tempo, dar sinal de vida. *Eu estava agora mesmo pensando em você, você não morre tão cedo.* [HU]

CEGAMENTE

Confiar cegamente: confiar plenamente. *O diretor confia cegamente na secretária.* Sinônimo: *Assinar em branco*. [2187/WER]

CEGO

Estar/Ficar cego de: Cf.: FULO.

Pior cego é o/aquele que não quer ver: pior do que não enxergar é não querer ver. *Mostrei-lhe o documento falso, e nem assim ele acreditou; pior cego é aquele que não quer ver.* [MEL/6220]

CEM

Estar/Ser cem por cento: muito bom, excelente. *O jogador ainda não está cem por cento para jogar no domingo.* [MEL]

CENA

Entrar em cena: aparecer, fazer-se presente, tomar iniciativa. *Como se não bastassem os problemas do governo, agora entrou em cena mais um caso de corrupção.* [MEL/SILV/3798]

Fazer (uma) cena(s): fazer escândalo, dar-se ao desfrute, cercar um incidente. *Levei-a para casa, minha mulher achou ridículo, fez uma cena. Não leve a sério o que ele diz, está fazendo cena.* Cf.: *Jogo de cena*. Em inglês há versão literal. [SILV/NAS/MEL/RMJ2] (*)

CERA

Fazer cera: não fazer nada, enrolar, engabelar, trabalhar vagarosamente. *Foi advertido pelo chefe por fazer cera na execução de suas tarefas.* A expressão provém do futebol. Há equivalentes em inglês e espanhol. [SILV/MEL/FIELD/4177/AUR] (*)

CERCA

Pular a cerca: trair o/a cônjuge. *Prometeu à noiva jamais pular a cerca depois de casados.* [MEL/SILV/WER]

CERTO

Certo como dois e(mais) dois são quatro: certeza absoluta, indiscutível. *A inflação jamais acabará no Brasil. Isso é tão certo como dois mais dois são quatro.* Cf.: *Certo como dois mais dois são cinco*. Há expressão correspondente em francês. [NAS/8129] (*)
Certo como dois mais dois são cinco: afirmação do que é errado. *A inflação acabar no Brasil é tão certo quanto dois mais dois são cinco.* [MEL]
Deixar o certo pelo duvidoso: deixar de lado algo garantido pelo incerto. *Aceite logo esse dinheiro; é pouco, mas é garantido, não deixe o certo pelo duvidoso.* Usam-se ainda os verbos *largar, trocar*. [MEL/3156]

CÉU

Cair do céu: vir na melhor ocasião, alguém ou algo inesperado que vem a calhar. *Você caiu do céu, eu estava precisando de alguém para me ajudar. Você caiu do céu, querida.* A ideia consta também de expressão em espanhol. [SILV/MEL/NAS/LAT] (*)
Céu de brigadeiro: céu limpo, sereno, tudo vai bem. *A reunião de hoje foi muito tranquila, um céu de brigadeiro.* Usa-se alternativamente com vários verbos. [MEL/1827/AUR]
No céu, Cristo; na terra, isto!: ditado que expressa pontos de vista opostos: o religioso e o materialista. Diz-se, enquanto se esfrega o dedo polegar no indicador, simbolizando dinheiro. Caso semelhante em termos gestuais se observa em *Não estar nem aí*. Cf.: *Dar (uma) banana*. [LMOT]
Nem tanto ao céu/ao mar, nem tanto à terra: nada de exageros, nem para mais nem para menos. *Você pensa em se alimentar, mas não exagere, nem tanto ao mar, nem tanto à terra.* Sinônimo: *Nem oito nem oitenta*. [MEL/6020]

CHÁ

Tomar (um) chá de cadeira: esperar por muito tempo. *Com o consultório muito cheio, tomei um chá de cadeira até ser* *atendido*. [DI/WER/ALV/SILV/MEL/AUR]

Tomar (um) chá de sumiço: desaparecer do lugar habitual sem dar notícia. *A babá Francisca tomou um chá de sumiço e a polícia desconfia de que ela pode ter caído no golpe de "descobridor de talentos"*. [SILV/NAS/AUR]

Tomar (um) chá de trepadeira: alusão a indivíduo muito alto e magro. *Já não reconheci; parece que tomou chá de trepadeira, tão alto que ficou*. Cf.: *Pau-de-virar-tripa*. [PUG]

CHACOTA

Fazer chacota: fazer troça, zombar, fazer gracejos. *Precisavam acabar com essa mania de fazer chacota.* "Chacota" é uma antiga canção popular portuguesa, de fundo satírico ou zombeteiro. [SILV/RMJ/HOU] (*)

CHÃO

Do chão não passa: possibilidade de se levar um tombo ou de deixar cair alguma coisa, palavras festivas ditas familiarmente a propósito da queda de alguém ou de alguma coisa. *Pode deixar. Do chão não passa!* Talvez seja mais conhecida e usual a frase com teor proverbial: *Se cair, do chão não passa*, da qual a expressão sintetizada do verbete parece ter sido extraída. [PUG/NAS/7685]

Ficar sem chão: ficar sem condições (emocionais) de fazer ou resolver algo. *Ficou sem chão ao saber que o pai não poderia socorrê-lo financeiramente*. [MEL]

CHAPÉU

De tirar (lhe/se) o chapéu: surpreender, reconhecer as qualidades. *É um escritor brilhante, um dia todos lhe tirarão o chapéu. Essa piada é de tirar o chapéu, me surpreendeu*. Combina-se com outros verbos, inclusive o verbo *ser*: *Ser de tirar o chapéu. Seu esforço para se formar aos cinquenta é de se tirar o chapéu*. Em espanhol há expressão literalmente igual. [SILV/WER/MEL/ALV]

CHARADA

Matar (a/uma/as) charada(s): resolver um problema; desfazer uma dúvida, descobrir uma solução. *Matei a charada, entendi tudo. Matei a charada, você não quer ir conosco para esperar o namorado, não é isso?* Sinônimo: *Descascar o/um abacaxi*. [SILV/MEL/AUR]

CHARME

Fazer charme/charminho: simular falta de interesse por alguém. *Fez charme quando o namorado quis levá-la para jantar*. Usa-se com vários verbos, inclusive *fazer*. [MEL/SILV/4179/AUR]

CHAVE

Fechar com chave-de-ouro: concluir com brilhantismo, encerrar algo muito bem, de forma convincente. *Terminou a palestra com uma frase de efeito, com chave-de-ouro*. [PUG/MEL/SILV]

Guardar/Fechar/Encerrar/Trancar a sete chaves/debaixo de sete chaves: muito bem guardado em recipiente sob muitas chaves, sob responsabilidade em comum de diversas pessoas, como num cofre; praticamente esconder. *Vou guardar essa informação a sete chaves, depois vamos ver o que acontece. Para livrar-se da ganância dos parentes, guardou a sete chaves o prêmio.* [LP/WER/MEL/SILV/LCC/4673/PIM/AUR] (*)

CHEGA

Dar o/um basta/chega: pôr ponto final numa conversa, acabar com um abuso, dar uma advertência. *Dei-lhe um chega pra lá para deixar de ser confiado.* [NAS/SILV/MEL]

CHEIO

Acertar em cheio: adivinhar completamente. *Acertou em cheio ao dizer qual seria o valor da conta para ratear.* Sinônimo: *Acertar na mosca.* [MEL/SILV]
Cheio de não me toques: cheio de melindres. *Não lhe direi a verdade porque ela é cheia de não me toques.* Sinônimos: *Cheio de nove horas. Cheio de dedos.* É usada alternativamente com vários verbos, inclusive com o verbo *ser*. [MEL/SILV/1875]
Cheio de si: pretensioso, presunçoso, confiante. *Ele está cheio de si só porque foi aprovado no vestibular.* Expressão usada normalmente com os verbos *estar, ficar, ser*. [MEL/1885]

CHEIRAR

Cheirar (a): estar próximo de ser, dar indícios de. *Esses acontecimentos estão cheirando (a) corrupção. Este negócio cheira a tramoia.* [MEL/SILV/AUR]
Não/Nem feder nem cheirar: ser indiferente, não ter nenhuma importância. *No seu trabalho ele não fede nem cheira, não tem qualquer influência.* [MEL/PIP/SILV]

CHEIRO

Não dar nem para o/pro cheiro: não ser quantidade suficiente. *O dinheiro que você deixou para comprar a bebida não vai dar nem para o cheiro.* Sinônimos: *Não dar nem pra saída. Não dar nem pro começo.* [MEL/5741]

CHEQUE

Cheque-borracha: cheque propositalmente preenchido com incorreções para não ser pago e ser devolvido pelo banco. *O cara está acostumado a passar cheque-borracha nas compras do mês.* Usa-se com vários verbos, como *emitir, passar, preencher, pagar com,* etc. [AUR/HOU/GUR/1896]
Cheque-voador: cheque maliciosamente emitido no final do expediente bancário ou em véspera de feriado de modo que o emitente tenha tempo para providenciar fundos. *O cara concordou com o preço pedido pelo carro, mas emitiu um cheque-voador.* Usa-se com vários verbos,

como *emitir, passar, preencher, pagar com*, etc. [AUR/HOU/GUR/1895]

CHIFRE

Botar/Colocar/Meter/Pôr (os) chifre(s): cornear, ser adúltero(a). *Talvez Antonio tivesse razão. Zefa lhe teria posto muitos chifres.* [SILV/MEL/AUR]
Levar chifre: ser traído pela pessoa amada. *Quando leva chifre, torna-se o mais rancoroso dos cornos.* [MEL/SILV]
Procurar/Ver chifre(s) em/na cabeça de cavalo: procurar defeito onde não há, tentar realizar tarefa totalmente impossível. *O cidadão vive procurando chifre na cabeça de cavalo, um dia vai encontrar.* Sinônimos: *Dar nó em pingo d'água. Enxugar gelo. Procurar pelo em ovo. Procurar agulha no palheiro. Tapar o sol com a peneira.* [MEL/SILV/7191]
Ser do chifre-furado: ser audaz, forte, ousado, astucioso. *Esse peão é do chifre-furado.* [NAS/AUR/3335]

CHINELO

Botar/Colocar/Pôr no chinelo: enganar, suplantar, levar vantagem, derrotar completamente. *O professor quis botar eu numa fria e eu botei ele no chinelo.* [SILV/MEL/AUR]

CHORO

Não tem choro nem vela: não admitir reclamação. *Vou fazer o que for preciso, e não tem choro nem vela.* Não admite inversão da ordem. [MEL/SILV/5912] [*]

CHOVER

Chove (e) não molha: indecisão, não ir nem para frente nem para trás. *Fica nesse chove não molha. O novo chefe é um chove não molha.* É usada regularmente na flexão registrada (3ª. pessoa), mas aparece também em construções como *Cheio de chove não molha.* Não admite inversão de ordem. [SILV/NAS/1874/AUR]

CHUCHU

...pra burro/cacete/cachorro/caralho/caramba/chuchu/danar/dar e vender: Cf.: BURRO.

CHUMBO

Levar chumbo (grosso): ser mal sucedido em alguma coisa, estar/ficar ferrado. *Ele fechou o negócio com medo de levar chumbo grosso.* Sinônimo: *Levar ferro.* [SILV/MEL/AUR]

CHUPETA

Fazer chupeta: fazer uma ligação elétrica improvisada, temporária, entre as baterias de dois automóveis, permitindo que uma mova o motor de arranque ligado à outra. *A bateria do meu carro arreou e o jeito foi fazer chupeta com o carro do vizinho*. No *Dicionário moderno* (Bock, Rio de Janeiro, 1903, apud PRETI), com o sentido que temo [AUR]: "apetitoso, bem excelente". Cf.: *X.P.T.O.* [AUR/HOU]

CHUTE

Chutar a esmo: meio de responder ou arriscar uma resposta, sem medir, sem muito conhecimento e critério. *Respondeu três questões da prova, chutando a esmo.* São usadas alternativamente com diversos verbos. Cf.: *No chutômetro/No chute. No olhômetro.* [AUR]
Chute/Gol de letra: toque bonito na bola ou gol em que o atleta trança a perna usada por trás da perna de apoio, como que desenhando a letra X e muda o pé que chuta. *Zico deu um chute de letra e foi muito aplaudido.* Usa-se com o verbo *fazer*, entre outros. Cf.: *Tirar de letra*. [MEL/4636/AUR]
Dar um chute/um pé/um pontapé (no traseiro/na bunda): despedir do emprego, mandar embora. *Disse que daria um chute no traseiro do namorado se o pegasse com outra.* Cf.: *Levar/Ganhar um chute/um pé/um pontapé (no traseiro/na bunda)* [MEL/SILV]
Levar/Ganhar um chute/um pé/um pontapé (no traseiro/na bunda): ser despedido. *Para não levar um chute na bunda aceitou a redução do salário* [BAL/MEL]
No chutômetro/No chute: meio de responder ou arriscar uma resposta, sem medir, sem muito conhecimento e critério. *Resolveu três questões da prova no chutômetro. Quero ver quem é que acerta, no chute, quanto eu tenho no bolso.* São usadas com diversos verbos. Sinônimo: *No olhômetro.* [MEL]

CHUTEIRA

Pendurar a(s) chuteira(s): aposentar-se, deixar de formular e executar projetos. *O terror pendura as chuteiras: o escritor Stephen King anunciou a sua aposentadoria.* [SILV/MEL/DI/6763]

CHUTÔMETRO

No chutômetro/No chute: meio de responder ou arriscar uma resposta, sem medir, sem muito conhecimento e critério. *Resolveu três questões da prova no chutômetro. No chutômetro, esta sala deve ter vinte metros quadrados.* São usadas alternativamente com diversos verbos. Sinônimo: *No olhômetro.* [MEL/GUR]

CHUVA

Chuva não quebra osso: diz-se a quem acha temerário sair quando está chovendo. *Não vou deixar de sair só porque está chovendo, afinal, chuva não quebra osso.* [MEL/NAS/AM]
Estar sujeito a chuvas e trovoadas: estar vulnerável, estar exposto a qualquer crítica. *Quem tem vida pública está sujeito a chuvas e trovoadas.* Não admite inversão de ordem. [MEL/8081]
Quem entra/está/sai/vai na chuva é para/pra se molhar: ter certeza dos riscos que corre. *Não reclame, você sabia dos riscos*

desse negócio, quem entra na chuva é pra se molhar. [MEL/4578/AM]

Ser mandachuva: ser chefe, cabeça, líder. *Fala com ele, agora ele é o mandachuva da empresa.* Usa-se também com outros verbos, além do verbo *ser*. [5274/GUR

CINCO

Cinco (dedos) contra um: masturbar-se (o homem). *Quando ficava solitário no quarto, só com a revistinha na mão, eram cinco contra um.* Há vários sinônimos, entre os quais: *Bater/Tocar punheta. Bater/Tocar (uma) safira.* Cf.: *Bater/Tocar (uma) siririca.* [MEL/SOU] (*)

CINTO

Apertar o(s) cinto(s): passar dificuldades, reduzir as despesas, economizar. *Este ano vamos apertar o cinto até onde der.* Há expressão correspondente em espanhol. [ALV/SILV/09811/FUL/AUR/NAS] (*)

CINZA

Renascer das (próprias) cinzas (como Fênix): brotar inesperadamente, recuperar a saúde e/ou recuperar-se financeiramente e/ou socialmente. *Renasceu das cinzas depois de ter sido desenganado pelos médicos.* [NAS/SILV/MEL] (*)

CIRCO

Querer ver/Ver/Deixar o circo pegar fogo: desejar ou aguardar que o pior aconteça, assistir de modo passivo à destruição de algo, criar problemas. *Querendo ver o circo pegar fogo, provocou o desentendimento entre os irmãos. Agora que a polícia chegou, eu vou sair e deixar o circo pegar fogo.* [8858/SILV/MEL/WER]

Ser de circo: ser esperto, não se deixar enganar, sair-se bem das dificuldades. *Se eu não fosse de circo, não conseguiria escapar dos ladrões.* [MEL/SILV/NAS/AUR]

CÍRCULO

Círculo vicioso: situação interminável. Raciocínio circular, sofisma que consiste em se apoiar sobre a própria proposição que se tenta demonstrar, sucessão de ideias ou fatos que retornam sempre à ideia ou fato inicial. *Você diz não gostar dele por ele não gostar de você, e vice-versa, é bom sair desse círculo vicioso.* Constrói frases com diversos verbos, inclusive com o verbo *ser*. Há expressão literalmente igual também em francês. [AUR/PIP/AUL/1957] (*)

COBERTOR

Cobertor de orelha: a pessoa com quem alguém se deita, inclusive como amante. *Sem um cobertor de orelha, ela não conseguia dormir. Ela era seu cobertor de orelha todas as noites.* Usada com vários verbos, inclusive como predicativo com o verbo *ser*. [MEL/1962]

COBRA

A cobra está fumando: há problemas, a situação vai se agravar. *Se chegarmos*

tarde em casa, a cobra vai fumar. Frase de 1944, época da II Guerra Mundial. Cf.: *Senta a pua.* [NAS/MEL/SILV/0055] (*)

Dizer/Falar cobras e lagartos: xingar, dizer coisas ofensivas, falar mal de alguém. *Derrotado nas eleições, disse cobras e lagartos da sua equipe de campanha.* A expressão, encabeçada pelos verbos *dizer* e *falar*, motiva as expressões paralelas *Ouvir/Escutar cobras e lagartos*, de valor passivo, naturalmente com outros matizes semânticos próprios. Em termos de origem, tentaram várias versões. Não admite inversão de ordem. [SILV/MEL/LP/XAre/CADs/GUR/FUL/ALV/LCC/NAS/JRF /AUR] (*)

CÓCEGA

Ter cócegas na língua: estar inquieto para falar algo, estar com muita vontade de falar. *Tive cócegas na língua, mas preferi ficar calado.* [NAS/8251]

COELHO

Matar dois coelhos com/de uma cajadada só: obter dois resultados com um só trabalho ou esforço. *Fui à feira, aproveitei e fui logo ao banco, matei dois coelhos de uma cajadada só.* Há expressões equivalentes em vários idiomas. Usa-se às vezes a expressão em ordem inversa: *Com/de uma cajadada só matar dois coelhos.* [LMOT/MEL/RIB/5376/AUR] (*)

Tirar coelho da cartola: apresentar uma solução, uma saída inesperada. *Infelizmente não tenho como tirar coelho da cartola para resolver esse caso.*

Sinônimo: *Ter/Tirar (uma) carta(s) na/da manvga.* [MEL]

COICE

Dar (um) coice (até na sombra): fazer brutalidade, malcriação. *Tenho receio de procurá-lo porque ele dá coice até na sombra.* [MEL/SILV]

COISA

Agora/Aí que o bicho / a coisa pega: acontecer o pior. *Se você não estiver aqui na hora marcada, aí que a coisa pega.* Sinônimo: *Agora/Aí que mora o perigo.* Expressão formalmente muito instável; admite configurações formais semelhantes às arroladas para a expressão *Aí que a porca torce o rabo.* Cf.: *O bicho pegar.*

A(s) coisa(s) está/estão preta(s): há algo grave, confuso, problemático. *A coisa está preta, não há dinheiro que chegue. Tudo está muito caro.* [NAS] (*)

Ser/Coisa do outro mundo: excepcional, inverossímil, estupenda. *Fui ver o filme que me recomendaram, pensando que era coisa do outro mundo, e não era. Aquela piscina (...) só poderia ser coisa do outro mundo.* [NAS/MEL]

Coisa que até Deus duvida: coisa absurda, espantosa, extraordinária, inverossímil. *Na carta de demissão ele escreveu coisa que até Deus duvida.* Usam-se vários verbos na composição do enunciado: *fazer, dizer, escrever,* etc. [MEL]

Coisas e loisas/Cousas e lousas: isto e aquilo, objetos indeterminados ou que não se quer especificar. *Disse coisas e*

loisas, mas não conseguiu convencer o grupo. É usada com os verbos *falar* e *dizer*, entre outros. Não admite inversão de ordem. [MEL/NAS/HOU]
Coisíssima nenhuma: nada, de modo algum. *Você não vai brincar o carnaval coisíssima nenhuma*. [MEL]
Dizer/Não dizer/Falar/Não falar coisa com coisa: falar sem nexo. Não falar coerentemente. *Depois que levou uma pancada na cabeça, não diz coisa com coisa. Um jornal tem de dizer coisa com coisa*. Em Portugal, para uma ideia semelhante ou "não condizer uma coisa com outra", se diz: *não ligar a bota com a perdigota*, como em *Esse caso é muito esportivo, não liga a bota com a perdigota*, naturalmente aproveitando apenas o efeito da rima, como em *alhos e bugalhos* ou *aos trancos e barrancos*, uma vez que "perdigota" não existe; existe "perdigoto", "salpico de saliva". Cf.: *Uma coisa é uma coisa, outra coisa é outra coisa. Muito barulho para/pra nada*. [MEL/SILV/NAS /FSP/WER/CDAs/MOU/3320/AUR]
Há mais coisas no céu e na terra do que sonha a nossa filosofia: conteúdo autoexplicativo. *Há mais coisas no céu e na terra do que sonha a nossa vã filosofia*. Embora se trate de frase culta, literária, complexa e filosófica, portanto em desacordo com os restritos princípios deste dicionário, está aqui registrada, todavia, pelo eventual interesse que desperta, sobretudo em função de suas configurações, aparentemente com sutis alterações. [MEL/MAS/GOM] (*)
Uma coisa é uma coisa, outra coisa é outra coisa: confundir duas coisas. *O livro que comprei não é o que você me pedira, uma coisa é uma coisa, outra coisa é outra coisa. Sou do tempo que uma coisa era uma coisa, outra coisa era outra coisa*. Sinônimo: *Cada caso é um caso*. Cf.: *Não dizer coisa com coisa*. [MEL]
Uma coisa leva à/puxa a outra: uma coisa é decorrência de outra. *Procurando o tal assunto, encontrei o outro; uma coisa leva à outra*. [8735]

COLA

Estar/Ficar na cola de alguém: (per)seguir alguém de perto. *Agora o delegado anda na cola dele*. Usa-se ainda com o verbo *andar na*. [SILV/MEL/0675]

COLCHA

Colcha de retalhos: 1. coisa malfeita. 2. obra sem unidade, mistura de muitas coisas. *O regulamento que vocês fizeram ficou uma colcha de retalhos; ninguém entende*. Usa-se também como predicativo com o verbo *ser*. [LAU/1990/NAS/MEL] (*)

COLHER

Botar/Colocar/Meter/Pôr a colher: intrometer-se onde não é chamado. *Eu também me julgo no direito de meter a colher nesse assunto*. Sinônimo: *Botar/Colocar/Meter/Pôr o nariz onde não é chamado. Meter o bedelho*. [MEL/SILV/5472/AUR]
Dar (uma) canja/moleza/colher (de chá)/sopa (para o azar): Cf.: CANJA.
Ser (uma) canja/moleza/sopa/colher (de chá): Cf.: CANJA.

COMEÇO

Do começo ao fim: totalmente. *Ficou trancado no quarto, mas fez a lição do começo ao fim.* Sinônimos: *De cabo a rabo. De fio a pavio. De ponta a ponta.* [AMF/WER/FUL/TOG]
Para/Pra início/começo de conversa: antes de mais nada. *Para começo de conversa, é bom você saber que não está falando com qualquer um.* Sinônimo: *De cara.* [MEL]
Um bom começo é meio caminho andado: é estar com a solução/uma tarefa bem encaminhada. *O primeiro golpe bem dado é meia luta ganha.* Aristóteles já entendia que "Um bom começo é a metade feita." Cf.: *Meio caminho andado.* [HU]

COMER

Comer e coçar é só começar ou ***Comer e coçar, tudo está em começar*** ou ***Comer e coçar, vai de começar***: às vezes o ato de começar algo aguça o apetite, a vontade, depois de começar é difícil parar. *Ele não queria comer, mas já está na mesa há muito tempo, comer e coçar é só começar.* Há ideias semelhantes em diversos idiomas, como latim, espanhol, italiano, francês e inglês. Não admite inversão de ordem. [MEL/LMOT /FRI/ SILVA2/2109] (*)
Comer para viver e não viver para comer: observação feita a pessoas gulosas. *Pare de comer o dia inteiro, você deve comer pra viver e não viver pra comer.* Há frases similares no latim, espanhol, francês, italiano e inglês. Trata-se de frase em formato de trocadilho. [SILV/RMJ/LMOT/ FRI/SILVA2] (*)

COMÉRCIO

...de amargar/arrasar (quarteirão)/arrancar/arrepiar (os cabelos)/doer /enlouquecer/fechar (o comércio/trânsito)/lascar/ morrer/rachar/tinir, etc.: Cf.: AMARGAR.

COMIDA

Não merece/vale o pão/prato/a comida que come: pessoa sem valor nenhum. *Infelizmente há muitas pessoas que não valem a comida que comem.* Expressão hiperbólica. Sinônimo: *Não vale (o feijão) que come. Não vale um tostão furado.* [MEL/PIP]

COMPASSO

Em compasso de espera: aguardando uma decisão ou mudança de situação ou de informação. *A obra está em compasso de espera, enquanto não chegam os recursos.* A expressão é usada alternativamente com vários verbos, inclusive *ficar, estar.* "Compasso de espera" é termo ligado à música, significando o período de tempo em que o grupo ou solista silencia, no aguardo do momento de voltar a tocar ou cantar. Cf.: *Sair do compasso.* [MEL/AUR]
Sair do compasso: exagerar, exceder-se, ser inconveniente. *Durante o jantar na casa dos pais dela, saiu do compasso e deu-se mal.* [SILV/PUG]

CONFETE

Jogar confete(s): elogiar rasgadamente ou com galanteio. *Costuma jogar confetes* *no chefe para conseguir privilégios.* Provém da linguagem do carnaval. [MEL/SILV/AUR/NAS/AUL]

CONFIAR

Confiar desconfiando: não dar crédito de modo algum, ou totalmente. *Quando ele diz que vai pagar dia 10, eu confio desconfiando.* Cf.: *Não confiar nem amarrado.* [SILV/2188]
Não confiar nem amarrado: não dar crédito de modo algum, ou totalmente. *Nele, não confio nem amarrado.* Cf.: *Confiar desconfiando.* [SILV]

CONFORME

Estar/Ficar (tudo) nos conformes: estar de acordo. *Ele mandou o documento para eu verificar se estava tudo nos conformes.* Pode aparecer também com o verbo *ter*: *Ter tudo nos conformes.* [FUL/3176]
(Tudo) Nos conformes/Dentro dos conformes: como deve ser. *Quero que você faça tudo dentro dos conformes.* Constrói-se com vários verbos. [MEL/3176] (*)

CONSELHO

Canja de galinha não/nunca faz mal a ninguém ou ***Conselho e canja de galinha não/nunca fazem mal a ninguém*** ou ***Canja de galinha e cuidado não/nunca fazem mal a ninguém***: Cf.: CAUTELA.

CONTA

Botar/Colocar/Pôr na conta do Abreu (se ele não pagar nem eu): não cobrar, esquecer a dívida. *Vou levar pão e queijo, mas não vou pagar agora; bota na conta do Abreu.* Cf.: p. 34, g. [MEL/PUG/7041]
Dar conta do recado: realizar bem alguma tarefa. *Apesar de muito serviço para fazer, ele deu conta do recado.* [SILV/MEL/HOU/AUR]
Estar/Ficar por conta (da vida): irritar-se, zangar-se. *Fiquei por conta da vida ao saber o que fizeram com você.* Sinônimos: *Estar/Ficar fulo (da vida). Estar/Ficar puto (da vida). Estar/Ficar na/numa bronca. Estar/Ficar soltando fumaça (pelas ventas),* etc. [MEL]
Fazer de conta: fingir, imaginar. *Para eu não me aborrecer, vou fazer de conta que não ouvi o que você falou.* [MEL/SILV/HOU]
Por conta do Bonifácio: zangado, irritado, indiferente. *Enquanto todos trabalhavam, ele ficou lá, por conta do Bonifácio.* Usa-se com vários verbos, como *ficar, estar,* etc. Cf.: p. 34, g. [6983/AUR/NAS] (*)

CONTO

Conto do vigário: refere-se ao delito ou manobra de má-fé para se tomar dinheiro de incautos gananciosos ou de boa-fé, simplórios e palermas, em troca de coisas falsas, oferecendo-lhes grandes vantagens aparentes, como a venda de produto valioso (falsificado) por valor inferior ao do mercado, troca de bilhete da loteria premiado por irrisório valor, venda de viadutos, bondes ou outros patrimônios públicos. O "conto do vigário" mais comum é a modalidade de furto ou enganação em que o ladrão ou malandro "conta" à futura vítima (o otário) a história complicada, mas de certa verossimilhança de grande quantidade de dinheiro (originalmente entregue pelo seu vigário), ali presente dentro de um embrulho (o paco), dinheiro este que ele deseja confiar provisoriamente, por comodidade ou necessidade, a uma pessoa honesta em troca de algum dinheiro miúdo de que precisa no momento. Usam-se, também, as expressões *Cair no/Passar o conto do vigário*, como atitudes, "passiva", de ser enganado geralmente por ganância, passar por otário, ou, "ativa", de enganar ardilosamente incautos gananciosos; de forma generalizada. *Se você acreditar no que ele diz, cairá no conto do vigário.* Cf.: *Pomo de Adão.* [MEL/AUR/HOU/ LP/CARN/SIM/CA/SILV/2230/7205/ NAS/FUL/RAM/LUF/LEL/VIL/PIM] (*)

Quem conta um conto aumenta/acrescenta um ponto: as pessoas têm a tendência de acrescentar alguma coisa às histórias que passam adiante. *Não acredite em tudo o que ele diz, pois quem conta um conto aumenta um ponto.* [MEL/LMOT/ MEF/7360]

CONTRA

Ser do contra: por princípio, discordar sempre. *Deixe de ser do contra, aceite a nossa decisão.* [MEL/SILV/7874/AUR]

CONTROLE

Estar/Ter (tudo) sob controle: ter o controle da situação, de fazer e desfazer. *O presidente tinha tudo sob controle.* Sinônimos: *Na mão. Na palma da mão.* A rigor, não se trata de expressão idiomática, com sentido não literal próprio, uma vez que funciona graças ao seu sentido puramente literal. Ademais, significando "controlar", a expressão equivaleria a um sintagma com um verbo "suporte". Cf.: *Ao sabor de. Perder o pé.* [4206/5682/7802].

CONVERSA

A conversa não chegou à/na cozinha: advertência à pessoa que se intromete em assunto alheio. *É melhor não dar palpites, pois a conversa não chegou na cozinha.* Cf.: *Dar trela.* [0066]

Cair na conversa/na lábia/na saliva/no bico/no papo: deixar-se, engabelar. *Ela caiu fácil na conversa do garotão bonito.* Cf.: *Levar na conversa/na lábia/na saliva/no bico/no papo. Passar a conversa/a lábia/a saliva/o bico.* [MEL/SILV]

Conversa mole: conversa vazia, monótona, fastidiosa. *Sem sono, ficou perturbando com aquela conversa mole a noite inteira.* Usada normalmente em função predicativa com o verbo *ser.* Sinônimos: *Conversa/Prosa fiada. História/Conversa (mole) pra boi dormir.* [MEL/AUR/ AMF/ALV/WER]

Conversa/Prosa fiada: conversa vazia, monótona, fastidiosa, sem interesse e resultado prático. *Não acredite em nada do que ele diz, é tudo conversa fiada.* Sinônimos: *Conversa mole. História/ Conversa (mole) pra boi dormir.* [MEL]

Conversa(s) ao/de pé do ouvido: conversa íntima, discreta, em segredo. *Teve uma conversa de pé do ouvido com a mulher para que ela desistisse da festa.* Usada alternativamente com vários verbos. Cf.: *Ao pé do ouvido.* [TOG/MEL]

Conversa (mole)/História pra boi dormir: conversa vazia, monótona, fastidiosa, sem interesse e resultado prático. *Essa pesquisa é balela e conversa pra boi dormir.* Usada normalmente em função predicativa com o verbo *ser*. Sinônimos: *Conversa mole. Conversa/Prosa fiada.* [AMF/WER/SILV/MEL/2238]

Ir na/atrás de conversa: deixar-se levar por, ser enganado. *Esse rapaz é perigoso, não vá na conversa dele.* Sinônimo: *Entrar na onda.* [MEL/SILV]

Jogar conversa fora: conversar despretensiosamente sobre assuntos corriqueiros, conversar sobre inutilidades. *Sem ter o que fazer, passou a tarde toda jogando conversa fora.* Sinônimos: *Bater papo.* [WER/1193/SILV/MEL/AUR]

Levar na conversa/na lábia/no bico/no papo: engabelar, enganar, seduzir, fazer alguém de bobo. *Levei a mulata na conversa, acabei ganhando a mina.* Cf.: *Cair na conversa/na lábia/no bico/no papo. Passar a conversa/a lábia/o bico.* [MEL/SILV /2096/6554/5098]

Para encurtar a conversa/a história: resumir, finalizar. *(...) para encurtar a conversa, aí ele chegou e resolveu o problema.* [6495/SILV]

Passar a conversa/a lábia/a saliva/o bico: enganar, seduzir, driblar um adversário, deixando-o para trás, fazer alguém de bobo. *O vendedor foi demitido por ter passado a conversa em vários fregueses.* Cf.: *Levar na conversa/na lábia/no bico/no papo. Cair na conversa/na lábia/no bico/ no papo.* [MEL/SILV/2096 /6554/5098]

COPAS

Fechar-se em copas: não dizer nada, não se manifestar, não revelar. *Quando tocaram nos problemas da sua família, ele fechou-se em copas.* [HOU/SIM/MEL /SILV/ AUL/NAS/JRF/4384/AUR] (*)

COPO

Afogar-se em (em um/num) copo/pingo de/d'água: afligir-se por pouco, atrapalhar-se com pequeno problema. *Ficar muito preocupada só porque o filho ficou resfriado é afogar-se num copo d'água.* Cf.: *Afogar-se em pouca água.* Em relação a "copo", há correspondente em espanhol. [0500/ALV/PAR/LAT] (*)

Bom (de) copo/garfo: indivíduo que bebe bem sem se embebedar, que come bem. *Nunca vi um cara tão bom de copo/de garfo como você.* A expressão compõe-se com vários verbos, inclusive com o *ser* em função predicativa. [MEL/SILV / WER/NAS]

Cuspir no prato/no copo que/em que/onde comeu/bebeu: Cf.: PRATO.

Ser um bom copo: ser muito dado a bebidas alcoólicas. *Ele é um bom copo; nas festas em que vai toma todas.* [AUR]

COQUINHO

Ir catar coquinho: Cf.: FAVA.

COR

Ao vivo e a/em cores: pessoalmente, completamente. *Pode acreditar, ela esteve aqui ao vivo e em cores para falar comigo. Pago tudo, ao vivo e a cores.* [MEL]

Cor de burro quando foge: cor esquisita, indefinida, inqualificável, de mau gosto.

Pintou a casa de forma esquisita, com tinta da cor de burro quando foge. [MEL/NAS/PIM/2251/SILVB] (*)

Não ver a cor do dinheiro: não receber aquilo a que tem direto. *Ficou de receber todo o pagamento depois do serviço, e até hoje não viu a cor do dinheiro.* [MEL/WER]

Saber/Conhecer de cor (e salteado): conhecer muito bem, de memória, literalmente, e em qualquer que seja a ordem. *Os alunos sabiam todo o texto de cor e salteado.* Sinônimo: *Saber na ponta da língua. Saber da frente para trás e de trás para a frente.* A palavra "cor" (cór), usada desde o século XIV, que só aparece nessa expressão, tem origem no latim *cor, cordis*, "coração". Cf.: *Puxar a(s) orelha(s); Puxão de orelha(s).* [ABL/FSP/SILV/MEL/HOU/2812] (*)

CORAÇÃO

Botar/Pôr o coração pela boca: 1. ficar assustado, estar ou ficar ofegante. 2. demonstrar cansaço. *De tanto correr o menino chegou aqui botando o coração pela boca. A notícia foi tão triste que parecia que o coração ia sair pela boca.* Usada alternativamente com vários outros verbos, inclusive *sair.* Cf.: *Botar/Colocar/Pôr a alma pela boca.* [1404/NAS/SILV/MEL]

Cortar/Partir a alma/o coração: dar pena, dó, comover ao extremo. *Corta o coração vê-lo preso a uma cama. É de cortar o coração como ela geme.* [SILV/PUG/MEL/AUR/NAS]

Estar/Ficar com o coração na boca/na(s) mão(s): estar/ficar muito aflito. *Ficou com o coração na boca ao saber que seria transferido para outra cidade. Enquanto aguardava o resultado do exame, estava com o coração na mão.* Há correspondente em francês, parcialmente, pois com outros referentes. Além dos verbos *estar/ficar com,* a expressão às vezes é encabeçada pelos verbos *viver, andar, ter, falar,* entre outros. [XAcm/MEL/SILV/WER/AUR/LAT] (*)

Estar/Ficar com o coração pesado: estar deprimido. *A longa doença deixou-lhe o coração pesado.* Há equivalente em francês com referentes semelhantes: *voir le coeur gross.* Além dos verbos *estar/ficar com,* a expressão às vezes é encabeçada pelos verbos *viver, andar* e *ter,* entre outros. [XAcm] (*)

Ter (um) coração de ouro: ser extremamente bondoso, generoso. *Sempre ajuda os parentes, tem coração de ouro.* Em francês, há o mesmo sintagma. [MEL/SILV /NAS/AUR] (*)

Ter (um) coração de pedra: ser insensível, desalmado, cruel. *Nada consegue sensibilizá-lo; tem coração de pedra.* Em francês, há o mesmo sintagma. [MEL/SILV/NAS/AUR] (*)

CORAGEM

Com a cara e (com) a coragem: sem nenhum recurso, mas com determinação. *Começou o negócio com a cara e a coragem, e já conseguiu a sede própria.* Expressão usada alternativamente com vários verbos, como *entrar, fazer, montar,* etc. Em princípio, trata-se de expressão irreversível quanto à ordem. [SILV/MEL/2005]

CORDA

A corda (sempre) arrebenta/quebra pelo/ do lado mais fraco: o lado mais fraco acaba sofrendo as consequências. *O povo é que sofre as consequências de um mau governo; a corda sempre arrebenta do lado mais fraco.* Embora classificável como provérbio, como provérbio é muito usado coloquialmente. Há correspondentes em espanhol, francês, italiano e inglês. [LMOT/MEL/0067/MER] (*)

A corda e a caçamba: diz-se de pessoas muito ligadas. *Esses dois não se separam um minuto, são a corda e a caçamba.* Deve ser derivada da expressão maior *Onde vai a corda, vai a caçamba*. É usada com vários verbos alternativos e com os conectores de comparação *como, que nem* ou *feito: Os dois não se separam, são como a corda e a caçamba*. Não admite inversão de ordem. [0068/MEL/SILV /AUR/NAS//CF]

Andar/Dançar/Viver na corda bamba: estar em risco iminente, ver-se em embaraços, passar dificuldades, viver em apuros. *Não é de hoje que os benefícios da vitamina C andam na corda bamba. Desempregado, tem de dançar na corda bamba para sustentar a família.* Sinônimo: Em maus lençóis. A expressão pode compor-se também com os verbos *estar, ficar*, entre outros. [NAS/SIL/MEL/NAS/AUR]

Botar/Colocar/Pôr/Ter a corda no pescoço: meter alguém em apuros. *O cara devia e não pagava; o banco lhe pôs a corda no pescoço.* Cf.: *Com a faca no pescoço. Botar/Colocar/Pôr a faca no pescoço/no peito/na garganta.* [SILV]

Com a corda no pescoço: estar em dificuldades, em situação financeira difícil, em apuros, com dívidas. *Com a corda no pescoço, perdeu o crédito em todos os lugares.* A expressão vem da época da pena de morte, quando se punha a corda no pescoço dos condenados para enforcá-los. Há correspondente em espanhol. A expressão pode ser composta encabeçada alternativamente com os verbos *estar, ficar, viver, andar*, entre outros. [SILV/WER/LP/MEL/2006/NAS/AUR] (*)

Com a corda toda: estar falando muito, estar muito animado, estar em situação muito favorável. *O cidadão parece estar com a corda toda, quer convencer todo mundo.* A expressão pode ser composta encabeçada alternativamente com os verbos *estar, ficar, viver, andar*, entre outros. [SILV/LP/2007/AUR]

Dar (mais) corda: estimular o outro a contar coisas que sabe, provocar conversa ou confidência, dar pretexto para que o outro "se abra". *Ele está dando corda para ver aonde vou parar.* [MEL/SILV]

Onde vai a corda, vai a caçamba: referência a duas pessoas que andam sempre juntas. *Sempre que a encontro, ela está com a vizinha, onde vai a corda, vai a caçamba.* Usam-se também: *Ser/Parecer como/que nem/feito a corda e a caçamba. Parecem a corda e a caçamba.* [MEL/NAS]

Roer a corda: faltar a um compromisso. *Depois de tudo combinado, roeu a corda na hora de assinar o contrato.* [MEL/FUL/SILV]

CORDÃO

Cortar o cordão umbilical: amadurecer, eliminar vínculos que tornam uma pessoa dependente da outra. *Cortou o cordão* umbilical para dar mais liberdade ao filho, que já é quase adulto. [PUG/MEL]

CORETO

Bagunçar o coreto: promover desordem. *A tua mãe acabou de arrumar o quarto, vê se não bagunça o coreto.* [SILV/MEL]

CORO

Fazer coro: repetir o que alguém diz ou faz, estar de acordo. *Não vou fazer coro com aqueles que te criticam injustamente.* [NAS/MEL/SILV/AUR]

CORPO

Corpo a corpo: condição de contato físico ou muito próximo visando resultados, inclusive na política (candidatos junto aos eleitores). *Lutaram corpo a corpo por uma hora. Próximo às eleições os candidatos vão ao corpo a corpo junto a suas bases eleitorais.* [MEL/NAS]
Criar corpo: crescer, desenvolver. *Criou corpo depois que começou a praticar natação.* [MEL/SILV/PIP]
De corpo e alma: de maneira plena, totalmente, com toda dedicação. *Dedicou-se de corpo e alma à nova profissão.* É usada com vários verbos, como *dedicar*-se, *entregar*-se, entre outros. Em princípio, não admite inversão de ordem. [FUL/MEL/AUR]
Fazer corpo mole: não se esforçar, fugir ao cumprimento do dever, negar discretamente, mostrar pouca disposição. *Fez corpo mole para não viajar com a irmã.* Cf.: *Ter braço curto. Ser peso (morto).* [SILV/MEL/CA/4192/AUR]
Tirar o corpo fora: esquivar-se, livrar-se de trabalho ou responsabilidade. *Quando fui distribuir as tarefas, ele foi o primeiro a tirar o corpo fora.* [WER/CDAs /MEL/SILV/AUR]

CORRENTE

Remar/Nadar/Ir contra a corrente/a maré: lutar em vão contra forças opostas. *Se todos querem a sua demissão, eu não posso ir contra a corrente.* Usam-se ainda os verbos *lutar, navegar*, entre outros. Há expressão similar em inglês. [RMJ2/MEL /SILV/FRI/4810/AUR] (*)

CORTESIA

Fazer cortesia com o chapéu alheio: mostrar-se generoso à custa de outrem. *Usar a minha ideia como sendo sua é fazer cortesia com o chapéu alheio.* [SILV/MEL /2444/AUR]

CORUJA

Coruja: Cf.: *Um urubu pousou na minha sorte.*
Mãe coruja: Cf.: MÃE.

CORTINA

Correr a cortina: desvendar aquilo que estava oculto, descortinar, descerrar as cortinas. *Correu as cortinas ao passado dela.* [2265/AUR]

Cortina de fumaça: qualquer meio usado para despistar alguma coisa. *A publicidade do governo é apenas uma cortina de fumaça para abafar os últimos incidentes.* Usa-se com vários verbos, inclusive com o verbo *ser*. [MEL/HOU] (*)

COSTAS

Carregar/Levar (alguém) nas costas: ter ou manter (alguém) sob sua responsabilidade, fazer praticamente sozinho o trabalho de todos, suportar. *Para completar o trabalho, tive que carregar os colegas nas costas.* Em francês também há expressão em versão literal. [1741/SILV/MEL/AUR] (*)

Falar pelas costas: falar mal na ausência. *Não sou de falar de ninguém pelas costas.* [MEL/PUG]

Ter (as) costas largas: ser capaz de assumir responsabilidades. *Como ele tem as costas largas, todo mundo lhe pede ajuda.* [XAcm/WER/MEL/8214/AUR]

Ter as costas quentes: sentir-se protegido por alguém. *Ele abusa porque tem as costas quentes.* [MEL/SILV/LMOT/FRI/AUR]

Ver pelas costas: detestar, alguém desaparecer, ausentar-se. *Quando viram os pais pelas costas, chamaram os amigos para dentro de casa.* Usa-se modalizar por exemplo com os verbos *desejar, querer,* etc. [PUG/SILV/MEL/AUR]

Virar as costas: deixar de dar atenção, abandonar, retirar-se. *Não podemos simplesmente virar as costas para a política, mas sim dar a nossa opinião.* [PIP/MEL/SILV]

Viver nas costas de: viver/ficar sob a responsabilidade de, viver às custas de. *Mas acho injusto ela querer passar o resto da vida nas minhas costas.* [MEL]

COTOVELO

Falar (até) pelos cotovelos: ser prolixo, muito tagarela, indiscreto, falar demais, loquaz, papagaiar. *Esse menino fala pelos cotovelos! Não fica calado um instante! Quem fala pelos cotovelos, corre o risco de dizer o que não deve.* Expressão intensificadora. Mais do que falar "muito" é falar "demais", falar cutucando (chamando atenção) com o cotovelo, razão por que se justifica o uso do operador argumentativo "até". Sinônimos: *Engolir um disco. Engolir uma vitrola. Ser tagarela. Falar mais (do) que a boca.* Cf.: *Estar/Ficar com dor de cotovelo(s).* [FUL/LCC/ALV/MEL/4095/SILV/RMJ/VIO/PIP/SIM/ROB/PIM/AUR] (*)

COVA

Cavar a própria cova/sepultura: trabalhar contra si próprio, ser imprudente, arriscar a vida. *Foi tentar enganar o sócio e cavou a própria cova.* [SILV/MEL/1804]

Com o pé na cova: quase morrendo. *Todos achavam que ele já estava com o pé na cova, mas ele deu um baile em todos.* Expressão usada com diversos verbos, como *estar, ficar,* etc. [MEL]

COXA

Nas coxas: executar algo às pressas, de forma malfeita, precária, imprecisa, relação sexual inacabada. *Fez o reparo da rua nas coxas. Pego em flagrante no escuro da rua fez o serviço apressadamente nas coxas.* Essa expressão tem origem, e primeiro sentido, nas telhas de barro imperfeitas, porque produzidas pelos escravos em suas coxas de tamanhos e perfis diferentes. [5975/MEL/SILV] (*)

CRÂNIO

Ser um crânio: ser muito inteligente, ter muito talento. *Foi homenageado por ser um crânio na sua especialidade.* [SILV/MEL/7939]

CRÊ

Crê com crê, lê com lê ou ***Cré com cré, lé com lé*** ou ***Lé com lé, cré com cré:*** cada qual com cada qual, cada qual com o seu igual, juntam-se as pessoas de condições iguais. *Para não haver problemas, é bom que sentem cré com cré, lé com lé.* [MEL/NAS/LCC/JRF/FRI/MEF/LMOT/5019/AM/AUR/CF] (*)

CREPE

Dar crepe: falhar, esquecer-se, dar errado, não funcionar bem. *Deu um crepe, cara, não me lembro de nada.* Sinônimos: *Dar (um) branco. Entrar areia.* [SILV/GUR/PIP/AZE/2476](*)

CREDO

Credo em cruz! (ou ***Cruz-credo!***): expressão, locução interjetiva de desagrado, de espanto ou aversão. *Maria caiu e quebrou o pé.-Credo em cruz!* [2328/AUR]

CRER

Ver para/pra crer: só acreditar no que ver. *Como São Tomé, eu só acredito vendo.* A frase tem apoio na dúvida de São Tomé na ressurreição de Cristo, que só acreditou nela após tocar as chagas dele. Como *slogan* comercial de casas que anunciam liquidações quase de graça apareceu na França em 1815. A ideia vem, coerentemente, desde o latim e tem versões no francês, espanhol, italiano e inglês. [FUL/RMJ/SILV/MEL]

CRESCER

Cresça e apareça: diz-se a quem não tem idade, experiência e/ou competência. *Você pensa que pode competir comigo? Cresça e apareça, meu amigo.* Essa expressão, como muitas outras, é usada predominantemente no imperativo e numa formulação praticamente cristalizada. Cf.: *Vira e mexe.* [SILV/MEL/2329/NAS]

CRIANÇA

Quem não dança carrega/pega criança: frase dirigida a quem não quer dançar; quem estiver sobrando sem atividade deve procurar o que fazer. *Enquanto redigimos os trabalhos, você prepara o café, quem não dança carrega criança.* [MEL/AM/LMOT/NAS]

CRISTA

Abaixar/Baixar a crista/a cabeça/o topete: agir com humildade. *Depois que perdeu o emprego, teve que baixar a crista.* Há expressão correspondente em relação à "crista" em espanhol. [0390/0391/LAT] (*)

Estar na crista da onda: estar em situação privilegiada. *Estava na crista da onda quando teve de abandonar a carreira.* Cf.: *Estar na onda*. [TOG/MEL/SILV/XAre /WER/5663/AUR]

CRISTO

Bancar/Ser (o) cristo: pagar pelos erros dos outros. *Ele sempre banca o cristo pelo que o irmão caçula faz de errado.* Sinônimo: *Pagar o pato*. É frequente o emprego de nomes em expressões. Cf.: p. 34, g. [SILV/MEL/AUR/NAS]

No céu, Cristo; na terra, isto! ditado que expressa pontos de vista opostos: o religioso e o materialista. Diz-se, enquanto se esfrega o dedo polegar no indicador, simbolizando dinheiro. Caso semelhante em termos gestuais se observa em *Não estar nem aí*. Cf.: *Dar (uma) banana*. Cf. também p. 34, g. [LMOT]

Pegar (alguém) para/pra cristo: enganar, lograr, perseguir alguém. *O chefe me pegou para cristo porque não tenho podido trabalhar além do horário.* É frequente o emprego de nomes em expressões. Cf.: p. 34, g. [WER/MEL/6728]

CRÍTICA

Abaixo da crítica: censurável, repleto de defeitos, muito ruim, de péssima qualidade. *Seu comportamento ficou abaixo da crítica. Sinceramente, o relatório que você preparou está abaixo da crítica.* Usa-se com vários verbos, como *ser, ficar*, etc. [0392/MEL/AUR]

CROQUETE

Agasalhar o croquete: fazer sexo, praticar sexo anal passivo. *Ela garante que ele gosta de agasalhar o croquete.* Sinônimos: *Afogar o ganso. Molhar o biscoito.* Expressão chula; croquete como metáfora de "pênis". [DI/SILV]

CRU

(O) Apressado come cru: do que se faz com pressa não se pode esperar perfeição, quem tem muita pressa acaba dando-se mal. *Apressado come cru, é bom aguardar o que ele tem a nos dizer.* [6155/MEL]

Estar (muito) cru em: não ter conhecimentos suficientes em algum assunto. *Ele está cru em geografia.* [SILV/AUR/3936]

CRUZ

Carregar/Levar a (sua) cruz: ter seus problemas, suportar dificuldades, aflições. *Com muitos problemas na família, ela carregava a sua cruz com resignação.* [PUG/SILV/MEL]

Cruz-credo! (ou **Cruzes!**) Expressão, locução interjetiva de espanto, desagrado, aversão. *Aquele político desonesto ganhou a eleição. Cruz-credo!* [2328/AUR]

Entre a cruz e a espada: entre duas alternativas ruins. *Quando os dois solicitam a minha ajuda ao mesmo tempo, fico entre a cruz e a espada*. Sinônimo: *Estar entre a bigorna e o martelo*. Usa-se com vários verbos alternativos, com *estar* e *ficar*. Não admite inversão de ordem. [MEL/3820]

CU

O cu da/de mãe/maria joana: lugar, casa, etc. onde todos têm livre acesso, mandam, mexem ou fazem o que querem, ingênua ou licenciosamente. *Istaqui não é cu da mãe joana, porra*. Possivelmente derivada de *Casa da/de mãe Joana* e usada frequentemente na versão negativa. Parece que o sentido idiomático referido é consensual, embora licencioso, sobretudo no Brasil. Cf.: *Casa da/de mãe Joana. Casa da sogra*. Cf. também: p. 34, g. [GUR/2353/NAS/MOU/HOU/AUR /PIM/SILV](*)
Ir tomar no cu: Cf.: FAVA.
Tirar o cu/o rabo da seringa: fugir à responsabilidade, livrar-se de uma situação embaraçosa. *Combinamos tudo e, quando chegou a hora, ele tirou o cu da seringa*. [SILV/MEL/8475/AUR]

CUCA

Cuca fresca: tranquilidade, calma, despreocupação. *O cidadão é um cuca fresca, não se aporrinha com nada. Procure ficar de cuca fresca para não cair no ridículo*. Sinônimo: *Cabeça fria*. Combina-se com vários verbos, como *ter, ficar com*, e com *ser* na função predicativa. Cf.: *Estar/Ficar lelé/ruim da cabeça/da cuca*. [MEL/SILV/GUR]

Esquentar/Fundir a cabeça/a cuca: ficar irritado, preocupado. *Quem esquenta a cabeça, acaba ficando doente*. No mesmo idioma, os portugueses dizem, porém: *Andar à nora*. Cf.: *Estar/Ficar lelé/ruim da cabeça/da cuca*. [SILV/4564/AUR]

CUCUIA

Ir para a/pra(s) cucuia(s): Cf.: FAVA; BOTA e CUCUIA. (*)

CUIA

De mala e cuia: com todos os pertences. *A filha chegou de mala e cuia, decidida a ficar*. Usada alternativamente com vários verbos. Não admite inversão de ordem. [MEL/2910]

CUIDADO

Canja de galinha e cuidado não/nunca fazem mal a ninguém: Cf.: CAUTELA.

CULPA

Ter culpa no cartório: estar implicado, comprometido numa situação duvidosa. *Foi punido sem ter culpa no cartório*. [PUG/SILV/MEL/AUR]

CURTO

Curto e grosso: ser taxativo, objetivo, mal-educado. *Foi curto e grosso ao dizer o que disse*. É usada com o verbo *ser, falar*, entre outros. Como diversas outras expressões, a ordem das palavras é irreversível. Cf.: quanto a essa irreversibilidade: *mundos e fundos, alhos e bugalhos,* etc. Cf.: *Falar (curto e) grosso.* [FUL/SILV/MEL/2364]

Falar (curto e) grosso: mostrar-se duro, de forma destemida, criticar. *Não adianta falar grosso comigo, que você não vai me amedrontar.* Expressão irreversível quanto à ordem das palavras. [SILV/MEL/AUR/NAS]

CURVA

Apitar na curva: sinalizar chegada repentina. *Demorou, demorou, de repente o trem apitou na curva, assustando meio mundo. A gente se queixa é na hora do perigo.* Parece referir-se à curva de estrada férrea, em virtude da qual o trem "apita", surgindo de repente e causando uma sensação de perigo iminente. [SILV/XAre/NAS/6264]
Apitar na curva: Cf.: BOTA.

CUSPIDO

Cuspido e escarrado: indivíduo extremamente parecido com outro, exatamente igual, tal e qual, sósia. *Esse menino é o pai cuspido e escarrado.* Essa ideia de "parecidíssimo", com sequências lexicais mais ou menos semelhantes ao do português aparece no francês, em italiano e em inglês. [MEL/PIM/NAS/GUR/PUG/HOU/AUR/RMJ/ROB/7779](*)

CUSTAR

Custe o que custar: vir o que vier. *Este negócio vai sair custe o que custar.* Em geral, o uso do sintagma restringe-se a esta expressão: "custe o que custar", flexionada na 3ª pessoa do singular. [MEL/SILV/WER/0286]

D

DAÍ

E daí?: que importância tem, qual a solução, que fazer? *Eu sei que você está com problemas, e daí?* [MEL]

DANAR

Ir se danar: Cf.: FAVA.
...pra burro/cacete/cachorro/caralho/caramba/chuchu/danar/dar e vender: Cf.: BURRO.

Que se dane: que arque com as consequências, que leve na cabeça, seja lá o que for. *Que se dane quem pensar que eu estou mentindo. O meu eu garanti; o resto que se dane.* [GUR/MEL]

DANÇA

Entrar na dança: meter-se em negócio, assunto, etc. estranhos, ser citado em conversa de maledicência. *Como todos* estavam sem condução, o meu carro entrou na dança. [NAS/SILV/MEL]

DAR

Dar (tudo) o que tinha de/que dar: não poder mais ser útil, não poder mais trabalhar. *O professor deu tudo o que tinha de dar, mas o aluno não recuperou o ano.* [NAS/SILV]

Dar (o) que falar: dar motivos para comentários. *Se aquele projeto for aprovado, vai dar o que falar.* [MEL/NAS/SILV/2584/AUR]

Der no que der: aconteça o que acontecer, sem temer as consequências, estar pronto para tudo, acontecer o esperado. *Vou enfrentar o problema, aconteça o que acontecer, der no que der. Eu estou pra tudo, pronto para o que der e vier. Dissera que ia pescar, desse no que desse. Irei de qualquer jeito, dar no que dar. Ele está ao lado dela para o que der e vier* (em relação ao futuro). *Deu no que deu e não poderia ser de outra forma* (em relação ao passado). Expressão relativamente fixa que permite várias combinações e formulações estruturais, como: *Dar no que dar, Dê por onde der, Estar para o/pro que der e vier, entre outras.* [ABL/SILV/MEL/NAS/WER/6227]

Estar para o que der e vier: Cf.: ESTAR.

Não se dar por achado: agir com indiferença ou descaso, ignorar. *Todas as vezes em que tentei aconselhá-lo, ele não se deu por achado.* [AUR/NAS/SILV/MEL/JRF/AUR]

(Ou) Dá ou desce: ou se submete a algo ou sofre as consequências, tem que decidir agora. *O chefe quer uma resposta agora: ou dá ou desce.* [MEL/6375] (*)

...pra burro/cacete/cachorro/caralho/caramba/chuchu/danar/dar e vender: Cf.: BURRO.

Ter/Haver para/pra dar e vender: ter em abundância, de sobra. *Sherazade tinha beleza, inteligência e coragem para dar e vender. No show havia gente para dar e vender.* Sinônimos: *À beça. Dar com/cum pau.* Não admite inversão de ordem. Cf.: *...pra burro/cacete/cachorro/caralho/caramba/chuchu/danar/dar e vender* [PUG/SILV/MEL/0307]

DE

De: a palavra "de" evidentemente não é uma expressão, muito menos idiomática. Seu emprego é, às vezes, classificado como idiotismo, como expletivo, que entra na composição de várias expressões de padrões sintagmáticos típicos, recorrentes, favorecendo observações sobre aspectos gramatical e estilístico. É preposição de larguíssimo emprego, que integra sequências e expressões, estabelecendo os mais diversos tipos de relações circunstanciais, atributivas, adverbiais, de causa e consequência, etc., em sentido próprio ou figurado, muitas vezes com valor intensivo. Integra uma diversidade de expressões, em que ela precede ou sucede adjetivos, verbos, substantivos diversificados, como podem ser observados em verbetes deste e de muitos outros dicionários, como as expressões e exemplos seguintes: *...de amargar/arrasar,* etc.; *de parar o trânsito; O bom do pároco; O pobre do rapaz; ...do peru; Cair de podre; Morrer de rir; Rolar de rir; ... fulo de raiva; ... de morrer; ...pê da* vida; Muito do mentiroso; Podre de rico; Pingo de vergonha; Carioca da gema e muitíssimos outros, capitaneados pelas respectivas palavras-chave.

DECRETO

Nem por (um) decreto: de forma alguma. *Não faço as pazes nem por decreto.* Sinônimos: *Nem que a vaca tussa. Nem a pau. Nem morto. Nem pensar. Nem por sombra(s). De jeito (e) maneira.* Expressão intensificadora negativa, usada com diversos verbos alternativos. [MEL/FSP/WER/DSP14/2889/FUL/NAS/AUR]

DEDO

Botar/Colocar/Meter/Pôr o dedo na ferida: 1. indicar ou reconhecer o ponto vulnerável ou fraco; mostrar o erro. 2. fazer aflorar recordação penosa. 1. *Ao afirmar que o partido recebeu propinas, a oposição botou o dedo na ferida do sistema.* 2. *Mário botou o dedo na ferida: foi direto ao assunto da separação.* Em espanhol há expressão em versão similar, com vocabulário mais usual naquele idioma. [WER/SILV/7055/MEL/AUR/NAS/LAT] (*)

Cheio de dedos: embaraçado, indeciso, com muitos argumentos, cheio de melindres, cerimonioso. *Ficou cheia de dedos quando ele foi tirá-la para dançar.* Sinônimos: *Cheio de nove-horas. Cheio de não me toques.* Expressão usada alternativamente com vários verbos, entre os quais *ficar* e *ser*, funcionando a expressão como predicativo. Sinônimos: *Cheio de não me toques. Cheio de nove-horas.* [MEL/WER/SILV/1876/AUR]

Contar nos dedos: ideia de uma quantidade inexpressiva. *Podia-se contar nos dedos as pessoas que vieram para a reunião.* [MEL/AUR]

De lamber o(s) dedo(s): prolongar o sabor no aproveitamento dos alimentos que se comem, ficar muito satisfeito com o que se come, apetitoso. *Lambeu os dedos depois do almoço que lhe oferecemos. O pudim está de lamber os dedos.* A expressão é usada de diversas formas e com diversos verbos alternativos. [LCC/MEL/SILV/FRI/2892/JRF/AUR] (*)

Escolher a dedo: escolher com muito cuidado e critério. *Escolheu a dedo os amigos que convidará para a festa.* [MEL/SILV/PIM/3851/AUR]

Ficar (só) chupando/Chupar o dedo: ficar sem nada, ficar na vontade. *O técnico do tricolor acabou só chupando o dedo.* Sinônimo: *Ficar na saudade.* [SILV/MEL/4440]

Não levantar /mexer uma palha/um dedo: não fazer esforço algum. *Fica em casa o dia todo e não levanta uma palha.* Usa-se eventualmente também o verbo *mover* na composição da expressão. [WER/MEL/SILV/5811/AUR]

Não ver/enxergar um palmo/um dedo/dois dedos adiante/diante do nariz: ser muito estúpido ou curto de inteligência, não perceber o que está acontecendo de mais evidente. *Não enxerga um dedo adiante do nariz, mas gosta de frequentar ambientes culturais.* [SILV/MEL/5766]

Pelo dedo se conhece o gigante: pela forma de agir, por um detalhe insignificante alguém se revela. *Pela forma de agir esse funcionário nos dará muito problema,* *pelo dedo se conhece o gigante*. Há configurações semelhantes em latim, francês e italiano, em que aparece às vezes o item lexical "leão" no lugar de *gigante*. [MEL/LMOT/HOU]^(*)

Ser dedo-duro: alcaguetar, delatar, gesto normalmente feito com o dedo indicador para delatar alguém. *Cuidado que ele é dedo-duro.* [3115/GUR]

Um/Dois dedo(s) de conversa/prosa: conversa rápida. *Meu amigo veio em casa para darmos dois dedos de prosa. Era um que toda tarde vinha dar um dedo de prosa.* Constrói-se com verbos como *dar, ter, precisar de*. [SILV/MEL/WER/3374/AUR]

DEFEITO

Para/Pra ninguém botar defeito: diz-se de algo ou alguém muito bom, culto, competente, etc. *Aquela moça é uma atriz para ninguém botar defeito.* [MEL/AUR]

DEFESA

A melhor defesa é o ataque: atacar é a melhor forma de neutralizar ações contrárias. *Antes que me critiquem, eu ataco: a melhor defesa é o ataque.* Vulgarizada do futebol com tom proverbial. [MEL]

DEGAS

Degas: comigo, modo de alguém referir-se à própria pessoa, sujeito importante, o papai, o boneco. *Aqui o degas não vai nessa onda.* Usado geralmente numa expressão antecedido do artigo definido "o" ou do pronome demonstrativo "esse" ou "este". [NAS/AUR/HOU/CF] ^(*)

DEITAR

Deitar e rolar: aproveitar a situação, divertir-se. *Vamos deitar e rolar no próximo governo. Bem preparado, ele deitou e rolou na prova.* Não admite inversão de ordem. [WER/SILV/MEL/3126/AUR]

DEIXAR

Deixar a desejar: não corresponder ao que se esperava. *Como presidente do clube ele deixou a desejar.* [SILV/MEL/AUR]

DELE

Na dele/dela: Cf.: *Estar/Ficar na minha/sua/dele/dela*.

DEMAIS

Ser (Por) demais (numa qualidade): ser de qualidade ou maneira muito intensa. *Aquele comediante é demais. Ele, realmente, é demais.* Como advérbios, significam literalmente "em demasia, demasiado, em excesso". São, com frequência, pospostos a adjetivos: *ruim demais, burro por demais, lindo demais, bom demais*, etc. No caso de *lindo demais, bom demais*, ou de outros qualificativos positivos, pode-se ter a impressão de construções incoerentes ou contraditórias, o que, no entanto, é comum em expressões idiomáticas. [MEL/AUR]

DENTE

Armado até os dentes: bem provido para a luta real ou figurada, muito preparado para debates. *Estava protegido por dois seguranças armados até os dentes.* [NAS/MEL/AUR]

Haver/Ter/Aí ter dente de coelho: haver coisa suspeita, difícil de ocultar, de remover, de entender. *Nesse negócio há/ tem dente de coelho. O problema dele com a mulher tem dente de coelho.* [LCC/ MEL/SILV/NAS/WER/3174/RIB/FRI/ AUR] (*)

Mostrar as unhas (e)/os dentes: mostrar-se sisudo, severo, sem amabilidades, sem sorrir, dar mostra de maldade, ameaçar. *Não adianta você mostrar os dentes, que isso não me amedronta.* No caso de *"mostrar as unhas e os dentes"*, a expressão não admite inversão de ordem. [NAS/MEL/SILV/GUR]

DENTRO

Falar para/pra dentro: falar em tom de voz quase inaudível, sussurrado. *O réu foi advertido por responder as perguntas do juiz falando para dentro.* [SILV/ MEL/AUR]

DERIVA

À deriva: desvio pela ação do vento, sem controle, sem rumo. *O barco ia à deriva.* *Os destroços ficaram à deriva. O governo ia à deriva.* Usa-se alternativamente com vários verbos diferentes. [AUR/HOU]

DESCULPA

Desculpa esfarrapada/amarela: desculpa que não convence. *Deu uma desculpa esfarrapada para justificar a falta ao trabalho. Essa história da mãe doente é desculpa esfarrapada.* São usadas com diversos verbos alternativos, como *dar, fabricar, inventar, fabricar, receber, ser*, etc. com valores ativo ou passivo. [NAS/ MEL/3204]

DESGRAÇA

Desgraça pouca é bobagem: forma de justificar uma sucessão de fatos desagradáveis. *Ontem foi assaltado e hoje levaram-lhe o carro, desgraça pouca é bobagem.* É usada com vários verbos alternativos. Cf.: *Uma desgraça nunca vem só.* [MEL/LMOT/MEF/3223]

Uma desgraça nunca vem só: comentário sobre sucessão de fatos desagradáveis. *Ontem foi assaltado e hoje baterem-lhe o carro, uma desgraça nunca vem só.* Cf.: *Desgraça pouca é bobagem.* Há similares desde o latim, espalhando-se pelo francês, espanhol, italiano e inglês. [LMOT/STEIN/6130/MEF] (*)

DEUS

(A) Voz do povo (é a) voz de Deus: Cf.: VOZ.

A Deus nada é impossível: Deus pode tudo. *Vamos confiar, a Deus nada é impossível*. Registram-se expressões correspondentes em vários idiomas. [LMOT] (*)

Ao deus-dará: abandonado, desprotegido, viver com os recursos que consegue, entregue à própria sorte. *Ficou ao deus-dará depois da perda dos pais*. Usa-se com diversos verbos, como *ficar, ver, viver*, etc. Cf.: p. 34, g. Há ideia semelhante em espanhol. [MEL/RMJ/NAS/PIM/0746/SILV/LAT] (*)

Cada um por si e Deus por todos: cada indivíduo deve fazer o que lhe cabe sem a ajuda de ninguém. *Façam o exercício individualmente, cada um por si e Deus por todos*. [MEL/1540]

Cara de Deus me livre: cara de assustar ou desanimar. *Parece que viu um fantasma, está com uma cara de Deus me livre*. É usada com vários verbos alternativos, como *estar/ficar com, ter*, etc. [HU]

Deus ajuda a quem cedo madruga: quem acorda cedo para as suas atividades tem mais chance de vencer na vida. *Às cinco, pega no batente, convicto de que Deus ajuda quem cedo madruga*. Também se diz: *Mais vale quem Deus ajuda do que quem cedo madruga*. [MEL/MEF/3241/AM]

Deus dá o frio conforme o cobertor: o problema de cada pessoa está conforme sua capacidade de suportá-lo. *Ainda bem que estou podendo pagar; Deus dá o frio conforme o cobertor*. Trata-se de provérbio, porém, de uso coloquial muito frequente. A origem dessa máxima já está em latim. [LAU/MEL/FRI/SILVA2/3243] (*)

Deus escreve certo/direito por linhas tortas: às vezes, suportam-se dificuldades para se obter uma coisa boa ou chegar-se a um objetivo. *Precisou ficar muito doente para dar valor à saúde; Deus escreve direito por linhas tortas*. A mesma ideia aparece também em espanhol. Essa expressão, de configuração já clássica, incluindo "Deus" na cabeça do verbete, pode também aparecer reduzida a *Escrever certo/direito por linhas tortas*, ou, ainda, *Escrever por linhas tortas*. Cf.: p. 34, g. [MEL/LMOT/SILV] (*)

Deus me livre!: Deus me preserve. *Deus me livre da boca daquela mulher*. Também é usada interjetivamente. [NAS/MEL/MEF/3248]

Deus tá vendo!: dito de advertência a quem parece estar em vias de cometer um malfeito. *Ô rapaz, não faça isso. Deus tá vendo!* [HU]

Não se pode servir/agradar a Deus e ao diabo/demônio: a lealdade é exclusiva. *Ou você apoia o governo ou a oposição, não se pode agradar a Deus e ao diabo*. Sinônimo: *Ninguém pode servir/agradar a dois senhores*. Cf.: *Acender uma vela a/para Deus e outra ao/para o/pro diabo*. Cf. também: p. 34, g. [MEL/NAS /FRI/LMOT/6048]

Se Deus quiser: modo de denotar o vivo desejo e esperança condicionais de que algo realmente aconteça. *Se Deus quiser, irei à Europa este ano*. Também se diz: *Deus querendo* ou *Querendo Deus*. [MEL/NAS]

Ser o que Deus quiser: forma de manifestar o desejo e a confiança submissa de que algo realmente aconteça. *Esperamos que o nosso atleta ganhe medalha, mas seja o que Deus quiser*. [MEL]

Ser um Deus nos acuda: haver muitas complicações, muito sufoco. *Aí já se sabe, foi aquele Deus nos acuda, porque todos queriam entrar no salão*. [SILV]

DEVAGAR

Devagar quase parando: muito devagar. *O trabalho ainda não ficou pronto, porque você é devagar quase parando.* Aceita construções com vários verbos, inclusive com o verbo *ser*. [MEL]

Devagar se vai ao longe: devagar e sempre, não se deve ter pressa para alcançar os objetivos. *Vou fazendo a minha casa pouco a pouco, devagar se vai ao longe.* Trata-se de ideia veiculada em diversas línguas, inclusive em latim, com alguma variação lexical. [MEL/LAR/RMJ/LMOT/FRI /MEF/SILVA2/3261] (*)

DEVER

Quem não deve não teme: se a pessoa não pratica nenhum ato desabonador, não deve temer represália. *Manteve a calma ao ser abordado pelo policial, quem não deve não teme nada.* É expressão ou provérbio de veiculação praticamente universal, com versões em espanhol, italiano e inglês. [MEL/LMOT/FRI] (*)

DEZ

Contar até dez/três: 1. refletir, ponderar. 2. forçar a atitude imediata de alguém. 1. *Quando ela me ofendeu em público, contei até dez para não fazer uma bobagem.* 2. *Vou contar até três, se vocês não saírem daqui, chamo a polícia.* Sinônimo: *Pensar duas vezes.* [MEL/6773]

DIA

Amanhã será outro dia: não se deve proceder como se hoje fosse o último dia; o êxito poderá chegar amanhã, amanhã tudo poderá ser diferente. *Não se desespere com a perda do emprego; amanhã será outro dia.* Trata-se de expressão poliidiomática. [STEIN/RMJ2/0609] (*)

De um dia para o outro: repentinamente, quando menos se espera. *De um dia para o outro surgiram vários prédios na minha rua.* Sinônimo: *Da noite para o dia.* [MEL/NAS/PUG]

Dia D: dia decisivo; na área militar: dia determinado para a execução ou início de uma operação bélica; dia marcado ou escolhido para a realização de alguma coisa ou seu início, dia crucial. *Amanhã será o dia D para se conhecer o vencedor do concurso de contos.* É usada com diversos verbos alternativos, inclusive como predicativo com o verbo *ser*. Cf.: *Hora H*. [MEL/ABL/AUR/HOU/PIP/AUL/PIM/6181] (*)

Dia sim, dia não: em dias alternados. *Dia sim, dia não, ele vai à casa dos pais.* [MEL/3279]

Dia útil: dia de trabalho. *Não me convidem para festas em dias úteis.* Além de usada como expressão nominal, é usada com frases com vários verbos alternativos. [MEL/NAS/3280]

Em dia: pontualmente, sem atraso. *Se o pagamento estiver em dia, não haverá corte de energia.* Além de usada como expressão nominal, entra em frases verbais com vários verbos alternativos. [MEL/NAS]

Entra ano/dia/semana/mês, sai ano/dia/semana/mês: diz-se do que acontece ao passar do tempo, constantemente, sem interrupção. *Entra dia, sai dia, e a situação continua assim.* [MEL]

Estar com/Ter os dias contados: não durar muito, aproximar-se do fim, ter pouco tempo de vida. *O reinado do jogador Leão parece ter os dias contados, assim como os do próprio futebol brasileiro. Entrou em depressão ao saber que estava com os dias contados.* É usada com vários verbos, como *ter, estar com, viver com*, etc. Na realidade, a contagem dos dias não se dá por número certo; dias pode, inclusive, significar até anos, como acontece com certas doenças crônicas fatais. [NAS/MEL/LEL/2058/AUR/SILV] (*)

Mais dia, menos dia: em breve, num futuro próximo, quando menos esperar. *Mais dia, menos dia, ele vai acabar me procurando.* Sinônimo: *Dia mais, dia menos.* Usa-se combinada com diversos verbos. [MEL/NAS/AUR]

Nada (melhor) como/do que um dia após o/atrás do/depois do outro: o tempo ameniza tudo. *Ele vai pagar a desfeita que me fez: nada como um dia após o outro.* Apesar do seu caráter proverbial, é muito usado coloquialmente. Há expressão correspondente em espanhol. [WER/5707/LMOT/MEL /FRI/AM] (*)

No dia de são nunca: dia que nunca chegará. *Vou me casar no dia de são nunca. Sem procurar, ele só vai conseguir emprego no dia de são nunca.* Sinônimo: *Para as calendas gregas.* [3274/WER/MEL/3274/RMJ]

Um belo dia: certo dia quando menos esperar (ou esperava), determinado fato (positivo ou negativo). *Um belo dia ele voltou para pedi-la em casamento. Um belo dia, ele apareceu para dizer que o irmão morrera.* [NAS/MEL/AUR]

Um dia é da caça, (o) outro (é) do caçador: quem ganha hoje pode perder amanhã e vice-versa. *Ganhou do adversário que o derrotara na eleição anterior; um dia é da caça, o outro é do caçador.* [MEL/AM]

DIABO

Com o diabo no corpo: ser insuportável, estar inquieto, furioso. *Esta menina traz o diabo no corpo; não para nem pra piscar. No momento de cometer o crime, ele parecia ter o diabo no corpo.* A expressão tem outras variáveis com outros verbos como *andar, viver, estar, ter o, trazer o,* etc., bem como possui uma expressão correspondente em francês. [BAL/XAcm/SILV/MEL/RMJ/2049/8330/CA/AM /AUR/NAS] (*)

Com todos os diabos!: locução interjetiva nervosa de surpresa. *Nada mais dá certo. Com todos os diabos, a crise não acaba mais.*

Comer o pão que o diabo amassou: Cf.: PÃO.

Como o diabo foge da cruz: com muito medo, aversão. *Fujo das pessoas chatas como o diabo da cruz.* [MEL]

Cutucar o diabo com vara curta: expor-se a revides e represálias, as quais é difícil resistir. Agir com imprudência ou temeridade. *A nação está sentindo que o chefe do governo está cutucando o diabo com vara curta.* Sinônimo: *Cutucar (a) onça/fera com vara curta.* [RMJ2/SILV] (*)

É (só)/Falar no diabo (que) ele (logo) mostra o rabo: é só falar numa determinada pessoa que ela logo aparece. *Pare de falar do patrão, que ele vem aí; é só falar no diabo ele mostra o rabo.* Atente-se para a expressividade das rimas. Sinônimo: *Falou no diabo, aparece o rabo.* [MEL/FRI/AM]

E o diabo a quatro: e outras coisas espantosas. *Na cobertura do evento havia rádio, televisão e o diabo a quatro.* Constrói-se com vários verbos alternativos, como *fazer*, etc. Cf.: *Fazer/Aprontar o diabo a quatro.* [MEL/ROB/FRI/PIM/AM /6182/ AUR/NAS] (*)

É um pobre diabo: indivíduo sem eira nem beira, de pouca importância, que não faz nem bem nem mal, bonachão. *Não ligue para o que ele diz, é um pobre diabo.* Em francês a expressão tem versão literal. [NAS/SILV/AM] (*)

Falou no diabo, aparece o rabo: simultaneidade entre a menção de alguém e seu aparecimento. *É difícil alguém falar dele, mas falou no diabo, apareceu o rabo.* Sinônimo: *É (só)falar no diabo (que) ele (logo) mostra o rabo.* Há uma versão semelhante em italiano. [4101/FRI/AM] (*)

Fazer/Aprontar o diabo (a quatro): fazer desordem, fazer coisas incríveis. *A presidente fez o diabo para se aguentar no poder. Disse que faria o diabo a quatro para ter você de volta.* A frase é de procedência francesa. Cf.: *E o diabo a quatro.* [XAre/SILV/ROB/RMJ] (*)

Ir para o/pro diabo (que o carregue): Cf.: FAVA.

O diabo de: modo de aludir à causa de nosso prejuízo, ruína, contrariedade. *O diabo da corrupção não tem remédio que cure.* Cf.: DE. [NAS]

O diabo não é tão feio quanto parece/como se pinta: nem sempre as coisas, pessoas ou fatos são tão ruins como aparentam. *O novo chefe não é exigente como dizem, o diabo não é tão feio como parece.* Uma versão mais antiga diz: *Não é o demo tão feio como pintam.* [MEL/MEF/6183/CF]

Não se pode servir/agradar a Deus e ao diabo/demônio: a lealdade é exclusiva. *Ou você apoia o governo ou a oposição, não se pode agradar a Deus e ao diabo.* Sinônimo: *Ninguém pode servir/agradar a dois senhores.* Cf.: *Acender uma vela a/ para Deus e outra ao/para o/pro diabo.* Cf. também: p. 34, g. [MEL/NAS /FRI/ LMOT/6048]

Passar o diabo: suportar trabalho duro, dificuldades, sofrimentos. *Passou o diabo na mão do marido.* [MEL/6583]

Pintar (o diabo): fazer travessuras. *Como pinta essa garota, ninguém aguenta. O Mendonça pintou o diabo, enquanto viveu.* Sinônimos: *Pintar (o/s) caneco(s). Pintar o sete*, etc. [SILV/AUR/NAS]

Puxar/Segurar o diabo pelo rabo/pela cauda: enfrentar e vencer dificuldades, problema insolúvel com inopinada solução, incluindo audácia feliz. Ter o castigo, o trabalho de procurar viver com recursos insuficientes. *Segurar o diabo pelo rabo durante um ano ou dois, ainda passa, mas durante quinze ou vinte anos, aí a coisa pega. Quando o marido a deixou, ela teve que segurar o diabo pela cauda.* Sinônimos: *Aguentar a mão. Aguentar as pontas/o tranco.* Há correspondentes em francês. [0534/ BAL/LCC/ROB] (*)

DIFERENÇA

Diferença da água para o/pro vinho: muita diferença. *Entre os dois, há uma diferença da água pro vinho.* Pode ser usada combinada com vários verbos, como *haver, ter.* [MEL]

DIFÍCIL

Difícil de engolir: difícil de aceitar, de acreditar. *É difícil de engolir o seu desvio de caráter.* [MEL]

DINDIM

Dindim: dinheiro. *Preciso arranjar um dindim para comprar umas roupas.* A origem estaria na reduplicação da primeira sílaba da palavra "dinheiro", possivelmente lembrando toque de moedas, à semelhança de *tintim*, que lembra o toque de copos. Cf.: *Tim-tim.* [MEL]

DINHEIRO

Dinheiro não é capim: recomendação de economia. *Você precisa ser mais econômica no supermercado, dinheiro não é capim.* "Capim" é planta que nasce descontroladamente em grande quantidade em qualquer parte. Expressão usada com diversos verbos alternativos. Cf.: *Dinheiro não cai do céu. Dinheiro não dá/nasce em árvore.* [PUG/NAS]
Dinheiro não cai do céu: para ganhar dinheiro é preciso trabalhar. *Não compre bugigangas, dinheiro não cai do céu.* [3292]
Dinheiro não dá/nasce em árvore: recomendação de economia, sob o argumento de que dinheiro ganha-se com trabalho. *Não gaste tudo, que dinheiro não dá em árvore.* Cf.: *Dinheiro não é capim. Dinheiro não cai do céu.* [3292/MEL]
Nadar em dinheiro: ser muito rico. *A família não está nadando em dinheiro,* como todo mundo diz. Sinônimo: *Nadar em ouro.* Expressão hiperbólica. [SILV/FUL/MEL/WER]
Não haver/ter dinheiro que pague: ter valor inestimável. *Não há dinheiro que pague o que você fez por mim.* [MEL]

DIREITO

Direito de ir e vir: ter direito de ir e vir, direito de liberdade de locomoção do cidadão, direito a *habeas corpus*. *O advogado entrou com uma ação judicial de habeas corpus para garantir ao cliente o direito de ir e vir.* [4690]

DISCO

Engolir um disco/uma vitrola: falar muito. *Esse menino parece que engoliu um disco, como fala.* Sinônimos: *Falar pelos cotovelos.* [MEL/SILV/8921]
Mudar/Virar o disco: mudar de assunto. *Não suporto mais ouvir falar desse caso, vamos mudar o disco.* [SILV/MEL/AUR/8921]

DISCUSSÃO

Da discussão nasce a luz: quando há discussão, diálogo, as ideias brotam, a discussão leva à solução, e fica mais fácil achar uma solução. *Só haverá uma solução, se conversarmos bem sobre o mesmo, pois da discussão nasce a luz.* O francês registra expressões correspondentes, e com variável; o italiano e o inglês também. [LMOT/MEL][*]

DITO

Dar o dito pelo/por não dito: ficar sem efeito o que se disse ou combinou. *Deu o dito pelo não dito e continuou como se nada tivesse acontecido.* [2549/SILV/MEL/LMOT] (*)

Dito e feito: aconteceu exatamente o que se previa, o que se dissera, o que era esperado. *Dito e feito, por não levar os estudos a sério, foi reprovado.* Usada normalmente como expressão nominal, às vezes aparece em função predicativa com o verbo ser. Em latim já aparecia essa ideia literalmente, e, quase literalmente, em francês e inglês. Não aceita inversão de ordem. [MEL/SILVA2/5143] (*)

O dito cujo: determinado indivíduo, pessoa de quem se fala. *Marquei com o advogado na porta do fórum, mas o dito cujo não apareceu.* Expressão usada com vários verbos alternativos. [MEL/3308]

DIVINO

Divino maravilhoso: excelente. *Ela fez questão de ficar divina maravilhosa para receber os convidados.* Expressão intensificadora positiva. Usa-se com vários verbos, inclusive com a função de predicativo com o verbo ser. [MEL]

DIVISOR

Divisor de águas: fato ou episódio que estabelece a mudança de uma situação. *O nascimento do filho foi o divisor de águas para melhorar o relacionamento do casal.* Usa-se alternativamente com vários verbos diferentes. [AUR/MEL/3324] (*)

DNA

Ter DNA: ter dom para, ter característica para. *Esse atleta tem DNA, por isso deverá ter um futuro brilhante.* Expressão de uso moderno, apesar de sua datação ser de 1944. É sigla do inglês *D*esoxyribo*n*ucleid *a*cid, termo da citologia. O sentido figurado não parece muito discernível. [MEL] (*)

DÓ

Sem dó nem piedade: sem nenhuma compaixão. *Xingou o rapaz sem dó nem piedade.* Compõe-se com vários verbos, inclusive na negativa: *Não ter dó nem piedade*. A propósito, cabe chamar a atenção sobre o gênero do substantivo "dó", masculino, que, entretanto, provoca dúvidas, talvez pelo pouco uso. Os dicionários, embora classificando o substantivo como masculino no geral, não dão exemplos ou os arrolam sem envolvimento da concordância, como é o caso da expressão em tela e outras, como *Feio de dar dó, Causar dó, Meter dó, Vestido de dó,* ou: *O patrão não tinha dó de ninguém*. Especificamente, aparece em dicionário de questões vernáculas: *Tenho muito dó* e *O dó que você sente,* ou em texto literário: *Se inda contudo nesse peito resta/ Algum benigno dó de um solitário* [AUR]. Pode-se lembrar a frase exclamativa: *Ele sofreu tanto, ô dó!*, com um ô interjetivo. [WER/7741]

DOBRADO

Cortar um dobrado: suportar trabalho duro, dificuldades, sofrimento, passar por maus momentos. *Chega todo dia cansado porque corta um dobrado no serviço.* [AUR/MEL/2313/SILV]

DOBRAR

Dobrar de rir: rir em demasia, em geral arcando o corpo; por isso aparece o verbo "dobrar" na expressão, "descrevendo" o gesto corporal. *Rolou de rir quando soube das tuas loucuras.* Expressão intensificadora. Sinônimos: *Rolar de rir. Morrer de rir.* [SILV/MEL]

DOCE

Acabou-se o que era doce: estar tudo encerrado. *Acabou-se o que era doce, carnaval agora só ano que vem.* A expressão só é usual nessa forma, com o verbo na 3ª pessoa do pretérito perfeito, graças à qual ocorre a rima e o próprio uso, sobretudo no mundo infantil. Há quem acrescente: *quem comeu arregalou-se.* [SILV/CADs]

DOER

...de amargar/arrasar (quarteirão)/arrancar/arrepiar (os cabelos)/doer/enlouquecer/lascar/morrer/tinir, etc.: Cf.: AMARGAR.
Doa em/a quem doer: desagrade a quem desagradar, não importa a quem os atos possam atingir. *Doa a quem doer, vou proibir a entrada de qualquer pessoa na minha sala.* Cf.: *Aconteça o que acontecer. Der no que der,* etc. [MEL/NAS/3359/SILV]

DOIDO

Doido/Louco varrido: doido completo, que perdeu totalmente o juízo. *Só um doido varrido não aceita esse emprego.* Usada como expressão nominal, ou frasal com verbos como *ser* na função de predicativo, entre outros alternativos. Expressões aparentemente de sentido não discernível. [WER/SILV/MEL/FUL/NAS /AMF/3371/AUR]

DONO

Ser/Achar-se dono da verdade: indivíduo que diz algo como tendo plena razão, não admitindo questionamento de seus pontos de vista. *Com ele não adianta discutir, porque ele se acha o dono da verdade.* [3386]
Ser dono do (próprio/seu) nariz: saber o que quer para si. *Olga era dona do seu nariz e fazia só o que julgava ser importante.* [MEL/SILV/XAre/WER]

DOR

A dor (é que) ensina a gemer/a gritar: somente quando se conhecem as dificuldades é que se aprende a lidar com elas. *Apesar de não ter cura, ele aprendeu a conviver com a doença; a dor ensina a gemer.* [MEL/LMOT]
Dor de barriga não dá uma vez só: não se deve deixar de atender a um pedido ou necessidade que possam repetir-se, podemos ser necessários mais de uma vez. *Agradeça ao seu amigo o que ele fez por você, pois dor de barriga não dá uma*

só vez. Sinônimo: *A barriga não dói uma vez só*. [MEL/LMOT/3393/AM]

Dor de cotovelo(s): ficar magoado, enciumado, sofrer por amor, despeito. *Ele está é com dor de cotovelo. O cara está com dor de cotovelo, levou uma chifrada do Ricardão*. Sinônimos: *Estar/ficar com dor de corno*. A gênese não parece facilmente recuperável e não tem origem metafórica discernível. Expressão nominal usada alternativamente com vários verbos, como *estar, ficar, ter*. Sinônimo: *Estar com dor de corno*. Usa-se também *Ter dor de cotovelo(s)*. Cf.: *Falar pelo(s) cotovelo(s)*. [LAU/SILV/FUL/NAS/FRI] (*)

DOSE

Dose cavalar: dose excessivamente grande. *Quase morreu ao tomar uma dose cavalar de tranquilizante*. Sinônimo: *Dose para/pra leão/elefante*. [3419/MEL]

Dose para/pra leão/elefante: ser muito árduo ou árido (um trabalho, uma tarefa, uma repreensão, uma opinião). *Traduzir 100 páginas num dia é dose pra leão. O discurso que ele fez ontem foi dose para leão*. É usada alternativamente com vários verbos diferentes, inclusive com o verbo *ser* na função predicativa. [LP/SILV/FUL/MEL/3419/AUR]

DOZE

Cortar um doze: suportar trabalho duro, sofrer dificuldades, sofrimentos. *Curtiu um doze com a madrasta durante toda a infância. Ela está cortando um doze com a filha mais nova*. O significado não literal é aparentemente bastante indiscernível. Sinônimos: *Comer fogo. Cortar volta*. [AUR/HOU/2313/SILV] (*)

DRAMA

Fazer (um) drama/teatro: dar dramaticidade às próprias palavras ou atitudes, para suscitar comoção ou interesse. *Exagerada, ela costuma fazer drama por qualquer coisa*. Usa-se também o verbo *aprontar*. [MEL/SILV/AUR]

DUCHA

Ducha (de água) fria: revelação de verdade desagradável, tudo que diminui entusiasmo, causa de desânimo: *A proibição do pai foi uma ducha fria na sua pretensão de sair*. Constrói-se também com verbos como *botar, jogar, ser*, entre outros. [MEL/SILV/WER]

DURO

Cair duro: ter grande surpresa. *Caí duro quando ele me mostrou seu contracheque*. Sinônimo: *Cair das nuvens*. [MEL/1598]

Dar (um) duro: 1. trabalhar muito, fazer um grande esforço. 2. ficar firme, não ceder, censurar, protestar com veemência, brigar, zangar-se. 1. *Dá duro o dia inteiro e à noite vai para a escola. Nunca deu um duro, então está estranhando*. 2. *No intervalo, o cartola deu duro no goleiro que já tinha tomado seis gols*. Sinônimo: *Dar (uma) (maior) bronca*. [CDAs/SILV/PAS/6715/AUR]

Dar (uma) dura: censurar, repreender fortemente. *Mas dessa vez o nosso amigo aqui foi fundo e deu uma dura danada*

nele. Pode supor a elipse de "grande repreensão, censura, etc."; sempre palavra feminina. Cf.: p. 34, d. [SILV]
Duro com duro não faz bom/levanta muro: para realizar tarefa com sucesso são necessárias pessoas que combinam e se completam, somente com pedras ou tijolos, não é possível, em princípio, e modernamente, levantar um bom muro; é necessária a argamassa para ligar, dando solidez ao conjunto. *Dois teimosos nunca se entendem; duro com duro não faz bom muro.* Cf.: *Dois bicudos não se beijam.* Há fórmulas semelhantes em vários idiomas. [RMJ/LMOT/3491/AM] (*)

Jogar duro: agir com rigor, rispidez. *Teve que jogar duro para que as crianças ficassem em silêncio.* [MEL/SILV]
(Osso) Duro de roer: coisa difícil de fazer, de resolver ou suportar, pessoa ruim. *O pai dela é duro de roer, talvez não aceite o nosso namoro.* Constrói-se com diversos verbos, sobretudo com o verbo *ser*. [MEL/AUR/SILV/NAS]
Ser/Estar duro: sem dinheiro, ser rigoroso. *Ele estava tão duro que pediu um dinheirinho para comprar uma comida de pão com banana. O professor teve que ser duro para que os alunos parassem de conversar.* Cf.: LISO. [LAU/MEL/SILV/3949] (*)

E

EFE

Com todos os efes e erres: com absoluta exatidão, caprichosamente. *Falou com todos os efes e erres que não queria mais depender de você.* Equivale à expressão latina *ipsis litteris*, ou seja, "com fidelidade, sem omissão, sem erro, com respeito integral ao texto copiado". É usada alternativamente com vários verbos, como *falar*, *expor*, entre outros. [MEL/NAS/AUR/LCC/JRF/RMJ/2075] (*)

EGO

Massagear o ego de: elogiar, fazer alguém se sentir importante, útil. *O seu reconhecimento pelo meu trabalho sempre me massageia o ego.* [MEL/SILV/HOU/5357/AUR] (*)

ÉGUA

Lavar a égua: ganhar com grande vantagem, ter um grande lucro sem esforço. *Se eu conseguir vender o apartamento, vou lavar a égua.* A expressão veio do turfe. Quando os proprietários de cavalos ganhavam muito dinheiro num páreo, em regozijo pela vitória, davam na égua um banho de champanhe. [SILV/MEL/NAS/AUR]
Onde fui amarrar o meu burro/a minha égua: lamento por uma dificuldade real

ou imaginária. *Em que confusão eu me meti, onde fui amarrar o meu burro, com tanto compromisso que assumi!* [0781]

EIRA

Sem eira nem beira: pessoa sem recurso, muito pobre, na miséria. *Casou com um rapaz sem eira nem beira, contra a vontade do pai.* No português contemporâneo a palavra *eira* e seu significado não são conhecidos pelos falantes que não conseguiriam reconstruir as ligações conceituais que levariam ao significado da expressão. Os telhados de famílias abastadas de antigamente, no período colonial, possuíam *eira e beira*, detalhes que conferiam *status* ao dono do imóvel. Possuir eira e beira era sinal de riqueza e de cultura. [MEL/LP/FUL/RMJ2/WER/CDAs/LCC/ALI/LMOT/FRI/NAS/PIM/7742/AUR] (*)

EIXO

Andar/Viver na linha/nos eixos/nos trilhos: proceder de acordo com o desejado ou esperado, portar-se corretamente. *Se você não andar nos eixos, perderá a mesada.* Cf.: *Entrar na linha/nos eixos/nos trilhos. Sair da linha/dos eixos/dos trilhos. Botar na linha/nos eixos/nos trilhos.* [SILV/DI/LP/WER/MEL]

Botar/Colocar/Pôr na linha/nos eixos/nos trilhos: ajeitar, exigir cumprimento das normas, fazer alguém proceder bem, fazer algo funcionar bem. *Para botar o país nos eixos, precisa-se, antes, botar, na linha, a máquina governamental..* Cf.:

Entrar na linha/nos eixos/nos trilhos. Andar/Viver na linha/nos eixos/nos trilhos. Sair da linha/dos eixos/dos trilhos. [GUR/SILV/DI/LP/WER/MEL]

Entrar na linha/nos eixos/nos trilhos: passar a proceder, a funcionar bem, corrigir-se. *Prometeu aos pais que entraria nos eixos.* Cf.: *Andar/Viver na linha/nos eixos/nos trilhos. Sair da linha/dos eixos/dos trilhos. Botar na linha/nos eixos/nos trilhos.* [SILV/DI/LP/WER/MEL/7050/AUR]

Sair da linha/dos eixos/dos trilhos: passar a portar-se mal, proceder mal em relação à determinada expectativa, passar a se comportar incorretamente, desviar-se. *O Renato era um bom rapaz; com a separação, começou a sair dos eixos.* Cf.: *Entrar na linha/nos eixos/nos trilhos. Andar/Viver na linha/nos eixos/nos trilhos. Botar na linha/nos eixos/nos trilhos.* [SILV/MEL/DI/LP/WER/7625/7626/AUR]

ELA

Elas por elas: dar o troco em condições idênticas, na mesma moeda, retribuir um dano, uma injúria da mesma forma, diz-se das represálias, é justo revidar um golpe (ou um tapa) com outro golpe (ou tapa). *Fiz um ponto e você, outro, estamos elas por elas. Tá bom, você não devolver, mas também não lhe pago mais nada, fica elas por elas.* É outra maneira de interpretar a "pena de talião". Cf.: *Pena de talião.* [FUL/MEL/NAS/HOU/LMOT/RMJ/RMJ2/BAR/3494/AUR] (*)

Agora/Aí é que são elas: há um problema complicador, o instante é decisivo.

Agora é que são elas, quero ver você sair dessa. Sinônimos: *Agora/Aí que a porca torce o rabo. Agora/Aí que mora o perigo. Agora/Aí que a coisa pega. Agora/Aí que o bicho pega*. Essa expressão admite várias configurações formais, sobretudo em termos de ordem, à semelhança da expressão: *Agora/Aí que a porca torce o rabo*. Cf.: *É que*. [MEL/NAS/AUR]

ELEFANTE

Elefante branco: presente ou objeto incômodo, desnecessário, que, não sendo mau, tem pouca ou nenhuma importância prática, tudo que é magnífico e caro, mas não rende. *Essa geladeira velha é um elefante branco, precisamos trocá-la*. Sinônimo: *Presente de grego*. Usa-se com vários verbos, inclusive como predicativo com o verbo *ser*. [AUR/MEL/NAS/RMJ/PIM/GUR] (*)

ELIXIR

Elixir de/da/do...: bebida preparada com substâncias dissolvidas em álcool, vinho, glicerina, etc. à qual a imaginação atribui propriedades e poderes mágicos e efeitos encantadores, inclusive de longevidade. *Meu avô viveu 102 anos, acho que ele tomou o elixir da longa vida*. Usa-se com vários verbos, como *tomar*, entre outros, e é complementada normalmente por palavras como *juventude, longa vida, amor, sabedoria*: *Elixir da juventude*, etc. Cf.: *À flor da pele*. [AUR/LAR/HOU /LEL/PIM/VIO/GUM] (*)

ELOGIO

Elogio/Louvor em/de boca própria é vitupério: o autoelogio é vergonhoso e um insulto aos outros. *Não fique se gabando das coisas que faz, louvor em boca própria é vitupério*. A mesma ideia aparece no latim, e é veiculada no espanhol, italiano e inglês. [MEL/MEF/LMOT/SILVA2/3499] (*)

EMBAIXO

Assinar embaixo: apoiar, concordar, ratificar. *O que você fizer eu assino embaixo*. [0968/MEL]

EMBANANAR

Embananar(-se)/Embananado: confundir-se ou confundir, complicar-se ou complicar, meter-se ou meter em dificuldades. *Ficou embananado por se ter endividado tanto. Você, agindo assim, está embananando tudo*. Sinônimo: *Enrolar-se/Enrolado*. É comum combinar-se com os verbos *estar* e *ficar*, entre outros. [MEL/7546/GUR/AUR/HOU]

EMENDA

Pior a emenda do que o soneto/Sair pior a emenda (do) que o soneto/Ser pior a emenda (do) que o soneto/Sair a emenda pior (do) que o soneto/Ser a emenda pior (do) que o soneto/A emenda sair pior (do) que o soneto/A emenda ser pior (do) que o soneto: querer fazer uma correção e cair em erro maior, quando a solução de um problema acaba agravando-o. *Não saiu para ficar estudando, mas recebeu tantas visitas que a emenda ficou pior do que o soneto.* Trata-se de expressão que, à semelhança de *Agora/Aí que a porca torce o rabo* e outras, admite várias configurações formais, sobretudo de ordem. [SILV/NAS/LMOT/MEL/6870] (*)

EMINÊNCIA

Eminência parda: pessoa que, nos bastidores, manobra autoridade ou partido político. *Muitos governos são influenciados por eminências pardas.* Usada com vários verbos e com função de predicativo com o verbo *ser*. [AUR/MEL]

ENCOMENDA

Sair melhor (do) que a encomenda: o que supera a expectativa, negativa ou positivamente. *Esse menino não sossega, está saindo melhor do que a encomenda.* Diz-se ironicamente, conforme o contexto, aparentemente muitas vezes em tom de aprovação. [MEL/5439/SILV/NAS/AUR]

ENCRENCA

Procurar/Criar (uma) encrenca: intrometer-se em briga alheia, ser provocador, desordeiro. *Criou uma encrenca danada porque não quiseram atendê-lo.* Há similar em francês. [XAcm/SILV/MEL/AZE/ROB] (*)

ENCUCAR

Ficar encucado: preocupado, desconfiado. *Fiquei encucado ao ver que meu nome não estava na lista dos chamados para o exame médico.* [MEL]

ENGANAR

(Me) Engana qu'eu gosto: forma ironizante de o falante demonstrar que não acredita no que diz seu interlocutor. *"- Não bebi nada./ — Me engana qu'eu gosto". Ela diz que faltou ao nosso encontro porque estava doente, me engana que eu gosto.* [MEL]

Redondamente enganado: totalmente enganado. *Não é este o endereço; você está redondamente enganado.* O advérbio compõe frases, com diferentes verbos e adjetivos alternativos, como o adjetivo deverbal da configuração registrada. Tem função intensificadora e sentido figurado ou metafórico de aparência totalmente indiscernível. Algumas palavras (advérbios, sobretudo) parecem ter propensão inexplicável para compor expressões. Cf.: *Paca. Estupidamente gelado. Religiosamente pontual.* [MEL/7505]

ENGRAÇADINHO

Achar-se o tal, o engraçadinho, por exemplo, etc.: julgar-se o melhor, o maior. *A modelo ficou tão evidente que estava se achando. Ele é até um bom ator. Mas se acha demais. Lula e FHC estão se achando.* O curioso é o uso transobjetivo do verbo com tom de "modismo", de temporalidade efêmera portanto, normalmente sem o predicativo do objeto explícito, fora o pronome (*se*, *me*), sugerindo teor semântico altamente positivo, como se vê na abonação. Cf.: *Achar-se*. [SILV]

ENLOUQUECER

...*de amargar/arrasar (quarteirão)/ arrancar/arrepiar (os cabelos)/doer/ enlouquecer/lascar/morrer/tinir*, etc. Cf.: AMARGAR.

ENROLAR

Enrolar(se)/Enrolado: embaraçar(-se), estar/ficar em situação difícil, tornar complicado, confuso. *Tá todo enrolado, não sei como ele vai sair desse lance. A pressa em terminar o serviço enrolou-a mais ainda. Ele é muito enrolado, não faz nada direito. Se ela descobrir, ele está enrolado. Enrolou-se na hora de pedir a mão da noiva.* Sinônimo: *Embananar(-se)/Embananado*. É comum combinar-se ainda com os verbos *estar* e *ficar* entre outros. [MEL/7546/GUR/AUR/HOU]

ENTÃO

Então/Até então: até naquele/neste/no futuro momento, tempo (referência ao tempo passado, presente, ou futuro). *As autoridades liberaram o acesso a documentos até então (até naquela época) proibidos. Naquela época, aquele político era até então um candidato a vereador. Quando você ficar mais velho, aí então compreenderá tudo.* [BEC/HOU]

ENTENDEDOR

Para/A bom entendedor, meia palavra basta: para interlocutor inteligente e perspicaz, não é necessário detalhar o assunto. *Só lhe fiz um sinal, e ele parou de falar; para bom entendedor, meia palavra basta.* A expressão tem caráter mais ou menos universal, uma vez que usada em francês, espanhol, italiano, inglês. Cf.: *Piscar de olho*. [RMJ/LMOT/MEL/ WER/FRI/MEF] (*)

ENTRELINHA

Ler nas entrelinhas: deduzir, adivinhar ou interpretar o sentido oculto, implícito, de um escrito, depreender o sentido implícito do que se diz ou escreve. *Naquele momento, ela leu nas entrelinhas as verdadeiras intenções do rapaz.* [SILV / MEL/NAS/5035]

ENXERGAR

Não se enxergar: não reconhecer sua posição social, não ter humildade ou discernimento para reconhecer o seu lugar. *Você não se enxerga? É claro que ela não vai namorar um pé rapado.* [AUR/MEL/ NAS/SILV]

ÉPOCA

Fazer época: ter sido notável por conduta inovadora ou extravagante. *Os Beatles fizeram época na música da década de 1960.* [AUR/NAS/SILV]

ERRAR

Errando (é que) se aprende: ao errar também se aprende. *Precisa-se aceitar o erro, pois é errando que se aprende.* Trata-se de ditado praticamente universal, vindo, na sua forma mais simples, desde o latim. Optei pela configuração do verbete (*Errando é que se aprende*), com o "é que" após "errando", para alavancar e destacar a palavra "errando", colocando-a como foco de interesse, em atenção às lições de nossas gramáticas sobre o idiotismo "é que" nessa expressão. Outra configuração plausível seria *É errando que se aprende*, separando-se as palavras que compõem a locução *é que*, como mostrado no exemplo. Cf.: *É que*. [LMOT/SILVA2/3454/CDAs/NOG] (*)

Errar é humano: forma simplista de justificar um erro ou se conformar com ele. *Todos reclamam da minha filha, mas errar é humano.* Tradução de *errare humanum est*, passando a ser usada universalmente, às vezes com pequena modalização. [MEL/LAR/STEIN/LMOT/RMJ/SILVA2/3842]

ERRO

Um erro não justifica (o) outro: não se deve usar, como desculpa para um erro, outro erro anterior, em geral cometido por outra pessoa. *Pensou que nada lhe aconteceria porque seu colega já tinha faltado sem avisar, mas um erro não justifica o outro.* [MEL/8707]

ESCANTEIO

Botar/Colocar/Pôr para/pra escanteio: afastar, desprezar, humilhar, livrar-se, preterir, rejeitar, dar o fora. *Resolveu botar pra escanteio as amizades que o prejudicavam. Assim não dá, vou botar ele pra escanteio. Pôs pra escanteio a mulher e foi embora com outra.* Expressões oriundas da área futebolística. Além dos verbos *botar, colocar* e *pôr*, usam-se também *chutar, deixar, ficar, jogar, mandar*, entre outros. Cf.: *Botar/Colocar/Pôr na geladeira*. [SILV/GUR/CDAs /MEL/5436/AUR]

ESCARRADO

Escarrado: Cf.: *Cuspido e escarrado*.
Escarrado e escrito: Cf.: *Cuspido e escarrado*.

ESCREVER

Escrever certo por linhas tortas: Cf.: *Deus escreve certo por linhas tortas*.

ESCRITO

Escrito: Cf.: *Cuspido e escarrado*.
Escrito e escarrado: Cf.: *Cuspido e escarrado*.

ESCOLA

Fazer escola: criar adeptos. *Com suas ideias rapidamente fez escola.* [AUR]

ESCULPIDO

Esculpido e encarnado: Cf.: *Cuspido e escarrado*.
Esculpido em Carrara: Cf.: *Cuspido e escarrado*.

ESFORÇO

Fazer esforço concentrado: convergir esforços intensos para a realização de algo difícil, trabalhoso. *Para a conclusão deste trabalho façamos um esforço concentrado durante dois dias.* Sinônimo: *Fazer das tripas coração.* Usa-se com vários verbos, além de *fazer*. Sinônimos: *Mover céus e terra(s)* e *Mundos e fundos*. [HU]

ESPAÇO

Ir para o/pro espaço: acabar-se. *O nosso programa foi pro espaço, não dá mais.* [SILV/MEL]

ESPADA

Entre a cruz e a espada: entre duas alternativas ruins. *Quando os dois solicitam a minha ajuda ao mesmo tempo, fico entre a cruz e a espada.* Sinônimo: *Estar entre a bigorna e o martelo.* Usa-se com vários verbos alternativos, com *estar* e *ficar*. Em princípio não admite inversão de ordem. [MEL/3820]

ESPARRELA

Cair na arapuca/armadilha/esparrela/ratoeira/rede: cair no logro, ser enganado. *Não acredite nele, pois você pode cair na esparrela.* [MEL/SILV/1621/AUR]

ESPERANÇA

A esperança é a última que morre: não se deve desesperar. *Eu não desisto, a esperança é a última que morre.* Embora classificável como provérbio, é muito usado coloquialmente. [MEL/0098]

ESPETÁCULO

Dar espetáculo: ser objeto de zombaria, mofa ou escândalo. *Muito ciumenta, deu espetáculo quando viu o namorado com uma amiga.* [AUR/MEL]

ESPINHA

Atravessado na garganta/Trazer/Ter uma espinha atravessada na garganta: algo não estar assimilado, algo estar entalado na garganta, guardado como remorso, como ressentimento. *Aquele comentário dela ainda está atravessado na garganta.* Em francês, há fórmula correspondente. [NAS/1022/SILV/PIP] [*]

Espinha na garganta: coisa, pessoa ou fato incômodo. *Diz-se que o seu sucesso é a espinha na garganta de muita gente.* Usa-se com vários verbos, inclusive como predicativo com o verbo *ser*. [MEL/AUR]

Frio na barriga/na espinha: medo, susto, apreensão, nervosismo. *Senti um frio na barriga ao pensar que estava na lista dos demitidos.* Usa-se com vários verbos, inclusive com *estar, ficar, ter*. [MEL/PER/PUG]

ESPÍRITO

Espírito de contradição: pessoa que está sempre em desacordo, que gosta de contrariar. *Não adianta pedir, ele é espírito de contradição.* Usa-se com vários verbos, como *ter*, e, inclusive, como predicativo com o verbo *ser*. [SILV/AUR/PIP]

Espírito de porco: ser sistematicamente do contra, criador de embaraços, teimoso, obstinado, exigente, intransigente, pessoa intrometida. *Intrometeu-se na minha vida, só para me prejudicar, é um espírito de porco.* Usa-se com vários verbos alternativos, como *ser, ter*, etc. Cf.: *Atirar/Dar/Deitar/Jogar/Lançar pérolas a/aos porcos.* [RMJ2/FUL/MEL/3881/PIM/NAS/SILV/RIB/AUR] (*)

Espírito santo de orelha: pessoa que "sopra" resposta no ouvido de outra, o "ponto" de teatros, que diz em voz baixa o que os atores devem dizer em voz alta. *Saiu-se bem na prova de matemática graças a um espírito santo de orelha.* Usa-se com vários verbos, inclusive como predicativo com o verbo *ser*. [MEL/PUG/NAS/AUR]

ESPONJA

Passar uma borracha/ esponja em: esquecer, perdoar. *Prometo passar uma esponja nas ofensas que você me fez.* [AUR/MEL/PUG/NAS/6445]

ESQUINA

Ir ver se estou na esquina: Cf.: FAVA.

ESSA

Cair/Não cair/Ir/Não ir nessa: ser enganado, envolver-se numa situação. *Ele deu o golpe do baú e Pedro caiu nessa.* Nas expressões desse tipo, cuja palavra-base é um pronome demonstrativo, indefinido, possessivo, etc., com forma marcada no feminino, pressupõe-se a "elipse" de palavras femininas, como *situação, coisa, opinião, maneira, atividade, dose, onda* e várias outras, normalmente semelhantes, conforme o contexto, mas nem sempre claramente definidas. Muito usada como advertência na forma negativa: *Não ir nessa. É muito dinheiro para investir; não vai cair nessa.* Cf.: *Corta essa! Estar em todas. Por essas e por outras. Poderia dormir sem essa.* É usada com vários verbos alternativos, quando lhe dão o tom semântico específico. Cf. também: p. 34, d. [SILV/MEL]

Corta essa! Usada em exclamações de descontentamento, surpresa ou discordância, maneira veemente de discordar. Origina-se de *Corta essa onda! Não concordo! Corta essa! É injusto pensar que ele é um bandido.* (com a elipse da palavra "coisa" ou "onda"). Cf.: *Cair/Não cair/Ir/Não ir nessa; Estar em todas.* Cf. também: p. 34, d. [AUR]

Entrar nessa/Sair dessa: entrar ou sair de situação complicada ou delicada nem sempre definida. *Se o país não sair logo dessa, vai enfrentar sérios problemas de ordem internacional. Não entre nessa, pois ninguém está fazendo mau juízo de você.* Cf.: *Sair desta para melhor*: morrer; ou, ainda, outras expressões com a palavra-chave ESSA. Cf. também: p. 34, d. [MEL]

Essa: usada em vários contextos, inclusive exclamações de descontentamento ou surpresa, com a elipse da palavra "coisa", "situação", etc. Esse procedimento é muito comum em expressões, como: *Essa é muito boa! Não me venha com essa! Essa foi boa, agora conte outra*. Cf.: *Cair/Não cair/Ir/Não ir nessa; Estar em todas*. Cf. também: p. 34, d. [AUR/AM]

Poderia dormir sem essa: diz-se quando se ouve resposta atravessada ou uma bronca ou repreensão, de certa forma provocada pelo próprio ouvinte. *Fez um comentário inoportuno e levou uma bronca; poderia dormir sem essa*. Cf.: *Cair/Não cair/Ir/Não ir nessa* e também p. 34, d. [6902]

Por essas e por outras: pelo que costuma ocorrer. *Você o tratou muito mal, por essas e por outras é que ele não fez o trabalho*. Cf.: *Cair/Não cair/Ir/Não ir nessa* e também p. 34, d. [MEL]

Sem essa: não concordo, não vem que não tem, diz-se para alguém parar de falar sobre determinado assunto. *Sem essa, eu não estou me referindo ao seu trabalho*. Sinônimo: *Corta essa*. Cf.: *Cair/Não cair/Ir/Não ir nessa* e também p. 34, d. [AUR/MEL]

ESTACA

Ficar na/Voltar à estaca zero: voltar ao início, ao ponto de onde se começou. *Como saldou todas as dívidas, sua situação financeira voltou à estaca zero*. Sinônimo: *Voltar à vaca-fria*. [TOG/WER/LP/MEL/SILV/8963/AUR]

ESTALO

Dar/Sentir/Ter (um) estalo (de Vieira) (na cabeça): ter subitamente uma ideia. *Estava pensando numa situação, quando me deu um estalo, e resolvi logo a questão*. As expressões, frequentemente de configuração reduzida, devem estar vinculadas à frase *Sentir o estado de Vieira (na cabeça)*. [MEL/SILV/NAS] (*)

ESTAR

Estar para o que der e vier: estar para enfrentar qualquer situação, para tudo o que possa acontecer. *Vou botar tudo em pratos limpos, estou para o que der e vier*. [MEL/NAS/4006/6227/AUR]

ESTILO

Em grande estilo: com solenidade, pompa ou aparato. *O Ministro foi recebido em grande estilo*. É usada alternativamente com diversos verbos. [AUR/MEL]

ESTÔMAGO

Forrar o estômago: ingerir certa porção de alimentos muito menor que da refeição habitual. *Enquanto aguardava o jantar, forrou o estômago comendo alguns biscoitos*. [AUR/MEL/SILV]

Ter estômago de avestruz: ser voraz, não fazendo seleção do que come. *É impressionante como ele come tudo, parece que tem estômago de avestruz. O avestruz, quando come, engole tudo o que estiver misturado com o alimento, paus, pedras*, etc. [NAS/MEL/SILV/AUR]

ESTRELA

Ter estrela na testa: ter sorte. *Xará, parece que você tem estrela na testa, ganhou* *fácil o emprego*. Cf.: *Ninguém tem/Não ter letreiro na testa*. [SILV/GUR]

Ver (as) estrelas: sentir dor muito forte, ficar atordoado. *Viu estrelas com a martelada que deu no dedo*. [LAU/MEL/SILV/8856] (*)

ESTRIBEIRA

Perder as estribeiras: desnortear-se, descontrolar-se, enfurecer, perder o controle. *Ao ser vaiado, ele perdeu as estribeiras e começou a ofender a plateia*. Sinônimo sugerido por [AM]: *Sair com alguém nas costas*. Em espanhol há praticamente a mesma expressão. [ALV/SILV/MEL/LCC/AUR/AM] (*)

ESTUPIDAMENTE

Estupidamente... muito. *Quero uma cerveja estupidamente gelada*. Trata-se de advérbio intensificador, com propensão a compor frequentemente expressões com os mais diversos adejetivos. Comprovando o dinamismo surpreendente das expressões, já apareceu em *outdoor* de rua, em 20/08/2017, a recriação: *Cervejeira Estupidamente pensada*, propaganda do regrigerador Consul: "Consul — Bem pensado" Cf.: *Redondamente enganado*. [MEL]

EXCEÇÃO

A exceção confirma a regra: sempre há o que discutir em uma regra. *Excepcionalmente entrou sem convite porque a entrada estava proibida e essa entrada acaba confirmando a regra*. A ideia original da máxima aparece em latim, tendo-se espalhado sob formas iguais ou semelhantes em vários idiomas. Cf.: *Toda regra tem exceção; Não há regra sem exceção*. [LMOT/5800/MEL/SILVA2] (*)

EXEMPLO

O exemplo vem/deve vir de cima: os superiores devem dar os exemplos. *Não fale palavrão perto dos seus filhos, o exemplo vem de cima*. [MEL]

EXPEDIENTE

Viver de expediente(s): não ter meio certo de vida, recorrer a espertezas, burlas, biscates, para angariar os meios de vida, ser trapaceiro. *Não tem emprego e não quer ter, ganha a vida trapaceando, vive de expedientes desonestos*. [NAS/AUR/SILV/8946]

EXPRESSÃO

Reduzir à expressão mais simples: diminuir algo ao máximo, dizer muito mal de alguém, humilhar alguém. *Muito objetivo, reduziu o assunto à expressão mais simples*. [MEL/SILV/NAS/AUR]

EXU

Virar exu: ser tomado de cólera, enfurecer-se. *Quando briga com a mulher, vira exu*. [AUR/SILV]

F

FÃ

Fã de carteirinha: admirador incondicional de artistas, escritores, jogadores, etc. *Sempre fui fã de carteirinha de Machado de Assis.* Usa-se alternativamente com diversos verbos, inclusive com o verbo *ser*. [MEL]

FACA

Botar/Meter/Pôr a faca no pescoço/peito de/na garganta: forçar alguém, deixar sem alternativa, fazer pressão ou coação, pressionar. *Botei a faca no peito dele e ele falou tudo.* Sinônimos: *Dar um arrocho em. Encostar contra a parede.* [AUR/NAS/SILV/MEL]
Com a faca e o queijo na(s) mão(s): estar/ficar com poder amplo. *Com a maioria do Congresso o governo está com a faca e o queijo nas mãos para aprovar tudo.* A expressão pode ser composta encabeçada alternativamente com os verbos *estar, ficar, viver, andar,* entre outros. Pode aparecer também com o verbo *ter*: *Ter a faca e o queijo na(s) mão(s).* Não admite inversão de ordem. [DI/WER/SILV / MEL/ALV/2008]
Enfiar/Meter a faca: pôr em aperto, cobrar caro, pedir favor exorbitante, explorar. *Mete a faca no tio sempre que precisa. Não precisa cobrar tanto; isso é enfiar a faca.* [3730/5473]
Entrar na faca: submeter-se a uma operação cirúrgica. *Só mesmo entrando na faca para ver o que há com ele.* Expressão familiar, na medida em que "faca" entra como sinônimo do termo técnico "bisturi". [SILV/MEL/AUR]
Estar com/Ter/Botar a faca na garganta/no peito/no pescoço: estar pressionado, ameaçado de degola, constrangido a proceder conforme a vontade de algum opressor, coagir. *Não posso fazer nada porque estou com a faca na garganta.* [NAS/SILV/2009/6934/MEL]
Faca de dois gumes: algo que faz bem, mas também faz mal, contrário ao esperado, consideração dos dois lados de uma questão como lados problemáticos, podendo acontecer que um lado seja contrário ao esperado. *Cuidado, defender o colega de trabalho é uma faca de dois gumes.* É expressão usada alternativamente com vários verbos, inclusive em função predicativa com o verbo *ser*. Há expressão similar aparentemente mais agressiva em espanhol. [WER/TOG/LP/MEL/SILV /4063/LAT] (*)

FACE

O/A outro(a) lado/face da moeda: a situação oposta; o ponto de vista contrário. *Quando a oposição passa a ser governo, fica conhecendo a outra face da moeda.* Usam-se diversos verbos alternativos, como *conhecer*, entre outros. Cf.: *Os dois lados da (mesma) moeda.* [MEL/0924]
Os dois lados/As duas faces da (mesma) moeda: os dois pontos de vista do caso.

Temos que analisar os dois pontos de vista da história. Usam-se diversos verbos alternativos, como *conhecer, analisar, observar*, entre outros. Cf.: *O outro lado da moeda*. [MEL/0924]

FACHADA

De fachada: fatos que se mantêm apenas na aparência, falso, só aparente. *O casamento deles é só de fachada*. Usa-se alternativamente com diversos verbos inclusive com o verbo *ser*. [MEL/2848/AUR]

FAÍSCA

Sair faísca(s): ser muito difícil de fazer, ocorrer confusão, desordem, briga. *Saiu faísca na conversa dele com o patrão*. [SILV]

FAIXA

Na faixa: gratuitamente. *Entramos na festa na faixa*. Sinônimo: *Dar/Pedir/Pegar (Andar de) carona*. Usa-se com diversos verbos alternativamente. [5668]

FALAR

Falou e disse: tem toda a razão, está certo, ponto final. *Se você acha que não poderá participar da festa, falou e disse*. Não admite inversão de ordem. Sinônimo: *Falou, tá falado*. [MEL/FUL/4100]
Falou, tá falado: está certo, é isso mesmo. *Vamos fazer o que você recomendou, falou, tá falado. Falou, tá falado, não tem mais remédio*. Trata-se de um padrão frasal gerador de muitas expressões, como *Fez, tá feito; Pensou, tá pensado; Deu, tá dado; Quando não/O que não/Se não tem remédio, remediado está*. Sinônimo: *Falou e disse*. [MEL/HU].
(Já) Não estar (mais) aqui quem falou: expressão de arrependimento pelo que disse e, por algum motivo, não devia ter dito. *Se a minha opinião te magoou, não está mais aqui quem falou*. [MEL/4883]

FAMA

Cria/Faz/Ganha (a) fama e deita(-te) na cama: tornar-se famoso e aproveitar as benesses da fama. *Se pensas num futuro tranquilo, cria fama e deita-te na cama*. Há versões semelhantes em latim, espanhol, francês, italiano e inglês. E numa versão mais antiga: *Arranja fama e deita-te a dormir*. [MEL/MEF/LMOT/SILVA2 /AM/4587] (*)

FANTASIA

Rasgar a fantasia: revelar a verdadeira face da sua personalidade. *Ela decidiu rasgar a fantasia e ir à luta*. [SILV/AUR/7490]

FARINHA

Farinha do mesmo saco: diz-se de indivíduos semelhantes em seus defeitos de caráter e que se equivalem. *Ele é tão malandro quanto o patrão; são farinha do mesmo saco*. Expressão usada alternativamente com vários verbos, inclusive

com função predicativa com o verbo *ser*. A imagem vem traduzida em expressões em vários idiomas desde o latim. [WER/SILV/MEL/4112/RMJ] (*)
Tirar farinha: exigir satisfações, procurar briga, levar vantagem. *Ninguém tirava farinha com ele, todos o respeitavam muito*. [8465/MEL/SILV/8465/AUR]

FARRA

Cair na farra: farrear, cair na folia. *Depois da briga com a mulher, ele caiu na farra*. [SILV/MEL]

FATO

Contra fatos não há argumentos: o que é evidente não se contesta. *Já que se deixou subornar não há como se desculpar; contra fatos não há argumentos*. Cf.: *Contra a força não há resistência*. [MEL/MEF/LMOT/2232]
Fatos, não palavras: expressão de uso comum, quando se exige ação em lugar de promessas. *O prefeito falou muito, mas não fez nada; o povo quer fatos, não palavras*. É corrente em vários idiomas, com a mesma forma ou pequenas variantes. Usa-se com vários verbos opcionais. [NAS/RMJ] (*)
Ser fato consumado: ser fato realizado, irremediável, irreparável. *Não adianta reverter a situação, para mim é fato consumado*. [NAS/SILV]

FAVA

Favas contadas: resultado tido como certo, coisa certa, inevitável. *Todos já achavam que sua eleição eram favas contadas*.
Usada em geral como predicativo, com o verbo *ser* na terceira pessoa do plural. [MEL/SILV/4119/PIM/AUR] (*)
Ir às favas, amolar o boi, caçar o que fazer, catar coquinho, chupar prego, enxugar gelo, fritar bolinho(s), lamber sabão, pentear macaco(s), plantar batata(s), se danar, se lixar, se queixar ao bispo, tomar banho, tomar no cu, ver se estou na esquina, etc.; **para a/pra caixa-pregos, para a(s)/pra(s) cucuia(s), Ir para o/pro beleléu, Ir para o/pro diabo (que o carregue), para o/pro vinagre, para os/pros quintos (do(s) inferno(s)**, etc. Frases imperativas exclamativas, compostas com o verbo *ir* + verbo de ação no infinitivo ou locativos diversos, ditas diretamente para uma pessoa ou algo (figuradamente), que esteja incomodando. *Vai às favas, menino! Sai da minha frente*. Em lugar do *ir*, ocorre o verbo *mandar*, nas declarativas indiretas em perífrase ou não: *O estudante mandou o colega ir plantar batata*; *Os alunos mandaram as lições pros quintos dos infernos*. *Mandei às favas os problemas que prejudicavam a minha saúde*. E, várias dessas expressões, de simples configurações declarativas no passado, possuem apenas o significado mais direto de *falhar, fracassar, morrer*, como: *Foi para a/pra caixa-pregos; Foi para a(s)/pras cucuia(s); Foi para os/pros quintos (do(s) inferno(s))*. *Foi pro beleléu*. Cf.: *Bater as botas*. [FUL/WER/SILV/MEL/AUR/PIM//HOU/4832 /CC/AMF/NAS /4845/LCC] (*)

FÉ

Fazer (uma) fezinha: apostar, arriscar algum no jogo de loteria ou outro. *Todos os*

dias ela fazia uma fezinha no bicheiro da esquina. [MEL/SILV/4338/AUR/MEL]
Fé em Deus e pé na tábua: com confiança tudo dará certo. *Tenho certeza de que vamos conseguir êxito, fé em Deus e pé na tábua*. Em princípio, não admite inversão de ordem. [MEL]

FEBRE

Virar/Ser uma febre: virar moda, ser de uso geral. *O funk agora é uma febre em toda a cidade*. [MEL]

FEDER

Não/Nem feder nem cheirar: ser indiferente, não ter nenhuma importância. *No seu trabalho ele não fede nem cheira, não tem qualquer influência*. [MEL/PIP/SILV/AUR]

FEIJÃO

Feijão com arroz: como alimentação básica, diária e comum, passou a significar aquilo que é de cada dia, o comum, a rotina. *Faça o exame sem inventar muito, faça o arroz com feijão*. Expressão com instabilidade de ordem, aparecendo, às vezes, na ordem *Arroz com feijão*, uma vez que há pratos típicos na base de arroz, mas também os há na base do feijão. Cf.: *Um dois feijão com arroz*. [HOU/AUR]
Não valer o (feijão) que come: a pessoa não ter nenhum valor, não valer nada. *Não confie muito nesse seu amigo, dizem que ele não vale o feijão que come*. Cf.: *Não merece/Não vale o pão/o prato/a comida que come*. [MEL/SILV/AUR]

FEIO

Feio de doer: Cf.: AMARGAR: ...*de amargar/arrasar (quarteirão)/arrancar / arrepiar (os cabelos) /doer/enlouquecer/ lascar/morrer*, etc.
Quem ama o feio bonito lhe parece: quem gosta de alguém ou de algo não lhes vê defeito. *Meu carro é velho, mas não o vendo por dinheiro algum; quem ama o feio bonito lhe parece*. Sinônimos: *Gosto não se discute. O amor é cego*. A ideia de que "o que nos pertence é bonito" já vem do latim e gerou expressões em vários idiomas. Cf.: *Mãe coruja*. [MEL/RMJ/SILVAS23/LMOT/7343/PIM/AM] (*)

FEITIÇO

O feitiço virar/voltar-se contra o feiticeiro: recair a consequência de um ato sobre quem o praticou para incriminar outra pessoa. *Foi desmascarado pelo colega ao desafiá-lo em público, o feitiço virou contra o feiticeiro*. Sinônimo: *O tiro sair pela culatra*. [LAU/8926/AM/AUR]

FELIZ

Azar/Infeliz no jogo, sorte/feliz no amor: Cf.: JOGO.

FERA

Cutucar (a) onça/fera com vara curta: arriscar-se de forma abusiva diante de um perigo iminente, meter-se onde não deve. *Criticar severamente o patrão é cutucar a onça com vara curta.* Sinônimo: *Cutucar o diabo com vara curta.* [SILV/MEL/WER]

Ficar/Virar uma fera/onça/(um) bicho: ficar muito irritado, irado, exaltar-se. *Quer vê-lo ficar uma fera. Chame-o de covarde.* Sinônimos: *Ficar uma arara. Estar/Ficar fulo (da vida). Estar/Ficar puto (da vida). Estar/Ficar lançando fumaça (pelas ventas),* etc. Em relação à "fera", há correspondente em espanhol. [FSP /ALV/MEL/SILV] (*)

FERRAR

Ferrado (de verde-amarelo): pobre, humilde, em péssima situação. *Fiquei ferrado de verde-amarelo, quando confiscaram minha poupança.* Sinônimo: *Fodido e mal pago.* Cf.: *De verde (e) amarelo.* [MEL]

FERRO

A ferro e (a) fogo: por todos os meios possíveis, com truculência. *A ferro e fogo, conseguiu vencer em todas as empresas que comandou.* É usada alternativamente com diversos verbos. Em princípio, não admite inversão de ordem. [MEL/0112/ WER/TOG/FUL/AUR/NAS]

Bater/Malhar o ferro enquanto está quente: aproveitar a ocasião enquanto é favorável, aproveitar as condições propícias para agir. *Eu, se fosse ele, batia agora no ferro enquanto está quente.* Registre-se a expressão ou provérbio antônimo *Malhar* *em ferro frio* (Cf.: verbete), que possui a mesma explicação causativa. Há expressões similares em francês, italiano e em inglês. [LAU/SILV/MEL/FRI /NAS/ MEF/1178/5266/LMOT/AM] (*)

Levar ferro: ser passado para trás. *Levou ferro nas duas empresas que mantinha.* Sinônimo: *Levar chumbo (grosso).* [5089/MEL/SILV/AUR]

Malhar em ferro frio: fazer algo fora do momento favorável, não obter resultado, êxito, trabalhar em vão, perder o tempo com pessoa irredutível ou problema irremediável. *Pare de malhar em ferro frio e monte um negócio qualquer. Querer que ele tome gosto pelos estudos é malhar em ferro frio. Desista, não adianta ficar malhando em ferro frio.* Sinônimos contextuais: *Chover no molhado. Dar murros em ponta de faca.* Antônimo, mas com a mesma explicação etiológica: *Bater/Malhar o ferro enquanto está quente* (podendo até simplificar-se na configuração paralela *Malhar em ferro quente.* Cf.: verbete). Há similar em espanhol, registrando a mesma expressão com os mesmos referentes. [LAU/ SILV/MEL/FRI/NAS/MEF/1178/5266 / LMOT/AM] (*)

Não ser de ferro: ter fraquezas, sensibilidade. *Arriscou um olhar para ela, porque ninguém é de ferro. Foi ao Pelourinho sacudir as cadeiras, que ninguém é de ferro.* Cf.: *Ser de ferro.* [SILV/5884/ MEL]

Quem com ferro fere, com ferro será ferido: a pessoa pode ser vítima do mesmo mal que tenha causado a outrem. *Foi demitido depois de causar a demissão do colega; quem com ferro fere com ferro será ferido.* Tendo origem na

Bíblia, é explicável seu uso já no latim e nas línguas modernas, como espanhol, francês, italiano, inglês. Cf.: *Elas por elas. Pena de talião*. [LMOT/MEL/RMJ /SILVA2/7356] (*)

Ser de ferro: ter organismo sadio, resistente, ter disposição. *Ele é de ferro: trabalha 12 horas por dia*. Cf.: *Não ser de ferro*. [SILV]

FICHA

Cair a ficha: entender/não entender um fato. *Somente quando caiu a ficha, percebi que estava numa furada*. É frequente o uso na forma negativa: *A ficha ainda não caiu*. "Ficha" refere-se à antiga peça circular de metal ou plástico usada no chamado aparelho "orelhão" da Telefônica; a expressão está ficando arcaica, pois não se usa mais "ficha", mas sim cartão. Cf.: *Bater um fio*. [WER/SILV/ MEL/1750]

FIGA

...duma figa: diz-se de pessoa ou coisa como manifestação, real ou fingida, de pouco apreço ou de irritação. *Ah! Garoto duma figa! Não sei onde pus aquele livrinho duma figa*. Expressão usada posposicionada. [AUR/NAS] (*)

Fazer figa(s): esconjurar, diz-se para repelir algo ou alguém, para zombar. *É bom você fazer figa para que não chova no dia da festa*. Combinada com a realização do gesto específico, *Fazer figa(s)* pode ser entendida como uma "frase gestual". [NAS/AUR/MEL/SILV] (*)

FIGURA

Figurinha difícil: pessoa que se faz importante, importante, mais ou menos inacessível, como as "figurinhas" carimbadas dos álbuns de coleções. *Não adianta convidá-lo para a sua festa, ele é uma figurinha difícil*. Combina-se com vários verbos, inclusive com o verbo *ser*, como predicativo. [AUR/MEL/SILV/44463]

Mudar de figura: diz-se da situação, conversa, etc. que mudam de rumo em função das circunstâncias, variar, tomar outro aspecto. *Se você afirma que assim eu serei prejudicado, aí a coisa muda de figura*. [MEL/NAS/AUR/SILV]

Ser uma figura de proa: pessoa que num empreendimento, organização, etc. aparece com especial relevo, pessoa importante. *O seu avô foi uma figura de proa na política brasileira*. [AUR//NAS/ SILV/MEL] (*)

Trocar figurinhas: trocar experiências sobre algo em comum, trocar frases curtas, trocar informações ligeiras. *Na hora do recreio, os professores trocaram figurinhas sobre as turmas*. [MEL/SILV]

FIGURINO

Como manda o figurino: como deve ser. *Quero que você faça tudo como manda o figurino*. [MEL/AUR/2158]

FILA

Furar (a) fila: numa fila de pessoas passar à frente de outrem, desrespeitando-lhe a vez. *Furou a fila e nem disfarçou*. [4570/AUR]

FILÉ

Quem come/comeu a carne/o filé, roa os ossos: quem usufruiu a parte boa de algo tem que arcar também com o lado ruim que possa existir. *A festa estava ótima, mas agora limpem a casa; quem come o filé tem que roer os ossos*. Ideias próximas aparecem em latim, italiano e inglês. [MEL/LMOT/FRI/7358]

Ser filé de borboleta: indivíduo extremamente magro. *Come muito bem, mas não engorda, continua um filé de borboleta.* Sinônimo: *Pele e osso*. Combina-se com vários outros verbos, como *continuar, parecer,* entre outros. [MEL/AUR/4339]

FILHO

Coitado é filho de rato que nasce pelado: réplica a quem qualifica alguém de "coitado". *Eu acho que ele é um coitado. Coitado é filho de rato que nasce pelado.* [NAS/LMOT/1986]

Filho(s) criado(s), trabalho dobrado: com os filhos criados, as preocupações aumentam. *Enquanto os filhos não chegam do trabalho, ela não dorme, filho criado, trabalho dobrado.* Igual ideia vem desde o latim, tendo-se difundido em outros idiomas. [MEL/MEF/LMOT/FRI/SILVA2/AM/4482] (*)

Filho de peixe, peixinho é: diz-se quando o filho puxa ao pai ou a filha à mãe. *Joga futebol tão bem quanto o pai; filho de peixe peixinho é.* Sinônimo: *Tal pai, tal filho*. [LAU/MEL/4474/AM] (*)

Filho/Filhinho de papai: pessoa geralmente adulta que ainda é sustentada pelo pai, filho de pai rico ou influente. *Ele é filhinho de papai, só anda de carro novo e com muito dinheiro.* [NAS/MEL/AUR/4473]

Filho pródigo: pessoa que se afastou e volta arrependido. *Deixe ele ir embora que depois acaba voltando como o filho pródigo.* A expressão prende-se à conhecida parábola bíblica. Usa-se em vários contextos e com vários verbos alternativos. [NAS/PIM/4477] (*)

Também ser filho de Deus: ter iguais direitos e por isso não dever ser excluído de benefícios comuns. *Divida isso direito: eu quero o meu quinhão, que eu também sou filho de Deus.* [SILV/NAS/AUR]

FILME

Queimar o filme: falar mal. *Queimaram tanto o filme do gerente que o diretor o demitiu.* [MEL/SILV/7336]

FIM

Ao fim e ao cabo: no final de tudo, no final das contas. *Ao fim e ao cabo da votação, o resultado foi o esperado.* Sinônimo: *Ao/No frigir dos ovos*. Não admite inversão de ordem. Há expressão correspondente em espanhol. [MEL] (*)

O fim/O final coroa a obra: concluir bem um trabalho como sinal de bem executado. *Ele terminou a tese com uma convincente conclusão, o fim coroa a obra.* A ideia já está em latim e vulgarizada em espanhol, francês, italiano e inglês. [LMOT] (*)

Ser o fim da picada: ser desagradável, difícil de suportar, coisa absurda, incrível, extremamente desagradável. *É o fim da picada; essa porra não vai ficar assim. Não se pode mais sair à noite por causa da violência, é o fim da picada.* "Picada" está no sentido literal de "atalho estreito, aberto a golpes de facão". Expressão usada alternativamente com vários verbos, inclusive com verbo *estar*: *estar no fim da picada*. [SILV/WER/MEL/AUR]

FINO

Sair de fininho: sair sem ser percebido. *Ao perceber que seria chamado para falar, meteu o rabo entre as pernas e saiu de fininho.* Sinônimo: *Sair à francesa.* [MEL/SILV/XAre/WER/2856/AUR]

Tirar tinta (da trave)/um fino/uma fina: passar raspando, originada no futebol, quando a bola passa rente à trave. *Completou o cruzamento de cabeça, tirando tinta da trava. Tirou uma fina do muro, mas não bateu. Para não atropelar o pedestre, tirou um fino no poste.* [8491/8493/MEL/SILV/AUR]

FIO

Achar/Descobrir/Pegar o fio da meada: descobrir a pista para solucionar um problema, acompanhar um assunto. *A polícia descobriu finalmente o fio da meada ao interrogar a telefonista.* Cf.: *Perder o fio da meada.* [MOU]

Bater um fio: telefonar. *Bati um fio de meia hora com a minha garota que mora no exterior.* [MEL/1192/AUR] (*)

De fio a pavio: do princípio ao fim. *Já tinha lido o livro de fio a pavio quando o professor recomendou a leitura.* Sinônimos: *De cabo a rabo. De ponta a ponta.* [MEL/RMJ/NAS /2857/AUR]

Perder o fio da meada: desnortear-se no que está fazendo ou falando, perder a linha do raciocínio. *O chefe perdeu o fio da meada, danou-se a falar besteira.* O espanhol registra a expressão reduzida. Cf.: *Achar/Descobrir o fio da meada.* [SILV/MEL/LAT] (*)

Por um fio (de cabelo): 1. por pouco, estar prestes a resolver-se. 2. estar prestes a morrer. 3. estar em dificuldades. 1. *A compra do carro está por um fio. Por um fio de cabelo, a professora não o pegou colando.* 3. *O cara está por um fio, a situação dele é muito ruim.* Sinônimo: *Por um triz.* [SILV/MEL/AUR]

FITA

Estar/Ficar bem na fita: estar com boa imagem, bem-conceituado. *Pelos elogios que ouvi, já sei que você está bem na fita com o sogro.* [MEL]

Fazer (uma) fita: fingir. *Ô menino, eu sei quando você chora ou quando faz fita.* [SILV/MEL/4226]

FLAUTA

Levar na flauta: não levar nada a sério. *Vai viver muito porque leva na flauta os problemas.* [SILV/5093/MEL/AUR]

FLOR

À flor da pele: à superfície. *Ele tem uma criatividade à flor da pele.* Uso alternativo com vários verbos. Embora a locução fixa seja só "à flor de", fez-se o registro do sintagma mais completo com "pele", isto é, *À flor da pele*, por ser de uso mais frequente. Cf.: *Com os nervos à flor da pele. Elixir de/da/do.* [WER/HOU/0120/FUL/AUR]

Flor da idade: a mocidade, a juventude. *Casou-se na flor da idade com o homem dos seus sonhos. As pessoas que estão na flor da idade precisam pensar no futuro.* Usa-se também com o verbo *estar*. [MEL/4501/NAS/AUR]

Não/Nunca ser flor que se cheire: ser desonesto, ter falta de caráter, ser cheio de defeitos. *O técnico não é flor que se cheire, mas o plano me parece seguro.* Há construção curiosa em italiano para a mesma ideia. [FUL/SILV/5889/WER /MEL/GUR/AUR] (*)

FOCINHO

Torcer o focinho/o nariz: ficar amuado, fazer expressão de desagrado. *Torceu o focinho e não fez o que a mãe lhe pediu.* Sinônimos: *Amarrar/Fechar a cara.* [MEL/WER/NAS/4372]

FODER

Fodido (e mal pago): pobre, humilde, em péssima situação. *Depois que perdeu a mulher, ficou fodido e mal pago.* Sinônimo: *Ferrado (de verde-amarelo). Fodido de verde-amarelo.* [MEL/4505]

FOGO

A ferro e (a) fogo: por todos os meios possíveis, com truculência. *A ferro e fogo, conseguiu vencer em todas as empresas que comandou.* É usada alternativamente com diversos verbos. Não admite inversão de ordem. [MEL/0112/WER /TOG/ FUL/AUR/NAS]

Botar/Colocar/Pôr (mais) fogo/lenha na fogueira: alimentar estado de animosidade, atiçar uma discussão. *Vou botar fogo na fogueira, espalhando boatos por aí.* Além do possível uso dos verbos que encabeçam o verbete, aparecem também os verbos *atear, deitar, jogar, lançar*. [WER/SILV/MEL]

Brincar com (o) fogo/com pólvora: arriscar-se, cometer imprudências. *Eu lhe avisei que andar com más companhias é brincar com fogo.* Para a mesma ideia, há versões em espanhol e em inglês. [RMJ2/WER/SILV/MEF/AM/ AUR/JRF] (*)

Cozinhar em água (fria/morna)/em banho-maria/em fogo lento: procrastinar a solução de um caso, adiar sucessivamente a solução de alguma coisa. *O governo está cozinhando em fogo lento os aposentados.* Cf.: *Cozinhar o galo.* [MEL/SILV /ALV/NAS/2325]

Cuspir fogo: ficar muito zangado. *Saiu cuspindo fogo quando soube que foi reprovado.* [ALV/MEL/SILV/PIP] (*)

Fogo de palha: entusiasmo muito passageiro. *Todos os planos que ele faz não passam de fogo de palha.* Em espanhol a expressão aparece em versão literal e em francês numa versão comparativa. Expressão usada conjugada alternativamente a vários verbos, como *fazer*, e, inclusive, com função predicativa com o verbo *ser*. [MEL/SILV/AM/AUR] (*)

Ser fogo: ser difícil, complicado, ótimo. *Ela é fogo, leva a mal tudo que lhe falo. O* carro dele é fogo, nunca encrenca. [LAU/SILV/MEL] (*)

Ter fogo (no rabo): 1. estar sexualmente excitado. 2. fazer muita desordem, ser muito irrequieto. *Essa garota está com fogo. Estas crianças têm fogo no rabo, não param um instante.* Usa-se também com os verbos *estar, ficar com fogo no rabo*. [PUG/SILV/MEL/3926]

FOGUEIRA

Pular/Saltar (uma) fogueira: superar um obstáculo ou situação difícil. *Pulei uma fogueira ao quitar as minhas dívidas com dois bancos.* No Brasil, nas festas juninas, é conhecida a brincadeira ou devoção de pisar nas brasas das fogueiras ou "pular/saltar uma fogueira". [MEL/HOU/AUR/SILV]

FOGUETE

Soltar foguetes: dar manifestações intensas de regozijo. *Soltou foguetes quando lhe disse que íamos viajar.* [MEL/SIL/AUR]

FOICE

Escapar da/Perder na foice, mas/e ganhar/cair no martelo: livrar-se de um mal menor e ter que enfrentar outro maior, ou mais arriscado, a vida é cheia de altos e baixos, a vida tem bons e maus momentos. *A sugestão da nova Secretária do governo é trocar o crack por maconha, ou seja, perder na foice, mas ganhar no martelo.* Cf.: *Sair da frigideira para o fogo*. [DSP/0375/SILV]

FÔLEGO

Perder o fôlego: emocionar-se demais. *A Ana Paula é de fazer a gente perder o fôlego.* [SILV]

Ter fôlego de gato/de sete gatos: ser muito resistente, ter força bastante para resistir a grandes trabalhos físicos ou morais. *Sempre diz isso, resmungou o amigo. Você tem fôlego de sete gatos.* O gato é animal de muita resistência... e de muita leveza, que não morre numa queda. Que diria sete gatos... [WER/SILV/MEL/NAS/JRF/AUR] (*)

FOLHA

Ser novo/novinho em folha: ainda não usado. *Ganhou do pai um carro novinho em folha.* [MEL/NAS/SILV/AUR]

FOME

Estar/Ficar com (uma) fome de leão: ter muita fome. *Quase engoliu o prato; estava com uma fome de leão.* Em francês há a mesma ideia. Além dos verbos *estar/ficar com*, a expressão às vezes é encabeçada pelos verbos *viver, andar* e *ter*, entre outros. [SILV/BAL] (*)

Juntar-se a fome com a vontade de comer: unirem-se dois interesses ou desejos iguais. *Ao visitar o colega, que também adora jogar bola, juntou a fome*

com a vontade de comer. [MEL/SILV/NAS/4957/AUR]
Matar a fome, a sede, etc.: comer ou dar de comer, extinguir a fome, extinguir a sede, beber ou dar de beber, etc. Cf.: *Matar o tempo. Matar o bicho.* [MEL/SILV]
Matar de fome: dar pouca comida. *Muita promessa, mas o governo na realidade matava de fome os moradores de rua.* Cf.: *Matar de inveja.* [SILV]

FORA

Cair fora: ir embora, fugir, desaparecer, fugir de compromissos. *Ao sentir que a barra estava pesada, caiu fora.* [SILV/MEL]
Dar o fora: ir embora, retirar-se, fugir, fugir de compromissos. *Quem não estiver satisfeito, que dê o fora.* Cf.: *Dar um fora.* [SILV/MEL/AUR]
Dar um fora: cometer uma indiscrição, um engano, dar vexame. *O rapaz deu um fora ao tratar com desrespeito o pai da namorada.* Sinônimos: *Cometer gafe. Dar bandeira. Pisar na bola.* Cf.: *Dar o fora.* [MEL/SILV]
Estar por fora: não ter conhecimento sobre determinado fato ou assunto. *Perguntei-lhe para onde foram as crianças, e ele disse estar por fora.* [MEL/SILV]
Levar/Ganhar um fora: ser grosseiramente recusado. *Levou um fora do pai da moça, quando foi pedi-la em casamento.* [MEL/SILV/5099/AUR]
Não ser de se jogar fora: ter certas qualidades. *Gostei da sua prima, até que ela não é de se jogar fora.* [PIP/MEL]
Pular fora: desistir de fazer. *Fique tranquilo, eu não vou pular fora, logo agora que*

a empresa precisa tanto de mim. Sinônimo: *Abandonar o barco.* [MEL/WER]

FORÇA

Contra a força não há resistência/argumento: não há como resistir à força. *O povo aceita as imposições do governo, porque contra a força não há resistência.* Cf.: *Contra fatos não há argumentos.* [MEL/MEF/2231/LMOT]
Dar uma força: incentivar, apoiar. *Só consegui concluir o curso porque você me deu uma força.* Sinônimo: *Dar uma mão/mãozinha.* [FUL/MEL]
Força de expressão: justificativa para o exagero de um julgamento sobre alguém. *Não ligue, ele o chamou de covarde, mas foi só força de expressão.* [MEL/4532/AUR]

FORMIGA

Como/Que nem/Feito/Que só formiga: em grande quantidade. *Chegava gente como formiga. Tinha gente que só formiga.* Comparação que admite vários verbos alternativos, como *chegar, ter, haver,* entre outros. [NAS/2154/AUR/MOT]

FORMIGUEIRO

Formigueiro humano: grande quantidade de pessoas. *Um formigueiro humano comprimia-se no último adeus ao seu grande líder.* Usa-se com diversos verbos diferentes conforme o contexto. [MEL/4540/AUR]

FORRA

Ir à forra: vingar-se. *Não me calarei sem ir à forra.* "Forra" significa vingança. [SILV/HOU]

FÓSFORO

Fósforo queimado/apagado: pessoa que ficou inútil, sem importância. *Em casa, ele é um fósforo queimado, quem manda agora é a mulher.* É usada alternativamente com vários verbos, inclusive com o *ser* na função predicativa. [MEL]

FOSSA

Estar/Ficar na fossa: em intensa depressão moral. *Depois que terminou o namoro, só vive na fossa.* O sentido literal de "fossa" carrega a expressão de grande força expressiva. É usada alternativamente também com outros verbos como *andar, viver.* Cf.: *Estar com/Ficar com dor no cotovelo.* [SILV/MEL/5672/AUR]

FRANGA

Soltar a franga: 1. desinibir-se. 2. assumir modos afeminados. *Depois que o marido foi embora, ela soltou a franga. A bicha adora soltar a franga.* [MEL/8039 / AUR/SILV]

FRANGALHO

Em frangalhos: muito cansado, em mal estado físico, destruído. *Depois de um dia de trabalho, chegou à casa em frangalhos.* Cf.: *Com os nervos em frangalhos.* [MEL]

FREIO

(Não) Ter freio na língua: (ser) não ser inconveniente. *Não o aborreça, que você vai se arrepender, ele não tem freio na língua.* [SILV/MEL/5928/AUR]
Pôr um freio (nos desejos): saber moderar, reprimir. *Ele vai se arrepender senão puser um freio no filho.* [NAS/SILV/MEL/AUR]
Soltar o(s) freio(s) (de mão): dar ampla liberdade. *Vou soltar os freios, não aguento mais ficar sozinho.* [NAS/SILV]

FRIA

Entrar em/numa fria/gelada: meter-se em negócios ou situação arriscados, ficar em situação difícil. *Aplicar todo o dinheiro na Bolsa é entrar numa fria.* Sinônimo: *Embarcar em canoa furada.* Nas expressões do tipo, forma marcada com feminino, supõe-se a elipse da palavra "situação" ou equivalente. [FUL/MEL/SILV]

FRIGIDEIRA

Sair da frigideira para o fogo: sair de uma situação ruim para outra pior. *Mal se recuperou da cirurgia, sofreu um acidente de carro, saiu da frigideira para o fogo.* Cf.: *Perder na/Escapar da foice, mas ganhar/cair no martelo.* [MEL/SILV/3849/AUR]

FRIO

Frio na barriga/espinha: medo, apreensão, nervosismo. *Senti um frio na barriga em pensar que estava na lista dos demitidos.* Usa-se com verbos alternativos como *sentir, ficar com, suar, ter,* entre outros. [MEL/8071]

Estar frio: estar longe da verdade. *Pode continuar adivinhando porque você ainda está frio.* Cf.: *Estar quente.* [AUR/SILV/MEL/3962]

Estar frito: estar em má situação, estar amargurado. *Sem dinheiro e amigos, está frito.* Sinônimos: *Está lascado. Entrar numa fria.* [MEL/AUR/NAS/SILV]

FRUTO

Fruto proibido: aquilo que não se deve tocar e, por isso, é mais apetecido. Alusão ao fruto proibido por Deus a Adão, que o imaginário popular, de modo geral, considera tratar-se de maçã. *Tudo o que é proibido é mais tentador, como é o caso do fruto proibido do paraíso.* Cf.: *Pomo de Adão. Pomo da discórdia.* [NAS/AUR/PUG]

FULANO

Fulano (dos anzóis carapuça): pessoa indeterminada, designação vaga de pessoa incerta ou alguém que não se quer nomear. *Apareceu por lá um fulano-dos-anzóis-carapuça e mostrou o caminho.* Sinônimo: *Zé dos anzóis (carapuça).* [NAS /JRF/8992] (*)

FULO

Estar/Ficar fulo da/de: ficar muito enraivecido, mudar de cor por efeito da raiva. *Ficou fulo da vida porque o pai lhe proibira a saída.* Sinônimos: *...pê da/verde de/cego de/puto de. Estar/Ficar soltando fumaça (pelas ventas),* entre outros. [MEL/8733/HOU] (*)

FUMAÇA

...e lá vai fumaça: indica o que excede muito um número redondo, que a precede. *Há dois meses e lá vai fumaça ele esteve aqui falando comigo.* Sinônimo: *...e cacetada.* [MEL]

Lançar/Soltar fumaça (pelas ventas): irritar-se, zangar-se. *Ficou soltando fumaça pelas ventas com o que lhe disseram os filhos.* Sinônimos: *Estar/Ficar fulo (da vida). Estar/Ficar puto (da vida). Estar/Ficar por conta (da vida). Fica pê da vida,* entre outros. [MEL/AUR]

Onde há fumaça, há fogo ou **Não há fumaça sem fogo**: onde há indícios, há suspeitas. *Se ele está preocupado com a denúncia é porque tem culpa no cartório, onde há fumaça, há fogo.* Trata-se de provérbio, mas de uso coloquial frequente. Há registros de expressões correspondentes desde o latim, e em francês, italiano, inglês. Uma versão mais antiga também dizia: *Não há fumo sem fogo.* Em princípio não há inversão de ordem. [MEL/LMOT /MEF/SILVA2] (*)

Virar fumaça/pó: acabar-se, desaparecer. *Com a inflação alta, o meu dinheiro virou fumaça.* [SILV]

FUMO

Levar fumo: levar prejuízo, ser passado para trás, mulher sexualmente possuída.

Se você acreditar nas promessas dele, vai levar fumo. As gringas também querem levar fumo. [SILV/MEL]

FUNDO

Chegar ao fundo do poço: chegar ao grau mais baixo de alguma coisa ruim. *Por causa da bebida, perdeu tudo e chegou ao fundo do poço.* O espanhol registra expressão reduzida. [WER/SILV/MEL/4565/LAT] [*]

No fundo, no fundo: na essência, na realidade. *No fundo, no fundo, o que eles querem é enriquecerem à nossa custa.* Constrói-se vinculada a vários verbos alternativos. [MEL]

FURO

Furo n'água: ação infrutífera. *Essa campanha foi um furo n'água. Ele deu um furo n'água, comprando um carro velho.* Também se usa o conjunto verbal *Dar um furo n'água*. É usada com vários verbos alternativos, como *dar, ser,* etc. [4573]

(Não) Dar (um) furo: (não) vacilar, dar gafe. *Não vai dar furo perante as visitas.* Sinônimo: *Dar (uma) mancada.* [SILV/MEL/2501]

Estar muitos/cem furos acima: ser muito superior. *O seu último livro está cem furos acima dos anteriores.* [AUR/MEL/3968] [*]

FUTURO

O futuro/O amanhã a Deus pertence: imprevisível, somente Deus sabe do futuro. *Não sei o que acontecerá se eles perderem o pai; o futuro a Deus pertence.* A mesma ideia aparece em adágios do espanhol e italiano. [MEL/AM/6189] [*]

GAFE

Cometer gafe: fazer ou dizer algo que não devia, enganar-se, dar um passo em falso no terreno social, fazer uma tolice, cometer uma inconveniência. *Cometeu uma gafe na festa e teve que ir embora.* Sinônimos: *Dar um fora. Dar mancada.* Há configurações semelhantes em francês e inglês. Cf.: *Dar bandeira.* [2457/2621/5479/RMJ2] [*]

GAIATO

Entrar de gaiato: ser malsucedido, dar-se mal, ser enganado, entrar bem (no sentido negativo). *Vou entrar de gaiato nesse lance. Entrou de gaiato, pagando um preço alto por um carro em mau estado.* Sinônimo: *Entrar de alegre.* [WER/SILV/3796/VIL/GUR/HOU/MEL/SIM/PIM] [*]

GALHO

Dar (um) galho: acabar em complicação. *Se você não parar com esses telefonemas, vai dar galho.* [SILV/MEL/AUR]

Pular de galho em galho: não parar muito tempo num lugar ou situação, não se fixar. *Já está no sétimo emprego, vive pulando de galho em galho.* [MEL/SILV]

Quebrar (o/um) galho(s): dar um jeito para resolver uma situação intrincada, difícil, livrar-se de situações embaraçosas. *O deputado quebrou o galho, alegando sua condição de deputado ao guarda e foi embora.* [DI/WER/CDAs/SILV/ MEL/HOU/AUR/7302/7326/RMJ/ CAC/PIM] (*)

GALINHA

A galinha da vizinha é mais gorda do que a minha: tudo o que é dos outros parece melhor aos nossos olhos. *Todos os filhos da tia Antônia conseguiram um belo emprego, os meus, nada; a galinha da vizinha é mais gorda do que a minha.* Há várias outras versões com ideias semelhantes em português e em outros idiomas, inclusive latim. Cf.: *A cabra da vizinha dá mais leite do que a minha. A grama do vizinho é mais verde.* [LMOT/ FRI/MOT/AM/0131] (*)

Acordar/Levantar com as galinhas: acordar cedo. *Ele acorda com as galinhas para praticar atividades físicas.* Cf. o antônimo: *Dormir/Deitar com as galinhas.* As galinhas acordam (e dormem) cedo: guiam-se pelo sol. Há similar em espanhol. [ALV/MEL/SILV/RIB/AUR] (*)

Deitar-se/Dormir com as galinhas: deitar-se cedo. *Ele deita-se com as galinhas para poder acordar cedo.* Cf.: o antônimo: *Acordar/Levantar com as galinhas.* As galinhas dormem cedo: guiam-se pelo sol. Há similar em espanhol. [ALV/MEL /SILV/RIB/AUR] (*)

Galinha dos ovos de ouro: lucro fácil, sem muito esforço. *Ele achou a galinha dos ovos de ouro abrindo aquela representação comercial.* A expressão verbal original seria *Matar a galinha dos ovos de ouro*, isto é, agir com precipitação, imprudência ou impaciência. Usa-se com vários verbos alternativos inclusive com o verbo *ser*. [MEL/WER/SILV/NAS/ RMJ/RIB/4579] (*)

Muita galinha e/para pouco ovo: muito trabalho para pouco resultado. *A propaganda foi intensa, mas as vendas foram baixas, foi muita galinha para pouco ovo.* Sinônimo: *Muito barulho para/pra nada.* [MEL/FON/MOT] (*)

Onde canta a galinha não canta o galo: se o homem não tem pulso, a mulher manda. Cf.: *Triste (é) a casa onde a galinha canta e o galo cala* (ou *Triste é a casa onde é a galinha quem canta.*) [MOT/SILVB]

Quando as galinhas tiverem/criarem dentes: nunca, jamais. *O seu time só será campeão quando as galinhas tiverem dentes.* São usadas em vários contextos vinculadas a vários verbos. Há similar em francês. [FSP/MEL/RIB/MOT /7241/ AUR] (*)

Ser (uma) galinha morta: ser coisa fácil de fazer ou aprender. *O técnico adversário pensou que o Fluminense seria uma galinha morta.* Cf.: *Pagar uma pechincha.* [FSP/NAS/SILV/4382]

GALO

Cantar de galo: demonstrar valentia, exprimir sentimento de superioridade, querer mandar na hora errada. *Está cantando de galo porque sabe que o adversário é fraco.* [1688/NAS/HOU/JRF/1688/AUR] (*)
Cantar o galo: ter noção vaga de algo. *Está dando palpites, porque ouviu cantar o galo, mas não sabe onde.* Combina-se normalmente com o verbo "ouvir". [NAS/6392/LAU/SILV] (*)
Cozinhar o galo: ganhar tempo, simular que está trabalhando. *Ficou cozinhando o galo e não fez o serviço.* Cf.: *Cozinhar em água morna/em banho-maria*. [WER/TOG/2326/SILV/MEL/AUR]
Onde canta/está/há galo, não canta a galinha. Cf.: *Triste (é) a casa onde a galinha canta e o galo cala* ou *Triste é a casa onde é a galinha quem canta. Se o homem tem pulso, a mulher obedece.* [6333/MOT]
Ouvir o galo cantar e/mas não saber onde: não estar bem a par do assunto, ter noção vaga de uma coisa. *O caso não foi como o rapaz contou, ele ouviu o galo cantar e não sabe onde.* Aparece às vezes na ordem *Ouvir cantar o galo* e às vezes só é verbalizada a primeira parte da frase: *Ouvir cantar o galo*. Junta-se normalmente com o verbo *ouvir*: *ouvir cantar*. [FSP/LP/MEL/SILV/6392/LAU] (*)

GALOCHA

Chato de galocha(s): muito chato, delicado, mas excessivamente maçante: *Só mesmo um chato de galocha para reclamar desse jogo.* Expressão nominal, usada em várias construções além da função predicativa com o verbo *ser*. Pode-se dizer que é uma expressão já de emprego menos frequente, uma vez que seu referente (galocha, um tipo de calçado, incômodo, de proteção contra o frio e umidade), antes de uso generalizado, agora está circunscrito a alguns grupos de trabalhadores e a moradores que convivem com enchentes em regiões alagadas. [MEL/HOU/AUR/NASE/1856] (*)

GAMBÁ

Bêbado como/que nem/feito um/uma gambá: beber demais, ficar embriagado. *Chegou em casa já de manhã, bêbado feito um gambá.* Combina-se também com diversos verbos. [MEL/SILV/RIB/NAS/AUR] (*)

GANDAIA

Cair/Andar/Viver na gandaia: farrear. *Depois que terminou o namoro, caiu na gandaia.* "Gandaia" é o ato de revolver o lixo à busca de coisas de algum valor ou condição de vadio. [PUG/MEL/SILV/HOU/RMJ/VIA/PIM/JRF] (*)

GANSO

Afogar o ganso: fazer sexo, manter relação sexual. *Tá na hora de afogar o ganso, gente, já me arrumei pra hoje.* Sinônimos: *Molhar o biscoito. Agasalhar o croquete.* Expressão chula. [HOU/SILV/RIB/GUR/AUR]

GARAPA

Ser (aquela) garapa: ser muito fácil, não haver dificuldades. *Matemática, a prova foi aquela garapa.* [SILV/GUR]

GARFO

Bom (de) copo/garfo: indivíduo que bebe bem sem se embebedar, que come bem. *Nunca vi um cara tão bom de copo e de garfo como você.* As expressões compõem-se com vários verbos, inclusive com o *ser* em função predicativa. [MEL/SILV /WER/AUR]

GARGANTA

Atravessado na garganta. Trazer/Ter alguém uma espinha atravessada na garganta: algo não estar assimilado, algo estar entalado na garganta, guardado como remorso, como ressentimento. *Aquele comentário dela ainda está atravessado na garganta.* Em francês, há fórmula correspondente. [NAS/1022/ SILV/PIP] (*)

Contar/Ter garganta: contar vantagem, vangloriar-se, falar mais do que faz. *Ele vive contando vantagem, mas não é de nada. Ele não faz nada, só tem garganta.* Sinônimo: *Contar papo.* [2225/8293/AMF]

GARIBADA

Dar uma garibada/guaribada: melhorar a aparência, ainda que artesanalmente e com subterfúgios. *Você só conseguirá vender esse carro se lhe der uma guaribada.* Guaribada provavelmente é substantivo deverbal do particípio passado de "guaribar" (melhorar). [MEL/SILV/ HOU/GUR]

GÁS

Estar sem/Perder o gás/o pique: perder o entusiasmo, a vontade, o vigor, a garra, cansar-se. *O treinador só o substituiu quando ele já estava sem gás. Não podemos perder o gás agora, no final da campanha.* Um dos sentidos da palavra "pique" é grande disposição, entusiasmo. [MEL/SILV/HOU]

GATILHO

Ser rápido no gatilho: muito rápido. *Ele foi rápido no gatilho no pagamento da conta.* Frase intensificadora. Em inglês há expressões correspondentes. [RMJ2/BAR] (*)

GATO

Brigarem/Viverem como/que nem/feito gato e cachorro: Cf.: CACHORRO.

Comer/Comprar/Vender gato por lebre: enganar/ser vergonhosamente enganado, entregando/recebendo coisa pior do que a esperada, cometer uma fraude. *Ele deu bom dinheiro por esse anel de vidro pensando que era uma jóia; comprou gato por lebre.* Além dos verbos *comprar, vender* são usados também *comer, levar, dar, entregar, oferecer,* *trocar, passar*, atendida naturalmente a semântica desses verbos, inclusive seus valores ativo e passivo, e respectivos contextos. [ALV/LP/WER /RAM/PIP/ FRI/2184/AUR] (*)

De noite, todo(s) (os) gato(s) é/são pardo(s): no escuro não se percebem detalhes. *Na escuridão, o travesti enganou todo mundo, de noite, todos os gatos são pardos*. A mesma ideia, com os mesmos referentes, aparece desde o latim, vulgarizando-se em idiomas como o espanhol, francês, italiano e inglês. [FRI/ LMOT/2949/AM] (*)

Fazer (de alguém) gato (e) sapato: fazer alguém de joguete, maltratar, ludibriar, troçar, abusar. *Foi castigada por fazer do irmão gato sapato*. Não é possível encontrar nenhum processo metafórico ou metonímico. Por outro lado, "gato sapato" era um jogo parecido com o da cabra-cega, no qual se dava com um sapato na pessoa que tinha os olhos vendados. Não admite inversão de ordem. [ALV/SILV/MEL/WER/XAre/CDAs/ FUL/LP/PIM/4237/AUR] (*)

Gato escaldado tem medo de água fria: quem passou por experiências ruins tem receio de submeter-se a outras. *Não vou procurá-lo mais, já me destratou uma vez, gato escaldado tem medo de água fria*. Ideias semelhantes ou próximas ocorrem em outros idiomas, como no latim, espanhol, francês, italiano e inglês. [FRI/MEL /LMOT/MEF/SILVA] (*)

Gato(s)-pingado(s): espectador raro, pessoa sem meios, pobre, sem importância. *No teatro havia apenas uns três gatos--pingados*. Expressão usada alternativamente com diversos verbos, como *haver*, etc. Costuma-se serem lembradas duas versões para a origem dessa expressão. [4616/TOG/LCC/JRF/NAS/PUG/RIB/ WER/FSP] (*)

Quem não tem cão/cachorro caça com gato: Cf.: CÃO.

GELADA

Entrar em/numa fria/gelada: meter-se em negócios ou situação arriscados, ficar em situação difícil. *Para não entrar numa gelada, resolveu não sair mais de noite*. Sinônimo: *Embarcar em canoa furada*. Nas expressões desse tipo, forma marcada com feminino, supõe-se a elipse de palavras, como "situação" ou equivalente. [FUL/MEL/SILV]

GELADEIRA

Botar/Colocar/Pôr na geladeira: passar a tratar alguém com indiferença, deixar a solução para depois, protelar. *Suspeito de corrupção, o delegado será posto na geladeira até que apurem os fatos*. Cf.: *Botar/Colocar pra escanteio*. [GUR/ MEL /SILV/XAre]

GELADO

Estupidamente gelado: algo gelado em demasia. *Entrou no bar e pediu uma cerveja estupidamente gelada*. Advérbio compondo frases com diferentes verbos alternativos. Sentido figurado ou metafórico com advérbio totalmente indiscernível. Cf.: *Redondamente enganado*. [MEL]

GELO

Enxugar gelo: realizar tarefa impossível e/ou inútil. *Mal acabava de pintar a parede, chovia; foi como enxugar gelo o dia todo.* Sinônimos: *Dar nó em pingo d'água. Tirar água/leite de pedra. Consertar relógio embaixo d'água. Procurar chifre em cabeça de cavalo. Procurar pelo em ovo. Procurar agulha no palheiro. Tapar o sol com a peneira.* E mais alguns ainda mais curiosos: *Colocar cueca em grilo. Enfiar água no espeto.* [1995/SILV/MEL]

Ir enxugar gelo: Cf.: FAVA.

Quebrar o gelo: animar, promover a cordialidade, desfazer o ambiente cerimonioso, reservado e frio, acabar com uma situação desconfortável. *Para quebrar o gelo contou uma boa piada antes do início da reunião.* Há similar em inglês, registrando a mesma expressão com os mesmos referentes. [RMJ2/WER/7321/AUR] (*)

GEMA

...da gema: autêntico. *Todo carioca da gema gosta de praia e carnaval.* É usada posposicionada. [MEL/PUG/RMJ]

GÊNERO

Em gênero, número e grau: totalmente, em todos os sentidos. *Concordo com você em gênero, número e grau em tudo o que você disse.* Expressão indiscernível, mas de uso eficaz, mesmo para quem não tem noção das referidas categorias gramaticais. É usada com outros verbos, além de *concordar*. Não admite inversão de ordem. [MEL]

GENTE

A gente se vê!: despedida genérica normalmente sem data marcada para reencontro. *Sábado a gente se vê. Foi bom falar com você; a gente se vê!* Expressão fixa de cunho denotativo, isto é, representa sentido literal. [0138]

Conversando é que a gente se entende: a conversa é um meio ideal de as pessoas se entenderem sem constrangimento, aborrecimento ou violência. *Mesmo ele me devendo, não precisava temer a minha reação, conversando é que a gente se entende.* Expressão já documentada em dicionário em 1935. Cf.: *É que.* [MEL/2240/LMOT] (*)

Desde que me conheço/me entendo por gente: conhecer-se como gente há muito tempo. *Ela fala assim desde que me conheço por gente.* [MEL/2206]

GIBI

Não estar no gibi: ser incomum, inacreditável. *O frio que está fazendo não está no gibi.* Sinônimo: *Ser fora de série.* [MEL/SILV/5772/AUR]

GILETE

Ser gilete: ser indivíduo bissexual, aquele que se relaciona sexualmente com homens e mulheres; pederasta ativo e passivo. *Em geral o indivíduo gilete é dado à promiscuidade. O cara ainda por cima é gilete, que dá o que fazer.* Cf.: BRASTEMP. [MEL/HOU/GER/PIM] (*)

GINGA

Mostrar/Fazer/Ter (sua) ginga: fazer meneio de corpo, trejeito, rebolado para se exibir, agradar ou enganar. *Os turistas foram ao delírio com a ginga das mulatas. O cara é cheio de ginga.* "Ginga" é remo, e, como gíria: esperteza. Cf.: *Ter jogo de cintura.* [GUR/MEL]

GLÓRIA

Ser a glória: ser maravilhoso, excelente, genial. *Se aceitar a nossa proposta, será a glória.* [MEL/SILV/AUR]

GOELA

Enfiar/Empurrar (pela) goela abaixo/a dentro: aceitar/suportar críticas/ofensas sem (ter como) revidar, obrigar a aceitar algo indesejável. *Empurrou-lhe goela abaixo os produtos da empresa do irmão.* Cf.: *Engolir sapo.* [3703/SILV/MEL]

GOL

Chute/Gol de letra: toque bonito na bola ou gol em que o atleta trança a perna usada por trás da perna de apoio, como que desenhando a letra X e muda o pé que chuta. *Pelé marcou um memorável gol de letra no final daquele jogo.* Usa-se com os verbos *fazer, marcar,* entre outros. Cf.: *Tirar de letra.* [MEL/4636/AUR] (*)
Gol de placa: no futebol, gol memorável, digno de ser celebrado com registro em placa, feito extraordinário. *Ela fez um gol de placa ao ser escolhida a melhor atriz.* [MEL/GUR/PIM/4640] (*)

GOLPE

Dar o golpe do baú: casamento com pessoa rica por interesse financeiro. *Só ficou rico porque deu o golpe do baú.* A expressão é formada substancialmente com a gíria "baú", isto é, pessoa riquíssima, naturalmente em alusão à pessoa que possui baú, espécie de caixa com tampa convexa, usada para guarda de bens e valores. [AUR/HOU/MEL/SILV]
Golpe baixo/sujo: ato desonesto. *Usou um golpe baixo para não dividir a herança com os irmãos.* [PIP/MEL]

GONGO

Ser salvo pelo gongo: livrar-se de uma situação difícil ou embaraçosa no último momento. *Ele ia me pedir dinheiro emprestado, quando você chegou e fui salvo pelo gongo.* Alusão ao instrumento de percussão (gongo) que, por meio de sinal emitido, marcava o início ou o fim de disputas ou apresentação de candidatos em programas de calouros, salvando o candidato. [AUR/HOU/RMJ/MEL/SILV/WER /7926] (*)

GORDO

Nunca ter visto alguém mais gordo: não conhecer, nunca ter visto antes. *Não posso confiar numa pessoa que nunca vi mais gorda.* [XAre/MEL/6150/AUR]

GOSTO

Cair/Dar no gosto: Cf.: GOTO.
Gostinho de quero mais: diz-se da sensação de que a coisa boa não deveria ter acabado. *Ao término do seu show, ficou com um gostinho de quero mais.* [MEL]
Gosto de cabo de guarda-chuva (na boca): gosto de coisa ruim, gosto estranho, gosto seco e/ou amargo. *Depois do porre de ontem, acordei com um gosto de cabo de guarda-chuva na boca.* [MEL/4651]
Gosto não se discute: não se deve criticar o gosto dos outros. *Você não gosta de cinema nacional, mas eu adoro, gosto não se discute.* Sinônimos: *O amor é cego. O que seria do amarelo se todos gostassem do azul.* Cf.: *Quem ama o feio, bonito lhe parece.* Em latim, espanhol, francês, italiano e inglês há ideias semelhantes ou mais completas. [MEL/4653/WER/LP/FUL/LMOT/MEF/SILVA2/4653/PIM] [*]
O que é de gosto é o regalo da vida ou ***O que é de gosto regala a vida***: expressão significativamente denotativa na sua configuração literal. *É muito trabalho para pouca coisa, mas o que é de gosto é o regalo da vida.* No Nordeste usa-se "O que é de gosto regala o peito" e em Minas "O que é de gosto regala a vida", mais próxima da configuração formal paulista. [LMOT/AM/CF]
Vale mais/Mais vale um gosto (do) que dinheiro no bolso: é melhor desfrutar que economizar. *Eu prefiro viajar a poupar; vale mais um gosto do que dinheiro no bolso.* [5226]
Vale mais/Mais vale um gosto (do) que quatro vinténs: as alegrias não têm equivalência financeira, a satisfação de um desejo merece, às vezes, um sacrifício. *Muitas vezes satisfazer um prazer vale mais do que muito dinheiro, pois vale mais um gosto do que quatro vinténs.* Embora de origem, e uso mais frequente em Portugal e feição proverbial, merece destaque neste dicionário, que privilegia expressões populares brasileiras, pela simplicidade da ideia e interesse dos pesquisadores. Além do mais lembra a expressão mais corrente no Brasil *Ter quatro vinténs*, que significa "possuir boa fortuna", enriquecendo a ideia do provérbio. A mesma ideia está traduzida em espanhol e italiano, naturalmente com outros referentes para o sentido de "grande fortuna", aqui correspondente a "quatro vinténs". [5226/LEL/JRF/LCC/RMJ/MIC/NAS] [*]

GOTA

A gota d'água: acontecimento que faltava para a ocorrência de algum problema sério, exceder o limite. *A falta ao trabalho ontem foi a gota d'água para a sua demissão.* Usa-se também como predicativo com o verbo *ser*. Cf.: *Uma gota/Um pingo d'água no oceano.* [MEL/SILV/0141 /0356/7829]
Até a última gota: completamente. *Explorou o avô até a última gota.* Sinônimos: *Até a raiz dos cabelos. Até o pescoço.* Uso alternativo com vários verbos. [0976]
Uma gota/Um pingo d'água no oceano: uma insignificância, comparativamente, em relação às necessidades. *Foram poucos os donativos que recebemos, uma gota d'água no oceano.* Sinônimo: *Um grão de areia no deserto.* Compõem-se

alternativamente com diversos verbos, inclusive com o verbo *ser* na função predicativa. Há versão similar em inglês. Cf.: *A gota d'água*. [MEL/RMJ2 / NAS/8722/AUR] (*)

GOTO

Cair/Dar no goto (do povo): agradar, causar simpatia, cair nas graças. *Apesar de não ser uma obra-prima, aquele filme caiu no goto do público. O Ronaldo caiu no goto do povo*. Embora pareça mais comum *Cair no gosto de*, a expressão oficial é realmente *Cair no goto*. [8248/ GUR/NAS/MEL/AUR/HOU/LEL/CA/ MIC/ABL /RAM/SIM/CF] (*)

GRAÇA

Cair em/nas graça(s) de: gozar de simpatia ou benevolência de alguém. *Com as graças do patrão ele conseguiu muitos privilégios*. Sinônimo: *Cair/Dar no goto de alguém*. [MEL/SILV/AUR/NAS]
De graça até injeção na testa: aceita-se qualquer coisa se for de graça. *Vou aceitar o presentinho ainda que fajuto, de graça até injeção na testa*. [MEL/2875]
De graça é caro: favor ou tipo de presente ilusório, prejudicial. *A promoção da loja, de graça é cara. Ajuda desse tipo, de graça é caro*. Sinônimo: *Não querer nem de graça*. Cf.: *O barato sai caro*. [LAU/5840] (*)
Não querer nem de graça: favor ou tipo de presente ilusório. *Aquele presente de grego não quero nem de graça*. Sinônimo: *De graça é caro*. [LAU/5840]

Quem trabalha de graça é relógio: justificação de que não se deve trabalhar sem ganhar. *Só farei o serviço se receber adiantado, quem trabalha de graça é relógio*. [MEL/LMOT]
Graças a Deus: com o auxílio de Deus, palavras de reconhecimento da bondade divina. *Meu filho, graças a Deus, se recuperou a tempo*. [NAS]

GRAMA

A grama do vizinho é mais verde: tudo o que é dos outros parece melhor aos nossos olhos. *Ainda terei um jardim como o do meu primo; a grama do vizinho é sempre mais verde*. Cf.: *A cabra da vizinha dá mais leite do que a minha. A galinha da vizinha é mais gorda do que a minha*.[0131]
Comer grama: enfrentar situações difíceis, no futebol, cair, após ser driblado. *Deu um drible tão desconcertante no adversário, que o fez comer grama. Depois de perder o emprego, ele anda comendo grama*. [SILV/MEL]

GRANA

Descolar uma grana/nota: ganhar dinheiro. *Descolou uma boa grana, ao vender a casa dos pais*. [MEL/SILV/3202]

GRANDEZA

Contar grandeza(s): gabar-se. *Foi com o amigo rico na França e voltou contando grandeza*. Sinônimo: *Contar/ter garganta*. [SILV]

GRÃO

De grão em grão a galinha enche o papo: pouco a pouco se consegue o que se pretende, aos poucos se alcançam os objetivos. *Aos poucos está formando uma boa clientela; de grão em grão a galinha enche o papo.* A metáfora vem desde o latim, passa pelo italiano e chega até nós. [LMOT/MEL/FRI /MEF/ SILVA2/2879] (*)

Um grão de areia no deserto: muito pouco, uma insignificância em relação ao todo. *A sua doação para a campanha foi muito pequena, um grão de areia no deserto.* Sinônimo: *Uma gota d'água no oceano.* Constrói-se alternativamente com diversos verbos, inclusive em função predicativa com o verbo *ser*. [MEL]

GREGO

Agradar a gregos e (a) troianos: agradar ou insinuar agradar a todos, amigos e inimigos, ainda que falsamente, na base da bajulação. *O chefe de V. Exa. passou a ser assediado por gregos e troianos. Um prefeito não pode agradar a gregos e troianos.* Cf.: *Presente de grego.* Em francês há expressão com ideia semelhante. Não admite inversão de ordem. [RAM/CDAs/SILV/MEL/PIP/AZE/ RMJ/0513] (*)

Falar/Ser grego: ser obscuro, comunicar-se de modo incompreensível, de forma completamente estranha. *Para mim certas mensagens técnicas lidas no computador é grego. Parece que eu estou falando grego, ninguém me obedece.* [MEL/SILV /NAS/7882/AUR] (*)

GRITO

No grito: na violência, na intimidação, à força. *Só conseguiu ser atendido no grito.* Sinônimo: *Na marra.* É usada combinada com vários verbos, como *responder, discutir, atender,* etc. [MEL/AUR]

GROSSO

Curto e grosso: ser taxativo, objetivo, mal-educado. *Foi curto e grosso ao dizer o que disse.* É usada com o verbo *ser, falar*, entre outros. A ordem das palavras é irreversível. Cf.: *Falar (curto e) grosso. Mundos e fundos. Alhos com/e bugalhos,* etc. [FUL/SILV/MEL/2364]

Falar (curto e) grosso: mostrar-se duro, de forma destemida, criticar. *Não adianta falar grosso comigo, que você não vai me amedrontar.* Expressão irreversível quanto à ordem das palavras. [SILV/ MEL/AUR/NAS]

GUARDA

Baixar a guarda: moderar a rispidez da conversa. *Ela sentiu o rosto ardendo de raiva durante a discussão. Pedro baixou a guarda, mais conciliador.* Há expressão correspondente em espanhol. [SILV/MEL/LAT] (*)

GUARIBADA

Dar uma garibada/guaribada: melhorar a aparência, ainda que artesanalmente e com subterfúgios. *Você só conseguirá* *vender esse carro se lhe der uma guaribada*. Guaribada provavelmente é substantivo deverbal do particípio passado de "guaribar" (melhorar). [MEL/SILV/ HOU/GUR]

GUERRA

Guerra de nervos: atitude de intimidação. *Não vamos aceitar guerra de nervos; mantendo a calma ganharemos fácil*. Expressão usada alternativamente com diversos verbos, como *fazer, aceitar,* etc. [MEL/SILV]

GUISA

À guisa de: à maneira de. *Vou fazer um comentário à guisa de conclusão*. [AUL/AUR]

H

HÁBITO

O hábito faz o monge: aparências externas revelam, podem dar crédito sobre quem a pessoa é. *Arrume-se bem para ir falar com o pai da noiva, pois o hábito faz o monge*. Cf. a expressão negativa: *O hábito não faz o monge*, talvez mais usada. [MEL/WER/AM]
O hábito não faz o monge: as atitudes e/ou a aparência exterior nem sempre dizem o que a pessoa é. *Fica nervoso à toa, mas é uma boa pessoa, o hábito não faz o monge*. A versão literal vem desde o latim, com correspondentes em espanhol, francês, italiano e inglês. Cf.: *O hábito faz o monge*. [MEL/SILVA2/RMJ /LMOT/6192] (*)

HAVER

Haja o que houver: quaisquer que sejam os acontecimentos. *Haja o que houver eu não faltarei à festa*. Sinônimos: *Aconteça o que acontecer. Der no que dar. Quer chova ou faça sol. Nem que chova canivete,* entre outros. [NAS/1917/AUR]

HIDRA

Hidra de Lerna: Cf.: *Ser/Fazer bicho de sete cabeças*. [AUR/NAS]

HISTÓRIA

Conversa (mole)/História pra boi dormir: conversa vazia, monótona, fastidiosa, sem interesse e resultado prático. *Essa pesquisa é balela e conversa pra boi dormir*. Usadas normalmente como predicativos com o verbo *ser*. Sinônimos: *Conversa mole. Conversa/Prosa fiada*. [AMF/WER /SILV/MEL/2238]

História mal contada: história inventada para justificar algo. *A versão do crime dada pela testemunha não passa de uma história mal contada.* Usada também com vários verbos, inclusive com *ser* em função predicativa. [MEL]
Para encurtar a conversa/a história: resumir, finalizar. *Para encurtar a conversa, aí ele chegou e resolveu o problema.* [6495/SILV]
Mentira/História cabeluda: Cf.: MENTIRA.

HOJE

Como se fosse hoje: com lembrança muito viva. *Lembro-me como se fosse hoje do seu olhar choroso.* [2169]
Hoje em dia: atualmente. *Hoje em dia, muitos jovens estão sem perspectiva na vida.* [MEL]

HOMEM

Homem com H maiúsculo: indivíduo de palavra, digno, honesto. *Sou um homem com H maiúsculo, não admito que duvidem da minha honestidade.* [MEL] (*)
Homem que toca/de/dos sete instrumentos: indivíduo capaz de executar diferentes atividades. *Além de escritor, é médico, professor e administrador, é um homem de sete instrumentos.* Trata-se de um faz-tudo. Em francês e inglês há ideias parecidas, e em inglês, particularmente, há um provérbio pejorativo. A expressão comporta ainda outros verbos alternativos. [MEL/PUG/RMJ/8516] (*)
O homem faz e Deus desfaz: deve-se aceitar os desígnios de Deus. *O que nos parece impossível de ocorrer muitas vezes acontece; muitas vezes o homem faz, mas Deus desfaz.* Sinônimo: *O homem põe e Deus dispõe.* Há correspondentes literais em espanhol e italiano. [LMOT/6193] (*)
O homem põe, e Deus dispõe: o resultado do que o homem faz depende dos desígnios de Deus. *Nem sempre as coisas acontecem como a gente quer, lembre-se de que o homem põe, e Deus dispõe.* Sinônimo: *O homem faz e Deus desfaz.* A máxima vem literalmente do latim, tendo-se propagado em vários idiomas, como espanhol, francês, italiano e inglês. [MEL/FRI/SILVA2/LMOT/JRF/6193] (*)
Um homem prevenido vale por dois: quem se previne não se expõe a riscos, evita problemas, contratempos, levando vantagem sobre os outros. *O tempo está firme, mas vou levar guarda-chuva, um homem prevenido vale por dois.* Há expressões – ou provérbios – similares em latim, espanhol, francês, italiano e inglês. Embora em português, espanhol, francês e italiano, o provérbio contenha a palavra "homem", pode-se usar, ainda que pareça inusitado, o provérbio na flexão feminina: *Uma mulher prevenida vale por duas.* [MEL/LMOT/8709/STEIN/LAC] (*)

HORA

Cheio de nove-horas: ser pretensioso, cerimonioso, cheio de manias, melindres, implicante. *É cheio de nove-horas, só usa roupas caras.* Sinônimos: *Cheio de não me toques. Cheio de dedos.* Expressão usada normalmente com os verbos *ser,* *estar, ficar.* Sinônimos: *Cheio de dedos. Cheio de não me toques.* [MEL/FUL/SILV/LCC /1874/PIM/SILVA2] (*)

De hora em hora Deus melhora: nunca se deve perder a esperança. *Não se desespere, tenha fé, de hora em hora Deus melhora.* A popularidade da expressão certamente está na simplicidade da forma e conteúdo, na cadência e rimas e no fundo religioso. Há expressão com ideia semelhante em espanhol. [LMOT /MEL/FRI/MEF] (*)

Em cima da hora: no momento exato, preciso. *Chegou ao aeroporto em cima da hora do voo.* Usa-se com vários verbos alternativos, como *chegar, sair, estar,* etc. [MEL/NAS]

Estar pela hora da morte: estar extremamente caro. *Os gêneros alimentícios estão pela hora da morte.* Expressão intensificadora. [MEL/SILV/AUR]

Fazer hora: esperar, distrair-se, gastar o tempo. *Para aguardar o resultado do exame, resolveu fazer hora no shopping.* [MEL/AUR]

Hora da/de a onça beber água: estar no momento certo, hora de perigo, de decisão. *Quero ver como ele se comporta na hora da onça beber água.* Sinônimo: *Hora do pega pra capar.* A construção normativa, gramatical, deveria ser *Está na hora de a onça beber água,* mas prevalece na fala popular a contração "da" no lugar de "de a". Sinônimos: *Hora H. Hora do pega pra capar.* [MEL/4737/LMOT/AUR]

Hora do pega pra capar: hora difícil, de perigo. *Ele só procura os pais na hora do pega pra capar.* Sinônimo: *Hora da onça beber água.* [MEL]

Hora do vamos ver: situação ou momento difícil. *Mas quem vive de salário sabe, que na hora do vamos ver, a coisa não funciona.* Sinônimos: *Hora da/de a onça beber água. Hora do pega pra capar.* Na hora H. [MEL/4737]

Hora H: na área militar: hora determinada para a execução ou início de uma operação bélica; hora decisiva, hora de atacar, hora de ação, no momento marcado para a realização de um ato. *Na hora H ele roeu a corda.* Embora pertença ao jargão militar, vulgarizou-se fora desse âmbito. É usada com diversos verbos alternativos, inclusive como predicativo com o verbo *ser.* Há correspondente em francês. Cf.: *Dia D.* [RMJ/WER/NAS/MEL/AUR/HOU/PIP] (*)

Não ver a hora de: estar ansioso em relação a algum evento. *Não vejo a hora de começarem as férias.* Cf.: *Ver a hora que.* [MEL]

Um dia/Uma hora a casa cai: advertência para que se tome cuidado quanto ao comportamento. *Faz tanta traição que uma hora a casa cai.* Cf.: *A casa/ponte caiu.* [MEL/PUG]

Ver a hora que: antever impressionisticamente. *Não suba nessa cadeira quebrada, estou vendo a hora que você vai cair.* [SILV]

HORTA

Chover na horta: dar tudo certo. *Deus é grande e vai chover na minha horta. Choveu na horta dele, conseguiu um contrato milionário.* [SILV/MEL/GUR] (*)

HUMANO

Errar é humano: forma simplista de justificar um erro ou se conformar com ele.

Todos reclamam da minha filha, mas errar é humano. Tradução de *errare humanum est,* passando a ser usada universalmente, às vezes com pequena modalização. [MEL/LAR/STEIN/LMOT/RMJ/SILVA2/3842] (*)

I

ÍCARO

Ícaro: pessoa demasiada e inconsequentemente pretensiosa e/ou ambiciosa, com consequências desastrosas, indivíduo a quem foram funestas as suas pretensões ou ambições muito elevadas. *Ele deu uma de ícaro ao abusar da velocidade desproporcional na corrida e se estrepou.* A palavra vincula-se à figura mitológica de Ícaro, filho de Dédalo, que fez e colou com cera asas no filho para este fugir do labirinto de Creta, mas ele morreu porque se aproximou temerariamente demais do Sol e a cera derreteu. Perdidas as asas, ele caiu no mar e morreu. A palavra tornou-se substantivo comum, sendo empregada com inicial minúscula; é usada com diversos verbos alternativos. Cf.: Calcanhar de aquiles. Cf. também: p. 34, g. [RMJ/LEL/HOU/AUR] (*)

IDEIA

Ideia de jerico: ideia absurda, tola. *Ela sair à noite, sozinha, em uma cidade violenta como esta, é ideia de jerico.* Usa-se com vários verbos alternativos e inclusive com o verbo *ser,* como predicativo. Cabe lembrar que jerico é sinônimo de jumento, tido como animal curto de inteligência. [MEL]

Trocar uma ideia: conversar, bater papo. *Preciso trocar uma ideia com você antes da reunião.* [SILV/MEL/8657]

IGNORÂNCIA

Apelar/Partir para a ignorância: recorrer a expediente(s) em que há violência ou grosseria de palavras ou ações, deixar de lado alguns argumentos normais e usar a brutalidade. *Tudo ia bem, mas quando se falou no caso do desfalque, aí ele apelou para a ignorância.* [AUR/0804] (*)

ILUSÃO

Ilusão de ótica/óptica: percepção visual parcial de algo objetivamente existente em virtude das qualidades ambíguas da imagem desse algo, enigma ou questão visual ambígua e curiosa, proposta para interpretação, que demonstra quanto as aparências enganam. Miragem ou efeito ótico distorcido, produzido por reflexão da luz solar na superfície, visão fantasiosa e enganosa. *Nada de errado, é pura ilusão de ótica, nesta imagem pode-se ver uma moça ou uma velha. O bandido com a arma na mão estava correndo era da polícia, não na minha direção, foi pura ilusão de ótica.* Cf.: *As aparências enganam.* [HU/HOU/AUR] (*)

IMPORTANTE

O importante é competir: deve-se participar sem pensar em vitórias. *A vitória é boa, mas o mais importante é competir.* É frase tida como lugar-comum da pessoa conformada. Tem origem na área esportiva. [WER/6194]

IMPRENSA

Imprensa marrom: a que explora o sensacionalismo com larga cobertura de crimes, anomalias sociais e fatos escabrosos. *Há políticos que chamam de imprensa marrom os órgãos que os criticam severamente.* Usa-se com vários verbos alternativos, inclusive com o verbo *ser* na função predicativa. [MEL/AUR]

IMPRESSÃO

A primeira impressão é que fica: normalmente não se esquece do que acontece pela primeira vez. *Vá bem arrumado para a entrevista, porque a primeira impressão é que fica.* [RMJ2/MEL/0273] (*)

INANA

(Re)Começar a inana: surgir aborrecimento. *Já vem aquele chato outra vez para recomeçar a inana.* Inana é nome de mulher, que se pronuncia "inãna". Cf.: p. 34, g. [HOU/AUR/BRIT/2086/CA] (*)

INCERTA

Dar uma incerta: passar revista ou chegar de surpresa, sem aviso prévio. *Darei uma incerta na fábrica para ver como os funcionários estão se portando.* Provém da gíria militar. Considere-se a elipse da palavra "revista". Cf.: p. 34, d. [MEL/2665/AUR]

INCOMODADO

Os incomodados que se mudem: quem não estiver satisfeito onde está que arranje outro lugar. *Aqui só fica quem estiver de acordo, os incomodados que se mudem.* [MEL/6359]

INÊS

Inês é morta: agora é tarde; ação infrutífera, por ter sido realizada tardiamente. *Agora Inês é morta, não preciso mais da sua ajuda.* Possível sinônimo: *Até aí morreu (o) Neves. Inês é morta* ou *Morreu Inês* são frases que facilmente se explicam, dada a notoriedade do fato histórico que lhe deu origem: a morte de Inês de Castro (1320-1353), que foi amante do príncipe Dom Pedro (1320-1367). Cf.: p. 34, g. [SILVA/ JRF/MEL/CA/SILV/PIM/4772] (*)

INFELIZ

Azar/Infeliz no jogo, sorte/feliz no amor: Cf.: JOGO.

INFERNO

Inferno astral/zodiacal: momento ruim, de grande tormento, de extrema dificuldade, com as coisas dando errado. *A perda seguida de títulos levou o clube a um inferno zodiacal*. Expressão usada combinada com diversos verbos, como *viver, estar*, etc. [MEL/GUR] (*)

Ser (o/um) inferno (em vida): ser um grande tormento, verdadeiro martírio, grande confusão. *As penitenciárias brasileiras são um inferno em vida*. [6195/MEL / NAS/AUR]

INGLÊS

Para inglês ver: o que se destina apenas a uma função visual, artificial, somente aparência, gestos, movimentos simulados, visando efeito momentâneo, coisa fantasiosa, não real. *Elogiou-me apenas para inglês ver; na minha ausência, criticou-me severamente*. É expressão usada com vários verbos alternativos, inclusive no predicativo com o verbo *ser*. Há várias tentativas de explicação para a origem da expressão. Embora o sujeito tema da frase seja a palavra "inglês", parece que a principal explicação se liga às circunstâncias brasileiras. [LCC/WER/SIM /MOU/VIO/PIP/RMJ/ MEL/SILV/HOU/7128] (*)

INÍCIO

Para/Pra início/começo de conversa: antes de mais nada. *Para começo de conversa, é bom você saber que não está falando com qualquer um*. Sinônimo: *De cara*. [MEL/6501]

INOCENTE

Inocente útil: pessoa que serve, mais ou menos inconscientemente, aos propósitos, interesses e objetivos de uma causa ou ideologia (como a comunista) ou de outras pessoas, tidas como líderes, muitas vezes aproveitadores, sem estar vinculada ou ter interesse formal nessas ideologias. *Ele não foi o culpado no teu fracasso, foi apenas um inocente útil*. Usa-se com diversos verbos alternativos, inclusive com o verbo ser como predicativo. [AUR/NAS/MEL/4776]

INTENÇÃO

De boas intenções/bons propósitos o inferno está cheio/calçado: boas intenções não são suficientes para desculpar as más ações, não importa a intenção, importa o ato ou resultado. *Não se faça de bonzinho, porque de boas intenções o* *inferno está cheio*. As frases parecem ter veiculação universal, já que têm enunciados basicamente correspondentes – e até interpretativos — em vários idiomas, como latim, francês, italiano, espanhol, inglês, catalão, alemão, inclusive com variáveis. [PUG/LMOT /2727/STEIN/LAC/DAPR/SILV/FRI/MEF/SILVA2] (*)

Segunda(s) intenção(ões): pensamento emitido enquanto se expressa outro diferente por palavras, gestos ou atitudes. *Procurou o amigo com segundas intenções, pois o que queria era ver a irmã dele*. A expressão compõe frases auxiliadas por vários verbos alternativos. [PUG/MEL/AUR]

INVEJA

Inveja matou Caim: por inveja estraga-se a própria vida. *Pra que tanta inveja? Lembra que a inveja matou Caim*. Na verdade, deve-se entender: A inveja fez Caim tornar-se um fratricida, estragando a própria vida. Cf.: p. 34, g. [0152/LEL/LMOT] (*)

Matar de inveja: causar grande inveja. *Com toda aquela beleza, ela matou de inveja as outras concorrentes*. Cf.: Matar de... [AUR/MEL/5373/SILV]

IR

Ir indo: ir passando ou vivendo mais ou menos bem. *Se quiser saber como estou, diga-lhe que vou indo, vivendo sem novidades*. É comum responder-se "*Vamos indo*", inclusive no plural, à pergunta rotineira e mais ou menos despretensiosa "Como ai?". Sinônimo: *Vamos caminhando*. Seria o francês *Ça va*. A maneira jocosa em Portugal seria usar a homofonia: *Vamos caindo* por *Vamos cá indo*... contrariando, a rigor, o sentido. [MEL/SILV/AUR/4819] (*)

(Ou) Vai ou racha: exigir decisão, custe o que custar, não importam as consequências. *Agora, ou vai ou racha, investirei tudo naquele negócio*. Expressão cristalizada, que não admite flexão verbal. Entretanto, *ad cautelam* e para fins de eventuais pesquisas, registrou-se também aqui, na palavra-chave IR, a expressão. Cf.: *(Ou) dá ou desce*. [SILV/MEL/WER/FUL/6381/AUR/LMOT/PIP]

ISCA

Morder a isca: deixar-se enganar. *A patroa deixou R$50 na mesa da cozinha e a faxineira mordeu a isca*. [PUG/NASE/SILV/MEL/AUR]

ISSO

Melhor que isso, só dois issos/dois disso: algo que é muito bom, ideal. *Ele prometeu prefaciar o meu livro, melhor que isso, só dois disso*. [MEL]

JANELA

Ter anos de janela: Cf.: *Ter tarimba*.

JATO

A jato: rapidamente, com extraordinária velocidade. *Tomou o café a jato para não perder a hora da condução*. [MEL/AUR]

JEITO

Dar um jeito/jeitinho (brasileiro): encontrar uma solução conveniente ainda que à margem da lei, habilidade de encontrar soluções engenhosas para contornar dificuldades burocráticas ou legais. *Vou ter que dar um jeitinho brasileiro para me livrar da multa*. Cf.: *Levar vantagem. Lei de Gerson*. [MEL/WER/SILV /RMJ/4893/5114] (*)

De jeito (e) maneira: de jeito nenhum. *Você não poderá viajar comigo de jeito e maneira*. Sinônimo: *Nem que a vaca tussa. Nem a pau. Nem morto. Nem pensar. Nem por decreto. Nem por sombra.*. Expressão intensificadora negativa, usada com diversos verbos alternativos. Não admite inversão de ordem. [MEL/2889]

Desculpar o mau jeito: modo irônico de pedir desculpas por incômodo que vai causar ou causou. *Desculpe o mau jeito, mas vou mexer na sua gravata*. Frase usada só com esse verbo e normalmente no imperativo. [MEL/SILV/3205/AUR]

Do jeito que/Como o diabo gosta: à vontade, alegre, bêbado, animado, sem regras, ótimo, etc. *No carnaval, ele fica do jeito que o diabo gosta*. [MEL/3343]

JEJUM

Quebrar o jejum: fazer o que não fazia há muito tempo. *Depois de muito tempo sem fazer amor, quebrou o jejum com a nova namorada*. Parece provir da área desportiva. [MEL/NAS/SILV/AUR]

JOÃO

Dar uma de joão sem braço: fazer-se de bobo ou de desentendido para levar vantagem. *Vou dar uma de joão sem braço; se colar, tudo bem, vou em frente*. É frequente o emprego de nome nas expressões. Cf.: *Dar uma de*. Cf. também: p. 34, g. [WER/SILV/MEL/DI/PUG/2657] (*)

João-ninguém: pessoa que não tem expressão no meio social. *Esse vice-prefeito é um joão-ninguém*. Sinônimos: *zé ninguém. zé povinho*. É frequente o emprego de nome nas expressões. Expressão usada de diversas formas, com diferentes verbos, inclusive com o verbo *ser* na função de predicativo. Cf.: p. 34, g. [NAS/AUR /4906/GUR]

JOELHO

Cair de joelhos: arrepender-se, pedir perdão. *Voltou pra casa e caiu de joelhos diante da mãe*. [SILV/NAS]

JOGADA

Morar na jogada/no assunto: entender uma explicação, uma situação. *Finalmente ela morou na jogada e saiu de fininho*. [5556/SILV/AUR]

JOGO

Abrir o jogo: 1. revelar algo secreto, declarar francamente suas intenções. 2. mudar o jogo para as laterais do campo (da área do esporte) 3. facilitar algo por meio de suborno. *1. Ela abriu o jogo e contou-lhe tudo. 3. O policial abriu o jogo e pediu R$100,00 para "abafar" o caso.* Cf.: *Dar/Bater com a língua nos dentes.* [SILV/MEL/ALV/0426/AUR]

Azar/Infeliz no jogo, sorte/feliz no amor: a falta de sorte no jogo não corresponde à falta de sorte no amor, ter azar em determinada situação, às vezes não implica necessariamente azar em outra, antes pode coincidir com uma situação favorável. *Perdia dinheiro no bingo quando conheceu uma bela mulher; infeliz no jogo, feliz no amor.* A versão brasileira *Infeliz no jogo, feliz no amor* coincide com a espanhola e italiana. Já configurações invertidas coincidem entre si numa versão francesa e inglesa. [[MEL/MEF/4774/ROB/AZE/BAR/LMOT] (*)

Esconder o jogo: ocultar as verdadeiras intenções de uma atitude. *Não esconda o jogo, conte-me toda a verdade.* [PIP/MEL/AUR]

Estar em jogo: estar sujeito a julgamentos e/ou críticas, estar em discussão. *Não faço bobagem, porque o meu nome está em jogo.* [MEL/SILV]

Fazer jogo limpo/sujo: agir correta/incorretamente, honesta/desonestamente. *Eu falo logo o que tenho que falar, faço o jogo limpo com eles, mas o mesmo não acontece em muitos grupos de esquerda que fazem jogo sujo a toda hora.* Também se usam frases, paralelamente, mais simples: *Jogar limpo/sujo.* [SILV/MEL]

Jogo de cena: comportamento teatral e/ou excessivo, fingimento, atitude para impressionar ou iludir alguém. *Não se preocupe, tudo o que ele está fazendo é só jogo de cena.* Cf.: *Fazer (uma) cena.* [MEL/4938]

O jogo só termina quando acaba ou **O jogo só acaba quando termina**: tudo pode acontecer até o fim definitivo de um jogo. *Já comemorávamos a vitória quando eles viraram o jogo, realmente o jogo só termina quando acaba.* Tem origem no esporte. [MEL]

Ter jogo de cintura: ter muito jeito para sair de situações difíceis. *Ele teve que ter muito jogo de cintura para acalmar o irmão.* Há correspondente em espanhol. [ALV/MEL/SILV/LP/1111/WER/4939/AUR] (*)

Virar o jogo: inverter uma situação. *Com o novo emprego, ele virou o jogo, sua vida mudou para melhor.* Expressão originária dos esportes. [MEL/SILV/8922]

JOIO

Separar o joio do trigo: expulsar o que não presta, separar uma pessoa ou coisa ruim de outra boa, para evitar contaminação. *Nem todos os alunos merecem ser punidos, convém separar o joio do trigo.* Aparece às vezes em ordem inversa. [MEL/SILV/NAS/7823/RMJ] (*)

JOSÉ

E agora, José?: Pergunta poética simulada para alguém indeterminado que se encontra em dificuldades sem solução. *E agora, José? Como você vai se virar sem o carro?* Cf.: p. 34, g. [CF] (*)

JUDAS

Onde (o) Judas perdeu as botas: em lugar muito distante, de difícil acesso. *Atualmente ele está trabalhando lá onde o Judas perdeu as botas.* Sinônimos: *Pra lá da caixa-pregos. No fim do mundo.* Cf.: p. 34, g. [LCC/WER/CDAs/FUL/MEL / NAS/RMJ /PIM/AM] (*)

JUIZ

Ninguém pode ser/é juiz em causa própria: agir nos próprios interesses como se fosse juiz/julgador. *Condenou o assassino do pai, como um juiz em causa própria.* É expressão – e brocardo jurídico — já veiculada em latim, tendo-se divulgado em italiano e inglês. Cf.: *Fazer justiça com as/pelas próprias mãos.* [SILVA2/LMOT] (*)

JUÍZO

Perder o juízo: agir de forma inconsequente, irracional. *Depois de velho, só faz besteira, perdeu o juízo totalmente.* Sinônimo: *Perder a cabeça.* [SILV/MEL]

JUSTIÇA

A justiça é cega: a justiça atinge a todos indistintamente, pelo menos na teoria. *Na hora H, quem tiver de pagar paga, pois a justiça é cega.* [LMOT/MEL/0158]

A justiça tarda, mas não falha: a justiça sempre ocorre ainda que tardiamente. *No fim da vida, recebeu a indenização pleiteada havia anos; a justiça tarda, mas não falha.* [MEL/0159]

Fazer justiça com as/pelas próprias mãos: vingar-se pessoalmente de alguém que a justiça deveria punir. *Vingou a morte do pai, fazendo justiça pelas próprias mãos.* Cf.: *Ninguém pode ser/é juiz em causa própria.* [MEL/SILV/4247/AUR]

JUSTO

Pagar o justo pelo pecador: ser punido quem não tem culpa, ficando impune o culpado. *Não se precipite; se punir todos, o justo poderá pagar pelo pecador.* A mesma ideia já aparecia em latim e se propagou também em espanhol e inglês. [MEL/SILV/LMOT/FRI/CRE/6470/AUR] (*)

L

LÁ

Deixar para/pra lá: não se incomodar. *Deixa pra lá, não se mete nesse assunto.* [SILV/MEL]

LÁBIA

Cair na conversa/na lábia/saliva/no bico/no papo: deixar-se engabelar. *Ela caiu fácil na lábia do garotão bonito.* Cf.:

Levar na conversa/na lábia/no bico/no papo. Passar a conversa/a lábia/saliva/o bico. [MEL/SILV/AUR]
Levar na conversa/na lábia/no bico/no papo: enganar, seduzir, driblar um adversário, deixando-o para trás, fazer alguém de bobo. *Levei a mulata na lábia, acabei ganhando a mina.* Cf.: *Passar a conversa/a lábia/o bico. Cair na conversa/na lábia/no bico/no papo.* [MEL/SILV/2096/6554/5098]
Passar a conversa/a lábia/a saliva/o bico: enganar, seduzir, driblar um adversário, deixando-o para trás, fazer alguém de bobo. *Depois de muita insistência, conseguiu passar a lábia na Martinha e levou-a no papo.* Cf.: *Levar na conversa/na lábia/no bico/no papo. Cair na conversa/na lábia/no bico/no papo.* [MEL/SILV/2096 /6554/5098]

LADO

Botar/Pôr de lado: não levar em conta, desprezar. *Pôs de lado vários argumentos por haver outros de maior peso.* [SILV/MEL]
O/A outro(a) lado/face da moeda: a situação oposta; o ponto de vista contrário. *Quando a oposição passa a ser governo, fica conhecendo o outro lado da moeda.* Usam-se diversos verbos alternativos, como *conhecer*, entre outros. Cf.: *Os dois lados da (mesma) moeda.* [MEL/0924]
Os dois lados/As duas faces da (mesma) moeda: os dois pontos de vista do caso. *Temos que analisar as duas faces da moeda para termos uma posição correta da história.* Usam-se diversos verbos alternativos, como *conhecer, analisar, observar*, entre outros. Cf.: *O outro lado da moeda.* [MEL/0924]

LADRÃO

Ladrão que rouba ladrão tem cem anos de perdão: Quem tira de quem costuma tirar dos outros não deve ser castigado, nem ficar com dor na consciência. *Como advogado, ele explora muito os corruptos; ladrão que rouba ladrão tem cem anos de perdão.* A ideia tem guarida em vários idiomas, inclusive o latim. [MEL/MOT/FRI/SILVA2/MEF/4978] (*)

LÁGRIMA

Chorar lágrimas de crocodilo: lágrimas fingidas, choro falso e hipócrita, sem vontade, manifestação de pesar ou de solidariedade insincera; mostras pérfidas, traiçoeiras, de tristeza, de arrependimento. *Chorou lágrimas de crocodilo no enterro do marido, que ela odiava.* Quando se diz que uma pessoa está chorando "lágrimas de crocodilo", está se querendo dizer que ela está fingindo, chorando de uma forma falsa. [NOG/HOU/NAS/RMJ2/WER/FSP/SILV/ALV/PIM/4982/AUR/BRIT] (*)
Debulhar-se/Derreter-se/Derramar-se em lágrimas/em pranto: chorar copiosamente. *Derreteu-se em lágrimas, ao despedir-se dos amigos após a formatura.* [MEL/SILV/AUR/NAS]

LAMBANÇA

Fazer/Haver lambança: fazer desordem, confusão, trapaça no jogo. *Houve muita lambança provocada pela criançada.* "Lambança" significa coisa que se pode comer ou lamber. [SILV/GUR]

LANÇA

Quebrar lança(s) por: combater, proteger, defender ardorosamente. *Quebrou lanças pelo filho do amigo até arranjar-lhe um bom emprego.* [NASE/MEL/SILV/AUR] (*)

LANTERNA

Ser lanterna/lanterninha: ser o último colocado em competições. *Nas eleições para deputado, ele foi o lanterna do seu partido. Ficou em último lugar.* [MEL] (*)

LAR

Do lar: dona de casa, mulher de prendas domésticas. *Minha mãe sempre foi do lar, nunca trabalhou fora.* Usa-se, sobretudo, com o verbo *ser*, como predicativo, com valor mais denotativo. [MEL]

LARANJA

Metade da laranja: esposo(a), namorado(a), companheiro(a). *Finalmente encontrou a metade da laranja e já ficou noivo.* Usa-se com diversos verbos, inclusive com o verbo *ser* no predicativo. Sinônimo: *Cara-metade.* [0204]

LASCAR

...de amargar/arrasar (quarteirão)/arrancar/arrepiar (os cabelos)/doer/enlouquecer/lascar/morrer/tinir, etc. Cf.: AMARGAR.

Estar lascado: estar em má situação, sem dinheiro, mal de saúde, etc. *Não conseguiu fazer nem o dinheiro da comida, está lascado.* Sinônimos: *Estar frito. Entrar numa fria.* [MEL/7546/SILV/AUR]

LATA

Falar na lata: falar sem rodeios, na cara, de frente: *Disse-lhe as verdades na lata.* Para ideia semelhante, os falantes de Portugal dizem, também em português: *Dizer de boca cheia.* Usam-se vários verbos para compor frases expressionais, como *perguntar, responder*, etc. [MEL/5677/MOU/AUR]

LÉ

Crê com crê, lê com lê ou **Cré com cré, lé com lé** ou **Lé com lé, cré com cré**: cada qual com cada qual, cada qual com o seu igual, juntam-se as pessoas de condições iguais. *Para você estar em boa companhia, tem que ser lé com lé, cré com cré.* [MEL/NAS/LCC/JRF/FRI/MEF/LMOT/5019/AM/AUR]

LEÃO

Matar um leão por dia: trabalhar intensa, sistemática e controladamente. *Está progredindo, mas tem que matar um leão por dia. Ele precisa matar um leão por dia, todos os dias, para dar conta do recado.* [5384]

LEBRE

Levantar a lebre: incitar uma ideia, excitar uma questão, iniciar um debate, trazer à luz algo escondido, descobrir. *Ela ficou constrangida ao levantarem a lebre sobre o seu envolvimento com o chefe.* [FUL/NAS/WER/FSP/MEL/ SILV] (*)

LÉGUA

Fugir às sete léguas: a toda pressa, apressadamente. *Daquele chato eu fujo às sete léguas.* Em Portugal se diz *Fugir a sete pés*. "Sete", nas expressões, é um número indeterminado. O "sete" é considerado, na crendice popular, um número cabalístico. [NAS/SILV/AUR/0930]

LEI

A lei, ora a lei: nem sempre vale a pena cumprir a lei. *O cumprimento à lei deveria ser a regra, mas a lei, ora a lei.* Há quem atribua essa frase ao ex-presidente Getúlio Vargas. [0166]
Lei de Gerson: hábito que algumas pessoas têm de querer levar vantagem em tudo. *Ele é adepto da lei de Gerson, só pensa em levar vantagem.* Cf.: *Dar um jeito/jeitinho (brasileiro)*. Cf.: p. 34, g. [MEL]
Lei do menor esforço: forma de fazer algo com um menor trabalho ou preocupação. *Fez a pesquisa pela lei do menor esforço, copiando tudo pela internet.* Em linguística, costuma-se denominar "Lei do menor esforço" ou da "Economia fisiológica" uma lei universal, exercida no sentido de tornar mais fácil aos órgãos fonadores uma articulação das palavras, visando à eufonia e ao ritmo, na evolução das palavras do latim para o português, por exemplo. Assim se explica as consoantes surdas sonorizarem-se nas suas homorgânicas e as sonoras caírem: *lupu* > lobo, *malu* > mau. [MEL/AUR/5026]
Sem lei nem grei/rei: sem rumo, sem orientação, sem governo, ao acaso. *Em matéria de segurança, a nossa cidade parece estar sem lei nem rei.* É usada combinada com vários verbos, como *estar, ficar, viver,* etc. [MEL/AUR/7750]

LEITE

Chorar o (pelo/sobre o) leite derramado: lastimar-se, lamentar um acontecimento irremediável. *Viveu uma vida de desperdícios, agora não adianta chorar o leite derramado.* Há similar em inglês. Usa-se principalmente na forma negativa, proverbial: *Não adianta chorar sobre o leite derramado,* inclusive em inglês. [RMJ2/WER/DI/ALV/SILV/MEL/1915] (*)
Tirar água/leite da/de pedra: realizar tarefa impossível. *Resolver esse problema é tirar leite de pedra.* Sinônimo: *Dar nó em pingo d'água.* Há ideia similar em inglês. [2212/RMJ2/AUR/NAS]

LELÉ

Estar/Ficar lelé/ruim da cabeça/da cuca: estar/ficar amalucado, impulsivo, louco. *Ficou ruim da cabeça depois que perdeu a mulher. Só sendo lelé da cuca para cometer um ato desses.* [MEL]

LEME

Perder o leme: desnortear-se, não saber o que fazer. *Ele perdeu completamente o leme com a morte do pai.* [MEL/NAS/AUR]

LENÇOL

Em maus lençóis: em situação difícil, em dificuldades que tiram o sono. *A segurança nacional está em maus lençóis.* Sinônimo: *Andar/Dançar/Viver na corda bamba*. Usa-se auxiliada por vários verbos, como *estar, ficar,* etc. Observe similares em inglês. [MEL/SILV /3599/AUR]

LENHA

Baixar/Descer/Meter a lenha/a pua/a ripa/o pau/o porrete/o sarrafo/um tabefe: surrar, espancar, falar mal, criticar, ofender com palavras. *A sociedade deve mesmo baixar a lenha nos políticos desonestos.* Além dos verbos já apontados usam-se também *sentar,* entre outros. [MEL/SILV/AUR]
Botar/Colocar/Pôr (mais) fogo/lenha na fogueira: alimentar uma animosidade, atiçar uma discussão. *O Banco Central está jogando mais lenha na fogueira.* Além do possível uso dos verbos que encabeçam o verbete, aparecem também os verbos *atear, deitar, jogar, lançar*. Em espanhol há versão literal. [WER/SILV/ MEL/SAB/LAT/7023/AUR] (*)
Ter ainda muita lenha para/pra queimar: ainda ser capaz de muitas realizações. *Meu avô ainda tem muita lenha pra queimar.* [0554]

LETRA

Com todas as letras: falar claramente, pondo os pingos nos is, com todos os pormenores. *Falou com todas as letras o que queria dizer.* Obviamente não se "fala" com letras; fala-se com sons; portanto, dentro dessa lógica linguística, a expressão seria incoerente. Usa-se combinada com vários verbos como *falar, dizer,* etc. [MEL/2074/AUR]
Letra morta: lei sem vigor, embora não esteja revogada, ordem escrita que não se cumpriu ou que já não tem autoridade nem valia. *A determinação que recebemos por escrito virou letra morta, pois ninguém a acatou.* Usa-se com vários verbos alternativos, como *ser, ficar, virar, tornar-se,* etc. [NAS/MEL/AUR]
Tirar de letra: resolver algo com muita facilidade. *Tirou de letra todos os trabalhos que lhe deram para fazer.* Deve ter relação ou origem no ambiente futebolístico. Cf.: *Chute/Gol de letra*. [SILV/ MEL/WER]

LETREIRO

Ninguém/Não ter/trazer letreiro (escrito) na testa: Não revelar o mau caráter pela aparência. *Não se deve confiar em qualquer pessoa, pois ninguém tem letreiro na testa.* Vêm do tempo em que se colocava um cartaz no peito ou na testa dos condenados, denunciando-lhes o crime. Acrescentar-se a palavra "escrito" na expressão, conquanto seja um reforço de índole popular, não deixa de ser um pleonasmo. Cf.: *Ter estrela na testa*. [NAS/ MEL/SILV/3861]

LÉU

Ao léu: sem rumo, à toa, a esmo, à vontade. *Encontrei-o andando pela praia, ao léu. Seguiu ao léu, sem pensar em nada.* Registre-se que "léu" (*s.m.*) significa ociosidade, inércia, ocasião. [ABL/MEL/AUR/AUL/0754/JRF] (*)

LHUFAS

Não entender/falar patavina/bulhufas/lhufas: Cf.: PATAVINA.

LIÇÃO

Dar/Levar uma lição (de moral): fazer reprimenda, censurar, dar uma repreensão com fim educativo. *Resolveram dar uma lição à corja de ciganos. Levou uma lição de moral para aprender a respeitar os mais velhos.* Cf.: *Moral da história.* [SILV/MEL]

LIGAR

Estar/Ficar ligado: estar atento. *É bom ficar ligado para o que der e vier.* [SILV]

LIMITE

Passar do(s) limite(s): exceder-se, abusar. *Foi severamente repreendido porque passou do limite.* [WER/MEL]

LIMPO

Passar/Tirar a limpo: tornar mais apresentável, mais digno, sanear, esclarecer determinada situação. *O cientista político dizia que era preciso passar o Brasil a limpo.* [SILV/MEL/6549/8444/AUR]

LINDO

Lindo de morrer: muito, extraordinariamente. *A garota com quem Gilberto saiu ontem era linda de morrer.* Essa expressão, muito usual, apresenta, aparentemente, um valor semântico contraditório. Cf.: *...de amargar/arrasar (quarteirão)/arrancar/arrepiar (os cabelos)/doer/enlouquecer/lascar/morrer.* Cf. também: DE. [MEL]

LÍNGUA

Com a língua de fora: ofegante, muito cansado. *Depois de correr para pegar o ônibus, ficou com a língua de fora.* [NAS/AUR/MEL]

Dar/Bater com a língua nos dentes: revelar um segredo, ser bisbilhoteiro, tagarelar, falar indiscretamente, falar demais. *Se ela desconfiasse, saía logo batendo com a língua nos dentes. Foi advertido porque, após a reunião sigilosa, deu com a língua nos dentes.* Observe equivalente em inglês. Cf.: *Abrir o jogo.* [SILV/MEL/FRI/MEF/NAS/2459/AUR] (*)

Dobrar a língua: emendar, consertar o que falou, é o que uma pessoa exige que outra desrespeitosa faça ao lhe dirigir a palavra. *Não admito essas ofensas; por isso, peço dobrar a língua, quando você se dirigir a mim.* Vale a pena observar seu uso verbal já em 1500, a se dar crédito à linguagem simulada do século XVI, produzida por Haroldo Maranhão, no seu romance *O tetraneto de-rei*, Rio de Janeiro: Francisco Alves, 1982: "Dobre a língua. Grumetinho de bosta, que estás a falar a um fidalgo". [AUR/MEL]

Dobre a língua! de Dobrar a língua: exclamação de repulsa a um insulto ou desrespeito verbal. *Não admito essas intimidades. Dobre a língua ao falar comigo!* A expressão geralmente é usada no imperativo ao se repelir insulto. [SILV/MEL]

Engolir/Enrolar/Morder a língua: calar, reprimir-se no ímpeto de falar alguma coisa por conveniência. *Quando lhe perguntei por que faltara à reunião, engoliu a língua. Não diga que não vai mais à praia, que você vai morder a língua.* São usadas alternativamente também com outros verbos, como *segurar, prender*. Há similar em francês. [SILV/MEL/PIP/ROB/ALV/3767/5572 /AUR/NAS] (*)

Falar a mesma língua: falar da mesma forma, ter a mesma opinião. *Eles se dão bem porque falam a mesma língua.* [SILV/MEL/AUR/NAS]

Língua afiada//comprida/solta: indivíduo fofoqueiro, que fala muito, indiscreto, maldizente. *Não se exponha tanto, senão você vai ser vítima da língua afiada dela.* São usadas com vários verbos como *ter, manter* e, inclusive, na função predicativa com o verbo *ser*. Cf.: *Língua de palmo/ de palmo e meio/de sogra/de trapo*. [MEL/5126/AUR/NAS]

Língua de palmo/de palmo e meio/de sogra/de trapo: língua de mexerico, de maldizente, indivíduo fofoqueiro. *Não se deve fazer confidências a quem tem língua de trapo.* Cf.: *Língua afiada/comprida/solta*. Essas expressões são usadas com vários verbos, inclusive o verbo *ser*. [AUR/MEL/JRF] (*)

Pagar a/com a/pela língua: sofrer as consequências por ser linguarudo. *Está pagando pela língua tudo o que falou de mim.* [SILV/MEL]

Queimar a língua: falar levianamente uma coisa e acontecer outra. *Não diga que dessa água não beberei, pois você poderá queimar a língua.* [MEL/SILV]

Soltar a língua: falar muito, revelar tudo, criticar severamente, descompor uma pessoa ou algo. *Na última alta de juros, a imprensa soltou a língua na política econômica.* [MEL/NAS/8040]

Ter a língua maior (do) que a boca/o corpo: ser falador, indiscreto. *Cuidado, que ela é muito faladeira, tem a língua maior do que a boca.* [MEL/SILV/8193/AUR]

LINGUIÇA

Encher linguiça: dizer ou fazer coisas que não vêm a propósito, ocupar o tempo com banalidades na conversa. *Não fique enchendo linguiça, vá direto ao caso.* Sem origem metafórica discernível. [MEL/SILV/FUL/ALV/DI]

LINHA

Andar/Viver na linha/nos eixos/nos trilhos: proceder de acordo com o desejado ou esperado, portar-se corretamente. *Se você não andar na linha, perderá a mesada.* Cf.: *Entrar na linha/nos eixos/ nos trilhos. Sair da linha/dos eixos/dos trilhos. Botar na linha/nos eixos/nos trilhos.* [SILV/DI/LP/WER/MEL/AUR]

Botar/Colocar/Meter/Pôr na linha/nos eixos/nos trilhos: ajeitar, exigir cumprimento das normas, fazer alguém proceder bem, fazer algo funcionar bem. *Cuida da tua mulher, bota ela na linha, ensina a te respeitar.* Cf.: *Entrar na linha/nos eixos/nos trilhos. Andar/Viver na linha/nos eixos/nos trilhos. Sair da linha/dos eixos/dos trilhos.* [GUR/SILV/DI/LP/WER/MEL]

Entrar na linha/nos eixos/nos trilhos: passar a proceder, a funcionar bem, corrigir-se. *Prometeu aos pais que entraria na linha.* Cf.: *Andar/Viver na linha/nos eixos/nos trilhos. Sair da linha/dos eixos/dos trilhos. Botar/Colocar/Meter/Pôr na linha/nos eixos/nos trilhos. Sair da linha/dos eixos/dos trilhos.* [SILV/DI/LP/WER/MEL /3809/3816]

Escrever certo/direito por linhas tortas: ser justo, apesar de não parecer, acertar em meio a uma situação embaraçosa. *Demitiu o empregado que acabou se tornando o seu patrão.* As frases são reduções da frase mais clássica: *Deus escreve certo/direito por linhas tortas,* que se reduz, à vezes, ainda mais, a *Escrever por linhas tortas.* Cf.: p. 34, g. [SILV/PUG]

Escrever por linhas tortas. Cf.: *Escrever certo/direito por linhas tortas.*

Sair da linha/dos eixos/dos trilhos: portar-se mal, proceder mal em relação a determinada expectativa, passar a se comportar incorretamente, desviar-se. *Ele é boa pessoa, mas teve que sair da linha diante das ofensas que sofrera.* Cf.: *Entrar na linha/nos eixos/nos trilhos. Andar/Viver na linha/nos eixos/nos trilhos. Botar na linha/nos eixos/nos trilhos. Entrar na linha/nos eixos/nos trilhos.* [SILV/MEL/DI/LP/WER/AUR]

LÍQUIDO

Líquido e certo: incontestável. *É líquido e certo que ele se candidatará.* Expressão intensificadora, usada com diversos verbos alternativos, inclusive na função predicativa, com o verbo *ser*. Não aceita reordenação das palavras. [MEL/AUR]

LISO

Liso (, leso e louco): em má situação financeira, sem dinheiro. *Depois que saiu do emprego, ficou liso, leso e louco.* As expressões são reduções da frase "Tô liso, leso e louco, comprando fiado e pedindo troco". Usam-se com verbos como *ser, ficar,* entre outros. [MEL/5149/SILV/AUL/AUR]

LISTA

Lista negra: marcado como pessoa indesejável. É usada com vários verbos, como *entrar na, estar na. Depois do que fez, ela entrou na lista negra dos amigos.* [MEL/SILV/PUG/AUR]

LIVRE

Livre e desembaraçado: fórmula que se indica estar alguém isento de dívidas, encargos e compromissos, alguém estar solteiro, sem namorada. *O meu carro está livre e desembaraçado; já posso vendê-lo.* Não aceita reordenação das palavras. [MEL/AUR]

LIVRO

Ser um livro aberto: não ter, não manter segredos. *Sua vida é um livro aberto, sua ficha é limpa.* [SILV/7943/AUR] (*)

LIXAR

Estar (pouco) se lixando: não estar se incomodando. *Estou pouco me lixando para o que você está pensando de mim.* [MEL]
Ir se lixar: Cf.: FAVA.

LIXO

Estar/Ser um lixo: algo ser muito ruim, pessoa muito malvestida. *Cá pra nós, a sua escola é um lixo.* Gíria usada alternativamente com vários verbos, inclusive em construção predicativa. [MEL/SILV]

LOBO

Lobo em pele de cordeiro: indivíduo que dissimula a sua maldade, a sua crueldade, agindo com disfarces. *Não pense que ele é bonzinho, é um lobo em pele de cordeiro.* "Cordeiro" é filhote de carneiro e tido como animal manso e inofensivo. No sentido figurado, cordeiro é pessoa pacífica, incapaz de fazer mal a alguém. [MEL/LMOT /RIB/BAR/FRI/5152] (*)

LOGO

Até logo: saudação de despedida quando se pretende ou espera um reencontro ou voltar mais tarde, o que, na prática, frequentemente não acontece. *Agora tenho que ir embora, até logo!* [0990/ NAS/HOU] (*)

LONA

Estar/Ficar na (última) lona: ficar sem dinheiro, sem comida, sem casa, sem nada, em petição de miséria. *Se você continuar gastando desse jeito, vai ficar na lona.* [WER/MEL/SILV/AUR]

LONGE

De longe: com grande vantagem ou superioridade. *Ele é de longe o melhor aluno da classe.* Usa-se normalmente com o verbo *ser*. Cf.: DE. [2901/MEL/AUR]

LOROTA

Lorota(s): mentira, conversa fiada. *Isso de expressões idiomáticas, como exclusivas de cada idioma é uma grande lorota. Você só leva seu tempo a contar lorota(s).* Usada em vários contextos e com vários verbos como *contar*, *falar* e, inclusive, como predicativa com o verbo *ser*. [MEL/SILV]

LOUCO

Cada louco com sua mania: cada pessoa tem seu modo de pensar e agir, sua mania. *Se ele gosta, não ligue, cada louco com sua mania.* Embora classificável como provérbio, é muito usada coloquialmente. Há similares em outros idiomas. [MEL/LMOT] (*)

De médico (poeta) e louco todo mundo tem/todos nós temos um pouco: em geral as pessoas recomendam remédios às outras, fazem algumas loucuras e gostam de poesia. *Ele vive querendo me dar receitas; de médico e louco todo mundo tem um pouco.* Há similar em espanhol. [MEL/LMOT]

Louco/doido varrido: que perdeu totalmente a razão. *Correu ao deparar-se com um louco varrido na rua.* Expressões usadas com diversos verbos, inclusive na função predicativa, com o verbo ser. Usos figurados ou metafóricos aparentemente não discerníveis. [WER/SILV/MEL/FUL/NAS/AMF]

LOURO

Dormir sobre os louros (da vitória): descansar após ser bem-sucedido. *Não devemos ficar apenas no descanso dos louros a vitória, mas sim usar esses momentos para buscar mais força e motivação.* Em francês há expressão com ideia igual com formulações e referentes literalmente iguais. [PIP/NAS] (*)

LOUVOR

Elogio/Louvor em/de boca própria é vitupério: o autoelogio é vergonhoso e um insulto aos outros. *Não fique se gabando das coisas que faz, elogio em boca própria é vitupério.* A mesma ideia aparece desde o latim e veicula no espanhol, italiano e inglês. [MEL/MEF/LMOT]

LUA

Ser de lua: ser imprevisível, instável, ser de humor inconstante. *Cuidado, que esse teu sócio é de lua, de repente pode te deixar na mão.* [PIP/MEL]

LUVA

Assentar/Cair como/quem nem/feito uma luva: vir a calhar, convir perfeitamente. *O seu discurso caiu como uma luva para aquela plateia.* [MEL/SILV/WER/LP /AUR/NAS]

LUZ

Uma luz no fim do túnel: vislumbra-se um sinal de que as coisas vão melhorar. *A possibilidade do transplante é a luz no fim do túnel para a sua sobrevivência.* Usa-se normalmente como predicativo com o verbo ser. Como acontece com várias expressões, a ideia acaba se enfraquecendo, com a mudança de hábito: hoje em dia, muitos túneis são eletronicamente iluminados e as leis de trânsito, por sua vez, impõem o uso de farol. [MEL]

MACACA

***Acordar/Estar com a macaca*:** 1. acordar, estar de mau humor. 2. estar apressado, agitado. 1. *O juiz parece que acordou com a macaca: foi cartão vermelho pros dois lados.* 2. *Não me segura que hoje tô com a macaca.* Por vezes, o conjunto verbal inclui o verbo *ficar*. Sinônimo: *Estar com a/de pá virada.* [SILV/AUR]

MACACO

***Cada macaco no seu galho*:** cada pessoa tem sua função e lugar a serem respeitados. *Não quero que ninguém se meta no meu serviço, cada macaco no seu galho.* João Ribeiro faz alusão à possível confusão entre "galo" e "galho" no provérbio *cada galo em seu poleiro* (desde Sêneca) para justificar o *cada macaco no seu galho* no Brasil. Embora classificável como provérbio, é muito usado coloquialmente. [WER/MEL/MOT/JRF/MEL/1530/AM] (*)
***Ir pentear macaco(s)*:** Cf.: FAVA.
***Macaco (velho) não mete/põe a mão em/na cumbuca*.** Pessoa experiente evita correr riscos, metendo-se em negócio que pode dar mau resultado, não cair em cilada. *Pela sua desonestidade e minha experiência, jamais serei seu sócio, macaco velho não mete a mão em cumbuca.* Trata-se de provérbio muito usado coloquialmente, reduzindo-se com frequência apenas ao miolo como expressão: *Não farei nenhum negócio com ele para não meter a mão na cumbuca.* Cf.: *Meter a mão na cumbuca.* [MEL/SILV/LCC/GAL/HOU/AUR/CDAs/RMJ/5477/MEF/SILVA2 /AM] (*)
***Macaco que muito pula/mexe quer chumbo*:** o provocador demonstra que quer ser castigado. *Esse menino não para um instante; macaco que muito pula quer chumbo.* Aparece ainda na fórmula *Macaco mexeu, quer chumbo.* [5180/LMOT/MEF/AM]
***Macacos me mordam!*:** expressão de espanto, de exclamação. *Macacos me mordam, eu não sabia que você tinha perdido o emprego.* Não é possível estabelecer relação com alguma metáfora originária conhecida. [FUL/MEL5183]
***Perguntar se macaco quer banana*:** indagar se uma pessoa quer coisa de que gosta muito, cuja resposta será indiscutivelmente afirmativa. *Perguntar para minha mulher se ela quer viajar é perguntar se macaco quer banana.* [MEL/SILV]

MACIOTA

***Na maciota*:** calmamente, tranquilamente; sem esforço. *Chegou na maciota e foi conquistando os colegas aos poucos.* Usa-se com vários verbos alternativos. [MEL/5680]

MADALENA

***Ser (uma) madalena arrependida*:** diz-se de pessoa que se comportou mal e depois se arrependeu. *Madalena arrependida, ele diz que não devia ter apoiado políticos corruptos*. Usa-se de diversas formas com vários verbos alternativos. Cf.: p. 34, g. [NAS/MEL/SILV/PIM] (*)

MADEIRA

Bater na madeira: isolar, afastar coisa ruim. *Nem me fale, bato na madeira. É bom você bater na madeira antes de começar a prova*. Costuma ser acompanhada gestualmente de toques num objeto de madeira e usa-se com diversos verbos. Lembrando-se que "madeira/madeiro" é, muitas vezes, figura de "cruz", instrumento antigo de suplício, a expressão pode estar associada a essa ideia, ao menos no imaginário popular. [MEL/SILV/AUR] (*)

MADURO

Cair de maduro: não poder mais resistir, cair com facilidade. *Distraído, caiu de maduro ao atravessar a rua. O governo vai ser impixado. Tá caindo de maduro*. [SILV/MEL/NAS]

MÃE

Mãe coruja: aquela que exalta com exagero e infidelidade as qualidades dos filhos e pessoas que ama. *Ela é uma mãe coruja, diz a todo mundo que o filho cursa a faculdade de medicina*. Vem de uma fábula de La Fontaine, "A águia e a coruja". Usa-se com diversos verbos, inclusive com o verbo *ser*, no predicativo. Há variáveis como *Pai coruja; Avó coruja*, etc. Cf.: *Quem ama o feio bonito lhe parece*. [MEL/NAS/RMJ/RIB/PIM/2315/AUR] (*)

MÁGOAS

Afogar as mágoas: procurar esquecer tristezas. *Vou tomar um porre e afogar as mágoas*. [WER/SILV/NAS/0497]

MAIONESE

Viajar/Escorregar na maionese: querer uma situação favorável, cometer erro, dar mancada, flutuar nas ideias. *Você só pensa em viajar na maionese e viver no bem bom. Viajou na maionese ao pensar que seria eleito deputado*. Trata-se de neologismos expressionais, condicionados ao conhecido referente culinário "maionese". [SILV/GUR/MEL]

MAIOR

De maior: maior de idade. *Fulano é de maior. Por ser de maior, poderá ser condenado se cometer um delito*. Trata-se de expressão que deve ter aparecido na década de 1970. Naturalmente, considera-se aí a elipse da palavra "idade". Cf.: DE. [SUR/MEL/AUR/NEV] (*)

MAIS

De mais: anormal, capaz de causar estranheza. *Ela é linda de mais. Não vejo* *nada de mais na sua resposta*. É usada com vários verbos alternativos, inclusive com o verbo *ser*. Cf.: DE. [AUR/2907]

De mais a mais: além de tudo, acima de tudo, além disso. *Foi punido porque feriu o colega e, de mais a mais, desrespeitou o professor*. [AUR/2906/MEL]

Sem mais nem menos: sem motivo, sem razão. *Sem mais nem menos pegou suas coisas e foi embora*. Sinônimo: *A troco de nada*. [AUR/MEL]

MAL

Antes que o mal cresça, corte-se-lhe a cabeça: é melhor resolver um problema já no início, para evitar que ele se agrave. *Ao primeiro sinal de hostilidade, tome suas providências; antes que o mal cresça, é melhor cortar a cabeça*. Atente-se para o efeito da rima [MEL]

Cair mal: não ser bem aceito, não ficar bem. *Caiu muito mal o que você falou em público*. [SILV/MEL]

Cortar o mal pela raiz: corrigir um erro ou uma situação logo no início. *É bom castigar agora para cortar o mal pela raiz*. [MEL/SILV/2307/AUR]

Dar-se mal: conseguir mau resultado. *Foi reagir ao assalto e deu-se mal*. Em Portugal se diz, porém, no mesmo idioma: *Bater com a cara na lama*, como em *O namorado arranjou outra e ela bateu com a cara na lama*. Sinônimo: *Dar com os/co's burros/burrinhos n'água/na água*. [MEL/SILV/MOU]

De mal com a vida: de mau humor, insatisfeito. *Hoje você parece de mal com a vida*. Usada com vários verbos, como *estar, ficar, parecer*. [MEL]

Dizer mal de alguém: falar contra as qualidades, talentos, costumes de alguém, difamar. *Para dizer bem ou dizer mal de alguém, a pessoa precisa ter e revelar motivos sólidos*. Conquanto comporte significados entre si compatíveis e discerníveis, chama atenção a versão italiana. [SILV/NAS] (*)

Dos males, o menor: entre várias situações ruins, considera-se a menos ruim. *Pensou que seria reprovado, mas ficou em apenas uma disciplina; dos males o menor*. Sinônimo: *Vão-se os anéis, ficam os dedos*. Há expressão semelhante já em latim e outras mais próximas em outros idiomas. [MEL/WER/RMJ2/SILVA2 / LMOT/3415] (*)

Há males que vêm para (o) bem: às vezes dificuldades resultam em coisas boas. *Precisou ficar reprovado para tomar gosto pelos estudos; há males que vêm para bem*. Sinônimo: *Deus escreve certo por linhas tortas*. A mesma ideia ou semelhante tem sido recorrente em vários idiomas desde o latim. [WER/MEL/FRI /MEF/SILVA2/LMOT] (*)

Ir de mal a/para pior: passar de uma situação difícil para outra mais precária ainda. *Infelizmente a situação dos aposentados vai de mal a pior*. Em inglês há versão literal. [MEL/SILV/WER/RMJ2 /FRI/ LMOT/AUR] (*)

Mal e porcamente: sem perícia e/ou zelo. *Fez o trabalho mal e porcamente*. Constrói frases com vários verbos alternativos, como *fazer*, entre outros. Não permite inversão de ordem. [MEL/PIM/5236/ AUR/NAS] (*)

Não fazer mal (nem) a/para uma mosca: ser incapaz de prejudicar alguém. *Não precisa temê-lo, ele não faz mal nem para uma mosca*. [XAre/AUR]

Quem canta seus males espanta: cantar expressa alegria e cura ou evita os males. *Sempre de bom humor, ele vive cantarolando, quem canta seus males espanta.* A expressão ou provérbio tem similares em espanhol, francês, italiano e inglês. [MEL/LMOT/7352] (*)

MALA

De mala e cuia: com todos os pertences. *Mudou-se para aqui de mala e cuia e pretende ficar.* Usada com vários verbos alternativos. Não permite inversão de ordem. [MEL/2910/AUR]

MAMÃO

Mamão com açúcar: aquilo que é muito bom, muito fácil. *A prova que eu fiz ontem estava mamão com açúcar.* Usa-se com vários verbos alternativos, inclusive com os verbos *ser, estar, ficar*, entre outros. [MEL/4066]

MANCADA

Dar (uma) mancada: vacilar, dar gafe, errar. *O governo deu mancada, impedindo a criação da CPI.* Sinônimos: *Cometer gafe. Dar (um) furo. Pisar na bola. Dar um fora.* [MEL/SILV]

MANGA

Arregaçar as mangas: trabalhar com empenho. "Manga" é palavra homônima: manga é fruta e é parte de vestuário. Aqui, a expressão se refere a "manga de vestuário". *Vamos arregaçar as mangas para terminar antes do fim do mês.* Trata-se de simbologia ao gesto de arregaçar as mangas da camisa para iniciar qualquer trabalho. [WER/LP/0894/RAM/SILV/AUR]

Botar/Pôr as mangas/manguinhas de fora: 1. atrever-se, revelar qualidades, defeitos ou intenções, ocultados até então. 2. praticar ousadias, querer aparecer. "Manga" é palavra homônima: manga é fruta e é parte de vestuário. Aqui, a expressão se refere a "manga de vestuário". 1. *Foi só ela viajar e ele já pôs as manguinhas de fora.* 2. *Era vez do filho botar as manguinhas de fora, pois ela sabia onde a mãe guardava os trocados.* Usam-se ainda outros verbos, como *deitar*, etc. Cf.: *Arregaçar as mangas.* [6960/MEL/SILV/JRF/MF/XAre/AUR] (*)

Tirar da manga de colete: algo muito raro. "Manga" é palavra homônima: manga é fruta e é parte de vestuário. Aqui, a expressão se refere a "manga de vestuário". *Deixou-se enganar novamente, sua esperteza é manga de colete.* Expressão usada com diversos verbos alternativos, como *ter*, entre outros, e *ser*, este com predicativo. Cf.: *Botar/Pôr as mangas/manguinhas de fora. Tirar do bolso/Trazer no bolso do colete.* [MEL/WER/SILV/PIM/NAS/AUR] (*)

MANJAR

Manjar dos deuses: iguaria delicada, apetitosa, coisa excelente, tudo o que serve para deleitar e satisfazer o espírito.

A leitura é, para mim, um verdadeiro manjar dos deuses. "Dos deuses" é um acréscimo intensificador, a reforçar a qualidade do manjar, que já é, literalmente, uma iguaria muito saborosa, excepcional. Usa-se com os verbos *ser, preparar,* entre outros. [MEL/5287/ABL]

MANO

Mano a mano: em pé de igualdade, familiarmente, com intimidade. *Alguns times disputaram o campeonato mano a mano.* Usa-se combinada alternativamente com diversos verbos. [NAS/AUR/MEL] (*)

MANSINHO

De mansinho: devagar, calmamente, sorrateiramente. *De mansinho, ela foi conquistando a nossa confiança.* Locução adverbial que se compõe com diversos verbos, como *chegar, vir, sair,* entre outros.

MANTEIGA

Manteiga derretida: pessoa muito chorona. Alusão ao chiado da manteiga quando se derrete ao fogo. *A filha caçula parece manteiga derretida, chora à toa.* Usa-se combinada alternativamente com diversos verbos. [NAS/HOU/AUR/GUR]

Passar manteiga em focinho de cachorro: ajudar a quem não merece, fazer qualquer coisa em vão, fazer coisa que não dura, perder tempo. *Não adianta dar conselhos, tenho pena, mas não vou passar manteiga em focinho de cachorro.* [AUR/6573/SILV]

MÃO

Abrir (a) mão: ser generoso. *Desta vez ele abriu a mão e deu uma contribuição generosa.* [WER/AUR/HOU/SILV/MEL/0407/0413]

Abrir mão de: deixar de lado, desistir. *Noiva alguma abre mão do véu e grinalda.* [WER/AUR/HOU/SILV/MEL]

Aguentar a mão: 1. enfrentar as dificuldades. 2. ter paciência. 3. esperar. 1. *Quando o marido a deixou, ela teve que aguentar a mão sozinha.* 2. *Aguentou a mão até o médico chegar.* 3. *Aguente a mão que já vou te atender.* Sinônimo: *Aguentar as pontas.* [0534/AUR/HOU/WER/FUL/SILV/CA]

Botar/Colocar/Meter/Pôr a mão em cumbuca: cair em esparrela, expor-se a perigo. *Foi meter a mão em cumbuca e se deu mal.* Cf.: *Macaco (velho) não mete a mão em/na cumbuca.* [MEL/SILV/5477/AUR/NAS]

Botar/Colocar/Meter/Pôr a(s) mão(s) na massa: 1. entrar em ação, empenhar-se. 2. trabalhar. 3. Discutir. 4. *Gír.*: roubar. 1. *Bote a mão na massa, senão você não lava esse carro hoje.* 2. *Já que estou com a mão na massa, vou fazer o trabalho todo.* 3. *Enquanto não quiserem pôr a mão na massa, não resolveremos esse enigma.* 4. *Nós bobeamos, ele colocou a mão na massa e a firma faliu.* A expressão pode compor-se ainda com outros verbos, como *estar com.* Há similares em espanhol e em francês. [SILV/AUR/MEL/GUR/ALV/NAS] (*)

Botar/Colocar/Meter/Pôr a(s) mão(s) no fogo: 1. ter confiança cega. 2. assegurar a inocência. 1. *Pode confiar, por ela eu ponho a mão no fogo.* 2. *Eu sou totalmente inocente, ponho a mão no fogo.* Reminiscência de antiga prova judiciária do fogo. [MEL/RMJ/FON/HOU/AUR/SILV/WER /LCC/6939/PIM/AM/NAS/RMJ] (*)

Botar/Colocar/Meter/Pôr (as) mãos à obra: atirar-se com afinco a um trabalho. *Vamos botar mãos à obra para aprontar o trabalho a tempo.* Sinônimo: *Botar a mão na massa*. [NAS/7031]

Botar/Colocar/Pôr a mão na consciência: examinar os próprios atos, meditar a fim de reconhecer. *Pôs a mão na consciência e resolveu perdoar.* As expressões podem compor-se também com outros verbos, como *meter*. (6937/HOU/AUR /WER/ SILV/NAS]

Botar/Colocar/Pôr/Levar/Passar as mãos na/à cabeça: fazer gesto de contrariedade, desespero ou aflição, arrependendo-se ou prevendo catástrofe ou problemas. *O pai botou as mãos na cabeça, desesperado. Estendeu os braços sem poder falar e levou as mãos à cabeça.* "Pôr as mãos sobre a cabeça" (impor as mãos) é também um ato de iniciação aos rituais e doutrinas afro-brasileiros e a outros credos. [SIM/SILV/NAS/AUR/CAC] (*)

Com as/De mãos abanando: sem nada nas mãos. *Todos trouxeram um presente, menos ele que veio com as mãos abanando. Brigou com o patrão e saiu com as mãos abanando.* Sinônimo: *Com as/De mãos vazias*. Uso alternativo com vários verbos, inclusive com significados opostos, entre os quais, *chegar, entrar, vir, estar, ficar, ir embora, retirar-se, sair*. [MEL/ SILV/WER/AUR/HOU/] (*)

Com as/De mãos atadas: impedido de agir, sem defesa. *Ficamos com as mãos atadas com a nova lei. Um artista sem pincel é como ter as mãos atadas. Um artista sem tintas é como estar de mãos atadas: não produz.* É usada alternativamente com vários verbos, como *estar, ficar, ter*. [MEL]

Com as/De mãos vazias: sem nada nas mãos. *Depois de pagar as dívidas, ficou com as mãos vazias.* Sinônimo: *Com as/De mãos abanando*. Uso alternativo com vários verbos, inclusive verbos com significados opostos, entre os quais *chegar, entrar, vir, estar, ficar, ir embora, retirar-se, sair.* [MEL/AUR]

Com uma mão na frente (e) outra atrás ou ***Com uma mão atrás (e) outra na frente***: sem nada, com/de mãos vazias. *Chegou de sua terra com uma mão atrás e outra na frente, mas logo ficou milionário.* Sinônimo: *Com as calças na mão. Com as/De mãos abanando. Com as/De mãos vazias*. É usada com vários verbos, como: *chegar, estar, ficar, sair*, incluindo os de sentidos opostos. [XAre/WER/SILV/ MEL /AM/AUR]

Comer na (minha) mão: estar submisso a, depender de. *Ele ainda vai comer na minha mão, vai fazer tudo o que quero. Até hoje está comendo na mão do político que lhe arranjou o emprego.* [SILV/ MEL]

Dar a(s) mão(s) à palmatória: admitir o erro, dar-se por vencido. *Foi obrigado a dar a mão à palmatória, diante das evidências de que estava errado.* Sinônimo: *Dar o braço a torcer.* [MEL/NAS/2422/ AUR/RMJ] (*)

Dar com uma mão e tirar com a outra: fazer algum benefício visando a tirar proveito mais adiante. *O aumento salarial foi anulado com o aumento de impostos, eles dão com uma mão e tiram com a outra.* [MEL]

Dar uma mão/mãozinha: ajudar, apoiar. Se não déssemos uma mãozinha, o serviço não terminaria nunca. Sinônimo: *Dar uma força.* [WER]

De mão beijada: de graça. *Ganhou de mão beijada todo o enxoval para o casamento.* A expressão deve ter vindo das doações feitas ao rei ou ao papa em cerimônias do "beija-mão". Além dos verbos apontados, são usados outros alternativos, como *receber, conseguir, dar, ganhar, entregar,* etc. [HOU/AUR/WER /LCC/SILV/MEL/ MOU/PIM/NAS] (*)

De segunda mão: usado, que passou por um ou mais donos. *Comprou um carro usado de segunda mão e agora está arrependido.* [MEL/NAS]

Deixar (alguém) na mão: não honrar a palavra dada. *Prometeu ajuda, mas deixou o amigo na mão.* [MEL/SILV]

Estar/Ficar na(s) mão(s) de: estar/ficar sob controle. *Enrolou-se todo e agora está nas mãos de agiotas.* Sinônimo: *Na palma da mão.* [MEL/5682/4206]

Ficar na mão: ser demitido sem ter para quem apelar, não conseguir o prometido, o desejado, ficar sem nada, ser logrado. *Se eu fosse depender da sua ajuda, teria ficado na mão.* Sinônimos: *Ficar a pé. Ficar a ver navios.* Cf.: *Estar/Ficar na(s) mão(s) de.* [MEL/SILV/NAS/4438]

Lavar as mãos: furtar-se às responsabilidades. *Não tenho culpa dos problemas havidos durante a festa, por isso lavo as minhas mãos.* A expressão é inspirada no episódio bíblico em que Pilatos lava suas mãos frente ao povo, tentando eximir-se da responsabilidade da condenação de Jesus e pode ser considerada redução da expressão matriz: *Lavar as mãos como Pilatos,* que tem, inclusive, similar espanhola.. [HOU/ AUR/WER/SILV/ALV/PIM/5016] (*)

Levantar as mãos ao/para o alto/céu: agradecer a Deus. *Você tem que levantar as mãos para o alto pelas coisas boas que tem conseguido.* [HOU/AUR/MEL/SILV]

Mão(s) fria(s), coração quente: superstição dessa virtualidade. "- *Muito prazer! / — Que mão fria. / — Mão fria, coração quente!*" Há correspondentes em inglês, espanhol, francês e italiano, com os mesmos referentes. Cf.: *Mão(s) quente(s), coração frio.* [STEIN/LMOT/ 5318/FUL/AM] (*)

Mão(s) quente(s), coração frio: amor vadio; superstição dessa virtualidade. "*— Muito prazer! / — Que mão quente! / — Mão quente, mas o coração frio, pois o amor não chega*". Cf.: *Mão(s) fria(s), coração quente.* [MEF/5318]

Perder a mão: perder a vantagem, perder o controle. *A presidente, depois da demissão do ministro, está perdendo a mão cada vez mais.* [SILV]

Ser (um) mão-aberta: ser perdulário, gastador. *Seja mão-aberta, mas não deixe ninguém comer nela; pode perder os dedos.* [SILV/NAS/XAcm/WER/NAS]

Ser (um) mão-fechada: ser sovina, avarento. *O cara é um mão-fechada, não abre a mão nem pra dar bom dia.* Sinônimo: *(Um) Mão de vaca..* Cf.: *Ser (mão) aberta.* [SILV/5313]

Ter mão(s) de fada: mãos de mulher habilidosa em trabalhos manuais. *A mulher dele tem mãos de fada.* [SILV/AUR/ NAS/5317]

Ter mão de ferro: ser duro, enérgico, rigoroso. *É preciso ter mão de ferro para*

comandar essa empresa. [MEL/AUR/NAS/5308]
Ter mãos limpas: ser pessoa honrada. *Seja na vida pessoal, seja na política, jamais se deixou corromper; ele tem as mãos limpas.* [NAS/MEL/SILV/AUR]
(Um) Mão de vaca: sovina, indivíduo avarento. *O meu vizinho era chamado de mão de vaca pela mulher porque nunca comprava o que ela queria.* Sinônimo: *Ser (um) mão fechada. Pão-duro.* A expressão é usada com diversos verbos alternativos, inclusive como predicativo com o verbo *ser*. [FUL/MEL/SILV/XAcm/NAS /RIB/GUR/5313] (*)
Uma mão lava outra (e as duas lavam o rosto): as pessoas devem se ajudar mutuamente; quando isso acontece, mais facilmente conseguem os objetivos comuns. *Se um ajudar o outro, vão acabar mais rápido, uma mão lava a outra. Se nós nos ajudarmos, seremos vitoriosos; uma mão lava a outra e as duas lavam o rosto.* [MEL/LAU/DI/WER/LMOT/FRI/MEF/LCC/SILVA2/8741/AM] (*)

MAPA

Riscar do mapa: excluir, suprimir. *Por causa da violência, ele riscou do mapa as saídas noturnas.* Cf.: *Sair/Sumir do mapa.* [MEL/7537/AUR]
Sair/Sumir do mapa: desaparecer. *Nessas horas Lula sempre some do mapa.* Cf.: *Riscar do mapa.* [SILV/MEL/8082/AUR]

MAR

Mar de lama: ambiente ou situação de grande degradação moral ou de corrupção. *Há setores da administração pública que são verdadeiro mar de lama.* Usa-se com diversos verbos alternativos, como o verbo *haver*, e, inclusive, o verbo *ser* e predicativo. [5322/AUR/MEL/NAS]
Mar de rosas: período de felicidade, época de tranquilidade. *No início o seu casamento foi um mar de rosas.* Usa-se com diversos verbos alternativos, como *viver* e, inclusive, com o verbo *ser* e predicativo. [5324/AUR/MEL/NAS]
Nem tanto ao mar nem tanto à terra: no meio termo, sem exageros, nem para mais nem para menos. *Você precisa se alimentar bem, mas não exagere, nem tanto ao mar nem tanto à terra.* Sinônimo: *Nem oito nem oitenta.* [MEL/LMOT/FRI /6020/AUR]
O mar não estar pra peixe: a situação não estar boa. *Trate de começar a economizar, pois o mar não está pra peixe.* [MEL/6199]

MARACUJÁ

Maracujá de gaveta: pessoa com o rosto todo enrugado. *Resolveu fazer uma plástica, querendo deixar de ser maracujá de gaveta.* Naturalmente, a explicação literal está em guardá-lo numa gaveta (de geladeira, por muito tempo, à espera do consumo). Usa-se com vários verbos alternativos, inclusive como predicativo, com o verbo *ser*. [NAS/PUG/MEL/5325]

MARAVILHA

Oitava maravilha (do mundo): algo extraordinário, digno de estar ao lado das sete maravilhas do mundo. *Você vai gostar da casa que comprei, é a oitava maravilha.* [PIP/MEL/SILV]

MARCA

De marca maior: fora do comum, que excede os limites. *Aquele seu amigo é um mentiroso de marca maior.* Sinônimos: *Fora de série. Não estar no gibi.* [MEL/NAS/2925/AUR]

MARÉ

Remar/Nadar contra a corrente/a maré: lutar em vão contra forças opostas. *Foi contra a maré, quando todos queriam sair mais cedo.* Usam-se ainda os verbos *lutar, navegar, ir*, entre outros. Há expressão similar em inglês. [RMJ2/MEL/SILV/4810/AUR/NAS] [*]

MARGARIDA

Apareceu a margarida (olê, olê, olá!): diz-se em relação a alguém esperado, mas atrasado ou que há muito tempo não aparece. *Apareceu a margarida! Até que enfim você apareceu.* Margarida é nome de flor ou de mulher, originado certamente do nome da flor, que é uma espécie ornamental de influorescência vistosa. O sentido da expressão, que virou bordão, provém de uma cantiga de roda. A cantiga e a expressão referem-se certamente ao nome de mulher, mas seu uso frequentemente se generaliza, abrangendo a referência também a homem. Cf.: p. 34, g. [MEL] [*]

MARIA

Maria vai com as outras: pessoa fraca, sem personalidade. *Aquele cara não tem vontade própria: é um maria vai com as outras.* Usada de várias formas, inclusive como predicativa com o verbo *ser*. Observe-se que Maria, embora nome tradicional de mulher, aplica-se, pelo sentido figurado da expressão, igualmente a homens. Conhecem-se algumas versões explicativas para essa expressão. Em francês há ideia equivalente. Cf.: p. 34, g. [MEL/NAS/JRF/5343/AUR] [*]

MARINHEIRO

Marinheiro de primeira viagem: pessoa sem prática que faz algo pela primeira vez. *Marinheiro de primeira viagem, ele ainda não sabe como lidar com o filho recém-nascido.* É usada com vários verbos, inclusive na função predicativa com o verbo *ser* [MEL/SILV/AUR]

MARMELADA

Fazer marmelada: manipular o resultado para torná-lo favorável a alguém em um jogo, competição, eleição, etc. *Fizeram uma marmelada no final do campeonato.* Sinônimo: *Fazer uma mamata.* [MEL/PIM/HOU/4258] [*]

MARRA

Na marra/raça: à força, mediante emprego de violência. *Com a entrada proibida na* *boate, resolveu entrar na marra*. Vale lembrar que "marra" é martelo pesado para quebrar pedras e paredes. Expressões usadas em combinação com diversos verbos. Sinônimo: *No grito*. [MEL/LUF/5684/AUR]

MARTELO

Bater o martelo: Decidir, dar a palavra final. *Resolveram onde passar as férias, mas quem vai bater o martelo é o pai*. Alusão ao gesto do leiloeiro de bater o martelo, aceitando uma oferta final. [SILV/MEL]

Estar entre a bigorna e o martelo (ou **entre o martelo e a bigorna**): estar entre duas dificuldades, dois perigos, sem saber como evitá-los. *Os dois são seus amigos, por isso não pôde tomar partido, e ficou entre a bigorna e o martelo*. Sinônimo: *Entre a cruz e a espada*. [AUR/MEL/NAS/SILV]

MAS

Não ter mas nem meio mas: fórmula de não admitir desculpas, sem possível recusa, modo de repelir uma escusa. "*— Ele foi mal na prova, mas... /— Não tem mas nem meio mas, foi mal porque não estudou*". Cf.: *Sem sombra de dúvida(s); Não ter talvez*. [PUG/SILV/6008/AUR/NAS]

MÁSCARA

Tirar/Cair a máscara: mostrar a verdade, mostrar a verdadeira face da sua personalidade. *Finalmente tirou a máscara, e agora todos sabem quem ele é*. [PIP/MEL/SILV/NAS]

MATAR

Matar... e **Matar de...**: levando-se em conta que o verbo "matar" nos dicionários e, basicamente, em muitas construções possui o sentido figurado de "causar mal, causar sofrimento moral ou físico por algo, em geral com grande ou demasiada intensidade, extinguir, satisfazer", pode-se arrolar expressões idiomáticas ou mais ou menos idiomáticas, com complementos como: *Matar a curiosidade/a sede/a fome/a aula/a charada/o tempo*, etc., e, com adjuntos, com a preposição "de", como: *Matar de curiosidade/de sede/de fome/de inveja/de vergonha/de saudade/de raiva/de amor(es)/de raiva/de medo/de rir*, etc. Usos: *Ganhou uma fortuna na loteria e primeiro matou a fome de todos os vizinhos favelados. Quando Suzete era pequena, matava de vergonha a mãe pelo modo escandaloso de se vestir. Quando começou a jogar, Nenê matava de medo os adversários pela sua maneira truculenta de jogar*. Há, ainda, outras construções com essas palavras, mas com função subjetiva, como: *A curiosidade/a sede/a fome/a inveja*, etc. *matou...* Como vários outros vocábulos ou palavras, usa-se pré-posicionada. Cf.: *De; Morrer de...* [SILV/MEL/AUL/ABL]

O que não mata engorda: justificativa para se comer ou beber de tudo, diz-se a respeito de má comida. *Ele não poderia beber tanto álcool, mas o que não mata engorda*. [MEL/LMOTMEF/6240/AM/CF]

MATO

Desse mato não sai coelho: não há condições de obter o esperado. *Não adianta esperar a ajuda, que desse mato não sai coelho.* [MEL/NAS]

Estar/Ficar no/num mato sem cachorro:
1. fracassar, estar em situação difícil.
2. ficar inteiramente desorientado. *Sem dinheiro para pagar as dívidas, ele está no mato sem cachorro.* Uma variável mais antiga registra: *Ficar na várzea sem cachorro.* [CDAs/SILV/WER/LP/AM/AUR/MEL]

MATRACA

Ser uma matraca: falador, ter incontinência verbal, ser tagarela. *A matraca da minha vizinha adora falar da vida dos outros.* "Matraca" é um instrumento de percussão de madeira para soar estridentemente em cerimonial religioso. [MEL/LCC]

MÉDIA

Fazer (uma) média: procurar agradar, ser aceito, bajular para tirar proveito. *Com belas flores, fez média com a namorada que concordou com o passeio dele com os amigos.* [NAS/SILV/MEL]

MÉDICO

De médico (poeta) e louco todo mundo tem/todos nós temos um pouco: em geral as pessoas recomendam remédios às outras, fazem algumas loucuras e gostam de poesia. *Ele vive querendo me dar receitas; de médico e louco todo mundo tem um pouco.* Em relação a *De médico e louco*, em espanhol há expressão literalmente igual. [MEL/LMOT/FRI/MEF/2931] (*)

MEDO

Ter medo (até) da (própria) sombra: assustar-se com tudo, apavorar-se à toa. *Anda tão preocupado com a violência, que tem medo da própria sombra.* [SILV/NAS/MEL/LEL/PIM/8312/AUR] (*)

MEDULA

Até a medula (dos ossos): profundamente, até o último ponto, até não poder mais, completamente. *Envolveu-se naquele projeto até a medula.* Sinônimo: *Até o pescoço.* [NAS/MEL/AUR]

MEL

Quem nunca comeu mel/melado, quando come se lambuza: às vezes quem nunca teve nada, quando ganha um pouco fica insuportável. *Está todo cheio com o dinheirinho que ganhou, quem nunca comeu mel quando come se lambuza.* [7422/MEL/LMOT/AM]

MELADO

Quem nunca comeu mel/melado, quando come se lambuza: às vezes quem nunca teve nada, quando ganha um pouco fica insuportável. *Está todo cheio com o dinheirinho que ganhou, quem nunca comeu melado quando come se lambuza.* [7422/MEL/LMOT/AM]

MELHOR

É melhor prevenir que remediar: é preferível evitar o problema a arcar com as suas consequências. *Está calor, mas vou viajar levando agasalho, é melhor prevenir que remediar.* Há similar em inglês em versão literal. [LMOT/MEL/3463] (*)
Levar a melhor: vencer, demonstrar que tem razão, dominar. *Levou a melhor na discussão, pois todos acabaram concordando com ele.* Cf.: *Levar a pior*, expressão antônima. Cf. também p. 34, d. [WER/SILV/5069/MEL/AUR]
Passar desta para a/uma melhor: morrer. Há elipse da palavra "vida", na medida em que essa palavra está presente no espírito do falante. Cf.: *Bater as botas*.

MEMÓRIA

Memória de elefante: memória extraordinária, com grande capacidade de fixação. *O menino decora com a maior facilidade; ele tem memória de elefante.* A expressão é usada com diversos verbos, como *ter, possuir*, entre outros. [MEL/RIB/NAS /SILVA2/AUR] (*)
Memória de galo/de galinha: desmemoriado, memória fraca. *Não lembra nem o nome do seu primo; tem uma memória de galo.* [MOT/NAS/SILVA2/5442]

Puxar pela memória: esforçar-se para lembrar algo. *Tive que puxar pela memória para reconhecê-lo.* Cf.: *Refrescar/ Despertar a memória*. [MEL]
Refrescar/Despertar a memória: relembrar fatos, detalhes, etc. que possam lembrar outros centrais daquilo que se deseje falar. *Refresquei sua memória com fatos passados para que aceitasse as minhas ponderações.* Cf.: *Puxar pela memória*. [MEL/SILV/AUR]

MENTIRA

A mentira tem perna(s) curta(s): não se pode sustentar uma mentira por muito tempo. *Não adiantou inventar aquela história; a mentira tem perna curta.* Trata-se de provérbio de uso coloquial muito corrente. [0198/MEL/LAC/STEIN/LMOT] (*)
Mentira deslavada: mentira exagerada, descarada. *Chegou atrasado, contando ao patrão uma mentira deslavada.* Usa-se alternativamente com diversos verbos, inclusive com o verbo *ser, contar*, etc. Cf.: *Mentira/História cabeluda*. [MEL/ABL]
Mentira/História cabeluda: mentira muito exagerada, história inverídica. *Contou à mãe uma mentira cabeluda para poder sair com o namorado.* Sinônimo: *Mentira deslavada*. Expressões intensificadoras, sem origem metafórica aparentemente discernível, a menos que "cabeluda" seja associada ao visual da quantidade emaranhada de cabelos fartos e descuidados. São usadas alternativamente com diversos verbos, inclusive como predicativo

com o verbo *ser*. Cf.: *Mentira deslavada*. [FUL/MEL]

MÊS

Entra ano/dia/semana/mês, sai ano/dia/semana/mês: diz-se do que acontece ao passar do tempo, constantemente, sem interrupção. *Entra mês, sai mês, e o aumento salarial nada de ser definido.* [MEL]

MESA

Mesa-redonda: reunião de interesses mútuos, entre membros em pé de igualdade, em torno de uma mesa (redonda ou não). *Fizeram uma mesa-redonda para discutir seriamente o tema. Vou participar de uma mesa-redonda científica.* Usa-se com vários verbos, como *fazer, participar,* etc. Cf.: p. 20, d. [NASD/PIM/AUR/5466] (*)

MESMA

Estar/Ficar na mesma: boiar, ficar na mesma situação. *Internado há um mês, o pai dela ainda está na mesma.* Entendemos que nas expressões desse tipo, com forma marcada no feminino, há elipse de palavras como "situação", "opinião", "condição", etc. Cf.: p. 34, d. [MEL/SILV/NAS]

METAL

Vil metal: o dinheiro, para quem acha que outras coisas são mais importantes, o dinheiro pejorativamente considerado. *Por só pensar no vil metal, não dá valor às coisas simples da vida. Por causa do vil metal, desentendeu-se com a família.* Usa-se com vários verbos alternativos, entre outras construções frásicas. [MEL/NAS /HOU/AUR/6270]

MEXER

Virar e mexer: ir e vir, insistir, a toda hora, a todo momento. *Vira e mexe ele vai para São Paulo.* Muito usada sob a fórmula cristalizada *Vira e mexe.* [FUL/WER/SILV]

MICO

Destripar o mico: vomitar. *Comeu demais muitas coisas muito gordurosas, depois destripou o mico na frente dos convidados.* Cf.: *Pagar o mico*, expressão mais recente, cujas conexão e conotação da palavra "mico" têm hipótese relativamente aceitável, parecendo, entretanto, aqui, estar sob a hipótese da referência ao animal, "macaquinho", indiscernível. [SILV/NAS/HOU/3240/AUR]

Pagar (o) mico: colocar-se em situação embaraçosa, passar vergonha, dar vexame, ser enganado. *Ela pagou mico quando chegou com aquela roupa ridícula.* No jogo infantil de baralho do Mico Preto, cada carta corresponde a um animal, com macho e fêmea. Somente o mico não tem par; daí carta sem valor. Sinônimo imperfeito: *Pagar o pato.* [RIB/MEL/SILV/HOU/6420/AUR/AUL] (*)

MIL

A mil (por hora): em grande velocidade, excitação, alegria, entusiasmo, confusão, a todo o vapor, em estado de grande agitação, etc. *Saiu daqui a mil para encontrar-se com a namorada. Olha, não adianta... hoje não dá; minha cabeça está a mil.* Minha cabeça está a mil exemplifica mais um caso do frequente uso de elipses em expressões populares, podendo-se supor aqui "a mil quilômetros". É usada com vários verbos, como *estar, ficar, sair,* etc. Cf.: p. 34, d. [MEL/SILV]

Mil novecentos e antigamente: um tempo remoto, muito antigo. *Ele é quadradão, é de mil novecentos e antigamente.* Sinônimos: *Mil novecentos e lá vai fumaça. Mil novecentos e cacetada.* É usada com vários verbos, inclusive na função predicativa com o verbo *ser*. [MEL]

Mil novecentos e cacetada: um tempo remoto, muito antigo. *Conheço a sua família desde mil novecentos e cacetada.* Sinônimos: *Mil novecentos e lá vai fumaça. Mil novecentos e antigamente.* É usada com vários verbos, inclusive na função predicativa com o verbo *ser*. Cf.: NÚMERO. [MEL]

Mil novecentos e lá vai fumaça: um tempo remoto, muito antigo. *Essa roupa é de mil novecentos e lá vai fumaça.* Sinônimos: *Mil novecentos e cacetada. Mil novecentos e antigamente.* É usada com vários verbos, inclusive na função predicativa com o verbo *ser*. Cf.: NÚMERO. [MEL]

Mil/Mil e um: grande quantidade, muitos. *Ele tem mil projetos para os filhos. Aí ela deu mil e uma explicações.* É numeral adjetivo e usado em várias construções com diversos verbos. Cf.: *Na banguela.* [MEL/AUR/NAS] (*)

MILHO

Catar milho: datilografar ou digitar muito devagar, procurando cada letra. *Eu catava milho numa velha máquina de escrever Remington.* No início, o sentido metafórico da expressão era "datilografar devagar", apenas com os dedos indicadores; posteriormente tem havido outras conotações, como *Demorou horas catando milho no teclado do computador.* [1791/MEL]

MIM

A mim me parece que... : acho que, suponho que... *A mim me parece que você está redondamente enganado.* Locução fixa denotativa, isto é, de sentido literal.

MÍNGUA

À míngua: estado de falta, de miséria. *As baratas morrem à míngua, mas muitas pessoas na rua também.* Sinônimo: *A pão e água.* Uso alternativo com vários verbos, como *estar, ficar, morrer,* entre outros. [0208]

MINHA

Estar/Ficar na minha/sua/na dela/na dele: não se manifestar, manter a opinião, ficar tranquilo. *É melhor você ficar na sua para não se prejudicar. Estou na minha* *e não abro mão*. Nas expressões, cuja palavra-base e chave é um pronome demonstrativo, indefinido, possessivo etc., com forma marcada no feminino, pressupõe-se, dentro do contexto, a "elipse" de palavras femininas, como *situação, opinião, maneira, onda,* etc. Cf.: p. 34, d. [FUL/MEL/SILV/AUR]

MINHOCA

Com minhoca na cabeça: ter ideias malucas, fantasiosas, planejar algo perigoso. *Assumiu uma dívida que não poderá pagar, ela tem minhoca na cabeça. Não vou botar minhoca na cabeça de ninguém, não interessa.* Em francês há expressão com ideia semelhante, mas com outros referentes. A expressão pode ser iniciada alternativamente com os verbos *estar, ficar, viver, andar, ter,* entre outros. [BAL/DI/MEL/SILV/WER/8313] (*)

MÍNIMA

Não dar/não ligar a mínima: não dar a menor atenção, importância. *Dei-lhe muitos conselhos, mas ele não deu a mínima.* Expressões desse tipo implicam elipses de referentes, como "atenção", "importância" ou equivalente. Cf.: p. 34, d. [MEL/SILV/3921/AUR]

MIOLO

Miolo mole: amalucado, pouco inteligente. *De miolo mole, ele já não consegue se relacionar bem com ninguém.* É usada em várias construções, inclusive com os verbos *estar, ficar*, entre outros. Trata-se de mais um uso metonímico, agora da palavra "miolo". [MEL/AUL/AUR/NAS]

MISSA

Missa do galo: missa comemorativa de Natal, outrora celebrada à meia-noite do dia 24 de dezembro. *Nós iremos na missa das 21 horas do dia 24 na chamada missa do galo.* Pelo horário antigo tradicional (à meia-noite) fica associada ao canto do galo, que, em meio à madrugada, anuncia a chegada do novo dia, da aurora da boa-nova. Por fatores vários, atualmente só resta a expressão "missa do galo", pois não é mais rezada à meia-noite, sendo antecipada, com o mesmo efeito e valor tradicionais, para as 18, 19, 20 ou 21 horas do dia 24 de dezembro. Usa-se com vários verbos, como *rezar, cantar, celebrar,* entre outros. [NAS/PIM/RIB/5537/AUR]

MIÚDO

Dançar miudinho: ser punido, demitido, dar-se mal. *O corrupto vai dançar miudinho, não tenham dúvidas.* [SILV/7201]
Trocar em/por miúdos: dizer com clareza, detalhar, explicar sem rodeios. *Gostaria que você trocasse em miúdos o que acabou de dizer.* [SILV/MEL/8656/AUR]

MODA

Cair da/de moda: deixar de ser hábito, de ser atual. *Hoje em dia, respeitar os mais velhos caiu de moda.* [SILV/MEL]

Estar na moda: estar em evidência. *Infelizmente a corrupção no Brasil está sempre na moda*. [MEL]

MOEDA

O/A outro(a) lado/face da moeda: a situação oposta; o ponto de vista contrário. *Quando a oposição passa a ser governo, fica conhecendo o outro lado da moeda*. Usam-se diversos verbos alternativos, como *conhecer*, entre outros. Cf.: *Os dois lados da (mesma) moeda*. [MEL/0924]

Pagar na/com a mesma moeda: dar o troco, retribuir o que nos fazem de maneira igual com o bem ou com o mal. *Estarei realizado quando puder pagar com a mesma moeda o que você fez por mim*. Cf.: *Pena de talião*. [PIP/MEL/SILV/FRI/NAS/6409]

MOFO

Criar mofo: ficar velho. *O projeto está criando mofo, não sai da gaveta*. [NAS/SILV]

MOITA

Ficar na moita: esconder-se, silenciar, sem revelar o que sabe. *Quando perguntaram a minha idade, fiquei na moita, mas depois acabei dizendo*. [SILV/MEL/NAS/AUR]

MOLEZA

Dar (uma) canja/moleza/colher (de chá)/sopa (para o azar): Cf.: CANJA.

Ser (uma) canja/moleza/sopa/colher (de chá): Cf.: CANJA.

MOLHADO

Chover no molhado: 1. perder tempo. 2. repetir. 3. insistir em coisa muito batida. 1. *Dar conselhos a ela, é chover no molhado*. 2. *Ele chove no molhado ao insistir nessa resposta*. 3. *Assim não é possível, é chover no molhado*. É usada também complementada por outros verbos, inclusive na função predicativa com o verbo *ser*, como no último exemplo. Também aparece em versão literal em outros idiomas. [PIP/SILV/MEL/FUL/AM/AUR] [*]

MOLHO

Estar/Ficar de molho: estar temporariamente inativo, doente de cama. *Depois da cirurgia, ainda ficou de molho quinze dias*. [MEL/AUR/NAS]

MONSTRO

Ser monstro sagrado: artista excepcional, pessoa de renome e prestígio que se tornou incriticável, mito, intocável. *Procópio Ferreira foi um monstro sagrado do teatro brasileiro*. Às vezes é usada ironicamente. [MEL/AUR/5554]

MONTANHA

Se a montanha não vem a Maomé, Maomé vai à montanha: deve-se preferir as soluções simples às complicadas; é bom ir atrás de quem se espera, mas não vem; deve-se trabalhar em prol de seus interesses. *Já que você não me procurou, eu vim visitá-lo, se a montanha não vem a Maomé, Maomé vai à montanha.* Cf.: p. 34, g. [MEL/RMJ] (*)

MORAL

Moral da história: conclusão ou lição moral inerente a um fato narrado. *Foi assaltada por diversas vezes, moral da história: não sai mais sozinha.* Constrói-se com vários verbos alternativos e como predicativo com o verbo ser. Cf.: *Dar/Levar uma lição (de moral).* [MEL/5564/AUR]

MORDER

Morder e (as)soprar: atacar e elogiar, fazer duas coisas contrárias ao mesmo tempo ou subsequentemente. *Depois que te criticou, vive te elogiando, ele morde e assopra.* Não admite inversão de ordem. [SILV/MEL]

MORRER

..de amargar/arrasar (quarteirão)/arrancar/arrepiar (os cabelos)/doer / enlouquecer/lascar/morrer/tinir, etc.: Cf.: AMARGAR.
Morrendo e aprendendo: Cf.: *Vivendo e aprendendo.*
Morrer: Cf.: BOTA.
Morrer de...: levando-se em conta que o verbo "morrer" nos dicionários e, basicamente, em muitas construções possui o sentido figurado de "sentir falta, sofrer, ficar com vontade de, em geral com grande ou demasiada intensidade, extinguir, satisfazer", pode-se arrolar expressões idiomáticas ou mais ou menos idiomáticas, com adjuntos com a preposição de como: *Morrer de curiosidade/de sede/de fome/de inveja/de vergonha/de saudade/de raiva/de amor(es)/de raiva/de medo/de rir,* etc. Usos: *Eles morreram de rir quando lhes contei teus casos. Ela morria de amores pelo primo. Chegou morrendo de fome e devorou dois pratos de comida. Ela morre de inveja das roupas da colega. Quando era pequeno, o rapaz sempre morria de medo de ser raptado. Morre de sede, mas não consegue beber líquido. Quando vai almoçar na casa do futuro sogro, morre de vergonha. Eles morreram de rir quando lhes contei os teus casos.* Essa locução verbal, como muitas outras, combina-se, ainda, com vários acréscimos adicionais, lexicais ou frasais, até de valor semântico aparentemente contraditório, como visto, mas muito casuais e contextuais, de acordo com a criatividade e gosto pessoais do falante, sem, porém garantia de que se torne usual. Como vários outros vocábulos ou palavras, usa-se pré-posicionada. Possui alguns correspondentes em outros idiomas, como em francês e inglês. Cf.: *Matar...; Tinir de; ...de amargar/arrasar (quarteirão)/arrepiar (os cabelos)/doer /enlouquecer/lascar/morrer/rachar.* Cf. também: DE. [SILV/MEL /FUL/RMJ2/ WER/AUR/NAS] (*)
Morrer de morte matada: ser assassinado. *Sempre envolvido com drogas, morreu de morte matada ainda jovem.* Expressão

tipicamente mineira, mas de uso praticamente nacional. [PUG/NAS/MEL/AUR]
Morrer de morte morrida: ter morte natural. *Ela diz que quer morrer bem velha, de morte morrida.* Expressão tipicamente mineira, mas de uso praticamente nacional. [PUG/NAS/MEL/AUR]

MORTE

Ser de morte: insuportável, de má índole, de mau caráter. *O filho dele é de morte, não fica parado um instante.* [NAS/2943/SILV/MEL/AUR]

MORTO

Morto de: em alto grau, excessivamente. *No final da maratona, ele ficou morto de cansaço. Ficou morto de ódio porque mandaram ele buscar o irmão.* Cf.: *Morrer de...* Cf. também: DE. [AUR/MEL/SILV]
Não ter onde cair morto: estar na miséria. *Como ele pode contrair essa dívida tão alta, se ele não tem onde cair morto.* [WER/MEL/AUR]
Nem morto: de forma alguma. *Ela prometeu não largar o cargo nem morta.* Sinônimos: *Nem que a vaca tussa. Nem a pau. Nem pensar. Nem por decreto. Nem por sombra(s). De jeito (e) maneira.* Expressão intensificadora negativa, usada com diversos verbos alternativos. [MEL/FSP/WER/DSP/2889/AUR]

MOSCA

(Acertar) Na mosca: perfeito conhecimento sobre, atingir o objetivo em cheio, atingir o coração do alvo, demonstrar precisão em alguma coisa. *É isso mesmo: acertou na mosca.* Sinônimo: *Acertar em cheio.* Vem do esporte "tiro ao alvo". [WER/SILV/0454/MOT/RIB] (*)
Em boca fechada não entra mosca/mosquito: às vezes é preferível ficar calado a falar o que não deve. *É bom você não falar nada sobre o que você viu, em boca calada não entra mosquito.* A ideia já está em latim, vulgarizada posteriormente em correspondentes em português, espanhol, francês, italiano e inglês. [MEL/LMOT/FRI/SILVA2/3512] (*)
Estar/Ficar entregue às baratas/moscas/traças: estar abandonado, maltratado, sem ninguém, desocupado, sem cuidados. *Agora o bar fica entregue às moscas.* Usam-se também com outros verbos, como *ser entregue*, etc. [FSP/MEL/SILV/WER/0933]
Ser incapaz de fazer mal a/matar uma mosca: inofensivo. *Você não deve temê-lo: ele é incapaz de fazer mal a uma mosca.* [MEL/NAS/7889]
Ser picado pela mosca azul: ficar deslumbrado, em estado de tentação, de glória, cheio de orgulho. *O senador foi picado pela mosca azul, agora acha que é o rei da cocada preta.* [SILV/MEL/2017/AUR] (*)
Só mudam as moscas (mas a merda é a mesma): é a mesma coisa. *Estamos de chefe novo, mas só mudam as moscas. "Mudam as moscas, mas o lixo, infelizmente, continua o mesmo".* (Leitor do DSP, 11/11/2016 sobre o escândalo do uso irregular das aeronaves da FAB) [7997]

MOSQUITO

Em boca fechada não entra mosca/mosquito: às vezes é preferível ficar calado a falar o que não deve. *É bom você não falar nada sobre o que você viu, em boca fechada não entra mosquito*. A ideia já está em latim, vulgarizada posteriormente em correspondentes em português, espanhol, francês, italiano e inglês. [MEL/ LMOT /FRI/SILVA2/3512]

MUDO

Entrar mudo (e) sair calado: não se manifestar. *Não quis opinar na reunião, entrou mudo e saiu calado*. Expressão intensiva, completamente discernível. [MEL]

MULA

Picar a mula: ir embora, fugir. *Teve que picar a mula para não ser apanhado pela polícia*. Esporeia-se (pica-se) a mula para ela andar. Sinônimos: *Dar o/no pira. Dar no pé. Botar/Colocar/Passar sebo nas canelas*. [SILV/MEL/FUL/ALV/PIM/1601]

MUNDO

Abarcar/Abraçar o mundo com as mãos/ pernas: assumir mais compromissos do que pode realizar, querer fazer tudo ao mesmo tempo. *Por querer abraçar o mundo com as pernas, contraiu uma grave doença*. Traduzem ação impossível, mas o sentido figurado é discernível, a partir do sentido literal. [WER/MEL/ FUL/SILV /0400/AUR/NAS/BEC]

Coisa(s) do outro mundo: coisa espantosa, incrível, inverossímil, estranha, excelente. *O carro dele é coisa do outro mundo*. Constrói-se com vários verbos, bem como a expressão pode ser encabeçada por outros vulgarismos léxicos, como história(s), negócio(s), etc. Cf.: *Do arco da velha*. [PUG/1976]

Desde que o mundo é mundo: sempre. *Desde que o mundo é mundo o homem tem desvios de caráter*. Com função de adjunto adverbial, usa-se com diversos verbos. [MEL/PUG/3211/AUR]

Mundos e fundos: quantia muito vultosa. *Gastou mundos e fundos com a doença do filho*. Expressão usada com verbos alternativos, como *prometer, mover, gastar, contar*, etc. Parece que "fundos" significava os meios para se conseguir os mundos, mas a expressão, como muitas outras, ganha força especial pela rima. Cf.: *Mover céus e terra(s)* e *Esforço concentrado*. [MEL/FUL/RMJ2/LCC/SILV/ JRF/RMJ /NAS /5639/AM/AUR] (*)

No mundo da lua: Cf.: CABEÇA.

O mundo dá muitas voltas: tudo é passível de sofrer modificações. Em termos de variantes contextuais para os diversos tipos de modificações, pode-se exemplificar com: a) para situações de derrota, de tristeza, injustiça: *Isso tudo vai passar, o mundo dá muitas voltas*; b) para situações de alegria, de conquista, de glória: *De aluno medíocre, tornou-se um eminente professor, o mundo dá muitas voltas*; c) para outras situações, neutras: *Ontem daquele modo, hoje deste, o mundo dá muitas voltas*. [MEL/MEF/FON]

O mundo é dos (mais) espertos: os vencedores são os mais espertos. *Sem pistolão, você não conseguirá esse empréstimo, o mundo é dos espertos*. Essa atitude é reconhecida também no italiano e no inglês. [MEL/LMOT/NAS/6205] (*)

O mundo/Como o mundo é pequeno!: exclamações entre conhecidos distantes que se encontram depois de muito tempo. *Nossa! Você aqui. Como o mundo é pequeno*! Sinônimo: *Até as pedras se encontram*. Normalmente funcionam como interjeições de espanto e admiração. [WER/NAS/6206]

MURO

Em cima do muro: indeciso, sem querer contrariar nenhum dos lados, ter uma atitude ambígua, não assumir uma posição. *Na hora de opinar sobre quem tinha razão, ficou em cima do muro.* A expressão pode ser composta encabeçada alternativamente com os verbos *estar, ficar, viver,* entre outros. O espanhol, à sua maneira, usa a mesma ideia com referente diferente, e em Portugal, há a expressão com a mesma ideia e com o verbo *jogar*: *Jogar com pau de dois bicos*. [MEL/LAT/MOU] (*)

Muro das lamentações: lugar ou pessoa a que todos vão reclamar. *Agora minha casa virou o muro das lamentações.* Usa-se em construções frasais com diversos verbos, como *ser, virar, tornar-se,* etc. [AUR/MEL/5642] (*)

MURRO

Dar murro(s) em ponta de faca ou ***Dar murro(s) em faca de ponta***: pretender algo difícil ou impossível com risco pessoal, lutar contra adversário mais forte. *Insistir para que ele largue as más companhias é dar murro em ponta de faca.* Ao contrário da maioria dos casos o sentido figurado parece plenamente discernível. [WER/MEL /SILV/ NAS/2519/AUR]

MÚSICA

Dançar conforme a música: agir segundo as conveniências do momento. *Mesmo contrariado, tive que dançar conforme a música na reunião.* Cf.: Topar qualquer parada. [SILV/MEL/WER /2406/AUR]

MUTRETA

Fazer (alguma/uma) mutreta: fazer enganação, tramoia, armação, muamba. *Teve que fazer uma mutreta para mudar a idade em seus documentos.* [AUR/ HOU/MEL]

N

N: vários, muitos, quantidade ou número relativamente grande, mas número inteiro indeterminado. *Apareceram aqui n pessoas procurando por você. Já lhe aconselhei n vezes, mas não adiantou.* Equivale a um adjetivo ou pronome indefinido. Em português, usa-se também, na mesma linha de sentido, *enésima vez*: *Vou* *falar pela enésima vez, não falo mais.* É usado alternativamente com diversos verbos, como *falar, dizer,* etc. Cf.: *Dia D. Hora H.* [MEL/PIM] (*)

NADA

Antes de mais nada: em primeiro lugar. *Antes de mais nada, eu já não queria concorrer.* Sinônimo: *Para/Pra início/começo de conversa/assunto.* [6501]
De bobo não ter nada: esperto que se faz de bobo. *Não fique preocupado, porque de bobo ele não tem nada.* [MEL]
De nada: insignificante, sem importância, muito pequeno. *Foi uma coisa de nada. Teve uma dor de cabeça de nada. Era um machucadinho de nada.* É frequente ser pós-positivo de substantivo diminutivo. Cf.: *De meia-tigela; Meia-cara* [MEL/2933/AUR]
De/Por nada: respostas que se dão a quem agradece a quem diz "Obrigado". *"— Você foi muito gentil. Obrigado. / — De nada".* Sinônimo: *Não por isso.* [5832]
Nada contra, muito pelo contrário: plenamente de acordo. Constrói-se também com vários verbos alternativos. *Você quer ser o orador da turma. Nada contra, muito pelo contrário.* [MEL]
Nada de nada: absolutamente nada, coisa nenhuma. *Expliquei como chegar à minha casa, mas ele não entendeu nada de nada.* São usados vários verbos na composição das frases. [MEL/AUR]
Não apita (em)nada: não mandar em nada, não ter autoridade. *Em casa ele não apita em nada, quem manda é a mulher.* Cf.: *Zero à esquerda.* [MEL]

(Não) Estar com nada: estar sem qualquer prestígio, não ter valor ou sentido. *Como diretor ele é bom; como ator, não está com nada.* Muito usada na forma negativa: *Não estar com nada,* e mesmo a configuração sem o *Não* já tem valor negativo. [PIP/SILV/MEL/AUR]
Não ser de nada: não ter capacidade ou aptidão, ser covarde, imprestável. *Grita muito, mas não é de nada.* Sinônimo: *Ser de fritar bolinho.* [MEL/SILV/5885]
Não ter nada a ver: não corresponder à realidade. *Não me leve a mal, mas o que você está falando não tem nada a ver.* [MEL/FUL/WER/AUR]

NÃO

Não se enxergar: não reconhecer sua posição social, não ter humildade ou discernimento para reconhecer o seu lugar. *Você não se enxerga? É claro que ela não vai namorar um pé rapado.* [AUR/MEL/NAS/SILV]

NARIZ

Bater/Dar com a cara/com o nariz na porta: não encontrar ninguém em casa, ir inutilmente, sofrer recusa. *Fomos ao churrasco, mas demos com o nariz na porta.* [MEL/SILV/AUR]
Botar/Colocar/Meter/Pôr o bico/o nariz onde não deve/onde não é chamado: intrometer-se em algo sem ser solicitado. *Quem é educado não mete o nariz onde não é chamado.* Sinônimo: *Meter o bedelho. Botar/Colocar/Meter /Pôr a colher.*

Há similar em inglês. [MEL/SILV/WER/ RMJ2 /5472/NAS] (*)
Botar/Meter/Pôr o nariz pra fora: sair de dentro de casa. *Hoje sequer pus o nariz pra fora, e isso me deixa louca.* É usada também com o verbo *meter*. Há expressão correspondente em francês. [XAre/ (*)
Fazer o que lhe der (dá) na cabeça/na telha/na veneta/no **nariz**: Cf.: CABEÇA.
Ficar de nariz torcido: zangar-se, ficar mal humorado. *Se você não a convidar para a festa, ela var ficar de nariz torcido.* Sinônimos: *Amarrar/Fechar a cara. Torcer o nariz.* [MEL/SILV/NAS/AUR]
Saber/Não saber onde tem o nariz: não entender bulhufas do assunto. *Ele não merece ser promovido, pois nem sabe onde tem o nariz.* Talvez seja mais usada na forma negativa. [SILV/MEL/7581]
Ser dono do seu (próprio) nariz: ser independente, assumir a responsabilidade sobre os seus atos, ser livre. *O filho já é dono do próprio nariz, não precisa mais de sua ajuda.* [MEL/SILV/3388]
Ser/Ter nariz(inho) em pé/arrebitado/empinado: ser atrevido, orgulhoso, vaidoso. *Por ser nariz em pé, não consegue relacionar-se com ninguém. Ela é bonitinha, mas é uma pessoa difícil de conviver, por ter o nariz em pé.* [MEL/5970]
Torcer o focinho/o nariz: mostrar má cara, ficar amuado, revelar que não gostou. *Torceu o nariz quando o mandaram ir à feira.* Sinônimos: *Amarrar/fechar a cara. Ficar de nariz torcido. Torcer o focinho.* [MEL/WER/NAS]

NASCER

O que/Quem é bom já nasce feito: a pessoa já traz do berço as características positivas, inclusive morais. *Ele é brilhante em tudo o que faz, quem é bom já nasce feito.* [7374/MEL]

NAVIO

Ficar a ver navios: esperar em vão, não conseguir o desejado, logrado. *Foi embora e me deixou a ver navios. Não me pagou e fiquei a ver navios.* Expressão usada alternativamente com vários outros verbos, como *deixar, estar,* etc. Sinônimos: *Ficar na mão. Ficar a pé.* Para sua origem, há versões discrepantes, embora paralelas: a mais comentada é a alusão aos portugueses que costumavam ficar num morro chamado Alto de Santa Catarina, observando o mar, à espera do retorno do seu monarca, Dom Sebastião, que havia desaparecido na África, na Batalha de Alcácer-Quibir, em 1578, época das grandes navegações. [ALV/0369/NAS/ WER/MEL /LCC/PIM/0369/AUR] (*)

NECA

Neca/Necas/Neres: nada, coisa nenhuma. *Não disse neca; ficou lá calado.* Origem desconhecida, de caráter expressivo. Cf.: *Nada/Neca/Neres de piripitiba.* Palavra combinada com diversos verbos alternativos, como *saber, dizer, entender,* etc. [HOU/MEL]

NECESSIDADE

Fazer (sua/s) necessidade(s): defecar, urinar. *Ele acabou fazendo suas* *necessidades no quintal.* Trata-se de uma expressão eufemística, uma forma mais social de se referir à defecção ou micção. [SILV/MEL/AUR]

NEGÓCIO

Negócio da China: negócio muito lucrativo. *Fez um negócio da China ao vender sua casa. A compra do carro por aquele valor foi um negócio da China.* Expressão usada com diversos verbos alternativos, inclusive com *fazer* e como predicativo com o verbo *ser*. Cf.: p. 34, g. [WER/MEL/NAS/PIM] (*)

Negócio de compadres: aquele em que intervém o favor e não a justiça. *Fiz um negócio de compadres e ele me comprou a casa.* Usa-se com diversos verbos, com *fazer*, entre outros. [AUR/NAS/5996]

NEGRO

Negro, quando pinta, três vezes trinta ou ***Negro, quando pinta, cento e trinta***: quando negro chega a ter cabelos grisalhos, é que está em idade muito avançada. *Seu Benedito tem mais de 80, negro quando pinta tem três vezes trinta.* [AM/LMOT/RMJ]

NENHUM

Estar a/sem nenhum: não ter dinheiro. *Mas acontece que eu não trouxe dinheiro algum do banco; estou sem nenhum.* Entendemos que em expressões desse tipo, formulada no masculino, há elipse de palavra masculina; no caso, "dinheiro, recurso", etc. Cf.: p. 34, d. [MEL/NAS/AUR]

NERES

Neca/Necas/Neres: nada, coisa nenhuma. *Não disse neres; ficou lá calado.* Origem desconhecida, de caráter expressivo. Cf.: *Nada/Neca/Neres de piripitiba*. Palavra combinada com diversos verbos alternativos, como *saber, dizer, entender*, etc. [HOU/MEL]

NERVO

Com os nervos à flor da pele: pessoa muitíssimo nervosa, sensível. *Falou com os nervos à flor da pele.* A expressão pode ser composta encabeçada alternativamente com os verbos *estar, ficar, viver, andar, ter*, entre outros. Sinônimo: *Estar/Ficar/Deixar (como) uma pilha de nervos*. [SILV/LP/MEL/NAS/8733]

Com os nervos em frangalhos: muito nervoso, desequilibrado. *Já estou com os nervos em frangalhos, vamos parar com essa discussão.* Se se atentar para o sentido de "frangalho", que é "trapo", "farrapo", fica compreensível o sentido figurado da expressão. Compõe-se com variados verbos, como *estar, ficar, viver*, entre outros. Cf.: *Em frangalhos.* [MEL]

Ter nervos de aço: ser impassível. *É preciso ter nervos de aço para não se estressar no dia a dia.* Compõe frases com outros verbos, além do verbo *ter*. [MEL/AUR/6027]

NEVES

Até (aí) morreu (o) Neves: até aí eu já sei, até aí não é novidade. *Os políticos dizem que a fome é um flagelo social; até aí morreu o Neves. E a solução?* Locução popular, que abrevia longas narrativas de coisas sabidas. Cf.: p. 34, g. [NAS/RMJ/JRF/MEL/PAS] (*)

NINGUÉM

Comigo-ninguém-pode: nome popular de uma planta que possui cristais venenosos, tóxicos, dentro das células de suas folhas, que podem causar a morte, ser todo-poderoso. *Eu sou como a planta comigo-ninguém-pode.* [LP/2139/AUR]

Ninguém nasce sabendo: expressão auto interpretativa, tudo tem de se aprender durante a vida. *Eu aprendi, você tem que aprender; ninguém nasce sabendo.* A sabedoria popular vem desde o latim, que possui a mesma expressão. [LMOT/6046/MEF/SILVA2] (*)

NINHO

Ninho de cobras: lugar em que há pessoas de mau caráter, traiçoeiras, etc. *A minha seção de trabalho é um ninho de cobras, ninguém confia em ninguém.* Constrói-se com vários verbos, inclusive com o *ser* no predicativo. [AUL/MEL/AUR/6051]

Ninho de rato: gaveta, mesa, armário, etc. em extrema desordem. *Por você não ter cuidado de suas coisas, seu armário está um ninho de rato.* Constrói-se com vários verbos, inclusive com o *ser* no predicativo. [MEL/NAS/AUR/6052]

NÓ

Com um nó na garganta: abalo emocional, perda da fala, sufoco por um desgosto, voz embargada. *Era tanto desgosto que ficou com um nó na garganta. Depois de ser homenageado, ficou com um nó na garganta e quase não conseguiu agradecer.* Constrói-se com os verbos *estar/ficar* e *ter*: *Ter um nó na garganta*, entre outros. [WER/SILV/NAS/MEL/6089/AUR]

Cortar o nó (górdio): Resolver de modo violento uma grande dificuldade. *Está querendo cobrar juros extorsivos, corto-lhe logo o nó.* Cf.: *Desatar o(s) no(s). Não dar ponto sem nó. Nó górdio.*[NAS]

Dar nó em pingo d'água: 1. resolver qualquer problema, realizar tarefa impossível. 2. causar problema. 1. *Ele é como o político demagogo que dá nó em pingo d'água e ainda passa recibo. Dizem que ele dá nó até em pingo d'água.* 2. *O trânsito está dando nó em pingo d'água.* Sinônimos: *Tirar água/leite de pedra. Consertar relógio embaixo d'água.* Cf.: *Enxugar gelo. Catar pingo d'água no mar. Procurar chifre em cabeça de cavalo. Procurar pelo em ovo. Procurar agulha no palheiro. Tapar o sol com a peneira.* Como os outros ditados referidos no corpo do verbete, os folcloristas entendem que se trata de uma das expressões mais expressivas. [WER/XAre/1995/MEL/SILV /2212/7189/7191/8139/LCC]

Dar um nó: complicar. *Vou dar um nó nesse cara, vai pagar dobrado.* Cf.: *Cortar o nó (górdio). Desatar o(s) nó(s). Não dar ponto sem nó.* [SILV/MELLCC/HOU]

Desatar o(s) nó(s): deslindar o caso, resolver uma questão muito complicada. *Marcou uma reunião urgente para desatar o* *nó da empresa*. Cf.: *Nó górdio. Cortar o nó (górdio). Não dar ponto sem nó. Não atar nem desatar.* [SILV/MEL] (*)

Nó górdio: algo difícil e intrincado de superar. *Marcou uma reunião urgente para desatar o nó da empresa. Na pergunta estranha da mulher estava o nó górdio da questão e o marido replicou simplesmente que não tinha obrigação de responder*. Cf.: *Desatar o(s) nó(s). Cortar o nó (górdio). Não dar ponto sem nó.* [LEL/LAR/NEV/RMJ/NAS/SILV/AUR/HOU/AZE/6079/2308/CAC] (*)

NOITE

Da noite para o dia: de um dia para o outro, repentinamente, sem esperar. *Da noite para o dia reformaram toda a praça.* Sinônimo: *De um dia para o outro.* Constrói expressões com diversos verbos alternativos. [NAS/MEL/AUR]

NOME

Dar (o/os) nome(s) aos bois: revelar nomes que se vinham ocultando, dizer pão, pão, queijo, queijo. *Resolveu dar nomes aos bois para se livrar da cadeia.* [WER/SILV/MEL/AUR]

NÓS

Cá/Aqui entre nós (que ninguém nos ouça): em segredo, frase com que se pede reserva ao interlocutor de uma confidência ou segredo. *Cá entre nós, que ninguém nos ouça, o governo ainda não fez nada do que prometera.* Usa-se com vários verbos alternativos. [NAS/MEL]

NOTA

Descolar uma grana/nota: ganhar dinheiro. *Descolou uma nota, vendendo a casa dos pais.* [MEL/SILV]

NOVELA

Ser uma novela: ser muito prolongado, não se resolver. *O meu processo de aposentadoria é uma novela que não se resolve nunca.* [MEL]

NOVES

Noves fora: aferição, forma de concluir algo com convicção. *Tenho certeza de que, noves fora, as suas denúncias têm um fundo de verdade.* Usada, inexplicavelmente, com o "nove" (numeral) no plural. Há também a expressão *Prova dos nove*, que às vezes aparece igualmente com o "nove" no plural. *Prova dos noves: Para tirar a prova dos noves a respeito das custas do metrô de São Paulo, juntam-se provas do metrô de Lisboa.* [MEL/HOU/NEV]

NOVO

Nascer de novo: escapar milagrosamente da morte, salvar-se milagrosamente de um acidente. *O cara nasceu de novo, mas o acidente foi um horror.* [SILV/MEL/5981/AUR]

Novo/Novinho em folha: ainda não usado. *Ganhou do pai um carro novinho em folha.* Usa-se alternativamente com diversos verbos, inclusive com o verbo *ser*.

Pode ser classificada como lugar-comum, mas com sabor de expressão idiomática, dado o seu sentido figurativo e valor expressivo. Cf.: *Pontualidade britânica/ inglesa*. [MEL/WER/AUR/SILV]

NU

Nu e cru: sem dissimulação ou disfarce, sem rebuços, tal qual é. *Apresentou seu pensamento nu e cru na reunião*. Não admite inversão de ordem. Cf.: *A realidade/verdade nua e crua*. [6136/NAS/MEL/AUR]

Pôr (tudo) a nu: descobrir, desvendar. *Tranquilizou-se quando pôs a nu o mistério que rondava sua família*. [MEL/AUR/SILV]

NÚMERO

Em números redondos: desconsiderando eventuais frações. *Em números redondos gastamos dez mil reais*. A expressão "e tantos", acrescida a um número redondo, como "a viagem custou 2.000 e tantos", designa quantidade que excede muito ou pouco um número redondo. Cf.: *Mil novecentos e cacetada* e *Mil novecentos e lá vai fumaça*. [3609/LEL/LAR]

NUVEM

Cair das nuvens: ter grande surpresa. *Quando souber o que disseram dela, vai cair das nuvens. Caiu das nuvens quando soube da notícia*. Sinônimo: *Cair duro*. Cf.: *Com os pés no chão*. Em francês há expressão em versão literal. [MEL/SILV/WER/PIP/1581/AUR/BEC] (*)

Em branca(s) nuvem(ns): acontecimento não notado ou esquecido. *A data do aniversário do casamento passou em brancas nuvens*. Usada com vários verbos, como *passar*, etc. [MEL/SILV/AUR]

Nas nuvens: Cf.: CABEÇA.

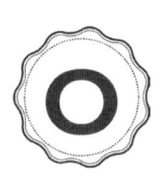

OCASIÃO

A ocasião faz o ladrão: as facilidades permitem os malfeitos. *Como não havia ninguém por perto, levou a bolsa da colega; a ocasião faz o ladrão*. Usada com vários verbos alternativamente. Classifica-se como provérbio, mas tem feição formal de expressão e é muito usado coloquialmente como expressão. Tal provérbio tem origem latina e está vulgarizado em outros idiomas. [MEL/MEF/SILVA2/0225/AZE/LMOT] (*)

Agarrar a ocasião pelos cabelos/pela calva: aproveitar a ocasião/a oportunidade antes que ela passe e não volte mais. *Não* *espere: agarre a ocasião pelos cabelos*. A origem dessas expressões proverbiais está presa às fábulas gregas e romanas sobre a deusa Ocasião ou Fortuna. [SILV/ AUR/0504/JRF/RMJ/NAS] (*)

OITO

É/Ou/Oito ou oitenta: ou tudo ou nada, sem meio-termo. *Aplicou todo o dinheiro na Bolsa de Valores; ou oito ou oitenta.* Há ditado mais estendido em espanhol. [MEL/LMOT/NAS/6376] (*)

Nem oito nem oitenta: meio-termo, sem exageros. *Você pede vinte, eu quero pagar dez; vamos fechar por quinze, nem oito nem oitenta, ok?* Sinônimo: *Nem tanto ao céu/ao mar, nem tanto à terra.* Usada com diversos verbos alternativos. [MEL]

OLHADO

Mau olhado: ato ou fato que demonstra a inveja, a cobiça, energia negativa, e que pode causar danos a/ao que/quem é alvo de tal ato. *Ele ostenta a sua riqueza, até para quebrar o mau olhado. Com medo de mau olhado, não disse a ninguém que ganhara uma viagem.* É usada também com verbos com *afastar, quebrar*. A expressão já ocorria no século XVII. [LAU]

OLHO

A olho: só pela vista, sem avaliação cuidadosa. *Calculou o tamanho a olho.* Uso alternativo com vários verbos, como *calcular, comprar, escolher, fazer.* [FUL/0227] (*)

A olho nu: ver apenas com a vista, sem auxílio de instrumentos. *O eclipse poderá ser visto a olho nu.* Uso alternativo com vários verbos. [WER/TOG/0226/MEL]

A olhos vistos: facilmente perceptível. *Ela está melhorando a olhos vistos.* Uso alternativo com vários verbos. Há expressão correspondente em espanhol. [FUL/ WER/TOG/0229/JRF/AUR] (*)

Abrir o(s) olho(s): ficar atento. *Abre o olho porque o novo chefe não é brincadeira.* [LAU/WER/SILV/6957/AUR] (*)

Botar/Colocar/Pôr na (no olho da) rua: expulsar, ficar/deixar desamparado. Demitir. *Ana Rosa, a esposa, ficou na rua com suas três filhas. O patrão me botou na rua, depois de cinco anos de casa.* Além dos verbos apontados na cabeça do verbete, aparecem também *ficar, deixar.* [SILV/AUR]

Comer com os olhos: Cf.: OLHO: *Ver com os olhos e comer/lamber com a testa* ou *Comer com os olhos e lamber com a testa.*

Com os/De olhos fechados: sem examinar, sem raciocinar, com absoluta confiança. *Deixo os meus filhos com ela de olhos fechados. Ela fez os bordados com os olhos fechados.* É usada alternativamente com vários verbos, como *entregar, assinar, fazer*, etc. [MEL/NAS]

Correr os olhos em/por: examinar superficialmente. *O pai corre os olhos pelo botequim e fica satisfeito de não vê-lo.* [SILV]

Custar os/pelos olhos da cara: ocasionar despesas excessivas, ser oneroso, demasiado caro, ser de preço muito elevado. *Esse anel custa os olhos da cara! Como*

posso comprá-lo? Usam-se também outros verbos, como *dever, pagar*, entre outros. Os franceses usam expressão correspondente. [BAL/XAre/WER/CDAs/LCC /JRF/SILV/LP/MEL/AUR] (*)
(De)Encher o(s) olho(s): (de) causar admiração, contentamento, agradar, mostrar boa aparência. *Comprou um carro importado de encher os olhos. Esta paisagem enche os olhos. A festa foi de encher os olhos.* Usa-se inclusive com o verbo *ser.* [NAS/SILV/AUR/MEL/2830]
Dois olhos veem/enxergam mais (do) que um: ambos os olhos veem mais e melhor do que apenas um. *Ele tentou me enganar, mas fiquei com os olhos abertos e dois olhos veem mais que um.* A ideia original advém do latim. Cf.: *Duas cabeças pensam melhor que apenas uma. Este (olho) é irmão deste.* [SILVA2]
Estar/Ficar de olho: estar, ficar atento, manter vigilância. *É bom ficar de olho para que não mexam em nada.* Cf.: *Abrir os olhos.* [WER/SILV/MEL]
Este (olho) é irmão deste: não é fácil enganar-se, diz-se (apontando com um dedo para um olho e o outro). *Ele tentou me enganar e ainda diz ser meu amigo, mas eu estava com os olhos bem abertos, pois este é irmão deste.* Trata-se de expressão verbo-gestual, como também *Não estar nem aí*, entre outras. [MEL/4030]
Fechar os olhos: 1) dormir. 2) confiar cegamente. 3) morrer. 1. *Até às duas da madrugada ninguém conseguia fechar os olhos.* 2. *Eu posso concordar; posso fechar os olhos.* 3. *No tiroteio, o bandido foi o primeiro a fechar os olhos.* [SILV/AUR]
Longe dos olhos/da vista, longe do coração: não se fica comovido com o que não se presencia; o amor tende a diminuir quando a pessoa amada está distante. *Faz tanto tempo que não a vejo, que já a esqueci; longe dos olhos, longe do coração.* Sinônimo: *O que os olhos não veem o coração não sente/não deseja.* Em francês há o provérbio em versão literal. Há expressões com ideias bem semelhantes em latim, espanhol, italiano e inglês. [MELLMOT/SILVA2/5162/AM] (*)
Longe dos olhos, perto do coração: o amor pode perdurar mesmo à distância. *Separado há anos, não consegue esquecer a esposa:longe dosolhos, perto do coração.*[WER/MEL]
Não pregar o(s) olho(s): não dormir. *Com muitos problemas, não pregou o olho a noite inteira.* [SILV/MEL]
Num abrir e fechar de olhos: num instante, rapidamente. *Fiz toda a tarefa num abrir e fechar de olhos.* Sinônimo: *Num piscar de olhos.* Em espanhol há expressão correspondente. Cf.: RELÂMPAGO. [AUR/MEL/NAS/LAT] (*)
Num piscar de olhos: num instante, rapidamente. *Com a chegada do filho, ela teve que arrumar o quarto num piscar de olhos.* Sinônimo: *Num abrir e fechar de olhos.* Há correspondente em inglês. [RMJ2/WER/FUL/MEL/6137/BAR] (*)
O que os olhos não veem o coração não sente/não deseja/não sofre: se não se presencia um fato, também ele não é sentido. *Não se preocupou ao saber do acidente do irmão; o que os olhos não veem o coração não sente.* Cf.: *Longe dos olhos, longe do coração.* Há expressões com ideias semelhantes em espanhol, francês, italiano e inglês. [MEL/LMOT/STEIN] (*)
Olho clínico: capacidade de percepção imediata de uma situação. *Aquele*

produtor tem olho clínico para descobrir talentos. Usa-se como simples gíria ou em frases normalmente com o verbo *ter*. [MEL/6304]

Olho de lince: boa visão, visão penetrante, perspicácia. *A minha revisora tem olhos de lince, não deixa passar nada.* Possui correspondentes em francês e espanhol. Figuradamente se dá o nome de lince à pessoa de espírito muito atilado, penetrante, em virtude da vista penetrante que se atribui ao lince. Usa-se normalmente com o verbo *ter*, entre outros. Possui expressões correspondentes em francês e espanhol. [NAS/MEL/SILV/CF] (*)

Olho grande/gordo: inveja, cobiça, azar. *Com medo de olho grande, não disse a ninguém que ganhara uma viagem de férias.* Usam-se como simples gírias ou em frases, normalmente com vários verbos alternativos, como *ficar de, botar,* etc. [MEL/6324]

Olho no olho: com sinceridade, honestamente, com transparência. *Disse o namorado, olho no olho, que jamais a esqueceria.* Usa-se alternativamente com diversos verbos. [MEL]

Olho por olho, dente por dente: reação com desforra total à ofensa ou dano sofrido, castigo igual ao crime cometido, vingança com a mesma intensidade da ofensa. *Sua relação com os inimigos é olho por olho, dente por dente. Comigo é assim, bateu, levou, olho por olho, dente por dente.* Trata-se de fórmula-resumo da conhecida lei ou pena prevista na Bíblia, denominada "pena de talião", de uso idiomático praticamente universal, incluindo latim, espanhol, francês, italiano, inglês. Cf.: *Pena de talião. Elas por elas.* [MEL/LMOT/6313/AZE/SILVA2] (*)

Os olhos são o espelho/a janela da alma: pelos olhos pode-se deduzir o estado de espírito, os olhos revelam o indivíduo, os olhos são um meio de expressão tão sutil que podem delatar a alma. *Ele é um cara falso, vê-se nos seus olhos; os olhos são o espelho da alma.* Embora se trate de adágio ou provérbio, é muito usado coloquialmente. Existem versões iguais ou semelhantes em latim, espanhol, francês, inglês e italiano. [LMOT/LAC] (*)

Piscar de olhos: 1. fazer disfarçadamente um sinal de inteligência, advertência ou de ordem. *Menino, obedeça, uma piscada minha de olho é uma ordem,* gritou a mãe. 2. sinalização ao interlocutor a guarda de segredo. *Só lhe pisquei o olho e ele entendeu e parou de falar.* Cf.: *Para bom entendedor meia palavra basta.* O conteúdo dessas expressões é normalmente traduzido oral e/ou gestualmente. [SILV/NAS/LMOT/6490/MEL]

Saltar aos olhos: ser claro, evidente. *Salta aos olhos a ineficácia das ações governamentais na área social.* Sinônimo: *Saltar à vista.* [MEL/SILV/FUL/AUR]

Ter o(s) olho(s) maior do que a barriga/boca/estômago: ser muito guloso, desejar mais do que pode, advertência sobre desperdício. *Por ter os olhos maior do que a boca, comeu tanto que passou mal.* [MEL/SILV/NAS]

Ver com bons olhos: ser ou mostrar-se favorável, receber bem. *Tomara que o diretor veja o nosso projeto com bons olhos.* [MEL/WER]

Ver com os próprios olhos: ser testemunha ocular. *O acidente foi horrível, para acreditar, só vendo com os próprios olhos.* [SILV/MEL]

Ver com os olhos e comer/lamber com a testa ou *Comer com os olhos e lamber com a testa*: olhar, lasciva e insistentemente com desejo mal contido, fazer sexo mentalmente, cobiçar algo (pessoa ou coisa), inclusive literalmente alimentos, sem poder obter nem gozar. *Sem ter jantado ainda, o garçom comia com os olhos e lambia com a testa tudo que servia aos convidados.* Enquanto fazia isto, suas mãos percorriam seus corpos; quando se separaram, ficaram se comendo com os olhos, tremendo. As expressões aparecem às vezes reduzidas a *Comer com os olhos* ou *Comer com a testa,* que são, na realidade, formas sintetizadas, já que elas podem ser consideradas sinônimas. Ademais, apresentam-se, ainda, nas mais variadas combinações. Implicam, explícita ou implicitamente, a ideia de "ver", e, física ou mentalmente, a ideia de "comer". O verbo "comer", por sua vez, isoladamente, pode implicar a gíria "fazer sexo" (*Comi a dona ali encostado no muro mesmo*), e daí a natural dedução de uma expressão erótica. No caso de "testa", esta palavra, como metonímia de "cabeça", metaforiza "pensamento". [SILV/MEL/GUR/VIO /PIP/NAS/LMOT/RMJ/FRI/2099/LCC/LAT] (*)

OLHÔMETRO

No olhômetro: sem medir, sem muito critério. *No olhômetro, esta sala deve ter vinte metros quadrados.* É usada com diversos verbos alternativos. Sinônimo: *No chutômetro.* [MEL]

OMBRO

Carregar (alguém) nas costas/nos ombros: tratar alguém com especial carinho, atenção, esforçar-se muito pelo outro. *O colega fez praticamente sozinho o trabalho, carregando o grupo nas costas.* [SILV/AUR/1741]

Dar de ombros: desinteressar-se, acovardar-se, mostrar indiferença ou resignação. *Insensível ao meu pedido, deu de ombros e saiu.* Sinônimo: *Encolher os ombros.* [MEL/SILV/NAS/HOU]

Encolher os ombros: mostrar indiferença, tratar com desdém. *O amigo encolheu os ombros quando foi convidado para pescar.* Há expressão correspondente em francês. Sinônimo: *Dar de ombros.* [SILV/NAS/AUR/AZE] (*)

ONÇA

Amigo da onça: falso amigo, traiçoeiro, hipócrita, que, ao invés de ajudar, atrapalha. *Que cara mais amigo da onça!* A origem da expressão repousa em anedotas, com várias versões, em que um amigo de um caçador caçoa dele pela sua bravata, ao narrar caçada de uma onça. Ante o gracejo, o caçador pergunta ao amigo: *Você é meu amigo ou amigo da onça?* O caricaturista Péricles criou um perfil cômico para a revista *O Cruzeiro* (que circulou de 1943 a 1962). A expressão é usada normalmente com o verbo *ser (um).* Cf.: *Amigo-urso. Tempo do Onça.* [NAS/FUL/MOT/RIB /FSP/WER/ALV/NOG/PIM/SILVB/GUR] (*)

Cutucar (a) onça/fera com vara curta: arriscar-se de forma abusiva diante de um perigo iminente, meter-se onde não deve. Criticar severamente o patrão é cutucar a onça com vara curta. Sinônimo: *Cutucar o diabo com vara curta*. [SILV/MEL /WER/2373/NAS]

Ficar/Virar uma fera/onça/(um) bicho: ficar muito irritado, irado, exaltar-se. *Ficou uma onça ao saber que seria demitido*. Sinônimos: *Ficar uma arara. Estar/Ficar fulo (da vida). Estar/Ficar puto (da vida). Estar/Ficar por conta (da vida). Estar/ Ficar pê da vida. Estar/Ficar lançando fumaça (pelas ventas)*, etc. Em relação à "fera", há correspondente em espanhol. [FSP/ALV/MEL/SILV/AUR]

ONDA

Estar na onda: fazer sucesso, estar na moda. *Nos anos 1960, a Jovem Guarda era um dos movimentos que estavam na onda*. Cf.: *Estar na crista da onda*. [MEL/3982/AUR]

Fazer onda: tumultuar, provocar agitação, criar casos. *O cidadão gosta de fazer onda, sem ter cacife*. [SILV/NAS/MEL/ AUR]

Ir/Entrar na onda: deixar-se levar pelas circunstâncias, pelos outros, ser enganado. *O vendedor o convenceu, e ele entrou na onda, levando um aparelho com defeito*. [MEL/SILV]

ONDE

Onde foi que eu errei?: bordão de origem desconhecida dito perante um erro de um filho, por exemplo. *Minha família tão correta e meu filho um transviado. Onde foi que eu errei?* [MEL]

ONTEM

Não ter nascido ontem: não ser tolo ou ingênuo, ser vivo, esperto. *Não tente me passar para trás, porque eu não nasci ontem*. [MEL/LAT/AUR] [*]

Parece que foi ontem: expressão usada com teor de exclamação, quando um fato, apesar de remoto, ainda está vivo na memória. *Parece que foi ontem que o Brasil sagrou-se pentacampeão*. [MEL/WER]

Para ontem: com extrema urgência. *O chefe quer o relatório para ontem, providenciem logo*. Usa-se com diversos verbos, como *querer, providenciar*, etc. [MEL/6508]

ORA

Ficar no ora veja: ficar desorientado, ser esquecido, perder, ser logrado, ficar sem nada. *Fiquei outra vez no ora veja, não sobrou nada para mim*. É uma expressão de desculpa ou de surpresa. Aparece às vezes formulada como *"ora e veja"*: ficar no ora *e* veja. [SILV]

ÓRBITA

Entrar em órbita: estar ou ficar fora da realidade, ficar absorto. Estar ou ficar fora de si. *Não entendeu nada do que eu falei; parecia ter entrado em órbita. O malandro entrou em órbita, pirou e está nas* *estrelas*. Além do verbo *entrar*, é usada também com outros verbos, como *estar, ficar, andar*, etc. Sinônimos: *Estar/Ficar fora de órbita. Estar com/ficar com/Ter a cabeça no mundo da lua. Estar com/ficar com/Ter a cabeça no ar. Estar com/ficar com a cabeça nas nuvens*. Como em muitos outros casos, vale ter em mente a palavra-chave e um dos seus sentidos metafóricos dicionarizados de "órbita", igual a "campo de ação, área, esfera, setor, espaço de ação". Cf.: *Sair de órbita*, expressão sinonímica, porém de identidade relativa. [SILV/MEL/WER/AUR/HOU] (*)

Sair de órbita: 1. ficar fora do ar, desmaiar, ficar ausente. 2. fugir. 1. *Levou um susto tão grande, que chegou a sair de órbita.* 2. *Vou sair de órbita, enquanto é tempo; a barra tá pesada.* A expressão leva em conta, entre outras hipóteses, o sentido metafórico de "órbita", como "campo de ação, esfera": *Esse problema é da órbita da gerência.* Sinônimos: *Ficar fora do ar. Estar com/ficar com/Ter a cabeça no mundo da lua. Estar com/ficar com/Ter a cabeça no ar. Estar com/ficar com a cabeça nas nuvens.* Cf.: *Entrar em órbita*, expressão sinonímica, porém de identidade relativa. [MEL/SILV/AUR/HOU] (*)

ORELHA

Com a/De orelha em pé: desconfiado, ficar vigilante, prevenido como ficam o burro, o coelho, a lebre e outros animais diante da expectativa de uma armadilha ou caçada. *O bacana está de orelha em pé, pode dançar a qualquer momento. Fiquei de orelha em pé, quando ele me perguntou quanto eu tinha no bolso.* A expressão pode ser composta encabeçada alternativamente com os verbos *estar, ficar, viver, andar,* entre outros. [WER/SILV/MEL/NAS/2957]

Estar com a(s) orelha(s) quente(s)/ardendo/pegando fogo: ser alvo de maledicências, de crítica (boa ou má) de pessoas que estão em outro lugar. *Alguém está falando de mim, estou com a orelha ardendo.* [MEL/SILV/AM/CF] (*)

Ganhar/Levar/Receber um puxão de orelha(s): Cf.: *Puxão de orelha(s).*

Puxar a(s) orelha(s): Cf.: *Puxão de orelha(s).*

OSSO

Largar o osso: desistir de uma coisa muito boa, abrir mão de uma vantagem, abandonar a amante. *Se você deixar seu carro com seu irmão, será difícil ele largar o osso depois.* [SILV/MEL]

(Osso) Duro de roer: coisa difícil de fazer, de resolver ou suportar, pessoa difícil de dobrar, ruim. *O pai dela é duro de roer, talvez não aceite o nosso namoro. Ela não consegue fazer amizades, porque é osso duro de roer.* [MEL/NAS/6370]

Ossos do ofício: encargos, percalços de uma tarefa, emprego ou profissão. *Ficou um mês sem a família, preparando-se para as Olimpíadas, são os ossos do ofício.* Usa-se com diversos verbos, inclusive como predicativo com o verbo *ser*. [MEL/NAS/6374]

Pele e osso: muito magro. *Na ditadura houve pessoas que saíram da prisão em pele e osso. Sarou, mas está pele e osso. Quando terminou a dieta, ela era só pele* *e osso*. Sinônimo: *Filé de borboleta*. Há a mesma expressão em francês. É expressão usada também alternativamente com vários verbos, inclusive com *estar, ficar, ser*, etc. Não admite inversão de ordem. [MEL/4399/FUL/NAS/AUR] (*)

Roer o(s) osso(s): aguentar uma situação difícil, ter só percalços sem lucros, desfrutar os restos. *Acabada a festa, todos foram embora e ele roeu o osso, limpando tudo sozinho. Ele aproveitou o melhor e nós roemos os ossos.* [MEL/SILV/7548/NAS/AUR]

OURO

Entregar a rapadura/o ouro: revelar segredo, complicar-se ou a outrem revelando o que não devia. *Se você disser a ele que está a fim daquele cargo, vai entregar o ouro.* [PIP/SILV/MEL/AUR]

Nadar em ouro: ser muito rico. *Quando o conheci, ele nadava em ouro, não sei como pôde ficar pobre.* Sinônimo: *Nadar em dinheiro*. Expressão hiperbólica. [BAL/WER/5715/AUR] (*)

Nascer em berço de ouro: nascer no meio da riqueza. *É uma pessoa muito simples, apesar de ter nascido em berço de ouro.* Há equivalentes em francês e espanhol. [WER] SILV/MEL] (*)

Nem tudo o que luz/reluz é ouro: a boa aparência pode ser enganosa. *Irritou-se ao saber que o carro importado era emprestado; nem tudo que reluz é ouro.* Uma música carnavalesca carioca fez o Brasil inteiro cantar: "Nem tudo o que reluz é ouro / nem tudo que balança cai", acoplando à expressão já existente o verso *nem tudo que balança cai*.

As expressões têm formulações quase literais em latim e em outros idiomas. [MEL/WER/LMOT/RMJ/FRI/MEF/SILVA2/6024] (*)

OUTRA

Estar em outra: estar interessado em outra coisa, em outra situação. *Ele não quer mais estudar, diz que agora está em outra.* Na expressão, "outra", com forma marcada no feminino, pressupõe-se a "elipse" de palavras como "situação, atividade, preocupação", etc. Cf.: 34, d. [MEL/SILV]

Não dar outra: acontecer exatamente o imaginado ou previsto. *Avisei que ele seria demitido, e não deu outra.* Na expressão, "outra", com forma marcada no feminino, pressupõe-se a "elipse" de palavras, como "situação, previsão", etc. Cf.: 34, d. [MEL/SILV/AUR]

OUVIDO

Dar ouvidos: acreditar, dar atenção: *No caminho não dei ouvidos ao chofer, que falava sem parar.* Cf.: *Ser todo ouvidos*. [FUL/SILV/MEL/AUR]

Entrar por um ouvido e sair pelo/por outro: não ser levado em conta, não merecer atenção, não dar importância ao que se ouve. *O que você diz não me atinge: entra por um ouvido e sai por outro.* Está implícita a ideia popular de que há comunicação direta entre os dois ouvidos. [WER/MEL/SILV/NAS/AM/AUR] (*)

Ser todo ouvidos: estar muito atento. *Pode falar que eu sou todo ouvidos.* Há similar

em inglês. Cf.: *Dar ouvidos*. [RMJ2/WER/SILV/MEL] (*)
Tapar os ouvidos: negar-se a ouvir. *Pode falar o que quiser, que eu já tapei os ouvidos.* [SILV/MEL]

OVA

Uma ova/vírgula: coisa alguma, de jeito nenhum, exprime repulsa, discordância, recusa violenta, principalmente em resposta ao comentário de alguém ou como locução interjetiva. *Uma ova que vou te perdoar.* [MEL/NAS/HOU/8744/AUR]

OVELHA

Ovelha negra (da família): ser pessoa desajustada, que sobressai num grupo pelas suas más qualidades. *Muito rebelde, ele é considerado a ovelha negra da família.* Usa-se também na função predicativa com o verbo ser. Há expressões correspondentes em inglês e em francês, figura corrente na Europa, Ásia e Américas. [SILV/MEL/6394/LCC/AUR/MOT/RIB/RMJ2/GUR] (*)

OVO

Ao/No frigir dos ovos: na hora da decisão, ao final de tudo. A locução é parte do provérbio: *No frigir dos ovos é que se vê a manteiga* ou *No frigir dos ovos é que a manteiga chia*, do qual se separou, adquirindo autonomia. *Poucos foram aprovados, mas, no frigir dos ovos, todo mundo foi aproveitado.* Sinônimo: *Ao fim e ao cabo*. Sem origem metafórica claramente discernível. Expressão usada com diversos verbos alternativos. [FUL/MEL/WER/NAS/RMJ/FRI/6076/AM/AUR] (*)
Contar com o ovo dentro/na barriga/na bunda/no cu/no interior/da galinha: esperar algo pouco provável antecipadamente, fazer planos com base em coisa incerta, ninguém conte vitória antes da batalha. *Não vou contar com o ovo no cu da galinha, só posso gastar o que tenho no bolso.* A mesma ideia está traduzida em francês e italiano com outros referentes. [SILV/MEL/NAS/AM/PAR/2223/AUR] (*)
Estar de/com o ovo virado: mal humorado, zangado por motivo ignorado. *Hoje ele acordou de ovo virado.* Comparação com a agitação da galinha com o ovo atravessado no oviduto, apresentando a parte rombuda em vez da pontuda. A expressão é usada ainda com os verbos *acordar, ficar*, entre outros. [MEL/NAS/SILV/AUR]
Ovo de Colombo: realização fácil, mas impensada antes, para a solução de um problema. *A solução fácil que dei ao problema tornou-se um ovo de Colombo para todos.* A expressão se explica por um fato e uma frase respectiva; o fato, um ovo posto em pé graças à quebra proposital de uma de suas extremidades; a frase, dita em resposta aos presentes que contestaram o feito, sob a alegação de que assim qualquer um faria. "Sem dúvida, só que ninguém pensou assim". A expressão é usada alternativamente com diversos verbos, inclusive como predicativo com o verbo *ser*. Cf.: p.34. g. [MEL/SILV/RMJ/6396/HOU/AUR] (*)
Pisar em ovos: agir com cautela. *Fica pisando em ovos ao dirigir-se ao marido quando ele está bêbado.* [DI/SILV/MEL/WER/ALV/PIP/AUR]

P

PÁ

Botar/Colocar/Jogar/Deitar uma (última) pá de cal em cima de/sobre/em: encerrar definitivamente um assunto, esquecer. *Não devolverei o dinheiro de forma alguma e botarei uma pá de cal em cima*. Cf.: *Botar/Colocar/Jogar/Pôr uma pedra em cima de/sobre/em*. [MEL/NAS/SILV/4934/AUR/PUG] (*)

Botar/Colocar/Jogar/Pôr uma pedra em cima de/sobre/em: encerrar definitivamente um assunto, esquecer. *Não devolverei o dinheiro de forma alguma e botarei uma pedra em cima*. [MEL/NAS/SILV/4934/AUR/PUG]

Da pá-virada: com qualidade excessivamente boa ou má; ser desordeiro, turbulento ou licencioso, debochado, insolente, preguiçoso. Aplicada à mulher, diz-se que é "da pá-virada" a mulher ou moça de conduta irregular, leviana ou escandalosa, virago, "machona". *Uma peça da pá-virada. Todos reclamam do seu filho, ele é da pá-virada. Por ser da pá-virada foi remetida à madrinha de modo a perder as sapequices*. A expressão é usada com vários verbos alternativos, inclusive como predicativo com o verbo *ser: Ser da pá-virada*. [FUL/MEL/SILV/NAS/HOU/AUR/RMJ/VIL/2389/NAAS/LCC/LEL/PAS/PIM] (*)

PACA

...paca(s): muito, em grande quantidade. *Tinha gente paca no show de ontem. Esse menino é inteligente pacas*. Gíria possivelmente composta de *pa + ca*, ou seja, da redução de *para* para *pa*, mais a primeira sílaba de *cacete*, como abreviatura de *Pra cacete* ou *Pacacete*. Trata-se, pois, de um fenômeno de fonética sintática, que de "pa + ca" resultou a palavra independente "paca", sempre em emprego posposicionado e adverbial. Cf.: *...pra burro/pra cacete*, etc. [GUR/MEL]

PACIÊNCIA

Perder a paciência: descontrolar-se, aborrecer-se. *Vou acabar perdendo a paciência com esse menino*. [MEL/SILV]

Ter (uma) paciência de Jó: ter muita paciência, resignação extrema. *Para aturar os teus filhos, é preciso ter paciência de Jó*. Cf.: p. 34, g. [PIP/MEL/SILV/NAS/6403] (*)

PADRE

Ensinar (o) padre-nosso a/ao vigário: pretender/querer dar conselhos a pessoa mais competente. *Não quero ensinar o padre-nosso ao vigário, mas acho que você deve tirar umas férias*. É comum combinar-se com outros verbos como *querer: querer ensinar*. [WER/NAS/AUR/SILV/MEL/3773]

O bom do padre: de + o, idiotismo, em que a preposição é expletiva, gerando muitas expressões com esse padrão sintagmático. *O bom do padre recolheu, ele próprio, os donativos para os seus pobres.* Cf.: *O bom do pároco,* em BECHARA, 1999, p. 603. Cf. também: DE. [BEC/HU]

PAGAR

Pagar para/pra ver: duvidar da concretização de algo que se promete. *O governo diz que investirá em educação; estou pagando para ver. Disse que vai vingar-se da afronta, mas eu pago para ver.* Sua origem está ligada ao jogo de cartas, onde se paga a proposta do parceiro para ter o direito de ver suas cartas. [MEL/SILV/6419/AUR]

PÁGINA

Página virada: pessoa, coisa ou fato que não merece mais atenção. *Nossa briga de ontem já é página virada, vamos continuar amigos.* Usada com vários verbos, inclusive como predicativo com o verbo *ser*. Cf.: *Virar a página.* [MEL/6423/NAS/AUR]
Virar a página: falar de outro assunto. *O que passou passou, vamos virar a página e falar de outra coisa.* Existe em francês versão literal correspondente. Sinônimo: *Mudar o disco.* Cf.: *Página virada.* [SILV/MEL/WER/PIP/8915] (*)

PAI

O pai dos burros: sinônimo popular de dicionário. *Aquele político é burro que dói, precisa consultar mais o pai dos burros.* [AUR/6429/MOT] (*)

Ser o pai da criança: ser autor, responsável por ideia, ato ou evento desastroso ou, em geral, bem-sucedido. *Como a ideia de fazer a obra deu certo, todo mundo quer ser o pai da criança.* [PUG/NAS/SILV/MEL]
Tal pai, tal filho: diz-se quando o filho puxa ao pai (ou a filha, à mãe). *Assim como o pai, ele não gosta de trabalhar, tal pai, tal filho.* Sinônimo: *Filho de peixe peixinho é.* Conhece-se também uma fórmula antiga mais expandida: *Qual o pai, tal o filho; qual o filho, tal é o pai.* A fórmula já era consagrada literalmente em latim, vulgarizando-se tal e qual em francês, espanhol e inglês. [LAU/WER/MEL/FRI/MEF/LMOT/SILVA2] (*)
Tirar/Livrar o pai da forca: ir com muita pressa e preocupação. *Saiu numa corrida, parecia que ia tirar o pai da forca.* Alusão ao caso de Santo Antônio, que, enquanto o povo rezava uma ave-maria durante um sermão na catedral de Pádua, foi em espírito a Lisboa livrar o pai da falsa imputação, "que lhe condenaria à forca". Expressões usadas frequentemente em perífrase com o verbo *ir*; e também usadas com frequência na forma negativa. [SILV/NAS]

PAIXONITE

Paixonite (aguda): intensa paixão amorosa. *Só vive para o marido, está sofrendo de paixonite aguda.* Compõe conjunto verbal, sobretudo com o verbo *sofrer.* [MEL/AUR/HOU] (*)

PALAVRA

Cortar/Cassar a palavra: impedir de falar, impedir que alguém continue a falar.

Cortaram a palavra dele quando começou a se exaltar. [PUG/MEL/SILV/AUR]
Dar a última palavra: dar a opinião, ordem ou solução definitiva. *Quem vai dar a última palavra, a palavra final sobre a negociação, é o ministro*. [MEL/SILV/NAS/8682]
Dar a/sua palavra: prometer, assegurar o cumprimento de uma promessa. *Deu a palavra, afirmando que todos seriam muito bem atendidos*. [PIP/MEL/SILV]
Engolir/Comer as (próprias) palavras: retratar-se, pronunciar confusamente as palavras. *Não diga que dessa água não beberá, pois você poderá engolir as próprias palavras*. Há correspondente em inglês. [MEL/SILV/RMJ2] (*)
Faltar à/com a palavra: não cumprir o que combinou ou prometeu. *É raro um político não faltar com a palavra depois de eleito*. Sinônimo: *Não ter palavra*. [MEL/SILV]
(Jogar)Palavras ao vento: coisas que se dizem e não são ouvidas ou levadas a sério. *Tudo o que eu disse para acalmá-los foram palavras ao vento, continuaram brigando*. Usa-se também como predicativo com o verbo *ser*. Também se diz: *Palavras, leva-as o vento*, com versões semelhantes desde o latim, passando pelo espanhol, francês, italiano e inglês. [MEL/6435/LMOT] (*)
Jogar com as palavras: fazer trocadilhos, interpretar as palavras a seu modo, geralmente de má-fé. *Ele jogou como quis com as palavras, mas não convenceu*. [4918/SILV]
Jogo com as/de palavras: combinação de palavras, aproveitando o duplo sentido de um vocábulo, ou sua semelhança fônica com outro, que produz dubiedade de sentido ou efeito engenhoso ou cômico, usada muitas vezes para confundir o interlocutor, trocadilho. *Seja mais claro e objetivo, não fique fazendo jogo de palavras*. Exemplo típico colhido na rede social, internet: " — Olha, estão aclamando o ex-presidente, que está lá na sacada do 13º andar do prédio. Estão gritando: Lula, Lula! — Não, não é isso. Estão gritando: Pula! Pula!" [MEL/4942]
Medir/Não medir/Pesar/Não pesar as palavras: falar com prudência/com imprudência. *É bom você medir bem as palavras ao falar na reunião, para não botar tudo a perder*. [WER/SILV/MEL/AUR]
Não ter meias palavras: falar com franqueza. *Ele não tem meias palavras, é muito objetivo e claro no falar*. Sinônimo: *Não ter papas na língua*. [MEL]
Não ter palavra: não honrar compromisso. *Depois de fechado o negócio, ele não teve palavra*. Sinônimo: *Mijar para/pra trás. Faltar com a palavra*. Cf.: *Não ter palavras*. [5527]
Não ter palavras: não ter palavras suficientes, de conforto. *Nesse momento não tenho palavras, só solidariedade*. Cf.: *Não ter palavra*. [WER]
Palavra de rei não volta atrás: a pessoa honrada não deixa de cumprir a palavra. *Tenho certeza de que ele fará o que prometeu, palavra de rei não volta atrás*. Há versões literais no espanhol e italiano. Sinônimo: *Palavra de rei é escritura*. [MEL/LMOT/FRI/MEF/AM/AUR] (*)
Palavras não enchem barriga: palavras não satisfazem, não produzem resultado, palavras apenas não convencem, não pagam dívidas. *Fui cobrar o que me devia, pois já estava passando necessidades;*

ele me encheu de palavras, mas palavras não enchem barriga. Há ideias próximas em vários idiomas, como francês e inglês. [FRI/MEF/LAC] (*)

PALETÓ

Abotoar o paletó (de madeira): Cf.: BOTA.

PALHA

Não levantar/mexer uma palha/um dedo: não fazer esforço algum. *Fica em casa o dia todo e não levanta uma palha.* Usa-se eventualmente também o verbo *mover* na composição da expressão. [WER/MEL/SILV/5724/AUR]
Por dá cá aquela/essa palha: por uma insignificância, sem motivo, por pretextos fúteis. *Por dá cá aquela palha, ele briga com a irmã.* [NAS/MEL/RAM/SIM/6988/AUR] (*)
Puxar (uma) palha: 1. acender um cigarro, o chamado "cigarro de palha", porção de fumo enrolado em palha de milho. 2, dormir. *Muito cansado, puxou uma palha depois do almoço.* O sentido literal em muitos casos não ajuda... nem por inferência. [FUL/SILV/MEL/AUR]

PALITO

Disputar no palitinho: disputar algo, tentando adivinhar quantos palitinhos os parceiros têm escondidos em uma das mãos. *Vamos disputar no palitinho para ver quem será o primeiro a ser atendido.* [MEL/SILV]

Virar/Ficar (um) palito: ficar extremamente magro. *Ele virou um palito depois de uma dieta rigorosa.* Sinônimos (curiosos): *Pau de virar tripa. Ser filé de borboleta.* Usa-se com diversos verbos, inclusive com o verbo *ser*. [MEL]

PALMA

Conhecer como/que nem/feito a palma da mão: perfeitamente, inteiramente. *Conhece o Rio como a palma da (sua) mão.* [SILV/2195/AUR]
Na palma da mão: estar sob controle. *A educação está na palma da mão do governador.* Sinônimo: *Na mão*. [5682/MEL/SILV]

PALMO

Não ver/enxergar um palmo/um dedo/dois dedos adiante/diante do nariz: ser muito estúpido ou curto de inteligência, não perceber o que está acontecendo de mais evidente. *Não enxerga um palmo adiante do nariz, mas gosta de frequentar ambientes culturais. A situação ficou tão clara, mas ele parece cego, não vê dois dedos adiante do nariz.* [SILV/MEL/5766/AUR]

PALPITE

Dar palpite: intrometer-se a pedido ou não, disparatando, dar opinião. *Ele tem a mania de dar palpite, intrometendo-se em tudo.* Sinônimo: *Dar pitaco*. [NAS/SILV]

PANO

Botar/Colocar/Pôr panos quentes: atenuar uma situação de crise; contemporizar. *Eu procurei botar uns panos quentes, mas é capaz de ele fazer uma besteira.* [SILV/6450/WER/FUL/XAre/MEL/NAS/AUR]

Dar/Ter/Haver (muito) pano para/pra(s) manga(s): dar o que falar, haver espaço para manobra, ter elementos necessários para fazer alguma coisa. *Isso não vai ficar assim, ainda há muito pano pras mangas. A sua maneira de agir ainda vai dar pano para manga.* [MEL/SILV/2568/AUR]

Pano de fundo: conjunto de eventos ou fenômenos considerados como suporte para o desenvolvimento de um ato. *A palestra teve como pano de fundo a Segunda Guerra Mundial.* É usada nominalmente ou em frases verbais com vários verbos alternativos, inclusive na função de predicativo com o verbo *ser*. [MEL]

Por baixo do pano: às ocultas, sem aparecer. *Agiu por baixo do pano, para ficar com toda a herança do pai.* É expressão usada com vários verbos alternativos, como *agir, saber*, entre outros. [MEL/6966/AUR]

PÃO

A pão e água: à míngua, na penúria. *Por ser viciado no jogo, acabou ficando a pão e água.* Em princípio, não admite inversão de ordem. [MEL/AUR/NAS]

Comer (d)o pão que o diabo amassou/enjeitou: passar grandes privações, atravessar um período muito ruim. *Casal sequestrado come o pão que o diabo amassou. No emprego antigo ele comia o pão que o diabo amassou.* WER/ALV/XAre/SILV/MEL/2121/AUR/NAS] (*)

Não merece/vale o pão/prato/a comida que come: pessoa sem valor nenhum. *Infelizmente há muitas pessoas que não valem o pão que comem.* Expressão hiperbólica. Sinônimo: *Não valer um tostão furado.* [MEL/PIP/AUR/NAS]

O pão nosso de cada dia: coisa habitual, diária, sustento, algo que se faz ou acontece cotidianamente. *A leitura do jornal é o pão nosso de cada dia.* Expressão tirada da oração padre-nosso. Usa-se alternativamente com vários verbos, inclusive como predicativo com o verbo *ser*. [NAS/SILV/AUR]

Pão, pão, queijo, queijo: às claras, sem rodeios. *É assim que as coisas têm que ser: pão, pão, queijo, queijo.* É usada nominalmente ou em frases verbais com vários verbos alternativos, inclusive na função de predicativo com o verbo *ser*. Em espanhol há expressão similar. [MEL/WER/ALV/6458/AUR/NAS/PIP] (*)

Ser (um) pão-duro: ser avarento, egoísta. *O pão-duro saiu antes de pedirmos a conta.* Sinônimos: *Ser (um) mão de vaca. Ser (um) mão-fechada,* etc. [RMJ/SILV/PIM/5313] (*)

PAPA

Não ter/Sem papas na língua: falar com franqueza, ser franco, sem reservas. *Tudo o que eu penso falo mesmo, não tenho papas na língua.* [MEL/SILV/RMJ/HOU/NAS/PIM/JRF/5945/AUR] (*)

PAPAGAIO

Papagaio!: exclamação de surpresa, indicando forte e repentino espanto. *Papagaio! Nunca vi gente tão feia. Papagaio! Nunca vi garagem tão pequena.* [MEL/AUR]

Falar como (um) papagaio: repetir as coisas inconscientemente, tagarelar, falar demais. *Ela ficou explicando, explicando e falando sem parar, como um papagaio.* [MAS/SILV/FRI]

Papagaio come milho, periquito leva a fama: pagar pela culpa de outra pessoa. *Foi castigado pela travessura do mais velho; papagaio come milho, periquito leva a fama.* Sinônimo: *Pagar o pato.* Trata-se de provérbio, mas de uso muito coloquial. [MEL/MEF/6465/AM]

PAPEL

Ficar (só) no papel: não se realizar, não ser posto em prática. *No seu governo, vários projetos ficaram só no papel.* [MEL/4444]

PAPELÃO

Fazer um papelão: proceder de modo ridículo, vergonhoso. *Quando o viu com a outra na festa, fez um papelão.* [NAS/SILV/4329]

PAPO

Bater papo: conversar despretensiosamente sobre assuntos corriqueiros, inutilidades. *Ele foi visto batendo papo com dois amigos na praça.* Sinônimo: *Jogar conversa fora.* [1193/MEL/SILV/AUR]

Cair na conversa/na lábia/no bico/no papo: deixar-se--engabelar. *Ela caiu fácil no papo do empresário galante.* Cf.: *Levar na conversa/na lábia/no bico/no papo. Passar a conversa/a lábia/o bico.* [MEL/SILV]

De papo para o/pro ar: sem fazer nada, viver no ócio. *Ficou a tarde inteira de papo pro ar.* A expressão pode ser composta encabeçada alternativamente com os verbos *estar, ficar, viver, andar, ter,* entre outros. [NAS/SILV/MEL/AUR]

Em papos de aranha: em estado de grande preocupação ou pressa, em situação difícil, embaraçosa, viver perigosamente, atravessar momento angustioso. *"O pobre Coruja via-se em papos de aranha com os nervos de Ernestina, cuja crise não fora tão passageira como afiançara aquele"* (Aluísio de Azevedo, O Coruja). Sinônimos: *Beco sem saída. Estar/Ficar em/numa sinuca (de bico). Estar/Ficar no vinagre.* A expressão pode ser composta encabeçada alternativamente com os verbos *estar, ficar, viver, andar, ter, ver-se,* entre outros. [AUR/HOU/NAS/PAS/SILV/RMJ2/SAB/WER/LCC/VIA/6480] [*]

Estar no papo: estar seguro, estar dono da situação. *Deram-se mal por achar que o campeonato já estava no papo.* [MEL/3996/AUR]

Fim de papo: não há mais conversa, chega, acabou. *Vocês vão ter que chegar mais cedo e fim de papo.* [MEL/4486]

Levar na conversa/na lábia/no bico/no papo: enganar, seduzir, driblar um adversário, deixando-o para trás, fazer alguém de bobo. *O vendedor da loja levou no papo vários fregueses.* Cf.: *Passar a conversa/a lábia/o bico/o papo. Cair na conversa/na lábia/no bico/no papo.* [MEL/SILV/2096/6554/5098]

Levar um papo: conversar. *Preciso levar um papo urgentemente com você.* [SILV/MEL/AUR]

Papo furado: proposta de quem não tem a intenção de cumprir, conversa sem compromisso. *Ficamos um tempão de papo furado.* São usados vários verbos na composição das frases verbais. [6479/MEL/AUR]

PAR

Par de vasos/de jarras: duas pessoas parecidas e/ou que estão com roupas iguais. *Chegou o par de vasos, as duas irmãs que só usam roupas iguais.* Usa-se com vários verbos alternativos, inclusive com o verbo *ser*. [6482]

PARADA

Topar qualquer parada: aceitar qualquer desafio, por pior que seja. *Quem tem coragem e autoconfiança topa qualquer parada.* Cf.: *Dançar conforme a música.* [MEL/SILV]

PARAFUSO

Entrar em parafuso: ficar momentaneamente desatinado, enlouquecer. *Com a morte trágica do filho, ele entrou em parafuso.* Cf.: *Entrar em órbita.* [WER/MEL/SILV/3802/AUR]

Estar/Ficar com um parafuso solto/frouxo/(a/de) menos: proceder de maneira estranha, revelando sintomas de insanidade mental. *Só quem tem um parafuso frouxo pode fazer tamanha maluquice.* Há expressão similar em inglês. Além dos verbos *Estar/Ficar com*, a expressão às vezes é encabeçada pelos verbos *viver, andar* e *ter*, entre outros. [WER/RMJ2/MEL/SILV/8395/AUR] (*)

PAREDE

As paredes têm ouvidos: tomar cuidado ao comunicar segredos, pois terceiras pessoas podem ouvir tudo. *Não conto nada, pois as paredes têm ouvidos.* Há expressão similar em inglês. [RMJ2/WER/MEL/LMOT/0935] (*)

Encostar/colocar (alguém) contra/na (à) parede: arruinar, derrotar, aniquilar inteiramente, encurralar. *Para saber a verdade, encostou o filho na parede. Jesus encostou os discípulos na parede: E vocês o que dizem que eu sou?* [RMJ2 /MEL/SILV] (*)

Falar para/com as paredes: falar em vão, falar sem ser ouvido. *Enquanto a plateia conversava, o palestrante falava para as paredes.* Para expressar a mesma ideia, os falantes de Portugal dizem: *Falar para o boneco.* [PIP/MEL/MOU] (*)

Subir pelas paredes: estar com muito apetite sexual, enfurecer-se. *Chegou de viagem subindo pelas paredes, chamando logo a mulher para o quarto. O chefe dele estava subindo pelas paredes pelo erro cometido.* [WER/MEL/SILV]

PÁROCO

O bom do pároco: de + o, idiotismo, em que a preposição é expletiva, gerando muitas expressões com esse padrão sintagmático. *O bom do pároco foi recolher os donativos para os seus pobres.* Cf.: *O bom do padre* (em BECHARA, 1999, p. 603). Cf. também: DE. [BECC/HU]

PARTE

Ficar com/Tomar a parte do leão: escolher para si a(s) melhor(res) parte(s). *Seus pais não estavam sujeitos a regimes feudais, em que o dono da terra fica com a parte do leão.* [RIB/MOT/SILV/RMJ/PIM/NAS] (*)

PARTO

Parto da montanha: resultado insignificante de um esforço muito grande a prolongado, promessa pomposa que acaba num resultado ridículo. *Depois de tanto trabalho, teve lucro mínimo, foi o parto da montanha.* Compõe frases alternativamente com vários verbos, inclusive com o verbo *ser*. [MEL/RMJ/NAS/AUR/6212/CF] (*)

Ser um parto (difícil): ser algo extremamente difícil de se realizar, de finalizar. *Conseguir que ele aceite tuas desculpas será um parto difícil.* [MEL/SILV/AUR]

PASSAGEM

De passagem: por alto, sem exame. *Falou de passagem sobre o próximo disco.* Constrói frases com diversos verbos, como *falar, dizer, abordar, examinar*. Existe locução correspondente em francês. [MEL/AUR/2971]. (*)

PASSAR

Estar/Ficar passado: expressão de espanto, ficar decepcionado, surpreso, atordoado. *Fiquei passado com a sua decisão de pedir demissão.* [MEL/SILV]

Passar em branco: passar sem que ninguém note, sem providências. *Com a perda da mãe, seu aniversário passou em branco.* Sinônimo: *Em brancas nuvens*. [MEL/SILV]

PÁSSARO

Mais vale um pássaro/passarinho na mão (do) que dois voando: é preferível ficar com o que já está garantido a tentar algo melhor. *O dinheiro que ele me dá é pouco, mas é garantido; mais vale um pássaro na mão do que dois voando.* Este provérbio também ocorre em outros idiomas; em alguns com diferenças superficiais. [MEL/RMJ/FRI/LMOT/MEF/SILVA2/5227] (*)

Olha o passarinho!: expressão dita pelo fotógrafo ao retratar alguém. *Olha o passarinho! Atenção, sorrindo!* [MEL/RIB] (*)

Ver passarinho verde: sentir felicidade, demonstrar alegria. Segundo uma lenda, as moças comunicavam-se com namorados, colocando um periquito verde perto da grade da sua janela. *Chegou aqui tão eufórico, que parecia estar vendo o passarinho verde.* [MOT/RIB/NAS/SILV/MEL/AUR] (*)

PASSE

Num passe de mágica: passe de mágica: maneira eficaz e surpreendente de se obter alguma coisa. *Fez a menina sorrir num passe de mágica*. É uma alusão ao gesto dos prestidigitadores, com que fazem aparecer e desaparecer objetos, de maneira inexplicável. Expressão usada com diversos verbos alternativos. [6607/WER/AUR]

PASSO

A passo de tartaruga: lentamente. *Estão providenciando a mudança a passo de tartaruga*. É usada com diversos verbos alternativos. [MEL/0241]
A passos largos: rapidamente, apressadamente. *Discorreu sobre vários assuntos a passos largos*. Usa-se com vários outros verbos alternativamente, como *andar, correr*, etc. [MEL]
Dar o/um passo/salto maior do que a(s) perna(s): tentar fazer algo além das suas possibilidades. *O cara se estrepou, dando o passo maior do que as pernas*. [PRA2/FUL/SILV/MEL/LAU/2555] (*)
Passo a passo: a passos vagarosos, aos poucos, paulatinamente. *Venceremos todas as dificuldades passo a passo*. Locução adverbial. Usa-se com vários verbos alternativos. [AUR/MEL]

PATACA

De meia-pataca: de pouco ou sem valor. *Ele não passa de um advogado de meia-pataca*. Sinônimos: *Meia-cara*: "Este psicólogo de meia-cara" (frase de Rui Barbosa). *De nada*. Usa-se em várias construções com diversos verbos, inclusive o verbo *ser* como predicativo. [MEL/NAS/HOU/AUR] (*)

PATAVINA

Não entender/falar patavina/bulhufas/lhufas: não entender ou não saber absolutamente nada. *Assistiu à palestra sobre medicina nuclear, mas não entendeu patavina*. Alusão à linguagem reprovável de Pádua, difícil de ser entendida. Particularmente, os portugueses encontravam uma enorme dificuldade em entender o que falavam os frades italianos patavinos. Usa-se eventualmente também o verbo *saber* na formulação da expressão. [FUL/FSP/CDAs/SILV/MEL/LCC/5765] (*)

PATO

Cair como/que nem/feito pato/patinho: deixar-se lograr ingenuamente. *Ele caiu feito um patinho naquela conversa*. [MEL/SILV/WER/1576/AUR] (*)
Dois patinhos na lagoa: forma de dizer/cantar o número 22 no jogo do bingo, com base na sugestão do desenho gráfico do número 2. *Só não completei a cartela porque não saiu o dois patinhos na lagoa*. [MEL]
Pagar o pato: pagar pelo que não fez, fazer o papel de tolo. *Ele quebrou a cadeira e o irmão pagou o pato*. Trata-se de expressão de uso muito antigo, já registrado no século XV na Itália e em Portugal, a partir de Gil Vicente. Sua origem, entretanto, não é manifestamente reconhecível,

havendo várias versões ou invenções. Cf.: *Cair como/que nem/feito um pato/ um patinho*. [MEL/SILV/FUL/LCC/FSP/ XAre/DI/WER/ALV/6413/PIM/AUR] [*]

PAU

A dar com/cum pau: com grande quantidade, com fartura. *No show a que assistimos, havia público a dar com pau*. Sinônimos: *À beça. Ter para dar e vender.* Expressão intensificadora. [SIM/SILV/NAS/FUL/ MEL/RMJ/PIM/0307/AUR] [*]

Baixar/Descer/Meter a lenha/a pua/a ripa/o pau/o porrete/o sarrafo/tabefe: surrar, espancar, falar mal, criticar, ofender com palavras. *A sociedade deve baixar o pau nos políticos desonestos.* Além dos verbos já apontados, usa-se também *sentar*, entre outros. [MEL/SILV/AUR]

Cair de pau/de porrada: bater, criticar veementemente. *Vou cair de pau naquele merda*. [SILV/MEL]

Chutar o pau da barraca: abandonar, largar tudo, destruir. *Aborreceu-se no trabalho, chutou o pau da barrara e não voltou mais*. [MEL/SILV/1937/AUR]

(Como/Que nem/Feito) Um dois de paus: imóvel, paralisado, sem iniciativa, pessoa sem importância, sem iniciativa, que não deve ser considerada. *Faça alguma coisa, não fique aí parado parecendo um dois de paus. Não vai ser convidado de jeito nenhum, é considerado um dois de paus por todos*. Há expressão equivalente em francês. Usa-se com vários verbos alternativos, como *parecer, ser*, etc. [NAS/ SILV/MEL/PUG/3379/RMJ] [*]

Escreveu, não leu, o pau comeu: não se obedecendo às normas, sofrem-se as consequências. *Aquele professor trata os alunos assim: escreveu, não leu, o pau comeu*. Cf.: *O pau comer*. [MEL/3860]

Estar mais sujo do que pau de galinheiro: estar muito malfalado, estar devendo a muita gente. *Ninguém quer ajudá-lo mais, está mais sujo do que pau de galinheiro*. [MEL]

Levar pau: ser reprovado em exame. *Teve que estudar muito para não levar pau*. Sinônimo: *Levar bomba*. [NAS/MEL/ SILV/AUR]

Mexer (com) os pauzinhos: empregar os meios necessários, nem sempre lícitos, para obter bom resultado. *Ele estaria mexendo os pauzinhos para pôr o ministro no páreo da sucessão*. O espanhol tem expressão correspondente. [SILV/WER/ FUL/MEL/5521/LAT] [*]

Mostrar com quantos paus se faz uma canoa/uma cangalha: infligir uma séria lição, um corretivo. *Sendo desrespeitado, teve que mostrar ao filho com quantos paus se faz uma canoa*. [LMOT/NAS/ MEL/SILV/AUR]

Nem a pau: de forma alguma. *Eu não vou fazer a vontade dela nem a pau*. Sinônimos: *Nem que a vaca tussa. Nem morto. Nem pensar. Nem por decreto. Nem por sombra. De jeito (e) maneira*. Expressão intensificadora negativa, usada com diversos verbos alternativos. [MEL/FSP/ WER/DSP/2889/NAS/AUR]

O pau comer: haver briga, pancadaria. *Quando o pau comeu entre as torcidas, eu já estava longe. O pau comeu, a polícia desceu o sarrafo*. Cf.: *Escreveu, não leu, o pau comeu*. [MEL/SILV]

O pau quebrar/Quebrar o (maior) pau: haver briga, confusão, discutir com veemência. *O pau quebrou quando o pai os surpreendeu fumando. Quebrou o maior pau ao saber que ofenderam sua mãe. Uma tarde quebrou o pau na metade do segundo tempo.* [MEL/SILV/ALV/7324/AUR]

Pau a pau: em pé de igualdade. *Segundo as pesquisas os dois candidatos estão pau a pau.* Sinônimo: *taco a taco*. Constrói frases com diversos verbos, como *estar*, entre outros. [AUR/NAS/MEL/6615]

Pau-d'água: ébrio habitual. *Vivia na situação como a dos paus-d'água na taberna.* Usa-se com vários verbos, inclusive com o verbo *ser*. [GUR/AUR/NAS]

Pau de arara: 1. pau roliço para transportar, amarradas, araras ou outras aves. 2. caminhão com varas longitudinais na carroceria, às quais os passageiros, normalmente retirantes nordestinos, se agarram, em situação totalmente desconfortável, até subumana. 3 esse mesmo tipo de retirante. 4 tipo de tortura consistente num pau em que o torturado fica suspenso pelos joelhos e cotovelos. Como se observa, todos os sentidos estão diretamente vinculados entre si, explicando a expressão com os seus vários sentidos figurados. *Os paus de arara foram de caminhão pau de arara, do Norte até São Paulo. Penduraram no pau de arara todos os presos políticos, que logo confessaram tudo.* Constrói frases com diversos verbos, inclusive o *ser*. [6624/AUR]

Pau mandado: obediente, pessoa servil, que faz tudo que lhe mandam. *Ele é um pau mandado, só faz o que o chefe quer.* Alusão aos títeres, fantoches a que se puxam os cordões. [NAS/GUR]

Pau que nasce torto morre torto ou **Pau que nasce torto, tarde ou nunca se endireita**: a pessoa que nasce com deformidade de caráter será assim até morrer. *Ele não tem jeito, sempre foi turrão, pau que nasce torto morre torto.* Embora se trate de provérbio, foi listado pela frequência de uso na linguagem coloquial e porque parece ter um caráter universal, uma vez que veicula praticamente com os mesmos referentes em vários idiomas, inclusive no latim. [MEL/LMOT/6621/FRI/SILVA2/AM] (*)

Por fora, pau e viola, por dentro, pão bolorento: como consta nos *Apólogos dialogais* (século XVII) de D. Francisco Manuel. Cf.: *Por fora, bela viola, por dentro, pão bolorento.*

(Ser) Pau de virar tripa: pessoa alta e magra. *Entrou em regime desordenado e acabou um pau de virar tripa.* Denotativamente, "pau de virar tripa" é, literalmente, vara longa e fina para virar as tripas dos animais antes de levá-las a secar. É usada com vários verbos alternativos, inclusive *ser*. Cf.: *Tomar chá de trepadeira.* [8810/SILV/NAS/RMJ] (*)

Ser pau para/pra toda (a) obra: muito eficiente, pessoa que faz tudo. *Ele está sempre disponível, é pau pra toda obra.* [SILV/MEL/WER/6630/AUR]

PAVIO

Ter pavio curto: ter o sangue quente, ter sangue nas veias, ter baixa tolerância. *É bom não provocá-lo, ele tem pavio curto.* [PIP/MEL/SILV/6631/AUR]

PÊ

Estar/Ficar pê da/de: *Ela vai ficar pê da vida, se você não for ao seu aniversário.*

"Pê" é abreviatura eufemística para a palavra chula "puto/puta". Cf.: *Estar/Ficar fulo da/de*.

PÉ

Ao pé da letra: literalmente. *Seguiremos ao pé da letra todas as suas orientações. Interpretou o recado ao pé da letra.* Usada com vários verbos alternativos, como *interpretar, responder, seguir, levar, tomar,* etc. Expressão muito usada, inclusive em textos científicos. Sem origem metafórica discernível. Menos figuradas são as expressões latina e francesa. [SAB/WER/TOG/BAL/0763/SILV/NAS/MEL/BAR/ROB/LAR/LAT] (*)

Ao pé do ouvido: em segredo, em voz baixa, discreta, ter conversa íntima. *Disse-lhe ao pé do ouvido palavras amáveis. Vou fazer-lhe umas confidências ao pé do ouvido. Teve uma conversa de pé do ouvido com a mulher para que ela desistisse da festa.* Não confundir esta expressão com a expressão de configuração similar da frase: *Fazer tradução ao pé do ouvido*, que o professor Rosenthal, da USP, qualificava como de má tradução, isto é, "por ouvir dizer" ou "por soar parecido". Usa-se com diversos verbos, entre os quais *dizer, falar, conversar.* Cf.: *Conversa ao pé do ouvido*. [MEL/TOG/0674]

Arranjar/Achar (um) pé: arranjar motivos, pretextos. *Poderia ter emprestado o livro, mas arranjou um pé para não fazê-lo.* [SILV/MEL/CA]

Bater (o) pé: teimar, insistir, zangar-se, mostrar-se insubmisso. *Itamar bateu o pé para viajar no seu fusca. Minha mãe bateu pé e não me deixou sair.* [DSP/MEL/WER/AUR]

Botar/Colocar/Meter/Pôr o pé na estrada: fugir, viajar. *No carnaval, pegou a família e botou o pé na estrada.* [WER/MEL/SILV]

Botar/Colocar/Meter/Pôr o pé no freio: diminuir o ritmo do que está fazendo. *Sem dinheiro, botou o pé no freio, na reforma da casa.* [MEL]

Botar/Colocar/Meter/Pôr os pés pelas mãos: intervir de maneira errada, atrapalhar-se e fazer tudo ao contrário. *Preciso pensar melhor para não meter os pés pelas mãos.* Há similares em inglês. Além dos verbos que encabeçam o verbete, usa-se também *trocar*. [MF/XAre/WER/LCC/SILV/MEL/NAS/5497/AUR] (*)

Botar/Manter/Ter os pés no chão: pensar objetivamente, ser realista. *É bom botar os pés no chão para não fazer besteira. Ele tem os pés no chão; sabe o que pode e o que não pode fazer.* Cf.: *Com os pés no chão*. [SILV]

Cair de pé: mostrar-se íntegro, forte em face de uma derrota, jargão dos heróis de guerra. *Cartago, derrotada, caiu de pé.* [SILV/MEL/WER/1590/AUR/NAS]

Com os pés no chão: proceder com segurança, ser realista. *É preciso estar com os pés no chão para alcançar os objetivos.* A expressão pode ser composta encabeçada alternativamente com os verbos *estar, ficar, viver, andar,* entre outros. Cf.: *Botar/Manter/Ter os pés no chão*. [SILV/MEL/WER/6878]

Com um/o(s) pé(s) nas costas: fazer algo com muita facilidade. *Esse trabalho eu faço com um pé nas costas.* Usada alternativamente com vários verbos, como *fazer, trabalhar, estudar,* etc. [XAcm/WER/SILV/MEL/2077/AUR]

Dar no pé: fugir, desaparecer. *O assaltante deu no pé quando o alarme disparou.* Sinônimos: *Dar o/no pira. Botar/Colocar/Passar sebo nas canelas. Picar a mula.* [LAU/WER/TOG/MEL/SILV/1627] (*)

Dar um chute/um pé/um pontapé (no traseiro/na bunda): despedir do emprego, mandar embora. *Ela deu um pé no traseiro do namorado quando o pegou com outra.* Cf.: *Levar/Ganhar um chute/um pé/um pontapé (no traseiro/na bunda)* [MEL/SILV]

Dar um pé de ouvido: dar um tapa no pavilhão da orelha, de um lado da cabeça. *Deu-lhe um pé de ouvido na frente da namorada, que ele perdeu a graça.* Cf.: *Levar um pé de ouvido.* [HU]

De/Com (o/um) pé atrás: acautelar-se, prevenir-se, ter desconfiança, ficar em posição de defesa. *Estou preocupado porque ela está com um pé atrás comigo.* Sinônimo: *Com a pulga atrás da orelha.* A expressão pode ser composta encabeçada alternativamente com os verbos *estar, ficar, viver, andar, ter,* entre outros. [BAL/MEL/2050/SILV/DI/PIP] (*)

De pés para o/pro ar: Cf.: *De pernas para o/pro ar.*

Dos pés à cabeça: em/por todo o corpo. *Vestiu-se a rigor dos pés à cabeça.* Sinônimo: *Da cabeça aos pés.* Expressão usada alternativamente com diversos verbos, como *comprometer-se.* Há similares em espanhol e francês. [TOG/NAS/AZE/MIC] (*)

Em pé de guerra: tensão que precede desentendimentos sérios, estar pronto para as hostilidades. *Os operários estão em pé de guerra com a direção do sindicato.*

Expressão usada com diversos verbos, entre os quais *estar, ficar.* O francês tem correspondente em versão literal. [MEL/SILV/AUR/AZE] (*)

Enfiar/Meter o pé na jaca: 1. ficar muito bêbado, fazer uma grande bobagem, cometer um erro. 2. bater, agredir. *Na festa de ontem, ela não se conteve enfiando o pé na jaca. Meti o pé na jaca (...) estava com os nervos à flor da pele.* [MEL/SILV]

Entrar/Começar com o pé direito: começar bem, com sorte. *Comecei este ano com o pé direito, obtendo sucesso. O deputado tá feliz, acordou com o pé direito.* Usa-se inclusive com os verbos *acordar, levantar.* A crendice popular imagina que dá sorte ou azar, conforme se comece algo com o pé direito ou esquerdo. As pessoas supersticiosas acreditam que só se deve entrar numa casa com o pé direito. Cf.: *Entrar/Começar com o pé esquerdo.* [SILV/MEL/RMJ2/XAre/WER/LCC/AUR/NAS/BEC] (*)

Entrar/Começar com o pé esquerdo/trocado: começar mal, com azar, de mau humor. *Acho que você levantou com o pé esquerdo, está de péssimo humor hoje.* Usam-se inclusive com os verbos *acordar, levantar.* Sinônimo: *Acordar com o pé trocado.* A crendice popular imagina que dá sorte ou azar, conforme se comece algo com o pé direito ou esquerdo. Cf.: *Entrar/Começar com o pé direito.* [SILV/MEL/RMJ2/XAre/WER/LCC/2052/AUR/BEC]

Esperar sentado (que de pé cansa): esperar a solução de algo com a expectativa de que vai demorar muito a acontecer. *Quer aumento? Pode esperar sentado, que de pé cansa.* [MEL/SILV]

Fazer pé firme: teimar, insistir, não aceitar submissão, resistir na posição. *Fez pé firme e não pediu desculpas à irmã.* [MEL/4280]

Ficar a pé: não conseguir o pretendido, o merecido, ficar sem condução. *Não recebendo a ajuda que lhe prometeram, acabou ficando a pé. Tentei uma carona, mas acabei a pé.* Sinônimos: *Ficar na mão. Ficar a ver navios.* [MEL/SILV]

Ficar no pé de: importunar insistentemente, não sair de perto de alguém, insistindo em algo. *Ficou no meu pé para que eu lhe emprestasse o carro.* [MEL/SILV/AUR]

Ir e vir/voltar num pé só: ir e voltar com a máxima rapidez. *Precisou ir à cidade, mas foi e veio num pé só.* Naturalmente, o sentido literal revela-se ilógico, o que acentua a expressividade do sentido não literal, idiomático, das expressões. Cf.: *Ir num pé e voltar no outro/noutro. Direito de ir e vir.* [MEL/SILV/AUR]

Ir num pé e voltar no outro/noutro: ir e voltar com a máxima rapidez, não demorar. *Ele já chegou, foi num pé e voltou no outro.* Cf.: *Ir e vir/voltar num pé só.* [MEL/SILV/NAS/LMOT/AUR]

Jurar/Negar de pés juntos: afirmar/negar com toda a convicção, prometer/negar algo sem dúvida alguma. *Teve que jurar de pés juntos que nunca mais desrespeitaria o pai. Negou de pés juntos que jamais estivera contra você.* A expressão refere-se às torturas da época da Inquisição, quando o acusado tinha as mãos e os pés amarrados juntos. [MEL/NAS/4961/5991/AUR]

Levar/Ganhar um chute/um pé/um pontapé (no traseiro/na bunda): ser despedido. *Para não levar um pé no traseiro aceitou a redução do salário.* Em francês há a mesma ideia, com configuração referencial diferente. Cf.: *Dar um chute/um pé/um pontapé (no traseiro/na bunda).* [BAL/MEL] (*)

Levar um pé do ouvido: receber um tapa no pavilhão da orelha, de um lado da cabeça. *Levou um pé do ouvido e perdeu a graça.* Cf.: *Dar um pé do ouvido.* [6660]

Pé ante pé: cautelosamente, sorrateiramente, devagarinho. *Chegando muito tarde, entrou pé ante pé, para não acordar a esposa.* É usada combinada com vários verbos alternativos, como *vir, ir,* etc. Para a mesma ideia, no mesmo idioma, se diz em Portugal: *com pezinhos de lã.* [MEL/MOU]

Pé/Tromba-d'água: aguaceiro. *Depois dos trovões, caiu um pé-d'água sem tamanho.* Usada com diversos verbos, como *cair, desabar.* [NAS/CA] (*)

Pé de chumbo: pessoa que anda lentamente, lerda, grosseira, "galego" como apelido do português, especialmente de baixo nível cultural, à galega, sem capricho. *O pé de chumbo do Zeca ainda não chegou?* Usa-se como qualificativo, como predicativo com o verbo ser e, alternativamente, com outros verbos. [NAS/HOU/PIM/6654/CF]

Pé-de-meia: dinheiro economizado e reservado, poupança. *Ganha pouco, mas já fez o seu pé-de-meia. Até arranjar um emprego, o casal tem um bom pé-de-meia.* Combina-se com vários verbos, como *fazer, ter,* etc. [AUR/6656/MOU]

Pé na tábua: estímulo para alguém terminar logo sua tarefa. *Pé na tábua que já estamos atrasados com o relatório.* Naturalmente alusão ao pé no acelerador até chegar ao piso do carro. É usada nominalmente ou em frases verbais com vários verbos alternativos, como *pôr*. Cf.: *Fé em Deus e pé na tábua*. [MEL]

Pegar no pé: aborrecer, importunar, perturbar. *Pior que os guris ficam pegando no pé da gente, não sossegam. Ele pegava no meu pé todo tempo. A torcida pegou no pé do jogador que perdera o pênalti.* Trata-se de mais uma idiossincrasia semântica. [FUL/SILV/MEL]

Perder o pé: perder o controle da situação. *Tentou administrar a empresa, mas perdeu o pé e acabou indo à falência.* Sinônimo: *Ao sabor de*. [6816]

Sem pé(s) (e) nem/sem cabeça ou **Não tem pé(s) (e) nem cabeça**: sem sentido, coisa monstruosa, incompreensível. *Meus sonhos são todos sem pé nem cabeça. Emocionado, passou a falar coisas sem pé e sem cabeça. Aí ela veio com uma conversa sem pé e sem cabeça. Quis justificar a falta com uma história sem pé nem cabeça.* A expressão é usada alternativamente com vários verbos, dependendo dos diferentes contextos, podendo também aparecer precedida de vulgarismos léxicos ou palavras afins, como "*coisa(s), negócio, história(s)*", etc. Há similares em inglês e espanhol. [FUL/RMJ2/WER/7759/MEL/SILV/NAS/FRI/LAT] (*)

Ser (um) pé de boi: ser uma pessoa aferrada ao trabalho e/ou ao estudo. *Ela e o marido são pés de boi no serviço do escritório.* [NAS/SILV/6651]

Ser (um) pé-rapado: ser pobre, malvestido, mal calçado, sem expressão, a mais humilde categoria. *Era ninguém, não, era um pé-rapado querendo emprego. Vive de esmolas dos parentes, é um pé-rapado.* Sinônimo: *João-ninguém*. Antigamente nas igrejas havia um objeto denominado "limpa pés", uma lâmina presa pelas pontas em duas pequenas estacas, de mais ou menos 30 centímetros de altura, ou um tipo de capacho no formato de uma grelha, cravado na entrada das igrejas, com o objetivo de retirar o excesso de lama ou barro dos sapatos dos fiéis. Os mais abastados não precisavam usá-lo, pois, como tinham posses, vinham para as missas a cavalo. Já os mais pobres, como vinham a pé, precisavam fazer uso desse instrumento. Daí o significado da expressão pé-rapado, igual a pobre. Esse costume chegou a ser usado também nas entradas das casas, independentemente de o usuário ser pobre ou rico. [NAS/PIM/SILV/GUR/LCC/MEL/WER/6847/AUR/AUR/HOU]

Ser pé-frio: indivíduo azarento, ser azarado. *Deixe de ser pé-frio, vou procurar outro sócio.* Existe a gíria lexical em inglês. É usada alternativamente com vários verbos, além do *ser*, na função de predicativo. Cf.: *Ser pé-quente*. [XAcm/WER/FUL/NAS/SILV/6690] (*)

Ser pé-quente: pessoa de sorte, que dá sorte. *Esse sócio que arranjei é pé-quente.* Cf.: *Ser pé-frio*. [6781/AUR]

Ter/Não ter os pés na terra/no chão: ser/não ser realista, objetivo/não ser realista. *Ele tem os pés no chão: sabe o que pode e o que não pode fazer.* Usam-se também os verbos *manter, estar, ficar*. Cf.: *Com os pés no chão*. [MEL/SILV/6878]

Tirar o(s) pé(s) da lama: sair da miséria, melhorar de vida, de posição. *Tirou o pé da lama, ao assumir a chefia da repartição.* [MEL/SILV/8479]

(Um) Pé no saco!/Que saco! Um saco!: enfado, amolação, pessoa impertinente, desagradável. *Você é mesmo um saco!*

Que saco! Expressões chulas. Usam-se também como interjeições de enfado, mas também com frases verbais, vinculadas a diversos verbos, inclusive com o verbo *ser*. [6769]

PEÇA

Pregar uma peça: enganar. *Pregaram-lhe uma peça ao lhe venderem um computador com defeito.* [MEL/SILV]

PECADO

Pagar os pecados: passar por sofrimentos. *Ela está pagando os seus pecados com a criação dos filhos.* Cf.: *Bode expiatório*. [MEL]

PECHINCHA

Pagar uma pechincha: "pechincha", de origem obscura, é grande vantagem, lucro imerecido ou preço muito barato, desproporcional. *Tanto desfez da mercadoria que acabou pagando uma pechincha.* Sinônimo: *Ser (uma) galinha morta*. [WER/AUR]

PEDRA

Até as pedras se encontram: expressão usada quando se encontra uma pessoa há muito tempo não vista, referência à possibilidade de casos aparentemente impossíveis. " — *Há quanto tempo não via você. — Até as pedras se encontram.*" Sinônimo: *O mundo/Como o mundo é pequeno!* [NAS/6206]

Atirar a primeira pedra: julgar-se sem pecado e iniciar a punição de um pecador, ser o primeiro a acusar, provar jamais ter praticado atos desabonadores como o que ocorre no momento presente. *Que atire a primeira pedra aquele que nunca mentiu.* Na antiguidade hebraica, as mulheres adúlteras eram apedrejadas. [RMJ/MEL/SILV/NAS] (*)

Botar/Colocar/Jogar/Pôr uma pedra em cima de/sobre/em: postergar indefinidamente um assunto, esquecer um caso desagradável. *Não devolverá o dinheiro e botará uma pedra em cima.* Cf.: *Botar/Colocar/Jogar/Deitar uma (última) pá de cal em cima de/sobre/em*. [MEL/NAS/SILV/4934/AUR/7018/PUG/WER]

Com quatro pedras na(s) mão(s): de forma agressiva. *Fui ajudá-lo e ele me recebeu com quatro pedras na mão. Toda vez que me dirijo a ele, vem com quatro pedras nas mãos.* Usado com diversos verbos, como *receber, responder, vir,* etc. [MEL/LCC]

Com uma pedra no sapato: estar numa situação desconfortável, permanentemente incomodadora, de indecisão, desconfiança, prevenido. *Depois que a viu saindo, ficou com uma pedra no sapato.* A expressão pode ser composta encabeçada alternativamente com os verbos *estar, ficar, viver, andar,* entre outros. Pode aparecer também com o verbo *ser* e *ter*: *Ser/Ter uma pedra no sapato.* Cf.: *(Ser) Uma pedra no (meio do) caminho.* [DI/6683/NAS/MEL]

Dormir como/que nem/feito uma pedra: dormir profundamente. *Tirou o domingo para descansar, dormiu como uma pedra.*

Expressão intensificadora. [BAL/WER/FUL/MEL/SILV/3405/NAS]^(*)

Enquanto descansar, carregar pedra(s): fazer um trabalho ligeiro entre dois de responsabilidade, base de refrão que se fala a quem impõe a outro demasiado trabalho, sem deixar-lhe tempo para descansar. *Nos dias de folga ele faz muitos reparos em casa: enquanto descansa, carrega pedra.* Há exploração dessa ideia também em outros idiomas. [NAS/LMOT/DAPR/MEL/1744] ^(*)

Estúpido como/que nem/feito uma pedra: Cf.: *Estúpido como/que nem/feito uma porta/pedra.*

Ser pedra de toque: servir para aferir, avaliar. *Você é a pedra de toque para eu saber como estou sendo visto pelos outros empregados.* Alusão à pedra que serve para a avaliação da pureza dos metais que nela são esfregados. [MEL/SILV]

(Ser) Uma pedra no (meio do) caminho: ser um empecilho, um obstáculo. *A inveja das amigas é uma pedra no seu caminho.* [AUR/AUL/WER/MEL] ^(*)

Surdo como/que nem/feito uma pedra/porta: Cf.: *Surdo como/que nem/feito uma porta/pedra.*

PEITO

Amigo do peito: amigo íntimo. *Em qualquer ocasião serás sempre meu amigo do peito.* Expressão com função intensificadora. É usada normalmente com o verbo ser. [FUL/WER/0636/MEL]

Bater no(s) peito(s): arrepender-se, vangloriar-se. *Mal saía do diário metia-se na igreja, rezava, batia nos peitos, pedindo perdão pelos seus crimes. Bate no peito,* vangloriando-se de que era santista. Observem-se os sentidos opostos para a mesma expressão, graças a contextos diferentes. [MEL/SILV/NAS] ^(*)

Meter os peitos: atirar-se a um empreendimento com decisão. *Teve que meter os peitos para sair daquela enrascada, ou seja, daquela dificuldade financeira.* [AUR/MEL]

No peito e na raça: com vigor, com energia. *Exigi, no peito e na raça, que ele me pagasse a dívida.* Sinônimo: *Na marra.* Constrói frases com vários verbos alternativos. Não admite inversão de ordem. [MEL/AUR]

PEIXE

Cair como (um) peixe: cair na rede, deixar-se apanhar. *Quando lhe vieram vender aquele carro, caiu como um peixe.* [SILV/MEL]

Filho de peixe, peixinho é: diz-se quando o filho puxa ao pai ou a filha, à mãe. *Joga futebol tão bem quanto o pai; filho de peixe peixinho é.* Sinônimo: *Tal pai, tal filho.* [LAU/MEL]

Não ter nada (a ver) com o peixe: algo ou alguém ser/estar alheio à discussão. *Eu não tinha nada a ver com o peixe, portanto não me responsabilize pelo seu fracasso.* [FUL/WER/MEL/5936/AUR]

O peixe morre pela boca: a pessoa muito gulosa ou ousada pode sofrer consequências de sua ousadia e desequilíbrio. *Não coma tanto assim, o peixe morre pela boca.* [LAU/FRI/MEL/6216] ^(*)

Sentir-se/Ser/Estar como peixe fora d'água: desambientado, fora do seu elemento, de seu meio natural. *Ficou como* *peixe fora d'água no novo departamento*. Há similar em inglês, registrando a mesma expressão com os mesmos referentes. [RMJ2/NAS/6741] (*)

Vender (o) meu/seu peixe: dar o seu recado, divulgar o seu trabalho. *Vendendo o seu peixe, conseguiu apoio para o seu trabalho filantrópico.* [MEL/SILV/ XAcm/8834/AUR]

PELE

Arriscar a (própria) pele: expor-se a um perigo. *Não vou arriscar a pele a troco de nada.* [XAcm/SILV/NAS]

Estar na pele de: estar na posição, situação ou lugar de alguém. *Você devia estar na minha pele para ver o que eu estou passando.* [MEL/SILV/3983]

Pele e osso: muito magro. *Na ditadura houve pessoas que saíram da prisão em pele e osso. Sarou, mas está pele e osso. Quando terminou a dieta, ela era só pele e osso.* Sinônimo: *Filé de borboleta*. Há a mesma expressão em francês. É expressão usada também alternativamente com vários verbos, inclusive com *estar, ficar, ser*, etc. [MEL/4399/FUL/NAS/AUR] (*)

Salvar a (própria) pele: sair com vida de uma enrascada, livrar-se de responsabilidade. *Se você quiser salvar a pele, vai ter que pedir desculpas.* [WER/SILV/ MEL/7648/AUR]

Sentir na (própria) pele: só se sabe o tamanho do problema quando a gente mesma o sente, ressentir-se profundamente de alguma coisa. *Todas as vezes que estive com ele pude sentir na pele a paz de seu espírito.* [WER/MEL/SILV/7820/AUR]

Tirar/Arrancar a pele: explorar, maltratar, exigir o máximo. *Para não tirar a pele dos empregados, a empresa adiou a entrega dos produtos.* [MEL/SILV/ NAS/AUR]

PELO

Procurar/Catar pelo/cabelo em (casca de) ovo: criar problema, procurar defeito, problemas onde não há, tentar realizar tarefa totalmente impossível, provocar situação difícil. *O chefinho tá procurando pelo em ovo.* Cf.: *Procurar/Encontrar (uma) agulha no palheiro.* [DI/7189/ SILV/MEL]

PENA

A duras penas: com grande dificuldade, com muito sacrifício. *A duras penas conseguiu o diploma de doutor.* Uso alternativo com vários verbos. [LP/0098/0091/ WER]

Ao correr da pena: de improviso, sem preocupação de estilo. *Discorreu sobre o assunto ao correr da pena.* "Pena" no sentido de "pena de caneta, de escrever". [HOU/NAS/0741]

Pena de talião: é uma lei que remonta à Antiguidade mais remota, pois figura nos livros sagrados. A Bíblia esclarece, no Êxodo (21, 23ss) e no Levítico (24, 20) que ela consiste em infligir ao autor de uma transgressão, punição em tudo "igual" ao crime. E especifica: *vida por vida, olho por olho*, etc. Sinônimo: *Lei de talião*. Cf.: *Elas por elas. Olho por olho,*

dente por dente. [FUL/WER/NAS/HOU/LMOT/RMJ/RMJ2/BAR/AUR] (*)
Vale a pena: compensar o trabalho que dá ou o risco que se corre, merecer o sacrifício, ser vantajoso. "*Tudo vale a pena se alma não é pequena*" (Fernando Pessoa). *Eu pensei em voltar, mas não valia a pena*. [MEL/8798/AUR/SILV]

PENDURA

Na pendura/pindura: sem nenhum dinheiro, recursos, em dificuldades. *Ficou na pendura por ter gastado todo o dinheiro na campanha eleitoral. Nada pior do que estar na pindura, ninguém olha pra gente.* Sinônimo: *Na pindaíba*. Usam-se alternativamente com vários verbos, como *estar, ficar, andar, viver,* etc. [SILV/AUR/MEL/2736/NAS/HOU/GUR/AUL/CARN] (*)

PENICO

Pedir arrego/penico: render-se, acovardar-se, entregar os pontos. *Teve que pedir penico, não dava mais para aguentar.* [MEL/SILV/NAS/GUR/AUR]

PENSAR

Nem pensar: de forma alguma. *Ir à sua festa sem ser convidado nem pensar.* Sinônimos: *Nem que a vaca tussa. Nem a pau. Nem morto. Nem por decreto. Nem por sombra. De jeito (e) maneira.* Expressão intensificadora negativa, usada com diversos verbos alternativos. [MEL/FSP/WER/DSP/2889/FUL]

PENTE

Passar (o/um) pente fino: conferir detalhadamente, com crivo rigoroso. *Passando o pente fino na planilha de custo, descobriu vários erros.* [SILV/MEL/6779/AUR] (*)

PERDER

Não perder por esperar: ter o castigo ainda que tarde. *Os corruptos não perdem por esperar.* [SILV]

PERFUMARIA

Falar/Dizer/Fazer perfumaria(s): dizer coisas sem importância. *Não falou nada de útil, só perfumaria.* [MEL]

PERGUNTA

Pergunta de algibeira: pergunta de resposta difícil, feita com o intuito de confundir o interpelado, pergunta capciosa. *Saiu-se bem na entrevista, apesar das perguntas de algibeira feitas pelos jornalistas.* [MEL/NAS/AUR]
Pergunta que não quer calar: pergunta feita insistentemente, ouvida em todos os lugares. *Agora, a pergunta que não quer calar é quando os juros baixarão.* [MEL]

PERGUNTAR

Perguntar não ofende: justificativa para uma pergunta em geral indiscreta e/ou de resposta duvidosa. *Eu queria saber* *quantos maridos ela já teve, perguntar não ofende.* [MEL/MEF]

PERHAPS

Não ter perhaps: não haver hesitação, certamente. *Comigo é assim, não tem perhaps, pão é pão, queijo é queijo.* Sinônimo: *Não ter talvez.* Trata-se de hibridismo idiomático, com palavras portuguesas e inglesa. Cf.: *Sem sombra de dúvida(s). Cometer gafe.* [SILV/NAS]

PERIGO

Agora/Aí/Ali que mora o perigo: nesse ponto há um problema complicador, aí é que está a (maior) dificuldade. *Você devia ter contado a verdade, mas não contou; agora aí que mora o perigo.* Sinônimo: *Agora/Aí que a coisa/o bicho pega.* Essas expressões admitem várias configurações formais, sobretudo em termos de ordem, à semelhança das expressões *Agora/Aí que a porca torce o rabo.* [RAM/XAre/FSP/LP/RIB/NAS/PAS/LCC/WER/MEL/LMOT/0543]
Estar a perigo: estar sem dinheiro algum. *Se me virarem hoje a cabeça para baixo, não cai do bolso um tostão; estou a perigo.* Sinônimos: *Estar na pendura. Estar na pindaíba. Estar a/sem nenhum. Estar liso,* etc. [0249/SILV/AUR]

PERNA

Abrir as pernas: facilitar, transigir, ceder sob pressão, acovardar-se. *Teu time venceu de goleada porque o adversário abriu as pernas.* Alusão à expressão chula referente à atitude de a mulher abrir as pernas para facilitar o coito. [MEL/SILV/0414]
Andar/Caminhar com as próprias pernas: ser independente. *Ajudei-o muito, mas agora ele anda com as próprias pernas.* [MEL]
Bater perna(s): caminhar sem destino fixo, a esmo, vadiar. *Assembleia e Câmara em recesso, nobres deputados e vereadores batendo pernas em Miami e Disney.* [WER/SILV]
De pernas para o/pro ar: 1. de papo pro ar, à vontade, na maciota, despreocupado, folgado. 2. em desordem total, desorganizado, em confusão, às avessas. 1. *Ficou de pernas para o ar enquanto os outros trabalhavam. Passou o dia de pernas para o ar esperando o telefonema da namorada.* 2. *Quando voltou da viagem, encontrou a casa de pernas para o ar. O quarto dela estava de pernas pro ar.* Sinônimo: 2. *De cabeça para baixo.* A expressão pode ser composta encabeçada alternativamente com os verbos *estar, ficar, viver,* entre outros. [WER/2760/SILV/MEL/FSP]
Estar mal/ruim das pernas: estar em dificuldades. *A Itália está mal das pernas.* [SILV]
Passar a perna em: tomar a dianteira em alguma coisa, levar vantagem, derrotar, enganar, maneira astuta de suplantar alguém. *Os tucanos só temiam que FHC, na hora de passar a perna no PFL, mais uma vez desse para trás. Esperou o avô esticar as canelas para passar a pena na família.* [LCC/WER/SILV/MEL/NAS/AMF/6553] [*]

Trançar/Trocar as pernas: andar à toa, cambalear, andar indeciso, por uma ou várias causas, inclusive por embriaguez. *Ternura e Manoel saíram bêbados, trocando as pernas*. [SILV/RAM/MEL/NAS]

PÉROLA

Atirar/Dar/Deitar/Jogar/Lançar pérolas a/aos porcos: dizer coisas importantes ou dar coisas de valor a quem não tem condições de entendê-las ou valorizá-las. *Dar uma boa aula a aluno que não se interessa em aprender é atirar pérolas a porcos*. Cf.: *Ser espírito de porco*. [MEL/NAS/PIM/RIB/STEIN/4929/JRF/CF] (*)

PERU

...do peru: extraordinário, interessante, sensacional, muito engraçado, do barulho. *Ontem conseguimos uma vitória do peru*. Sinônimo: *Do barulho*. *Do peru* não parece ser uma expressão tão discernível quanto *Do barulho*. Cf.: *Pra burro/cacete/cachorro/caralho/caramba/chuchu/danar*. Usa-se com vários verbos, geralmente posposicionada e com função intensificadora, inclusive com o verbo *ser*. [MEL/SILV/HOU/NASE] (*)

PESADA

Ser da pesada: estar disposto a tudo, despertar respeito, aquele que tem qualidade excessivamente boa ou má, pessoa perigosa. *A polícia prendeu ontem um traficante da pesada*. [2390/MEL/AUR]

PESCOÇO

Até o pescoço: inteiramente. *Não consegue mais crédito; endividou-se até o pescoço*. Sinônimos: *Até a raiz dos cabelos*. *Até a medula (dos ossos)*. Constrói-se com diversos verbos. [0976]

PESO

Dois pesos e duas medidas: julgamentos diferentes para situações iguais. *Darei a você a mesma ajuda que dei a ele; não posso usar dois pesos e duas medidas*. Na expressão, "peso" e "medida" são palavras sinônimas; dessa forma medida é um reforço de sentido, coisa que acontece, com certeza, em *Com peso e medida* (metodicamente) e *Sem peso nem medida* (sem método). Expressão nominal usada alternativamente com vários verbos, como *usar, aplicar,* etc. Não admite inversão de ordem. [MEL/3376/AUR/NAS]

Ser (um) peso (morto): vagabundo, parasita. *Não estuda nem trabalha, é um peso morto nas costas do pai*. Cf.: *Ter braço curto*. *Fazer corpo mole*. [SILV/MEL/6844/DSP/AUR]

PESQUEIRO

Atrapalhar/estragar o pesqueiro: atrapalhar, perturbar a realização de algo, de um projeto. *Íamos sair, mas as crianças atrapalharam o pesqueiro*. [AUR/4093/NAS]

PESTANA

Queimar as pestanas: examinar com especial atenção, estudar muito, principalmente durante a noite. *Queimou as pestanas, mas não conseguiu passar no concurso.* Há similar em espanhol formulado com os mesmos referentes. [ALV/WER/SILV/MEL/NAS/MOU/7333] (*)

Tirar uma pestana/soneca: cochilar, dormir ligeiramente. *Chegou do trabalho, tirou uma pestana e foi para a faculdade.* O inglês tem expressão semelhante. Cf.: *Fazer/Tirar a/uma sesta.* [BAR/NAS/MEL/SILV] (*)

PETECA

Deixar a peteca cair: vacilar, falhar. *Mesmo nos momentos mais difíceis, não deixava a peteca cair.* Usado normalmente na forma negativa. [SILV/PUG/AUR]

PETIÇÃO

Em petição de miséria: em estado deplorável, "pedindo" a uns e a outros. *A casa está em petição de miséria, só falta cair.* Usa-se com diversos verbos, como *estar*, entre outros. [NAS/AUR/3620]

PIJAMA

Vestir o pijama de madeira: morrer. Cf.: *Bater as botas.*

PILHA

Estar/Ficar (como/ que nem/ feito) uma pilha de nervos: ficar muito irritado. *Está uma pilha de nervos porque recebeu uma intimação da justiça. Fica uma pilha de nervos quando está contrariada. A situação o deixou uma pilha de nervos.* Sinônimo: *Estar/Ficar com os nervos à flor da pele.* A expressão aparece ainda com os verbos *deixar, ser,* entre outros: *Ser uma pilha de nervos.* [MEL/SILV/8748/AUR]

PÍLULA

Dourar a pílula: usar meios sutis ou falsos para levar alguém a aceitar alguma coisa difícil de aceitar, apresentar o desagradável sob forma agradável. *Às vezes os pais têm que dourar a pílula para que os filhos aprendam a ter limites.* Antigamente, desde o século XV pelo menos, as farmácias embrulhavam as pílulas em papel dourado, para melhorar o aspecto do remedinho amargo. A expressão *dourar a pílula*, cujo "dourar" evidentemente não significa "revestir de ouro", quer dizer disfarçar, melhorar a aparência de algo. A prática era comum em vários países, tanto que a mesma ideia vem desde o latim e existem versões literais em inglês, francês e espanhol. [LP/MEL/SILV/PIM/MEF/LMOT/RMJ/NAS/0491/AUR] (*)

PIMENTA

Pimenta nos olhos dos outros é colírio/refresco/não arde: só quem sente um mal pode avaliá-lo, diz-se quando alguém se compraz com a dor ou problemas alheios. *Ele riu quando eu me machuquei, pimenta nos olhos dos outros é refresco.* [MEL/NAS/6853/AM]

PINDAÍBA

Na pindaíba/na pindaíva: sem nenhum dinheiro, recursos, em dificuldades. *Vou ser franco. Estou na pindaíba. Não posso comprar nada.* Sinônimo: *Na pendura/pindura*. Usa-se alternativamente com vários verbos, como *estar, ficar, andar, chegar, viver*, etc. [SILV/NAS/RMJ/PIM/MEL/HOU/LAU/GUR /2736/AUL /CA/ CARN/VIO] (*)

PINDURA

Na pindura: Cf.: PENDURA.

PINGO

Afogar-se em (em um/num) copo/pingo de/d'água: afligir-se por pouco, atrapalhar-se com pequeno problema. *Ficar muito preocupada só porque o filho ficou resfriado é afogar-se num copo d'água. Também não é para tanto: você está se afogando em pingo d'água.* Cf.: *Afogar-se em pouca água*. [0500/LMOT/ ALV/PAR] (*)
Botar/Colocar/Pôr os pingos/pontos nos is: explicar de maneira clara e minuciosa. *Vamos pôr os pingos nos is e deixar tudo em pratos limpos.* Sinônimo: *Pôr/Colocar em pratos limpos*. Comporta uso alternativo de outros verbos. [WER/MEL/SILV/7068/FUL/LCC/LMOT]
Não ter um pingo de: porção mínima de, hipótese alguma de algo. *Ele não tem um pingo de vergonha.* Expressão para "hiperbolizar" negativamente algo, como medo, curiosidade, vergonha, educação, inteligência, etc. [5952/PUG]
Uma gota/Um pingo d'água no oceano: uma insignificância, comparativamente, em relação às necessidades. *Foram poucos os donativos, isso é um pingo d'água no oceano.* Sinônimo: *Um grão de areia no deserto.* Constroem alternativamente expressões com diversos verbos, inclusive com o verbo *ser* na função predicativa. Cf.: *A gota d'água*. [MEL/RMJ2/NAS/8722/AUR]

PINO

Bater (o) pino: achar-se mal física e/ou mentalmente, não resistir. *Depois dos 50 anos, muita gente bate o pino.* Alusão ao pino da válvula de motor velho ou mal regulado de carro. [MEL/SILV/HOU/1187/AUR]

PINTAR

Pintar e bordar: fazer travessuras. *Os atores pintaram e bordaram com a plateia.* Sinônimo: *Pintar o sete. Pintar o(s) caneco(s).* Não admite inversão [WER/SILV/MEL/AUR]

PIO

Dar/Não dar (nem) um pio: ficar calado, abster-se de falar. *Ouviu tudo que o pai tinha a lhe dizer e não deu um pio.* Usada normalmente na forma negativa, com ideia semelhante em inglês. Cf.: *Dar/Não dar bola*. [5475/MEL/SILV/NAS] (*)

PIOR

Estar/Ficar na/numa pior: estar/ficar em situação ou disposição difícil. *Sem essa de estar na pior, sempre dou a volta por cima.* Em expressões desse tipo, com forma marcada no feminino, deve-se entender a elipse de palavras como "situação", etc. Cf. p. 34, d. [SILV/XAcm]
Levar a pior: perder, ser dominado. *Com a falta de vários empregados quem foi trabalhar levou a pior.* Cf.: *Levar a melhor*, antônima. Cf. também: p. 34, d. [SILV/5072/MEL/AUR]

PIQUE

Estar a pique: estar quase, prestes, a ponto de. *Estou a pique de pegar o emprego.* Em espanhol, há versão literal. [NAS/LAT] (*)
Estar sem gás/pique: estar sem coragem, sem disposição. *Não dá mais para enfrentar esse trabalho; estou totalmente sem pique. O homem entrou no ano no maior pique.* "Pique" no sentido de entusiasmo ou mesmo pico. Cf.: *Perder o gás/o pique*. [HUHOU]
Ir a pique: afundar. *O bote foi a pique durante a pororoca.* Certamente alusão a "pique", posição inclinada, vertical do barco, do navio. Cf.: *Estar a pique. Perder o pique.* [MEL/SILV/HOU/AUR]
Perder o gás/o pique: perder o entusiasmo, a vontade, o vigor, a garra, cansar-se. *Não podemos perder o gás agora, no final da campanha.* Um dos sentidos da palavra "pique" é grande disposição, entusiasmo. [MEL/SILV/HOU]

PIRA

Dar o/no pira (gír.): ir embora, fugir. *O marido não aguentou mais, deu o pira, nunca mais voltou.* Sinônimos: *Picar a mula. Dar no pé. Botar/Colocar/Passar/Pôr sebo nas canelas.* [1601/SILV/MEL/AUR]

PIRES

De pires na mão: necessitando de ajuda, pedindo esmola. *O governador foi a Brasília de pires na mão.* Expressão usada com vários verbos alternativos. [MEL]

PIRIPITIBA

Nada/Neca/Neres de piripitiba: nada, absolutamente nada. *Expliquei tudo, mas ela não entendeu nada de piripitiba.* Expressão intensificadora negativa, usada com diversos verbos alternativos, sobretudo *saber* e *entender*. Cf.: *Neca/Necas/Neres.* [MEL/HOU/6026]

PIRRAÇA

Fazer/Por birra/pirraça: irritar. *E eu voltei a frequentar o clube, mesmo para fazer pirraça ao caluniador.* [SILV/2983/4231/7154/HOU] (*)

PISTA

Fazer a pista: ir-se embora, fugir. *O traficante avistou a polícia e fez a pista.* [AUR/SILV]

PITACO

Dar pitaco em: intrometer-se na conversa dos outros, dar opinião, dar palpite, ataque histérico. *Vou dar uns pitacos no texto que deve ser publicado. Não guento mais os pitacos deste viado.* Sinônimo: *Dar palpite.* [GUR/MEL]

PITANGA

Chorar (as) pitanga(s): reclamar, suplicar, fazer choradeira. *Lá vem ela outra vez chorar as pitangas.* Cf.: p. 34, g. [1916/LCC/WER/SILV/RMJ/NAS/LMOT/1916/AUR] (*)

PITO

Dar/Passar o/um sabão/um sermão/(um) pito em alguém: repreender, admoestar, chamar a atenção. *Disse que vai lhe passar o pito que ele merece.* Sinônimos: *Puxar/Torcer a(s) orelha(s). Dar (a/uma) (maior) bronca.* [WER/ALV/MEL/SILV/NAS/1841]
Levar/Ganhar (um) pito/um sabão/um sermão/ de alguém: ser reprimido, repreendido. *Levou um pito da professora por não ter feito o dever de casa.* "Pito" deve ser uma corruptela, pequeno instrumento para chamar a atenção. [SILV/MEL]

PIZZA

Acabar/Terminar em pizza: não dar em nada. *A CPI do Orçamento vai acabar em pizza e todos vão ficar com a grana roubada do povo.* A expressão surgiu no Palmeiras, na década de 1950. Um dia, após grande e calorosa discussão entre os diretores do clube, todos foram para uma pizzaria, deixando as desavenças para trás. Milton Peruzzi, que trabalhava na *Gazeta Esportiva*, publicou a seguinte manchete: "Crise do Palmeiras termina em pizza"; a manchete virou expressão. Desde então, vem-se usando a expressão com o sentido de "não dar em nada"; "não apresentar resultados", ganhando, sobretudo, espaço no ambiente político e da magistratura. Em Portugal se diz: *Terminar em água de bacalhau.* [SILV/MEL/WER/XAre/PRA2/SIM/VIL/0446/AUR] (*)

PLANO

Plano B: plano alternativo para algo que poderá falhar, não acontecer. *Já tenho um plano B para o caso de você não me poder ajudar.* Constrói-se com vários verbos, como *ter, passar para, pensar em*, entre outros. [MEL]

PÓ

Pó da rabiola: mais morto do que vivo. *Estou cuidando de um senhor com dengue que está o pó da rabiola. Quando chegou, estava o pó da rabiola.* "Rabiola" é rabo de papagaio de papel, isto é, rabo em caracol, isto é, desgovernado. Compõe-se com vários verbos alternativos, inclusive os verbos *estar, ser*, como predicativo. [5434]
Virar fumaça/pó: acabar-se, desaparecer. *Com a inflação alta, o meu dinheiro virou fumaça.* [SILV]

POBRE

Alegria de pobre dura pouco: as coisas boas duram pouco, acabam antes dos desfrutes. *Puxa vida, alegria de pobre dura pouco, meu time só venceu duas.* [MEL]

Quem dá aos pobres empresta a Deus: forma de expressar que a doação é um ato nobre que leva à paz espiritual. *Eu me sinto bem ao ajudar os necessitados, pois quem dá aos pobres empresta a Deus.* O provérbio já aparece em latim, incorporando depois, coloquialmente, a metáfora do "empréstimo" em outros idiomas, como espanhol, francês, italiano e inglês. [MEL/MEF/LMOT/SILVA2 /RMJ/7363] (*)

POÇO

Ser (um) poço de: pessoa que conhece a fundo vários assuntos, ter uma qualidade em alto grau. *Era uma poço de vaidade, mas era também um poço de sabedoria.* Em francês há expressão correspondente. Expressão pré-posicionada intensificadora. Há equivalente em francês. [PIP/SILV/AUR/NAS] (*)

PODER

Quem pode pode, quem não pode se sacode: quem tem condições para fazer, tem; quem não tem, não tem, que se vire. *Ficaram incomodados com a minha vitória? Quem pode pode, quem não pode se sacode.* [MEL/LMOT/7425]

PODRE

Cair de podre: diz-se de quem está em má situação financeira, cair sozinho por precariedade da situação. *Com ele você não precisa se preocupar, está caindo de podre.* Cf.: DE. [SILV/1591]

Podre de: em alto grau, muitíssimo. *É podre de rico e não ajuda ninguém.* Praticamente insubstituível no nível popular, que dificilmente usará o superlativo "riquíssimo". Como algumas outras locuções (como *morrer de; matar de*), intensifica o sentido e é de uso pré-posicionado. É antepositiva de muitos adjetivos, até aparentemente com semântica contraditória. A ideia tem equivalente em inglês. Cf.: DE. [MEL/FUL/WER/SILV/AUR] (*)

POEIRA

Deixar a poeira abaixar/baixar: esperar os ânimos serenarem, aguardar melhor situação. *Depois dessa discussão, vou esperar a poeira baixar para voltar ao assunto.* [SILV/MEL]

POETA

De médico (poeta) e louco todo mundo tem/todos nós temos um pouco: em geral as pessoas recomendam remédios às outras, fazem algumas loucuras e gostam de poesia. *Ele vive querendo me dar receitas; de poeta e louco todo mundo tem um pouco.* [MEL/LMOT/FRI]

POLO

Passar de um polo a outro: passar de um extremo a outro, mudar de assunto completamente. *Passando de um polo* a outro, preciso de você agora. [NAS/SILV/AUR/5613]

PÓLVORA

Brincar com (o) fogo/com pólvora: arriscar-se, cometer imprudências. *Eu lhe avisei que andar com más companhias é brincar com fogo. Chegar de madrugada em casa é brincar com pólvora.* Há versão equivalente em espanhol e similar em inglês, literalmente igual. [RMJ2/WER/SILV/MEF/AM/AUR/JRF]

Descobrir a pólvora: propor algo já conhecido como se fosse uma novidade. *Depois de anos e anos de receitas amargas, que o FMI impingiu a vários governos, finalmente descobriu a pólvora: não adianta querer equilibrar a economia de um país a qualquer custo.* Sinônimos: *Descobrir a América. Inventar a roda.* [PIP/MEL/SILV/3198/AUR]

POMO

Pomo da discórdia: coisa ou pessoa que causa discórdia, foco de discórdia. *O seu filho mais velho é o pomo da discórdia da família.* Trata-se de expressão talvez não tão usual coloquialmente, mas bastante comum e curiosa. [MEL/NAS/RMJ/PIP/PIM/6221/AUR] (*)

Pomo de adão: Cf.: *Pomo da discórdia.*

PONTA

Aguentar/Segurar as pontas: suportar a situação difícil, assumir a responsabilidade. *Você criou o problema, agora vai ter que aguentar as pontas.* Sinônimos: *Aguentar/Segurar a barra. Aguentar a mão. Aguentar o tranco.* [MEL/SILV]

De ponta a ponta: totalmente, do princípio ao fim. *De ponta a ponta o Brasil torceu pelo pentacampeonato.* Sinônimos: *De cabo a rabo. De fio a pavio. Do começo ao fim.* Expressão usada com vários verbos alternativos. [MEL]

De ponta-cabeça: de cabeça para baixo. Usada com vários verbos alternativos, inclusive *estar* e *ficar,* entre outros. *A minha vida ultimamente virou de ponta-cabeça.* Sinônimo: *De cabeça para baixo.* [MEL/AUR]

Levantar/Erguer a/uma ponta do véu/da cortina: começar a desvendar um mistério, um segredo, descortinar. A palavra "cortina" está no sentido literal de "cortina de teatro". *Depois da chegada da Regina, a mulher de Renato começou a levantar a ponta do véu da traição.* [NAS/SILV]

Na ponta da língua: perfeitamente, de cor, de memória, dar respostas sem hesitar. *Foi fazer a prova com toda a matéria na ponta da língua. Nos primeiros ensaios ele já sabia o papel na ponta da língua.* Sinônimos: *Saber de cor. Saber de cor e salteado.* Usada com diversos verbos alternativos, como *estar, ter, saber,* entre outros. O francês tem expressão muito próxima. [NAS/MEL/PUG/RMJ/5693] (*)

Ser/Estar da ponta/pontinha (da orelha): ser bom, excelente, de bom gosto. *O pudim está da pontinha da orelha.* É uma presença portuguesa recebida da França, e abundantemente citada em Eça de Queiroz [LMOT]. Registra-a como expressão luso-brasileira. Cf.: *Puxão de orelha(s). Ganhar/Levar/Receber um* *puxão de orelha*. [NAS/2392/SILV/LCC/ALV/BEC/LMOT/7864/AUR] (*)

PONTAPÉ

Dar um chute/um pé/um pontapé (no traseiro/na bunda): despedir do emprego, mandar embora. *Ela deu um pontapé no namorado quando o pegou com outra*. Cf.: *Levar/Ganhar um chute/um pé/um pontapé (no traseiro/na bunda)*. [MEL/SILV]
Levar/Ganhar um chute/um pé/um pontapé (no traseiro/na bunda): ser despedido. *Para não levar um pontapé no traseiro aceitou a redução do salário. Em francês há a mesma ideia*. Cf.: *Dar um chute/um pé/um pontapé (no traseiro/na bunda)*. [BAL/MEL]

PONTE

A ponte caiu: deu tudo errado. *Ele aprontou tanto que a ponte caiu*. Expressão moldada em *A casa de alguém cair*. Sinônimo: *A vaca ir para o/pro brejo*.

PONTEIRO

Acertar/Ajustar os ponteiros/o relógio: entrar em acordo. *Quando numa discussão se percebe que vai perder, o melhor mesmo é ajustar os ponteiros*. [WER/LP/SILV/AUR]

PONTO

A ponto de: em risco de. *Depois que perdeu tudo, ficou a ponto de desistir de viver.* É usada alternativamente com vários verbos, inclusive *estar* e *ficar*. [MEL]
Bater/Assinar (o) ponto: ir a um lugar habitualmente fazer algo, fazer sexo com a esposa. *Depois de uma viagem longa, a primeira coisa que fez foi bater o ponto com a esposa saudosa.* [MEL/SILV]
Botar/Colocar/Pôr (um) ponto final: finalizar. *Só ficarei sossegado quando puser um ponto final nesse assunto.* [MEL/WER/LP]
Botar/Colocar/Pôr os pingos/pontos nos is: explicar de maneira clara e minuciosa. *Vamos pôr os pingos nos is e deixar tudo em pratos limpos. Vamos pôr os ponto nos is e esclarecer tudo.* Sinônimo: *Pôr/Colocar em pratos limpos.* Comporta uso alternativo de outros verbos. [MEL/SILV/7068/FUL/LCC/LMOT/AUR] (*)
Dormir no ponto: perder a oportunidade, negligenciar os próprios interesses, descuidar-se, reagir tardiamente. *Eu também não dormi no ponto, porque hoje já sou cabo. Parece que o ditado popular fonte é: Quem dorme no ponto é chofer. O taxista que dorme no ponto do estacionamento, por exemplo, é preterido por outros no atendimento ao passageiro.* [WER/SILV/NAS/3411/HOU/AUR]
Entregar os pontos: desistir, capitular, reconhecer a própria derrota, dar-se por vencido. *Depois de horas de discussão, ele entregou os pontos, reconhecendo que não tinha razão.* "Pontos" significa os pontos que estão em disputa e que se poderiam ganhar. Sinônimo: *Jogar a toalha.* Cf.: *Entregar a rapadura/o ouro.* [SILV/MEL/NAS/3832/3832/AUR]
Ir direto ao assunto/ao ponto/ao pote: ir diretamente ao assunto, ao que interessa.

Vou direto ao assunto para não perder tempo. A mesma ideia é explorada em francês. Cf.: *Falar sem rodeios*. [MEL/SILV/4098/PIP]

Não dar ponto sem nó: ser muito interesseiro, agir com resultado garantido. *Ele não dá ponto sem nó, só vai arranjar voto para o candidato que lhe der emprego*. Cf.: *Cortar o nó (górdio). Desatar o(s) nó(s)*. [LAU/WER/SILV/MEL/5744/NAS/FRI/MEF] [*]

PONTUAL

Religiosamente pontual: muito pontual. *Todos os dias passa na casa dos pais, religiosamente, e religiosamente pontual*. O advérbio compõe frases com diferentes verbos e adjetivos alternativos. Tem função intensificadora e sentido figurado ou metafórico aparentemente indiscernível. Cf.: *Paca; Redondamente enganado; Estupidamente gelado*. [MEL]

PONTUALIDADE

Pontualidade britânica/inglesa: alusão à fama de os ingleses serem pontuais. *Ele sempre chega na hora marcada, revela uma pontualidade britânica*. Usam-se com vários verbos, inclusive, *ter, chegar com*, entre outros. Talvez, mais que expressões, possam ser classificadas prioritariamente como "lugares-comuns", por seu perfil de sequências estereotipadas e de tom denotativo e inexpressivo, como chavão. Cf.: *Novo/Novinho em folha*. [WER/NAS/MEL/AUR]

PORCA

Agora/Aí que a porca torce o rabo ou **É aí que a porca torce o rabo** ou **Aqui é onde a porca torce o rabo** ou **Agora (é) que a porca torce o rabo** ou **Onde a porca torce o rabo** ou **Aqui torce a porca o rabo** ou **A porca torce o rabo** ou **Aqui torce o rabo a porca** ou **Até aí, a porca torce o rabo**: nesse ponto há um problema, uma complicação, aí é que está a (maior) dificuldade. *O chefe vai conferir todo o trabalho, aí é que a porca torce o rabo*. Sinônimos: *Agora é que são elas. Aí é que são elas. Aí que a coisa pega. Aí que o bicho pega. Aí que mora o perigo*. Como se pode observar, a expressão admite várias configurações formais, sobretudo em termos de ordem. [RAM/XAre/FSP/LP/RIB/NAS/PAS/LCC/WER/ALV/MEL/LMOT/FRI/AM] [*]

PORCAMENTE

Mal e porcamente: sem cuidado, perícia e/ou zelo. *Fez o trabalho mal e porcamente e ainda queria cobrar mais do que o combinado*. Não permite inversão de ordem. Constroem-se frases normalmente com o verbo *fazer*. [MEL/5236]

PORRADA

Cair de pau/de porrada: bater, criticar veementemente. *Os guardas prenderam os ladrões e caíram de porrada neles*. [SILV/MEL]

Sair na porrada: brigar. *É um desordeiro, por qualquer motivo quer sair na* *porrada*. Sinônimo: *Sair no braço*. [MEL/SILV]

PORRETE

Baixar/Descer/Meter a lenha/a pua/a ripa/o pau/o porrete/o sarrafo/um tabefe: surrar, espancar, falar mal, criticar, ofender com palavras. *O policial baixou o porrete no preso*. Além dos verbos já apontados, usa-se também *sentar,* entre outros. [MEL/SILV]

PORTA

Bater com a porta na cara: não atender, negar-se a receber, fechar abruptamente a porta. *Disse que vai bater com a porta na cara de quem o procurar*. [MEL/SILV/NAS/AUR]
Estúpido como/que nem/feito uma porta/pedra: muito estúpido. *Sem prestar atenção às aulas, o aluno, que já é burro, fica estúpido como uma porta*. Expressão intensificadora. Em francês há ditado paralelo. Cf.: *Surdo como/que nem/feito uma porta/pedra*. [NAS/JRF] (*)
Fechar a(s) porta(s): negar ajuda. *O governo fechou as portas para quem não votou a favor dos seus projetos*. Cf.: *Fechar a porteira*. [MEL/SILV/AUR]
Surdo como/que nem/feito uma porta/pedra: muito surdo, totalmente surdo. *Depois do acidente, ele ficou surdo como uma porta*. Alusão à porta e à pedra, que não têm ouvidos, ou à porta que continua fechada porque as pessoas de dentro não ouvem as de fora baterem nela. Mas há outras hipóteses. Cf.: *Estúpido como/que nem/feito uma porta/pedra*. Expressões intensificadoras. [NAS/WER/LCC/SILV/FUL/MEL/JRF/AZE] (*)

PORTEIRA

Abrir a porteira (para a manada passar): aprovar sem reparos, deixando todos os ignorantes passarem. *O Papa Francisco abriu a porteira e agora tem de admitir comportamentos estranhos até de ignorantes que não têm o mínimo bom senso*. Cf.: *Fechar a porteira*. [SILV/NAS]
Fechar a porteira: impedir. *Fechei a porteira. Agora quero ver engraçadinhos passarem*. Cf.: *Fechar a(s) porta(s)*. *Abrir a porteira (para a manada passar)* [SILV]
Fechar a porteira depois de arrombada: impedir passagem e roubos tardiamente. *Agora que roubaram tudo, não adianta fechar a porteira*. A ideia advém do latim. [SILVA2] (*)

PORTUGAL

Quem vai a Portugal perde o lugar: aplica-se àqueles que abandonam suas posições ou ocupações mais sérias para se divertir, expondo-se a verem seu lugar ser ocupado por outros. *Ninguém mandou sair; quem vai a Portugal perde o lugar*. Cf.: *Quem vai ao vento perde o assento*. Cf.: p. 34, g. [LMOT/AM] (*)

PORTUGUÊS

Dizer/Falar em bom português: falar com toda clareza. *Ela disse em bom português* *que não queria participar da reunião.* Sinônimo: *Falar (o) português claro*. [MEL/AUR]

Falar (o) português claro: falar com toda franqueza. *Falei português claro, dizendo que não lhe emprestaria mais dinheiro.* Sinônimo: *Dizer/Falar em bom português*. [SILV/MEL/4091]

POTE

Ir direto ao assunto/ao ponto/ao pote: ir diretamente ao assunto, ao que interessa. *Vou direto ao assunto para não perder tempo.* A mesma ideia é explorada em francês. Cf.: *Falar sem rodeios*. [MEL/SILV/4098/PIP)

POUCO

Dizer/Falar/Ouvir poucas e boas: falar tudo o que quer, falar com muita determinação, dizer verdades muito duras, desabafar. *Foi à casa da namorada e lhe disse poucas e boas.* Há possíveis elipses de palavras femininas, como "palavras, verdades, ofensas", etc. Cf.: p. 40, d. [MEL/SILV/FRI/3328/AUR/]

PRAGA

Praga de urubu não mata/não pega/em cavalo (gordo/velho): as críticas, a maledicência dos invejosos e incapazes não atingem aqueles que se garantem, não basta o desejo dos nossos inimigos naturais para nos eliminar ou atrasar a vida. *Os incompetentes podem falar de mim à vontade, praga de urubu não pega.* A expressão simples, reduzida (*Praga de urubu*), mais usada como gíria, é empregada, inclusive, com o verbo *ser*. [MEL/LMOT/RMJ/7139]

PRAIA

Morrer na praia: não conseguir o objetivo justamente na última etapa. *Depois de tanto esforço, vamos morrer na praia?* Expressão intensificadora. [LAU/LP/WER/SILV/5584/FRI] (*)

Não ser (a) minha/nossa praia: não ser o ambiente de costume, sem afinidade. *Realmente, andar de bicicleta nunca foi a minha praia.* Usa-se alternativamente com vários verbos. [MEL/7832]

PRANTO

Debulhar-se/Derreter-se/Derramar-se em lágrimas/em pranto: chorar copiosamente. *Debulhou-se em pranto ao encontrar o filho com quem não falava havia muito tempo.* [MEL/SILV/AUR/NAS]

PRATA

Falar é prata, calar é ouro: quem fala muito, diz o que não deve. *Falou demais, perdeu o emprego: falar é prata, calar é ouro.* Sinônimo: *Em boca fechada não entra mosquito*. [3512]

PRÁTICA

Mais vale a prática (do) que a gramática: a experiência vale mais do que a ciência, a teoria. *Não adianta você ficar só na teoria; mais vale a prática do que a gramática.* Em inglês há a mesma ideia sob fórmula verbal diferente. [STEIN/5222] (*)

PRATO

Botar/Colocar/Pôr (tudo) em pratos limpos: esclarecer por inteiro, completamente. *O mais importante é colocar tudo em pratos limpos. Só uma CPI terá condições de pôr tudo em pratos limpos. Só fico tranquilo quando o assunto estiver sido posto em pratos limpos.* Sinônimo: *Pôr/Colocar os pingos nos is.* A expressão comporta ainda uso alternativo de outros verbos. [AUR/NAS/3630]

Cuspir no prato/no copo que/em que/onde comeu/bebeu: receber um favor e pagá-lo com ingratidão. *Reconheça tudo que fizeram por você, não cuspa no prato que comeu.* A expressão *Cuspir no prato que/em que comeu* é de origem árabe, em que no lugar de "cuspir" aparece versão com outro verbo. Referia-se primitivamente a quem não devolvia o prato em que recebeu um bolo. O francês tem expressão similar. [SILV/MEL/PIP/8079/AUR/NAS] (*)

Não merece/vale o pão/prato/a comida que come: pessoa sem valor nenhum. *Infelizmente há muitas pessoas que não merecem o prato que comem.* Expressão hiperbólica. Sinônimo: *Não valer um tostão furado.* [MEL/PIP]

Prato feito: fatos preparados para determinado fim, situação favorável que vem a calhar, conjunto de elementos ou fatos como que preparados para determinado fim. *Não foi difícil resolver a questão: já encontrou o prato feito.* [7146/MEL/AUR]

Ser um prato cheio: fato graças ao qual se consegue facilmente algo, que dá motivo para zombaria ou crítica. *A ausência do chefe foi um prato cheio para que os funcionários o criticassem.* [MEL/7142]

PREÇO

A preço de ouro: muito caro. *Saiu-lhe a preço de ouro.* Uso alternativo com vários verbos, como *comprar, vender, ser, sair a preço de ouro.* Cf.: *A preço de banana*, antônimo.

A preço/A troco de banana: muito barato. *Vendo o carro importado a preço de banana.* Uso alternativo com vários verbos, como: *comprar, vender, ser, sair a preço de banana.* Cf.: *A preço de ouro*, antônimo. [WER/MEL/AUR]

A qualquer preço: de qualquer maneira. *Sei que vou alcançar o que quero, a qualquer preço.* Usada alternativamente com vários verbos. Sinônimo: *Custe o que custar.* [MEL]

Pagar o preço: usa-se em frases, antecedendo referência a atos ou fatos inadequados ou negativos. *Pagou o preço pelo seu longo desaparecimento nas colunas dos jornais.* [MEL]

PREGO

Ir chupar prego: Cf.: FAVA.

PRENSA

Levar prensa: sofrer aperto, levar pressão. *Resolveu logo o meu problema porque* *levou uma prensa do chefe. O deputado petista leva prensa do PM.* Na versão ativa: *Dar uma prensa.* [GUR/MEL/SILV]

PRESENTE

Presente de grego: presente que prejudica ou desagrada a quem o recebe; presente ou objeto, que não sendo mau, tem pouca ou nenhuma importância prática. *O televisor que você deu a ela foi um presente de grego, só vive no conserto.* Sinônimo: *Elefante branco.* Usa-se com vários verbos, inclusive como predicativo com o verbo *ser.* Cf.: *Agradar a gregos e troianos.* [AUR/MEL/NAS/RMJ/7162/AUR] (*)

PRESSA

A pressa é (a) inimiga da perfeição: tudo o que se faz apressadamente corre o risco de sair malfeito. *Faça tudo com calma, porque a pressa é inimiga da perfeição.* O inglês e o latim possuem ideias semelhantes com outras fórmulas. Cf.: *O apressado come cru. Devagar se vai ao longe.* [RMJ2/MEL/SILVA2/0268] (*)

PRESUNÇÃO

Presunção/Pretensão e água benta cada um usa/toma quanto quer/a contento: cada um tem pretensão, orgulho ou vaidade quanto quer. *Acha que será o deputado mais votado, presunção e água benta cada um usa quanto quer.* Cf.: *Cautela e caldo/canja de galinha não fazem mal a ninguém.* [MEL/LMOT/7168]

PRETENSÃO

Pretensão e água benta cada um usa/toma quanto/o que quer/a contento: Cf.: PRESUNÇÃO.

PRETO

Botar/Pôr o preto no branco: passar a escrito qualquer declaração oral para não pairar dúvida, esclarecer completamente qualquer assunto. *Bote o preto no branco, diga logo o que pretende.* O espanhol e o francês também têm suas expressões para verbalizar a mesma ideia. Usa-se ainda alternativamente o verbo *deixar.* Sinônimo: *Botar/Colocar/Meter/Pôr em pratos limpos.* [AUR/SILV/NAS/MEL/ALV/7170] (*)
Coisa preta: encrenca, dificuldade, barulho. *Vamos sair daqui porque a coisa vai ficar preta. A coisa está preta, não há dinheiro que chegue, tudo está muito caro.* Alguns consideram a expressão preconceituosa em relação ao uso da palavra "preta" em sentido negativo, por ferir o chamado conceito do politicamente correto. [MEL/1979/0056]
Preto de alma branca: pessoa de cor negra de índole muito boa; doce feito com chocolate e biscoito. *Como o samaritano da Bíblia, o preto revelou-se mais humano do que muitas pessoas de outras etnias.* Expressão preconceituosa em relação ao uso da palavra "preto" em sentido negativo, mas a expressão existe, embora esteja caindo em desuso. [MEL]

PREVENIR

É melhor prevenir (do) que remediar ou ***Prevenir é melhor (do) que remediar***: é preferível evitar o problema a arcar com o risco de suas consequências ou ter que arranjar solução para ele. *Está calor, mas vou viajar levando agasalho, pois é melhor prevenir do que remediar.* O provérbio transita também no espanhol e inglês. [MEL/MEF/LMOT] (*)

PROCURAR

Quem procura (sempre) acha: quem se arrisca sem muita necessidade acaba tendo problemas. *Convém você parar de andar em alta velocidade, quem procura sempre acha.* Há similares desde o latim, passando pelo francês e inglês. [MEL/LMOT/SILVA2/MEF/4578]

PROFETA

Ninguém é profeta na sua (própria) terra: não se valorizam as pessoas com quem se convive. *Embora bom professor, e dedicado às lições do filho, este não aprende nada; ninguém é profeta na sua própria terra.* Já há versões semelhantes em latim e em vários outros idiomas. Tem origem bíblica. Cf.: *Santo de casa não faz milagre.* [SILVA2/LMOT/JRF/6043] (*)

PROMESSA

Promessa é dívida: quem promete tem que cumprir. *Se prometeu levar o filho à praia, terá que levar, promessa é dívida.* [MEL/FRI/7196]

PROPAGANDA

A propaganda é a alma do negócio: a divulgação é muitas vezes a condição principal para que algo dê certo, sem *marketing* ninguém sobressai. *É importante você divulgar os seus trabalhos, a propaganda é a alma do negócio.* Trata-se de possível adaptação da frase: *O segredo é a alma do negócio,* já que a expressão em tela parece um *slogan* moderno. [MEL]

PROPINA

Dar propina: subornar, gratificar para obter vantagens. *Só ganharam a concorrência porque deram propina para intermediários do governo.* Sinônimos: *Dar bola* (versão mais antiga). *Engraxar/Molhar a(s) mão(s).* Com valor passivo, usa-se *Aceitar/Receber propina.* [SILV/PIM/5079/HOU/6557] (*)

PROPÓSITO

De boas intenções/bons propósitos o inferno está cheio/calçado: Cf.: INTENÇÃO.

PROSA

Conversa/Prosa fiada: conversa vazia, monótona, fastidiosa, sem interesse e resultado prático. *Não acredite em nada do que ele diz, é tudo prosa fiada.* Sinônimos: *Conversa mole. Conversa (mole) pra boi dormir.* [MEL]

Estar com tudo e não estar prosa: estar numa situação boa, estar feliz, estar com muita sorte. *Foi eleito o melhor funcionário da empresa, está com tudo e não está prosa.* [SILV/MEL]

PROVA

Tirar a prova dos nove/noves: comprovar de forma convincente. *No entanto, para tirar a prova dos nove, o Aurélio foi perguntar ao menino. Para tirar a prova dos noves a respeito do metrô de São Paulo, juntam-se provas do metrô de Lisboa.* [SILV/MEL]

PUA

Baixar/Descer/Meter/Sentar a lenha/a pua/a ripa/o pau/o porrete/o sarrafo/um tabefe: surrar, espancar, falar mal, criticar, ofender com palavras. *O lutador mais novo sentou a pua no adversário.* Além dos verbos já apontados, usa-se também *sentar*, entre outros. Em relação à "pua", o sentido metafórico parece-nos perfeitamente discernível. [MEL/SILV/CF] (*)
Sentar a pua: agir com disposição e firmeza, trabalhar com determinação. *Se não sentar a pua, não conseguirá concluir o trabalho a tempo.* Sinônimo: *Mandar (a) brasa.* [NAS/MEL/SILV/7809] (*)

PULGA

Com a pulga atrás da/na orelha: desconfiar, suspeitar, ter dúvidas de alguém ou de algo. *Depois do que ela me disse, fiquei com a pulga atrás da orelha.* A origem da expressão, ainda que de cunho metafórico ou metonímico, não é aparentemente discernível. A expressão pode ser composta encabeçada alternativamente com os verbos *estar, ficar, viver, andar, ter*, entre outros. [MEL/SILV/AUR/FSP/BAL/FUL/ALV/AMM/RMJ/AM/BAR] (*)

PULO

O pulo do gato: recurso que consiste em fugir com destreza de uma situação desvantajosa, aquilo que o mestre não ensina ao discípulo. *Preparei um projeto que pode ser o nosso pulo do gato.* Usa-se com vários verbos, conforme os contextos. [7204/NAS] (*)
Pegar no pulo: apanhar em flagrante. *O segurança pegou o ladrão no pulo, tentando roubar a moça.* [MEL/SILV]

PULSO

Ser de/Ter pulso (firme/forte): ser enérgico, duro, rigoroso, firme. *Tem que ter pulso para comandar aquele restaurante.* [NAS/MEL/SILV/7207/8309/AUR]

PUM

Soltar um pum: peidar. *O menino soltou um pum na frente das visitas.* "Pum" é onomatopeia que exprime o ruído característico da ventosidade anal. [SILV/HOU/MEL]

PUNHETA

Bater/Tocar punheta: masturbar-se (o homem). *Sem orientação, o garoto ficou doente de tanto bater punheta.* Há vários sinônimos, entre os quais *Cinco (dedos) contra um. Tocar safira.* Cf.: *Bater/Tocar (uma) siririca.* A expressão é mais ou menos discernível, uma vez que "punheta" vem de "punho", usado para a masturbação. [SILV]

PUXÃO

Ganhar/Levar/Receber um puxão de orelha(s): receber um pito, admoestação, advertência. *Para não ganhar um puxão de orelha, fez tudo que o pai mandou.* Cf.: *Puxão de orelhas.* [SILV/MEL/LCC/ALV/BEC]

Puxão de orelha(s): 1. gesto e/ou palavras de advertência, repreensão, censura. 2. ritual gestual espontâneo de alguém, lembrando-lhe os anos completados do seu aniversário. 1. *O puxão de orelha do patrão fez com que ele tomasse jeito.* 2. *Paulinho levou 9 puxões de orelha pelo nono aniversário dia 25 último.* Sinônimos: *Dar/Passar um sabão. Dar (a/uma) (maior) bronca.* Essa expressão nominal é usada paralelamente a *Puxar a(s) orelha(s), Torcer a(s) orelha(s),* ou com o verbo suporte *dar, Dar um puxão de orelha(s),* ao mesmo tempo que fornece suporte ainda para outras expressões verbais, que merecem cotejo: *Ganhar/Levar/Receber um puxão de orelha; Ser da ponta/da pontinha da orelha,* tratadas em verbetes próprios, reciprocamente complementares. Cf.: *Saber/Conhecer de cor (e salteado); Estar com a(s) orelha(s) ardendo/pegando fogo/quente(s).* [SILV/MEL/LCC/ALV/BEC/1841] (*)

Q

Q.I.: abreviatura de "quem indica" ou "quem indicou", lembrando o prestígio de uma pessoa, graças a cuja indicação alguém obtém um emprego ou vantagem. *Seu filho teve um ótimo Q.I., parabéns!* [HOU/AUR/GUR] (*)

QUADRADO

Ser quadrado: ser indivíduo muito preso aos padrões tradicionais, que não aceita inovações, careta. *Quadrado, ele não admite sexo antes do casamento.* Cf.: *Besta quadrada.* [AUR/MEL]

QUARTEIRÃO

...de amargar/arrasar (quarteirão)/arrancar/arrepiar (os cabelos)/arrebentar (a boca do balão)/doer/enlouquecer/fechar (o comércio/trânsito)/lascar/morrer/rachar/tinir, etc. Cf.: AMARGAR.

QUATRO

Cair de quatro: espantar-se ao extremo. *Ao ler no jornal o nome do filho entre os contraventores, caiu de quatro.* Literalmente, o quatro diz respeito a apoiar os joelhos e as mãos no chão, em postura semelhante à do quadrúpede, isto é, à de uma pessoa bestializada. [PUG/SILV/MEL/AUR]

Fazer um quatro: trata-se de uma postura corporal de equilíbrio, indicando estar sóbrio e bem. *Fez um quatro diante dos colegas para mostrar que não estava bêbado e estava bem mentalmente.* [SILV/MEL/4331] (*)

QUE

É que: expressão que alavanca e destaca uma palavra ou expressão, colocando-a como foco de interesse. *Eles é que têm razão. Falando da danada, é ela que aparece agora.* Locução expletiva, considerada um idiotismo da língua portuguesa. Cf.: *Errando é que se aprende.* [NEV/BEC] (*)

Que (???): há expressões que contêm palavras indefinidamente expletivas. Assim "diabo" em *Que (diabo) é/foi isso?* ou *Que (diabo de) dinheiro é esse?* Na realidade, tais palavras só servem para preencher as frases e dar-lhes maior força, ou ênfase. Tais enchimentos enfáticos podem aparecer também em frases como: *Que diabo você está fazendo?, Que bicho (foi) que te mordeu?,* com as expletivas "diabo", "bicho" etc. Cf.: DE.

Que só: como. *Brigarem/Viverem que só gato e cachorro. Tinha gente que só formiga. Apertado que só pinto no ovo.* [AUR/MEL/HOU/MOT/2168] (*)

QUEBRA

De quebra: de agrado, vantagem além do combinado. *Comprou duas dúzias e levou de quebra mais três laranjas.* A expressão é usada com diversos verbos alternativos, como *levar, dar, ganhar, ir, vir* etc. [MEL/SILV/3016]

QUEBRAR

Botar para/pra quebrar: decidir com pulso firme, agir com violência, radicalmente, às vezes inconsequentemente. *Se ele não quiser me receber, vou botar pra quebrar.* [MEL/SILV/1429/AUR] (*)

QUEDA

Duro na queda: incansável, difícil de ser vencido, rigoroso. *Tentam me atingir, mas não conseguem porque sou duro na queda.* Expressão usada com diversos verbos, inclusive como predicativo com o verbo *ser*. [MEL]

Queda de braço: (*Bras.*) jogo em que duas pessoas, com os cotovelos apoiados num suporte horizontal, se dão as mãos ou cruzam os pulsos, para medir forças e obrigar o adversário a bater as costas da mão no suporte. *Tenho uma sugestão, disse João, que tal jogar uma queda de braço para ver quem é o melhor?* Expressão usada com vários verbos, como *jogar, enfrentar*. [HU]

Ser tiro e queda: produzir resultado certo, imediato e seguro. *O remédio foi tiro e queda.* [7935/MEL/SILV/NAS/RMJ/AUR]

Ter (uma) (certa) queda para/por: ter inclinação afetiva por, ter tendência afetiva por, ter jeito, habilidade. *Ele tem certa queda pela música clássica. Sei que ele* *sempre teve uma certa queda por você. Ele tem queda pelas artes.* [MEL/SILV]

QUEIJO

Com a faca e o queijo na(s) mão(s): Cf.: FACA.

QUEIMA

Queima de arquivo: ação criminosa com o objetivo de eliminar provas e/ou testemunhas de um crime. *A eliminação da principal testemunha foi queima de arquivo.* Usada com diversos verbos, inclusive como predicativo com o verbo *ser*. Também se usa: *Queimar (o) arquivo*. [MEL/7329/AUR]

QUEIMA-ROUPA

À queima-roupa: repentinamente, de muito perto. *Respondeu à queima-roupa. Atirou à queima-roupa no policial que lhe dera voz de prisão.* Usa-se normalmente com os verbos *falar, perguntar, responder,* mas também com outros verbos *dicendi* ou de locução. [0291/MEL/AUR]

QUEIXO

De cair/fazer cair o queixo: de admirar, de causar muito espanto. *Ele chegou aqui com uma garota de cair o queixo. Tinha uns peitos de fazer cair o queixo. Tinha fôlego de cair o queixo.* Expressões intensificadoras. [FUL/MEL/SILV]

Estar/Ficar de queixo caído: ficar perplexo. *Uma coisa tão bonita que até hoje não esqueci e a americana ficou de queixo caído. Quando nos apresentou a namorada, todos ficamos de queixo caído.* Sinônimo: *Ficar de boca aberta.* Usadas também com outros verbos, como *deixar.* [SILV/MEL/WER/AUR]

QUEM

Quem avisa amigo é: o verdadeiro amigo sempre alerta o outro sobre os perigos que corre. *Se eu fosse você, não iria a essa festa, quem avisa amigo é.* Há expressões semelhantes em espanhol e italiano. [MEL/LMOT] (*)

Quem cala consente: o silêncio é prova de culpa ou acordo. *Ao ouvir as críticas sem dizer nada, admitiu a culpa, pois quem cala consente.* A ideia e a própria configuração da expressão parece muito antiga e universal, na medida em que vem desde o latim, tendo correspondentes literais em espanhol, francês, italiano e inglês. Tem, ainda, valor de brocardo jurídico. [MEL/FUL/LAU/LMOT/FRI / MEF/SILVA2/7351/NOG] (*)

Quem diz/fala o que quer ouve o que não quer: é sempre bom medir as palavras para não provocar reações indesejáveis. *Você o insultou, agora vai ter que aturá-lo, quem diz o que quer ouve o que não quer.* A mesma ideia *ipsis litteris* vem do provérbio latino e passa para o espanhol. [MEL/LMOT/FRI/MEF/SILVA2/7383/AM] (*)

Quem é vivo sempre aparece: reaparecimento de indivíduo após longo tempo. *Há muito tempo que eu não o via, quem é vivo sempre aparece.* [NAS/WER/MEL]

Quem espera sempre alcança: não se deve desanimar ou perder a esperança. *Não se desespere, o emprego ainda vem; quem espera sempre alcança.* É frase proverbial, cuja ideia é veiculada também no francês, italiano e inglês. [LMOT/7379/AM] (*)

Quem não (se) arrisca não petisca (ou lambisca): quem não tenta não pode esperar vitória, quem não corre riscos, pode perder oportunidades de ganhar, vencer, obter vantagens. *É difícil ganhar na loteria, mas eu tento, quem não arrisca não petisca.* É provérbio muito usado coloquialmente, com uma forma latina *contrario sensu* e espelhamento em inglês. Há similar em vários idiomas [AUR/SILVA2/ABL/STEIN/RMJ2/LMOT/MEL/MEF/7404/AM] (*)

Quem não chora não mama: para se conseguir algo tem de reclamar. *De tanto insistir, ganhou um aumento na mesada, quem não chora não mama.* [MEL/7405/AM]

Quem não deve não teme: quem não pratica nenhum ato desabonador, não deve temer. *Manteve a calma ao ser abordado pelo policial, quem não deve não teme.* Máxima usada em muitos idiomas. [MEL/LMOT/AM] (*)

Quem (não) te conhece que te compre: é o que se diz a quem dissimula seus defeitos para conseguir seduzir alguém. *Estás muito bonzinho para o meu gosto, quem não te conhece que te compre.* É expressão ou provérbio de veiculação praticamente universal com versões em latim, espanhol, francês, italiano e inglês. [MEL/LMOT/FRI/7416] (*)

Quem pode mais chora menos: vale a força. *Ele é o patrão, paga quanto quer; quem pode mais chora menos.* [7424]

Quem pode pode, quem não pode se sacode: diz-se de quem mostra poder ou as devidas condições. *Ficaram incomodados com a minha vitória? Quem pode pode, quem não pode se sacode.* O provérbio, que já é formulado com rima jocosa, às vezes também se enuncia assim: *Quem pode pode, quem não pode puxa a barba do bode*, também de forma jocosa. [MEL/LMOT/7425]

Quem procura (sempre) acha: quem se arrisca sem muita necessidade acaba tendo problemas. *Convém você parar de andar em alta velocidade, quem procura sempre acha.* Há similares desde o latim, passando pelo francês e inglês. [MEL/LMOT/SILVA2/MEF/4578] (*)

Quem ri por último ri melhor ou ***Ri melhor quem ri por último***: às vezes o último a obter algo leva a melhor. *Como último da fila, consegui um lugar melhor no teatro; quem ri por último ri melhor.* Trata-se de provérbio muito usado na conversação. Há versões literais em francês, italiano e inglês. [MEL/7433/LMOT] (*)

Quem te viu (e) quem te vê!: diz-se de ou para quem mudou muito para melhor ou para pior, ou não era nada e de uma hora para outra passou a ser importante. *Ontem, um pé-rapado, hoje nadando em dinheiro; quem te viu, quem te vê!* [MEL/NAS/7441]

QUENTE

Com dois quentes e um fervendo ou ***Com um quente e dois fervendo*** ou, ainda, ***Com um quente e outro/um fervendo***: estar com raiva, irritado, tratar mal. *Se eu for, ele vai me sair com dois quentes e um fervendo. O chefe chegou com um quente e dois fervendo.* Usa-se alternativamente com vários verbos, como *sair, chegar* etc. [SILV/NAS/2078/HOU]

Estar quente: estar se aproximando da verdade, da solução. *Pode continuar nessa linha que você está quente*. Cf.: *Estar frio*. [SILV/AUR/MEL/4020]

QUERER

Como quem não quer querendo: dissimuladamente. *Ele é muito fingido: faz os malfeitos como quem não quer querendo*. Essa expressão foi adaptada pelo personagem Chaves no programa humorístico divulgado pela TV, há cerca de 40 anos, conhecido como "Chaves". [LMOT]

Querer é poder: com força de vontade se consegue tudo. *Não importam as dificuldades, seremos vitoriosos, querer é poder*. Parece um lema universal e muito antigo, ilustrado pelo latim, francês, italiano, inglês e espanhol. [MEL/WER/LMOT] (*)

QUESTÃO

Ser ou não ser, eis a questão: expressão ou bordão de dúvida, de indecisão, generalizada universalmente. *A dúvida é cruel; ser ou não ser, eis a questão*. Tradução de uma fala de Hamlet. [WER/MEL] (*)

Ser (uma) questão de vida ou morte: prioridade máxima, questão de dignidade, de suma importância. *Concessões e parcerias são uma questão de vida ou morte para o novo governo*. Sinônimo: *Questão de honra*. [SILV/NAS/AUR]

QUINHENTOS

Isso/Aí/São outros quinhentos: tratar-se de outro assunto, já é outra história. *A venda da empresa já são outros quinhentos*. [PRA2/LCC/WER/CDAs/FUL/NAS/7916 /LP/BAR] (*)

QUINTO

Ir pro(s) quinto(s) do(s) inferno(s): Cf.: FAVA e QUINTO. (*)

QUIPROQUÓ

Quiproquó: equívoco, confusão de uma coisa com outra, isto por aquilo. *O Soares nunca chegou a levar-me ao constrangimento de um equívoco irremediável... aos quiproquós de uma situação difícil de explicar*. Há o mesmo uso em outros idiomas. [AUR/AZE/BAR/GAR/NOG] (*)

R

RABO

Arranca-rabo: discussão, briga, disputa, confusão, guerra, rolo. *No final da festa saiu o maior arranca-rabo entre as famílias dos noivos*. Constrói-se alternativamente com diversos verbos. [MEL/AUR] (*)

Com o rabo entre as pernas: ficar humilhado, amedrontado. *Saiu da sala com o rabo entre as pernas depois de admitir todos os seus erros.* A expressão pode ser composta, encabeçada alternativamente com verbos como *botar, colocar o, meter o, pôr o, estar, ficar, viver, andar, entrar, sair,* entre outros. Há similar literal em inglês. [MEL/SILV/LCC/AUR] (*)

Não olhar para o próprio rabo: não reparar nos próprios erros. *Ele sabe criticar os outros e não olha o próprio rabo.* [6295]

Nascer de/com o rabo (virado) para a/pra lua. Ter muita sorte em tudo. *Velho sortudo. Nasceu com o rabo pra lua.* [MEL/SILV/MOU]

Olhar com o/de/pelo canto/rabo de/do(s) olho(s): olhar disfarçadamente, de esguelha, de soslaio. *Embaraçado, limitei-me a olhá-la com o rabo do olho.* Usa-se, ainda, com os verbos *deitar, ver, ler.* [NAS/SILV/PUG/3019/6297]

Pegar/Segurar em/o/um/no/em um/num rabo de/do foguete: assumir compromisso difícil de cumprir, responsabilizar-se por algo perigoso ou complicado. *Se você aceitar o cargo de diretor da empresa, pegará em rabo de foguete. Pegou um rabo de foguete quando teve de testemunhar contra o colega.* Há diversas variáveis dessa expressão, talvez umas dez. Pode-se dizer, entretanto, que há uma expressão virtualmente básica ou matriz: *Segurar em rabo de foguete.* [MEL/SILV/AUR]

Quem cochicha o rabo espicha: quem cochicha muito acaba se denunciando. *Seria bom vocês conversarem em voz alta, quem cochicha o rabo espicha, viu?* [MEL/7355]

Ter/Não ter (o) rabo preso: estar/não estar envolvido em algo ilegal ou reprovável. *Não pôde tirar o passaporte porque tem o rabo preso.* É usada também com os verbos *estar/ficar com* [MEL/SILV/WER/2054/AUR]

Tirar o cu/o rabo da seringa: fugir à responsabilidade, livrar-se de uma situação embaraçosa. *Combinamos tudo e, quando chegou a hora, ele tirou o rabo da seringa.* [SILV/MEL/8475]

RAÇA

Na marra/raça: à força, mediante emprego de violência. *Com a entrada proibida na boate, resolveu entrar na marra.* Vale lembrar que "marra" é martelo pesado para quebrar pedras e paredes. Expressão usada em combinação com diversos verbos. Sinônimo: *No grito.* [MEL/LUF]

No peito e na raça: com vigor, com energia. *Exigi, no peito e na raça, que ele me pagasse a dívida.* Sinônimo: *Na marra.* Constrói frases com vários verbos alternativos. [MEL/AUR]

RACHAR

...amargar/arrasar (quarteirão)/arrancar/arrepiar (os cabelos)/doer/enlouquecer/lascar/morrer/rachar/tinir etc.: Cf.: AMARGAR e RACHAR. (*)

(Ou) Vai ou racha: exigir decisão, custe o que custar, não importam as consequências, ou tudo ou nada, não importam os riscos. *Agora, ou vai ou racha, investirei tudo naquele negócio.* Sinônimo: *Ou tudo ou nada.* Expressão cristalizada, que não admite outra flexão verbal. Há similar em francês. [SILV/MEL/WER/FUL/PIP] (*)

RAIA

Correr/Fugir da raia: fugir das dificuldades, de compromissos. *Vou participar da disputa, não vou fugir da raia*. [MEL/SILV/AUR]

RAIO

Raios o partam: locução interjetiva de imprecação, repulsa, execração. *Raios o partam! Eu falei para ele não sair daqui por nada*. [NAS/AUR/7484]

Ser rápido como um raio/relâmpago: ser muito rápido. *Ela foi rápido como um raio contar para o namorado*. Frases intensificadoras. Velho lugar-comum de muitos idiomas, inclusive inglês. [RMJ2] (*)

Um raio não cai duas vezes no mesmo lugar: uma coisa ruim não acontece duas vezes com a mesma pessoa. *Você não terá mais essa doença: um raio não cai duas vezes no mesmo lugar*. [MEL/7482]

RAIVA

...da vida/de raiva: Cf.: VIDA.

RAIZ

Até a raiz dos cabelos: inteiramente. *Está endividado até a raiz dos cabelos*. Uso alternativo com vários verbos, como *endividar-se, comprometer-se*. Sinônimos: *Até o pescoço. Até a última gota*. [0976/FUL/AUR]

RAMPA

Chorar na rampa: sofrer. *Ele preferiu a outra, agora chora na rampa*. [1913]

RAPADURA

Entregar a rapadura/o ouro: complicar-se, ou a outrem, revelando o que não devia, desistir de uma empresa, plano ou projeto. *No final da partida o time argentino entregou a rapadura*. Cf.: Entregar os pontos. [GUR/MEL/NAS/SILV/AUR]

RÁPIDO

Ser rápido e rasteiro: muito rápido. *Ele foi rápido e rasteiro ao dizer o que pretendia fazer*. Frase intensificadora. No português de Portugal, fala-se *Na ponta da unha*, de acordo com o seguinte exemplo: *Como não havia trânsito vim na ponta da unha*. Não admite inversão de ordem. [MEL/WER/MOU]

RASTEIRA

Dar/Passar (uma) rasteira: iludir, prejudicar, enganar, ser enganado. *Cristiano é muito esperto em dar rasteira nos outros. Se você fizer esse negócio com Cristiano vai levar uma rasteira*. Cf.: Levar/Ganhar (uma) rasteira. [SILV/MEL]

Levar/Ganhar (uma) rasteira: ser iludido, prejudicado, enganado. *Cristiano é muito esperto em dar rasteira nos outros, mas desta vez ganhou uma bela rasteira. Se* *você fizer esse negócio com Cristiano vai levar uma rasteira.* Cf.: *Dar/Passar (uma) rasteira.* [SILV/MEL]

RATO

Rato de biblioteca: indivíduo maníaco por pesquisas ou investigações em bibliotecas, indivíduo que vive lendo pelas bibliotecas. *No tempo de faculdade, ele foi rato de biblioteca.* É usada nominalmente ou em frases verbais com vários verbos alternativos, inclusive na função de predicativo com o verbo *ser*. [NAS/MEL/AUR]

RATOEIRA

Cair na arapuca/armadilha/esparrela/ratoeira/rede: cair no logro, ser enganado. *Não faço negócio com ele, para não cair numa ratoeira.* [MEL/SILV/1621/AUR]

RAZÃO

Estar coberto de razão: ter toda a razão, com argumentos incontestáveis. *Temos que reconhecer que ele estava coberto de razão naquele caso.* Sinônimo: *Ter carradas de razão.* [MEL/PUG/NAS/LCC/SILV/JRF/HOU/8247]

REAL

Cair na real: cair na realidade, tomar consciência dos fatos. *Quando caiu na real, viu que tinha feito uma grande besteira.* [FUL/SILV/MEL/SILV]

REALIDADE

A realidade/verdade nua e crua: a verdade pura, sem subterfúgios. *A realidade nua e crua é que todos cometem erros.* Usa-se em frases vinculadas a vários verbos alternativos, inclusive com o verbo *ser*, em função predicativa. [MEL]

REBOLADO

Perder o rebolado: ficar sem graça. *Perdeu o rebolado quando descobrimos que ele não era nem formado.* Para ideia, algo semelhante, os portugueses dizem, no mesmo idioma: *Ficar com a cabeça em água.* [MEL/SILV/6796/MOU/AUR]

RECADO

Dar o (seu) recado: executar bem qualquer tarefa, transmitir com eficiência suas ideias, cumprir uma obrigação. *Na palestra de ontem o cientista deu bem o seu recado.* A expressão está presa ao sentido antigo de "recado", totalmente diferente do atual. [SILV/MEL/NAS/AUR] (*)

RECORDAR

Recordar é viver: recordar fatos passados é revivê-los, é como se os estivesse vivendo novamente. *Não dá para reviver os bons momentos, mas dá para recordá-los e... recordar é viver.* [WER]

REDE

Cair na arapuca/armadilha/esparrela/ratoeira/rede: cair no logro, ser enganado, deixar-se apanhar. *Espertalhões caem na rede da polícia.* [MEL/SILV/1621/AUR/1614/NAS]

(Tudo) O que cai na rede é peixe: o que vier é lucro, não se recusa nada, não se deve negligenciar pequenos negócios. *A Igreja não despreza as pequenas ofertas, tudo o que cai na rede é peixe. Estamos aceitando qualquer donativo, o que cai na rede é peixe.* Provérbio bastante usado coloquialmente. Usa-se também a frase: *Caiu na rede é peixe.* Há similar em inglês. [RMJ/RMJ2/STEIN/MEL/AM] (*)

REDONDAMENTE

Redondamente... muito. *Pensei que fosse ela, mas estava redondamente enganado.* Trata-se de advérbio intensificador, com vocação a compor expressões com os mais diversos adjetivos, sendo bem usual o adjetivo deverbal do exemplo. [7305]

REFRESCO

Dar um refresco: dar um alívio, uma folga. *Deu um refresco aos funcionários, dispensando-os mais cedo.* [MEL/AUR/2632]

REGRA

Não há regra sem exceção: justificativa para abrir discussão sobre uma regra, para reconsiderar algo diferente do normal, que foge à regra. *Como não há regra sem exceção, excepcionalmente entrou na festa sem ser convidado.* A ideia original da máxima aparece em latim, tendo-se espalhado sob formas iguais ou semelhantes em vários idiomas. [MEL/RMJ/RMJ2/SILVA2/LMOT/NAS/5800] (*)

Toda regra tem exceção: justificativa para algo diferente do normal, que foge à regra. *Entrou sem convite porque conhecia o produtor; toda regra tem exceção.* A ideia original da máxima aparece em latim, tendo-se espalhado sob formas iguais ou semelhantes em vários idiomas. Cf.: *Não há regra sem exceção; A exceção confirma a regra.* [MEL/RMJ/RMJ2/SILVA/LMOT] (*)

REI

Quem foi rei nunca perde a majestade: não perde as características básicas quem já as teve ao máximo. *Já idoso ainda é considerado um ídolo do futebol, quem foi rei nunca perde a majestade.* Há interpretações mais ou menos livres em inglês. [MEL/LMOT/7390] (*)

Rei morto, rei posto: substituição imediata, diz-se quando alguém é substituído muito rapidamente num cargo, numa função etc. *Já há um novo diretor no lugar do que saiu, rei morto, rei posto.* A ideia aparece também em outros idiomas, com frases exclamativas. Não admite inversão de ordem. [MEL/NAS/LMOT/MEF/7511] (*)

Ser mais realista do que o rei: ser perfeccionista, seguir um ponto de vista com rigor excessivo, tomar os interesses de alguém mais do que faria a própria pessoa. *Para ele jamais o comerciante poderia deixar de cobrar os dez centavos; ele é mais realista que o rei.* A expressão tem origem francesa. [RMJ/NAS/SILV/PIP/5217/LMOT] (*)

Ter/Trazer o rei na barriga: ter ou aparentar grande importância, mostrar-se arrogante, vaidoso, presunçoso. *Só quem tem o rei na barriga pode esnobar tanto os outros assim.* Alusão às rainhas grávidas por ocasião da morte de rei que não deixou herdeiro varão. [SILV/WER/MEL/NAS/8337/AUR]

RELÂMPAGO

Ser rápido como um raio/relâmpago: ser muito rápido. *Ela foi rápido como um raio contar para o namorado.* Frases intensificadoras. Velho lugar-comum de muitos idiomas, inclusive inglês. [RMJ2] (*)

RELÓGIO

Acertar/Ajustar os ponteiros/o relógio: entrar em acordo. *Precisamos entrar num acordo, acertando o nosso relógio.* [WER/LP/SILV/AUR/NAS]

Consertar relógio embaixo d'água: realizar tarefa impossível. *Acho que ele faz, pois ele conserta até relógio embaixo d'água.* Sinônimo: *Dar nó em pingo d'água.* [2212]

Correr/Lutar contra o relógio/tempo: competir/competição com o relógio/com o tempo, atividade obstinada contra o tempo, tentar dar conta de uma tarefa em pouco tempo. *A faxineira nunca consegue terminar a faxina; vive lutando contra o relógio.* Derivada da expressão exclamativa: *O tempo corre!* [MEL/AUR]

Não ser relógio de repetição: não estar disposto a repetir uma informação, assunto. *Ele que pergunte para o professor; não sou relógio de repetição.* [NAS/SILV/MOU/PUG/5902/AM]

REMÉDIO

Não tem nem (um) pra remédio: absolutamente nada. *A sua agência vendeu todos os carros, agora não tem nem um pra remédio.* [MEL/NAS/AUR]

Quando não/O que não/Se não tem remédio, remediado está: se o problema não tem solução, não há por que se preocupar com ele, manifestação de conformismo. *Tentei ajudá-lo, mas ele se recusou e se deu mal; o que não tem remédio, remediado está. O pobre nasceu para sofrer e o que não tem remédio remediado está.* Trata-se de provérbio, mas é muito usado coloquialmente. Mais coloquialmente ainda se diz apenas: *Que remédio!* A máxima advém do latim e vulgarizou-se no espanhol, francês e inglês. [MEL/6241/MEF/SILVA2/LMOT] (*)

Que remédio!: não há solução. *Vamos ter que passar a noite aqui, que remédio!* Expressão interjetiva. [MEL/NAS/7286]

Rir é o melhor remédio: com riso e bom humor resolve-se qualquer problema. *Por maior que seja uma dificuldade, rir é o melhor remédio.* Trata-se de provérbio simples de uso bastante coloquial. [MEL

Santo remédio: ótimo remédio ou equivalente. *A bronca do chefe foi um santo remédio para ele.* Usa-se alternativamente com diversos verbos, inclusive o *ser*, e como exclamações. [NAS/7671]

RICO

Rico ri à toa: indica tranquilidade e humor sobre quem não tem problemas financeiros. *Depois que ganhou na loteria, só vive rindo; rico ri à toa.* Cf.: *À toa.* [MEL]

RIO

Gastar/Ganhar rios de dinheiro: gastar/ganhar muito dinheiro. *Ganhou rios de dinheiro com a venda da empresa. O governo gastou rios de dinheiro e não concluiu a obra prometida.* [MEL/SILV]

RIPA

Baixar/Descer/Meter a lenha/a pua/a ripa/o pau/o porrete/o sarrafo/um tabefe: surrar, espancar, falar mal, criticar, ofender com palavras. *O policial foi fotografado baixando a ripa no preso.* Além dos verbos já apontados, usa-se também *sentar,* entre outros. [MEL/SILV/AUR]

RISCA

À risca: com exatidão, e de maneira meticulosa. *Ele seguiu à risca todas as minhas orientações.* Sinônimo: *Ao pé da letra.* Usada alternativamente com diversos verbos. [MEL]

RISCADO

Entender do riscado: conhecer o assunto, ser competente. *Conseguiu tirar o defeito do carro porque entende do riscado.* A expressão vem da interpretação dos desenhos técnicos de plantas de edifícios, figurinos etc., riscados em papel. Usa-se também o verbo *conhecer.* [SILV/MEL/PUG/3778/RMJ]

RISCO

Correr risco de vida: possibilidade de perigo, estar na iminência de morrer ou de ser morto. *Com a violência de hoje, saindo de casa, você está correndo risco de vida. O acidente foi violentíssimo, mas a vítima não corre risco de vida.* Há quem conteste a combinação "risco de vida" (perigo de vida) por entender ilógica a vinculação da palavra "perigo" à palavra "vida", de teor positivo; deveria ser "risco de morte/morrer" associado ao antônimo (negativo), como se fala: risco de infecção, de contaminação, de acidente, de perder o voo, de prejuízos etc. Mas o uso popular não chega a essa análise. Cf.: *Em papos de aranha* e outras que tais. Ademais, pode-se pensar no uso da elipse: risco (de perder a vida). [BEC/MEL/AUL/HOU/2282])

RISO

Muito riso (é sinal de), pouco siso: os fanfarrões não têm senso de responsabilidades. *Passo-lhe um pito e ainda ri; muito riso, pouco siso.* Ideias semelhantes do provérbio, de uso popular, já ocorrem no latim e espanhol. [MEL/SILVA2/LMOT/FRI/5625] (*)

Riso/Sorriso amarelo: riso forçado ou sem graça, envergonhado, contrafeito. *Esboçou um riso amarelo ao saber que a sogra viria visitá-lo. Sorriu amarelo ao saber que não passou no concurso.* Usam-se verbos como *dar, esboçar*, entre outros. [MEL/SILV/WER/AUR] (*)

RODA

Andar/Entrar numa roda-viva: não ter descanso, estar sobrecarregado. *Depois que organizei essa equipe, vivo numa roda-viva, não dá tempo para mais nada.* Reminiscência a um antigo castigo, conhecido como *Roda de paus*. [SILV/NAS] (*)

Inventar a roda: propor algo já conhecido como se fosse uma novidade. *O negócio é trabalhar a economia nos moldes corriqueiros e assim tentar inventar a roda.* Sinônimos: *Descobrir a pólvora. Descobrir a América.* [PIP/MEL/4782]

RODEIO

Falar sem rodeio(s): ir direto ao ponto, ao pote, ir direto ao assunto. *Quando ela não vai por meios caminhos, fala sem rodeios.* Cf.: *Ir direto ao assunto/ao ponto/ao pote.* [4098/MEL]

ROL

Cair no (rol do) esquecimento: sair da memória, desaparecer da lembrança.

Apesar de ter sido um grande escritor, caiu no rol do esquecimento. [MEL/NAS/SILV/4451]

ROLAR

Rolar de rir: rir em demasia, em geral arcando o corpo; por isso aparece o verbo "rolar" na expressão, "descrevendo" o gesto corporal. *Rolou de rir quando soube das tuas loucuras.* Expressão intensificadora. Sinônimos: *Dobrar de rir. Morrer de rir.* [SILV/MEL]

ROMA

Roma não se fez/foi feita/construída em um/num só dia: não se deve ter pressa ou ansiedade para fazer as coisas. *Não tenha tanta pressa para casar, Roma não foi feita em um só dia.* Há variantes em diversos idiomas, desde o latim. [MEL/FRI/SILVA2/RMJ/7554] (*)

ROSA

Não há rosa(s) sem espinho(s): não é fácil se conseguirem as coisas na vida sem trabalho e sacrifício. *Para você conseguir se formar, terá que se esforçar muito, não há rosas sem espinhos.* Há similares em espanhol, francês, italiano e inglês. [MEL/LMOT/AM] (*)

ROTO

Falar/Rir-se o roto do esfarrapado: criticar alguém, estando em condições iguais ou piores do que as dessa pessoa. *Enfim, o PT tem de disfarçar os seus malfeitos, tentando buscar companhia nos bancos dos réus; nunca a frase o roto falando do esfarrapado foi tão correta.* Sinônimo: *Falar/Rir-se o sujo do mal lavado.* Há frase semelhante em francês. [NAS/SILV/MEF/LMOT/7534/AUR] (*)

ROUPA

Lavar (a) roupa suja: desvendar faltas íntimas, disputas entre os membros da família devem resolvidas em casa, privadamente. *Seja mais discreto e não fique lavando roupa suja na frente dos outros.* Em espanhol há expressão similar. Cf. o provérbio paralelo: *Roupa suja lava-se em casa.* [ALV/MEL/SILV/RMJ/5015/7565/AM/LAT] (*)

Roupa suja se lava em casa: não se devem expor detalhes pouco lisonjeiros da vida de ninguém, que devem ser tratados em particular. *Não fale da sua vida conjugal em público, roupa suja se lava em casa.* Há expressões correspondentes em inglês, em italiano, em espanhol e em francês Cf.: *Lavar roupa suja.* [ALV/MEL/SILV/RMJ/5015/LMOT/AM] (*)

RUA

Botar/Colocar/Pôr na (no olho da) rua: expulsar, ficar/deixar desamparado, demitir. *Ana Rosa, a esposa, ficou na rua com suas três filhas. O patrão me botou na rua, depois de cinco anos de casa.* Além dos verbos apontados na cabeça do verbete, aparecem também *ficar, deixar.* [SILV]

Rua da amargura: grande sofrimento, situação difícil, sequência de padecimentos, em estado de necessidades. *Abandonado pela mulher, hoje ele está na rua da amargura. Hoje ele vive na rua da amargura por não ter ouvido os conselhos da mãe.* Trata-se de denominação popular da *Via-Sacra*, ou seja, do caminho percorrido por Jesus Cristo até o Gólgota, onde seria crucificado. Há expressão literal em espanhol. A expressão nominal é empregada também com o suporte dos verbos *ficar, estar, ficar, viver* etc. [MEL/SILV/LCC/AUR] (*)

RUIM

Estar/Ficar lelé/ruim da cabeça: estar/ficar amalucado, impulsivo, louco. *Ficou ruim da cabeça depois que perdeu a mulher.* [MEL]

Magro de ruim/de ruindade: pessoa que come muito e não engorda, pessoa muito magra inexplicavelmente. *Ela come feito um demônio, é magra de ruindade.* [5194]

RUINDADE

Magro de ruim/de ruindade: pessoa que come muito e não engorda, pessoa muito magra inexplicavelmente. *Ela come feito um demônio, é magra de ruindade.* [5194]

SABÃO

Dar/Passar o/um sabão/um sermão/(um) pito em alguém: repreender, admoestar, chamar a atenção. *O diretor deu um sabão nos alunos que saíram do colégio sem autorização.* [WER/ALV/MEL/SILV/NAS/1841]

Ir lamber sabão: Cf.: FAVA.

Levar/Ganhar (um) pito/um sabão/um sermão de alguém: ser reprimido, repreendido. *Levou um sabão da professora por não ter feito o dever de casa.* [SILV/MEL]

SABER

Não quer/quero (nem) saber de/quem/se...: repelir, recusar, evitar, não admitir, não ligar, não ter interesse em etc., sempre expandida, conforme os contextos e circunstâncias, de inúmeras maneiras, de acordo com a criatividade e gosto pessoais do falante, sem garantia de vingar, porém, provocando inúmeras configurações e variações, como: *Não quer nem saber quem inventou o trabalho; Não quero saber dele nem pintado de ouro; Não quero saber quem pintou a zebra; Não quero saber quem pôs bateria no vaga-lume; Não quero saber se Maria pariu preto ou barbado; Não quero saber se gambá usa perfume; Não quero nem saber quem esticou o pescoço da girafa,* etc. [MEL/SILV/NAS/CA/5841/LMOT]

(O) Saber não ocupa lugar: o potencial do saber de uma pessoa é ilimitado, nunca é demais aprender. *Quanto mais eu sei, mais quero aprender, o saber não ocupa lugar.* Há versões semelhantes em espanhol, italiano e inglês. [MEL/LMOT/RMJ/6249] [*]

Sei lá!: não sei, não tenho certeza. *Deve ter uns 80 anos, sei lá! Sei lá quais são as intenções dele.* Resposta e/ou comentário displicentes sobre pedido ou fornecimento de informação duvidosa, desconhecida etc. Às vezes recebe um acréscimo adicional, como *Deus é quem sabe!*, que completa e reforça o testemunho de ignorância sobre um assunto. [NAS/7724/MEL]

SABOR

Ao sabor de: sem controle. *Vive ao sabor dos acontecimentos.* Sinônimo: *Perder o pé.* [0775]

SACO

Armazém/Saco de pancada(s): pessoa que vive recebendo pancadas de várias outras, que é sempre responsabilizada, nem sempre tendo culpa. *Por ser muito fraco, na escola virara um saco de pancadas.* Constroem-se expressões verbais normalmente com o verbo *ser*. [NAS/TOG/MEL/AUR/7587]

Coçar o saco: vadiar, ficar ocioso (chulo). *Antônio, agora sem emprego, fica o dia inteiro coçando o saco.* [SILV/MEL]

Dar no saco: ser chato, enfadonho. *Levantei porque a palestra já estava dando no saco.* Expressão chula. [MEL/AUR]

De saco cheio: achar-se desapontado, enjoado, aborrecido, cansado, saturado, no último grau da tolerância. *Mas você disse que ele está de saco cheio de ser presidente. As pessoas já estão de saco cheio do blá-blá-blá global.* A expressão pode ser composta encabeçada alternativamente com os verbos *estar, ficar, viver, andar,* entre outros. Sinônimo: *Encher o saco.* [SILV/NAS/3034/AUR] (*)

Encher o saco: importunar em alto grau, enfadar-se. *O que enche o saco não é a piada, é a repetição.* Cf.: *De saco cheio.* [MEL/SILV/AUR]

Estar sem saco: estar sem paciência, sem disposição. *Hoje não vou à comemoração, estou sem saco.* Expressão chula. Cf.: *De saco cheio.* [MEL /4023/AUR]

Pé no saco!/Que saco!/Um saco!: enfado, amolação, pessoa impertinente, desagradável. *Você é mesmo um saco! Que saco!* Expressões chulas. Usam-se também como interjeições de enfado, mas também com frases verbais, vinculadas a diversos verbos, inclusive com o verbo *ser*. [6769]

Puxar o saco de: adular, bajular alguém (chulo). *Precisou bajular o chefe para ser promovido.* [AUR/MEL/NAS/PIM/7221] (*)

Saco sem fundo: come demasiadamente, sem parar. *A corrupção e a violência no Brasil são verdadeiros sacos sem fundo.* Expressão usada alternativamente com vários verbos, inclusive como predicativo com o verbo *ser*. [MEL/WER/AUR]

Saco vazio não para em pé: expressão autointerpretativa, a alimentação é importante para as pessoas se manterem sadias. *Você precisa comer bem para aguentar o trabalho do dia a dia, saco vazio não para em pé.* Há similares em italiano, espanhol e inglês. [LMOT/MEL/MEF/7590/AM] (*)

Ser (um) saco/(um) balaio de gatos: conflito ou briga em que se envolvem várias pessoas, coisa confusa, situação complicada. *Ninguém se entendia lá, era um saco de gatos na reunião.* Usa-se alternativamente com diversos verbos, inclusive com o verbo *ser*. [MEL/NAS/SILV/WER/AUR]

Ser (um) saco furado/roto: pessoa incapaz de guardar segredos. *Não se abre tanto com o seu cunhado, ele é um saco furado.* [MEL/NAS/7925/AUR]

SAFIRA

Tocar safira: masturbar-se (o homem). *Sozinho e sem a namorada Safira, dela se lembrava tocando safira no banheiro.* Há vários sinônimos, entre os quais: *Cinco (dedos) contra um. Bater/Tocar punheta.* Cf.: *Tocar (uma) siririca.* [AUR/HOU/SILV]

SAIA

Agarrado à barra da saia/à(s) saia(s): sob proteção feminina. *Vive agarrado às saias da mãe.* Ao contrário de *De saco cheio* e *Botar/Colocar as barbas de molho*, de uso unissex, têm emprego só masculino. Cf.: *De saco cheio.* [NAS/0503]

Saia justa/curta: situação desconcertante, desfavorável e/ou embaraçosa, constrangedora. *Não foi à festa para evitar uma saia justa encontrando-se com o ex-marido. No meio da festa ele ficou numa saia justa porque não fora convidado.* Expressões usadas com vários verbos alternativos, como *estar, ficar* etc. [MEL/PIP/ABL/7597/AUR] (*)

SAL

Sem sal: sem graça. *A namorada dele é uma garota sem sal.* Usada com vários verbos, inclusive *ser*. [7772]

SALADA

Fazer (uma) salada: fazer uma mistura de coisas, uma confusão. *O palestrante fez tanta salada que ninguém entendeu nada.* [PUG/MEL/SILV/NAS]

Salada russa: desordem, situação anárquica, confusão. *A apresentação no banquete foi uma salada russa.* Aparece na expressão *Fazer uma salada russa*. Usa-se também com outros verbos, inclusive com o verbo *ser*. [AUR/NAS/7635] (*)

SALÃO

Limpar o salão: limpar o nariz com o dedo. *A mãe sempre chamava a atenção do filho por limpar o salão na frente dos outros.* [SILV/MEL]

SALIVA

Cair na conversa/na lábia/na saliva/no bico/no papo: deixar-se engabelar. *Ela caiu fácil na saliva do garotão bonito.* Cf.: *Levar na conversa/na lábia/na saliva/no bico/no papo; Passar a conversa/a lábia/a saliva/o bico/o papo.* [MEL/SILV]

Gastar saliva: falar muito, demais, à toa, em vão. *Não vou gastar saliva com você, já sei que não adianta.* [SILV/MEL/4609]

Passar a conversa/a lábia/a saliva/o bico/o papo: enganar, seduzir, driblar um adversário, deixando-o para trás, fazer alguém de bobo. *O vendedor foi demitido porque tentou passar a saliva em vários fregueses.* Cf.: *Levar na conversa/na lábia/no bico/no papo; Cair na conversa/na lábia/no bico/no papo.* [MEL/SILV/2096/6554/5098]

SALTO

Dar o/um passo/salto maior do que a(s) perna(s): tentar fazer algo além das suas possibilidades. *O cara se estrepou, dando o salto maior do que as pernas.* [PRA2/FUL/SILV/MEL/LAU/2555]

SALVAR

Salve-se quem puder: aviso ou comentário para que se busque proteção ou fuga contra perigo iminente. *O rio está transbordando, salve-se quem puder.* Há, ainda, similares em francês e inglês. Trata-se de uma expressão cristalizada. [LAU/WER/NAS/LMOT/FRI/MEF] (*)

SAMBA

Samba de crioulo doido: bagunça. *Quando chove, o trânsito de São Paulo fica um* *samba de crioulo doido*. Usa-se com vários verbos compatíveis, como *ficar, virar, tornar-se, ser*. [MEL]

SANGRIA

Sangria desatada: coisa que exige atenção ou providência imediata. *Esse trabalho pode esperar, não é sangria desatada*. Talvez seja mais usada na forma negativa: *Não é (nenhuma) sangria desatada*. É empregada auxiliada por vários verbos alternativamente, inclusive o verbo *ser*. Em linguagem coloquial, usa-se o vocábulo "sangria" para designar o ato de extorquir dinheiro de alguém por meios fraudulentos ou ardilosos. [LMOT/MEL/RMJ/NAS/HOU/7660/AUR] (*)

SANGUE

Dar o sangue: esforçar-se, doar-se. *Naquele trabalho, o operário deu o sangue, mas compensou*. Sinônimo: *Vestir/Suar a camisa*. [SILV/8069]

Ferver o sangue (nas veias): ser impaciente, irrequieto, sentir raiva, desejo de vingança. *Quando vi um morador de rua ser espancado, aquilo me ferveu o sangue*. [ALV/SILV/4408]

Subir o sangue à cabeça: exasperar-se, irritar-se. *Ao saber da reprovação do filho, ficou vermelho que nem um pimentão, o sangue subiu-lhe à cabeça*. [NAS/SILV/PUG/8075/AUR]

Ter (o) sangue frio: ser sereno, ponderado, calmo. *Só quem tem o sangue frio pode ser um bom cirurgião*. [MEL/SILV/7666]

Ter (o) sangue quente: ser genioso, exaltado, irritadiço. *Tem o sangue quente, por qualquer coisa fica irritado*. Sinônimo:

Ter sangue nas veias. [WER/MEL/SILV/7665/AUR]

Ter sangue de barata: ficar passivo ante provocações ou ofensas. *Engole muito sapo porque tem sangue de barata*. Julgado sangue mais fraco e esbranquiçado do que o sangue vermelho ou branco dos insetos e outros animais. Usa-se com frequência numa formulação negativa. Sinônimo: *Não ter sangue nas veias*, tendo essa mesma versão literal em espanhol. [MEL/SILV/FSP/NAS/RIB/WER/MF/LAT/7662] (*)

Ter sangue nas veias: ser genioso, esquentado, irritar-se facilmente. *Tenho sangue nas veias, não posso deixar de reagir a essas acusações levianas*. Usa-se com frequência numa versão negativa. E, no espanhol, usa-se num sentido não literal mais emocional [MEL/SILV/8376/AUR/LAT] (*)

Ter sangue novo: há gente nova entusiasmada e/ou capacitada. *Agora vai, tem sangue novo na seção*. [HU]

SANTO

Descobrir/Despir um santo para cobrir/vestir outro: favorecer alguém em prejuízo de outrem ou de si mesmo, prover uma necessidade, mas, em compensação, provocar outra. *Se eu te emprestar meu carro, vou ficar a pé; vou descobrir um santo para cobrir outro*. Há fórmulas semelhantes em francês, inglês, espanhol e italiano, inclusive mencionando os nomes dos respectivos santos. [MEL/NAS/AUR/LMOT] (*)

Para/Pra baixo todo(s)(os) santo(s) ajuda(m): numa descida não precisa fazer esforço para descer, as coisas fáceis de fazer dispensam ajuda. *Mesmo sem combustível, desceu a ladeira em velocidade; para baixo todo santo ajuda.* Há similar em espanhol. [MEL/MEF/LMOT/6489] (*)

Santo de casa/da terra não faz milagre: ações praticadas dentro de casa, no ambiente comum nem sempre são eficazes ou merecem crédito. *Sendo bom professor, não consegue ensinar o filho; santo de casa não faz milagre.* Há expressão similar em francês. Cf.: *Ninguém é profeta na sua (própria) terra.* [7669/MEL/LMOT/AM] (*)

Santo/Santinho(a) do pau oco: pessoa hipócrita, hipocrisia, fingimento. *Não confie na sua aparência de jovem comportado; ele é mais é santo de pau oco.* Durante os séculos XVII e XVIII o contrabando de ouro em pó, pedras preciosas e moedas falsas utilizou no Brasil o interior das imagens de madeira, ocas, de grande vulto, levadas e trazidas de Portugal, recheando valiosamente o corpo dos santos. [XAre/WER/LCC/NAS/MEL/PIM/7670/AUR] (*)

SAPATO

Cada um sabe onde lhe dói/aperta o calo/sapato: só quem vivencia um problema sabe avaliá-lo. *Se ele afirma que não está bem, eu acredito; cada um sabe onde lhe dói o calo.* Em inglês há correspondente em relação à expressão *Cada um sabe onde lhe dói/aperta o sapato*. E há expressão considerada semelhante já em latim. [MEL/RMJ2/AM] (*)

SAPO

Engolir sapo(s): tolerar situações desagradáveis sem reclamar. *Não foram poucas as vezes que tivemos de engolir sapo por causa das suas posturas.* [DI/WER/XAre/PIP/MEL/3748/AUR] (*)

Sapo de fora não chia: forasteiro não deve se manifestar. *Você não é do grupo, fique de lado; sapo de fora não chia.* [LAU/7677/AM] (*)

SARDINHA

Estar/Ficar como/que nem/feito sardinha em lata: estar/ficar extremamente apertado com outras pessoas em espaço pequeno. *Os passageiros vieram no ônibus como sardinha em lata.* São usadas alternativamente com diversos outros verbos, além de *estar, ficar, vir* etc. [MEL/SILV/RMJ2/2168/AUR] (*)

SARNA

Arranjar/Procurar/Buscar sarna para/pra se coçar: criar problema, provocar situação difícil, meter-se a fazer algo muito complicado, nem sempre necessariamente. *Não vou revidar, não quero arranjar sarna pra me coçar.* [MEL/SILV/WER/ALV/LMOT/7679/AM/AUR]

SARRAFO

Baixar/Descer/Meter a lenha/a pua/a ripa/o pau/o porrete/o sarrafo/um tabefe:

surrar, espancar, falar mal, criticar, ofender com palavras. *O pai desceu o sarrafo por não ter feito a lição.* Além dos verbos já apontados usa-se também *sentar,* entre outros. [MEL/SILV/AUR]

SARRO

Tirar (o/um) sarro (com a cara) de: gozar com a cara de alguém, divertir-se à custa de alguém. *As funcionárias tiraram sarro da colega ao saber que ela era virgem.* [SILV/MEL/8490/AUR]

SAÚDE

Saúde de ferro: ter ótima saúde. *Minha sogra nunca ficou doente, tem uma saúde de ferro.* Expressão intensificadora, usada com vários verbos, inclusive com o verbo *ter.* [WER/NAS/7680]

SEBO

Botar/Colocar/Passar/Pôr sebo nas canelas: fugir/desaparecer. *O instinto mandou que largasse tudo e passasse sebo nas canelas. Fique atento, se houver perigo, sebo nas canelas! Ao ver a polícia, tratou de botar sebo nas canelas.* "*Sebo nas canelas!*" é usada também como advertência exclamativa de fuga. Sinônimos: *Dar no pé. Dar o/no pira.* Deve-se lembrar que "sebo" é um lubrificante. [MEL/SILV/1627 /NAS/AUR]

Meter-se/Metido a sebo: presunçoso, pedante, metido a importante. *Só porque, outro dia, herdou uma casa, aquele peste anda se metendo a sebo.* Sinônimo: *Metido a besta.* [NAS/SILV/5512/AUR] (*)

SECO

Engolir (a/em) seco: não reagir a ofensas. *Agora, a gente que precisa engole seco e se submete.* [SILV/MEL]

SEDA

Rasgar seda(s)/Rasgação de seda: trocar elogios e amabilidades, desmanchar-se em gentilezas. *Sempre que se encontram, rasgam seda, de tanto que se admiram.* [NAS/RMJ/SILV/7494/AUR]

SEDE

Ir com (tanta/muita) sede ao pote: com sofreguidão, com tanta vontade, pressa, imprudência, ambição. *Não vá com tanta sede ao pote que acaba ficando sem emprego.* [NAS/SILV//MEL/4809/AUR/LAU] (*)

Matar a sede: saciar a sede. *Tomei uma garrafa inteira de cerveja só para matar a sede.* Trata-se de expressão parcialmente idiomática, na medida em que "matar" deve ser entendida figuradamente e "sede", literalmente. Cf. em MATAR: *Matar a sede.* [5370]

SEGREDO

O segredo é a alma do negócio: o segredo é muitas vezes a condição principal para que algo dê certo. *Não conte para ninguém que nós vamos viajar, o segredo é a alma do negócio.* Cf.: *A propaganda é a alma do negócio.* [MEL/MEF/WER]

SEGURO

(O) Seguro morreu de velho: preocupação excessiva com a segurança de algo. *Além de instalar alarmes, contratou vigias para a empresa, pois o seguro morreu de velho.* A mesma ideia é reproduzida em francês, inglês e espanhol. [WER/LMOT/MEL] (*)

SEIS

Trocar seis por meia dúzia: deixar tudo igual, ficar tudo na estaca zero. *De nada adiantou a substituição feita pelo técnico, trocou seis por meia dúzia.* [MEL/SILV/8659]

SEMANA

Entra ano/dia/semana/mês, sai ano/dia/semana/mês: diz-se do que acontece ao passar do tempo, constantemente, sem interrupção. *Entra semana, sai semana, e o teu time continua sem ganhar.* [MEL]

SEMENTE

Ficar para/pra semente: viver muito, além da média. *O que eu quero é curtir a vida, não pretendo ficar pra semente.* [4450/MEL/NAS/SILV/AUR]

SENHOR

Descansar no Senhor: Cf.: *Bater as botas.*
Ninguém pode servir/agradar a dois senhores (ao mesmo tempo): não se pode atender a uma obrigação ou pessoa, sem se desprender de outra incompatível e oposta, lealdade exclusiva. *Primeiro vou atender um, depois outro, não posso atender a dois senhores ao mesmo tempo.* Sinônimo: *Não se pode servir/agradar a Deus e ao diabo.* Tem origem bíblica com versões em espanhol, francês, italiano e espanhol. Cf.: *Acender uma vela a Deus e outra ao diabo.* [MEL/NAS/FRI/LMOT/SILVA2/6048] (*)

SENTADO

Esperar sentado: expectativa de aguardar muito. *Foi o Zé que te prometeu isso? Pode esperar sentado.* [SILV/MEL]

SENTENÇA

Cada sentença, uma cabeça ou ***Cada cabeça, uma sentença***: cada indivíduo pensa de um jeito diferente. *Lamento que ela não siga os meus conselhos; enfim, cada cabeça, uma sentença.* Cf.: *Tantas cabeças, tantas sentenças.* [MEL/FRI/MEF/1528/AM]
Tantas cabeças, tantas sentenças: Cf.: CABEÇA.

SENTIDO

Sexto sentido: sentido ideal, supostamente capaz de perceber o que aos outros cinco sentidos escapa. *Não se deve desprezar o sexto sentido das mulheres.* [AUR/MEL/7983]

SEPULTURA

Cavar a própria cova/sepultura: trabalhar contra si próprio, ser imprudente, arriscar a vida. *Foi tentar enganar o sócio e cavou a própria sepultura.* [SILV/MEL/1804]

SER

Ser ou não ser, eis a questão: suprema dúvida, situação periclitante. *É mesmo difícil resolver minha situação: ser ou não ser, eis a questão.* Cf.: em QUESTÃO: *Ser ou não ser, eis a questão.*

SÉRIE

Fora de série: ser fora do comum. *Temos que respeitá-lo, é um profissional fora de série. O meu irmão comprou uma casa fora de série.* Sinônimo: *Não estar no gibi.* Usada alternativamente com vários verbos, inclusive normalmente com *ser*. [MEL/4524/AUR]

SÉRIO

Levar a sério: dar importância, dedicar-se. *Ele está levando a sério o curso de medicina.* [MEL/5073/AUR]
Sair do sério: abandonar a gravidade, a sisudez, folgar, rir, divertir-se. *Saiu do sério quando falaram mal do seu irmão.* [NAS/AUR/MEL/SILV]
Tirar do sério: inflamar alguém, irritar. *O que me tira do sério é toda hora confundirem o meu nome.* [PIP/SILV]

SERMÃO

Dar/Passar o/um sabão/um sermão/(um) pito em alguém: repreender, admoestar, chamar a atenção. *O diretor passou um sermão de uma hora nos alunos.* Sinônimos: *Puxar/Torcer a(s) orelha(s). Dar (a/uma) (maior) bronca.* [WER/ALV/MEL/SILV/NAS/1841]
Levar/Ganhar (um) pito/um sabão/um sermão de alguém: ser reprimido, repreendido. *Levou um sermão da professora por não ter feito o dever de casa.* [SILV/MEL]

SESTA

Fazer a/uma sesta: dormir, repousar ou descansar após o almoço. *Quando ele não faz a sesta, fica indisposto o resto do dia.* Cf.: *Tirar uma pestana/uma soneca.* Apesar da etimologia e o mesmo sentido literal (sexta hora), escreve-se com S. [SILV/MEL]

SETE

Pintar o sete: praticar travessuras, diabruras, fazer bagunça, divertir-se. *Voltaram contentes da viagem, pintaram o sete o tempo todo.* Sinônimos: *Pintar e bordar. Pintar o(s) caneco(s). Pintar o bode.*

Embora se possa questionar a origem metafórica da expressão, pode-se, por outro lado, aludir genericamente ao número cabalístico "sete". Cf.: *Guardar/Fechar/Trancar em sete chaves*. [FUL/MEL/SILV/NAS/6865/AUR]

SEXO

Discutir o sexo dos anjos: conversar sobre assunto sem importância que não leva a conclusão alguma, perder tempo falando sobre questões sem importância, discussão estéril. *Temos muita coisa a decidir, não podemos ficar o tempo todo discutindo o sexo dos anjos.* [MEL/SILV] (*)

SI

Cair em si: lembrar-se, reconhecer o próprio erro. *Após ofender o irmão, caiu em si e pediu desculpas.* [PUG/SILV/MEL]
Cheio de si: pretensioso, presunçoso, confiante. *Está cheio de si só porque foi aprovado no vestibular.* Entra em frases com vários verbos, como *ser, ficar, estar* etc. [AUR/MEL]
Estar/Ficar fora de si: ficar exaltado, estar desorientado, sem saber o que fazer. *Ficou fora de si ao ser provocado pelos colegas.* Em espanhol há expressão como se fora tradução literal, mas em Portugal, no nosso mesmo idioma, se diz: *Andar às aranhas*. [ALV/MEL/MOU/AUR/NAS] (*)

SILVA

...da silva: demasiadamente, realmente, totalmente. *Quando a ambulância chegou, ela já estava mortinha da silva.* Expressão intensificadora, usada em geral depois de adjetivo no diminutivo, para dar ênfase, e como predicativo com os verbos *ser, estar*. É frequente o emprego de nomes próprios em expressões. Cf.: *...pra burro/cacete/cachorro/caralho/caramba/chuchu/danar; ...da vida/de raiva; ...do peru.* Cf. também: p. 34, g. [MEL/HOU/AUR]

SIM

Pelo sim, pelo não: prevenir enganos, na dúvida. *O tempo está bom, mas pelo sim, pelo não, vou levar o guarda-chuva.* [MEL/6757/AUR]

SINAL

Avançar o sinal (vermelho): tomar atitudes inadequadas. *Você avançou o sinal ao convidá-lo para a festa sem o meu consentimento.* Metáfora vinculada ao trânsito. [MEL/SILV/AUR]
Dar/Não dar sinal de vida: manifestar-se/não se manifestar, dar/não dar notícias. *Até que enfim os convidados começaram a dar sinal de vida.* [MEL/NAS/SILV/2591/AUR]
Sinal dos tempos: fato que indica a tristeza ou decadência de uma época ou fim de tudo. *A violência exacerbada nas grandes cidades é sinal dos tempos.* Usa-se com diversos verbos, inclusive com o verbo *ser*. [AUR/MEL/NAS]

SINUCA

Estar/Ficar em/numa sinuca (de bico): estar em apuros ou em dificuldades, sem alternativas, em situação embaraçosa, uma espécie de beco sem saída, enfrentar dificuldades. *O cara tá numa sinuca, não sei como vai sair dessa. Com essa declaração, ele me deixou numa sinuca de bico.* Sinônimos: *Beco sem saída. Estar/Ficar no vinagre. Estar/Ficar em papos de aranha.* Cf.: *Estar/Ficar em maus lençóis*. [7992/SILV/HOU/RMJ/RMJ2/WER/TOG/GUR/MOU/AUR/MEL] (*)

SIRIRICA

Bater/Tocar (uma) siririca: masturbar-se (a mulher) com os dedos. *Rosa, depois do fogoso namoro com Zeca, tocava sozinha uma quente siririca.* "Siririca" é pessoa sem modos, doidivanas, leviana, sentido literal, pois, que admite a discernibilidade figurada. [HOU/AUR/SILV/SOU]

SÓ

Antes só que mal acompanhado: é preferível ficar só a ter uma companhia desagradável. *Preferiu ficar solteiro; antes só que mal acompanhado.* Provérbio usado com caráter e valor de expressão coloquial. A ideia, vislumbrada em latim, difundiu-se em vários idiomas quase literalmente. É usada com vários verbos alternativos. [LAU/MEL/AM] (*)

Enfim sós!: frase de recém-casados, frase entre apenas as partes interessadas. Quando dita pelo casal, a frase tem sentido denotativo, literal, não se tratando, pois, de expressão idiomática, o que não acontece quando dois meliantes combinam crimes em segredo: *Pode falar, enfim sós.* [PUG]

Falar só/sozinho: dizer os pensamentos em voz alta. *Se você não for mais humilde, acabará falando sozinho.* Usa-se frequentemente na perífrase: *Estar falando sozinho.* [MEL/SILV]

Só falta... essa/falar/cair de quatro/... etc.: algo inusitado, estranho, improvável, extraordinário, alicerçando uma expressão de espanto, surpresa, irritação, protesto ou ironia. *Ele agora me pede dinheiro para sustentar seu vício, só faltava essa. Ele foi o melhor jogador em campo, só faltou fazer chover. A pessoa retratada naquela tela parece viva, só falta falar.* Cf.: ESSA. [MEL/PUG/NAS]

SOL

O sol nasce para todos: tão transparente quanto lugar-comum, teoricamente, todos têm direito à prosperidade. *Trabalhando, conseguimos tudo, o sol nasce para todos.* A mesma ideia ou semelhante advém do latim, com origem bíblica, e veicula em alguns idiomas modernos. [MEL/WER/MEF/SILVA2/LMOT/RMJ/6254] (*)

Quer chova ou faça sol: de qualquer modo. *Quer chova ou faça sol, as minhas ordens terão de ser cumpridas.* Sinônimo: *Aconteça o que acontecer. Der no que dar. Haja o que houver.* [PUG/MEL/NAS/1917/AM/AUR]

Sol e chuva, casamento de viúva: superstição que indica ser o casamento de viúva, semelhante quanto à ocorrência simultânea de sol e chuva. *Ainda chove, o sol ainda está aparecendo, e a viúva Clotilde está casando; sol e chuva, casamento de viúva.* Constroem-se frases alternativamente com diversos verbos. À guisa de trocadilho e brincadeira com rimas, às vezes a frase é retextualizada em: *Chuva e sol, casamento de espanhol.* [8036/MEL]

Tapar o sol com a peneira: fugir à evidência, disfarçar mal, tentar realizar tarefa totalmente impossível. *A filha está grávida e a mãe fica tentando tapar o sol com a peneira. Atribuir a derrota do Santos ao técnico é querer tapar o sol com a peneira.* Cf.: *Dar nó em pingo d'água. Carregar água na peneira,* entre outros. [RMJ2/WER/8139/SILV/MEL/ALV/ AM/AUR] (*)

SOLA

Entrar de sola: agir grosseira e agressivamente. *Entrou de sola quando o filho mais velho foi pedir ajuda.* Originada no ambiente esportivo. Há equivalentes em inglês e espanhol. [FIELD/SILV/MEL/AUR] (*)

SOM

(Em) Alto e bom som: em voz alta, bem clara para todos saberem e ouvirem. *Não teve dúvida, falou em alto e bom som para todos ouvirem. Todos se manifestaram, alto e bom som, contra aquela medida arbitrária.* Usa-se alternativamente com diversos verbos. Não admite inversão de ordem. [MEL/WER/TOG/ LP/AUR]

SOMBRA

Ir/Mandar ir pela sombra: recomendação carinhosa, às vezes irônica, de bom caminho, para quem se vai. *Vá pela sombra e volte sempre.* [MEL/SILV/ PUG/NAS/4849]

Nem por sombra: de forma alguma. *Direitos... não mudam nem por sombra.* Sinônimos: *Nem que a vaca tussa. Nem a pau. Nem morto. Nem pensar. Nem por decreto. De jeito (e) maneira.* Expressão intensificadora negativa, usada com diversos verbos alternativos. [MEL/FSP/ WER/DSP/2889/FUL]

Sem sombra de dúvida(s): com toda certeza. *Sem sombra de dúvida, ele deverá ser eleito o melhor atleta do ano.* Expressão usada isoladamente ou com vários verbos alternativos, inclusive o verbo *ser.* Cf.: *Não ter talvez.* [MEL/WER/FUL]

Ser (a) sombra de alguém: seguir alguém por toda parte. *A namorada é a sombra dele, acompanhando-o por toda parte.* [SILV/GUR]

Sombra e água fresca: despreocupação, ócio, máximo de comodidade possível, vida despreocupada, folgada. Não admite reversão de ordem. *Ela só quer saber de sombra e água fresca.* [WER/MEL/ XAre/NAS/AUR/8050/RMJ] (*)

SONECA

Tirar uma pestana/soneca: cochilar, dormir ligeiramente. *Chegou do trabalho, tirou uma soneca ligeira e foi para a faculdade.* O inglês tem expressão semelhante. Cf.: *Fazer/Tirar a/uma sesta.* [MEL/SILV/NAS/BAR]

SOPA

(Cair) Sopa no mel: uma coisa muito boa vir a propósito. *Caiu a sopa no mel,* *você me deu exatamente o livro que eu procurava havia muito tempo.* Provérbio de semântica e uso não tão coloquial, mas muito comentado graças à sua explicação curiosa, que, ademais, possui correspondente em espanhol. [MEL/SILV/LMOT/LCC/NAS/PIM/1571/AUR] (*)

Dar (uma) canja/moleza/colher (de chá)/sopa (para o azar): Cf.: CANJA.

Fazer (uma) sopa de pedra(s): conseguir vantagens, obtendo-as, ardilosamente, por partes, como quem não quer nada, para conseguir ao final a vantagem principal. *Não tem importância, deixa que eu farei a sopa de pedras e vou me sair bem.* [NAS/SILV/RMJ] (*)

Ser (uma) canja/moleza/sopa/colher (de chá): Cf.: CANJA.

SORRISO

Riso/Sorriso amarelo: riso forçado ou sem graça, envergonhado, contrafeito. *Esboçou um riso amarelo ao saber que a sogra viria visitá-lo. Sorriu amarelo ao saber que não passou no concurso.* Usa-se com verbos como *dar, esboçar*, entre outros. [MEL/SILV/WER/8056/AUR]

SORTE

A sorte está lançada: seja o que Deus quiser, já se fez tudo o que podia ser feito, frase dita quando se vai tomar uma decisão importante e arriscada. *Todos se prepararam muito bem para o concurso e vão fazê-lo com muita esperança, a sorte está lançada.* A expressão tem origem latina. Cf.: JOGO: *Azar no jogo, sorte no amor.* [MEL/LAR/SILVA2/AUR] (*)

Azar/Infeliz no jogo, sorte/feliz no amor: Cf.: JOGO.

SÓSIA

Ser um sósia: ser extremamente parecido, como os gêmeos idênticos. *Meu amigo Nicanor é muito parecido com o Pelé, um perfeito sósia, por isso comparece em muitos eventos no lugar do rei do futebol.* Cf.: *Cuspido e escarrado.* Cf. também: p. 34, g. [RMJ] (*)

SOVA

Dar (uma) sova/surra/tunda: bater física ou moralmente. *Naquele debate o promotor deu uma sova feia. O safado deu uma surra de cansar o esqueleto. A mãe deu uma tunda no moleque que era para ele aprender a não fugir mais.* Os sentidos literais de sova e surra justificam as expressões. Cf: *Levar/Ganhar (uma) sova/surra/tunda.* [SILV/HOU] (*)

Levar/Ganhar (uma) sova/surra/tunda: apanhar física ou moralmente. *Naquele debate o promotor levou uma sova feia. O safado levou uma surra e está todo moído. O moleque ganhou uma tunda da mãe que era para aprender a não fugir mais.* Cf.: *Dar (uma) sova/surra/tunda.* [SILV/HOU]

SOZINHO

Falar só/sozinho: dizer os pensamentos em voz alta. *Se você não for mais humilde, acabará falando sozinho.* Usa-se

frequentemente na perífrase: *Estar falando sozinho*. [MEL/SILV]
Ficar falando sozinho: ser desprezado, abandonado. *Se você continuar tão orgulhoso, vai ficar falando sozinho*. [MEL/SILV]

SUA

Cada um ficar na sua: continuar com a mesma opinião. *É melhor cada um ficar na sua para não se prejudicar*. O possessivo *sua* com forma marcada no feminino pressupõe, dentro do contexto, a "elipse" de palavras como *situação, opinião, maneira, onda* etc. Cf.: *Estar/Ficar na minha/sua*. Cf. também: p. 34, d. [SILV]
Estar/Ficar na minha/sua/na dela/na dele: não se manifestar, manter-se quieto, manter a opinião, manter a sua posição, ficar tranquilo. *É melhor você ficar na sua para não se prejudicar. — Que nada! Ele hoje está na dele!* Os pronomes pressupõem, dentro dos respectivos contextos, a elipse de palavras femininas, como *situação, opinião, onda* etc. Quando a palavra *sua* integra a expressão, às vezes sua composição se faz com o acréscimo de *cada um*. Cf.: *Cada um ficar na sua*. Cf. também: p. 34, d. [FUL/MEL/SILV/AUR]
Fazer das suas: praticar ações condenáveis, proceder mal, fazer asneiras, traquinadas. *Distanciou-se do bom comportamento: saiu por aí fazendo das suas*. Na expressão, *suas* pressupõe, dentro do contexto, a "elipse" de palavras femininas, como *arte, coisa, atividade, onda, encrenca* etc. Existe a mesma expressão em francês,

também com palavra elíptica, como "ações, malandragens" etc. Cf.: p. 34, d. [SILV/FRI/AZE/4197] (*)

SUFOCO

Estar/Ficar no/num sufoco: estar em situação difícil, embaraçosa. *Estava no sufoco quando um amigo resolveu emprestar-lhe dinheiro. Ela passou um tremendo sufoco quando o pai ficou doente*. Compõe-se ainda com o verbo *passar*, entre outros. [MEL/SILV]

SUJEIRA

Varrer/Esconder/Jogar a sujeira/tudo para/pra debaixo do tapete: fazer serviço malfeito, fazer vista grossa. *Pedi para ele deixar tudo em ordem, mas ele jogou tudo pra debaixo do tapete*. É possível formular a expressão com o verbo *empurrar*, entre outros. [MEL/3701]

SUJO

Falar/Rir-se o sujo do mal lavado: criticar alguém, estando em condições iguais ou piores do que as dessa pessoa. *Enfim, os políticos de cada partido no Brasil não têm mais como disfarçar; todos são corruptos e se acusam mutuamente; nunca a frase o sujo falando do mal lavado foi tão correta*. Sinônimo: *Falar/Rir-se o roto do esfarrapado*. Ou, como diz a avó de um articulista do DSP, 13/11/2016: "é a disputa do sujo com o imundo". Há curiosa frase semelhante em francês. [NAS/SILV/MEF/LMOT/7534/AUR] (*)

Jogar sujo: não ser sincero, trapacear. *Ele sempre joga sujo nos negócios que faz.* [MEL/GUR/SILV]

SURRA

Dar (uma) sova/surra/tunda: bater física ou moralmente. *Naquele debate o promotor deu uma surra no advogado. O safado deu uma surra que acabou ele mesmo todo moído.* Os sentidos literais de sova e surra justificam as expressões. Cf.: *Levar/Ganhar (uma) sova/surra/tunda.* [SILV/HOU]

Levar/Ganhar (uma) sova/surra/tunda. apanhar física ou moralmente. *O safado levou uma surra e está todo moído.* Cf.: *Dar (uma) sova/surra/tunda.* [SILV/HOU]

SUSTO

Não ganhar/pagar o/pelo/para o/pro susto: frase dita depois de um grande susto para indicar que a vantagem não corresponde ao risco. *Com esse negócio ele não ganhou para o susto.* [SILV/NAS/5783]

T

TÁ

Tá que tá: estar insuportável, estar de mau humor. *Ela hoje tá que tá, chegou tratando mal todo mundo.* [MEL]

TABEFE

Baixar/Descer/Meter a lenha/a pua/a ripa/o pau/o porrete/o sarrafo/um tabefe: surrar, espancar, falar mal, criticar, ofender com palavras. *O pai meteu um tabefe no garoto malcriado.* Além dos verbos já apontados, usa-se também *sentar*, entre outros. [MEL/SILV/AUR]

TABELA

Cair pelas tabelas: sentir-se mal, fatigado ou adoentado; atravessar situação difícil. *Depois da doença, meu tio vive caindo pelas tabelas.* [SILV/MEL/1631/AUR]

TÁBUA

Dar (a/uma) tábua: passar um logro, desiludir alguém, receber uma recusa a um convite ou pedido. *A Jussara deu uma tábua irônica no galã que a convidou para dançar.* Cf.: *Levar/Ganhar (a/uma) tábua.* [SILV/NAS/MOU/CDAs/2600/5103]

Fazer tábua rasa: suprimir totalmente, não fazer caso de, não levar em conta, recomeçar do zero. *Fez tábua rasa de todas as considerações da mulher e foi embora.* [SILV/RMJ/NAS/JRF/HOU/4313/8098/AUR] (*)

Levar/Ganhar (a/uma) tábua: sofrer um logro, sofrer uma desilusão, receber uma recusa a um convite ou pedido. *O Ricardo levou tábua da Juliana que tá noutra.* Cf.: *Dar (a/uma) tábua*. [SILV/NAS/MOU/CDAs/2600/5103] (*)

TACO

Taco a taco: em pé de igualdade. *Vários times disputaram taco a taco, mas os da Capital se destacaram na final.* Sinônimo: *Pau a pau*. Constrói frases com diversos verbos, como *estar*, entre outros. [AUR/NAS/MEL/6615]

TAGARELA

Ser tagarela: falar demasiadamente. *Quem é tão tagarela corre o risco de dizer o que não deve.* Sinônimo: *Falar pelos cotovelos*. [ALV/MEL]

TAL

Achar-se o tal, o engraçadinho etc.: Cf.: ACHAR-SE.

...de tal: usa-se, depois de nome próprio, quando não se sabe, se esqueceu ou não interessa dizer o sobrenome de alguém. *Chegou lá um Crispiniano de tal que ninguém conhecia.* Cf.: *Um tal de*. [MEL/AUR]

Tal (e) qual: exatamente o mesmo. *Comprou um vestido tal e qual ao da amiga.* [AUR]

Um tal de: expressão que denota desdém, descaso, descortesia, desconhecimento, empregada antes de nome próprio. *Veio aqui um tal de Alfredo procurando por você.* Cf.: *... de tal*. [MEL/ABL/AUL/NAS/AUR]

TALVEZ

Não ter talvez: não haver hesitação, certamente. *Comigo é assim, não tem talvez; ou fecha ou não o negócio.* Sinônimo híbrido idiomático: *Não ter perhaps*. [NAS/SILV]

TAMANHO

Do tamanho de um bonde: pessoa ou coisa desproporcionalmente muito grande. *Com muito sono, abriu uma boca do tamanho de um bonde.* Usa-se alternativamente com vários verbos indeterminados. [MEL/NAS/3357/AUR]

Só ter tamanho e safadeza: ser grande, mas incompetente e indisciplinado. *Esse moleque não serve para nada, só tem tamanho e safadeza.* [8011]

Tamanho não é documento: o tamanho não reflete a capacidade, nem sempre quem é o maior é o vencedor. *Se tamanho fosse documento, Davi não teria vencido Golias.* [MEL/LMOT/8110]

TANGA

Deixar/Estar/Andar/Ficar de tanga: em má situação financeira, mal de vida.

O vício do jogo o deixou de tanga. [AUR/3056/MEL/SILV/NAS]

TANGENTE

Sair/Escapar pela tangente: evitar arcar com as consequências, desviar-se. *Ele saiu pela tangente para não se comprometer.* Cf.: *Sair/Sumir do mapa.* [WER/MEL/SILV/6745]

TANTO

Às/Pelas tantas: hora indeterminada, imprecisa, tardia. *Saiu de casa às tantas da manhã, e ainda não voltou.* Cf.: p. 34, d. [AUR/NAS]

...e tanto: intensifica o termo imediatamente anterior, encarece ou elogia uma pessoa mencionada imediatamente antes. *A galega era um pedaço e tanto.* [AUR/MEL]

...e tantos: designa quantidade que excede muito ou pouco a um número redondo mencionado antes. *Possui mil e tantos livros.* [AUR/MEL]

TAPETE

Puxar/Tirar o tapete: retirar apoio, trapacear, prejudicar os objetivos de alguém. *Puxaram meu tapete, francamente, não merecia isso.* [FUL/MEL/SILV/7222]

TARDE

Antes tarde que nunca: o esperado é bem recebido, ainda que tardiamente atendido. *Ele demorou, mas se recuperou; antes tarde que nunca.* Trata-se de provérbio muito usado coloquialmente. Há correspondentes desde o latim, chegando ao inglês, francês e italiano. É provérbio que se articula com vários verbos alternativos. [MEL/RMJ/FRI/LMOT/0723] (*)

TARIMBA

Ter tarimba: ser tarimbado, ter muita experiência. *Preferiu o homem que tem muitos anos de janela, que tem muita tarimba.* Sinônimo: *Ter anos de janela.* Deve ser alusão à "tarimba" no sentido de vida de soldado. [AUR/NAS/8212]

TE

Conhece-te a ti mesmo: expressão autoexplicativa; é um dos conceitos de inteligência emocional. Trata-se de clássico axioma que vem do latim, passando a veicular nos idiomas modernos, como o francês, o italiano e o inglês. [LMOT] (*)

TEATRO

Fazer (um) drama/teatro: dar dramaticidade às próprias palavras ou atitudes, para suscitar comoção ou interesse. *Qualquer contradição, ela aprontava um teatro daqueles.* Além do verbo *fazer*, usa-se também *aprontar*, entre outros. [MEL/SILV/AUR]

TECLA

Bater/Martelar/Tocar na mesma tecla/no/num (mesmo) assunto: insistir no mesmo assunto ou argumento, falar sem rodeio. *Você se torna inconveniente por bater sempre na mesma tecla.* A palavra-chave "tecla" pode sugerir a tecla do piano. Usa-se, ainda, o verbo *insistir,* entre outros. [WER/1179/NAS/MEL/HOU/AUR] (*)

TELHA

Dar à/na(s) cabeça/telha/veneta/venta(s): Cf.: CABEÇA.
Fazer o que lhe der (dá) na telha: Cf. em CABEÇA: *Fazer o que lhe der (dá) na cabeça/na telha/na veneta/no nariz.*
Ter uma telha a mais/a menos/de mais/de menos: ser maluco, gagá, ser pouco inteligente, ter perdido o juízo. *Ele só aceitou um serviço tão arriscado porque tem uma telha a mais.* A palavra "telha" é metáfora natural para "cabeça", parte superior do corpo humano, ligada ao sentido literal de "teto", parte superior da casa. [MEL/SILV/NAS/PIM]

TELHADO

Telhado de vidro: má reputação, não ser isento de defeitos. *Você não pode falar mal de ninguém, seu telhado de vidro é enorme. Não fale de minha família, quem tem telhado de vidro, não joga pedra no telhado dos outros. O chefe tem telhado de vidro, tá fodido.* Pode-se considerar redução do provérbio *Quem tem telhado de vidro não atira/joga pedra(s) no (telhado) dos outros.* Trata-se de provérbio, mas de uso frequente no coloquial. Emprega-se combinada com verbos como *ter*, entre outros. Por extenso, já existe em latim, com veiculação em vários idiomas. [MEL/SILV/NAS/LMOT/FRI/MEF/SILVA2/7448/8158] (*)

TEMPESTADE

Depois da tempestade vem a bonança: após uma situação difícil, em geral vem um período de tranquilidade e prosperidade. *Esses momentos graves não serão para sempre, depois da tempestade vem a bonança.* O provérbio tem veiculação no latim, espanhol, francês, italiano e inglês. [LMOT/MEL/MEF/SILVA2/3179] (*)
Fazer/Armar/Levantar (uma) tempestade em/em um/num copo d'água: discutir ou brigar por pouca coisa, fazer um escândalo por nada. *Onde anda o Nicolau? Estão fazendo tempestade em copo d'água.* [RMJ2/8166/FUL/SILV/DI/LMOT/AUR] (*)

TEMPO

Correr/Lutar contra o relógio/tempo: competir/competição com o relógio/com o tempo, atividade obstinada contra o relógio/contra o tempo, tentar dar conta de uma tarefa em pouco tempo. *O prazo para a entrega do trabalho termina amanhã, temos que lutar contra o tempo.* Derivada da expressão exclamativa: *O tempo corre!* [MEL/AUR]
Dar tempo ao tempo: contemporizar, esperar com paciência, fazer as coisas com calma, observar a sucessão natural das coisas. *Não se afobe, dê tempo ao tempo que, no fim, você alcança o que quer.* [SILV/MEL/AMF/WER/2601/AUR]

Fechar o tempo: ter início uma briga, criar-se uma confusão. *Na hora em que vocês estavam discutindo, pensei que ia fechar o tempo.* [SILV/MEL/AUR]

Matar (o) tempo: gastar em ocupação que evita a inação, recrear-se, entreter-se. *Enquanto eu aguardava que ela fosse atendida, li duas revistas para matar o tempo.* Cf.: *Matar o bicho.* [NAS/SILV/MEL/5181/AUR]

O tempo corre/voa/não para!: expressões exclamativas, usadas como lugares-comuns. *Mal comecei a trabalhar, já está na hora do almoço, o tempo não para!* Há expressão similar em inglês, mas a ideia vem desde o latim e passa ainda pelo italiano. Cf.: *Correr contra o tempo/contra o relógio.* [WER/RMJ2/SILVA2/6258] (*)

O tempo é (o melhor) remédio: só o tempo faz esquecer maus momentos. *Dez anos depois da morte do marido, ela volta a ter alegria, o tempo é o melhor remédio.* Há ainda outras fórmulas com a mesma ideia, inclusive em latim, tendo chegado também ao espanhol. [MEL/FRI/SILVA2/LMOT] (*)

Parar no tempo: não evoluir, não progredir. *A empresa deles parou no tempo.* [6524]

Tempo (em) que se amarrava(m) cachorro/cães com linguiça: tempo de muita fartura, muito antigo, de métodos ultrapassados. *Encontrei um meio de ganhar alguns tostões, muito dinheiro para os bolsos infantis daqueles tempos em que se amarrava cachorro com linguiça.* O ditado moderno resulta do acréscimo da ideia de "tempo muito antigo" à frase popular *amarrar cachorro/cães com linguiça.* [SILV/NAS/CDAs/RIB/MEL/8173/AUR/SILVB /JRF/AM] (*)

Tempo das vacas gordas/magras: tempo de fartura, de prosperidade, de riqueza/tempo de escassez, de penúria, de pobreza. *No tempo das vacas gordas, jantávamos fora quase todos os dias. Mesmo sendo rico, ele não se esquece do tempo das vacas magras.* A origem das expressões está na Bíblia, Gênesis 40. [MEL/NAS/LMOT /8168/8169/PIM/AUR] (*)

Tempo do Onça: tempo remoto, tempo muito antigo. *Que saudades do tempo do Onça, quando ladrão só roubava galinha.* Naturalmente chama atenção o "do Onça" (artigo masculino e a maiúscula). Na realidade se trata de apelido de Luís Vahia Monteiro, que foi governador do Rio de Janeiro na era colonial, de 1715 a 1732. [WER/FSP/NAS/MEL/AUR/HOU/LCC/PIM/3358] (*)

Tempo do padre Inácio: tempo muito antigo. *Ele tem um toca-discos do tempo do padre Inácio.* Referência à figura excêntrica do padre Inácio, primeiro noviço português na Companhia de Jesus, em 1547, falecido em 1598. Caso semelhante ao da expressão *Tempo do Onça*. Cf.: p. 34, g. [LCC/3358] (*)

Tempo é dinheiro: a perda de tempo implica sempre algum tipo de prejuízo, normalmente traduzido em perda de dinheiro. *Não parem o trabalho para conversar, tempo é dinheiro.* Há equivalentes em inglês, onde parece que a expressão se origina. Pode ser considerada internacional ou universal, tal é o seu uso em vários idiomas. Tais expressões, nascidas em um idioma, viajam o mundo e normalmente mantêm a fórmula da língua de origem, valendo como um verdadeiro "empréstimo".

Cf. também: *To be or not to be*. [MEL/LMOT/MEF/8172] (*)

TENDÃO

Calcanhar/Tendão de aquiles: parte vulnerável, ponto fraco. *A atração pelas mulheres é o calcanhar de aquiles dele.* Cf.: ÍCARO. É usada com diversos verbos, inclusive com o verbo *ser*. [MEL/NAS/RMJ/PIM/1652/AUR] (*)

TER

Ter mais (o) que fazer: não ter tempo a perder com bobagens, expressão com que se mostra desinteresse por certos assuntos. *Vamos parar com essa conversa mole que eu tenho mais o que fazer.* [SILV/NAS/8305]
Ter para/pra dar e vender: ter em abundância, de sobra. *Sherazade tinha beleza, inteligência e coragem para dar e vender.* Cf.: ...*pra burro/cacete/cachorro/caralho/caramba/chuchu/danar/dar e vender.* [PUG/SILV/MEL]

TERRA

(A) Terra de ninguém: situação ou assunto em que todos se intrometem, lugar sem comando. *Se a violência não for contida, nossa cidade se tornará terra de ninguém.* Participa de frases construídas com diversos verbos alternativos. [MEL/NAS/AUR] (*)
Cada terra com seu uso, cada roca com seu fuso: cada terra, cada região tem seus costumes e se comporta de acordo com eles. *Principalmente nas mensagens formuladas, cada povo e cada pessoa manifesta seus hábitos e costumes, pois cada terra com seu uso, cada roca com seu fuso.* O espanhol, o francês, o italiano e o inglês têm a mesma ideia e a mesma fórmula linguística, isto é, frases nominais bimembres, embora alguns desses idiomas utilizem alguns referenciais diferentes. [LMOT/FRI/MEF/1534/JRF] (*)
Cair/Ir por terra: fracassar, não dar certo, ser anulado, perder a validade. *Tudo que ele planejara caiu por terra com a morte do filho.* [SILV/MEL]
Em/Na terra de cego(s) quem tem um olho é rei: no meio de pessoas ignorantes, quem sabe um pouco acaba brilhando. *É admirado por ser o único com algum estudo; em terra de cegos quem tem um olho é rei.* Trata-se de provérbio de uso muito coloquial, em vários idiomas, inclusive no latim, nos quais possui versões literais. [MEL/LMOT/FRI/SILVA2/3664] (*)
Nem tanto ao mar nem tanto à terra: no meio-termo, sem exageros, nem para mais nem para menos. *Exercícios físicos demais prejudicam; nem tanto ao mar nem tanto à terra.* Sinônimo: *Nem oito nem oitenta.* [MEL/LMOT/FRI/6020/AUR]

TESTA

Comer com a testa: Cf.: OLHO: *Ver com os olhos e comer/lamber com a testa* ou *Comer com os olhos e lamber com a testa.*
Franzir a testa: desconfiar, estar carrancudo, não concordar. *Quisemos saber*

se os índios eram bravos. *Ele franziu a testa e se encolheu.* Há similar em inglês. [SILV/RMJ2] (*)
Ser testa de ferro: 1. ser todo-poderoso. 2. pessoa que fica à frente de um negócio para que o outro funcione como fachada de outrem. 1. *O testa de ferro está cheio de gás, tá com a bola toda.* 2. *Naquele negócio, o chefe era o testa de ferro do dono da empresa.* [GUR/NAS/HOU/RMJ/8425] (*)
Ver com os olhos e comer/lamber com a testa ou **Comer com os olhos e lamber com a testa**: ver desejando, cobiçando algo (pessoa ou coisa) sem poder obter nem gozar. *Sem ter jantado ainda, o garçom comia com os olhos e lambia com a testa tudo que servia aos convidados. Nem falou com a moça, ficou só de longe, comendo com os olhos e lambendo com a testa.* Cf.: Comer com a testa. Comer com os olhos [SILV/MEL/GUR/VIO/PIP/NAS/LMOT/RMJ/FRI/2099] (*)

TIGELA

De meia-tigela: sem importância, insignificante, sem valor. *Era um machucadinho de meia-tigela.* Sinônimos: De meia-pataca. De nada. Expressão usada como qualificativo em várias combinações sintagmáticas: *gente de meia-tigela; profissional de meia-tigela; políticos de meia-tigela* etc. Cf.: Meia-cara. [XAre/2933/PIP/LAT/FRI/PIM/AUR] (*)

TIM-TIM

Tim-tim por tim-tim: com todos os detalhes, minuciosamente. *Você vai ter que explicar tudo, tim-tim por tim-tim.* Vocábulo onomatopaico que designa o barulho que fazem moedas ao se chocarem, significando apenas a contagem minuciosa do dinheiro. Cf.: *Tim-tim!*; Dindim. [MEL/AUR]
Tim-tim!: saudação que se faz ao se propor um brinde, erguendo-se o copo ou tocando-o no do companheiro. *Vamos beber à saúde de todos, tim-tim!* Vocábulo onomatopaico, que designa o barulho de copos se tocando nas saudações. Cf.: Dindim. [MEL/HOU/AUR]

TIME

Tirar o time (de campo): ir embora, desistir. *Só ele não pede demissão, os outros tiraram o time de campo.* [MEL/8482/AUR]

TINIR

...de amargar/arrasar (quarteirão)/arrancar/arrepiar (os cabelos)/doer/enlouquecer/lascar/morrer/tinir etc.: Cf.: AMARGAR.
Tinir de: achar-se em determinado estado ou ter determinada qualidade em altíssimo grau. Imprime caráter superlativo à palavra que lhe segue. *Saiu da festa tinindo de zangado, com a namorada, e tinindo de raiva da festa.* Cf.: Morrer de. [AUR]

TINTA

Tirar tinta (da trave)/um fino/uma fina: passar raspando, originada no futebol, quando a bola passa rente à trave. *Completou o cruzamento de cabeça, tirando tinta da trave. Tirou uma fina do muro, mas não bateu.* [8491/MEL/SILV]

Ser tiro e queda: produzir resultado certo, imediato e seguro. *O remédio foi tiro e queda. Não admite inversão de ordem.* [7935/MEL/SILV/NAS/RMJ/AUR]

TIRAR

Sem tirar nem pôr: exatamente igual. *É igualzinho ao pai, sem tirar nem pôr.* Sinônimo: *Tal (e) qual*. Expressão precisadora, que se articula com diversos verbos na composição de frases. [FUL/MEL/AUR/PUG]

TIRIRICA

Estar/Ficar tiririca (da vida): irritar-se, zangar-se. *Ele vai ficar tiririca com todas essas críticas. Ele ficou tiririca e pôs-se a berrar.* Sinônimos: *Estar/Ficar fulo (da vida). Estar/Ficar puto (da vida). Estar/Ficar pê da vida. Estar/Ficar lançando fumaça (pelas ventas). Ficar uma arara.* [MEL/SILV/HOU/AUR] (*)

TIRO

Dar (um) tiro no escuro: agir aleatória e desesperadamente, usando meios ineficazes. *Sabendo que perderá a causa, o advogado fez um recurso dando um tiro no escuro.* [MEL]

O tiro sair pela culatra: quando tudo dá errado, acontecer o contrário do esperado. *Planejou fazer tudo às escondidas, mas o pai descobriu, e o tiro saiu pela culatra.* Sinônimo: *O feitiço virar-se/voltar-se contra o feiticeiro.* [WER/SILV/MEL/8926/RMJ/AM/AUR] (*)

TITIA

Ficar para/pra titia: mulher sem casar, ficar solteirona. *Se você não sair de casa, vai acabar ficando pra titia.* [MEL/WER/SILV]

TOA

À toa: sem destino, sem rumo, a esmo, desprezível, sem razão, sem utilidade, sem importância, irrefletidamente, a reboque do destino. *Andava à toa pela praia quando foi assaltado por um sujeito à toa.* A expressão compõe frases graças a diferentes verbos, porém semanticamente paralelos, como *andar, viver, ficar*, entre muitos outros compatíveis. Cf.: *Sem tom nem som. Sem pé(s) (e) nem/sem cabeça.* [MEL/BAR/AUR/LCC/NAS/PIM/NASE/HOU/SILV/LAT] (*)

TOALHA

Jogar a toalha: desistir, reconhecer a própria derrota. *Você não pode jogar a toalha agora, no último ano da faculdade.* Sinônimo: *Entregar os pontos.* [MEL/SILV/LP/4913] (*)

TODA

Estar em todas: seguir tudo o que se passa, participar de todas as coisas, as atividades, estar sempre em evidência. *Já apareceu em jornais, em televisão e revistas; está em todas.* **Todas** pressupõe, com forma marcada no feminino, dentro do contexto, a "elipse" de palavras como *situação, coisa, atividade, onda, crise, encrenca* etc. Cf.: ESSA. *Cair/Ir nessa.* Cf. também: p. 34, d. [SILV/MEL/3954]

Beber/Tomar todas: beber muito. *Ontem tomei todas para comemorar minha promoção. Todas* pressupõe, com forma marcada no feminino, dentro do contexto, a "elipse" de palavras como bebida, dose etc. Cf.: *Tomar umas e outras.* Cf. também: p. 34, d. [MEL/SILV]

TOLERÂNCIA

Tolerância zero: não haver nenhuma tolerância para certos comportamentos. *Nas "baladas" a tolerância era zero.* Expressão neológica, vulgarizada posteriormente, usada como *slogan* da campanha da "lei seca", proibindo motoristas de tomar bebida alcoólica, quando dirigem. Usa-se na formulação simples, mas também alternativamente com diversos verbos, inclusive com o verbo *ser*. Cf.: ZERO. [HU]

TOM

Sem tom nem som: sem jeito, desordenadamente, sem trelho nem trabelho/trebelho, disparatadamente, sem jeito nem maneiras, sem ordem nem harmonia, sem propósito, inadmissível, uma coisa não tem tom nem som quando não faz sentido ou é manifestamente absurda. *Veio com uma roupa sem tom nem som.* Sinônimo: *À toa.* Registram-se expressões com ideias iguais ou semelhantes no espanhol, francês, inglês e italiano. A expressão compõe frases com diferentes verbos, porém semanticamente paralelos, como *andar, viver, ficar*, entre muitos outros compatíveis. [AUR / NAS/7782/RMJ/LAT] (*)

TOMAR

Toma lá, dá cá: oferecer valores em troca de favores escusos, dar presentes interesseiros. *Há por aí umas raparigas capazes; é verdade que o que elas querem é o toma lá, dá cá. Só pago o restante com a mercadoria na mão. Toma lá, dá cá.* Trata-se de fórmula totalmente cristalizada no imperativo. Conquanto, modernamente, no mundo político, se vulgarizou como troca de favores escusos, parece fazer sentido a interpretação de que o *toma lá dá cá* se refira, na origem, à troca de alianças, no ato do casamento, aos pés do altar, como condição fundamental desse ato. [WER/SILV/RMJ/8535/NAS]

TROMBA

Pé/Tromba-d'água: aguaceiro. *Depois dos trovões, caiu uma tromba-d'água sem tamanho.* Usada com diversos verbos, como *cair, desabar*. [NAS/CA] (*)

TONA

À tona: à superfície, à baila. *Raízes enormes vieram à tona. Nas suas conversas o futebol vem sempre à tona. A verdade* *vem sempre à tona*. É usada com verbos como *estar, ficar*, além de, normalmente, o verbo *vir*. [0372/HOU]

TOPETE

Abaixar/Baixar a crista/a cabeça/o topete: agir com humildade. *Depois que perdeu o emprego, teve que baixar o topete*. [0390/0391/AUR]

TOQUE

A toque de caixa: precipitadamente, com muita pressa. *Arrumou as malas a toque de caixa, para não perder o avião*. Usada com vários verbos, inclusive com o verbo *fazer*. [MEL/SILV/PIM/NAS/AUR] (*)

Cheio de não me toques: susceptível, melindrável. *Não digo a verdade porque ela é cheia de não me toques*. Expressão usada com os verbos *ser, estar, ficar*. Sinônimos: *Cheio de dedos. Cheio de nove horas*. [LCC/MEL/SILV]

Dar um toque: dar um alerta, pedir ajuda, abordar alguém, telefonar. *Deu um toque no amigo para que, na rua, ficasse mais atento*. [MEL]

TORÓ

Cair um toró: cair chuva grossa. *No carnaval armamos um Bloco na Praça Mauá, mas caiu um toró danado*. [SILV]

TORTO

A torto e a direito: de um jeito ou de outro, indiscriminadamente, às cegas. *Ao ser agredido, saiu distribuindo socos e pontapés a torto e a direito. Ela não mede as palavras; fala a torto e a direito, seja bem ou mal*. Uso alternativo com vários verbos, inclusive com *falar*. Não admite inversão de ordem. [WER/TOG/LP/100/LAU/FUL/MEL/SILV/FRI/AUR] (*)

TOSSE

Ver o que é bom pra tosse: receber uma lição em decorrência de um erro. *Não quis seguir o meu conselho e agora está vendo o que é bom pra tosse*. Usada frequentemente na perífrase *ir ver*. [MEL/8861/AUR]

TOSTÃO

Não ter um tostão/vintém (furado): não ter dinheiro algum, ser pobretão. *Coitado, anda pedindo de porta em porta, não tem um vintém furado*. Expressão hiperbólica. [NAS/5944/AUR]

Não valer um tostão/vintém (furado): pessoa ou coisa sem valor algum. Expressão hiperbólica. *Se você não cuidar do carro, daqui a pouco ele não vale um tostão furado*. Sinônimo: *Não valer o (feijão) que come*. [WER/MEL/SILV/GUR/5958]

TOUCA

Dormir de touca: deixar-se enganar, descuidar-se, vacilar. *Se você dormir de touca, vai perder o prazo para a inscrição no concurso*. Sinônimo: *Dar/Marcar bobeira*. [SILV/MEL/AUR]

TRABALHO

Trabalho bem começado (é) meio caminho andado: um trabalho bem planejado acaba bem, começar bem é meio caminho andado para terminar bem. *O coordenador do grupo convocou todos os envolvidos para planejarem o trabalho, pois começar bem é meio caminho andado.* Ideias semelhantes a aqui configurada já constavam no latim e estão reproduzidas em espanhol, francês, italiano e inglês. Também se diz ainda em português: *Um bom começo é meio caminho andado.* Cf.: *Meio caminho andado.* [SILVA2/LMOT/8608] (*)

TRAÇA

Estar/Ficar entregue às baratas/moscas/traças: estar abandonado, maltratado, sem ninguém, desocupado, sem cuidados. *Uma pena que um dos melhores teatros da cidade esteja às traças.* Usam-se também com outros verbos, como *ser entregue* etc. [FSP/MEL/SILV/WER/0933]

TRANCO

Aguentar o tranco: suportar imprevistos com firmeza. *Desta vez a economia global está forte o suficiente para aguentar o tranco.* Sinônimos: *Aguentar a barra. Aguentar a mão. Aguentar as pontas.* [MEL/SILV]

Aos trancos e barrancos: com muita dificuldade, sem método, dispersamente, aos empurrões, marcha violenta através de obstáculos. *Conseguiu chegar aos trancos e barrancos.* Uso alternativo com diversos verbos, entre os quais, *andar, viver.* [ALI] explica-a, ressaltando a expressividade das rimas. Não admite inversão de ordem. [0793/RMJ2/TOG/LCC/FUL/MEL/0793/AUR] (*)

Pegar no tranco: só conseguir resultado na marra, empurrado ou puxado. *Ele é muito lerdo para fazer qualquer coisa, só pega no tranco.* "Pegar no tranco" se diz quando um veículo automotor precisa ser empurrado para que seu motor, que "enguiçou", recomece a funcionar normalmente. [MEL/SILV]

TRÂNSITO

...de amargar/arrasar (quarteirão)/arrancar/arrepiar (os cabelos)/arrebentar (a boca do balão)/doer/enlouquecer/fechar (o comércio/o trânsito)/lascar/morrer/rachar/tinir etc.: Cf.: AMARGAR.

TRAPO

Estar um trapo: estar muito cansado. *Ela estava um trapo de tanto fazer compras.* Sinônimo: *Estar no/num/um bagaço.* [MEL/SILV]

Juntar/Unir os trapos/trapinhos: viver em comum, casar-se. *Ela disse que só vão juntar os trapinhos quando o namorado tiver um bom emprego.* Alusão às roupas do casal que passam a ser guardadas juntas. [MEL/SILV/NAS/AUR]

TRÁS

Dar para/pra trás: contrariar, corrigir, retroceder. *Na última hora, ele deu para* *trás no que havia combinado comigo.* [MOU/SILV/AUR]

Mijar para/pra trás: faltar com a palavra dada. *Você agora não vai poder mijar pra trás, prometeu, tem que cumprir.* [MEL/SILV/AUR/CF] (*)

TRASEIRO

Dar um chute/um pé/um pontapé (no traseiro/na bunda): despedir do emprego, mandar embora. *Disse que daria um chute no traseiro do namorado se o pegasse com outra.* Há expressão semelhante em francês. Cf.: *Levar um chute/um pé/um pontapé (no traseiro/na bunda)* [MEL/SILV]

Levar um chute/um pé/um pontapé (no traseiro/na bunda): ser despedido. *Para não levar um pé no traseiro aceitou a redução do salário.* Sinônimo: *Levar um pé na bunda.* Em francês há expressões semelhantes e Bally, em 1951, já registrava a mesma ideia com outros referentes. [BAL/MEL] (*)

TRATO

Dar tratos à bola: imaginar, raciocinar, pensar muito, trabalhar muito. *Para resolver esse problema, você terá que dar tratos à bola.* Sinônimo: *Fundir a cuca* (vulgar). "Bola" é metáfora para cabeça, extensiva para cérebro, juízo. Há uso semelhante em inglês. [RMJ2/MEL/SILV/AUR] (*)

TRAVE

Bater na trave: chegar perto do alvo, quase acertar. *Ele não adivinhou o que eu queria, mas bateu na trave.* Provém do futebol. *O título do São Paulo literalmente bateu na trave (...) o zagueiro André Dias acertou o pé do poste esquerdo do goleiro.* Há correspondentes em inglês e espanhol. [1174/FIELD/LP] (*)

TRELA

Dar trela: 1. dar chance. 2. dar conversa. 3. corresponder ao namoro, aceitar os galanteios, demonstrar interesse. 4. dar confiança, dar liberdade, dar folga.1. *Não dou trela para inimigo meu.* 2. *O rapaz não dava muita trela para ela.* 3. *Deu trela ao namorado durante a festa toda.* 4. *Deram trela aos empregados e tiveram que trocar todos. Deu trela ao criado.* Sinônimo: *Dar corda.* [GUR/VIO/SIM/AUR/HOU/LEL/ABL/2606/LCC/SILV/JRF/WER] (*)

TRELHO

Sem trelho nem trabelho/trebelho: Cf.: *À toa. Sem tom nem som. Sem pé(s) (e) nem/sem cabeça.*

TREM

Trem da alegria: criação de cargos e/ou nomeação irregular de pessoas para cargos públicos. *No final da legislatura, os vereadores aprovaram um trem da alegria.* Usa-se também com vários verbos alternativos. [MEL/8635/AUR]

TRÊS

A três por dois: amiúde, frequentemente. *Ele encrenca a três por dois.* Uso

alternativo com vários verbos. Sinônimo: *Volta e meia*. [LAU/0351/MEL/0351/ AUR] (*)
Contar até dez/três: 1. refletir, ponderar. 2. forçar a atitude imediata de alguém. 1. *Quando ela me ofendeu em público, contei até dez para não fazer uma bobagem*. 2. *Vou contar até três, se vocês não saírem daqui, chamo a polícia*. Sinônimo: *Pensar duas vezes*. [MEL/6773]

TRIGO

Separar o trigo do joio: Cf.: JOIO.

TRILHO

Andar/Viver na linha/nos eixos/nos trilhos: proceder de acordo com o desejado ou esperado, portar-se corretamente. *Quem vive nos trilhos não teme ser advertido nem castigado*. Cf.: *Entrar na linha/nos eixos/nos trilhos. Sair da linha/dos eixos/dos trilhos. Botar na linha/nos eixos/nos trilhos*. [SILV/DI/LP/WER/MEL]
Botar/Colocar/Pôr na linha/nos eixos/nos trilhos: ajeitar, exigir cumprimento das normas, fazer alguém proceder bem, fazer algo funcionar bem. *Para botar o país nos trilhos, precisa-se, antes, botar, na linha, a máquina governamental*. Usa-se ainda o verbo *voltar a*. Cf.: *Entrar na linha/nos eixos/nos trilhos. Andar/Viver na linha/nos eixos/nos trilhos. Sair da linha/dos eixos/dos trilhos*. [GUR/SILV/DI /LP/WER/MEL]
Entrar na linha/nos eixos/nos trilhos: passar a proceder, a funcionar bem, corrigir-se. *Prometeu aos pais que, desta vez, entraria nos trilhos*. Cf.: *Andar/Viver na linha/nos eixos/nos trilhos. Sair da linha/dos eixos/dos trilhos. Botar na linha/nos eixos/nos trilhos*. [SILV/DI/LP/WER/MEL]
Sair da linha/dos eixos/dos trilhos: portar-se mal, proceder mal em relação a determinada expectativa, passar a se comportar incorretamente, desviar-se. *O Renato, por causa do filho, perdeu a cabeça e começou a sair dos trilhos*. Cf.: *Entrar na linha/nos eixos/nos trilhos. Andar/Viver na linha/nos eixos/nos trilhos. Botar na linha/nos eixos/nos trilhos*. [SILV/MEL/DI/LP/WER]

TRINQUE

Tudo nos trinques: tudo excelente. *Todos se divertiram muito no aniversário do Rafael; estava tudo nos trinques*. É usual com o verbo *estar*. Sinônimo: *Tudo azul*. [MEL]

TRIPA

Fazer das tripas coração: fazer um grande e corajoso esforço para conseguir algo. *Fez das tripas coração para comer a comida que lhe serviram*. Sinônimo: *Fazer esforço concentrado*. Em francês há frase com ideia semelhante. [WER/SILV/MEL/LP/FRI/LMOT/4198/NAS/AUR] (*)

TRISTEZA

Tristezas não pagam dívidas: não se deve deixar abater por causa de dívidas ou dificuldades. *Você não pode ficar para baixo por dever muito, tristezas não pagam dívidas.* Há expressões similares literais ou com ideias próximas em espanhol, francês, italiano e inglês. [MEL/MEF/LMOT/8649] (*)

TRIZ

Por um triz: quase nada, quase. *Por um triz o menino não foi atropelado.* Há expressão com a mesma ideia em espanhol. Sinônimo: *Por um fio (de cabelo).* [WER/FUL/MEL/LCC/PIP/PIM/7097] (*)

TROCO

A preço/A troco de banana: muito barato. *Vendo o carro importado a preço de banana.* Uso alternativo com vários verbos, como: *comprar, vender, ser, sair a preço de banana.* Cf.: *A preço de ouro*, antônimo. [WER/MEL]
A troco de nada: sem motivo algum, sem razão. *A troco de nada, os seguranças agrediram os dois rapazes.* Sinônimo: *Sem mais nem menos.* [MEL/AUL]
Dar o troco: responder à altura, revidar. *Avisou a todos que, se fosse ofendido em público, daria o troco.* [SILV/MEL/2563/AUR]
Levar o troco: levar o revide, pagar pelo que fez. *O chefão levou o troco. Aqui se faz, aqui se paga.* [SILV/MEL]

TROPA

Tropa de choque: grupo ostensivo de pessoas que agem em bloco com um objetivo comum. *A tropa de choque da oposição barrou os projetos do governo.* [MEL]

TROUXA

Bancar/Ser (o/um) trouxa: deixar-se enganar, ser fácil de ser enganado. *Você foi muito trouxa por se deixar enganar.* É usada com vários verbos alternativos, inclusive com o verbo *ser.* Cf.: *Fazer alguém de trouxa.* [WER/SILV/AUR/MEL/2096] (*)
Fazer alguém de trouxa: enganar com facilidade alguém. *Fez o marido de trouxa, fugiu com outro. Fez os eleitores de trouxas com promessas e mentiras.* Cf.: *Bancar/Ser (o/um) trouxa.* [4141]

TRUTA

(Aí)Tem truta: ter mutreta, negociata, enganação, armação. *Ele trabalhou e não quis receber. Aí tem truta, o cara está aprontando alguma.* Aparentemente sem significado literal discernível, já que truta é apenas um peixe comum. [SILV/GUR/MEL/8163]

TUBO

Ganhar/Gastar os tubos: ganhar/gastar muito dinheiro. *Ganhou os tubos com a venda dos imóveis do pai. Teve que gastar os tubos com a doença do filho.* [SILV/MEL/6368/AUR]

TUDO

Estar com tudo (em cima): estar com sorte, com muito prestígio. *Está com tudo; muito dinheiro e uma mulher extremamente bonita.* Muito usada em relação à mulher jovem, com belo corpo. [SILV/MEL/3176]

Ou tudo ou nada: custe o que custar, não importam as consequências. *Tenho que ganhar, o técnico botou quatro atacantes em campo, ou tudo ou nada.* Sinônimo: *(Ou) Vai ou racha.* [MEL]

Quem tudo quer tudo perde: a ambição desmedida pode levar a não conseguir nada. *Por não querer dividir a herança com os irmãos, o pai o deserdou; quem tudo quer tudo perde.* A expressão aparece em versões literais no espanhol e italiano. [LMOT/MEL/FRI/MEF] (*)

Ter tudo a ver: ser tudo válido. *São tão diferentes, mas se gostam, então tem tudo a ver.* [HU]

Varrer/Esconder/Jogar a sujeira/tudo para/pra debaixo do tapete: fazer serviço malfeito. *Pedi para ele deixar tudo em ordem, mas ele jogou tudo pra debaixo do tapete.* É possível formular a expressão com o verbo *empurrar*, entre outros. [3701]

TUNDA

Dar (uma) sova/surra/tunda: bater física ou moralmente. *A mãe deu uma tunda no moleque que era para ele aprender a não fugir mais.* [SILV/HOU/AUR]

Levar/Ganhar/Sofrer (uma) sova/surra/tunda: apanhar física ou moralmente. *O safado levou uma tunda dos populares e está todo moído.* [SILV/HOU/AUR]

TURMA

Turma do deixa-disso: pessoas que intervêm numa discussão ou briga com o propósito pacificador. *Quando já estavam trocando tapas, entrou a turma do deixa-disso e os separou.* Expressão originada da frase pacificadora "Deixa disso!" [8677/MEL/AUR]

U

ÚLTIMO

Os últimos serão os primeiros: todos têm oportunidades iguais, independentemente da posição. *Fui o último a chegar, mas sei que serei bem atendido, os últimos serão os primeiros.* O provérbio tem várias versões em outros idiomas, como espanhol e italiano. [MEL/LMOT/6369/JRF/FON] (*)

UM

Quando um não quer, dois não brigam: duas pessoas deixam de fazer algo que poderiam fazer juntas; precisa-se de duas pessoas para ocorrer uma briga, a culpa de uma briga cabe a ambos os briguentos. *Não houve casamento porque o noivo desistiu; quando um não quer, dois não brigam.* A ideia proverbial já está no latim, tendo chegado ao inglês. [MEL/LMOT/FRI/7253] (*)
Um dois feijão com arroz/Três quatro comida no prato/cinco seis... etc.: mnemonia para fixação de números. *Meninos, vão repetindo: um dois feijão com arroz, três quatro comida no prato, cinco seis...* Cf.: *Feijão com arroz.* [LCC/AUR]

UMA

Dar uma de: agir como, imitar. *É a primeira vez que posso dar uma de turista. Deu uma de maluco para poder ser atendido.* Nas expressões cuja palavra base ou chave tem forma marcada feminina, pressupõe-se, conforme o contexto, a "elipse" de palavras femininas, às vezes vagas e indefinidas. Cf.: *Dar uma de joão sem braço.* Cf.: p. 34, d. [CADs/SILV/MEL/AUR]
Dar uma geral: arrumar, inspecionar, revisar. *Preciso dar uma geral no meu armário.* Em expressões desse tipo, com forma marcada no feminino, subentende-se a elipse de palavras como "arrumação, vistoria" etc. Cf.: p. 34, d. [MEL/SILV]
Beber/Tomar umas e outras: ingerir várias doses de bebida alcoólica. *Ao sair do trabalho, bebeu umas e outras antes de ir para casa.* Nessas expressões, com forma marcada no feminino, pressupõe-se, dentro do contexto, a "elipse" da palavra "dose". Cf.: p. 34, d. [MEL/SILV]

UNHA

À unha: manualmente: pegar, segurar, defender, chegar às vias de fato. *Pegou o touro à unha. Durante a discussão os dois se pegaram à unha.* Uso alternativo com vários verbos. [0361]
Com unhas e dentes: com tenacidade, com todas as forças. *Tenho que agarrar esta última oportunidade com unhas e dentes.* É expressão usada alternativamente com vários verbos, como *agarrar, atacar, lutar, defender* etc. *Costuma defender seus pontos de vista com unhas e dentes.* Há evidente alusão ao comportamento dos animais ferozes que atacam e se defendem com garras e dentes. Há similar em espanhol em tradução literal com os mesmos referentes. Em princípio, não admite inversão de ordem. [FUL/LCC/MEL/ABL/FRI/AUR] (*)
Mostrar as unhas (e)/os dentes: mostrar-se sisudo, severo, sem amabilidades, sem sorrir, dar mostra de maldade, ameaçar. *Mostre as unhas; não fique aí parado.* O verbete registra três configurações, compreendendo três possíveis expressões: *Mostrar as unhas; Mostrar os dentes;* e *Mostrar as unhas e os dentes.* Na hipótese da terceira configuração, em princípio é inadmissível a inversão de ordem. [NAS/MEL/SILV/GUR]
Ser (um) unha(s) de fome: ser muito avarento, sovina, egoísta. *Era um unha de*

fome de marca maior, não abria a mão para dar cumprimentos, quanto mais para comprar um presente. Sinônimo: *Mão de vaca.* [WER/NAS/SILV]

Ser unha e carne ou ***Ser carne e unha***: serem duas pessoas muito chegadas entre si. *Por falar em políticos, uma foto de Lula e Marta quando eles eram unha e carne. Ela e a minha irmã são carne e unha, uma não sai sem a outra.* [SILV/MEL/FUL/7958/AUR]

UNIÃO

A união faz a força: quando as pessoas se unem num objetivo comum, conseguem êxito. *Vamos todos juntos pedir; a união faz a força.* Trata-se de provérbio, mas é bastante usado coloquialmente. A expressão tem vocação universal, com veiculação literal também em francês, italiano e inglês. [MEL/RMJ/0362 /MEF/LMOT] (*)

URUBU

Um urubu pousou na minha sorte: presságio de coisa ruim e frase agourenta. *Não consigo mais nenhum emprego; ah! um urubu pousou na minha sorte.* Cf.: *Ave de mau agouro.* [MOT] (*)

Urubu(s) na carniça: com avidez, pessoa(s) que avança(m) desesperadamente para pegar alguma coisa. *Quando comecei a distribuir a comida, todos ficaram como urubus na carniça.* Usa-se em frases com vários verbos alternativos e com conectores comparativos, como *como, quem nem, feito* etc. [MEL/2179]

USEIRO

Ser useiro e vezeiro: que costuma fazer várias vezes alguma coisa, habituado e obstinado. Ter por hábito repetir algo normalmente repreensível. *Ele é useiro e vezeiro em contar mentiras. Ela é useira e vezeira em falar mal dos outros.* É usada com vários verbos, quase sempre com valor negativo. Forma enfática de apontar alguém que faz repetidamente a mesma coisa. Não admite inversão de ordem. [8772/NAS/MEL/AUR/HOU] (*)

USO

O uso do cachimbo faz/deixa a boca torta/entorta a boca: o que é feito repetidamente vira hábito, tornando a pessoa mal-acostumada *Acostumado a viver de esmolas, não quer trabalhar, o uso do cachimbo deixa a boca torta.* [MEL/LMOT]

ÚTIL

Juntar/Unir o útil ao agradável: fazer duas coisas boas ao mesmo tempo. *Uniu o útil ao agradável, vendendo bijuterias durante a viagem.* Sucintamente, a ideia já aparece em latim. [MEL/SILV/SILVA2/8760] (*)

V

VACA

A vaca ir para o/pro brejo: malograr-se, dar tudo errado. *O otimista acha que a vaca foi pro brejo e o pessimista acha que não vai ter brejo pra tanta vaca. Investiu muito na lavoura, mas, com a falta de chuva, a vaca foi pro brejo.* Normalmente formulada com o verbo "ir" flexionado, ocorrem formulações em perífrases, como com o verbo *deixar* e o verbo "ir" no infinitivo: *não se pode deixar a vaca "ir" para o brejo.* Cf.: Ir para o/pro brejo. Cf. também: p. 41, g. [SILV/MEL/LP/FSP/WER/4791/AUR] (*)

Boi/Vaca/Vaquinha de presépio: pessoa sem opinião, sem iniciativa. *Ele aceita tudo que o chefe diz, é uma vaca de presépio.* Alusão à postura desse animal no presépio. Usa-se com diversos verbos alternativos, inclusive como predicativo com o verbo *ser*. [8781/MEL/SILV]

Fazer uma vaca/vaquinha: quantia que se obtém por meio de contribuição voluntária de várias pessoas para ajuda de alguém ou para compra de alguma coisa em benefício do grupo. *Os funcionários fizeram uma vaquinha para comprar o presente do chefe.* As expressões estão vinculadas à antiga gíria "vaca", sociedade de várias pessoas no jogo ou para compra e realização de alguma coisa. [FSP/SILV/MEL/RAM/VIO/LEL/ALB/4343] (*)

Nem que a vaca tussa: de forma alguma. *Direitos... não mudam "nem que a vaca tussa".* Sinônimos: *Nem a pau. Nem morto. Nem pensar. Nem por (um) decreto. Nem por sombra. De jeito (e) maneira.* Expressão intensificadora negativa, usada com diversos verbos alternativos. [MEL/FSP/WER/DSP/2889/FUL]

Tempo das vacas gordas/magras: Cf.: TEMPO: *Tempo das vacas gordas/magras.*

Voltar/Tornar/Ir à vaca-fria: retomar um assunto já ventilado, discutido, interrompido ou abandonado, após divagação em temas ou digressões periféricos, retóricos, reatar a conversação, voltar ao assunto principal, interrompido e maliciosamente abandonado. "Vaca-fria" é sinônimo de assunto principal, interrompido. *Voltando à vaca-fria, o que é mesmo que você veio fazer aqui? Mas, voltando à vaca-fria, asseguro ao senhor que entrei no cangaço por causa das injustiças dos poderosos.* São conhecidas várias versões para sua origem, sendo essa expressão abordada por muitos estudiosos. Além dos verbos *voltar* e *tornar*, podem aparecer outros na sua formulação. [RMJ/NAS/LCC/SILV/RIB/ROB/WER/LMOT/AUR/HOU/FRI/PIM/8782] (*)

VAI

(Ou) Vai ou racha: exigir decisão, custe o que custar, não importam as consequências. *Agora, ou vai ou racha, investirei tudo naquele negócio.* Expressão cristalizada, que não admite outra flexão verbal. Entretanto, *ad cautelam* e para fins de eventuais pesquisas, registrou-se também a expressão na palavra-chave IR. O francês tem um modo próprio de dizer. Cf.: *Virar e mexer; Ou dá ou desce; Vaivém.* Cf.: IR: *(Ou) Vai ou racha.* [SILV/MEL/WER/FUL/6381/LMOT/PIP] (*)

VAIVÉM

Vaivém ou *Vai e vem*: movimento retilíneo alternativo de ir e vir, inconstância, instabilidade. *Fica naquele vaivém sobre o concurso e não resolve. É de casa para a casa do namorado e vice-versa; é um vaivém que não acaba mais.* Expressão cristalizada, que não admite outra flexão verbal. É usada com vários verbos, inclusive na função predicativa com *ser, ficar em.* Cf.: CALAFRIO. [AUR/NASE/8793/PIP]

VALE

Vale de lágrimas: o mundo visto como local de sofrimentos, lugar ou tempo de grande sofrimento. *A vida dela transformou-se num verdadeiro vale de lágrimas.* Essa expressão é usada na oração católica "salve rainha". [AUR/NAS/8796]

VALER

Valer quanto pesa (o seu peso em ouro): ter valor real, valer muitíssimo, ser excelente, admirável. *Felizmente arranjei uma empregada que vale quanto pesa.* [MEL/SILV/NAS/FRI/8799/AUR]

VALSA

No vai da valsa: ao sabor dos acontecimentos, sem projetos na vida. *Ela leva a vida no vai da valsa. Os operários daquela fábrica não esquentam a cabeça; vão trabalhando no vai da valsa.* Constrói frases com os verbos *ir, viver, levar* a vida etc. [AUR/SILV/6102]

VÁLVULA

Válvula (de escape): algo para aliviar tensões. *Quando estou estressado, minha válvula de escape é um bom livro.* Expressão usada com vários verbos, inclusive como predicativo com o verbo *ser*. [MEL/NAS/SILV/8804]

VAMOS

Vamos e venhamos: usa-se para constatar um fato ou fazer uma afirmação. *Vamos e venhamos, o que você diz é muito grave.* Sinônimo: *Convenhamos.* Expressão cristalizada, que não admite outra flexão verbal nem inversão de ordem. [MEL/8805]

VANTAGEM

Levar vantagem: levar vantagem em tudo, passar outros para trás, ser superior.

O veado só pensa em levar vantagem. O ex-atleta Gérson, da Seleção Brasileira, tornou-se ainda mais famoso por causa de uma propaganda de cigarro que apresentava no rádio e na TV. No texto, ele enfatizava: "Eu gosto sempre de levar vantagem em tudo, certo?" E o bordão pegou como a "lei de Gérson". Cf.: *Dar um jeito/um jeitinho.* [SILV/5114/4898]

VAPOR

A todo (o) vapor: com força total, a pleno vapor. *Saiu a todo vapor, ao perceber que estava atrasado. Sob nova direção, a fábrica está trabalhando a todo vapor.* Em inglês há expressão literalmente igual. [MEL/NAS/RMJ2/AUR] (*)

VAPT-VUPT

Vapt-vupt: muito rápido. *Vapt-vupt! Tudo saiu legal, xará, como eu queria.* Expressão interjetiva onomatopaica. [AUR/GUR]

VARA

Tremer como/que nem/feito vara(s) verde(s): ter muito medo, assustadíssimo, ter medo de que faça estremecer, como tremem os ramos (as varas) das árvores, agitados pelos ventos. *Ao entrar para a sala de cirurgia, tremia como vara verde.* Sinônimo: *Tremer na(s) base(s).* [MEL/SILV/NAS/WER/FRI/ 8639/AUR]

VARIAR

Para/Pra variar: referência irônica à ocorrência de algum fato indevido e/ou condenável. *Para variar, você chegou atrasado.* Frase irônica. [MEL]

VASILHA

Vaso/Vasilha ruim não (se) quebra (fácil): Cf.: VASO.

VASO

Vaso/Vasilha ruim não (se) quebra (fácil): em geral as pessoas más dificilmente sofrem vicissitudes, ao contrário das boas. *Apesar de fazer mal a muita gente, nada lhe acontece; vaso ruim não quebra.* Em latim já havia expressão literalmente igual com a palavra *vaso,* e em inglês há frase mais ou menos equivalente. [MEL/ FRI/LMOT/SILVA2/8816] (*)

VELA

Acender uma vela a Deus e outra ao diabo: agradar, simultaneamente, a dois lados contrários. *Querer ficar bem com o governo e a oposição é acender uma vela a Deus e outra ao diabo.* Cf.: *Ninguém pode servir a dois senhores (ao mesmo tempo); Não se pode servir a Deus e ao diabo.* [MEL/SILV/NAS] (*)

Segurar (a) vela: tomar conta, vigiar namoro. *O pai fazia o irmão de Rosa segurar vela quando Rosa namorava.* [MEL/ SILV/WER/DI/AUR]

VENETA

Dar à/na(s) cabeça/telha/veneta/venta(s). Cf.: CABEÇA.

De veneta: ser imprevisível, agir por impulso, instável, ter humor variável. *Ele é um cara de veneta, nunca se sabe o que vai aprontar.* "Veneta" significa "impulso". Usa-se normalmente com o verbo ser. [MEL]

Fazer o que lhe der (dá) na cabeça/na telha/na veneta/no nariz: Cf.: CABEÇA.

VENTA

Dar à/na(s) cabeça/telha/veneta/venta(s): Cf.: CABEÇA.

VENTO

De vento em popa: progredir aceleradamente. *O negócio vai de vento em popa, acumulando um contrato atrás do outro.* Usada normalmente com o verbo ir. Tenha-se em mente que "popa" é a parte traseira de uma embarcação, sujeita à força do vento. Em espanhol há expressão similar. [LP/MEL/SILV/3083/AUR/LAT] (*)

Quem semeia vento(s) colhe tempestade: aquele que faz mal arcará com graves consequências. *Sendo violento, todos se voltarão contra ti, quem semeia vento colhe tempestade.* A ideia do provérbio vem desde o latim e tem versão literal em inglês. [LMOT/MEL/STEIN/SILV/MEF/SILVA2/4578] (*)

Quem vai ao vento perde o assento: resposta a quem reclama contra a tomada do seu assento, que ocupava, saiu de cena perdeu a preferência. *Ninguém mandou sair, quem vai ao vento perde o assento.* Cf.: Quem vai a Portugal perde o lugar. [NAS/LMOT/7388]

VER

Ver para/pra crer: só acreditar no que ver. *Como São Tomé, eu só acredito vendo.* A frase tem apoio na dúvida de São Tomé na ressurreição de Cristo, que só acreditou nela após tocar as chagas dele. Ocorrem versões em latim, naturalmente, e ainda em francês, espanhol, italiano e inglês. [FUL/RMJ/SILV/MEL] (*)

VERBO

Abrir/Rasgar/Soltar o verbo: falar de maneira desabrida, franca, falar sem reserva tudo que tem vontade, proferir discurso com vontade e convicção. *Preocupado com os resultados da empresa, reuniu os funcionários e rasgou o verbo. Na sua vez de falar, soltou o verbo.* Sinônimo: *Botar/Colocar/Pôr a boca no mundo.* [FUL/MEL/WER/8044/SILV/7493/8044/AUR]

VERDADE

A bem da verdade: para não faltar à verdade, por respeito à verdade, falando francamente. *A bem da verdade, todos os candidatos mereceriam a aprovação no concurso.* Usada alternativamente com vários verbos. [MEL/SILV/0019/AUR]

A mais pura verdade/Pura verdade: a verdade absoluta. *O que lhe digo é a mais pura verdade.* Usam-se também com vários verbos alternativos, como *dizer, falar* etc. [MEL/NAS/0176]
A realidade/verdade nua e crua: a verdade pura, sem subterfúgios. *A realidade, "porque a verdade nua, além de indecente, é dura de roer"* (Machado de Assis, *A Semana*). Usa-se também com vários verbos alternativos, como *dizer, falar* etc. Cf.: *Nu e cru*. [MEL/RMJ/NAS]
A verdade (sempre) vem à tona: a verdade aparece. *Não adianta querer enganar, a verdade sempre vem à tona.* Há equivalentes em espanhol e inglês graças à estratégia comparativa. [LMOT/0372] (*)

VERDE

Botar/Jogar/Plantar verde para colher maduro: estimular alguém, com perguntas hábeis, a fazer uma declaração, a contar um assunto. Tentar uma confissão, simulando não necessitar dela. *Tive que jogar verde para colher maduro, não sei nada sobre sua namorada.* O francês traduz mais ou menos a mesma ideia menos figuradamente. [MEL/LMOT/NAS/4936/AM/AUR] (*)
...de verde (e) amarelo: completamente, absolutamente. *Decepcionou-se de verde amarelo.* Usada como expressão posposicionada, intensifica vários adjetivos e verbos, como *Ferrado (de verde-amarelo); Fodido (de verde amarelo); Se foder de verde amarelo*. Não admite inversão de ordem. Cf.: *...pra burro/cacete/cachorro/caralho/caramba/chuchu/danar*. [3086]
Estar/Ficar fulo da/de: Cf.: FULO.

VERGONHA

Matar de vergonha: causar grande vergonha. *Com aquele comportamento leviano, ela matava de vergonha sua mãe.* Cf.: *Matar de...* [AUR/MEL/5373/SILV]
Não ter/Ter vergonha na cara: não ter/ter sentimento da própria dignidade, não ter/ter brios. *Se você tiver vergonha na cara, não me procure mais.* [SILV/AUR/MEL]

VERMELHO

Vermelho como/que nem/feito (um) pimentão: expressão intensificadora da cor vermelha. *Demonstrou a vergonha na cara: ficou vermelho que nem pimentão.* [FUL]

VERO

Si non è vero, è bene trovato: se não é verdade, verdadeiro, é muito bem "achado", é um belo "achado"; é muito provável que o seja. *Não há regra sem exceção; ainda que possa não ser verdadeiro, vale pensar: si non è vero, è bene trovato.* Essa é uma expressão italiana que pode ser considerada de curso universal, tal é o seu uso em vários idiomas. Cf.: *Ser ou não ser* de *To be or not to be*, e, ainda: *A cobra está fumando*. [RMJ] (*)

VESPEIRO

Mexer/Meter-se em/num vespeiro: provocar, com palavras ou atos. *Não quero mexer em vespeiro, por isso não vou cobrar o que ele me deve.* Sinônimo: *Mexer em casa de marimbondo.* [SILV/WER/MEL/5520]

VEZ

De uma vez por todas: definitivamente, sem ser necessário repetir. *Digo, de uma vez por todas, que não admitirei interferência no meu trabalho.* Usa-se com os verbos *dizer, falar*, entre outros. [MEL/AUR]
Pensar duas vezes: refletir, ponderar. *Pensou duas vezes para não agredir quem o ofendeu.* Sinônimo: *Contar até dez.* [MEL/SILV/6773/AUR]
Uma vez na vida, outra na morte: repetindo-se muito raramente. *Depois que se separou, só vê os filhos uma vez na vida, outra na morte.* [MEL/NAS/8753/AUR]

VIA

Fazer a via-sacra: ir a casa de todos os conhecidos ou outros lugares para obter alguma coisa. *Fez a via-sacra na vizinhança, colhendo donativos. Fez a via-sacra nas lojas, mas nada comprou.* [MEL/SILV/AUR] (*)
Vias de fato: agressão física, violência, pancadas, chegar ao confronto físico. *Depois da discussão, chegaram às vias de fato.* Usa-se com vários verbos, como *chegar a, partir para* etc. [NAS/8881/SILV]

VIAGEM

Não perder a viagem: não perder a oportunidade. *Não perdi a viagem e disse-lhe nas fuças que ele era corno.* [MEL/SILV/5827]

VIDA

A vida continua: não se deve desanimar ante os infortúnios, pois o tempo não para. *Sei que a demissão te balançou, mas não desanimes, pois a vida continua.* [MEL/0374]
A vida começa aos quarenta: aos quarenta anos a pessoa atinge o auge do amadurecimento, tem início um novo ciclo de vida. *O dito popular "a vida começa aos quarenta" não é simplesmente fruto de reflexão e raciocínio, é também conclusão empírica: agora que ele fez quarenta anos está realmente em condições de grandes realizações.* [0373/NAS] (*)
Cair na vida/na zona: passar a viver sem regras, prostituir-se, vadiar. *Depois que largou a mulher, caiu na vida.* [1617/1619/SILV/MEL]
...da vida/de raiva: muito, muitíssimo. *Ela vai ficar pê da vida se você não for no seu aniversário. Ela ficou danada da vida com o namorado. Todos ficaram felizes da vida com o bom resultado das vendas.* São acréscimos intensificadores usados alternativamente com diversos

verbos ou após vários adjetivos com sentido normalmente já intensificado, como *danado, safado* etc. ou construções indefinidas, aparentemente opcionais, como *fulo, cego, por conta* etc. Cf.: *Ficar cego de raiva; Estar/Ficar por conta (da vida); Estar/Ficar tiririca; estar/ficar na bronca.* [MEL/8733/AUR/HOU/SILV/ NAS/WER/1813]

De bem com a vida: bem-humorado, muito feliz. *Todos gostam dele por ser uma pessoa de bem com a vida.* Constrói-se com diversos verbos, como *estar, viver* etc. [MEL]

Estar/Ficar com a vida que (sempre) pediu a Deus: estar tranquilo, sem preocupações, estar vivendo de acordo com a própria vontade. *Ela não tem do que reclamar, está com a vida que pediu a Deus. Com boa aposentadoria, agora ele tem a vida que sempre pediu a Deus.* Além dos verbos *estar* e *ficar,* são empregados alternativamente outros. Pode aparecer também com o verbo *ter*: *Eu gostaria de ter a vida que pedi a Deus.* [WER/2025/SILV/ MEL/AUR]

Levar/Ter uma vida de cachorro/de cão: ter vida infeliz. Modernamente os cães talvez sejam tratados como príncipes. *Nos seis meses que trabalhei lá, levei uma vida de cachorro.* Cf. a expressão antônima: *Levar/Ter uma vida de príncipe/de princesa.* [SILV/7209/NAS]

Levar/Ter uma vida de príncipe/princesa: viver faustosamente. *Lá ele levava uma vida de príncipe.* Cf. a expressão antônima: *Levar/Ter uma vida de cachorro/de cão.* [SILV/NAS]

VINAGRE

Estar/Ficar no vinagre: estar numa ou ir para uma situação muito ruim, acabar-se, falhar, fracassar, arruinar-se, falir. *Tô no vinagre, malandro, numa merda federal. Depois da crise, a empresa foi pro vinagre.* Sinônimos: *Beco sem saída. Estar/ Ficar em/numa sinuca (de bico). A vaca ir pro brejo. Estar/Ficar em papos de aranha.* Naturalmente alusão ao sentido literal de "vinagre", cuja etimologia o vincula a "ácido, azedo" (vinho azedo), daí os sentidos metafóricos de "qualquer coisa azeda, áspera, pessoa intratável etc." [SILV/MEL/4845]

Ir pro vinagre: Cf.: BOTA.

Ir para o/pro vinagre: Cf.: FAVA. A expressão é usada significando também: não dar certo, fracassar, acabar-se. Natural alusão ao sentido literal de "vinagre", condimento líquido fermentado, vinho azedo. [MEL/SILV/4845]

VINTÉM

Não ter um tostão/vintém (furado): não ter dinheiro algum, ser pobretão. *Coitado, anda pedindo de porta em porta, não tem um vintém furado.* [NAS/5944]

Não valer um tostão/vintém (furado): pessoa ou coisa sem valor algum. Expressão hiperbólica. *Se você não cuidar do carro, daqui a pouco ele não vale um tostão furado.* [WER/MEL/SILV/GUR]

Ter seus quatro vinténs: possuir boa fortuna. *Ele não depende de ninguém; tem lá seus quatro vinténs.* Essa ideia enriquece a ideia do provérbio "Mais vale um gosto do que quatro vinténs". Cf.: *Vale mais/ Mais vale um gosto (do) que quatro vinténs*. [5226/LEL/JRFLCC/RMJ/MIC/NAS/JFR/SILV]

VIOLA

Botar/Colocar/Meter/Pôr a viola no saco: não ter o que responder ou contestar, ficar quieto. *Quando o adversário empatou, os cartolas tricolores meteram a viola no saco e saíram mais cedo*. Pôr a viola no saco é, denotativamente, sinal do fim da festança. Usam-se ainda outros verbos, como *enfiar*. [SILV/MEL/NAS/AUR]
Por fora bela viola, por dentro pão bolorento: diz-se de pessoa que oculta problemas ou doenças, mantendo aparência normal e saudável. *Parece bem disposto, mas não está bem; por fora bela viola, por dentro pão bolorento*. Nos *Apólogos dialogais* (século XVII), de D. Francisco Manuel, já consta a ideia: *Por fora pau e viola, por dentro pão bolorento*. Em latim e em espanhol a mesma ideia é traduzida por outros referentes. Cf.: *Por fora pau e viola, por dentro pão bolorento*. [MEL/7012/SILVA2/LMOT] (*)

VIOLÃO

Comigo não, violão: expressão de repúdio. *Não admito que se refiram a mim desse jeito, comigo não, violão. Comigo você não tira vantagem: comigo não, violão*. Expressão sem sentido literal ou figurado discerníveis, valendo mais pela rima e pelo aspecto puramente pragmático de interação; normalmente tem função de interjeição. Há quem formule uma expressão de contraponto: *Comigo sim, bandolim*. [2138/MEL/WER/MF/LMOT] (*)

VIR

O que vem de baixo não me atinge: não me incomodam as ofensas de pessoas de baixo nível. *Ela é uma pessoa desclassificada, que vive me criticando, mas o que vem de baixo não me atinge*. [MEL/6243]
Vir (mesmo) a calhar: calhar, vir a tempo, ser oportuno, cair bem, convir, coincidir. *Essa chuva veio mesmo a calhar, estava muito calor*. [MEL/SILV/2831/4245/HOU]

VIRAR

Virar e mexer: ir e vir, insistir, a toda hora, a todo momento. *Viravam e mexiam e findavam sendo levadas. Vira e mexe ele vai para São Paulo*. Muito usada sob a fórmula cristalizada e não admite inversão de ordem: *Vira e mexe*. Cf.: *(Ou) Dá ou desce; (Ou) Vai ou racha; Vaivém*. [FUL/WER/SILV/NAS/8908/AUR]

VÍRGULA

Não alterar/mudar nem uma vírgula: manter o que foi escrito ou falado sem alteração. *Ele não mudou nem uma vírgula* *ao me contar o que você dissera.* [NAS/PUG/SILV]

Uma ova/vírgula!: coisa alguma, de jeito nenhum, exprime repulsa, discordância, recusa violenta, principalmente em resposta ao comentário de alguém. *Ele é um sujeito sério? Uma vírgula!* [MEL/NAS/HOU]

VISITA

Visita de médico: visita muito rápida. *Ficou na casa da tia quinze minutos, foi uma visita de médico.* Expressão usada com o auxílio de vários verbos, como *fazer, ser* etc. [NAS/AUR]

VISTA

A perder de vista: a longo prazo, com prazo dilatadíssimo. *Comprou o carro para pagar a perder de vista.* Uso alternativo com vários verbos, como *comprar, vender, ser*. [MEL/0248/AUR]

Fazer vista(s) grossa(s): fingir que não vê. *O professor percebeu que o pessoal estava saindo sem acabar o trabalho, mas fez vista grossa.* [WER/NAS/SILV/MEL/4348/AUR]

Longe dos olhos/da vista longe do coração: Cf.: OLHO.

VITÓRIA

Cantar vitória (antes da hora/do tempo): gabar-se, vangloriar-se de um sucesso (antecipadamente). *Não se deve cantar vitória antes do (de o) jogo acabar.* [PUG/1691/MOU]

Vitória de Pirro: vitória difícil, em que as perdas do vencedor são tão grandes quanto as do vencido, vitória sem valor. *Meu time ganhou, mas não conseguiu a classificação, foi uma vitória de Pirro.* Esta locução serve para caracterizar todas as vitórias alcançadas à custa de imensos sacrifícios. Cf.: p. 34, g. [MEL/RMJ/AUR] (*)

VITROLA

Engolir um disco/uma vitrola: falar muito. *Esse menino parece que engoliu um disco, como fala.* Sinônimos: *Falar pelos cotovelos.* [MEL/SILV]

VIVALMA

Vivalma/Viva alma: absolutamente ninguém. *Quem estará a tocar a estas horas? Olha em torno e não vê vivalma. Não tinha vivalma no barraco. Ouvi um barulho esquisito. Fui ao corredor e não vi uma viva alma.* Emprega-se normalmente com os verbos *haver, ver, aparecer*, e quase sempre em frases negativas ou em que se pressupõe negação. Em francês há literalmente a mesma expressão. [BAL/MEL/AUR/SIM/ GUR] (*)

VIVER

Vivendo e aprendendo: expressão que se exclama ao se aprender ou vivenciar, de modo inesperado e às vezes tardio, alguma coisa. Enquanto se vive, há sempre oportunidade de se aprender. *Vivendo e aprendendo; depois de idoso, entendeu o jeitinho brasileiro.* Há versões mais ou menos literais, umas próximas e outras aparentemente até opostas em vários idiomas. [LMOT] e [NAS] registram-na, inclusive, em verbetes aparentemente inversos: *Morrendo e aprendendo.* [MEL/WER/RMJ2/RMJ/LMOT/NAS/8940/7263] (*)

VIVO

Ao vivo e a/em cores: pessoalmente, completamente. *Pode acreditar, ela esteve aqui ao vivo e em cores para falar comigo. Pago tudo, ao vivo e a cores.* Não admite inversão de ordem. [MEL]

VOLTA

Dar a volta por cima: reagir, superar situação difícil. *Apesar da gravidade do problema, ela conseguiu dar a volta por cima.* [MEL/SILV/AUR]
Volta e meia: às vezes, uma vez ou outra, frequentemente. *Volta e meia ele aparece de namorada nova.* [MEL/0351/AUR]

VONTADE

À vontade do freguês: como o interessado quiser. *Cada um interpreta a lei conforme seus interesses: à vontade do freguês.*

Compõe frases com diversos verbos alternativos. [NAS]

VOTO

Voto de Minerva: voto de desempate, voto decisivo. *O presidente da mesa definiu o resultado com o voto de Minerva.* Usa-se normalmente com o verbo *dar*. Cf.: p. 34, g. [MEL/SPAL/1972/AUR/NAS] (*)

VOVOZINHA

É a vovozinha: revide a uma provocação real ou aparente, muitas vezes soletrada. "*— Você é um idiota./ — Idiota é a vovozinha*". *Gordo é a vovozinha.* [HOU/AUR]

VOZ

(A) Voz do povo (é a) voz de Deus: o que o povo pensa e diz está certo. *O povo elegeu, está certo; a voz do povo é a voz de Deus.* Provérbio de origem latina muito usado coloquialmente. Trata-se de dito praticamente universal, a partir do latim *vox populi, vox Dei* e da tradição religiosa, como ilustram as diversas formulações em diversos idiomas. [LAU/SAB/WER/LCC/LMOT/MEF/SILVA2/0385/8973/MEL/FRI] (*)
Voz de taquara rachada: voz desagradável, fanhosa ou muito desafinada. *Essa sua voz de taquara rachada me irrita.* Compõe-se com verbos como *ser, ter* etc. [AUR/MEL/PUG]

X

X/O xis do problema/da questão: aquilo que é mais difícil, descobrir a solução (difícil) de uma questão. *Onde está o X dessa questão para a gente tentar resolver?* Usam-se vários verbos na composição de suas frases, inclusive o verbo *ser*. Cf.: *Busílis*. [NAS/AUR/PUG/HOU] (*)

XAVIER

Ficar/Sair xavier/xavi/chavi/chavié: ficar sem graça, chateado, e com manifesto desapontamento, sair do jogo, perdendo, ser traído pela mulher. *Perdeu tudo no jogo, naturalmente saiu xavier.* Cf.: p. 34, g. [AUR/SILV/VIO/MIC] (*)

XEQUE

Botar/Colocar/Pôr em xeque: pôr em dúvida o valor, o mérito. *Há alunos que põem em xeque a capacidade dos professores com perguntas capciosas.* [MEL/SILV]

XIXI

Fazer xixi: urinar, realizar o ato de mictar. Onomatopeia do ato de mictar. *Acorda várias vezes para fazer xixi.* [MEL/SILV/AUR]

X.P.T.O.

X.P.T.O. (xispeteó): excelente. *Na realidade, aquele fato foi todo ele X.P.T.O. A festa de formatura e o baile foram xispeteó.* Abreviatura grega, em código do cristianismo, com apenas quatro letras, X.P.T.O., simbolizando *Xristos* ou *Cristo*. [LEL/CD/HOU/AUR] (*)

ZÉ

Zé dos anzóis (carapuça): um indivíduo qualquer, de quem não se sabe o nome nem o sobrenome. *Apareceu um zé dos anzóis e falou um monte de besteiras.* Cf.: p. 34, g. [NAS/8992/AUR]

Zé-ninguém: Cf.: *Zé-povinho; João-ninguém*. Cf. também: p. 34, g.

Zé-povinho: arraia miúda, tipo característico do homem do povo em Portugal. *Quero ver aplicar isso para o zé-povinho.* Cf.: p. 34, g. [NAS/8994/AUR/GUR] (*)

ZEBRA

Dar zebra: acontecer um resultado negativo inesperado. *Anunciou a estreia, mas não aconteceu. Deu zebra na hora agá.* Expressão originária do jogo do bicho, transportada para a loteria esportiva (hoje loteca) e para o futebol. [WER/FSP/MEL/SILV/AUR/2677]

ZERO

Zero: sem valor, há muitas expressões verbais no Brasil de hoje, formuladas com essa palavra-chave, talvez a partir da lei sobre proibição (tolerância zero) do consumo de bebida alcoólica, para os motoristas: *tolerância zero; zero à esquerda; soma zero; responsabilidade zero; credibilidade zero; coerência zero* etc., funcionando como verdadeiro adjetivo. *Hoje em dia, um dos modismos é tolerância zero.* [WER]

Zero à esquerda: pessoa ou algo insignificante, sem valor ou préstimo. *Em casa ele não apita nada, é um zero à esquerda.* É usada alternativamente com vários verbos, inclusive com o verbo *ser*. [MEL/AUR] (*)

ZONA

Cair na vida/na zona: prostituir-se, passar a viver sem regras. *Abandonada pela família, após perder a virgindade, caiu na zona. Como não conseguia trabalho, caiu na vida.* [1617/1619/AUR/SILV/MEL/NAS]

DEMAIS**MENTIRA**RELÓGIO**PECADO**PESTANA**TOSSE**CHEIO**HORTA**ENXERGARCA
POTEPIJAMA**CARNE**VARIAR**SARNA**PROFETA**NINHO**ESTACA**FULO**COPAS**BENED**
TOCATÓLICO**ARQUIVO**INÍCIO**ALAS**DOZE**CEGO**VALER**ANALFABETO**TOMAR**MU**
RETACARRO**FUMO**DIABO**DIA**ÂNCORA**SEDE**TECLA**FOGUETE**PRATA**CAIR**CARNA
AL**PAPO**MÁSCARA**PERNA**FARINHA**BRIGA**SUSTO**FAVA**POBRE**PATACA**CUSPIDO
DRATROPA**MOLHO**QUEM**PILHAS**EMANA**MORTO**PARAFUSO**ATIRAR**POETA**PR**
PÓSITOCHINELO**SAÚDE**CARGA**TIM-TIM**TONA**RIPA**FEIO**VINAGRE**MAS**PROCU**
ARBASTA**PECHINCHA**INFELIZ**REMÉDIO**BALELA**PERU**TEMPO**FÉ**ASSINAR**CANO**
VENTA**SACO**COMIDA**BRUXA**CORDÃO**CHEQUE**TESTA**FOGO**LIXAR**SALIVA**LONG
DOIDOARROCHO**ENCRENCA**DAR**LAR**BRISA**ARCO**PORTEIRA**PODER**PAREDE**CA**
A**FOLHA**PIQUE**GALHO**DISCO**CACETE**BATENTE**VIVER**CALHAR**DECRETO**ILUSÃO**
ESPEIRO**TITIA**IDEIA**GUARDA**BIGORNA**CALADA**PADRE**FORRA**LOBO**BISCOITO**
LO**PESO**VAI**AVESTRUZ**BOLINHO**LÍQUIDO**FACE**PASSAR**PERGUNTAR**BÁRBARO**
RRO**TÁBUA**GAMBÁ**AFRONTA**CANECO**ALARDE**TORÓ**VARA**TROCO**SOLA**CERA**
UATROQUEIXO**CHARME**SETE**GRÃO**PONTUALIDADE**VIAGEM**CÍRCULO**MÃO**NOV
S**BALANÇA**PRATO**CREDO**GARGANTA**CORTESIA**PODRE**LINHA**ESCARRADO**SIRIF**
CA**FURO**XEQUE**SOPA**DERIVA**FACHADA**GLÓRIA**JOGADA**SAFIRA**CABRITO**BISP**
CORDA**PONTA**DEIXAR**MARGARIDA**TIRIRICA**NOVO**DOBRADO**GAFE**LISTA**GENT**
QUESTÃO**CANJA**FANTASIA**RAIA**PELO**FULANO**PRESSA**CHAVE**FICHA**ASA**CÉU**OU**
RA**ACAMPAMENTO**CIÊNCIA**HISTÓRIA**DINHEIRO**FAMA**TANGA**VERDE**LEITE**QUE
O**POMO**ASSIM**GÁS**MARINHEIRO**DIVINO**HOJE**TOALHA**CALAFRIO**MANSINHO**
MA**AMOR**JUDAS**CIRCO**NADA**REALIDADE**RECORDAR**VERO**ARRANCAR**ASSUN**
O**NERVO**ESCOLA**ARAPUCA**OLHO**BOLHA**PEDRA**COVA**TRÂNSITO**SENTADO**DE**
O**ÉGUA**PIRA**HORA**HÁBITO**LIMPO**PAPEL**JEITO**AMIGO**RISO**CABELO**PROPINA**LÁ**
IA**PIRIPITIBA**GOSTO**QUARTEIRÃO**NINGUÉM**INGLÊS**LINGUIÇA**CURTO**GREGO**SE
MÚSICAVENETA**CORAÇÃO**TRAVE**DEGAS**COQUINHO**ESTRELA**AREIA**BERÇO**CA**
OR**PESADA**BALAIO**CABRA**CINTO**BUSÍLIS**ESPERANÇA**MANJAR**GALO**BOLA**ASS
DO**MARTELO**AZAR**ATOLEIRO**OUVIDO**PAI**PAPELÃO**RABO**RAMPA**PASSO**ALHEIO
OTÃO**EFE**APAGAR**ACONTECER**ÚTIL**CANELA**BACIA**LENHA**DOSE**MEMÓRIA**TIRO**
LULA**NÚMERO**BOCA**EMINÊNCIA**GOTA**VIDA**INFERNO**LÉGUA**ARMAZÉM**TAGAR**
LA**TROMBA**TERRA**CRÍTICA**MESMA**CRUZ**MACIOTA**MANGA**PASSAGEM**SENTEN
A**SENHOR**TRELHO**ENGRAÇADINHO**CAMAROTE**VOLTA**VÁLVULA**ABUNDAR**TIN
A**ARRANCA-RABO**CHEIRAR**ALMA**FIGURINO**REFRESCO**DIFERENÇA**NOTA**ANZO
PERHAPSMURRO**ONTEM**PULO**PIMENTA**BARRA**CRISTO**AMARELO**MAIOR**NAR**
CARTEIRATRILHO**SABER**VINTÉM**CHUPETA**PATO**SAMBA**BARRIL**AVE**ARREBENTA
SINALDITO**REDONDAMENTE**BARBA**FEITIÇO**REAL**ESTILO**PRENSA**MUDO**DELE
ARTOSALA**EMBAIXO**EMENDA**FAIXA**CONTROLE**TODAS**ERMÃO**CAÇAMBA**DOR
UTUROTRASEIRO**BRAÇO**SUA**FLOR**QUEBRA**GÊNERO**TELHADO**MAIS**APITO**BUL**
UFASOVO**PITO**REGRA**PALPITE**SENTIDO**ABRIR**PÓLVORA**PRÁTICA**CACIFE**CRIST**

Segunda parte

Verbetes Especulativos

De A a Z

DEMAIS**MENTIRA**RELÓGIO**PECADO**PESTANA**TOSSE**CHEIO**HORTA**ENXERGARC
POTEPIJAMA**CARNE**VARIAR**SARNA**PROFETA**NINHO**ESTACA**FULO**COPAS**BENED**
TOCATÓLICO**ARQUIVO**INÍCIO**ALAS**DOZE**CEGO**VALER**ANALFABETO**TOMAR**MU**
RETACARRO**FUMO**DIABO**DIA**ÂNCORA**SEDE**TECLA**FOGUETE**PRATA**CAIR**CARNA
AL**PAPO**MÁSCARA**PERNA**FARINHA**BRIGA**SUSTO**FAVA**POBRE**PATACA**CUSPIDOH
DRATROPA**MOLHO**QUEM**PILHAS**EMANA**MORTO**PARAFUSO**ATIRAR**POETA**PR**
PÓSITOCHINELO**SAÚDE**CARGA**TIM-TIM**TONA**RIPA**FEIO**VINAGRE**MAS**PROCU**
ARBASTA**PECHINCHA**INFELIZ**REMÉDIO**BALELA**PERU**TEMPO**FÉ**ASSINAR**CANO**
VENTA**SACO**COMIDA**BRUXA**CORDÃO**CHEQUE**TESTA**FOGO**LIXAR**SALIVA**LONG
DOIDOARROCHO**ENCRENCA**DAR**LAR**BRISA**ARCO**PORTEIRA**PODER**PAREDE**CA**
A**FOLHA**PIQUE**GALHO**DISCO**CACETE**BATENTE**VIVER**CALHAR**DECRETO**ILUSÃO**
ESPEIRO**TITIA**IDEIA**GUARDA**BIGORNA**CALADA**PADRE**FORRA**LOBO**BISCOITO**G
LO**PESO**VAI**AVESTRUZ**BOLINHO**LÍQUIDO**FACE**PASSAR**PERGUNTAR**BÁRBARO**
RRO**TÁBUA**GAMBÁ**AFRONTA**CANECO**ALARDE**TORÓ**VARA**TROCO**SOLA**CERA**
UATRO**QUEIXO**CHARME**SETE**GRÃO**PONTUALIDADE**VIAGEM**CÍRCULO**MÃO**NOV
S**BALANÇA**PRATO**CREDO**GARGANTA**CORTESIA**PODRE**LINHA**ESCARRADO**SIRIF
CA**FURO**XEQUE**SOPA**DERIVA**FACHADA**GLÓRIA**JOGADA**SAFIRA**CABRITO**BISP**
CORDA**PONTA**DEIXAR**MARGARIDA**TIRIRICA**NOVO**DOBRADO**GAFE**LISTA**GENT**
QUESTÃO**CANJA**FANTASIA**RAIA**PELO**FULANO**PRESSA**CHAVE**FICHA**ASA**CÉU**OU
RA**ACAMPAMENTO**CIÊNCIA**HISTÓRIA**DINHEIRO**FAMA**TANGA**VERDE**LEITE**QUE
O**POMO**ASSIM**GÁS**MARINHEIRO**DIVINO**HOJE**TOALHA**CALAFRIO**MANSINHO**G
MA**AMOR**JUDAS**CIRCO**NADA**REALIDADE**RECORDAR**VERO**ARRANCAR**ASSUN**
O**NERVO**ESCOLA**ARAPUCA**OLHO**BOLHA**PEDRA**COVA**TRÂNSITO**SENTADO**DE**
O**ÉGUA**PIRA**HORA**HÁBITO**LIMPO**PAPEL**JEITO**AMIGO**RISO**CABELO**PROPINA**LÁ
IA**PIRIPITIBA**GOSTO**QUARTEIRÃO**NINGUÉM**INGLÊS**LINGUIÇA**CURTO**GREGO**SE
MÚSICAVENETA**CORAÇÃO**TRAVE**DEGAS**COQUINHO**ESTRELA**AREIA**BERÇO**CA**
OR**PESADA**BALAIO**CABRA**CINTO**BUSÍLIS**ESPERANÇA**MANJAR**GALO**BOLA**ASS
DO**MARTELO**AZAR**ATOLEIRO**OUVIDO**PAI**PAPELÃO**RABO**RAMPA**PASSO**ALHEIO
OTÃO**EFE**APAGAR**ACONTECER**ÚTIL**CANELA**BACIA**LENHA**DOSE**MEMÓRIA**TIRO**
LULA**NÚMERO**BOCA**EMINÊNCIA**GOTA**VIDA**INFERNO**LÉGUA**ARMAZÉM**TAGAR**
LA**TROMBA**TERRA**CRÍTICA**MESMA**CRUZ**MACIOTA**MANGA**PASSAGEM**SENTEN
A**SENHOR**TRELHO**ENGRAÇADINHO**CAMAROTE**VOLTA**VÁLVULA**ABUNDAR**TI**
A**ARRANCA-RABO**CHEIRAR**ALMA**FIGURINO**REFRESCO**DIFERENÇA**NOTA**ANZ**
PERHAPSMURRO**ONTEM**PULO**PIMENTA**BARRA**CRISTO**AMARELO**MAIOR**NAR**
CARTEIRATRILHO**SABER**VINTÉM**CHUPETA**PATO**SAMBA**BARRIL**AVE**ARREBENTA
SINALDITO**REDONDAMENTE**BARBA**FEITIÇO**REAL**ESTILO**PRENSA**MUDO**DELE
ARTOSALA**EMBAIXO**EMENDA**FAIXA**CONTROLE**TODAS**ERMÃO**CAÇAMBA**DOR
UTUROTRASEIRO**BRAÇO**SUA**FLOR**QUEBRA**GÊNERO**TELHADO**MAIS**APITO**BUL**
UFASOVO**PITO**REGRA**PALPITE**SENTIDO**ABRIR**PÓLVORA**PRÁTICA**CACIFE**CRIST**

A

A

De a a z: do princípio ao fim. *Não brinque em serviço; faça tudo conforme combinado, de a a zê.* Sinônimo: *Alfa e ômega.* Há expressão similar em inglês: *From a to z.* [HOU/AUR/BAR] (*)

À TOA

Cf.: TOA.

ABACAXI

Descascar o/um abacaxi (abacaxi, *gír.*: coisa ou pessoa desagradável): 1. resolver um problema de solução difícil, complicada, penosa; coisa embaraçosa, questão intrincada; desvencilhar-se de uma incumbência desagradável. 2. negócio indesejável. *Eles arrumaram a confusão e eu é que tenho de descascar o abacaxi. Vou ter que descascar o abacaxi que me deixaram.* Sinônimo: *Matar (a/as) charada(s).* O "abacaxi" da expressão não é a fruta, mas sim uma gíria referente à "granada de mão". O *Vocabulário indígena carioca*, da autoria do erudito tupinólogo Agenor Lopes de Oliveira, assim o define: plebeísmo originado da gíria militar que assim crismou a "granada de mão" pelo fato de esse engenho de guerra ter aspecto dessa fruta. Na gíria popular, "fazer explodir a granada" é chamado "descascar o abacaxi"; daí veio a expressão para designar coisa escabrosa, questão intrincada. Para o sentido 2, atribui-se a pitoresca origem à seguinte anedota: "Certo potentado ordenou (...) que fosse aplicado um original castigo a todo aquele que viesse pagar seu tributo com frutos, forçando-o a consumir os referidos frutos de forma inversa à natural, isto é, com casca. Ora, aconteceu que o primeiro contribuinte apresentou-se com um cacho de bananas. Durante a aplicação do castigo, esse contribuinte não parava de rir, acabando por explicar: "Eu só quero ver a cara do compadre que vem aí atrás com uma caixa de abacaxis..." Essa expressão adquiriu o mesmo sentido de *Descascar um abacaxi*, no sentido de resolver um problema intrincado. [BRIT/DI/WER/VIO/MEL/SILV/3191/NAS/GUR/HOU/AUR /CA/CF] (*)

ABRAÇO

Abraço de tamanduá: gesto traiçoeiro de carinho, traição, deslealdade, cortesia de gente falsa. *Ao me denunciar, ela me deu um abraço de tamanduá.* É usada com diversos verbos, alternativamente. O tamanduá é um mamífero desdentado, com uma longa língua, que usa para atrair formigas e outros insetos, dos quais se alimenta. Durante a noite, o animal, diante de um inimigo, levanta-se e abre as patas dianteiras, sustentando-se sobre as traseiras. Fica nessa posição como se fosse dar um abraço, e, ao contato com a presa, fecha as patas e crava as unhas no corpo do oponente, segurando-o apertado. Com a morte da presa, logo aparecem as formigas para devorar-lhe o corpo. Nesse momento começa a refeição do tamanduá. [MEL/PIM/RIB/MOT/NAS/0401] (*)

ABUNDAR

O que abunda não prejudica: é melhor sobrar do que faltar, o que é demais não prejudica. *Para chegar no horário, é preciso considerar uma hora a mais de tempo; o que abunda não prejudica.* A máxima já vem do latim *Quod abundat non nocet*. E a versão francesa adaptada diz *Pour avoir assez, il faut avoir trop.* (*Para ter bastante, convém ter demais*). [NOG/6224] (*)

ACHAR

Achados e perdidos: aviso afixado em certos locais públicos, denominados "seção de achados e perdidos" (em estações de metrô, aeroportos etc., onde "objetos perdidos podem ser procurados"). A expressão não está registrada em nenhum dicionário específico de expressões, mas aparece em [AUL] no verbete "achado", aquilo que se achou: *Seção de achados e perdidos* e em [PRA1] na sequência *Perdidos & Achados*, o mesmo que "achados e perdidos", expressão de Portugal, que "tem sua razão de ser, porque primeiro se perde e depois se acha". Tal registro se dá também em [VIL]. Já tive a oportunidade de constatar a expressão nessa ordem portuguesa, no Brasil, em 17/4/2014, também no Aeroporto Internacional de Guarulhos (SP). Trata-se de expressão de ordem fixa convencional, mas "não idiomática". Lista-se aqui como nota ilustrativa paralela. [AUL/PRA1/VIL] (*)

ACONTECER

Aconteça o que acontecer: dê por onde der, sem temer as consequências. *Vou terminar o meu mestrado, aconteça o que acontecer.* Sinônimos: *Der no que dar. Haja o que houver. Quer chova ou faça sol.* Em inglês há formulação da expressão com forma muito próxima: *Come what may* (*Venha o que vier*). E há similar em espanhol: *Advienne que pourra.* [RMJ2/NAS/6227/LMOT] (*)

ADVOGADO

Advogado do diabo: pessoa que faz o contraponto em um debate para esclarecer o assunto ou fazer provocações. *Não quero ser o advogado do diabo, mas será que a sua acusação contra ele é justa?* É usada em vários contextos, configurada por diversos verbos, inclusive com *ser* na função predicativa. A expressão teve origem no direito eclesiástico da Igreja Católica. Sempre que é iniciado um processo de canonização um "advogado do diabo" é nomeado para descobrir os defeitos e fraquezas daquele a quem se pretende santificar. Daí a expressão *advocatus diaboli*, a que corresponde a expressão portuguesa, sendo o seu oponente chamado *advocatus Dei*. [MEL/RMJ/PIM] (*)

AGORA

Agora ou nunca: há pouquíssimo tempo para a realização . *Faltam só dois minutos: é agora ou nunca*. Há fórmula literal igual em inglês: *Now or never*. [0507/RMJ2] (*)

ÁGUA

Água mole em pedra dura tanto bate/dá até que fura: com persistência consegue-se tudo. Embora classificável como provérbio, lista-se aqui por ser muito usada com caráter e valor de expressão coloquial. Atesta-se a popularidade da expressão em outros idiomas, em que não aparece, entretanto, o jogo das rimas: *Gutta cavat lapidem, non vi saepe cadendo; Agua blanda en dura piedra, tanto dará que la hienda; L'eau qui tombe goutte à goutte, cave la pierre; Goccia a goccia, s'incava la pietra; A constant drop will wear a hole in a stone* ou *Constant dripping bores the stone* (*O gotejar constante fura a pedra*). Ou, ainda, numa versão ovidiana: " — *Que é mais dura que uma pedra; que é mais mole que a água? Contudo, a água mole cava a pedra dura*". Cf.: outra versão: *A pedra é dura, a gota de água é miúda – mas caindo sempre/de contínuo faz cavadura*. [MEL/RMJ2/FRI/MEF/SILVA2] (*)

Água na boca: ser muito bom, despertar o apetite, ser uma delícia, causar admiração, não satisfazer o desejo. *Esse negócio de mulher bonita é de dar água na boca. Aquela pizza deu água na boca de todos. O bolo ficou cheirando pela casa toda e nós ficamos com água na boca*. Expressão fixa nominal que deixa em aberto várias combinações e formulações estruturais, como: *Dar/Deixar água na boca; Estar/Ficar com (a) água na boca; Ser de dar/Pôr água na boca; Viver com água na boca* etc. Há similar em francês, registrando a mesma expressão com os mesmos referentes: *Avoir l'eau à la bouche*. [LP/SILV/MEL/FUL/BAL/XAcm] (*)

Águas passadas não movem/moem moinhos: não se deve levar em conta o que passou, o que passou passou. *Já esqueci todas as suas ofensas, águas passadas não movem moinhos*. Sinônimo: *Com águas passadas não mói o moinho*. Há versões semelhantes em espanhol, italiano e inglês, a saber*: Agua passada no muele molinho; Acqua passata non machina piu; Water that has flowed past not turn the mill*. [MEL/MEF/LMOT/0053]

Até debaixo d'água: de qualquer modo, enaltecendo atitudes e convicções inabaláveis. *Confio nele até debaixo d'água*. Uso alternativo com vários outros verbos. Há versão literal em espanhol, a saber: *Habla hasta debajo del aqua*. [NAS/MEL/CA/AM] (*)

Botar/Colocar/Pôr água (fria) na fervura: tentar conciliar, abafar uma discussão, sufocar, acalmar. *A bomba não chegou a explodir porque os filhos puseram água fria na fervura. Não estou querendo botar água na fervura, mas acho que está tudo errado*. Cf.: *Um balde/Uma ducha de água fria*. A expressão é usada também com o verbo *jogar*. Em espanhol há expressão com a mesma ideia, mas com referente diverso: *Echar agua al vino*. [SILV/MEL/WER/4915] ^(*)

Carregar água em/na peneira: fazer coisa impossível e inútil. *Tudo o que eu faço, ela rejeita, estou carregando água na peneira*. Há similar em inglês, registrando uma tradução literal com iguais referentes: *Carry water in a sieve*. Sinônimos: *Enxugar gelo. Dar nó em pingo d'água. Tapar o sol com a peneira*. [RMJ2/WER/SILV/MEL/1995] ^(*)

Desta água não beberei: afirmação de que nunca fará algo que um dia não poderá deixar de fazê-lo. *Em matéria de vício, nunca diga dessa água não beberei*. Alusão à fábula "O lobo e o cordeiro", de Esopo, em que um lobo esfomeado, que bebia água no mesmo riacho em que um cordeiro também bebia, mas mais abaixo, culpava-o de sujar sua água, apesar de o cordeiro estar bebendo abaixo. Embora o cordeiro argumentasse que não poderia estar sujando a água do lobo, pois estava abaixo, e a água corria do lobo para o cordeiro e não ao contrário, o lobo, usando o argumento do mais forte, devorou o cordeiro, cristalizando a moral de que "contra a força não há argumentos". [MEL/JRF] ^(*)

Tirar água/leite da/de pedra: realizar tarefa impossível. *Resolver esse problema é tirar leite de pedra*. Sinônimo: *Dar nó em pingo d'água*. Em inglês fala-se *Get blood from*. [2212/RMJ2/AUR] ^(*)

AGULHA

Procurar/encontrar (uma) agulha no palheiro: procurar/encontrar coisa muito difícil de achar; realizar atividade praticamente impossível, procurar defeito onde não há. *Encontrar quem falou isso é procurar agulha no palheiro. Achar meu amigo nesta multidão é como procurar agulha no palheiro*. A expressão tem uso universal, a contar do latim *Acum in meta foeni quaerere*; do inglês *To look for/To seek a needle in a haystack*; do francês *Chercher une aguille dans une botte/charrete de foin*; do italiano *Buscapiojo entre la paya*. Cf.: *Procurar/Catar pelo/cabelo em (casca de) ovo*. [MEL/RMJ2/NAS/7189/LMOT/WER/SILVA2] ^(*)

ALARDE

Fazer alarde: fazer exibição. *A criançada fazia alarde do novo uniforme*. [LAP] dá a expressão como arcaica, explicando que a origem se prende à Idade Média; "alardo" era a revista anual às tropas, que exibiam suas armas e se "exibiam"; o vocábulo "alarde", irresistivelmente, chama o verbo *fazer*, com o qual está intimamente soldado, e o conjunto naturalmente extrapola o simples sentido de "passar revista". [LAP] ^(*)

ALFA

Alfa e ômega: o princípio e o fim. *Para os cristãos de modo geral Deus é o alfa e o ômega*. A expressão tem origem bíblica, em São João, no Apocalipse: "Deus é o alfa e o ômega (isto é, o princípio e o fim) de todas as coisas". Refere-se à primeira e última letra do alfabeto grego. Talvez se possa considerar um "empréstimo" daquele idioma, naturalmente com a grafia aportuguesada. Penso que o sinônimo paralelo para os cristãos de língua portuguesa, que têm o seu alfabeto de A a Z, a expressão deveria ser: *Deus é A e Z*; mas jamais ouvi ou li essa versão, o que comprova a cristalização mantida da expressão, à revelia das eventuais conotações contextuais. [AUR/HOU/RMJ] (*)

ALHO

Alhos com/e bugalhos: coisas muito diferentes, tomar uma coisa por outra. *Não mistureis alhos com bugalhos* (crônica de Machado de Assis, "Na cena do cemitério"). *"Convém não confundir alhos, que são a metade prática da vida, com bugalhos, que são a parte ideológica e vã."* Usada alternativamente com vários verbos, como: *confundir, comparar, misturar, distinguir, falar, responder* etc. É costume reunir pela consonância fonética das formas, independentemente do aspecto semântico, as palavras *alhos e bugalhos*. [ALI] defende o valor das rimas, explicando que na frase *misturar alhos com bugalhos* a linguagem ajunta duas coisas que na realidade nunca se misturam, um tempero de cozinha e noz de galha. À primeira vista parece um disparate. Chegar-se-ia perfeitamente ao mesmo resultado, dizendo, por exemplo, misturar alhos com *cebolas, com rabanetes, com abóboras* etc. Faltava a rima. Havia, porém, uma palavra com que se nomeava produto vegetal, cuja terminação harmonizava com a denominação do condimento. Juntaram-se as duas palavras e desprezou-se tudo o mais.

"Bugalho" é o mesmo que noz de galha; fala-se em frutos redondos dos carvalhos, figo, uva; informalmente, globo ocular, olho. A forma histórica parece já estar registrada em 1544 ou 1344, o que pode explicar, parcialmente, o entendimento de [LAU], que entende que a expressão remonta à formulação original já usada no século XVII: "Fallo-lhe em alhos, responde-me em bugalhos"; "bugalhos" são frutos redondos dos carvalhos. Outras versões antigas: *Muito vai de alhos a bugalhos. Fallão em alhos, responde em bugalhos.* [RMJ/JRF/SILV/NAS/LP/LAU/PIM/FRI] (*)

ALMA

Sua alma, sua palma: faça-se a sua vontade, ainda que seja para o seu mal. *Se você insiste em não seguir o meu conselho, tudo bem, sua alma, sua palma.* Tem havido várias tentativas de interpretação para essa expressão de fundo cristão. [JRF] a associa à frase bíblica: *Anima mea in manibus meis semper* (*Minha alma terei sempre nas minhas mãos*), que parece semelhante à interpretação em espanhol (v. em seguida), em consonância com a ideia de "a palma da mão espelha a alma da pessoa", e aí a palma equivaleria sobretudo a prêmio ou ao seu merecimento pelos atos livres de cada um. Entretanto, o sentido, que o uso parece ter mais aceitado, e que não parece muito longe do outro, é o de *Sua alma, sua glória*, ou seu triunfo ou benefício, tomada a palavra *palma* no sentido de prêmio. A expressão é usada alternativamente também com vários verbos. Há expressões similares em

espanhol e inglês, a saber: *Su alma en su palma; As you brew, even so bake.* [NAS/MEL/8068/LMOT/JRF/RMJ/CF] (*)
Vender a alma ao diabo: comprometer-se por ato imperdoável. *Para obter uma vantagem financeira ele é capaz de vender a alma ao diabo.* Há similares em francês e espanhol em traduções literais: *Vendre son âme au diable. Vender su alma al diablo.* [ALV/MEL] (*)

ALTURA

Quanto maior (é) a altura, maior (é) o tombo: quando se perde posição social e/ou econômica elevadas, sente-se demasiadamente. *Ficou desnorteado ao perder toda a fortuna; quanto maior é a altura, maior é o tombo.* Há expressão correspondente em inglês: *The higher up, the greater the fall.* Mas a ideia advém do latim: *Quo quisque est altior, eo est periculo proximior.* E em português há outras versões, inclusive antigas, com a mesma ideia: *Quanto mais alto se sobe, maior a queda; De grande subida, grande cahida; Quanto mais alto o pau, mais bonita é a queda.* [MEL/RMJ2] (*)

AMANHÃ

Não (se) deixa para amanhã o que (se) pode fazer hoje: não adiar uma ação ou solução de um problema para não correr o risco de não poder praticá-la depois. *Se você tem que ir ao médico, vá logo, não deixe para amanhã o que pode fazer hoje.* O conselho é dado também em outros idiomas nas mesmas palavras literalmente vertidas: *No dejes para mañana lo que puedes hacer hoy; Ne remets pas à demain ce que tu peux faire aujourd'hui; Non tralascia a domani quello che oggi puoi; Never put off till tomorrow what you can do today.* Na forma afirmativa: *Deixar para amanhã* significa "embromar, protelar": *Eu pedi pra ele comprar logo, mas ele quis deixar pra manhã, já viu.* [MOT/MEL/SILV] (*)

AMIGO

Amigos, amigos, negócios à parte: não se deve misturar amizade com negócios. *Não posso deixar de cobrar o que me deves; amigos, amigos, negócios à parte.* A ideia inicial já está em latim: *Usque ad aras amicus.* [MEL/MEF/SILVA2/0641]
Amigo da onça: Cf.: ONÇA. **Amigo-urso**: amigo falso, desleal. *Não confie: ele é um amigo-urso.* Alusão ao urso da fábula de La Fontaine. Um velho tomou um urso como amigo, com o principal ofício de ser um "espantador" de moscas. Um dia, quando o velho dormia, o urso, querendo, e não conseguindo, espantar um mosca renitente pousada na ponta do nariz do velho, agarra um pedra, vibra-a com força, esmagando o inseto, mas também a cabeça do amigo. Expressão usada normalmente com o verbo *ser*. Cf.: *Amigo da onça*. [NAS/RIB/MOT/PIM/LUF/LP] (*)
Amigo certo (se conhece) nas horas incertas: o bom amigo se conhece nas ocasiões adversas. *Ele é um bom amigo, lembra-se da gente nas horas incertas.* Já vem do latim, sob as fórmulas *Amicus certus in re incerta cernitur* ou *In angustiis apparent amici.* [SILVA2/LMOT] (*)

AMOR

O amor é cego: justificativa para o casamento ou união de uma pessoa com outra muito feia, pobre ou de condição moral ou social bem inferior, um apaixonado não consegue discernir defeitos. *Apaixonado, casou com a prostituta; o amor é cego.* Sinônimos: *Quem ama o feio bonito lhe parece. Gosto não se discute.* Cf.: *Mãe coruja.* Cupido, o deus do amor, é representado por uma criança com uma venda nos olhos: ao mesmo tempo ingênuo e cego. [MEL/RMJ2] (*)

ÂNCORA

Levantar (a) âncora: ir embora. *Já é tarde, está na hora de levantar âncora.* Em inglês há expressão textualmente igual: *Weigh anchor.* [SILV/RMJ2] (*)

ANDOR

Devagar com o andor (, que o santo é de barro): é preciso ter calma ao falar, fazer ou pretender algo. *Tenha muito cuidado ao guardar os copos; devagar com o andor que o santo é de barro.* A frase nasceu, ao que se diz, da preocupação de um vigário com o santo da sua igreja, ao sair em procissão, num andor levado por homens muito apressados. Procurando moderar a marcha dos fiéis e não achando melhor argumento, teria o padre gritado: *Devagar com o andor, que o santo é de barro!* A última parte da sentença ainda está em uso, mas é mais frequente a utilização apenas da primeira parte. [MEL/LMOT/RMJ/NAS] (*)

ANDORINHA

Uma andorinha só não faz verão: uma pessoa sozinha não faz grandes coisas. *Você sozinho não dará conta de todo o serviço, uma andorinha só não faz verão.* As andorinhas são aves migratórias que preferem o clima quente. A ideia aparece em vários idiomas, inclusive no latim, ainda que com referentes assemelhados, a saber: *Una hirundo no facit ver; Ni una flor hace ramo, ni una golondrina sola hace verano; Une hirondelle ne fait pas le printemps; Una roncline non fa primavero; One swallow makes no summer.* Há ainda versões antigas como *Uma andorinha só não faz verão, nem dedo só faz mão* e *Nenhum dedo faz mão, nem uma andorinha faz verão.* [MEL/RIB/LMOT/FRI/MEF/SILVA2] (*)

APARÊNCIA

As aparências enganam: as pessoas e coisas nem sempre são aquilo que aparentam. *Ela demonstra ser uma santa, mas as aparências enganam.* Com outras palavras, a ideia, mais neutra, porém, já aparecia no latim: *Fallitur visio.* A expressão portuguesa, em versão literal, é reproduzida, todavia, em espanhol, francês, italiano e inglês: *Las apariencias engañan; Les apparences trompent; Le apparenze ingannamo; Appearances are deceptive.* Cf.: *Quem vê cara não vê* *coração; Ilusão de ótica/óptica*. [MEL/ MEF/0914/SILVA2/LMOT] (*)

ARÁBIAS

Ser das arábias: muito esperto, insólito. *Ninguém pode com ele. Ele é das arábias.* Os árabes tinham fama de esperteza. Como quer que seja, a Arábia passou a ser a mãe de todas as monstruosidades, inclusive da Fênix que nunca ninguém viu, mas todos conhecem. O plural se explica pela referência às três Arábias: a Feliz, a Pétrea e a Deserta. Expressão intensificadora. [SILV/NAS] (*)

ARCO

Do arco-da-velha: complicação, reunião de coisas disparatadas, que pertence ao campo do espantoso (coisa, história do arco-da-velha). *Nem queiras saber o que se passou hoje na assembleia. Foi uma coisa do arco-da-velha* (uma coisa espantosa, uma balbúrdia). Constrói-se com vários verbos alternativos, bem como pode ser encabeçada por vulgarismos léxicos, como *coisa(s), negócio(s), troço*, ou palavras com semântica e funções semelhantes, como *história(s)* etc. [LCC] explica que em Portugal [em realidade também no Brasil, Cf. HOUAISS], arco--da-velha é o arco íris, fonte das nossas superstições relativas ao meteoro. Dizem que esse arco bebe as águas dos rios, o que corresponde à ideia de "Amanhã chove e o arco bebe", de Plauto (*Cras pluit, arcus bibit*). (...) *Velha* é personificação das forças adversárias da normalidade vital (...); o *arco* é a curva dorsal da velhice. Por outro lado, para [JRF], o verdadeiro étimo está em outra ordem de ideias. A ideia de *velha* provém da corcova ou corcunda que é própria tanto do *arco* como da *velha*. (...) Essa analogia seria a fonte mais segura: "os fabulários medievais contavam a história do *arco* da velhice (...), motivo de gracejo para os rapazes, o que não descarta o reforço do uso pela imagem da 'bruxa', vocábulo pré-romano, de origem obscura, referente à figura de mulher velha, feia, corcunda e encurvada, com poderes espantosos e extraordinários". Cf.: *Coisa(s) do outro mundo*. [3331/LCC/JRF/HOU/RAM/ SIM/ MEL/ALV/FUL/XAre/WER/CF] (*)

AREIA

Entrar/Botar areia: estragar, complicar, frustrar, falhar, surgir algo imprevisto capaz de estragar a realização de um plano. *Entrou areia na jogada do ministro. Se não entrar areia nos meus planos, ainda irei à Europa este ano.* Em francês há a expressão com ideia equivalente, mas com referentes diferentes: *Faire long feu*. [NAS/SILV/MEL/PIP/1409] (*)

ARMÁRIO

Sair do armário: assumir a sua condição de homossexual, ou, por extensão, assumir posições ou atitudes eventualmente contestáveis. *O casal gay saiu do armário e desbundou*. A título de curiosidade, registre-se, em particular, a publicação da dissertação de mestrado, de formato inusitado, *As heroínas saem do armário*, de Lúcia Faro, publicada em 2004, pela Editora GLS, em que há outros exemplos de aproveitamento das expressões como tais, ou do seu sentido literal, como *Uma luz no fim do túnel*, de Ganymédes José (ex-drogado) (São Paulo: Moderna, 1990); *Não faça tempestade em copo d'água*, de Ruhard Carlson (Rio de Janeiro: Rocco, 1999); *Nó na garganta*, de Marisa Pinky (São Paulo: Anual, 1991). [SILV/MEL/7621] (*)

ARRANCAR

...de amargar/arrasar (quarteirão)/arrancar/arrepiar (os cabelos)/doer/enlouquecer/lascar/morrer etc: expressões pospostas a diversos tipos de palavras indicativas de "coisas, pessoas, ações, estados, qualidades ou sensações diversas", formadas com "de + infinitivo" de alguns verbos, às vezes com os seus respectivos complementos, com função identificadora positiva ou negativa: de assustar, espantoso, intensamente, muito bom, extraordinariamente, insuportável etc. *O filme de terror foi de arrancar (os cabelos)*. São expressões que admitem ainda combinação com vários outros verbos, inclusive o verbo *ser*. Em francês, em relação a "Arrepiar os cabelos", há versão literal: *À faire dresser les cheveaux sur la tête. Les cheveaux se dressent sur la tête.* Usa-se também: *Arrepiar os cabelos*. [MEL/SILV/PIP/FUL/WER/NAS/3021/AZE] (*)

ARROZ

Arroz de festa: pessoa que está presente em todas as comemorações ou eventos importantes, que comparece a qualquer tipo de recepção. *Não perde uma; é um verdadeiro arroz de festa*. Expressão nominal normalmente usada com o verbo *ser*. Deve vincular-se ao "arroz-doce de pagode" de que fala [LCC]: pessoa infalível nas festas onde há dança e comidas. Gulodice indispensável e preferida ao paladar português, e brasileiro, desde o século XVI. Pagode é a reunião jubilosa. [LCC/PUG] (*)

ÁRVORE

Árvore ruim não dá bons frutos: não se pode esperar coisas boas de quem é ruim. *Não me estranha que esse mau-caráter tenha agido mal, árvore ruim não dá bons frutos*. Registram-se versões correspondentes no latim, francês e espanhol: *Improborum improba sobole; Un mauvais arbre ne saurait produire de bons fruits; Planta cativa, cativo fruto*. Em latim, *contrario sensu*, já havia: *Arbor bona fructos bonos facit*. E ainda a variante: *Arbore de dulci dulcia poma cadunt*. [LMOT/MEL/FRI/SILVA2/0912] (*)

ASA

Arrastar (a/uma) asa(s): insinuar-se, diz-se de quem está interessado em alguém, dirigir galanteios, sonhar acordado. *Dizem que está arrastando asa para a empregada*. Alusão à atitude que os galos tomam no terreiro para conquistar uma galinha, tanto que há a expressão: *Galo arrastando a asa*:

cortejador de mulher. [SILV/MEL/PIM/CA/MOT/AMF] (*)

ASSIM

Assim e/ou assado: de um jeito ou de outro. É usada com vários verbos alternativos. *Não importa se está assim ou assado, eu quero agora.* É um caso de arredondamento frásico da expressão com a anexação ao advérbio de um particípio passado do verbo "assar" no sentido de levado ao forno, aparentemente com semântica contraditória e incoerente. Há em espanhol: *Así o así; Así que asá; Así que asado.* Usa-se alternativamente com vários verbos. Cf.: *Nem assim nem assado.* [MEL/JFR/0964/NAS] (*)

ASSUNTO

Ir direto ao assunto/ao ponto/ao pote: ir diretamente ao assunto, ao que interessa, ir à fonte limpa. *Vou direto ao assunto para não perder tempo.* A mesma ideia é explorada em francês: *Ne pas y aller par quatre chamins.* Cf.: *Falar sem rodeios.* [NAS/MEL/SILV/4098/PIP] (*)

ATAR

Não atar nem desatar: não decidir, não resolver, não ir para frente nem para trás. *Ele não ata nem desata, e nós ficamos sem saber o que pretende.* O espanhol registra expressão correspondente, mas em tom proverbial: *Quien bien ata, bien desata.* Cf.: *Desatar o(s) nó(s).* [MEL/LMOT/SILV/FRI] (*)

ATIRAR

Atirar no que viu e acertar/matar o que não viu: agir com determinado objetivo e alcançar outro. *Prendeu o ladrão sem saber que era o assassino procurado; atirou no que viu e acertou o que não viu.* Reminiscência de uma história infantil, em que um jovem faz uma adivinha para a filha do rei, que se gabava de muito inteligente, e dizia que casaria com o homem que lhe desse uma adivinhação que ela não conseguisse resolver dentro de três dias. O resumo dessa história pode ser feito nos seguintes termos: um filho de uma viúva, com o apelido de Amarelo, parecendo amalucado, que morava bem longe do palácio real, teimou em desafiá-la. Saiu de casa e, num trajeto de muitas peripécias, um dia, com fome, atirou com uma pedra numa rolinha que viu, mas errou e matou uma "asa-branca", pássaro que não viu. A asa-branca, como é conhecida, popularmente, no Nordeste, é a pomba-trocaz, uma ave columbiforme, de coloração pardo-acinzentada-violácea, com penas orladas de branco e abdome plúmbeo. Amarelo fez uma fogueira e assou o pássaro, almoçando muito bem. Chegando à cidade, procurou o palácio do rei para propor a adivinhação para a princesa. Marcaram o dia e Amarelo, diante de todos, em forma de poesia, relatando as peripécias da viagem, disse a certa altura: "(...) *Atirei no que vi / Fui matar o que não vi*, (...)", propondo, assim, a explicação dessa adivinhação para a princesa. Ao final dos três dias, a princesa, que usara de certas artimanhas, confessou que o jovem lhe ensinara a adivinhação, tomando-o então como seu noivo (Cascudo, 1984, p. 321-324). [SILV/AM/MEL/LMOT/NAS/AUR] (*)

ATO

Ato falho/falhado: aparecimento de palavras acidentais, inconscientes e aparentemente sem propósito na fala, que podem traduzir desejos recalcados. *Eu queria dizer era bendito, não bandido; foi um ato falho.* Em psicologia é a interferência, num ato intencional de outro acidental, aparentemente sem propósito, produzido por mecanismos de desejos inconscientes. Usa-se em diversas configurações, inclusive com o verbo *ser*, como predicativo. [AUR/1016] (*)

AVE

Ave de mau agouro: pessoa agourenta, pessimista, que acha que tudo pode dar errado, que traz azar. *Para sermos vitoriosos, não pode haver no grupo ave de mau agouro.* A expressão se originou do costume que tinham os áugures (augureiros), antigos sacerdotes romanos, de predizerem os acontecimentos bons ou maus, observando o voo e o canto das aves. Havia aves de bom e mau agouro. No uso popular, acabou recebendo frequentemente uma carga negativa, prevalecendo o sintagma "mau agouro". Cf.: *Um urubu pousou na minha sorte.* [MEL/NAS/RMJ /MOT/PIM/1045] (*)

Ave rara: coisa extraordinária, pessoa ou coisa difícil de encontrar. *Naquelas terras, a indiazinha era linda, uma ave rara de se encontrar.* É parte da tradução da expressão de Juvenal: *Rara avis in terris, nigroque simillima cygno* (*Ave raríssima na terra, quase como um cisne negro*) (*Sátiras*,VI,165), metáfora que usa para exaltar as Lucrécias e Penélopes que eram paradigmas da virtude feminina. É costume citar como referência à visita rara, mas bem-vinda. Na comparação, é uma ave rara que aparece excepcionalmente fora do seu *habitat*, o que chama a atenção de todos. Em francês a expressão é traduzida por *Un oiseau rare*. [NAS/AUR/1046/RIB/RMJ] (*)

AVESTRUZ

Bancar o avestruz: não querer ver o lado desagradável das coisas. *Diante dos graves problemas dos filhos, ele prefere bancar o avestruz.* A ideia da ignorância sobre a realidade está ligada à ideia do comportamento do avestruz que, diante do perigo, esconde a cabeça debaixo das asas, fingindo desconhecer a ameaça. [MEL/MOT/SILV] (*)

AZAR

Que azar!: interjeição de lamento, de contrariedade. *Estava certo de que ganharia, mas perdi. Que azar!* Usada em diversos contextos negativos, vinculada a vários verbos. Há similar em inglês, registrando expressão em torneio curioso: *What rotten luck! (Que sorte podre!)* [RMJ2] (*)

BADERNA

Fazer/Promover baderna: fazer desordem, bagunçar, juntar-se a baderneiros, grupo de rapazes desordeiros. *Muitas vezes foi encontrado fazendo aquela baderna, de onde saía totalmente bêbado para voltar para casa.* "Baderna", no sentido da expressão, vem do antropônimo Marieta Baderna, bailarina italiana, nascida em 1828, em Piacenza, que esteve no Rio de Janeiro em 1851, provocando certa agitação pública, "um certo *frisson*" nos seus admiradores que receberam o nome de "os badernas" (daí baderneiros). [PIM/AUR/HOU] (*)

BAILA

Vir/Trazer à baila: ser objeto de conversa, surgir no comentário. *Só vou falar do seu erro se ele vier à baila.* "Baila" é um deverbal de "bailar", só usado nessas expressões. É o mesmo que baile, bailado. "Baila" era uma velha dança popular portuguesa, executada nos terreiros. [MEL/SILV/NAS/RMJ/8626/8893] (*)

BALANÇA

Fiel da balança: ser o que vai decidir uma questão. *O pai, no fim, vai ser o fiel da balança na compra ou não do carro.* Não tem vinculação com a palavra "fiel", leal, que se origina do lat. *fidelis*. Sua origem está em "fiel", do lat. *filum*, pelo esp.: pequeno fio retilíneo de ferro, metal etc., "fiel da balança", haste situada no meio do braço da balança, agulha que indica o ponto de equilíbrio da balança; *fig.*: aquilo que norteia pensamentos e ações. Usa-se com diversos verbos, inclusive com o verbo *ser*. [HOU/NAS] (*)

BALDE

Chutar o balde: revoltar-se, desistir. *Aborreceu-se no trabalho, chutou o balde e não voltou mais.* É curioso *to kick the bucket*, literalmente "chutar o balde", figuradamente significando "bater a bota" ou "esticar a canela", no dicionário de inglês. [FUL/DI/WER/MEL/BAR/SILV] (*)

BALELA

Balela: afirmação ou boato infundado, mentira. *Pessoas vindas de morros próximos contaram que houvera batalha; desmenti esse princípio de balela (...).* Constrói-se de várias formas, com diversos verbos, inclusive com o verbo *ser*. Deve provir de "bala + ela", que seria um diminutivo, até certo ponto discernível como vocábulo popular metafórico, talvez provindo de "bala", projétil de festim, inofensivo. [HOU/AUR/GUR] (*)

BANANA

Dar (uma) banana(s): fazer um gesto obsceno, ofensivo, flexionando o braço direito, com o punho e mão cerrados, seguros pelo meio com o braço esquerdo, e o antebraço a oscilar, simulando o membro viril. A frase e o gesto são vulgares no Brasil. Na realidade, mais do que frase verbal, trata-se de frase gestual, ou uma sequência gestual ou gestuema, em que um dos braços fica dobrado, em forma aproximada de um ângulo de 45°, com punho cerrado e dedos voltados para a palma da mão, cobertos pelo polegar; o outro braço em posição transversal ao corpo, à altura do plexo solar, colocando-se a mão na junção braço/antebraço do primeiro; e um movimento estático do braço, em sentido vertical, fechando repetidamente o ângulo descrito, enquanto se verbaliza a sequência "uma banana". Fazem-se tais semelhantes ao nosso em Portugal, Espanha, Itália e França, mas as verbalizações são obviamenrte próprias nesses países. É uma mímica obscena, plebeia e vetusta que parece corrente naqueles países com propósito idêntico e idêntica fálica. Assim, em Portugal, há a expressão correspondente *Fazer um manguito;* na Itália, *Far manichettro*; na Espanha, *Hacer un corte de mangas*. Vale a pena observar seu uso, verbal e gestual, já em 1500, a se dar crédito à descrição em linguagem simulada do século XVI, produzida pelo escritor Haroldo Maranhão, no seu romance *El tetraneto del-rei* (Rio de Janeiro: Francisco Alves, 1982, p. 15): "Torto... disparou à direção dos opoentes num gesto teatro e pretendente a agravá-los: — Tomem cá, seus bastardos! A fruta ominosa havia sido larga e estripidosa, a palma do destro estrelara no antebraço sinistro. (...) – Nãããão Bananas, nãããão!" Parece realmente muito antiga, a se dar crédito inclusive que teria motivado um quadro de Joseph-Marie Vien, *La Marchande d'Amours*, em 1754, em que um dos atores, galantemente, *dá bananas*. [LCC/SILV/SIM/VIL/PIM] (*)

BANANEIRA

Ser bananeira que já deu cacho: pessoa que está em decadência, que já deu o que tinha que dar. *Aquele velho advogado é competente, mas é bananeira que já deu cacho*. A bananeira só dá um cacho. Uma vez dado, pode-se cortar o pé, para que não fique sugando inutilmente a terra. [SILV/MEL/AUR/NAS/CF] (*)

BANGUELA

Na banguela: falha de dentes frontais na arcada dentária, a marcha do carro em "ponto morto", isto é, na posição da alavanca de mudança de marcha, em que o motor fica desligado da transmissão. *Na banguela* lembra a falha dentária do indivíduo banguela. *Vivia rindo, apesar de ser banguela. Desceu a ladeira na banguela.* Há quem ligue a origem da palavra aos "banguelas", da África, que usavam limar os dentes incisivos. Existe uma expressão descritiva, alusiva ao fato: *Dentadura Mil e Um*, isto é, que não tem os dois incisivos superiores, representados, na expressão escrita, pelos dois 00: 1001. Cf.: *Mil/Mil e um*. Usa-se normalmente com o verbo *descer*. [AUR/HOU/PUG/5650] (*)

BARATO

O barato sai caro: muitas vezes um preço barato engana, pois o produto é imprestável e sua reposição torna-se muito mais cara. *O televisor barato saiu muito mais caro, pois tive que comprar outro, para poder assistir à Copa*. A expressão, de uma maneira mais incisiva, já era usada no século XVII: "O caro é barato e o barato é caro". [LP/WER/LAU/MEL/FRI/MEF/6157] (*)

BARBA

Botar/Colocar/Pôr a(s) barba(s) de molho: 1. precaver-se. 2. refletir. 1. *Tratei de botar as barbas de molho, antes que Dona Esmeraldina apanhasse nova remessa de ciúme*. (Carvalho, *O coronel e o lobisomem*). 2. *Botei a barba de molho, antes de comprar o carro*. Embora tenha um núcleo temático ligado à natureza biofísica do sexo masculino (barba), aparece usada (ou referida) por homens e mulheres: *A ex-mulher pôs as barbas de molho quando o ex-marido a flagrou com o amante*. É usada também com *estar/ficar com*. [SILV/NAS/FUL/6957/WER/MEL/PIM] (*)

Empenhar as barbas: garantir, assegurar dívidas e/ou promessas. *O político empenhou até as barbas, garantindo a promessa*. Assim fez o vice-rei D. João de Castro na Índia: "Não tendo o governador baixelas nem diamantes de que pudesse se valer, assim recorreu a outros penhores... cortou da barba alguns fios de cabelos, sobre os quais pediu 20.000 pardaus à Câmara da Coroa". [NAS/SILV] (*)

BÁRBARO

Ser bárbaro: ser sensacional, espetacular. *O show do Chico é bárbaro*. O sentido literal histórico primeiro de "bárbaro" é estrangeiro, incivilizado, quem pertencesse a outra raça ou falasse outra língua, quem, enfim, não fosse identificado com os costumes de tais povos, gregos e romanos, invasores que foram do Império Romano entre os séculos III e IV, e chamados de "bárbaros" pelos romanos. Mas também eram identificados pelas qualidades desumanas, o que, por extensão, passou a significar cruel, desumano. Como palavra-ônibus, informal, entretanto, por desvio semântico, bárbaro qualifica pessoas ou coisas com atributos exageradamente positivos. [SILV/MEL/GUR/HOU] (*)

BARBEIRO

Ser barbeiro: indivíduo cuja profissão é cortar a barba e cabelos, indivíduo (geralmente motorista, médico ou qualquer outro profissional) incompetente ou inábil no que faz, mau motorista. *Jamais permitirei que um barbeiro dê carona a meus filhos*. Talvez alusão ao profissional que faz a barba, causando, por inabilidade ou descuido, cortes de navalha na face do cliente ou pequenas trilhas no corte malfeito de cabelos, conhecidas por *caminhos de rato*. Cabe ter em mente alguns dados que possam explicar o sentido depreciativo da significação figurada da palavra barbeiro como motorista, médico ou qualquer outro profissional incompetente, inábil ou descuidado: a) a profissão de barbeiro teve certa importância na Idade Média, importância que lhe advinha do fato de poder acumular as funções de cirurgião, como barbeiro cirurgião, barbeiro calista etc.; b) até o século XIX os dentes eram arrancados literalmente pelos barbeiros, passando estes por aventureiros charlatões "dentistas"; c) a partir daí todo serviço malfeito passou a ser atribuído ao barbeiro por meio da expressão genérica (caso de barbeiro); d) na realidade, barbeiro é uma das profissões ou atividades das mais antigas do mundo, enquanto dentista é uma das mais novas, embora se tenha conhecimento de que no Egito antigo já se moldavam dentes com marfim dos elefantes, com que, aliás, já se fabricavam diversas espécies de objetos, até de arte; e) "barbeiro" é também o nome vulgar do inseto transmissor da doença de Chagas (descoberta pelo brasileiro Carlos Chagas), inseto que possui um espinho móvel sobre o pedúnculo, imitando perigosa lâmina de navalha, e que pica durante a noite as pessoas geralmente na face, fato que dá origem ao seu nome vulgar de barbeiro; daí chamar-se também "bicho-barbeiro". Tudo isso parece explicar ainda a gíria "dentista", e, por tabela, "charlatão" (sempre de caráter negativo), encontradas no *Dicionário moderno de Michaelis* (Melhoramentos, 1998) e em outros, para a palavra "barbeiro". Além se ser usada com o verbo *ser* como predicativo, a expressão é usada também com outros verbos. [AUL/NASE/GUR/VIO/MEL/LEL] (*)

BARCO

Estar/Ficar/Entrar no mesmo barco: ser solidário, estar na mesma situação que outrem, dividir compromissos com alguém. *Amar e olhar junto na mesma direção, é estar no mesmo barco. Todos temos nossa parcela de responsabilidade, pois estamos no mesmo barco.* Há similar em francês com os mesmos referentes, em tradução literal: *Être dans le meme bateau.* [WER/PIP/SILV/MEL] (*)

BASE

Naquela base: em determinada situação imaginada, depreendida do contexto. *A batida foi tão violenta, que o carro ficou naquela base.* A expressão *naquela base* nasceu em Santa Cruz, como dito onipresente, como o "ruim, hein?" mais moderno, servindo para tudo, do subúrbio à Zona Sul. [MEL] (*)

BATATA

Ir plantar batata(s): comando depreciativo, incabível, provém, em tese, da imaginação de um brasileiro zangado. *Vê se não me amola, vai plantar batata!* É expressão muito viva em Portugal, mas cá e lá se ouve *Vá plantar batatas!* com os mesmos tom e valor, apesar da cultura gastronômica diferente. Machado de Assis criou uma expressão irônica exclamativa, logo vulgarizada: *Ao vencedor, as batatas!* Cf.: FAVA. [LCC]

BATER

Bate (e) volta: viagens rápidas, em geral de um dia, modismo ligado a circunstâncias de época. *Não dá para ficar mais tempo, preciso trabalhar; será um bate e volta de um dia só.* A expressão é relativamente moderna e teve origem nas viagens em grupo ao Paraguai (hoje praticamente inexistentes) para compras de produtos muito baratos para presentes ou revenda. [HU] (*)

BEÇA

À beça: muito, em grande quantidade. *Vamos beber à beça.* Sinônimos: *Ter para/ pra dar e vender. A dar com/cum pau.* São-lhe atribuídas várias versões: pelo francês, origem tupi ou africana. Há a hipótese, ainda, de a palavra "bessa" estar vinculada a dialetos alpinos italianos, no sentido de "bicho" (lat. *bestia*). Mas talvez a mais aceitável provenha do sobrenome Bessa. O prof. Gumercindo Bessa (1859-1913), jornalista e jurista, de Sergipe ou Alagoas, teve forte polêmica jornalística com Rui Barbosa, tendo-o vencido na questão em favor do território do Acre, revelando grandes conhecimentos, boa lógica e profusão de argumentos. Um dia o presidente Rodrigues Alves, presidente do Brasil (1902 a 1906), ouvindo um pleiteante de negócios, diante da argumentação cerrada deste, disse: *O Senhor tem argumentos à Bessa.* E a expressão pegou. Só não há explicação para os dois esses terem virado cê-cedilha. Há quem pense na influência francesa *à verse,* em quantidade, a cântaros. (1552). Cf.: p. 34, g. [REC/HOU/LUF/PIM] (*)

BECO

Beco sem saída: dificuldade insuperável, caso sem solução; situação desesperada. *A crise financeira levou muitas empresas a um beco sem saída.* Usada alternativamente com vários verbos, inclusive em função predicativa com o verbo *ser*. Em inglês, a expressão idiomática correspondente é *Blind alley.* Literalmente: *Beco cego.* No sentido da nossa frase: *Estar num beco sem saída,* o equivalente é: *To be in a tight spot,* mais ou menos: "estar num local apertado". Sinônimos: *Estar numa sinuca. Estar numa sinuca de bico. Estar no vinagre.* [1213/HOU/ NAS/MEL] (*)

BEDELHO

Meter o bedelho: intrometer-se, meter-se em conversa alheia. *Meteram o bedelho na zona e em toda parte. Eu nunca fui de meter o bedelho, mas mulher como Joana não tem que juntar com homem mais novo.* Sinônimo: *Meter o nariz/o bico.* Expressão sem origem metafórica discernível, mas já ocorrente no século XVI. "Bedelho" é um ferro chato, colocado horizontalmente numa porta, o qual, levantando-se ou abaixando-se, serve para abri-la ou fechá-la. [FUL/NAS/ SILV/MEL/AUR/RMJ] (*)

BEM

Entrar bem: sair-se bem ou sair-se mal, dar-se bem ou dar-se mal, conforme o contexto; mais frequentemente, e paradoxalmente com teor negativo, isto é, ser malsucedido. *Neste lance entrei bem, perdi uma fortuna. Entrou bem porque se candidatou sem chance de se eleger.* "*— Conseguiu entrar na Universidade?/ — Entrei e entrei (muito) bem; me classifiquei entre os primeiros.*" Na realidade, o sentido negativo e positivo dependem muito do contexto; trata-se de duas expressões antônimas (sentidos opostos), ao mesmo tempo, homógrafas homófonas (grafias e sons iguais): *Entrar bem* 1 (com sentido negativo); *Entrar bem* 2 (com sentido positivo). [SILV/MEL] (*)

BENEDITO

Será o Benedito?: expressão que representa irritação, contrariedade, surpresa, espanto. *Quantas vezes já pedi silêncio? Será o Benedito?* Em 1933, o presidente Getúlio Vargas, em plena ditadura getulista, hesitava para escolher o interventor de Minas Gerais. Todos temiam que fosse escolhido Benedito Valadares, considerado o pior candidato, daí perguntando-se *Será o Benedito?* E foi. A título de curiosidade e informação complementar, destaca-se a publicação do dicionário de expressões e ditos populares com o título *Mas será o Benedito?* (com reforço do marcador conversacional *Mas*) de Mario Prata, com muitas explicações assumidamente falsas. É frequente o uso de nome em expressões. Cf. p. 34, g. [MEL/PRA2/7959] (*)

BERÇO

Nascer em berço de ouro: nascer no meio da riqueza. *É uma pessoa muito simples, apesar de ter nascido em berço de ouro.* Há equivalentes em francês e espanhol com referentes semelhantes: *Être né avec une cuillère en argent dans la bouche; Nacer en cuna.* [WER/SILV/MEL/NAS/5983] (*)

BERLINDA

Na berlinda: em situação delicada, ser motivo de zombaria ou alvo de comentário. *Com a divulgação dos escândalos, o governo está na berlinda.* "Berlinda" é pequena carruagem de quatro rodas, já existente no século XVIII. "Ir para a berlinda" era uma brincadeira de crianças, em que uma delas ia para a berlinda e sobre ela eram feitos comentários anônimos que lhe eram passados depois. Daí *estar/ ficar na berlinda* é ver-se em evidência e ser alvo de comentários, gozação etc. Usa-se com diversos verbos alternativos, como *estar, ficar* etc. [PIP/MEL/SILV/ HOU/AUL] (*)

BESTA

Besta (quadrada): pessoa completamente idiota. *A besta do teu chefe só te humilha porque você é uma besta quadrada.*

Usa-se com vários verbos alternativos, inclusive com o verbo *ser* na função de predicativo. O "quadrada" não é nenhum qualificativo relacionado a "conservadorismo" (pessoa quadrada, presa aos padrões tradicionais), nem nenhum ingrediente geométrico ou, em princípio, matemático, se bem que, matematicamente, significa um superlativo: produto de um número por si mesmo (nove é o quadrado de três; besta quadrada seria três vezes besta). No caso, então, trata-se da simplificação de "besta elevada ao quadrado". É a "superbesta", o grande imbecil. [MEL/SILV/GUR/AUR/HOU/PIM/NAS/1259] (*)

BEZERRO

Chorar como/que nem/feito (um) bezerro (desmamado): chorar fazendo grande alarido. *Com muita fome, o bebê chorava como um bezerro desmamado.* Em italiano se registra expressão literalmente similar: *Piangere come un vitello.* [MEL/NAS/SILV/LMOT/1906/AM/MOT] (*)

BICHO

Com (o) bicho-carpinteiro: sujeito muito inquieto. *Esse garoto não sossega, parece que esse sujeito tem bicho-carpinteiro.* Há quem advogue, com a etimologia popular, ser corruptela de "tem bicho no corpo inteiro". Mas o tal bicho, conhecido vulgarmente pelo nome de bicho-carpinteiro ou por escaravelho, é um coleóptero do gênero *Xylotrogus*, que causa um prurido anal muito incômodo, obrigando o paciente a movimentos sacudidos. Na realidade, o nome bicho-carpinteiro tem a ver com o fato de esse tipo de escaravelho, durante o estágio larvar brocar troncos e cascas de árvores. A expressão pode ser composta encabeçada alternativamente com os verbos *estar, ficar, viver, andar,* entre outros. Pode aparecer também com o verbo *ter: O moleque parecia ter o bicho-carpinteiro no corpo.* [SILV/MEL/LP/AUR/3929/NAS/HOU/PIM] (*)

Matar o bicho: beber um trago de bebida alcoólica, sobretudo de manhã em jejum, sendo considerada popularmente uma terapia preventiva, uma vez que serve para matar os vermes ou evitar que se criem. *Sem ter o que fazer, dera-lhe vontade de matar o bicho e foi ao boteco do compadre.* Há várias versões, quiçá fantasiosas, inclusive com nomes de personagens. Entre as muitas, destacam-se: a) determinado médico conseguiu descobrir, em 1519, num cadáver, um bicho que reagia a todos os líquidos, e só mergulhado em aguardente, morreu; b) no coração de um cadáver foi descoberto um verme que só morreu ao receber sobre si um pouco de aguardente; c) em francês: *tuer le ver* significa beber em jejum uma taça de álcool, em alusão à superstição popular que atribuía ao álcool propriedades vermífugas. Em Portugal, de onde parece ter vindo a expressão, existe também o verbo *matabichar*, alusivo à primeira refeição matinal. [SILV/LCC/ROB/LMOT/RIB/5552/AZE] (*)

Ser/Fazer bicho de sete cabeças: coisa difícil de realizar, de compreender, exagerar as dificuldades, por falta de disposição para realizar uma tarefa, ou enfrentar uma responsabilidade. *Também não precisa* *exagerar, porque isso não é um bicho de sete cabeças.* Seria reminiscência da Besta do Apocalipse (por isso, se diz também "Besta do Apocalipse"), descrita por São João Evangelista no *Apocalipse*, cap. XIII, 1, como saída do mar com sete cabeças e dez cornos, ganhando força e poder do Dragão que curou uma das suas cabeças ferida, mas que abria a boca para blasfemar contra Deus. Há quem, entretanto, faça alusão à hidra de Lerna, que, na mitologia grega, era uma serpente descomunal, com inúmeras cabeças (dizem sete), que renasciam assim que eram cortadas, a qual habitava a região pantanosa de Lerna, e a qual o grande herói Hércules, com a ajuda de Iolau, que incendiou uma floresta vizinha, destruiu. Cf.: *Guardar/Fechar/ Trancar a sete chaves*. [NAS/WER/RIB /PIM/1270/AUR] (*)

BICUDO

Dos bicudos não se beijam: duas pessoas de características incompatíveis não se entendem. *O casamento não deu certo porque os dois têm gênio forte, dois bicudos não se beijam.* Sinônimo: *Duro com duro não faz bom muro.* Existem em espanhol e francês frases com ideias semelhantes, a saber: *Dos aldesmas no se punzan; Corsaires contre corsaires ne font pas leur affairs.* [MEL/LMOT/3372/CF] (*)

BIRUTA

Ser/Ficar biruta: ser/ficar inquieto, desorientado, sem opinião. *Acho que esse menino, como vai, vai ficar biruta.* Expressão relativamente moderna, ligada ao ambiente aeronáutico, que é de 1941. "Biruta" é sacola de tela, de forma cônica, alongada, utilizada para a indicação das correntes aéreas. É colocada no alto de edifício nos aeroportos e campos de pouso. O vento, enchendo o invólucro, faz com que ele gire e se desloque constantemente, ao sabor do vento, orientando, assim, a posição dos sopros. Como a biruta jamais está imóvel, sugeriu a ideia de "inquieto, amalucado". Parece que "biruta", em português, é confusão fonética da locução escrita inglesa *"by route"*. Em inglês, entretanto, para designar a mesma ideia, se diz *wind sock, air sock* ou *wind cone* (vento ou ar encanado). Segundo depoimento de um aviador em 1969, a palavra "biruta" já estava vulgarizada desde 1939 como "campo ruim, pois nem biruta tem". Mas a palavra não era pronunciada na frente de moças, pois no Sul era sinônima de "impotente": — *mole como biruta em dia sem vento.* [MEL/LCC/PIM] (*)

BISPO

Queixar-se ao bispo: diz-se, em geral com ironia, a quem não tem a quem reclamar ou quer ver-se livre de um inoportuno. *Não posso fazer nada para melhorar o seu salário, vá se queixar ao bispo.* É usada frequentemente em perífrase com o verbo *ir* e com outros verbos, como *reclamar, apelar*. Há algumas versões ou variantes para explicação de sua origem. Assim, a) a expressão nasceu no século XIX, quando os empregados do comércio apelaram para o bispo do Rio de Janeiro, a fim de que ele obtivesse a aprovação de uma lei que lhes permitisse, num país em que a religião era então oficial, o cumprimento de seus deveres de católicos. Como a lei demorou muito a vir, a expressão acabou tomando o sentido de queixa inútil ou queixa com o endereço errado. É de lembrar que os bispos medievais gozavam de prerrogativas, além das próprias, eclesiásticas, também de autoridade civil; eram verdadeiros juízes; b) durante o Brasil Colônia, a fertilidade de uma mulher era atributo fundamental para o casamento. Afinal, a ordem era povoar as novas terras conquistadas. A Igreja permitia que, antes do casamento, os noivos mantivessem relações sexuais, única maneira de o rapaz descobrir se a moça era fértil. Na maioria das vezes, porém, o noivo fugia depois da relação para não ter que se casar. A mocinha, desolada, ia se queixar ao bispo, que mandava homens para capturar o tal espertinho. [NAS/RMJ/SILV/7340] (*)

BOCA

Apanhar/Pegar com a boca na botija: apanhar em flagrante, flagrar em delito. *Antigamente, certos tipos faziam negócios e ficavam a ver navios; outros eram pegos com a boca na botija. Pegou o filho com a boca na botija, ligando o carro para sair escondido.* Expressão arcaica, como a palavra "botija", que significa "vasilhame para guardar conteúdo precioso", metaforicamente "tesouro", denunciando, portanto, com certa clareza, o sentido figurado global da expressão. [NAS/1962/SILV/CDAs/ALV/TOG/WER/1999/MEL/AUR] (*)

Boca de siri: segredo absoluto. *Boca de siri, senão você vai se dar mal com o chefe.* O emprego da expressão deve-se à anatomia do siri. Sua boca é tão pequena que o povo tem a impressão de que ele é um animal sem boca, que, portanto, não pode falar. Usa-se como frase exclamativa de advertência, ou com verbos alternativos como *fazer*. [NAS/MEL/SILV/PIM/RIB/MOT/4160] (*)

Estar/Ficar de boca fechada: calar, não cometer indiscrições, manter discrição. *Acho melhor você ficar de boca fechada na frente dos pais dela.* Constrói-se também com os verbos *conservar a, manter a,* entre outros. Há similar em inglês, registrando a mesma expressão com os mesmos referentes: *Keep the mouth shut.* [RMJ2] (*)

Quem tem boca vai a Roma: quem sabe se comunicar não se perde. *Fui perguntando até encontrar a tua casa, quem tem boca vai a Roma.* Não tem sentido, nem lógica, a necessidade de buscar, na etimologia popular, como às vezes se insinua, um provérbio formalizado como: *quem tem boca "vaia" Roma,* de que seria uma corruptela. [LAU], por outro lado, reconhece a mesma expressão já usada no século XVII: "Quem tem bocca vay a Roma". E conhecem-se ainda as variáveis em português: *Quem pergunta vai a Roma; A poder de perguntar se chega a Roma;* e *Quem língua tem vai e vem de Roma,* as quais desautorizam a interpretgação de corruptela. Ademais, há versões em francês, italiano e inglês, a saber: *Qui langue a, à Roma va; Con língua in boca se va a Roma; He who has a tongue goes to Roma.* [LAU/WER/MEL/FRI/MEF/LMOT/7442/AM] (*)

BODE

Bode expiatório: aquele que expia os crimes que não cometeu, é o culpado inocente. *O ladrão é o diretor, mas o servente foi o bode expiatório.* Constrói-se com vários verbos, inclusive na função predicativa com o verbo cópula *ser*. O bode original é o bode vivo, reminiscência da prática religiosa hebraica de descarregarem-se nele, uma vez por ano, na Festa das Expiações (Yom Kipur), os pecados do povo, levando-o em seguida para o deserto (ou atirando-o de um penhasco). Mais claramente, a expressão tem origem em ritual da tradição judaica, conforme consta do cap. 16 do *Levítico*, chamado Azarel, livro do Antigo Testamento da Bíblia. Dois bodes e um touro eram levados ao templo de Jerusalém. Os sacerdotes ao acaso sorteavam um dos dois bodes. O outro era sacrificado e queimado em holocausto, no altar dos sacrifícios, com o touro, e o sangue da ambos era aspergido nas paredes do templo. O segundo tornava-se o bode expiatório. O sacerdote colocava as mãos sobre a cabeça dele e confessava os pecados dos filhos de Israel. Simbolicamente, o povo depositava todos os seus pecados sobre a cabeça desse animal, que depois era abandonado ao relento no deserto. Acreditava-se, assim, que o povo também ficaria livre dos males que havia cometido e acalmaria o demônio. A cerimônia simbolizava a purificação e a expiação dos pecados e culpas. Hoje a expiação dos pecados não é mais realizada assim, mas a imagem do "bode expiatório" passou para a figura humana que paga injustamente pelos maus atos dos outros. Como curiosidade, registre-se, em particular, a publicação dos livros *Bode expiatório* 1 e 2, de Riboldi. [LCC/SILV/NAS/HOU/WER/RIB/MEL/PIM] (*)

BOI

Boi de piranha: pessoa que se submete a um perigo em benefício de outra. *Ficou como boi de piranha, atraindo o porteiro para que os colegas pulassem o muro e entrassem na festa.* Diante da necessidade de atravessar o gado em rio com piranhas, o boiadeiro escolhe um animal velho e/ou doente e o coloca na água em local acima ou abaixo do ponto da travessia. Enquanto as piranhas devoram esse animal, os demais passam pelo rio e seguem o caminho sem dificuldade. Usa-se com diversos verbos, inclusive com *ser* como predicativo. [MEL/RIB] (*)

Ter/Haver boi na linha: pessoa que intercepta, atrapalha e/ou intervém intempestivamente, há embaraços ou coisa suspeita. *É bom mudarmos de assunto, pois tem boi na linha.* Alusão ao início das estradas de ferro, quando ainda não havia cercas que protegiam as linhas e os bois se deitavam sobre elas calmamente, obrigando os trens a pararem. A expressão no padrão popular é formulada com o verbo *ter*; no culto seria com o verbo *haver*. [SILV/MEL/8228/NAS] (*)

BOLA

Bola/Bolha de sabão: bola ou bolha que rapidamente se dispersa ou explode, formada soprando-se por um canudo cuja extremidade se imergiu num líquido composto de água e sabão. Por extensão, trata-se de uma expressão nominal idiomática, significando coisa leve, inconsistente, passageira, acontecimento ou esperança efêmeros, ilusão. *Ao saber do resultado do concurso, a sua euforia virou bolha de sabão. Ela continua apegada a essa bola de sabão que é a promessa de casamento do namorado.* A revista *Língua Portuguesa* (n. 34, ago./2008) traz os seguintes comentários de Elenice da Costa em usos no "economês" a partir de "bolha de sabão": "(...) para entender melhor o processo [isto é, o uso de metáfora em expressões ou frases feitas], é necessário dividir sua análise em campos específicos. Nas expressões formadas, por exemplo, a partir do termo 'bolha', tais como 'bolha cambial', 'bolha financeira especulativa', 'bolha inflacionária' e 'bolha pontocom', a metáfora 'bolha' aparece na posição de algo determinado, conceituando a unidade 'economia é efemeridade'. Assim, processos econômicos e financeiros, que são efêmeros, são entendidos a partir do fenômeno da bolha de sabão, cuja existência é passageira". Expressão nominal usada alternativamente com diversos verbos como *virar, ser (como), parecer (como)* etc. [NAS/MEL/1373 /LP/HOU] (*)

Comer bola: deixar-se enganar ou subornar. *O consumidor comeu bola, mas os fiscais da Prefeitura também.* "Bola" é alusão à "bola", como veneno em comida, em forma de bolo, que se dá aos cães. [SILV] (*)

Estar/Ficar com aquela bola toda: estar muito bem. *Sua marca não está com aquela bola toda.* Em francês se diz: *Avoir la cote* (termo da Bolsa de Valores). [ALV/SILV/PIP] (*)

Ora bolas!: locução interjetiva de enfado, irritação. *Ora bolas! Não me perturbe. Vai amolar o boi.* O gramático Mattoso Câmara Jr., na sua grande sensibilidade estilística, diz que nas consoantes explosivas, como o /b/, de maneira geral, é um traço estilístico o aumento da força articulatória. A impaciência nervosa pode se revelar, por exemplo, no /b/ da exclamação "Ora bolas!" por uma pressão labial maior e um aumento mais brusco, que acarreta até um leve sopro ou aspiração. O mesmo argumento caberia, nos termos de CÂMARA, 1995, para as expressões *Ora pipocas!* e *Ora pílulas!* [NAS/MEL/6349] (*)

Pisar na bola: cometer um erro, decepcionar alguém. *Se ele reclamou da sua atitude foi porque você pisou na bola.* Sinônimo: *Dar um fora. Dar uma mancada.* Provém da área futebolística. Há equivalentes em inglês e espanhol com variante: *Drop the ball; Pisar el balón; Meter la pata.* [ALV/FIELD/DI/WER/6880] (*)

BOLO

Dar (o/um) bolo: enganar alguém, deixar de cumprir um compromisso, gerar confusão. *Ficou mal perante a imprensa porque deu bolo.* Em espanhol há expressão com ideia próxima, a partir de outros referentes: *Escurrir la bola.* No sentido com valor negativo, este não parece ser muito discernível. [MEL/SILV/AMF/AUL/NAS] (*)

BOM

O que é bom dura pouco: a felicidade é fugaz. *Ela gosta muito de viajar, mas acha que o que é bom dura pouco*. Sentido transparente. A ideia já está em latim com o provérbio *Optima citissime pereunt*. [FUL/LMOT/6229] (*)

BONDE

Pegar/Tomar o bonde andando: chegar atrasado e querer tirar vantagem, tomar parte numa conversa sem conhecer o assunto. *Você não deve dar opinião porque chegou agora e pegou o bonde andando*. Trata-se de uma expressão brasileira, que tende ao desuso progressivo em razão da progressiva extinção e/ou desuso do veículo chamado "bonde". O nome bonde adveio do bilhete (*bond*) fornecido pela Cia. Ferro-Carril do Jardim Botânico, criada em 1868, no Rio de Janeiro, para a exploração do transporte de pessoas em "veículos" de tração animal. Tal bilhete representava o troco a ser recebido em moeda corrente, como se fosse debênture, em cuja estampa estava desenhado o referido veículo. A associação do nome do bilhete *bond* (debênture, apólice, bônus) ao veículo fez com que este recebesse o nome de "bonde". Já com esse nome consagrado, o veículo de tração animal viria a ser substituído pelo de tração elétrica em 8 de outubro de 1892. [SILV/MEL/AUR/WER/6722/PIM] (*)

BOTA

Bater a(s) bota(s): morrer: *Os católicos podem zerar seus pecados antes de "bater as botas"; Bateu as botas antes de conhecer os netos*. [JRF], ao comentar *esticar as canelas*, explica uma trajetória etimológica para chegar a "botas", dizendo que "*calças* tinha outrora sentido diferente e mais etimológico (como está em Viterbo) e correspondia a vestes e cobertura inferior, ao que chamamos hoje *meias* e *sapatos* ou *botas*. (...) *Deixar as calças* era e foi sinônimo de morrer; no francês diz-se *laisser...ses bottes...* e no italiano *tirar le calze* e ainda em português, no Brasil pelo menos, *deixar ou esticar as botas* (e esticar as canelas) tem o mesmo sentido de *morrer*". Em [AZE] há o registro de *Il y a laissé ses bottes*, deixou os ossos, morreu lá. Sinônimos: *Espichar/Esticar a(s) canela(s). Abotoar o paletó (de madeira). Apitar na curva. Ir pro vinagre. Ir pra caixa-pregos. Ir para (as) cucuia(s), Descansar no Senhor. Passar desta para a melhor. Ir para o/pro beleléu*. Em relação a *Esticar a(s) canela(s)*, há expressão em espanhol correspondente com referentes parcialmente iguais: *Estirar la pata*. E nessa ideia parece haver alusão à crendice popular de que à meia-noite o defunto se alonga, devido ao movimento de rotação dos pés. Cf.: CANELA, CUCUIA, *Ir às favas*. É uma expressão com cerca de 50 sinônimos que em [0492], desde os mais grotescos e toscos aos de cunho mais religioso, e em [SILV] há mais de 60. [SILV/JRF/FSP/WER/XAre/FUL/ALV/AUR/0492/MEL/NAS] (*)

BRAÇO

Braço direito (de alguém): pessoa extremamente útil, valiosa, necessária, indispensável, principal e eficaz auxiliar. *O filho mais velho é o seu braço direito na empresa.* Usa-se de várias formas além da função predicativa com o verbo *ser*. Há similar em inglês e francês, registrando a mesma ideia com referentes semelhantes: *Right-hand man; Il est la main droite de son maitre.* [BAL/1431/WER/RMJ2/SILV] (*)

Cair nos braços de Morfeu: adormecer, dormir profundamente, entregar-se às delícias do sono. *Depois de comemorar intensamente a vitória, caiu nos braços de Morfeu.* Esse clichê da literatura romântica é, hoje, apontado como exemplo de pedantismo. Morfeu foi o criador dos "sonhos", ao passo que o deus do sono foi seu pai Hypnos, o que induz muita gente a crer que Morfeu era o deus do sono, na mitologia grega. Cabe lembrar o nome do remédio "morfina", feminino de Morfeu, alcaloide narcótico elaborado com ópio, que é usado para analgésico e fazer dormir. Além do verbo *cair*, usam-se também *estar* e *recolher*-se. Cf.: p. 34, g. [MEL/SILV /NAS/RMJ/1607] (*)

Com os/De braços abertos: cordialmente, amistosamente, com efusão e sem reservas. *No aeroporto os torcedores receberam os atletas de braços abertos.* Expressão usada com vários verbos, como *receber*, entre outros. Há similar em inglês, registrando tradução literal com iguais referentes: *With open arms*. [RMJ/MEL/SILV/AUR] (*)

Dar o braço a torcer: mudar de opinião, ante a evidência do erro, admitir a derrota, pedir desculpas. *Pela primeira vez o "duro na queda" deu o braço a torcer. O patrão deu o braço a torcer e readmitiu o empregado. Acho que você é que está errado, não vou dar o braço a torcer.* Talvez haja uma alusão ao jogo "queda de braço" (Cf.). É usada frequentemente na forma negativa: *Não dar o braço a torcer.* Há correspondente em espanhol, na forma negativa, com tradução literal e os mesmos referentes: *No dar el brazo a torcer.* [WER/TOG/MEL/SILV/ALV/2537/AM/AUR] (*)

BRANCO

Dia branco: qualquer dia da semana, exceto domingo e feriados, dia de trabalho, dia útil. *Vou embora cedo que amanhã será dia branco.* Os preconceituosos, dentro da filosofia do politicamente correto/incorreto, entendem que é uma expressão preconceituosa, valorizando a cor branca em contraste com a cor preta. Atente-se, porém, que o "branco" nas expressões *Dar (um) branco* e *Passar em branco* têm, ao contrário, sentido negativo de "ausência". [3280/MEL] (*)

Eles/Vocês (que) são brancos, (lá) que se entendam: as pessoas do mesmo nível social se entendem. *O que eles discutem é problema deles; não vou me meter na briga do casal; eles são brancos que se entendam.* A frase é paralela e derivada da frase "Vocês são mulatos, lá se entendam". Manuel Dias de Rezende, capitão de regimento dos mulatos, no Rio de Janeiro, na época colonial, tendo sido desrespeitado por um de seus soldados, foi queixar-se ao comandante, que era português. O comandante não o atendeu, respondendo zombeteiramente: "Vocês são mulatos, que se entendam". O capitão foi então queixar-se ao vice-rei, D. Luís de Vasconcelos. Este atendeu-o e ordenou que o comandante se recolhesse preso.

"Preso por isso?", perguntou o comandante ao vice-rei. "Nós somos brancos, cá nos entendemos", respondeu o vice-rei. [MEL/NAS/PIM/7672] (*)

BRASA

Puxar (a) brasa à/para a sua sardinha: procurar as suas conveniências ou vantagens, defender seus interesses. *Em tempo de crise, cada um puxa a brasa para a sua sardinha*. Há ainda uma versão mais antiga: *Cada um chega a brasa à sua sardinha*. O latim traduz a ideia com as seguintes palavras: *Omnes sibi prius quan alteri esse volunt*. A frase existe em espanhol, a deduzir da seguinte explicação sobre sua origem: "Dicen algunos que antaño salían a dar a los trabajadores de cotijos sardina que ellos asaban en las candelas de los casarios, pero, como cada uno cojía ascuas para arrintalas a suas sardinas, la candela se apagaba, por lo cual tuvieron que proibir el uso de ese pescado". [MEL/SILV/FRI/MEF/SILVA2 /7217/NAS] (*)

BRASTEMP

Não ser nenhuma brastemp: não ser algo espetacular. *O novo chefe é bom, não é assim nenhuma brastemp, mas ao menos faz reuniões rápidas. A minha não é nenhuma brastemp, é pequena, mas resolve.* Expressão veiculada graças a um anúncio publicado nos anos 1990, "vendendo" uma conhecida marca registrada de geladeira, muito reconhecida na época. Trata-se de marca que virou "bordão" e *slogan* comercial, depois expressão, que se estende para, também, qualificar pessoas e coisas. Cf.: GILETE. [SILV] (*)

BRECA

Levado da breca: muito levado, ter mau gênio. *Sempre foi um menino levado da breca; hoje é uma pessoa disciplinada e tranquila.* Trata-se de uma expressão intensificadora. É usada com diversos verbos alternativos, inclusive como predicativo com o verbo *ser*. Por outro lado, ela é mais ou menos discernível, na medida em que está vinculada a uma das faces semânticas da palavra "breca", contida em dicionário, ou seja, *indignação, furor, malvadeza*. O outro sentido da palavra "breca" refere-se a uma doença ou contração espasmódica e dolorosa dos músculos da perna, que, figuradamente, também se pode aplicar à expressão em questão. Cf.: *Levar a breca*. [FUL/MEL/AUL/AUR/HOU/LCC/7949] (*)

Levar a breca: (sem crase): 1. frase implicativa que denota contrariedade, dirigida a algum desafeto. 2. dar-se mal, morrer, sumir. *Quero mais que ele leve a breca. Com medo de levar a breca, submeteu-se a um tratamento rigoroso.* É uma expressão mais ou menos discernível, na medida em que se vincula a uma das faces semânticas da palavra "breca", contida em dicionário, ou seja, uma "doença ou contração espasmódica e dolorosa dos músculos da perna". O outro sentido é *indignação, furor, malvadeza,* que figuradamente também pode se aplicar à expressão em questão. Cf.: *Levado da breca*. [MEL/SILV/AUL/HOU/NAS/5063] (*)

BRONCA

Dar (a/uma) (maior) bronca: fazer escândalo repreendendo, brigar, censurar, zangar-se. *Precisou dar uma maior bronca na empregada para a casa ficar bem arrumada. Ele não dá bronca, ele não é nenhum monstro com os alunos. A tia pensou ainda em dar uma bronca nos sobrinhos.* Sinônimos: *Puxar/Torcer a(s) orelha(s). Dar/Passar um sabão/um sermão/um pito. Dar (um) duro* no sentido de censurar com veemência. Expressão composta com o núcleo temático gíria "bronca", reprimenda, repreensão áspera. Motiva ainda construções paralelas com verbos de valor passivo, naturalmente com a devida reinterpretação do novo sentido não literal: *Levar/Receber/Sofrer (a/uma) (maior) bronca. Os alunos levaram a maior bronca, mas o professor não é nenhum monstro.* Para o valor ativo, há similar em espanhol: *Dar la charla.* [MEL/SILV/HOU/LAT] (*)

BURRO

Dar co's/com os burros/burrinhos n'água/na água: não se conter, enganar-se completamente, prejudicar-se, dar tudo errado. *Ele se meteu a estudar pra doutor, mas deu com os burros n'água, e largou tudo. Deu com os burros n'água, mas eu tinha avisado.* Sinônimos: *Dar-se mal. Levar na cabeça.* Vale a pena registrar a expressão na literatura, até pela longevidade dela: "Ah burro do meu coração! Bem te entendo o que queres dizer nesse zurro; mas não te posso ser bom; tem paciência, que bem sei, que em deixar-te, dei com os burros na água!" (António José da Silva, o Judeu, Lisboa, 1733) e: "Que de tudo o que tem vítima fez / E *dá com os burros n'água desta vez*". E [LCC] vê ainda a mesma imagem em Camões: "Moço, acende esse molho de cavacos, porque faz escuro, e não vamos dar com nosco em algum atoleiro, onde nos fique o ruço, e as canastras!" Por outro lado, há quem especule que a expressão teria origem numa história popular, ainda que fantasiosa, segundo a qual dois tropeiros deveriam carregar até um local combinado, nos respectivos burros, um fardo de sal e um fardo de algodão, respectivamente. No percurso, tinham que atravessar um rio. Na tentativa de fazê-lo, o sal derreteu-se e o algodão encharcou-se de água. Nessa confusão os fardos se desprenderam e ficaram perdidos, e ninguém chegou ao ponto determinado. Apenas *deram com os burros n'água*. [PAS/WER/TOG/LP/CDAs/LCC/SILV/MEL/FUL/ALV/MOT/RIB] (*)

De pensar/Pensando morreu um burro: ficar muito pensativo. *Ele pensou que eu fosse me arrepender, mas de pensar morreu um burro.* A ilação estaria em observar o animal com a cabeça pendente, parado, diante de um cocho vazio, como se estivesse em postura de meditação, estando, na realidade, à espera de uma nova porção de alimento e, se morreu mesmo, teria morrido de fome. Há correspondente em inglês com os referentes diferentes: *Care killed a cat (A preocupação matou um gato)*, o que não deixa de chamar a atenção, levando-se em conta os referentes diferentes ("preocupação", "gato"), a cultura diferente. [STEIN/WER/LCC/MEL/RIB/MEF] (*)

...pra burro/cacete/cachorro/caralho/ caramba/chuchu/danar/dar e vender: muito, coisas, pessoas, qualidades e/ou quantidades intensificadas, positiva ou negativamente. São usadas adverbialmente, posposicionadas, com diversas classes de palavras, e sem interpretação semântica discernível e lógica, mas com caráter superlativo. *Meu sobrinho é inteligente pra burro. Ele é muito rico, tem dinheiro pra burro. A avó dele tem saúde pra dar e vender.* Cf.: *...de amargar/arrasar (o quarteirão)/arrancar/ arrepiar (os cabelos)/arrebentar (a boca do balão)/doer/enlouquecer/fechar (o comércio/o trânsito)/lascar/morrer/tinir; ...da silva; ...da vida...; ...de morte; ...de raiva; ...do peru; ...de verde e amarelo* etc. O vocábulo "caralho", segundo [HOU], em uso solitário, já demonstra admiração, entusiasmo, indignação e deve ser forma bastante antiga, jamais encontrada em latim pela sua sufixação arcaica (diminutivo em *–cullus*). Mas no *Dicionário etimológico da língua portuguesa*, de José Pedro Machado (2. ed., Lisboa: Editorial Confluência, 1967), aparece, em 1258: "*caraculu*", pequeno pau. Vale, ainda, observar seu uso, já em 1500, a se dar crédito à descrição em linguagem simulada do século XVI, de Haroldo Maranhão, no romance *O tetraneto del-rei*, Rio de Janeiro: Francisco Alves, 1982. [FUL/MEL/XAre/7126/ AUR/NAS] (*)

BUSÍLIS

Busílis: enigma, problema, o nó ou xis de uma questão. *Aí está o busílis da questão, muito difícil de resolver.* A origem da palavra, que se usa em diversos contextos com diversos verbos, está presa a um manuscrito malfeito de copistas medievais e a um equívoco na segmentação vocabular da expressão latina *in diebus illis*, isto é, naqueles dias, usual na introdução dos evangelhos, segmentada como *in die busillis*, possivelmente em duas linhas subsequentes – final de uma e início de outra: *... in die/bus illis...* sem traço de união e sem espaço vocabular. *In* e *die* são duas palavras bem familiares, numa combinação sintática natural *in die*, no dia; "busílis" se trata de dois segmentos ocasionalmente grudados, formando visualmente uma palavra só, tornada indecifrável. Não existindo em latim um tal *busílis, passou este segmento a expressar tudo o que é indecifrável, problemático, difícil. Indecifrável em latim, e intraduzível em consequência, para outras línguas, foi por elas tomada como empréstimo com a mesma forma e o mesmo sentido não literal de problema, nó ou questão. Assim "busílis" consta também em espanhol e italiano. Outra versão, anedótica, mas com final semelhante, refere-se a um estudante que traduziu o início do segmento *in die*, mas não conseguiu traduzir o resto *busílis. Cf.: *Descobrir o X da questão*. Em latim aparece palidamente essa ideia, naturalmente com outra formulação: *Hoc opus, hic labor est*. Por outro lado, a palavra "zika", referida modernamente, como sinônimo, ao menos no Brasil, significando também "problema", tem uma origem e explicação bem diversa do que *busílis*. [HOU/AUR/NAS/SILVA2/ GAR/PAR] (*)

CABEÇA

Cabeça quente: intranquilidade, nervosismo, preocupação, insensatez, aflição. *Agindo com cabeça quente, você acabará cometendo injustiças. Não se deve resolver nada de cabeça quente.* Sinônimo: *Cuca quente* (*cuca* é vocábulo de cunho mais vulgar). Combina-se com vários verbos, como *ter, ficar, andar, viver, ser* e *ter*. Em francês diz-se *Tête brulée* e [BAL], em 1951, já registrava a mesma ideia com outros referentes: *Avoir la tête près du bonnet*. Cf.: *Esquentar a cabeça*. [MEL/PIP] (*)

Coçar a cabeça: arrepender-se, conter-se, preocupar-se. *Não adianta ficar só coçando a cabeça e gritando com os empregados, precisamos orientá-los.* No italiano se diz: *Grattarsi la pera*. [SILV/NAS/AM] (*)

(Com a cabeça) Nas nuvens/No mundo da lua/No ar: distraído, desatento, ficar fora da realidade, filosofar. *Esse garoto não aprende nada porque vive com a cabeça nas nuvens/no ar/no mundo da lua*. Sinônimos: *Estar/Ficar fora de órbita*. É usada alternativamente com os verbos *estar com, ficar com, viver com, andar com, ter,* entre outros. Há ideia semelhante em espanhol: *Mirando las telarañas*. Cf.: *Nas nuvens; No mundo da lua; Entrar em órbita*. [ALV/2002/NAS/MEL/WER /AUR/LAT] (*)

Da cabeça aos pés: em/por todo o corpo. *Ela é linda da cabeça aos pés*. Sinônimo: *Dos pés à cabeça*. É usada com vários verbos alternativos. Há expressão correspondente em francês: *De la tête aux pieds*. [2377/WER/AZE] (*)

De cabeça para baixo: em desordem total, em confusão. *Quando voltou de viagem, encontrou a casa de cabeça para baixo*. Sinônimo: *De pernas para/pro ar*. Usada alternativamente com diferentes verbos. Há similar em inglês, registrando a mesma ideia com outros referentes: *Upside down*. [RMJ2/MEL/2377] (*)

Duas cabeças pensam melhor do que uma: duas pessoas pensando pensam mais e chegam a melhor conclusão. *Vamos pensar juntos; duas cabeças pensam melhor do que uma*. Há ideia equivalente em inglês: *Two heads are better than one*. Cf.: *Dois olhos veem mais que um*. [STERN/RMJ/3427] (*)

Esquentar/Fundir a cabeça/a cuca: ficar irritado, preocupado. *Quem esquenta a cabeça, acaba ficando doente*. No mesmo idioma, os portugueses dizem, porém: *Andar à nora*. Para a expressão *Esquentar a cabeça*, há expressão correspondente em espanhol: *Calentar la cabeza*. Cf.: *Cabeça quente*. [SILV/4564/MOU /AUR/LAT] (*)

Ir para as/pras cabeças: passar a liderar algo, arriscar tudo para alcançar um objetivo. *Se o meu time vencer domingo, ele vai pras cabeças. (...) e mesmo com uma pulga atrás da orelha, fui para as cabeças. Ele vendeu tudo e foi para as cabeças.* Chama a atenção o emprego do plural, aparentemente paradoxal, de "cabeça" na expressão, uma vez que a cabeça é uma parte "única" no corpo; é mais uma esquisitice linguístico-semântica do falante ou do idioma. [MEL/SILV/4835]

Não perca a cabeça!: não aja intempestivamente! Há similar em inglês, registrando a mesma advertência com os mesmos referentes em imperativa afirmativa: *Keep your head (Keep one's head*: Conserve a cabeça). Cf.: *Perder a cabeça*. [RMJ2] (*)

Perder a cabeça: perder o controle da razão, agir intempestivamente, apaixonar-se. *O jogador perdeu a cabeça ao ser agredido deslealmente*. Cf. a exclamação: *Não perca a cabeça!* Há similares em inglês e espanhol, com os mesmos referentes: *To lose one's head*; *Perder la cabeza*. Cf.: *Não perca a cabeça!* [ALV/MEL/WER/SILV] (*)

Quebrar a cabeça: fazer um grande esforço mental, tentar desesperadamente lembrar algo. *Quebramos a cabeça durante duas horas tentando descobrir onde estava o erro*. Sinônimos: *Fritar os miolos. Dar tratos à bola*. Há similar em inglês, registrando a mesma expressão com referentes semelhantes: *To rack one's brains*. [RMJ2/WER/FUL/SILV/MEL/7309] (*)

Tantas cabeças, tantas sentenças: tantas cabeças, tantas opiniões. *Na reunião de ontem, todos deram palpites diferentes. Nada a admirar, tantas cabeças, tantas sentenças*. Expressão vinculada à metonímia de "cabeça" como espaço da "reflexão". Cf.: *Cada cabeça, uma sentença*. Expressão de uso antigo e universal, a se basear nas versões latina, espanhola, francesa, italiana, inglesa, praticamente servindo-se dos mesmos referentes: *Tot capita, tot sentenciae; Tantos hombres, tantas opiniones; Autant de têtes autant d'avis* ou *Autant de têtes autant d'opinions; Tante teste, tante cervelle; Several men, several minds*. Há ainda, em português, outras versões antigas, como *Cada cabeça, cada sentença; Cada cabeça, sua sentença; Qual cabeça, tal siso; Quantas cabeças, quantas sentenças*. E em Terêncio, 194-159 AC, já constava *Quod homines, tot sentenciae*. [LMOT/MEL/FRI/MEF/SILVA2/LCC/1528] (*)

Usar a cabeça: pensar, agir sensatamente. *Se você não usar a cabeça, não contornará essa dificuldade*. Atente-se para a seguinte abonação, retirada da seção de futebol de um jornal: *Ganso usa a cabeça na vitória do tricolor*, em que a sequência "usa a cabeça" é, ao mesmo tempo, uma expressão idiomática (cabeça = inteligência) e uma sequência puramente denotativa (cabeça = parte física do corpo). Em espanhol fala-se *Utilizar el cérebro*, também com metonímia, mas com o uso de outro referente, o que, evidentemente, não permitiria fazer o mesmo jogo de pensamento do português. [SILV/MEL/8768/DSP/LAT] (*)

CABELO

...de amargar/arrasar (quarteirão)/arrancar/arrepiar (os cabelos)/doer /enlouquecer/lascar/morrer etc.: expressões pospostas a diversos tipos de palavras indicativas de "coisas, pessoas, ações, estados, qualidades ou sensações diversas", formadas com "de + infinitivo" de alguns verbos, às vezes com os seus respectivos complementos, com função identificadora positiva ou negativa:

espantoso, intensamente, muito bom, extraordinariamente, insuportável etc. *O filme de horror foi de arrepiar os cabelos.* São expressões que admitem ainda combinação com vários outros verbos, inclusive o verbo *ser*. Em francês há versão literal: *À faire les chevaux sur la tête. Les chevaux se dressent sur la tête.* [MEL/SILV/PIP/FUL/WER/NAS/FRI/3021/AZE] (*)

CABO

De cabo a rabo: de ponta a ponta, do começo ao fim, totalmente. *Apesar disso, foram editados de cabo a rabo.* Expressão usada alternativamente com vários verbos. Além da justificativa semântica, na expressão há ainda a sugestão de rima, que acontece também na sinonímia: *De fio a pavio*. Sinônimos: *De fio a pavio. De ponta a ponta. Do começo ao fim.* Em espanhol há versão literal: *De cabo a rabo*. E se se quiser uma frase erudita e literária, ao arrepio deste dicionário popular, pode-se mencionar a famosa frase de Horácio, em latim: *Ab ovo ad mala, Do ovo às maçãs,* em alusão à interessante *cena* (ceia), cuja entrada, às 15 horas, era com ovos, e se encerrava por volta das 20 horas, com frutas. [AMF/WER/FUL/TOG/LAT/RMJ/PIM] (*)

CABRA

A cabra da vizinha dá mais leite do que a minha: tudo o que é dos outros parece melhor aos nossos olhos. *A geladeira que a minha cunhada comprou ontem armazena muito mais alimentos do que a nossa; na verdade é como se diz: a cabra da vizinha dá mais leite do que a minha.* A mesma ideia está explícita paralelamente nas seguintes formulações, válidas como sinônimas: *A galinha da vizinha é mais gorda do que a minha* (esta já arrolada em 1780); *A grama do vizinho é mais verde.* A expressão do *caput* do verbete também tem similar em espanhol: *La cabra de mi vecina da más leche que la mia.* [FRI/AM/LMOT/0131] (*)

CABRITO

(O) Bom cabrito não berra: não se deve fazer alarde de suas realizações, deve-se aceitar o mal impingido sem reclamação, ética entre criminosos de não se delatarem. *Você me deu um grande prejuízo, mas bom cabrito não berra.* Embora sem comprovação, a lógica permite deduzir que cabrito (animal novo, cria masculina da cabra) seja o menor de idade, o menino, podendo corresponder, noutra faixa etária, ao "cabra macho ou cabra da peste nordestino", capanga no grupo de cangaceiros, sujeito subalterno, que, quando preso, não berra, não delata, não dedura. [RMJ]: Adágio corrente entre os criminosos do Rio de Janeiro. A ética deles lhes impõe a solução dos seus problemas, por acordo, sem delações à polícia. *Berrar* é sinônimo de *delatar* e *bom cabrito* é o criminoso que adere rigorosamente àquela norma de conduta. Explicação dada ao autor [RMJ] pelo detetive Perpétuo de Freitas. Daí a extensão do sentido para a "pessoa que não alardeia e aceita submissamente a situação". Com efeito, "cabrito" é gíria de "menino". [RMJ/LP/CDAs/RIB/6159/MOT/GUR] (*)

CACHORRO

***Brigarem/Viverem como/que nem/feito gato e cachorro* ou *cão e gato*:** brigar muito, viver em constantes e intermináveis desentendimentos e/ou conflitos. *Os dois meninos não podem ficar juntos; brigam como gato e cachorro.* Usa-se também o verbo *ser*: *Ser como gato e cachorro*, com similar literal em espanhol, embora com inversão na ordem dos animais, o que pode acontecer também em português: *Ser como perro y gato; Brigar como cão e gato*. Nos tempos modernos, parece que a feroz animosidade desses animais se abrandou e eles convivem bem. Em inglês se diz: *Live like cats and dogs*; em espanhol: *Vivir como perro y gato;* e em francês: *Vivre comme chien et chat*. [ALV/MEL/SILV/RMJ/RMJ2] (*)

***Soltar os cachorros (em cima de)*:** insultar, xingar, dizer mal de alguém. *Revoltado com a demissão, soltou os cachorros em cima do patrão*. Inferência compatível com o comportamento de cachorros de caça. Em italiano expressa-se de um modo geral a mesma ideia, mas sem inferência facilmente plausível para o falante brasileiro: *Tagliare i panni addosso a qualcuno*: Cortar os panos em cima de alguém. [FUL/LP/MEL/SILV/AUR] (*)

CAIXA

***Caixa/Caixinha de surpresas*:** caixa ou caixinha de onde, quando se abre, surge qualquer objeto surpreendente, como pessoa, coisa, estado ou situação que às vezes causa surpresas agradáveis ou desagradáveis. *Ela sempre aparece com um prato diferente, é uma caixa de surpresas. A vida é uma caixinha de surpresas. O futebol é uma caixa de surpresas.* Usadas com vários verbos, inclusive como predicativo com o verbo *ser*. Pode ser reminiscência da lenda "Caixa de Pandora". Pandora, na mitologia grega, foi a primeira mulher, dotada de todas as graças e todos os talentos, criada sob as ordens de Zeus, que lhe deu de presente uma caixa, de sedutora aparência, mas onde estavam encerrados todos os bens e todos os males, com a recomendação de que não devia abri-la. Pandora tinha sido criada à semelhança das deusas imortais, mas Zeus a destinou à espécie humana. Ela veio habitar a Terra onde Epimetheu, o primeiro homem, a desposou. Pandora, não resistindo à curiosidade, abriu a caixa, deixando escaparem e espalharem-se pelo mundo todos os males. Na caixa restou, porém, um único bem, a esperança. Em Portugal é, ou era conhecida, a expressão "Boceta de Pandora", que se refere, figuradamente, ao que, sob uma aparência de encanto e de beleza, é ou pode ser a origem de muitas calamidades. Corresponde no Brasil à *Caixa de Pandora*, origem de todos os males. Advirta-se que a palavra "boceta" em Portugal significa caixa ou caixinha, e não, como no Brasil, a palavra chula, "vulva" (GUIMARÃES, 1972, p. 244-245). [LEL/LAR/AUR/NAS/MEL/1637] (*)

CALAFRIO

***Calafrio*:** conjunto de pequenas contrações de pele e dos músculos com sensação contrastiva de frio provocada por baixa temperatura ou estado emocional, como medo, horror, espanto. *O rapaz sentiu um calafrio ao pensar que poderia ser convocado para a guerra.* Sinônimo: *Arrepio*. A palavra é composta de dois elementos semanticamente contrários, como é o caso do *vaivém*. O primeiro com a ideia de "quente" e o segundo com a de "frio". A forma antiga calefrio deu a atual, por assimilação, apesar da dúvida quanto à datação. É usada com verbos como *sentir, causar* etc. [ABL/HOU/AUR/NASE/8071] (*)

CALÇA

Com as calças na mão: em estado de penúria, sem recursos. *Jogou fora a fortuna que o pai deixou; agora está com as calças na mão.* Sinônimo: *Com uma mão na frente outra atrás* ou *Com uma mão atrás e a outra na frente*. É usada alternativamente com vários verbos, como *estar, ficar, andar, viver* etc. Em princípio, a palavra é usada no plural (*pluralia tantum*) e parece referir-se apenas às calças masculinas, compridas; a versão de veste feminina íntima tem o nome de "calcinha". Portanto, as expressões com *calça(s)* são, em princípio, privativas do sexo masculino, mas, como acontece com outras expressões (*saco, barba* etc.), aparecem referidas às vezes ao sexo feminino. As calças compridas femininas parece que só se vulgarizaram na década de 1960, ao menos no Brasil. [MEL] (*)

CALCANHAR

Calcanhar/Tendão de aquiles: lado vulnerável, ponto fraco de qualquer pessoa, do ponto de vista físico, emocional ou intelectual. *A atração pelas mulheres é o calcanhar de aquiles dele.* Usada alternativamente com vários verbos, inclusive em função predicativa com o verbo *ser*. Tem origem na mitologia grega. Aquiles era filho do rei Peleu e da deusa Tétis. Logo após o seu nascimento, para imortalizá-lo, Tétis, segurando-o pelo calcanhar, mergulhou-o nas águas do rio Styx, que tinha o poder de tornar invulnerável quem nele fosse banhado. A água, porém, não tocou o calcanhar que a mão segurava. Aquiles tornou-se um grande guerreiro e matou Heitor, numa das batalhas da guerra de Troia. Não conseguiu, porém, entrar na cidade, pois uma seta desferida por Páris o atingiu no calcanhar vulnerável e o matou. Em *Neur.* o termo *calcanhar de aquiles* ou *tendão de aquiles* foi substituído na nova terminologia anatômica por *tendão calcâneo*. É usada com diversos verbos, inclusive com o verbo *ser*. Cf.: ÍCARO. Cf. também: p. 34, g. [MEL/NAS/RMJ/PIM/1652/AUR] (*)

CALDO

Engrossar o caldo: complicar, mostrar-se sem finura, sem tato. *Engrossou o caldo quando o pai a proibiu de ver o namorado.* Cf.: *Entornar o caldo*. [MEL/SILV/3755]

Entornar o caldo: complicar, haver contratempo, botar tudo a perder, ser grosseiro. *Entornou o caldo ao dizer à família que pretendia mudar de cidade.* Antigamente se dizia entornar o carro, ou seja, "virar o carro", como faz entender um verso de Sá de Miranda: "Ao carro que está entornado". [JRF] entende que a aproximação entre "caldo" e "carro" viria de outra expressão: *mexer o caldo*. Rui Barbosa usa a expressão em 1892. [HOU], entretanto, sem se prender à expressão *entornar o caldo*, aponta etimologia diversa para "entornar", ou seja: "fazer transbordar, despejar, derramar (líquidos, grãos, miudezas etc.)", perfeitamente condizente com o sentido literal da expressão. Cf.: *Engrossar o caldo*. [RMJ/NAS/MEL/SILV/3784/JRF/HOU] (*)

CALENDAS

(Adiar/Ficar) Para as calendas gregas: para época que nunca chegará, dia ou tempo que nunca há de vir, ficar para as calendas gregas é ficar indefinidamente postergado. *Vamos transferir a reunião para as calendas gregas. Quando ela tomar juízo, para as calendas, talvez se case*. Sinônimo: *Dia de São Nunca*. No antigo calendário romano, "calendas" era o primeiro dia de cada mês, dia festivo com que começavam todos os meses romanos na Antiguidade. Em latim se dizia *Ad calendas graecas*. Os gregos não tinham calendas. A cronologia grega não apresentava calendas. A expressão é muito antiga e nasceu de um dito do imperador romano Augusto, registrado por Suetônio, e se aplica aos que não pagam nunca, ou não cumprem nenhuma promessa (Suetônio 69-128). Levando-se em conta que o calendário grego não tinha calendas – por isso se justifica a expressão – mas o calendário romano tinha, a expressão deveria ser usada sempre completa, ou seja, *calendas gregas*, e não apenas *calendas*. [NAS/MEL/6488/RMJ/AUR/HOU/SILV] (*)

CALHAR

Vir (mesmo) a calhar: calhar, vir a tempo, ser oportuno, cair bem, convir, coincidir. *Essa chuva veio mesmo a calhar, estava muito calor*. "Calhar" significa denotativamente "entrar em calha", portanto, entrar em vala, o que parece pouco discernível, sobretudo com a ideia do *coincidir*. [MEL/SILV/2831/4245/HOU] (*)

CALOTE

Dar/Passar (um) calote: trapacear, não pagar dívidas. *Alguns países querem dar calote no FMI. Dei um calote, fiz como o Brasil*. "Calote" teria se originado do francês *cullote*, termo usado no jogo do dominó. Mas o *calote* da expressão parece ser o diminutivo de *calo* ou *cala* (sinônimos), isto é, uma fatia de queijo ou de melão que se dá à prova ao freguês para experimentar o sabor. *Dar o calo* ao possível comprador representa a atitude do vendedor para conquistar o freguês, confiando na venda imediata. Quando este saboreava gratuitamente e não comprava, *dava o calote*. Daí o sentido da expressão "não pagar dívidas". Para o sentido passivo usam-se verbos como *levar, receber, sofrer* etc.: *Levar/Receber/Sofrer (um) calote*. [LCC/MEL/HOU/SILV/PIM] (*)

CAMINHO

Meio caminho andado: dificuldade já parcialmente vencida, trabalho parcialmente realizado, está com a solução bem encaminhada. *A pequena ajuda que você me deu já foi meio caminho andado.* Usa-se com diversos verbos alternativos e a ideia, ou semelhantes, é vazada em várias formas no Brasil, como *Trabalho bem começado, meio acabado; Trabalho começado, meio acabado; Trabalho começado é meio caminho andado* e em inglês e francês: *The first blow is half the battle; Well begun is half done; Un travail bien commencé est à demi achevé.* A fórmula *Bom começo (já) é metade* parece ser de Aristóteles. [MEL/SILV/RMJ2/STEIN/FRI/LAC] (*)

CAMISA

Camisa de onze varas: afrontar perigos, correr risco enorme, envolver-se em complicações. *Entrar naquele grupo foi meter-se numa camisa de onze varas, saiu-se muito mal.* Camisa alva longa usada pelos suplicados e condenados nos autos de fé inquisitoriais, dos enforcados, dos réus de morte. Na realidade, jamais foi usada camisa com esse tamanho. A veste dos condenados à forca apenas cobria os pés dos supliciados. Não media evidentemente onze varas, ou seja, doze metros e dez centímetros de extensão. Deve-se lembrar que, entre os sentidos de "vara", um se refere à unidade de comprimento do antigo sistema metrológico brasileiro. A estátua de Tiradentes, no Rio de Janeiro, mostra-o vestindo a camisa de onze varas, na realidade uma camisa do tamanho a lhe cobrir o corpo todo. A expressão se constrói de várias formas, com vários verbos, inclusive com *meter-se em*. [HOU/RMJ/NAS/JRF/LCC] (*)

CANECO

Pintar o(s) caneco(s): fazer diabruras. *As crianças pintaram o caneco durante a festinha, deixando as mães loucas. Nunca vi pintar tanto aquela garota.* Sinônimos: *Pintar o sete. Pintar e bordar. Pintar (o diabo).* Aparentemente sem sentido discernível, vale a pena observar ao menos uma explicação etimológica para o caneco da expressão, como provindo de "cão" (sinônimo figurado de diabo) sob a forma do radical *can* + *eco* (sufixo diminutivo por vezes pejorativo masculino). [SILV/MEL/NAS/PIM/HOU/RMJ] (*)

CANELA

Espichar/Esticar a(s) canela(s): Cf.: *Bater as botas* e *Chutar o balde.* (*)

CANIVETE

Chover canivete(s): 1. chover torrencialmente, principalmente chuva acompanhada de fortes ventos, "cortante". 2. ocorrerá em qualquer circunstância. 3. confusão. 1. *Nem que chova canivete, eu irei.* 2. *Ainda que chova canivete, aprontarei o trabalho.* 3. *Tá chovendo canivete no Pará; polícia e sem-terra não se entendem.* Sinônimos: *Chover a cântaros. Nem que a vaca tussa.* Tem função intensificadora. Muito usada na forma negativa: *Nem que chova canivetes*, com verbo no singular, na linguagem popular: "haja o que houver, de qualquer forma". A origem metafórica não está discernível à primeira vista. O canivete foi inventado na Tailândia, por um ferreiro que deu seu nome ao instrumento: Khan Yi Viet. O problema de "chover canivetes" surgiu da grande quantidade desse objeto que se derramou sobre a Ásia e depois sobre a Europa. Muito usada na forma negativa: *Nem que chova canivetes*. Há equivalentes em inglês, francês e espanhol, registrando a mesma ideia com outros referentes: *To rain cats and dogs; Pleuvoir à seaux; Llover a cántaros*. A discrepância no uso curioso de referentes na expressão inglesa tem levado usuários a aceitar a frase reduzida (*Chover gatos e cachorros*) como sinônima da expressão portuguesa *chover canivetes*, o que evidentemente não é. Há quem até avente a explicação de gatos e cachorros, abrigados em harmonia nos sótãos de casas, assustados, porém, com temporais, caem dos telhados, dando a impressão de que são elementos da chuva. [RMJ2/RMJ/FUL/1917/SILV/MEL/GUR/FRI/NAS/AZE/BAR/AUR] (*)

CANJA

Dar (uma) canja: cantar e/ou tocar de graça simplesmente. *Não hesitou em dar uma canja, quando teve que voltar ao palco para os aplausos*. Todas as fontes, com exceção de [MEL], explicam a origem do significado a partir dos referentes "caldo de galinha", "caldo de carne", "sopa de galinha", alimentos que não precisam ser mastigados, daí serem fáceis de ingerir. [MEL], entretanto, dá a seguinte origem para o significado, parecendo válida e não necessariamente contestável, graças à homofonia da língua falada: "A expressão nasceu nos anos de 1960, quando o Clube dos Amigos do Jazz, que reunia trezentos fãs desse gênero musical, era conhecido pela sigla CAMJA. Como o Clube deixava todos os instrumentos musicais à disposição de seus frequentadores, todos os músicos diziam que iam tocar na CAMJA. Com o tempo, a frase passou a 'dar uma canja', que, hoje, é o que faz um músico ou cantor, ao se apresentar de graça". Nesse sentido também se usa *Dar uma colher de chá*. Cf.: *Dar (uma) canja/moleza/colher (de chá)/sopa (para o azar)*. [GUR/VIO/SIM/AUR/HOU/LEL/ABL/2606/LCC/MEL/SILV/FUL/WER] (*)

Dar (uma) canja/moleza/colher (de chá)/sopa (para o azar): facilitar, mostrar interesse por alguém, dar confiança, dar chance, dar oportunidade, descuidar-se, bobear etc. *Se ficar dando canja nessa escuridão, você ainda acaba sendo assaltado. Se der moleza, você não vai chegar a tempo no trabalho. Não posso dar colher a quem pensa em me prejudicar. É muita colher de chá o grupo preparar o trabalho para você. Vou para casa porque vai chover muito, não vou dar sopa pro azar.* Usa-se também ainda *Dar mole*, muito usada na versão negativa: *Não dá mole pra polícia*. Os significados figurados são mais ou menos discerníveis: para "canja" e "sopa", dá-se a origem do significado a partir dos referentes "caldo de galinha", "caldo de carne", "sopa de galinha", já existentes nas respectivas gírias; trata-se de alimentos que não precisam ser mastigados, daí serem fáceis de ingerir. Semelhante é o caso do "chá", cuja infusão é naturalmente fácil de se tomar. As expressões combinam-se ainda, às vezes, com o verbo *ser* e com o pronome "muita". Sinônimo: *Dar corda*. Cf.: *Dar (uma) canja; Ser (uma) canja/moleza/colher (de chá)/sopa*. Esse tipo de expressão simplista tem, na verdade, como base as respectivas gírias (*canja, moleza, sopa*) que as integram e sustentam. [GUR/VIO/SIM/AUR/HOU/LEL/ABL/2606/LCC/MEL/SILV/FUL /WER] (*)

Ser (uma) canja/moleza/colher (de chá)/sopa: ser coisa extremamente fácil. *Vai ser sopa. Para cada pergunta tenho a resposta na ponta da língua.* Os significados figurados são mais ou menos discerníveis: para "canja" e "sopa", dá-se a origem do significado a partir dos referentes "caldo de galinha", "caldo de carne", "sopa de galinha", já existentes nas respectivas gírias; trata-se de alimento que não precisa ser mastigado, daí ser fácil de ingerir. Semelhantemente é o caso do "chá", cuja infusão é naturalmente fácil de se tomar. Usa-se também ainda *Ser mole,* muito empregada na versão negativa: *Não ser mole. Não foi mole pra polícia chegar aos delinquentes*. Cf.: *Dar (uma) canja/moleza/colher (de chá)/sopa (para o azar). Dar (uma) canja.* [SILV/MEL] (*)

CÃO

Cão que ladra não morde: quem muito fala, grita ou ameaça, muitas vezes não faz nada. *Pode esbravejar que eu nem ligo, cão que ladra não morte.* A ideia é, de alguma forma, recorrente desde o latim: *Canes timidi vehementius latrant*, espalhando-se em outros idiomas, como o espanhol: *Perro lavrador nunca es bon mordedor*; francês: *Tous les chiens qui aboient ne mordent pas*; italiano: *Cane che abbaia non morde*; inglês: *Barking dogs don't bite* ou *Barking dogs seldom bite.* [MEL/HOU/STERN/FRI/LMOT/SILVA2]

Quem não tem cão/cachorro caça com gato: quem não tem meios próprios improvisa outros, cada um age de acordo com suas possibilidades. *Foi à praia de bicicleta porque o carro estava quebrado; não tem cão caça com gato.* Não tem sentido, lógica e necessidade buscar na etimologia popular, como às vezes se insinua, um provérbio formalizado como "quem não tem cão caça como gato", de que seria uma corruptela. [FSP/MEL/7417/LP/MEF] (*)

CARA

Cara de pau: pessoa irreverente, impassível, sem expressão. *É um tremendo cara de pau.* Usada normalmente em função predicativa com o verbo *ser*. Há expressão praticamente correspondente no italiano: *Faccia tosta* (*Face torrada*). A inferência do sentido literal está frustrada inclusive no cotejo com a língua estrangeira. É usada alternativamente também com vários verbos, inclusive o verbo *ser*. [SILV/MEL/NAS/1721/GUR] (*)

Com a cara/o ar de poucos amigos: expressão visual de zanga, cara aborrecida, indisposta. *Não o provoque, que ele hoje está com cara de poucos amigos.*

A expressão pode ser composta encabeçada alternativamente com os verbos *estar, ficar, viver, andar, ter,* entre outros. Sinônimo: *Cara amarrada.* Essa ideia de zanga os portugueses expressam, no mesmo idioma, não só pela expressão *Cara de poucos amigos,* como no Brasil, como também com *Chegar/Subir a mostarda ao nariz,* como em *Antonio é uma pessoa calma, mas quando lhe chega a mostarda ao nariz, não é para brincadeiras* e, ainda, entre outras, com *Ir-se aos arames,* como em *Vou aos arames quando mexem nos meus papéis.* [MEL/ SILV/1710/MOU/AUR] (*)

Dar a(s) cara(s): aparecer, comparecer. *Só deu as caras em casa duas horas depois.* Como as pessoas não têm mais de uma cara, a expressão, por coerência, deveria ser *dar a cara,* no singular. Há quem, por isso, tente explicar o plural por cruzamento semântico com "cartas do baralho". E é de se observar que há dicionários que só registram a expressão no plural, *dar as caras.* [SILV/CDAs/ MEL/AMF] (*)

(De) Meia-cara: de graça, gratuitamente. *Entrei na festa de meia-cara.* A interpretação do sentido e uso não é pacífica, como se depreende dos comentários de LEDA, 1966, que a dá como sinônimo de *meia-tigela,* a partir da frase de Rui Barbosa: "Este psicólogo de meia-cara", contestando Cândido de Figueiredo, que afirmara: "Meia-cara, escravo importado por contrabando": "Não batemos fé em que a nossa definição seja cabal, mas a do diligente lexicógrafo, no texto, é absolutamente inaceitável". Entretanto [JRF], que coloca "de meia-cara" no mesmo verbete de *de carona,* diz "*de meia-cara* é embuste (...) era vulgar no outro tempo em que segundo os costumes de origem muçulmana as mulheres, na rua, ocultavam metade do rosto, o que dava lugar a decepções grandes. Felipe III proibiu em 1611 esse costume das *tapadas de meio ojo,* que, como embuste, os ciganos praticavam". Mas, o próprio [JRF] esclarece: "Outra origem, talvez, de aplicação de *meia-cara,* no Brasil, que se fez aos negros novos, importados por contrabando, é verificadamente anterior à repressão do tráfico." E [AUR], aceitando o sentido de "sem pagar, de graça", parece justificar com: *Meia-cara*: O escravo que, depois de proibido o tráfico, era importado por contrabando, sem se pagarem direitos aduaneiros. [2932/ AUR/JRF/NAS/VIO](*)

Quem vê cara não vê coração: não se deve julgar as pessoas só pelas aparências. *É mal-encarado, mas é uma pessoa boa, quem vê cara não vê coração.* Cf.: *As aparências enganam.* O embrião da ideia já está no latim: *Frons, oculi, vultus persaepe mentiuntur.* Em princípio não admite inversão de ordem. [MEL/MEF/ SILVA2/LMOT] (*)

CARAPUÇA

Botar/Colocar/Meter/Pôr/Vestir/Enfiar a carapuça: tomar para si alusão ou crítica dirigida a outra pessoa. *Não adianta vir com essa conversa, porque eu não vou botar a carapuça.* Na Idade Média, durante a Inquisição, os indiciados vestiam um longo e pontiagudo chapéu, a carapuça. [MEL/SILV/WER/LP/NAS/ FRI/8876/AUR] (*)

CARGA

Por que cargas-d'água?: por qual motivo, razão desarrazoada. *Todos foram à reunião do condomínio; por que cargas--d'água você não foi? Não sei por que cargas-d'água ele resolveu desistir da viagem.* Expressão portuguesa já vulgar no século XVI. Cargas-d'água são sempre justificativas para não se cumprir o combinado; quando aparentemente não há pretexto, justifica-se a observação em tom de pergunta. É usada com frequência na forma declarativa negativa: *Não saber por que cargas-d'água;* e às vezes é reduzida para *Não saber por que*: *Não sei por que você não foi.* Segundo [JRF], a locução exprime responsabilidade de culpa e aponta na *Ulissipo* de Jorge Ferreira: Nisto há de estar a minha vida? *e por qual carga-d'água?* (...) A carga--d'água faz moer o moinho e o aguaceiro sempre foi alegado como pretexto ou escusa de cumprir obrigação. Mas quando não chove é natural que se pergunte ao relapso: "Mas por que carga-d'água" ou, "Onde está o motivo forte?". Essa seria a origem da expressão quanto à propriedade de sentido, mas não da forma que deve estar ligada à argumentação escolar da antiga dialética (*Per quam regulam?*) [FUL/XAre/WER/396/LCC/JRF/PIM] (*)

CARNE

A carne é fraca: é difícil resistir às tentações do sexo. *Nem sempre é bom ficar a sós com mulher bonita, pois a carne é fraca.* A expressão é parte do enunciado de Mateus 26: 41: "O espírito, em verdade, está pronto, mas a carne é fraca". Há similar em espanhol: *La carne es débil.* [ALV/0045/WER/MEL/NOG] (*)

Quem come/comeu a carne/o filé, (que) roa os ossos: quem usufruiu a boa parte de algo tem que arcar com o lado ruim que possa existir. *A festa estava ótima, mas agora limpem a casa; quem come o filé tem que roer os ossos.* A ideia vem do latim com os referentes "vinho" e "borra de vinho", e ideias próximas aparecem no italiano e inglês: *Faecem bibat que vinum bibi;Manciasti la carni, spurpati l'ossu;Who eats the sweet must taste the bitter.* [MEL/LMOT/FRI/7358] (*)

Ser carne de pescoço: perverso, cruel, malvado, desordeiro, irredutível, difícil de dobrar. *Ela é carne de pescoço, quando cisma com alguma coisa, nunca dá o braço a torcer.* Há similar em inglês, registrando a mesma expressão com os mesmos referentes: *Tough*; *Tough guy.* [RMJ2/MEL/SILV] (*)

CARONA

Dar/Passar/Pedir/Pegar/Andar de carona: solicitar/conseguir condução gratuita de alguém, embarcar na ideia de alguém. *Uma amiga minha pegou carona com o marido de uma grávida e ficou grávida do marido da grávida. Em que marcha você pegaria carona até Brasília: a dos sem-terra, a dos com-terra, a dos contra--Carajás?* Sinônimo: *Na faixa.* Para *Pedir carona*, o espanhol tem uma expressão híbrida equivalente: *Hacer autostop.* [SILV/MEL/NAS/JRF/6700/2454/AUR/LAT] (*)

CARRADA

Ter carradas de razão: estar cheio de razão, ter toda a razão, com argumentos incontestáveis. *Temos que reconhecer que ele tinha carradas de razão naquele caso.* É de origem portuguesa "ter razão às carradas". Imagem do transporte, de *carrus*, o carregar, carga. No Brasil e Portugal constitui medida de capacidade, carro de lenha, de milho etc. Já se usava em 1817 em Minas Gerais e Rio de Janeiro. Pelos começos do século XVIII, no livro popular das *Verdadeiras bernardices*, colhe-se o exemplo da locução adverbial "às carradas": *"(...) os desprezos lhe haviam de vir às carradas!"* [MEL/PUG/NAS/LCC/SILV/JRF/HOU/8247] (*)

CARRO

Botar/Colocar/Pôr a carroça/o carro adiante/na frente do(s) boi(s): inverter os fatos, agir de maneira precipitada. *Não pode ser atendido antes dos idosos: não bote a carroça na frente dos bois. Na reunião, se você falar antes do presidente, vai pôr a carroça na frente dos bois.* Em São Paulo e Minas Gerais, aparecia ainda outrora a versão negativa *Não anda o carro adeante dos bois*. Em francês há frase semelhante: *Il faut pas mettre la charrue devant les boefs*. E em inglês a expressão usa outro referente: *Top up the cart before the horse*. Há ainda similar em espanhol, com idênticos referentes: *Poner la carreta delante de los bueyes*. Constrói-se também, ainda, com o verbo *passar*, entre outros. [ALV/SILV/MEL/AM/BAR/7053] (*)

CARTA

Botar/Colocar/Mostrar/Pôr as cartas na mesa: 1. fazer um ajuste. 2. passar a limpo, esclarecer todos os pontos da questão, contar a verdade. 1. *Mulher, chegou a hora de botar as cartas na mesa.* 2. *Pediu uma reunião com toda a família para botar as cartas na mesa.* Há similares em espanhol, francês e em inglês com os mesmos referentes: *Ponner las cartas encima de la mesa. Mettre cartes sur table. Top up one's cards on the table.* [ALV/SILV/MEL/6959/BAR/ROB] (*)

Dar carta branca: dar autorização plena. *Diante do resultado do concurso, deu carta branca ao filho para que comprasse o presente que quisesse. Confiando na mulher, o marido deu carta branca ao decorador.* Há equivalente em inglês, registrando a expressão com referentes semelhantes: *Free hand* (*Mão livre*). [RMJ2/SILV/MEL] (*)

CARTUCHO

Queimar o(s) último(s) cartucho(s): esgotar todos os recursos. *Para fazê-lo estudar, queimou todos os cartuchos, prometendo um passeio.* Em espanhol há o similar: *Quemar el último cartucho*. [LMOT/SILV/MEL/JRF/7338/LAT] (*)

CASA

Casa da sogra: lugar onde todos entram, todos mandam, onde cada um faz o que quer. *Ele entra no gabinete do diretor como se fosse a casa da sogra.* [LAU]

sugere que a expressão remonta à formulação original já usada no século XVII: *Estende-se como villam em casa de seu sogro*; *O folgado que se espalha* ("estende-se") *na casa da sogra*. Expressão usada alternativamente com vários verbos, inclusive em função predicativa com o verbo *ser*. Cf.: *Casa da/de mãe joana*. [LAU/LP] (*)
Casa da/de mãe joana: lugar, casa etc. onde todos têm livre acesso, mandam, mexem ou fazem o que querem, ingênua ou licenciosamente. *Ele entrou como se fosse a casa da mãe Joana. Vamos com calma que isso não é casa de mãe joana.* Parece que o sentido figurado ou idiomático referido é consensual, talvez um pouco licencioso em alguns usos, dada a sua ligação semântico-formal com a expressão *O cu de mãe Joana*. As dúvidas ficam por conta da origem da expressão. Há várias tentativas que tentam explicá-la, indo desde inferências a partir de dados históricos reais e elos falhos até a interferência de motivação fônica, como acontece na chamada etimologia popular. Assim, diz-se que na época do Brasil Império, mais especificamente durante a minoridade do Dom Pedro II, os homens que realmente mandavam no país se encontravam num prostíbulo do Rio de Janeiro, cuja proprietária se chamava Joana, possível alusão e aproveitamento do antropônimo Joana I (1326-1382), rainha de Nápoles (1343) e condessa de Provença. Esta, de tumultuosa existência, rainha com 17 anos, casou-se quatro vezes e acabou sendo condenada à morte pelo primo-herdeiro, Carlos de Anjou, em 1382. Antes, porém, em 1346, refugiou-se em Avignon e tomou posse da cidade.

Avignon era sede de um departamento francês. Em 1348, o papa Clemente VI comprou-a a Joana I e a cidade passou para a Igreja, permanecendo com ela até 1791, data em que foi reunida à França. Um ano antes Joana liberou os bordéis e baixou regulamentos, em que um dos artigos dizia: "Tenha uma porta por onde todos entrarão". O prostíbulo ficou conhecido como *Paço da mãe Joana* (paço ou palácio real, de *palatium*) e assim divulgou-se em Portugal. Teófilo Braga informa: "*Paço da mãe Joana* com que se designa a casa que está aberta para toda a gente". No Brasil, onde *paço* não era vocábulo popular e ademais era incompatível com o sentido de *Casa de tolerância*, tornou-se *Casa da mãe Joana*. Atente-se para os sentidos registrados na ABL: *Casa da mãe joana*: a) bordel; b) lugar desorganizado, onde a bagunça é generalizada; casa de tolerância. Parece não haver outra explicação, apesar da eventual associação com a expressão obscena *Cu de mãe Joana*, com a qual, aliás, [HOU] diz corresponder o mesmo sentido. É de observar, ainda, que [HOU] dá *Casa de mãe Joana* como sinônima de *Casa da sogra*, deixando clara, como sabemos, a mudança semântica, alijada da conotação de "prostíbulo". Mas, por outro lado, João Ribeiro elabora seu verbete com a seguinte explicação, dentro do tom conjetural dos seus estudos: "Diz-se aqui (*Casa de mãe Joana*) para evitar a expressão verdadeira e nua", que ele silencia, mas que naturalmente é a tal expressão *O cu de mãe joana*. Ao fugir da expressão obscena, João Ribeiro prossegue dizendo que essa mãe Joana é o simples vocábulo árabe *damchan* que significa *garrafão*, e, como verbo, *meter uma coisa em outra*; essa interpretação se explica porque os garrafões servem para que se lance neles alguma coisa e sempre são, por sua vez, metidos em palhas. De *damchan* o espanhol fez *dama Juana* ["senhora dama", cuja datação por [HOU] é de 1822, compatível, portanto, com a época do Brasil Império mencionada acima] e o francês *dame-jeanne* [cuja datação pelo mesmo dicionarista é de 1694 e cujo sentido na gíria marinheira, aparentemente inexplicável, é "garrafão empalhado"], também com o mesmo sentido de vaso grande de cristal ou garrafão. Daí a expressão *casa de mãe Joana*, formada por etimologia popular: *damchan* > *dame-jeanne* > *dama Juana*; ficando ainda sem explicação explícita a permuta de "dama" por "mãe". Quanto à "dama", sabe-se que um de seus sentidos antigos é *cortesã*, "prostituta que atende pessoas das altas camadas sociais" [HOU]. Cf.: *Cu da/de mãe joana; Casa da sogra*. Expressão nominal usada com diversos verbos, inclusive na função predicativa, com o verbo *ser*. Finalmente, cabe ainda a constatação quanto à flutuação de *Joana* e *joana*: cf.: p. 34, g. Nesse sentido vale a pena conferir os verbetes gírios ou expressões no [AUR] encabeçados por "maria". Cf.: p. 34, g. [PRA2/MEL/SILV/1766/LCC/JRF/AUR/HOU/PIM/CADs/GUR/ABL] (*)

Casa de ferreiro, espeto de pau: em lugar tipicamente apropriado ocorre justamente o contrário. *O pai é bom professor, mas o filho foi reprovado; casa de ferreiro, espeto de pau*. [LAU] entende que a expressão tem base, direta ou indiretamente, no provérbio: "*Alfayate mal vestido, çapateiro mal calçado*", século XVII. Embora provérbio, é muito usado coloquialmente. [LAU/MEL] (*)

Casa de tolerância: casa onde se alugam quartos para encontros amorosos. *Antiga mulher de amor, gasta e repelida, abriu casa de tolerância, seduziu mulheres honestas*. Sinônimo: *Rendez-vous*, dicionarizada no [AUR], naturalmente sob a classificação de "empréstimo", por isso que dicionarizada em *Dicionário da língua portuguesa*. Constrói frases com diversos verbos, como *ser, abrir, fechar, virar* etc. [AUR/AUL] (*)

Triste é a casa onde a galinha canta e o galo cala: frase machista que considera a mulher como incapaz de comandar a casa. *Só ele dá ordem em casa porque acha que a casa em que a galinha canta e o galo cala, não funciona*. A mesma ideia aparece, até literalmente, em outros idiomas, como em francês: *Triste est la maison où le coq se tait e la poule chante;* italiano: *Triste è quella casa dove la gallina canta e il gallo tace;* em inglês: *It is a sad house where the hen crows louder than the cock* ou *That house doth every more wretched grow where the hen louder than the cock doth crow*. [FRI/LMOT/STEIN/AM] (*)

CASACA

Virar (a) bandeira/(a) casaca: mudar de partido ou de opinião, versatilidade política. *Nesta legislatura alguns deputados viraram a casaca várias vezes*. Esta expressão pitoresca é devida à atitude de adversários se distinguirem por meio de seus trajes, inclusive casacas de cores diferentes, e de mudarem com frequência de opinião e de lado, mudando alternativamente as respectivas casacas. Remonta ao tempo das lutas entre católicos e protestantes; estes usavam "casaque" branca, a dos católicos distinguia-se por uma cruz encarnada. Os trânsfugas, quando se apresentavam aos contrários da véspera exibiam a casaca, virando-a e revirando-a, para mostrar que não eram inimigos. Mais objetivamente, diz-se ser alusão ao duque Carlos Manuel I, de Saboia, que alternativamente era pelos franceses e pelos espanhóis, vestindo-se com as cores da nação a que se aliava. Em relação à "casaca", em francês e espanhol há expressões similares: *Tourner casaque; Cambiar la chaqueta.* [LCC/MEL/SILV/XAre/8913/AM/AUR/NAS/LAT] (*)

CASCA

Escorregar/Pisar em casca de banana: ser malsucedido em algum empreendimento, tarefa. *Muito ingênuo, pisou em casca de banana ao comprar o carro por um preço caríssimo.* Recentemente, um programa de TV de curiosidades desmentiu, com teste, a crença das escorregadelas fáceis em cascas de banana. [SILV/MEL] (*)

CASTELO

Construir/Fazer castelo(s) no ar: sonhar coisas irrealizáveis. *Muitas vezes o que os candidatos prometem são castelos no ar.* A mesma ideia é registrada em espanhol, italiano e em inglês: *Hacer castillos en el aire; Far castelli in aria; To build castles in the air.* Na França, a ideia de "ar" é substituída ambiguamente pela palavra Espanha. [PUG/NAS/LMOT] (*)

CASTIGO

O castigo anda/chega/vem a cavalo: advertência aos transgressores da lei: os infratores sempre acabam punidos e o mal que se faz a outrem pode voltar sobre si mesmo. *Não vai escapar da cadeia, o castigo vem a cavalo. Você quis ver meu mal, mas se estrepou, castigo vem a cavalo.* Trata-se de provérbio, mas com largo uso coloquial, embora com interpretações não muito claras, dando a impressão até de opostas: o castigo "demora a chegar" ou o castigo "chega rápido"? [RMJ] conota esse provérbio ao "O castigo tarda, mas não falta", como repetição da frase do poeta Horácio numa de suas odes: *pede poena claudo* (*coxeando, o castigo segue o crime*), dando a entender que "o castigo 'demora a chegar'". Por outro lado, tem-se em mente a velocidade do cavalo, outrora meio de transporte dos mais velozes, hoje de difícil aceitação e metáfora quiçá descabida. Nesse sentido, [FON] faz seu comentário ao tópico "ir a cavalo": "Antigamente 'ir a cavalo' ou 'ir a galope' era a maneira mais rápida de se chegar a algum lugar e continua, se comparada ao 'ir a pé'. Nos ditados, até os dias de hoje, perduram comparações e citações referentes ao cavalgar: *o castigo vem a cavalo*; variação: *o castigo vem a galope*". Também com a ideia de velocidade do cavalo, [STEIN] lembra o provérbio inglês *Diseases come on horseback, but go away on foot*

(*Doenças chegam a cavalo, mas vão embora a pé* ou *A doença vem a cavalo e volta a pé*), com versão semelhante em francês: *Les maladies viennent à cheval et s'en retournent à pied* [LAC]. Ainda há versões semelhantes em espanhol *(Las enfermedades vienen al galope y no se van ni al traste)* e italiano (*Mallatia di corsa arriva, pianino ritorna*). É de se notar que essa ideia da velocidade do cavalo, lembrada nesses provérbios, data do século XIV, o que faz crer que a ideia original, portanto, é essa, isto é, da velocidade e não do retardamento, como parece entender [RMJ]. [WER/LEL/MEL/LCC/RMJ/LMOT/6170] (*)

CAUTELA

Canja de galinha não/nunca faz mal a ninguém ou **Cautela e caldo de galinha não/nunca fazem mal a ninguém** ou **Caldo de galinha e água benta não/nunca fazem mal a ninguém** ou **Conselho e canja de galinha não/nunca fazem mal a ninguém** ou **Canja de galinha e cuidado não/nunca fazem mal a ninguém**: é sempre bom agir com cuidado, calma e serenidade. *Gosto de fazer tudo devagar e com cuidado; cautela e canja de galinha não fazem mal a ninguém.* É provérbio muito coloquial. As fontes referidas, além do ditado simples, levantam muitas outras variáveis mais ou menos individualizadas, resumidas aqui a quatro para encabeçar o verbete. A ideia, mais literal e/ou em metáfora expandida, aparece também em latim, inglês e espanhol, constituindo outras variáveis, a saber: *Abundans cautela non nocet; Precaución y caldo de gallina, antecipada medicina* ou *Las precauciones y el caldo de gallina a nadie perjudican; Plenty of caution hurts nobody.* Como se observa, a mais sintética e objetiva está no idioma de origem, o latim; o inglês a tomou em tradução literal e o espanhol fez expansões diferentes da do português. [MEL/LMOT/SILVA2/1795] (*)

CAVALO

A cavalo dado não se olha(m) o(s) dente(s): não se deve reclamar de presentes ganhos nem lhes pôr defeitos. *Não gostei do perfume que me deram, mas não reclamei, afinal, a cavalo dado não lhe olham os dentes.* Literalmente, o cavalo pode estar desdentado e velho, o que desmotivaria a alegria do presente. Em termos de negócios de venda de cavalos, é certo que não há como esconder a verdadeira idade de um cavalo em relação aos dentes; os dentes do cavalo não nascem todos ao mesmo tempo; só no quarto ou quinto ano de vida completa a arcada dentária. É provérbio muito antigo, vindo do latim (*Equi donati dentes non inspiciuntur*) e chegando ao espanhol (*A caballo de presente no se le mira el diente*), ao francês (*À cheval donné on ne regarde pas la bouche*, e mais antigo: *A cheval donné as dente n'est par gardée*), ao italiano (*A cavalo donato non si guarda in bocca*), ao inglês (*Never look gift horse in the mouth*). Em português, ainda, há outras versões, como *Cavalo dado não se abre a boca*, entre outras. Cf.: *Presente de grego*. [MEL/MOT/RMJ/RIB/LMOT] (*)

Cair do cavalo: ter uma grande e inesperada surpresa. *Falar sobre a origem das expressões faz muita gente cair do cavalo.* Em folheto de missa da Igreja, explica-se que a cultura (religiosa) liga a expressão à conversão de São Paulo, mas nada há nos *Atos dos apóstolos* (9:1-19), quando se narra sua conversão; o que representa um emprego puramente literal. [SILV/WER/FSP/MEL/RIB] (*)

Cavalo de batalha: 1. insistir na mesma coisa, exagerar numa ideia, preocupação. 2. embaraço, confusão, criar caso. *O governo faz dos programas sociais o seu cavalo de batalha.* A expressão é usada alternativamente com diversos verbos, como *fazer*, entre outros. Trata-se da versão literal do francês *cheval de guerre* ou *cheval de bataille*, cavalo adestrado para montaria na guerra. No meio da nobreza era o cavalo mais imponente. A finalidade era, justamente, impor-se diante dos demais cavaleiros, bem como causar impacto e medo frente aos inimigos, no campo de batalha. No sentido figurado, significa ora o argumento de maior peso, ora dificuldade, complicação, ora, ainda, bandeira, razão de ser. [WER/SILV/MEL/RIB/1800] (*)

Tirar o cavalo/o cavalinho da chuva: desistir de um propósito, de um intento, reduzir as pretensões, não ser bobo. *Os fãs da atriz podem ir tirando o cavalinho da chuva. Pode tirar o cavalo da chuva que eu não vou comprar a sua casa.* A origem vem dos costumes mais antigos, quando o cavalo era o mais comum meio de transporte. Amarrar o cavalo em local protegido da chuva significava que a visita ia ser mais demorada. Se o convite partisse do próprio anfitrião "pode tirar o cavalo da chuva", expressava satisfação pela visita. É frequente o uso dessa expressão modalizada pelo verbo "poder", às vezes mais *ir*. [SILV/XAre/WER/CDAs/8470 /MEL/ALV/LP/FSP/RIB/MF/PUG] (*)

CAXIAS

Ser caxias: ser determinado, resolvido, cumpridor dos seus mínimos deveres. *Mantém a vida organizada porque é muito caxias.* Alusão a Duque de Caxias, herói brasileiro da guerra do Paraguai, um vulto histórico que cumpria à risca aquilo que dava na telha. É frequente o emprego de nomes em expressões. Cf.: p. 34, g. [SILV/MEL/GUR] (*)

CENA

Fazer (uma) cena(s): fazer escândalo, dar-se ao desfrute, cercar um incidente. *Levei-a para casa, minha mulher achou ridículo, fez uma cena. Não leve a sério o que ele diz, está fazendo cena.* Cf.: *Jogo de cena*. Em inglês há versão literal: *Make a scene*. [SILV/NAS/MEL/RMJ2] (*)

CERA

Fazer cera: não fazer nada, enrolar, engabelar, trabalhar vagarosamente. *Foi advertido pelo chefe por fazer cera na execução de suas tarefas.* A expressão provém do futebol. Há equivalentes em inglês e espanhol: *gamesmanship, play* *acting; amarrar el juego.* [SILV/MEL/FIELD/4177] (*)

CERTO

Certo como dois e(mais) dois são quatro: certeza absoluta, indiscutível. *A inflação jamais acabará no Brasil. Isso é tão certo como dois mais dois são quatro.* O francês tem expressão correspondente: *Cela est clair comme deux et deux font quatre.* Cf.: *Certo como dois mais dois são cinco.* [NAS/8129/AZE] (*)

CÉU

Cair do céu: vir na melhor ocasião, alguém ou algo inesperado que vem a calhar. *Você caiu do céu, eu estava precisando de alguém para me ajudar. Você caiu do céu, querida.* A ideia consta também de expressão em espanhol: *Llover del cielo.* [SILV/MEL/NAS/LAT] (*)

CHACOTA

Fazer chacota: fazer troça, zombar, fazer gracejos. *Precisavam acabar com essa mania de fazer chacota.* "Chacota" é uma antiga canção popular portuguesa, de fundo satírico ou zombeteiro. Fernão de Queirós descreve uma festa portuguesa, que diz: "Outros se desenfadavam com chacotas e folias". Desse costume antigo surgiu a expressão *fazer chacota*. Outra versão ou variante da anterior é de que "chacota" era uma dança de origem trovadoresca, de forte caráter chistoso, popular. Equivale, inclusive, a "chicotear", fazer troça ou gracejo. [SILV/RMJ/HOU] (*)

CHAPÉU

De tirar (lhe/se) o chapéu: surpreender, reconhecer as qualidades. *É um escritor brilhante, um dia todos lhe tirarão o chapéu. Essa piada é de tirar o chapéu, me surpreendeu.* Combina-se com outros verbos, inclusive o verbo *ser*: *Ser de tirar o chapéu*: *Seu esforço para se formar aos cinquenta é de se tirar o chapéu.* Em espanhol há a mesma expressão com os mesmos referentes: *Tirar el sombrero.* [SILV/WER/MEL/ALV] (*)

CHAVE

Guardar/Fechar/Encerrar/Trancar a sete chaves/debaixo de sete chaves: muito bem guardado em recipiente sob muitas chaves, sob responsabilidade em comum de diversas pessoas, como num cofre; praticamente esconder. *Vou guardar essa informação a sete chaves, depois vamos ver o que acontece. Para livrar-se da ganância dos parentes, guardou a sete chaves o prêmio.* Desde o século XIII, em Portugal, havia arcas de madeira, com quatro fechaduras, destinadas a guardar documentos e outros valores. Cada chave ficava com um funcionário graduado e às vezes com o próprio rei. O cofre só era aberto com a presença dos quatro. O dito popular preferiu o número "sete" pela sua conotação cabalística, mais compatível com a função do referido cofre. "Sete" é um número cabalístico, que sempre seduziu a imaginação popular: bicho de sete cabeças, hidra de sete cabeças, serpente de sete línguas, botas de sete léguas, ter fôlego de sete gatos, ou "sete" ser conta de mentiroso, ou, ainda, número indefinido dentro de um hebraísmo bíblico vulgar. Cf.: *Bicho de sete cabeças*. [LP/WER/MEL/SILV/LCC/PIM/AUR] (*)

CHORO

Não tem choro nem vela: não admitir reclamação. *Vou fazer o que for preciso, e não tem choro nem vela*. Alusão natural a choro e velas dos velórios. Em princípio, não admite inversão de ordem. [MEL/SILV/5912] (*)

CHOVER

Chover no molhado: ser uma inutilidade, insistir em assunto já resolvido. *Dar conselhos a ela não adianta nada, é chover no molhado*. O italiano tem correspondente literal: *Piovere sul bagnato*. [SILV/MEL/MOU/PUG/NAS/LMOT/1920] (*)

CINCO

Cinco (dedos) contra um: masturbar-se (o homem). *Quando ficava solitário no quarto, só com a revistinha na mão, eram cinco contra um*. Há vários sinônimos, entre os quais: *Bater/Tocar punheta. Bater/Tocar (uma) safira*. Cf.: *Bater/Tocar (uma) siririca*. A título de curiosidade, lembre-se do fato de que, no século XVIII, havia uma senhora cujo ofício consistia em alugar livros "perigosos" e "incômodos", pois só poderiam ser lidos "*d'une main*". Lembre-se, também, por oportuno, consequentemente, da publicação do livro, com tradução de Maria Aparecida Correa, *Esses livros que se leem com uma só mão – leitura e leitores de livros pornográficos no século 18*, de Goulemot, Discurso Editorial (FSP, 12/05/1981] [MEL/SOU] (*)

CINTO

Apertar o(s) cinto(s): passar dificuldades, reduzir as despesas, economizar. *Este ano vamos apertar o cinto até onde der*. Há expressão correspondente em espanhol: *Apretar el cinto*. [ALV/SILV/09811/FUL/AUR/NAS] (*)

CINZA

Renascer das (próprias) cinzas (como Fênix): brotar inesperadamente, recuperar a saúde e/ou recuperar-se financeiramente e/ou socialmente. *Renasceu das cinzas depois de ter sido desenganado pelos médicos*. Reminiscência da lenda grega a respeito da ave Fênix, única de sua espécie, a qual durava 300 anos, depois dos quais se queimava numa fogueira, para em seguida renascer das cinzas. [NAS/SILV/MEL] (*)

CÍRCULO

Círculo vicioso: situação interminável. Raciocínio circular, sofisma que consiste em se apoiar sobre a própria proposição que se tenta demonstrar, sucessão de ideias ou fatos que retornam sempre à ideia ou fato inicial. *Você diz não gostar dele por ele não gostar de você, e vice-versa, é bom sair desse círculo vicioso.* Constrói frases com diversos verbos, inclusive com o verbo *ser*. Há expressão literalmente igual também em francês: *Cercle vicieux.* [AUR/PIP/AUL/1957] (*)

COBRA

A cobra está fumando: há problemas, a situação vai se agravar. *Se chegarmos tarde em casa, a cobra vai fumar.* Frase de 1944, época da II Guerra Mundial. Um soldado estava fumando, quando um general chegou perto. Mais do que depressa, o soldado atirou o cigarro ao chão e pisou sobre ele, tentando apagá-lo. Não pisou tão bem, pois a ponta do cigarro continuou fumegando. Perguntando o general o que era aquilo, o soldado justificou: "A cobra está fumando". Cabe lembrar que o desenho de uma cobra "fumando" costumava parecer como símbolo popular da Aeronáutica Brasileira. Há quem comente o fato, dizendo: *Se non è vero è bene trovato.* Cf.: *Sentar a pua.* [NAS/MEL/SILV/0055] (*)

Dizer/Falar cobras e lagartos: xingar, dizer coisas ofensivas, falar mal de alguém. *Derrotado nas eleições, disse cobras e lagartos da sua equipe de campanha.* Refere-se à feroz animosidade dos dois animais, como ocorre entre outros elementos antagônicos, como gregos e troianos, gato e cachorro etc. Há expressão equivalente em espanhol formulada com outros referentes: *Decir villas e castillas.* A expressão encabeçada por verbos como *dizer* e *falar* motiva, como em outros casos semelhantes, construções de valor semântico passivo, como *Ouvir/Escutar cobras e lagartos.* Em termos de origem, tentaram-se várias versões: a) cobras provêm de coplas (versos de escárnio para zombar de alguém, dizer cobras era, então, satirizar, ridicularizar uma pessoa: *echar versos de escarnio*, arredondada, complementarmente com "lagartos"); b) origem bíblica: no livro dos Salmos do Antigo Testamento aparece: *super aspidem et basiliscum ambulabis*, isto é, "sobre o áspide (= serpente) e o basilisco (= lagarto) andará"; c) o reconhecimento popular da feroz e conhecida animosidade de animais tão antagônicos. É irreversível quanto à ordem. [SILV/MEL//LP/XAre/CDAs/GUR/FUL/ALV/NAS/JRF/PIM/LCC/AUR] (*)

COELHO

Matar dois coelhos com/de uma cajadada só: obter dois resultados com um só trabalho ou esforço. *Fui à feira, aproveitei e fui logo ao banco, matei dois coelhos de uma cajadada só.* Há expressões equivalentes em vários idiomas utilizando, porém, outros referenciais, naturalmente atendendo às culturas locais: latim: *In salto uno duos apres capere;* francês: *Faire dune pierre deux coups*; italiano: *Prendere due colombe o piccioni con una fava*; inglês: *To kill two birds with one stone.* Usa-se às vezes a expressão em ordem inversa: *Com/De uma cajadada só matar dois coelhos.* [LMOT/MEL/RIB/5376/AUR] (*)

COISA

A(s) coisa(s) está/estão preta(s): há algo grave, confuso, problemático. *A coisa está preta, não há dinheiro que chegue. Tudo está muito caro.* O uso da palavra "preta", no sentido negativo, tem sido condenado por ser considerado politicamente incorreto. Evidentemente, na época do dicionário de [NAS], não havia nem ideia dessa preocupação. Ademais, expressões idiomáticas não se sujeitam a tais preconceitos. [NAS] (*)

Há mais coisas no céu e na terra do que sonha a nossa filosofia: conteúdo autoexplicativo. Embora se trate de frase culta, literária, complexa e filosófica, portanto em desacordo com os restritos princípios deste dicionário, está aqui registrada, todavia, pelo eventual interesse de sua origem e formulação. É da peça *Hamlet* de Shakespeare (*There are more things in heaven and earth, Horatio, Than are dreamt of in your philosophy*), reutilizada no conto "A cartomante" e em crônicas de Machado de Assis e outros escritores, possuindo várias formulações, aparentemente com sutis alterações. Assim, foram arroladas: *Há mais coisas no céu e na terra do que sonha a nossa filosofia; Há, entre o céu e a terra, Horácio, muitas cousas mais do que sonha a vossa vã philanthropia; Há, entre o céu e a terra, Horácio, mais coisas do que sonha a vossa filosofia; Hamlet observa a Horácio que há mais coisas no céu e na terra do que sonha a nossa filosofia; Há mais coisas no céu e na terra do que sonha a filosofia; Há muita coisa mais no céu e na terra, Horácio, do que sonha a nossa pobre filosofia.* Dentre elas, uma já está vulgarizada, cristalizada e até dicionarizada no Brasil como "bordão", na formulação que inclui o adjetivo "vã": *Há mais coisas no céu e na terra do que sonha a nossa "vã" filosofia.* [MEL/MAS/GOM] (*)

COLCHA

Colcha de retalhos: 1. coisa malfeita. 2. obra sem unidade, mistura de muitas coisas. *O regulamento que vocês fizeram ficou uma colcha de retalhos; ninguém entende.* Usa-se também como predicativo com o verbo *ser*. [LAU] entende que a expressão remonta à formulação original já usada no século XVII: "É falso, como manta de retalhos". [LAU/1990/NAS/MEL] (*)

COMER

Comer para viver e não viver para comer: observação feita a pessoas gulosas. *Pare de comer o dia inteiro, você deve comer pra viver e não viver pra comer.* Há frases correspondentes no latim, espanhol, francês, italiano e inglês: *Edendum tibi est ut vivas, et non, vivendum ut edas; Comer para vivir, y non vivir para comer; Il faut manger pour vivre et non vivre pour manger; Mangiare per vivere e non vivere per mangiare; We ought to eat in order to live, not to live in order to eat.* Trata-se de frase em forma de trocadilho, de Molière, tornada proverbial. Está na cena V do terceiro ato de *O avarento*: *il faut manger pour vivre et non vivre pour manger.* [SILV/RMJ/LMOT] (*)

Comer e coçar é só começar ou ***Comer e coçar tudo está em começar*** ou, ainda, ***Comer e coçar vai de começar***: às vezes, o ato de começar algo aguça o apetite, a vontade; depois de começar, é difícil parar. *Ele não queria comer, mas, depois que começou, não para mais.* Há ideias semelhantes em diversos idiomas, como no latim, espanhol, francês, italiano e inglês, a saber: *Incipis invitus cessasque invictus ab usu; El comer como el rascar, todo es começar; L'appétit vient en mangeant; Grattarse e mangiare è solo cominciare; To eat and scratch, men need but begin.* A frase foi retextualizada no Brasil para uma comédia do teatro com o título "Trair e coçar é só começar". [MEL/LMOT/FRI/SILVA2/2109] (*)

CONFORME

(Tudo) Nos conformes/Dentro dos conformes: como deve ser, positivo. *Quero que você faça tudo dentro dos conformes. Positivo?* Como frase declarativa, constrói-se alternativamente com diversos verbos. Em pergunta ou resposta, muitas vezes a verbalização positiva é acompanhada de sinalização gestual, ou seja, ergue-se um dos dedos polegares e deixa-se ele estático, enquanto os demais, unidos, ficam voltados para a palma da mão. A verbalização negativa também pode ser acompanhada de sinalização gestual negativa, com o dedo polegar abaixado e em posição dinâmica, enfatizando o movimento para baixo, enquanto os demais, unidos, ficam voltados para a palma da mão. [MEL/3176] (*)

CONHECER

Quem (não) te conhece que te compre: é o que se diz a quem dissimula seus defeitos para conseguir seduzir alguém. *Estás muito bonzinho para o meu gosto, quem não te conhece que te compre.* É expressão ou provérbio de veiculação praticamente universal com versões em latim, espanhol, francês, italiano e inglês, a saber: *Tollat te, qui te non movit; Quien no te conosca, que te compre; Portez ailleurs vos coquilles d'autres; Solo chi non conosce chi lo compri; None of your tricks upon us.* [MEL/LMOT/FRI/7416] (*)

CONTA

Por conta do Bonifácio: zangado, irritado, indiferente. *Enquanto todos trabalhavam, ele ficou lá, por conta do Bonifácio.* Usa-se com vários verbos, como *ficar, estar* etc. Era o título de uma peça de teatro de Alvarenga Fonseca. Cf.: p. 34, g. [6983/AUR/NAS] (*)

CONTO

Conto do vigário: refere-se a delito ou manobra de má-fé para se tomar dinheiro de incautos gananciosos ou de boa-fé em troca de coisas falsas, simplórios e palermas, oferecendo-lhes grandes vantagens aparentes, como a venda de produto valioso (falsificado) por valor inferior ao do mercado, troca de bilhete da loteria premiado por irrisório valor, venda de viadutos, bondes ou outros patrimônios públicos. O "conto do vigário" mais comum é a modalidade de furto ou enganação nos quais o ladrão ou malandro "conta" à futura vítima (o otário) a história complicada, mas de certa verossimilhança de grande quantidade de dinheiro (originalmente entregue pelo seu vigário), ali presente dentro de um embrulho (o paco), dinheiro este que ele deseja confiar provisoriamente, por comodidade ou necessidade, a uma pessoa honesta em troca de algum dinheiro miúdo de que precisa no momento. Uma possível origem dessa burla, embuste ou golpe diz que, quando os espanhóis doaram à cidade mineira de Ouro Preto uma imagem de Nossa Senhora dos Passos, surgiu uma disputa entre os vigários de duas igrejas, a de Nossa Senhora do Pilar e a de Nossa Senhora da Conceição. Para resolver o impasse, decidiu-se pôr a imagem em cima de um burro, colocado entre as duas igrejas, ficando com a santa aquela igreja para onde ele se dirigisse. Ao ser solto, o animal dirigiu-se à Igreja de Pilar. Descobriu-se, depois, que o burro pertencia ao vigário de lá, o qual o havia treinado. Desde então, por natural extensão semântica, usa-se a expressão "o conto do vigário", com o sentido de falcatrua, malandragem, meio de ludibriar incautos ou gananciosos com grandes vantagens aparentes, contando ou não histórias fantasiosas, e a pessoa que engana, o "vigarista", é o passador de contos do vigário, um verdadeiro profissional do furto. E "conto do vigário" e "vigarista" já são do folclore nacional. É de consignar, como complemento, que dicionários portugueses, inclusive a enciclopédia [LEL], insinuam que o fenômeno é brasileiro, talvez com disseminação posterior em Portugal. Assim, em [LEL], o verbete "vigário" é classificado como brasileirismo, com o sentido de "espertalhão, finório"; em [VIL] aparece "vigarista", no Brasil, como "vivaldino, vivaço" e em Portugal como "achacador, burlão". Em [RAM], aparecem *Conto do vigário e Ir ao conto do vigário,* ambos com exemplificação em linguagem típica de Portugal: para o primeiro, "os jornais dão notícia de mais um ingênuo que caiu no conto do vigário (que se deixou enganar por burlões)", e, para o segundo, "o Carlos, que se julgava muito esperto, quis fazer um negócio da China e deixou-se ir no conto do vigário (deixou-se ludibriar, deixou-se enganar por burlões)". [AUR] ilustra ainda com um interessante trecho de Fernando Pessoa: "Ninguém já engana ninguém — o que é tristíssimo — na terra natal do Conto do vigário (*Páginas íntimas*, p. 420). Referimo-nos, finalmente, aqui — sem esgotar as versões — à pesquisadora mineira Lourdes Aurora Campos de Carvalho (apud PRATA2), que, no seu *Os vigários mineiros no século XIII,* lança a hipótese, inverídica, mas verossimilhante, de que, "na verdade a expressão era cair na 'conta do vigário', pois esses recebiam ouro roubado e pagavam pouco aos escravos que não sabiam a matemática. Várias igrejas foram construídas pela 'conta do vigário'". Por outro lado, há quem entenda que a palavra "vicário" veio do latim *vicariu* por via erudita (a forma "vigário" veio por via popular). *Vicariu*, em latim, significa "substituto". Assim, vigário é substituto do bispo, como o papa é vigário de Cristo. A expressão "conto do vigário" se refere ao vigário etimologicamente valendo como substituto, isto é, a vítima leva o substituto (a coisa substituída) do que acredita estar levando. Seria "o conto do substituto". Além dessas especulações, há registros em vários dicionários, revelando grande interesse pela expressão; e parece impossível estabelecer a relação com uma metáfora originária conhecida. A anedota do "conto do vigário" associa-o, no entanto, à figura do sacerdote; são casos de etimologia popular, sem respaldo documental. Cabe ressaltar, todavia, os inúmeros tipos de golpes inspirados no "conto do vigário", atestando a enorme criatividade dos "vigaristas", inclusive pela internet. A título de mais exemplo, cita-se o chamado "pulo do nove", modalidade de conto do vigário em que a vítima é atraída ardilosamente para um jogo e nele é ludibriada. Usam-se as expressões *Cair no/Passar o conto do vigário*, como atitude, "passiva", de ser enganado geralmente por ganância, passar por otário, ou "ativa", de enganar ardilosamente incautos gananciosos, de forma generalizada. *Se você acreditar no que ele diz, cairá fatalmente no conto do vigário. Ao fazer a doação daqueles alimentos estragados, o político passou foi o conto do vigário nos favelados.* Consideremos, ainda, que o conto do vigário é o mais antigo do gênero de ficção que se conhece. A rigor, pode-se crer que o discurso da serpente, induzindo Eva a comer o fruto proibido, foi o texto primitivo do conto do vigário. Está na Bíblia (Gênesis 2:15). Vale esclarecer, por oportuno, que no texto não se fala de "maçã", mas sim de "fruto da ciência do bem e do mal, "fruto proibido, "fruto do mal", traduzido para o latim por *malum*, que tanto pode ser "mal" (*malum*, com "a" longo em latim), como "maçã" (*malum*, com "a" breve). Por outro lado, quanto à astúcia de Jacó (Gênesis 30:25/43) (outro conto do vigário), em relação ao seu sogro Labão, parece não caber dúvida. Sabe-se que Jacó propôs a Labão que lhe desse todos os filhos das cabras que nascessem malhados. Labão concordou, certo de que muitos trariam uma só cor, mas Jacó, que tinha plano feito, pegou de umas varas de plátano, raspou-as em uma parte, deixando-as assim brancas e verdes ao mesmo tempo e, havendo-as posto nos tanques, as cabras concebiam com os olhos nas varas, e os filhos nasciam malhados. A boa-fé de Labão foi assim embaçada pela finura do genro. [MEL/AUR/HOU/LP/SIM/CARN/SILV/2230/7205/NAS/FUL/RAM/LUF/LEL/VIL/PIM/RMJ] (*)

COPAS

Fechar-se em copas: não dizer nada, não se manifestar, não revelar. *Quando tocaram nos problemas da sua família, ele fechou-se em copas.* A expressão pode ter sua origem no voltarete, jogo de cartas muito popular no século XIX. Há quem julgue corruptela, por facilidade de pronúncia, de "meter-se em encoscópias" (isto é, "meter-se nas encolhas", esta deverbal de "encolher"). Por outro lado, encoscópias ou encospas são formas de madeira usadas pelos sapateiros para alargar o calçado. [HOU/SIM/MEL/SILV/AUL/4384/NAS/AUR] (*)

COPO

Afogar-se em (em um/num) copo/pingo de/d'água: afligir-se por pouco, atrapalhar-se com pequeno problema. *Ficar muito preocupada só porque o filho ficou resfriado é afogar-se num copo d'água. Também não é para tanto: você está se afogando em pingo d'água.* Há correspondentes em espanhol: *Ahogarse en un vaso de agua* (em um copo); e em italiano: *Affogarsi in un bicchiere d'acqua* (em um copo). [0500/LMOT/ALV/PAR/LAT] (*)

COR

Cor de burro quando foge: cor esquisita, indefinida, inqualificável, de mau gosto. *Pintou a casa de forma esquisita, com tinta da cor de burro quando foge.* Há quem entenda, por meio de uma etimologia popular fantasiosa, que a expressão seja uma corruptela de "corro de burro quando foge". [MEL/NAS/PIM/2251] (*)
Saber/Conhecer de cor (e salteado): conhecer muito bem, de memória, literalmente, e em qualquer que seja a ordem; "cor" equivale ao latim *cor, cordis*, isto é, "de/pelo coração" e "de + cor" = decorar, *saber de cor. Os alunos sabiam todo o texto de cor e salteado.* Sinônimos: *Saber na ponta da língua. Saber da frente para trás e de trás para a frente.* A palavra "cor" (cór), usada desde o século XIV, que só aparece nessa expressão, tem origem no latim *cor, cordis*, "coração". No inglês, mais explicitamente, fala-se *Know by heart*, "Saber pelo coração", igualmente vinculando, como no português, a memória ao coração. Com efeito, os antigos julgavam que o coração fosse a sede da memória (e da afetividade). Por outro lado, para os romanos, as orelhas é que eram a sede da memória, pois estavam consagradas à deusa Memória, *Mnemósine*. Pode-se realmente inferir serem elas a sede da memória, na medida em que por elas penetram as informações "memorizáveis". Daí, também, falar-se em "memória auditiva". Cf.: *Puxar a(s) orelha(s); Puxão de orelha(s).* [ABL/FSP/SILV/MEL/HOU/2812] (*)

CORAÇÃO

Estar/Ficar com o coração na boca/na(s) mão(s): estar/ficar muito aflito. *Ficou com o coração na boca ao saber que seria transferido para outra cidade. Enquanto aguardava o resultado do exame, estava com o coração na mão.* Há correspondente em francês, parcialmente com outros referentes: *Avoir le coeur sur la bouche* (ou) *sur sés lévres,* e em espanhol: *Con el corazón en la mano.* Além dos verbos *estar, ficar com,* a expressão às vezes é encabeçada pelos verbos *viver, andar, ter, falar,* entre outros. [XAcm/MEL/SILV/WER/AUR/LAT] (*)
Estar/Ficar com o coração pesado: estar deprimido. *A longa doença deixou-lhe o coração pesado.* Há equivalente em francês com referentes semelhantes: *Voir le coeur gross.* Além dos verbos *estar, ficar com,* a expressão às vezes é encabeçada pelos verbos *viver, andar* e *ter,* entre outros. [XAcm] (*)
Ter (um) coração de ouro: ser extremamente bondoso, generoso. *Sempre ajuda*

os parentes, tem coração de ouro. Em francês há a mesma expressão com o mesmo sintagma: *Coeur d'or*. [MEL/SILV/NAS] (*)

Ter (um) coração de pedra: ser insensível, desalmado, cruel. *Nada consegue sensibilizá-lo; tem um coração de pedra.* Em francês há a mesma expressão com igual sintagma: *Coeur de pierre*. [MEL/SILV/NAS] (*)

CORDA

A corda (sempre) arrebenta/quebra pelo/do lado mais fraco: o lado mais fraco acaba sofrendo as consequências. *O povo é que sofre as consequências de um mau governo; a corda sempre arrebenta do lado mais fraco.* Embora classificável como provérbio, é muito usado coloquialmente. Há correspondentes em espanhol, francês, italiano e inglês, a saber: *Siempre quiebra el hilo por lo más fino; Où il est plus faible, le fil se rompt; La corda si rompe dal lato più debole;* e *The chain breaks at its weakest link.* [LMOT/MEL/0067/MER] (*)

Com a corda no pescoço: estar em dificuldades, em situação financeira difícil, em apuros, com dívidas. *Com a corda no pescoço, perdeu o crédito em todos os lugares.* A expressão vem da época da pena de morte, quando se punha a corda no pescoço dos condenados para enforcá-los. Há correspondente em espanhol com tradução literal: *Con la soga al cuello*. A expressão pode ser composta encabeçada alternativamente com os verbos *estar, ficar, viver, andar,* entre outros. [SILV/WER/LP/MEL/2006/NAS/AUR] (*)

CORRENTE

Remar/Nadar/Ir contra a corrente/a maré: lutar em vão contra forças opostas. *Se todos querem a sua demissão, eu não posso ir contra a corrente.* Sinônimo: *Nadar contra a maré.* Há similar em inglês, registrando expressão mais completa com a mesma ideia: *Go against wind and tide.* Usam-se ainda outros verbos alternativos como *lutar, navegar.* [RMJ2/MEL/BAR] (*)

CORTINA

Cortina de fumaça: qualquer meio usado para despistar alguma coisa. *A publicidade do governo é apenas uma cortina de fumaça para abafar os últimos incidentes.* Na guerra química, é uma nuvem artificial utilizada para ocultar movimentos e ações táticas da tropa, formada pela suspensão de agentes fumígenos no ar. A expressão provém então da marinha, referindo-se ao lançamento propositoal de fumaça pelas chaminés dos navios de guerra com o fim de ocultá-los da artilharia inimiga. Usa-se com vários verbos, inclusive com o verbo *ser*. [MEL/HOU] (*)

COSTA

Carregar/Levar (alguém) nas costas: ter ou manter (alguém) sob sua responsabilidade, fazer praticamente sozinho o trabalho de todos, suportar. *Para completar o trabalho, tive que carregar os colegas nas costas.* Em francês se diz:

Porter quelqu'un sur les épaules. [1741/ SILV/MEL] (*)

COTOVELO

Falar (até) pelos cotovelos: ser prolixo, muito tagarela, indiscreto, falar demasiadamente, ser demasiado loquaz, papagaiar. *Esse menino fala pelos cotovelos! Não fica calado um instante! Quem fala pelos cotovelos, corre o risco de dizer o que não deve.* Expressão intensificadora. Mais do que falar "muito" é falar "demais", falar cutucando com o cotovelo, razão por que se justifica o uso do operador argumentativo "até". Sinônimos: *Engolir um disco; Falar mais que a boca.* Na origem, era apenas expressar-se com o toque dos cotovelos. Refere-se ao hábito dos faladores, que costumam tocar os interlocutores com os cotovelos em busca de maior atenção, enquanto falam; a ideia é, pois, chamar a atenção, que já está na palavra simples "acotovelar. Cf. [HOU]: 1: tocar-se ou golpear(-se) com o cotovelo para chamar a atenção. (*Acotovelou o filho para que ficasse quieto*; *As velhas acotovelavam-se diante do belo sacristão*); frase enigmática que sugere cotovelos palradores: expressar-se por intermédio dos cotovelos, como se fala pelos olhos (quando piscam), pelas mãos, até pelos pés". Há 150 anos, Morais registrava: "Tocar-se com os cotovelos, para excitar a atenção, ou reparo". Cabe registrar nesta oportunidade muitas referências à chamada linguagem gestual, linguagem do corpo, que muitos linguistas não deixaram de ressaltar (Abercombie, Kerbrat-Orecchioni, Berthet, Monica Rector, Bechara etc.), podendo-se destacar pensamentos, como: "Nous parlons avec nos organes vocaux, mais c'est avec tout de corps que nous conversons" ou "Embora a língua esteja na boca, e por isso chamamos língua e linguagem à expressão humana, a verdade é que não falamos só com a língua e com a boca, mas sim com o corpo todo". A palavra-chave "cotovelo" é daquelas que, como muitas outras em muitas expressões, figuram em vários campos semânticos; aqui seu campo semântico é linguagem/palavra/fala; em *Dor de cotovelos* é psicologia/inveja/ciúme. Vale também lembrar algumas das muitas observações empíricas, populares, antiquíssimas, a corroborar tais ideias, como *O rosto é o espelho da alma; Torcer o nariz; Carregar o sobrolho; Encolher os ombros; Esfregar as mãos de contente; Até os olhos riem; Receber com os braços abertos; Cruzar os braços; Fazer beiço/beicinho; Dar uma banana* e inúmeras outras. Vale lembrar também que o sintagma da expressão só se constrói com o verbo *falar*, não admitindo, por exemplo, "gritar". Finalmente, citem-se expressões paralelas em francês: *Parler du coude; Être piqué par une aiguille de phono;* e em espanhol: *Hablar por los codos.* [FUL/LCC/ALV/MEL/4095/ SILV/RMJ/VIO/PIP/SIM/ROB/PIM] (*)

COXA

Nas coxas: executar algo às pressas, de forma malfeita, precária, imprecisa. *Fez o serviço nas coxas.* Essa expressão, *nas coxas*, elíptica de "fazer telha nas coxas", tem origem na época em que os telhados eram feitos com telhas de barro, modeladas nas coxas dos escravos. Como eles eram de tamanhos e portes físicos variados, suas coxas tinham medidas diferentes, com o que produziam telhas desiguais, de diversos tamanhos. Por isso, em consequência, os telhados ficavam malfeitos. Daí, o significado de telhado "malfeito" ou sem os devidos ajustes. Também pode significar às pressas, em alusão às relações sexuais apressadas, em que o indivíduo "gozava" antes da penetração, portanto nas "coxas" da mulher, numa linha isotópica erótica. Em ambos os casos "coxas" integra a expressão com o seu sentido "literal", mas as alusões ficam por conta dos sentidos figurados. A expressão é usada com vários verbos alternativos, sobretudo com o verbo *fazer*: "fazer nas coxas", "feito nas coxas". [5975/MEL/VER] (*)

CREPE

Dar crepe: falhar, esquecer-se, dar errado, não funcionar bem, dar bode, dar galho. *Deu um crepe, cara, não me lembro de nada. Acabei de escrever um post e, na hora de salvar, deu crepe aqui e não salvou.* Sinônimos: *Dar (um) branco. Entrar areia.* Em francês a expressão se traduz por *faire long feu*. [SILV/GUR/PIP/AZE/2476] (*)

CRÊ / CRÉ

Crê com crê ou **Cré com cré, lé com lé** ou **Lé com lé, cré com cré**: cada qual com cada qual, cada qual com seu igual, juntam-se pessoas de condições iguais. *Para não haver problemas, é bom que se sentem cré com cré, lé com lé. Para você estar em boa companhia, tem que ser lé com lé, cré com cré.* Tem havido algumas explicações para essas expressões (que parecem de pouco uso mas muito estudo), que vão desde questões de ordem fonética até morfossemântica, como, entre outras: a) as expressões vêm de Portugal; b) seriam abreviaturas de Cré́ligo com cré́ligo e leigo com leigo; c) adviriam de *querer com querer*, com a evolução: *qu'rer com qu'rer > crer com crer > crê com crê*; d) ou *qu'rer com qu'rer e lei com lei*, lembrando uniões matrimoniais, impossíveis dentro de leis diversas; ou, ainda, e) à formula *lé com lé, cré com cré*, em Portugal, há quem faça um acréscimo: *lé com lé, cré com cré, cada qual/um com os de sua ralé*. [MEL/NAS/LCC/JRF /FRI/MEF/LMOT/5019/AUR/CF] (*)

CRISTA

Abaixar/Baixar a crista/a cabeça/o topete: agir com humildade. *Depois que perdeu o emprego, teve que baixar a crista.* Há expressão correspondente em relação à "crista" em espanhol: *Agachar la cerviz*. [0390/0391/LAT] (*)

CU

Ir tomar no cu: Cf.: *Ir às favas*. Essa expressão exclamativa chula normalmente é verbalizada acompanhada de uma sequência gestual obscena que pode ser descrita da seguinte forma: as pontas dos dedos polegar e indicador se juntam formando um círculo visual, podendo variar a altura e a posição da mão; os demais dedos ficam esticados e voltados para fora. A ênfase pode ser dada por um movimento repetido, não obstante se tratar de gesto estático. (*)

O cu da/de mãe/maria joana: lugar, casa etc. onde todos têm livre acesso, mandam, mexem ou fazem o que querem, ingênua ou licenciosamente. *Istaqui não é cu da mãe joana, porra*! Parece que o sentido idiomático referido é consensual, embora licencioso, sobretudo no Brasil. É curioso e interessante o seguinte exemplo vindo de Portugal: "À porta do clube: — *Mas por que é que não me deixas entrar? Tu conheces-me...* / — *Só entra quem tiver cartão de acesso. Isto aqui não é o cu da Joana*". Em Portugal, a expressão teve circulação mais natural, porque a palavra "cu", principalmente no uso mais antigo, significando "bunda, nádegas", não é muito pesada; não é uma palavra chula como no Brasil. A expressão com "maria" é de uso bem menos frequente do que o uso de "mãe". Cf.: *Casa da/de mãe Joana; Casa da sogra*. Cf. também: p. 34, g. [GUR/2353/NAS/MOU/HOU/AUR/PIM /SILV/VIL] (*)

CUCUIA

Ir para a(s) cucuia(s): Cf.: *Ir às favas*. Cucuia tem origem em Cacuia, nome do bairro onde fica o cemitério da Ilha do Governador, no Rio de Janeiro. Chama-se Cemitério da Cacuia. Deu-se a corruptela (assimilação fonética), e de Cacuia passou a cucuia. Daí a alusão à morte. A propósito, "cacuia" está dicionarizada como sinônimo de cemitério, substantivo comum etimologicamente vinculado ao substantivo próprio "Cacuia". Cf.: *Bater a(s) bota(s)* e também p. 34, g. [MEL/SILV/PIM/HOU/NAS/4833] (*)

CUSPIDO

Cuspido e escarrado: indivíduo extremamente parecido com outro, exatamente igual, tal e qual, sósia. *Esse menino é o pai cuspido e escarrado*. Trata-se de uma expressão intensiva ou intensificadora possível na linguagem cotidiana, que, entretanto, tem frequência de uso relativamente baixa, ao menos em termos de uso conversacional. Mas é uma expressão muito estudada (confira-se a quantidade de fontes), apresentando várias e complexas variáveis, como *Esculpido e encarnado* e/ou *Esculpido em Carrara*, das quais seria uma corruptela. Por isso, embora fuja um pouco aos propósitos do cunho tipicamente popular deste Dicionário, merece referência particular. Aparece ainda como *Escrito e escarrado*, como *Escarrado* apenas, e, até, como *Escrito* apenas, perfazendo, na realidade, seis variantes, a saber, resumindo: 1. *Cuspido e escarrado* (que embora derivada das duas primeiras, que seriam originais, é a mais usada, conhecida e consagrada); 2. *Esculpido e encarnado* e 3. *Esculpido em Carrara* (tidas como possíveis expressões originais, ao menos uma, de que se derivou a primeira); 4. *Escrito e escarrado* (talvez de inspiração francesa, em que "escrito" responde pela ideia de "fixação", como num retrato); 5 e 6: *Escarrado e escrito*, como expressões formalmente reduzidas. Tem sido, realmente, considerada corruptela de *Esculpido e encarnado* ou de *Esculpido em Carrara*. Entretanto, a forma *Cuspido e escarrado*, na base de produtos reconhecidamente nojentos, só poderia vingar, substituindo *Esculpido e encarnado* ou *Esculpido em Carrara*, na qualidade de corruptela de nível popular, ainda assim, com certo esforço de interpretação semântica. Na realidade, *Esculpido e encarnado* pode estar relacionada a imagens de santos ou à ideia de "esculpido" na forma e "escarrado" no "jeito", alardeando extrema semelhança, quer física quer moral, entre os indivíduos cotejados. *Esculpido em Carrara*, por outro lado, tem como referência Carrara, cidade no norte da Itália, famosa por minas de mármore, material nobre próprio para esculturas. Mas parece haver outras razões que sustentam a formulação mais consagrada e usual de *Cuspido e escarrado*. Assim, vale atentar, desautorizando-se a hipótese anterior de corruptela de *Esculpido e encarnado* (sobretudo para o "encarnado"), o fato de ocorrerem equivalentes em francês: *Tout craché* (século XV, todo *escarrado*); no italiano: *Nato e sputato* (nascido e *escarrado*); e no inglês: *Spit and image* (cuspe e imagem) ou *The spitting of* (ela é a mãe escarrada, aqui com a expressão reduzida). Há, porém, ainda, outra versão, que sustenta que, para muitas civilizações, o ato de cuspir simboliza 'geração', fecundação, isto é, o ato de gerar, fecundar, já que o escarro e a saliva seriam o equivalente oral para o líquido seminal, popularmente esperma. [ROB] comentam: "Como observa Warburg, o ato de *cuspir* simboliza, em muitos povos, a 'geração' e *cracher* corresponde a *reproduire*; as excreções orais [escarro, saliva, vômito] são usadas por metáfora para significar a fala [atente-se no português à expressão *Gastar saliva*: falar muito]". Nesse plano *Tout craché* corresponderia ao que se pode exprimir ou descrever de maneira idêntica; o escarro, a saliva etc. simbolizariam, no plano oral, seus equivalentes no plano genital, o que motiva o sentido simbólico 'geração', na verdade 'esperma', mencionado por Warburg. Finalmente, reporte-se ao uso, embora com menor frequência, das mencionadas expressões *Escrito e escarrado* e apenas *Escarrado* ou *Escrito*. Para *Escarrado* retomem-se o exemplo anterior, *Ela é a mãe escarrada*, e um exemplo de [AUR], *Aquele menino é o pai escarrado*, e a frase adotada por Antônio Alcântara Machado, num dos diálogos do seu romance inacabado *Mana Maria*: *Você é a sua mãe escarrada, nunca vi*, e para *Escrito* outro de [AUR] no verbete *Escrito*, *Aquele menino é o pai escrito*, ou de [MEL], também no seu verbete *Escrito*, *Quando crianças, eles se pareciam muito, um era escrito o outro*. [AUR] usa, inclusive, o superlativo popular 'escritinho'. [MEL/PIM/NAS/GUR/HOU/AUR/RMJ/ROB/7779] [*]

DAR

(Ou) Dá ou desce: ou se submete a algo ou sofre as consequências, tem que decidir agora. *O chefe quer uma resposta agora: ou dá ou desce.* Cf. outras expressões de construção bimembre semelhantes: (*Ou*) *Vai ou racha; É/Ou/Oito ou oitenta; Vamos e venhamos; Useiro e vezeiro; Pegar ou largar; Vaivém; Calafrio; Cresça e apareça; Vira e mexe; Vivendo e aprendendo; Deitar e rolar* etc. [MEL/6375] (*)

DEDO

Observações: A título de introdução à palavra-chave DEDO, vale a pena tecer algumas observações: 1. embora "dedo" designe os dedos das mãos e dos pés, há quem prefira a palavra "artelhos" para os dedos dos pés; 2. a palavra "dedo" que compõe as expressões refere-se normal e literalmente aos dedos das mãos; 3. os dedos das mãos são popularmente denominados, desde D. Francisco Manuel de Melo, de: a) dedo mínimo: *minguinho* (também chamado *auriocular*, porque é comumente usado para limpar o canal auditivo; b) dedo anular: *seu vizinho;* c) dedo médio (que é o maior dedo da mão; chama-se médio por ser o dedo do meio; não "médio" em termos de tamanho): *o pai de todos*; d) dedo indicador: *o fura-bolos;* e e) dedo polegar: *o mata/o cata-piolhos*. Ou como numa mneumonia infantil de ritmos e rimas: *Dedo mindinho* ou *minguinho/Seu vizinho/Maior de todos/Fura-bolos/Cata-piolhos*. Mneumonia ou mneumônica é uma arte ou técnica de desenvolver e fortalecer a memória mediante processos artificiais. As mneumônicas fixam os dados imediatos do mundo ambiental, principalmente infantil. [RMJ/PIM/5362/4567/6428/7986]

Botar/Colocar/Meter/Pôr o dedo na ferida: 1. indicar ou reconhecer o ponto vulnerável ou fraco; mostrar o erro. 2. fazer aflorar recordação penosa. 1. *Ao afirmar que o partido recebeu propinas, a oposição botou o dedo na ferida do sistema.* 2. *Mário botou o dedo na ferida: foi direto ao assunto da separação.* Em espanhol há expressão em versão literal, com a palavra mais pesada *llaga* no lugar de *herida*, também existente: *Meter el dedo en la llaga*. [WER/SILV/7055/MEL /AUR/NAS/LAT] (*)

De lamber o(s) dedo(s): prolongar o sabor no aproveitamento dos alimentos que se comem, ficar muito satisfeito com o que se come. Apetitoso. *Lambeu os dedos depois do almoço que lhe oferecemos. O pudim está de lamber os dedos.* A expressão é usada de diversas formas e com diversos verbos alternativos. [LCC] colheu interessantes observações sobre essa expressão, algumas das quais vale a pena sintetizar: lamber os dedos é um dos gestos humanos mais primitivos e espontâneos, sobretudo dos povos não civilizados; quando Nars-ed-Din, Xá da Pérsia, visitou a França, foi hóspede de Napoleão III. Durante um banquete o soberano iraniano servia-se pegando os alimentos com os ágeis dedos orientais. O imperador ofereceu-lhe o garfo de ouro. "Vous ne savez de quel plaisir vous vous privez", advertiu o Xá, continuando a comer da sua forma; em 1556, Fernão Mendes Pinto esteve no Japão, onde o Rei o acolheu generosamente. A maior surpresa para os japoneses, utilizando varetas de madeira, era ver os portugueses servirem-se com os dedos para tomar os alimentos; os gaúchos, por sua vez, criticam faca e garfo num bom churrasco. Receber a porção é manobrá-la a dedos. *Costela? Unhas a ela!* [LCC/MEL/SILV/FRI/2892] (*)

Pelo dedo se conhece o gigante: pela forma de agir, por um detalhe insignificante alguém se revela. *Pela forma de agir esse funcionário nos dará muito problema, pelo dedo se conhece o gigante.* Há configurações semelhantes em latim, francês e italiano, em que aparece às vezes o item lexical "leão" no lugar de *gigante*: *Ex digito gigas* ou *Ab unguibus leo; À l'ongle on connait le lion; Dalle dita si conosce il gigante.* [MEL/LMOT/HOU] (*)

DEGAS

Degas: comigo, modo de alguém referir-se à própria pessoa, sujeito importante, o papai, o boneco. *Cá o degas não está acreditando muito nessa história.* Usado geralmente numa expressão antecedido do artigo definido "o" ou do pronome demonstrativo "esse" ou "este". Há quem sugira provir do pronome pessoal latino *ego* ou, baseado em Machado de Assis, uma alusão ao famoso Dom Egas, de Egas Muniz, na composição da abreviatura D. Egas, *Degas*. [NAS/AUR/HOU/CF] (*)

DENTE

Ter/Haver dente de coelho: é existir dificuldade, um problema confuso, difícil de entender, coisa suspeita, artimanha. *O problema dele com a mulher tem dente de coelho. Pela atitude dos dois, eu notei que ali havia dente de coelho.* Por toda África negra o coelho é um dos animais de inteligência mais arguta e viva. É desconfiado, cauteloso, invencível, enquanto possuir os dentes, que são insubstituíveis para a sua subsistência, constituindo-se em símbolo do próprio animal. Por todo o continente americano, para onde emigraram suas façanhas de herói, o coelho ganhou notoriedade na memória popular. Ademais, seus dentes são sulcados, de tal forma que um parece dois à primeira vista. Daí, isso somado às suas qualidades, teria vindo o dito: *Tem dente de coelho*, isto é difícil de entender. [LCC/MEL/SILV/NAS/FRI] (*)

DESGRAÇA

Uma desgraça nunca vem só: comentário que se faz sobre a sucessão de fatos desagradáveis. *Ontem meu tio foi assaltado e hoje bateram no carro dele; uma desgraça nunca vem só.* Há ideia semelhante desde o latim, que se espalhou pelo espanhol, francês, italiano e inglês, a saber: *Malis mala succedunt; De un dolor, outro se empieza; Un malheur ne vient jamais seul; Un mal chiama l'altro; Misfortune never comes single.* Cf.: *Desgraça pouca é bobagem.* [LMOT/STEIN/MEF/6130] (*)

DEUS

A Deus nada é impossível: Deus pode tudo. *Vamos confiar, a Deus nada é impossível.*

Registram-se expressões correspondentes em vários idiomas, como o latim, espanhol, francês e italiano: *Nihil est quod Deus efficere non possit; A dios nada es imposible; À l'égard de Dieu rien n'est impossibile; A Dio niente `e impossibile.* [LMOT] (*)

(A)Voz do povo (é a) voz de Deus: Cf.: VOZ.

Ao deus-dará: abandonado, desprotegido, viver com recursos que consegue. *Ficou ao deus-dará depois da perda dos pais.* Usa-se com diversos verbos, como *ficar, ver*. Conta-se que no século XVII viveu em Recife um negociante português que, de tanto proferir a frase "Deus dará" aos mendigos que lhe pediam esmola, teve o seu nome acrescentado para Manoel Álvares Deus Dará, com o que não se irritou e, antes, por mercê real, pôde usar a alcunha como "apelido d'armas". O nome passou aos seus descendentes. Seu filho, Simão Álvares Deus Dará, exerceu o cargo de provedor-mor da Fazenda do Brasil. Estar ao Deus dará é estar na penúria, alusão aos pedintes. Coincidentemente, há ideia semelhante em espanhol: *A la buena de Dios*. E são curiosas as expressões equivalentes em inglês, obviamente não equivalendo à circunstância real brasileira: *Live from hand to month* (Viver da mão para a boca) e *Live from one day to the next* (Ganhar num dia para comer no outro). [MEL/RMJ/RMJ2/NAS/PIM/LAT] (*)

Deus dá o frio conforme o cobertor: o problema de cada pessoa está conforme sua capacidade de suportá-lo. *Ainda bem que estou podendo pagar; Deus dá o frio conforme o cobertor.* Trata-se de provérbio, porém, de uso coloquial muito frequente. [LAU] entende que a expressão remonta à formulação original já usada no século XVII: "Dá Deos a roupa, segundo é o frio". É expressão ou provérbio de veiculação internacional. Na verdade já aparece em latim (*Pro fratione Deus despertit frigora vestis*). Paulo Rónai, no prefácio de [LMOT], p. 50, comentando os ditados contrastantes, lembra *Deus dá nozes a quem não tem dentes*. [LAU/MEL/FRI/SILVA2/3243] (*)

Deus escreve certo/direito por linhas tortas: às vezes, suportam-se dificuldades para se obter uma coisa boa ou chegar-se a um objetivo. *Precisou ficar muito doente para dar valor à saúde; Deus escreve direito por linhas tortas.* A mesma ideia aparece também em espanhol: *Solo Dios acierta a reglar con regla tuerta*. Essa frase proverbial, de configuração já clássica, pode ter sua formatação simplificada no uso como *Escrever certo por linhas tortas* com omissão da palavra Deus, como registra a intuição de pesquisadores experientes em observação direta. [MEL/LMOT/SILV] (*)

DEVAGAR

Devagar se vai ao longe: devagar e sempre, não se deve ter pressa para alcançar os objetivos. *Vou fazendo a minha casa pouco a pouco, devagar se vai ao longe.* Trata-se de ideia veiculada em diversas línguas, com menor ou maior variação lexical e variáveis, desde as línguas clássicas, a saber: *Spleude bradéos* (grego); *Festina lente* (Apressa-te devagar) ou *Paulatim deambulando, longum conficitur iter; Piano piano va* *lontano* ou *Chi va piano va lontano; Hatez vous lentement* ou *Pas à pas on va loin; Despacio se va lejos* ou *Paso a paso van lejos; Make haste slowly* ou *Slow, but sure* ou, ainda, *Fair and softly goes far*. Em português, ainda, uma versão antiga consigna: *Molle molle se vai longe*. Vale citar que essa frase proverbial já foi observada como terapêutica até em pesquisas da área da Saúde [HU]. [MEL/LAR/RMJ/LMOT/FRI/SILVA2 /1898] (*)

DIA

Amanhã será outro dia: não se deve proceder como se hoje fosse o último dia; o êxito poderá chegar amanhã, amanhã tudo poderá ser diferente. *Não se desespere com a perda do emprego; amanhã será outro dia*. Trata-se de expressão poli-idiomática. Em inglês há expressão totalmente similar: *Tomorrow is another day*. E o italiano diz: *Domani è un altro giorno*. [STEIN/RMJ2/0609] (*)

Dia D: dia decisivo; na área militar, dia determinado para a execução ou início de uma operação bélica; dia marcado ou escolhido para a realização de alguma coisa ou seu início, dia crucial. *Amanhã será o dia D para se conhecer o vencedor do concurso de contos*. O *D* da expressão *Dia D* é usado simplesmente por ser a letra inicial da palavra "dia" (*day*, em inglês), assim como o *J* simboliza *jour* em francês. Na realidade, o dia D é o dia 6 de junho de 1944, o dia determinado para a invasão da Europa pelas forças aliadas, ou, mais precisamente, o dia do desembarque aliado na Normândia, durante a Segunda Grande Guerra Mundial; por isso é lembrado como marco da Segunda Guerra Mundial. É usada com diversos verbos alternativos, inclusive como predicativo com o verbo *ser*. Cf.: *Hora H*. [MEL/ABL/AUR/HOU/PIP/AUL/NAS/RMJ/PIM/6181] (*)

Nada (melhor) como/do que um dia após/depois do outro: o tempo ameniza tudo. *Ele vai pagar a desfeita que me fez; nada como um dia após o outro*. Apesar do seu caráter proverbial, é muito usado coloquialmente. Há expressão correspondente em espanhol: *No hay cosa más socorrida que un día tras otro*. [WER/LMOT/MEL/FRI/5707/AM]

Estar com/Ter os dias contados: não deve durar muito, aproximar-se do fim, ter pouco tempo de vida. *O reinado do jogador Leão parece ter os dias contados, assim como o próprio futebol brasileiro. Entrou em depressão ao saber que estava com os dias contados*. É usada com vários verbos, como *ter, estar com, viver com* etc. Alusão aos festins de Baltazar, episódio bíblico, em que Baltazar, filho de Nabucodonosor, rei da Babilônia, defendia a cidade em nome do pai, confiando na força das muralhas. Escarnecia dos esforços do inimigo Ciro e esquecia em festins o tédio desse longo cerco. Certa noite ordenou que lhe trouxessem os vasos sagrados que Nabucodonosor roubara outrora do templo de Jerusalém. Mal acabara de ser cometida essa profanação, viu com terror aparecer uma mão que escrevia na parede em traços de fogo caracteres misteriosos, que nem Baltazar nem os magos souberam decifrar. O profeta

Daniel foi então chamado e disse: "Foi Deus que mandou essa mão e eis o que está escrito: 'Deus contou os dias do teu reinado e marcou-lhes o fim'". Nessa mesma noite, o inimigo penetrou na Babilônia e Baltazar foi morto. Dá-se então o nome de *festim de Baltazar* a qualquer banquete suntuoso. Apesar de a origem da expressão referir-se ao episódio da morte de Baltazar, o sentido não literal despreendeu-se dessa ideia, valendo para o sentido geral de "curta, porém vaga duração do tempo". Naturalmente causa espécie a constatação de que essa expressão, relativamente simples, tenha atravessado os séculos, praticamente com a mesma temática, talvez explicável por sua vinculação ao episódio bíblico. [NAS/MEL/LEL/AUR/SILV/2058] (*)

DIABO

Com o diabo no corpo: ser insuportável, estar inquieto, furioso. *Esta menina traz o diabo no corpo; não para nem pra piscar. No momento do crime, ele parecia ter o diabo no corpo*. A expressão tem outras variáveis, compondo-se com outros verbos como *andar, estar, ficar, viver* etc. Há correspondentes em francês com os mesmos referentes: *Avoir le diable au corps*. Conta-se que a intérprete de uma das peças de Voltaire argumentou ao escritor: "Para representar bem este papel é preciso ter o diabo no corpo". Voltaire respondeu: "Pois tenha o diabo no corpo". A expressão cristalizou-se em francês: *Avoir le diable au corps*. Uma comédia brasileira, de França Junior, também registrou o uso: Felizmina: "Sinhá velha está hoje com o diabo no corpo". [BAL/XAcm/SILV/MEL/RMJ/CA/2049/8330/AM] (*)

Cutucar o diabo com vara curta: expor-se a revides e represálias, as quais é difícil resistir. Agir com imprudência ou temeridade. Discursando em dezembro de 1963, na Câmara dos Deputados, Dirceu Cardoso, da bancada capixaba, disse, referindo-se ao então presidente João Goulart: "A nação está sentindo que o chefe do governo está cutucando o diabo com vara curta". Sinônimo: *Cutucar onça com vara curta*. Em francês há uma expressão de sentido equivalente. *Tirer le diable par la queue*. Cf.: *Puxar/Segurar o diabo pela cauda/pelo rabo*. [RMJ2] (*)

E o diabo a quatro: e outras coisas (espantosas). *Na cobertura do evento havia rádio, televisão e o diabo a quatro*. Constrói-se com vários verbos alternativos, como *fazer* entre outros. Em francês há *Faire le diable à quatre*, que no francês moderno significa "agir como quatro diabos". Cf.: *Fazer o diabo a quatro*. [MEL/ROB] (*)

É um pobre diabo: indivíduo sem eira nem beira, de pouca importância, que não faz nem bem nem mal, bonachão. *Não ligue para o que ele diz, é um pobre diabo*. Em francês diz-se literalmente: *C'est un pauvre diable*. [NAS/SILV/AM] (*)

Falou no diabo, aparece o rabo: simultaneidade entre a menção de alguém e seu aparecimento. *É difícil alguém falar dele, mas falou no diabo, apareceu o rabo*. Sinônimo: *É (só) falar no diabo (que) ele (logo) mostra o rabo*. Há uma versão semelhante em italiano: *Quando* *si nomina il diavolo se ne vede spuntare la coda.* [4101/FRI/AM] (*)

Fazer/Aprontar o diabo (a quatro): fazer desordem, fazer coisas incríveis. *A presidente faz o diabo para se aguentar no poder. Disse que faria o diabo a quatro para ter você de volta.* A frase é de procedência francesa: *Faire le diable à quatre*, traduzida literalmente para o português. No francês moderno significa "agitar como quatro diabos". Na encenação dos antigos mistérios, nos teatros medievais, quando se queria atemorizar muito os espectadores com as penas do inferno, em vez de uma ou duas personagens para as diabruras menores, vinham quatro para as diabruras maiores, para realizar o papel do diabo, fazendo grande barulho e confusão. Cf.: *E o diabo a quatro.* [XAre/SILV/ROB/RMJ/MEL/PIM/AM] (*)

Puxar/Segurar o diabo pelo rabo/pela cauda: enfrentar e vencer dificuldades, problema insolúvel com inopinada solução, incluindo audácia feliz. Ter o castigo/o trabalho de procurar viver com recursos insuficientes. *Foi difícil passar pelas dificuldades dos anos sem emprego, teve que segurar o diabo pelo rabo. Segurar o diabo pelo rabo durante um ano ou dois, ainda passa, mas durante quinze ou vinte anos, a coisa pega. Quando o marido a deixou, ela teve que segurar o diabo pela cauda.* Em francês, em 1951, Bally usava esse dito, *Tiré le diable par la queue*, entre outros, para exemplificar um tipo puro de imagem familiar, com um sentido praticamente perdido. Sinônimos: *Aguentar a mão. Aguentar as pontas, o tranco.* A imagem de base é sem dúvida aquela do homem que tenta reter o diabo a quem ele pediu uma ajuda. Mas a fórmula *par la queue* em muitas expressões do século XVII poderia corresponder, tomando-se ao contrário, a "conduzir, puxar para si o diabo desastradamente pelo rabo". [LCC] conta: 1º.: "o cardeal Mathieu (François Desiré, 1839-1908) jamais ficou devendo resposta. Em fevereiro de 1907, um ano antes de morrer, na sua posse na academia francesa, o conde de Housonville, que o recebia, disse ter Sua Eminência ideias liberais sob o solidéu. Mathieu retirou o solidéu, sacudiu-o como se o limpasse, remirou-o atentamente, repondo-o na cabeça, entre os sorrisos da assistência; 2º.: quando o bispo d'Angers, em Roma, um dos cardeais-príncipes da Alemanha, imponente como a Porta de Brandemburgo, ouvindo-lhe o nome plebeu, condescendeu em dizer: — Mathieu? Mathieu? Creio ter tido em Estrasburgo um *porte-queue* com esse nome! (*porte-queue*, isto é, pessoa que carrega a cauda das vestes dos soberanos e eclesiásticos) — Possível, bem possível — replicou o futuro cardeal da Cúria. — Na minha família há tradição de *tirer le diable par la queue!* Mathieu teria insinuado que o tal cardeal-príncipe da Alemanha seria o diabo; 3º.: há ainda uma referência à era de um exorcismo vulgar na Europa que, desaparecendo dos rituais, se conserva nas orações populares, obrigando o Demônio a descobrir objetos ocultados por ele. Amarram um cordel ou fio do rosário em laçada, pronunciando-se a oração apropriada, com referência expressa à cauda de Satanás. [0534/BAL/LCC/ROB] (*)

DISCUSSÃO

Da discussão nasce a luz: quando há discussão, diálogo, as ideias brotam, a discussão leva à solução, e fica mais fácil achar uma solução. *Só haverá uma solução, se conversarmos bem sobre o mesmo, pois da discussão nasce a luz.* O francês registra expressões correspondentes, e com variável; o italiano e o inglês também: *De la discussion jaillit la lumière; Grande dispute verité rebute* (com rimas); *Dalla discussione vien la luce; Truth holds back from a quartered.* [LMOT/MEL] (*)

DITO

Dar o dito pelo/por não dito: ficar sem efeito o que se disse ou combinou. *Deu o dito pelo não dito e continuou como se nada tivesse acontecido.* A título de curiosidade, registre-se, em particular, a publicação do dicionário de expressões idiomáticas, *O dito pelo não dito*, de Aristides Fontes Filho, de 2006, com sentido não literal diverso. [2549/SILV/MEL/LMOT] (*)
Dito e feito: aconteceu exatamente o que aconteceu, o que era esperado. *Dito e feito, por não levar os estudos a sério, foi reprovado.* Usada normalmente como expressão nominal, às vezes aparece em função predicativa. Já havia em latim, literalmente: *Dictum et factum*, e, quase literalmente, também em francês e inglês: *Aussitôt dit, aussitôt fait; No sooner said than done.* Não admite inversão de ordem. [MEL/SILVA2/LMOT/5743] (*)

DIVISOR

Divisor de águas: fato ou episódio que estabelece a mudança de uma situação. *O nascimento do filho foi o divisor de águas para melhorar o relacionamento do casal.* Tecnicamente "divisor de águas" é a linha que limita as terras drenadas por uma bacia fluvial. Usa-se alternativamente com vários verbos diferentes. [AUR/MEL/3324] (*)

DNA

Ter DNA: ter dom para, ter característica para. *Esse atleta tem DNA, por isso deverá ter um futuro brilhante.* Expressão de uso moderno, apesar de sua datação ser de 1944. É sigla do inglês *Deoxyribonucleid acid*, termo da citologia. O sentido figurado não parece muito discernível. [MEL] (*)

DOR

Com dor de cotovelo(s): estar magoado, enciumado, sofrimento por amor, despeito. *Ele está é com dor de cotovelo. O cara está com dor de cotovelo, levou uma chifrada do Ricardão.* Sinônimo: *Estar com dor de corno.* A gênese não parece facilmente recuperável e não tem origem metafórica discernível. A palavra-chave "cotovelo" é daquelas que, como muitas outras em muitas expressões, figuram em vários campos semânticos; aqui seu campo semântico é psicologia/inveja/ciúme; em *Falar pelos cotovelos,* é linguagem/palavra/fala. A expressão "dor de cotovelo" é muito usada para se referir a alguém que sofreu uma decepção amorosa; tem sua origem na figura de uma pessoa sentada em um bar, com os cotovelos em cima do balcão, enquanto toma uma bebida e lamenta a má sorte no amor. Há quem relacione a expressão à jovem desprezada, que apoia os cotovelos durante horas no parapeito ou peitoril de sua janela, à espera de ver seu ex-namorado passar indiferente na rua. Usa-se também *Ter dor de cotovelo(s)*. Expressão nominal usada alternativamente com vários verbos, como *estar, ficar, ter*. [LAU] sugere que a expressão remonta à formulação original já usada no século XVII, sem, entretanto, imaginar uma explicação para sua origem: "Dor de cotovelo e dor de marido, ainda que doa, logo é esquecida". [LAU/SILV/FUL/NAS/FRI] (*)

DOZE

Cortar um doze: suportar trabalho duro, dificuldades ou sofrimentos. *Curtiu um doze com a madrasta durante toda a infância.* Sinônimos: *Comer fogo. Cortar volta.* Em princípio o "doze" é indiscernível, se bem que "doze" e "dúzia", às vezes, têm sentido de "grande quantidade", compatível com o sentido figurado da expressão (*Ela tem dúzias de livros*). [AUR/HOU/2313/SILV] (*)

DURO

Duro com duro não faz bom/não levanta muro: para realizar tarefa com sucesso são necessárias pessoas que combinam e se completam, somente com pedras ou tijolos não é possível, em princípio, e modernamente, levantar um bom muro; é necessária a argamassa para ligar, dando solidez ao conjunto. A máxima, entretanto, nem sempre exprimiu a realidade. Naturalmente, construções antigas, como pirâmides e que tais, eram construídas pedras sobre pedras. Nas construções humanas, não é possível proceder sempre com dureza e intransigência. Cf.: *Dois bicudos não se beijam*. Há fórmulas semelhantes em vários idiomas, a saber: *Mons cum monte non miscetur; Fin contre fin ne peut servir de doublure; Duro con duro non fa mai buon muro; Hard with hard makes not a good wall*. [RMJ/LMOT/3491/AM] (*)

Ser/Estar duro: sem dinheiro, ser rigoroso. *Ele estava tão duro que pediu um dinheirinho para comprar uma comida de pão com banana. O professor teve que ser duro para que os alunos parassem de conversar*. [LAU] entende que a expressão remonta à formulação original já existente no século XVII: "Quem nam tem, mais duro é que as pedras". [LAU/MEL/SILV/3949] (*)

EFE

Com todos os efes e erres: com absoluta exatidão, caprichosamente. *Falou com todos os efes e erres que não queria mais depender de você*. Equivale à expressão latina *ipsis litteris*, ou seja, "com fidelidade, sem omissão, sem erro, com respeito integral ao texto copiado". Vem da confusa abundância dessas letras até o século XV, quando eram usadas repetidas até no início de algumas palavras. Na realidade, desde o século XIII era uso dobrar o *f* e o *r* onde não havia necessidade: *rrazão, rraposa, affecto* etc. Por conseguinte, se afigura natural que *ff* e *rr* adquirissem relevo especial, levando os escritores a traçá-los com mais cuidado e atenção, como até com maior apuro e donaire da mão. É usada alternativamente com vários verbos. [MEL/NAS/AUR/LCC/JRF/RMJ] (*)

EGO

Massagear o ego: elogiar, fazer alguém se sentir importante, útil. *O seu reconhecimento pelo meu trabalho não deixa de me massagear o ego*. Ego, em psicologia, é o núcleo da personalidade de uma pessoa, constituindo-se numa das três instâncias que compõem o aparelho psíquico; as outras duas são o *id* e o *supergo*. [MEL/SILV/5357] (*)

EIRA

Sem eira nem beira: pessoa sem recurso, muito pobre. *Casou com um rapaz sem eira nem beira, contra a vontade do pai*. Sinônimo: *Não ter onde cair morto*. No português contemporâneo a palavra *eira* e seu significado não são conhecidos pelos falantes, que não conseguiriam reconstruir as ligações conceituais que levariam ao significado da expressão. Os telhados das famílias abastadas de antigamente, do período colonial, possuíam *eira* (pequena marquise na parte superior para proteção da chuva, a qual, quando trabalhada e desenhada, se chamava "beira") *e beira*, detalhes que conferiam *status* ao dono do imóvel. Possuir eira e beira era sinal de riqueza e de cultura. Outro enfoque relacionado à origem da expressão lembra que "eira" era a propriedade, um lugar ao ar livre em que se estendiam as colheitas de trigo, milho etc., legumes para o consumo e negócio, e "beira" seria um pedaço da eira. Ainda, outro enfoque sobre a formulação da expressão nos é dado por [ALI], que, servindo-se da expressão reformulada: *não tem eira nem beira nem ramo de figueira,* entende: "Todo o valor da expressão está simplesmente nas rimas, cujo papel reforçativo nos sugere a ideia de pobreza extrema. (...) Quando de um indivíduo muito pobre dizemos que ele *não tem* *eira nem beira nem ramo de figueira*, só o primeiro substantivo exprime cousa significativa referente à posse. Os dous outros conceitos, considerados de per si, são difíceis de entender". Há ideias similares, talvez não de correspondência consensual, em inglês, na forma: *Down and out, Vencido, arrasado, nocauteado* ou *To have neither house, nor home*, e, em francês: *N'avoir ni cheval ni mule* ou *N'avoir ni feu, ni lieu* ou, ainda, *N'avoir ni sou ni maille*. [MEL/LP/FUL/RMJ2/ WER/CDAs/LCC/ALI/LMOT/NAS/ PIM/FRI /HOU] (*)

ELA

Elas por elas: dar o troco, ficar por isso mesmo, em condições idênticas, na mesma moeda, retribuir um dano, uma injúria da mesma forma, diz-se das represálias, é justo revidar um golpe (ou um tapa) com outro golpe (ou tapa). *Fiz um ponto e você, outro, estamos elas por elas. Tá bom, você não devolver, mas também não lhe pago mais nada, fica elas por elas*. Em inglês *Tit for tat*, "pagar na mesma moeda", em que se explica que *tit* só é usada nessa expressão e, por certo, são palavras que se implicam foneticamente para o efeito expressivo desejado. Em frase mais completa se diz: *Tit for tat is fair play*. Nessa frase a palavra *tit* é um perfeito sinônimo de *tat*. A expressão é neutra, podendo-se aplicar tanto aos aspectos negativos quanto positivos. *Elas por elas* é outra maneira de interpretar a "pena de talião". Cf.: *Pena de talião*. A título de curiosidade, registre-se, em particular, a publicação da coletânea de histórias de mulheres, *Elas por elas*, contadas por grandes escritoras, como Clarice Lispector, Rachel de Queiroz, entre outras, organizada por Rosa Amanda Strauz (Editora Nova Fronteira). Trata-se de reúso da expressão com ressignificação do seu sentido literal. [FUL/MEL/NAS/HOU/LMOT/ RMJ/RMJ2/BAR/3494/AUR] (*)

ELEFANTE

Elefante branco: presente ou objeto que, não sendo mau, tem pouca ou nenhuma importância prática, tudo que é magnífico e caro, mas não rende. *Essa geladeira velha é um elefante branco, precisamos trocá-la*. Sinônimo: *Presente de grego*. A expressão provém da prática no antigo reino do Sião (atual Tailândia), de oferecer um elefante branco ao cortesão a quem o rei queria arruinar. Como o elefante branco é um animal sagrado, o presenteado não podia desfazer-se dele nem fazê-lo trabalhar de forma alguma, e a despesa com a manutenção comprometia as mais sólidas fortunas. Também não podia recusar nem passar adiante por ser presente do rei. A expressão ganhou popularidade a partir do século XVIII, com a comédia francesa *L'elephant du roi de Sion*, de Ferdinand Labou, transformada em ópera. Usa-se com vários verbos, inclusive como predicativo com o verbo *ser*. [AUR/MEL/NAS/RMJ/ PIM/GUR] (*)

Memória de elefante: memória extraordinária, com grande capacidade de fixação. *O menino decora com a maior facilidade; ele tem memória de elefante.*

Nada a ver com o seu tamanho. O elefante é um grande aprendiz e lembra tudo o que lhe é ensinado. Por isso é tão usado no circo. A propósito, diz-se que a memória do galo é das mais fracas. A expressão é usada com diversos verbos, como *ter* e *possuir*, entre outros. [MEL/RIB/NAS/AUR] (*)

ELIXIR

Elixir de/da/do...: bebida preparada com substâncias dissolvidas em álcool, glicerina, vinho etc., à qual a imaginação popular atribui propriedades mágicas e efeitos encantadores. *Meu avô viveu 102 anos, acho que ele tomou o elixir da longa vida.* Na Idade Média tais propriedades, poderes e efeitos encantadores eram buscados pelos alquimistas, na tentativa de eterna juventude, longevidade, amor etc. Usa-se, alternativamente, com vários verbos, como *tomar*, entre outros, e é complementada, normalmente, por palavras como *juventude, longa vida, amor, sabedoria*. Cf.: *À flor da pele*. [AUR/LAR/HOU/LEL/PIM/GUM/VIO] (*)

ELOGIO

Elogio/Louvor em/de boca própria é vitupério: o autoelogio é vergonhoso, é um insulto aos outros. *Não fique se gabando das coisas que faz, louvor em boca própria é vitupério.* A mesma ideia aparece no latim e se espalha para o espanhol, italiano e inglês, a saber: *Laus in ore proprio villescit; La alabanza propia envilece; Chi si loda si lorda; Self-praise is no recommendation.* [MEL/MEF/LMOT/SILVA2/3499] (*)

EMENDA

Pior a emenda do que o soneto/Sair pior a emenda (do) que o soneto/Ser pior a emenda (do) que o soneto/Sair a emenda pior (do) que o soneto/Ser a emenda pior (do) que o soneto/A emenda sair pior (do) que o soneto/A emenda ser pior (do) que o soneto: querer fazer uma correção e cair em erro maior, quando a solução de um problema acaba agravando-o. *Não saiu para ficar estudando, mas recebeu tantas visitas que a emenda ficou pior do que o soneto.* Conta-se que um dia um aspirante a poeta pediu a Bocage que marcasse com uma cruz os erros que encontrasse num soneto que ele havia feito. Bocage (1765-1805) leu o soneto e não marcou cruz alguma, alegando que seriam tantas as cruzes que teria de marcar, que a emenda ficaria pior do que o soneto. Trata-se de expressão que, à semelhança de *Agora/Aí que a porca torce o rabo* e outras, admite várias configurações formais, sobretudo de ordem das palavras. [SILV/NAS/LMOT/MEL/PIM] (*)

ENCRENCA

Procurar/Criar (uma) encrenca: intrometer-se em briga alheia, ser provocador, desordeiro. *Criou uma encrenca danada porque não quiseram atendê-lo.* Há similar em francês, registrando a mesma expressão com os mesmos referentes:

Chercher noise sendo que *noise* (procurar disputas fúteis) se emprega só nessa expressão. [XAcm/SILV/MEL/AZE/ROB] (*)

ENTENDEDOR

Para/A bom entendedor, meia palavra basta: para interlocutor inteligente e perspicaz, não é necessário detalhar o assunto. *Só lhe fiz um sinal, e ele parou de falar; para bom entendedor, meia palavra basta*. A expressão tem caráter mais ou menos universal, uma vez que é usada em francês, italiano, espanhol e inglês: *A bon entendeur demi-mot suffit; A buon intenditore mezza parola; Al buen entendedor pocas palabras; A word is enough to the wise*. A ideia aparece no cap. XXXVI do imortal *Dom Quixote*, de Cervantes: *A buen entendedor, breve hablado*. O português mais antigo também registra, como o espanhol: *A bom entendedor poucas palavras*. [LMOT], defendendo o ditado tipicamente brasileiro no lugar do da feição tradicional, inspirado possivelmente no provérbio francês, advoga o uso de *Para bom entendedor, uma piscada de olho é mandado*, como, aliás, também dizia minha mãe: "Menino, obedeça, uma piscada de olho é uma ordem". Cf.: *Piscar de olhos*. [RMJ/LMOT/MEL/WER/FRI/6490] (*)

ERRAR

Errando é que se aprende: ao errar também se aprende. *Precisa-se aceitar o erro, pois é errando que se aprende*. Trata-se de ditado praticamente universal, vindo, na sua forma mais simples, desde o latim: *Errando discitur; Errando, errando, se hace el hombre sabio; On apprend en faillant; Errando si impara; Man is taught by failures*. Optei pela configuração do verbete (*Errando é que se aprende*) com o "é que" após "errando" para alavancar e destacar a palavra "errando", colocando-a como foco de interesse, em atenção às lições de nossas gramáticas sobre o idiotismo "é que" nessa expressão. Outra configuração plausível seria: *É errando que se aprende*, bipartindo-se a locução *é que*. Cf.: *É que*. [LMOT/3454] (*)

ESPINHA

Atravessado na garganta ou ***Trazer/Ter alguém uma espinha atravessado(a) na garganta***: algo não estar assimilado, algo estar entalado na garganta, guardado como remorso, como ressentimento. *Aquele comentário dela ainda está atravessado na garganta*. Em francês, há fórmula correspondente: *Rester en travers de la gorge*. [NAS/1022/SILV/PIP] (*)

ESPÍRITO

Ser(um) espírito de porco: ser sistematicamente do contra, criador de embaraços, teimoso, obstinado, exigente, intransigente. *Intrometeu-se na minha vida só para me prejudicar, é um espírito de porco*. Ilação do sentido literal não discernível. Porém, podem ser feitas algumas considerações em abono a hipóteses gerais. "Porco" às vezes é sinônimo de "sujo", por viver chafurdado na lama. Na verdade, os porcos apreciam a lama porque, como não suam, a lama é a única saída para diminuir o calor do corpo, com a vantagem adicional de impedir o ataque de insetos. A carga negativa do porco começou, entretanto, cedo. Desde a Antiguidade, ele é considerado, ao lado do coelho, um animal impuro, segundo o Levítico (11:1-8) do Antigo Testamento. Possivelmente ligado a essa ideia de "animal impuro", *espírito de porco* pode ter sua origem no sentido de "demônio", que o sentido de "porco" ganhou, conforme relatado no Evangelho de São Marcos (5:1-13): "(...) E ao sair Jesus da barca, foi logo ter com ele (...) um homem possesso do espírito imundo (...) que ninguém podia domar. (...) Vendo, porém, Jesus de longe, correu e adorou-o, e, clamando em voz alta, disse: 'Que tens tu comigo, Jesus, Filho de Deus Altíssimo? Eu te conjuro por Deus que me não atormentes'. Porque Jesus lhe dizia: 'Espírito imundo, sai desse homem' (...) Andava ali pastando ao redor do monte uma grande manada de porcos. E os espíritos suplicaram-lhe, dizendo: 'Manda-nos para os porcos, para nos metermos neles'. E Jesus deu-lhes logo essa permissão. E, saindo os espíritos imundos, entraram nos porcos (...)". E assim, da impureza e da possessão demoníaca do porco nasceu a expressão *espírito de porco*. Há registro vinculado a essa expressão considerada como ideia semelhante em inglês, com um aparente referente porco: *Pig-headed*: Cabeça de porco (*He is so pig-headed that it is useless to try to reason him*). Mas [RIB], [NAS], [AUR] e [PIM], este no verbete "Favela", registram "cabeça de porco" como cortiço, habitação coletiva de classe pobre que era uma estalagem em péssimas condições de higiene [daí a alusão a porco], que havia na Rua Barão de São Félix, perto da Estação Central do Brasil, no Rio de Janeiro, a qual, a muito custo, foi demolida pelo prefeito Barata Ribeiro, em 1893. Na entrada, havia um grande portal em arcada enfeitado com a estátua da cabeça de um porco esculpida em ferro. Todavia, há quem entenda, simplesmente, que *espírito de porco* se trata daquele espírito que, nas sessões espíritas, aparece para se divertir à custa dos crentes. A expressão é usada com vários verbos alternativos, como *ter*, entre outros. [RMJ2/FUL/MEL/NAS/SILV/RIB/PIM] (*)

ESTALO

Dar/Sentir/Ter (um) estalo (de Vieira) (na cabeça): ter subitamente uma ideia. *Estava pensando numa situação, quando me deu um estalo, e resolvi logo a questão*. A expressão, frequentemente usada na configuração reduzida, deve estar vinculada a *Sentir o estalo de Vieira (na cabeça)*. Conta Francisco Lisboa na *Vida do padre Antônio Vieira* que o grande orador fez grandes progressos intelectuais depois que sentiu na cabeça um estalo em ocasião em que pedia à Virgem em oração que o iluminasse. [MEL/SILV/NAS] (*)

Estar/Ficar fora de si: ficar exaltado, estar desorientado, sem saber o que fazer. *Ficou fora de si ao ser provocado pelos colegas*. Em espanhol há expressão como se fora tradução literal: *Estar fuera de sí*, e particularmente em Portugal, no nosso mesmo idioma, se diz: *Andar às aranhas*. [ALV/MEL/MOU/AUR/NAS] (*)

ESTRELA

Ver (as) estrelas: sentir dor muito forte, ficar atordoado. *Viu estrelas com a martelada que deu no dedo*. [LAU] entende que a expressão remonta à formulação original já usada no século XVII: *Farte--ei ver as estrellas ao meyo dia*. [LAU/MEL/SILV/8856] (*)

ESTRIBEIRA

Perder as estribeiras: desnortear-se, descontrolar-se, enfurecer, perder o controle. *Ao ser vaiado, ele perdeu as estribeiras e começou a ofender a plateia*. Em espanhol há praticamente a mesma expressão em versão literal: *Perder los estribos*. [ALV/SILV/MEL/LCC] (*)

EXCEÇÃO

A exceção confirma a regra: sempre há o que discutir em uma regra. *Excepcionalmente entrou sem convite porque a entrada estava proibida e essa entrada acaba confirmando a regra*. A ideia original da máxima aparece em latim, tendo-se espalhado sob formas iguais ou semelhantes em vários idiomas, em latim, espanhol, francês, italiano e inglês: *Exceptio regulam probat; La exception confirma la regla; L'exception confirme la règle; L'eccezione conferma la regola; The exception proves the rule*. Cf.: *Toda regra tem exceção; Não há regra sem exceção*. [LMOT/5800/MEL/SILVA2] (*)

FACA

Faca de dois gumes: algo que faz bem, mas também faz mal, contrário ao esperado, consideração dos dois lados de uma questão como lados problemáticos, podendo acontecer que um lado seja contrário ao esperado. *Cuidado, defender o colega de trabalho é uma faca de dois gumes*. É expressão usada alternativamente com vários verbos, inclusive em função predicativa com o verbo *ser*. Há expressão similar aparentemente mais agressiva em espanhol: *Arma de doble filo*. [WER/TOG/LP/MEL/SILV/4063/LAT] (*)

FAMA

Cria/Faz/Ganha (a) fama e deita(-te) na cama: torna-te famoso e aproveita as benesses da fama. *Se pensas num futuro tranquilo, cria fama e deita-te na cama.* Versões mais antigas dizem: *Cria boa fama e deita-te a dormir; Ganha boa fama e deita-te a dormir.* Há a mesma ideia e variáveis veiculadas no latim, espanhol, francês, italiano e inglês: *Bonus rumor alterum est patrimonium* e *Audies bene ab hominibus et tuto vivas; Cobra buena fama y tumbate en la cama; Acquiers bonne renommée et dors la grasse matinée; Fatti buona fama e mettiti a dormire* ou *Fatti fama e còricati; Get a good name and go to sleep.* [MEL/MEF/LMOT/AM] (*)

FARINHA

Farinha do mesmo saco: vários indivíduos terem os mesmos defeitos de caráter, diz-se de indivíduos semelhantes em seus defeitos e que se equivalem. *Ele é tão malandro quanto o patrão; farinha do mesmo saco.* Expressão usada alternativamente com vários verbos, inclusive na função predicativa com o verbo *ser*. A imagem vem desde o latim: *Homines sunt ejusdem farinae* ou apenas *ejusdem farinae* (da mesma farinha). Em francês se diz: *C'est sont des gens de la même farine* (São gente da mesma farinha) e em inglês: *They are birds of a feather* (Pássaros da mesma plumagem). [WER/SILV/MEL/4112/RMJ] (*)

FATO

Fatos, (e) não palavras: expressão de uso comum, quando se exige ação em lugar de promessas. *O prefeito fala muito, mas não faz nada; o povo quer fatos, não palavras.* É corrente em vários idiomas, com a mesma forma ou pequenas variantes. A origem é latina, com a mesma versão literal: *Res, non verba.* Em inglês, fala-se: *Deeds, and not words*; em francês: *Il faut des actions et non pas des paroles;* em italiano: *Bisogna più fatti che parole;* e em alemão: *Mächtig in Waren, nicht in Worte.* Usa-se com vários verbos opcionais. [NAS/RMJ] (*)

FAVA

Favas contadas: resultado tido como certo, coisa certa, inevitável. *Todos já achavam que sua eleição eram favas contadas.* Usada em geral como predicativo, com o verbo *ser* na terceira pessoa do plural. Antigamente, votava-se com favas brancas e pretas, valendo o "sim" e o "não", respectivamente. Feita a apuração, estaria eleito quem obtivesse maior número de favas brancas. As favas, pois, indicavam o resultado certo do pleito. Trata-se de expressão muito antiga, já ocorrente no século XVI. [MEL/SILV/PIM/4119/LCC] (*)

Ir às favas, amolar o boi, caçar o que fazer, catar coquinho, chupar prego, enxugar gelo, fritar bolinho(s), lamber sabão, pentear macaco(s), plantar batata(s), se danar, se lixar, se queixar ao bispo, tomar banho, tomar no cu, ver se estou na

esquina etc.; ***para a/pra caixa-pregos, para a(s)/pra(s)cucuia(s), para o/pro beleléu, para o/pro diabo (que o carregue), para o/pro vinagre, para os/pros quintos do(s) inferno(s)*** etc.: frases imperativas exclamativas, às vezes espirituosas, agressivas e insultuosas, compostas com o verbo *ir* + verbo de ação no infinitivo ou locativos diversos, ditas diretamente para uma pessoa ou algo (figuradamente), que esteja incomodando muito, para que se retire ou deixe de incomodar. *Vai às favas, menino! Sai da minha frente*. Em lugar do *ir*, usado nas imperativas diretas, ocorre o verbo *mandar*, nas declarativas indiretas: *Mandei às favas os problemas que prejudicavam a minha saúde*. E, várias dessas expressões, de simples configurações declarativas no passado, possuem apenas o significado mais direto de *falhar, fracassar, morrer*, como: *Foi para a/pra caixa-pregos; Foi para a(s)/pra(s) cucuia(s); Foi para o/pro diabo; Foi para o/pro vinagre; Foi pro beleléu; Foi para os/pros quintos do(s) inferno(s)*. Cf.: *Bater as botas*. [FUL/WER/SILV/MEL/AUR/PIM/HOU/4832/AMF/NAS/4845/LCC] [*]

FEIO

Quem ama o feio bonito lhe parece: quem gosta muito de alguém ou de algo não lhes vê defeito. *Meu carro é velho, mas não o vendo por dinheiro nenhum; quem ama o feio bonito lhe parece*. Sinônimos: *Gosto não se discute. O amor é cego*. A ideia de que "o que nos pertence é sempre bonito" já vem do latim (*Suum cuique pulchrum*) e gerou aproximadamente a formulação do verbete em tela em vários idiomas: *Quien lo feo ama, bello lo halla; Il n'y a pas de laides amours; Ama il brutto, bello lo troverai; Love makes the ugly seem fair*. Trata-se da moral da fábula "A águia e a coruja". Cf.: *Mãe coruja*. [MEL/RMJ/SILVA2/LMOT/PIM/7343] [*]

FERA

Ficar/Virar uma fera/onça/(um) bicho: ficar muito irritado, irado, exaltar-se. *Quer vê-lo ficar uma fera, chame-o de covarde. Ficou uma onça ao saber que seria demitido. Se você continuar chegando atrasado, o chefe vai virar bicho*. Sinônimos: *Ficar uma arara. Estar/Ficar fulo (da vida). Estar/Ficar puto (da vida). Estar/Ficar lançando fumaça (pelas ventas)* etc. Há similar em espanhol em tradução literal: *Estar hecho una fiera*. [FSP/ALV/MEL/SILV] [*]

FERRO

Bater/Malhar o ferro enquanto está quente: aproveitar a ocasião enquanto é favorável, aproveitar as condições propícias para agir. *Eu, se fosse ele, batia agora no ferro enquanto está quente*. Registre-se a expressão ou provérbio antônimo *Malhar em ferro frio* (cf. verbete), que possui a mesma explicação causativa. Com efeito, o ferro deve ser trabalhado, permitindo modulações e resultados favoráveis, enquanto estiver quente, "acendido"; frio ele perde a flexibilidade e não se obtêm resultados. Tentar resultados favoráveis sobre o ferro já frio é perder tempo e esforços. [LAU] entende que a ideia dessa expressão reporta-se à já existente no século XVII. E em francês a ideia é expressa por *Il faut battre le fer tandis/ pendant qu'il est chaud* (século XVI) e *En demonstres que il fer est chaud le devoit l'en battre* (século XIII). Mas a mesma ideia aparece ainda em italiano (*Batti il ferro mentre è caldo*) e em inglês (*You must strike the iron while it is hot*). Cf.: *Malhar em ferro frio*. [LAU/SILV/ MEL/FRI/NAS/MEF/1178/5266/LMOT/ AM] (*)

Malhar em ferro frio: fazer algo fora do momento favorável, não obter resultado, êxito, trabalhar em vão, perder tempo com pessoa irredutível ou problema irremediável. *Pare de malhar em ferro frio e monte um negócio qualquer. Querer que ele tome gosto pelos estudos é malhar em ferro frio. Desista, não adianta ficar malhando em ferro frio.* Sinônimos contextuais: *Chover no molhado. Dar murros em ponta de faca.* Antônimo, mas com a mesma explicação etiológica: *Bater/Malhar o ferro enquanto está quente* (podendo até simplificar-se na configuração paralela *Malhar em ferro quente*. Cf. verbete). Com efeito, o ferro deve ser trabalhado, permitindo modulações e resultados favoráveis, enquanto estiver quente, "acendido"; frio ele perde a flexibilidade e não se obtêm resultados favoráveis. Tentar resultados sobre o ferro já frio é perder tempo e esforços. [LAU] entende que a ideia dessa expressão reporta-se à já existente no século XVII. Há similar em espanhol, registrando a mesma expressão com os mesmos referentes: *Majar/machacar/ martillar en hierro frío.* Cf.: *Bater/Malhar o ferro enquanto está quente.* [LAU/ SILV/MEL/FRI/NAS/MEF/1178/5266/ LMOT/AM] (*)

Quem com ferro fere com ferro será ferido: a pessoa pode ser vítima do mesmo mal que tenha causado a outrem. *Foi demitido depois de causar a demissão do colega; quem com ferro fere com ferro será ferido.* Tendo origem na Bíblia, é explicável seu uso já no latim: *Qui gladio ferit, gladio perit.* E nas línguas modernas, como espanhol: *Quien a hierro mata, a hierro muere*; no francês: *Qui frappé avec le fer, périra par le fer*; no italiano: *Chi di coltello fere, di coltello pere*; no inglês: *He who slayeth with the sword, shall perish with the sword.* Cf.: *Elas por elas.* [LMOT/MEL/RMJ] (*)

FIGA

...duma figa: diz-se de pessoa ou coisa como manifestação real ou fingida de pouco apreço ou de irritação. *Ah! Garoto duma figa! Não sei onde pus aquele livrinho duma figa.* A expressão é usada posposicionada. A "figa" era um amuleto usado para afastar o mau olhado. [AUR/ NAS/3075] (*)

Fazer figa(s): esconjurar, diz-se para repelir algo ou alguém, para zombar; afugentar o azar. *É bom você fazer figa para que não chova no dia da festa.* "Fazer figa" é também fazer um gesto (espécie de "frase gestual") de acompanhamento da fala, com a mão fechada e com o dedo polegar entre o indicador e o médio ou cruzar os dedos para afastar o pior. [NAS/AUR/MEL/SILV/4222/PUG] (*)

FIGURA

Ser uma figura de proa: pessoa que num empreendimento, organização etc. aparece com especial relevo, pessoa importante. *O seu avô foi uma figura de proa na política brasileira.* Atente-se que "proa" é a parte frontal de uma embarcação, a "cabeça" da embarcação, explicando, pois, a discernibilidade da expressão. [AUR/NAS/SILV/MEL] (*)

FILHO

Filho(s) criado(s), trabalho dobrado: com os filhos criados, em vez de as preocupações acabarem, elas aumentam. *Enquanto os filhos não chegam do trabalho, ela não dorme, filho criado, trabalho dobrado.* Igual ideia vem desde o latim: *Grandevi nati, labores duplicati,* e difundiu-se em outros idiomas, como espanhol e italiano, a saber: *Hijos criados, duelos dobrados; Figli piccoli, guai piccoli; figli grandi, guai grandi.* [MEL/LMOT/FRI/MEF/SILVA2/4482/AM] (*)
Filho de peixe, peixinho é: diz-se quando o filho puxa ao pai ou a filha à mãe. *Joga futebol tão bem quanto o pai; filho de peixe, peixinho é.* Sinônimo: *Tal pai, tal filho.* [LAU] entende que o sentido figurado pode remontar, direta ou indiretamente, à formulação já usada no século XVII: "Qual o pay, tal o filho, qual o filho, tal o pay". [LAU/MEL/4474] (*)
Filho pródigo: pessoa ingrata, que se afasta, e depois volta arrependida. *Deixa ele ir que depois acaba voltando como filho pródigo.* Usa-se em vários contextos e com vários verbos alternativos. Reminiscência de uma conhecida parábola do Novo Testamento (Lucas, 15). [NAS/PIM/4477] (*)

FIM

Ao fim e ao cabo: no final de tudo, no final das contas. *Ao fim e ao cabo da votação, o resultado foi o esperado.* Sinônimo: *Ao/No frigir dos ovos.* Há correspondente em espanhol: *Al fin y al cabo.* Tanto em português quanto em espanhol trata-se de idiomaticidade muito relativa, isto é, de cunho mais denotativo. [MEL] (*)
O fim/O final coroa a obra: concluir um bom trabalho em decorrência de ser bem executado. *O candidato terminou a tese com uma convincente conclusão; o fim coroou a obra.* A ideia, que já está no latim (*Finis coronat opus*), vulgarizou-se em espanhol, francês, italiano e inglês, a saber: *El fin corona la obra; La fin couronne l'ouvre; Il fine loda l'opera; The end crowns the work.* [LMOT] (*)

FIO

Bater um fio: telefonar. *Bati um fio de meia hora com a minha garota que mora no exterior.* Essa expressão pode cair em desuso, a partir da nova tecnologia de telefones sem fio, inclusive os "celulares". Cf.: *Cair a ficha*. [MEL/1192/AUR] (*)

Perder o fio da meada: desnortear-se no que está fazendo ou falando, perder a linha do raciocínio. *O chefe perdeu o fio da meada, danou-se a falar besteira*. O espanhol usa a expressão reduzida: *Perder el hilo*. Cf.: *Achar/Descobrir o fio da meada*. [SILV/MEL/LAT] (*)

FLOR

Não/Nunca ser flor que se cheire: ser desonesto, ser cheio de defeitos, não ser boa pessoa, ter falha de caráter, ser pessoa de comportamento discutível. *O técnico não é flor que se cheire, mas o plano me parece seguro*. Há construção curiosa em italiano para a mesma ideia: *Non esser farina da fare ostia*. [FUL/SILV/5889/WER/MEL/GUR] (*)

FOGO

Brincar com (o) fogo/com pólvora: arriscar-se, cometer imprudências. *Eu lhe avisei que andar com más companhias é brincar com fogo*. A expressão *Brincar com fogo*, em espanhol, tem a versão: *Jugar con fuego* e, em inglês, a tradução é literal: *Play with fire*. [RMJ2/WER/SILV/MEF/AM] (*)

Cuspir fogo: ficar muito zangado. *Saiu cuspindo fogo quando soube que foi reprovado*. Há expressão equivalente em francês: *Lancer des éclairs*. [ALV/MEL/SILV/PIP] (*)

Fogo de palha: entusiasmo muito passageiro. *Todos os planos que ele faz não passam de fogo de palha*. Em italiano a expressão aparece em versão literal: *Fuoco di paglia;* em francês dentro de uma frase comparativa: *Cela se passe comme un feu de paille*. Expressão usada conjugada alternativamente com vários verbos, como *fazer*, e, inclusive, com função predicativa com o verbo *ser*. [MEL/SILV/AM] (*)

Ser fogo: ser difícil, complicado, ótimo. *Ela é fogo, leva a mal tudo que lhe falo. O carro dele é fogo, nunca encrenca*. [LAU] entende que a expressão remonta à formulação original já usada no século XVII: "Filhos dous, ou três é prazer, sete ou oito é fogo". [LAU/SILV/MEL] (*)

FÔLEGO

Ter fôlego de gato/de sete gatos: ser muito resistente, ter força bastante para resistir a grandes trabalhos físicos ou morais. *Sempre diz isso,* resmungou o amigo. *Você tem fôlego de sete gatos. O gato é animal de muita resistência... e de muita leveza, que não morre numa queda. Que diria sete gatos...* Os italianos dizem: *È si robusto che farà sette morto come le gatti*. [WER/SILV/MEL/NAS/JRF] (*)

FOME

Estar/Ficar com (uma) fome de leão: ter muita fome. *Quase engoliu o prato; estava com uma fome de leão*. Em francês Bally, em 1951, já registrava a mesma ideia com outros referentes: *Une faim de loup*. Além dos verbos *estar/ficar com*, a expressão às vezes é encabeçada pelos verbos *viver, andar* e *ter*, entre outros. [SILV/BAL] (*)

FULANO

Fulano (dos anzóis carapuça): pessoa indeterminada, designação vaga de pessoa incerta ou alguém que não se quer nomear. *Apareceu por lá um fulano dos anzóis carapuça e mostrou o caminho.* Vale aqui registrar a ideia de [JRF] em relação a *Fulano, Sicrano* e *Beltrano* como quartas ou quintas pessoas, além das terceiras pessoas conhecidas da gramática: "Além das terceiras pessoas conhecidas da Gramática existem outras no linguajar do povo as quais mereceriam o nome de quartas e quintas pessoas pelo sentido de distância sempre crescente que envolvem: *Fulano, Sicrano* e *Beltrano*, alguns dos nomes dos romances de cavalaria". [NAS/JRF/8992] (*)

FULO

Estar/Ficar fulo da/de: ficar muito enraivecido, mudar de cor por efeito da raiva. *Ficou fulo da vida porque o pai lhe proibira a saída.* Sinônimos: *...pê da/verde de. Cego de; Puto de. Estar/ Ficar soltando fumaça (pelas ventas)*, entre outros. Quanto à palavra "fulo", em particular, ela significa cor parda, tendendo para o marrom amarelado; daí, ficar pálido pela excitação; na realidade, muda-se para várias cores pela excitação, como *branca* (pálida), *verde, vermelha* etc. [MEL/8733/HOU] (*)

FUMAÇA

Onde há fumaça, há fogo: onde há indícios, há suspeitas. *Se ele está preocupado com a denúncia é porque tem culpa no cartório, onde há fumaça, há fogo.* Trata-se de provérbio, mas de uso coloquial frequente. Outra versão mais antiga registra: *Onde há fumo há fogo.* E em versões negativas tem-se dito: *Não há fumaça/fumo sem fogo,* mais próximas das versões francesas: *Il n'est point de feu sans fumée* e *Feu ne fut oncquer sans foumée;* e das italiana e inglesa: *Non c'è fumo senza fuoco*; inglês: *There is no smoke without fire.* Mas há registros da expressão desde o latim: *Semper flamma fumo proxima est.* Em princípio, não admite inversão de ordem. [MEL/LMOT/MEF/SILVA2] (*)

FUNDO

Chegar ao fundo do poço: chegar ao grau mais baixo de alguma coisa ruim. *Por causa da bebida, perdeu tudo e chegou ao fundo do poço.* O espanhol registra expressão reduzida: *Tocar fundo.* [WER/SILV/MEL/4565/LAT] (*)

FURO

Estar muitos/cem furos acima: ser muito superior. *O seu último livro está cem furos acima dos anteriores.* Parece que as antigas craveiras usadas para medir a altura dos recrutas dispunham de furos onde se notavam cravos que indicavam até onde ir. "Craveira" é o aparelho para medir a altura das pessoas. [AUR/MEL/3968] (*)

FUTURO

O futuro/O amanhã a Deus pertence: imprevisível, somente Deus sabe do futuro. *Não sei o que acontecerá se eles perderem o pai; o futuro a Deus pertence.* A mesma ideia aparece no espanhol: *El futuro es de Dios*. O italiano consigna uma forma mais poética: *L'avvenire è nelle mani de Dio*. [MEL/AM/6189] (*)

GAFE

Cometer gafe: fazer ou dizer algo que não devia, dar-se um passo em falso no terreno social, fazer uma tolice, cometer uma inconveniência, enganar-se. *Cometeu uma gafe na festa e teve que ir embora.* Sinônimos: *Dar um fora. Dar mancada.* Cf.: *Dar bandeira.* Em inglês se diz *Make a faux pas*, numa mescla de palavras inglesas e francesas. Muito embora *faux pas* sejam palavras francesas (e como tais devem ser pronunciadas à maneira francesa), a expressão está de há muito incorporada à língua inglesa. Fora dela, porém, "um passo em falso", em inglês, é *a false step*. No popular, em francês, se diz *Faire une gaffe*. Muito embora alguns dicionários comuns portugueses já introduziram a palavra "gafe" (para cujo lugar os puristas sugerem "escorregadela, deslize e descuido"), não deixa de ser uma expressão híbrida, na medida em que é composta de palavras portuguesa e francesa, até porque a expressão original é francesa: *Faire une gaffe*. Nessa linha de consideração de hibridismo pode-se citar ainda *Não ter perhaps* ("não ter dúvida"), com palavras portuguesas e inglesa, e a expressão sinônima comentada anteriormente no próprio verbete *Make a faux pas*, com palavras inglesas e francesas. [2457/2621/5479/RMJ2/SILV] (*)

GAIATO

Entrar de gaiato: ser malsucedido, dar-se mal, ser enganado, entrar bem (no sentido negativo). *Vou entrar de gaiato nesse lance. Fez o negócio e entrou de gaiato. Entrou de gaiato, pagando um preço alto por um carro em mau estado.* Sinônimo: *Entrar de alegre*. Por sua vez, "gaiato" é sinônimo de gaio, alegre, brincalhão, travesso, e sua etimologia é *gaio + -ato* (1858); e *gaio* origina-se do provençal *gai*, "alegre", o que explica que os trovadores eram os homens da *gaia* ciência. [WER/SILV/3796/VIL/GUR/HOU/MEL/SIM/PIM/NASE] (*)

GALHO

Quebrar (o/um) galho(s): dar um jeito para resolver uma situação intrincada, difícil, livrar-se de situações embaraçosas. *O deputado quebrou o galho, alegando sua condição de deputado ao guarda, e foi embora*. Uma trajetória explicativa parte de "galho", gíria que significa dificuldade, complicação, em princípio indiscernível. Há, porém, quem entenda "galho" como pequeno afluente de rio, consoante [AUR] e [HOU], que registram galho(s) como um conjunto de riachos, que, nas cabeceiras, se unem para formar um rio. *Quebrar o galho* (quebrar um riacho) seria fazer um desses riachos desembocar mais rápido, abrindo-lhe um caminho, no rio principal. E, ainda, há a convergência ao "Exu quebra-galho", da umbanda, entidade que resolve as dificuldades dos seus crentes e que teria esse nome por ser o dominador das matas. [DI/WER/CDAs/SILV/MEL/HOU/AUR/CAC/PIM/RMJ] (*)

GALINHA

A galinha da vizinha é mais gorda do que a minha: tudo o que é dos outros parece melhor aos nossos olhos. *Todos os filhos da tia Antônia conseguiram um belo emprego, os meus, nada; a galinha da vizinha é mais gorda do que a minha*. Há várias outras versões com ideias semelhantes em português e em outros idiomas, inclusive o latim: *A cabra da minha vizinha dá mais leite do que a minha. A grama do vizinho é mais verde do que a minha. La cabra de mi vecina da más leche que la mia. Aliena nobis, nostra plus aliis placent. Los huevos de tua gallina son más gordos que los de la mia*. A versão *A galinha da vizinha é mais gorda do que a minha* está consignada desde 1780. [LMOT/FRI/MOT/AM/0131] (*)

Acordar/Levantar com as galinhas: acordar cedo. *Ele acorda com as galinhas para praticar atividades físicas*. Cf. o uso dos antônimos lexicais verbais: *Dormir/Deitar com as galinhas*. As galinhas acordam (e dormem) cedo: guiam-se pelo sol. Em espanhol se diz: *Lenantarse con las gallinas*. [ALV/MEL/SILV/RIB] (*)

Deitar-se/Dormir com as galinhas: deitar-se cedo. *Ele deita-se com as galinhas para poder acordar cedo*. Cf. o uso dos antônimos lexicais verbais: *Acordar/Levantar com as galinhas*. As galinhas dormem (e acordam) cedo: guiam-se pelo sol. Em espanhol se diz: *Acostarse con las gallinas*. [ALV/MEL/SILV/RIB] (*)

Galinha dos ovos de ouro: lucro fácil, sem muito esforço. *Ele achou a galinha dos ovos de ouro abrindo aquela representação comercial*. Expressão usada alternativamente com vários verbos, inclusive na função predicativa com o verbo *ser*. A expressão verbal original é *Matar a galinha dos ovos de ouro* (agir com precipitação, imprudência ou impaciência, destruir a fonte de grandes proveitos). É baseada numa história do folclore europeu, reminiscência da fábula de La Fontaine que a criou para ditar a moral: "Quem tudo quer, tudo perde", sobre uma gansa que, em sua primeira postura, pôs um ovo de ouro. O dono, estúpido e avarento, em vez de esperar novos ovos, matou-a para extrair desde logo o que havia dentro. Nas adaptações para o português, a gansa passou a ser uma galinha, ave mais popular no Brasil. Há muitas variações dessa história, envolvendo vários outros animais. E uma delas é a da gansa das penas de ouro, narrada pelos irmãos Grimm. [WER/MEL/RMJ/RIB/4579] (*)

Muita galinha e/para pouco ovo: muito trabalho para pouco resultado. *A propaganda foi intensa, mas as vendas foram baixas, foi muita galinha para pouco ovo.* Esta expressão se presta também a compor o fenômeno denominado "adivinha", que é um enigma popular apresentado sob a forma de pequena frase livre ou de verso rimado, iniciado por "o que é o que é?, como em *O que há de novo?*, a que se faz a resposta rimada: *Muita galinha e pouco ovo*. Casos semelhantes, mas não iguais, tipificados como apodo, motejo ou zombaria, são: *Depois? A galinha pôs; O negócio é o seguinte: o preço da égua é cento/duzentos e vinte; — Como vai sua tia? / Fazendo careta pra Dona Maria; — Que é isso? — Paçoca com chouriço.* [MEL/FON/MOT] (*)

Quando as galinhas tiverem/criarem dentes: nunca, jamais. *O seu time só será campeão quando as galinhas tiverem dentes.* É usada em vários contextos vinculada a vários verbos. Em francês há expressão correspondente com os mesmos referentes: *Quand les poules auront des dents* e em inglês há a ideia de "jamais", usada na espirituosa expressão: *When two Sunday come together.* [FSP/MEL/RIB/MOT/7241] (*)

GALO

Cantar de galo: demonstrar valentia, exprimir sentimento de superioridade. *Está cantando de galo porque sabe que o adversário é fraco.* [JRF] imagina equívoco entre *levantar el gallo* do espanhol, demonstrando a arrogância e soberba própria do *gallo* para explicar a frase paralela portuguesa. [LAU] entende que já vinculava a mesma ideia no século XVII: "Triste da casa onde a galinha canta e o gallo cala". [1688/NAS/HOU/JRF] (*)

Cantar o galo: ter noção vaga de algo. *Está dando palpites, porque ouviu cantar o galo, mas não sabe onde.* Combina-se normalmente com o verbo "ouvir". [LAU] entende que a expressão remonta à formulação original já usada no século XVII: "casa de Gonçalo". Nascentes registra a expressão "não ser casa de Gonçalo" com alusão ao lugar onde a mulher manda mais do que o marido. E o *Diccionario de aforismos, proverbios y refranes* (4. ed., Barcelona: Sintes, 1967) lista, de forma mais explícita, a forma em espanhol: *En casa de Gonzalo, más puede la gallina que el gallo,* com a significação figurada, isto é: "Denota que en algunas casas suele tener más dominio la mujer que el marido". [NAS/6392/LAU/SILV] (*)

Ouvir o galo cantar e/mas não saber onde: não estar bem a par do assunto, ter noção vaga de uma coisa. *O caso não foi como o rapaz contou, ele ouviu o galo cantar e não sabe onde. Está dando palpites, porque ouviu cantar o galo, mas não sabe onde.* Aparece às vezes na ordem *Ouvir cantar o galo* e, às vezes, só verbalizada a primeira parte da frase. Combina-se normalmente com o verbo "ouvir". [LAU] entende que a expressão remonta à formulação original já usada no século XVII: "casa de Gonçalo". Nascentes registra a expressão "Não ser casa de Gonçalo" com alusão ao lugar onde a mulher manda mais do que o marido. E o *Diccionario de aforismos, proverbios y refranes* (4. ed., Barcelona: Sintes, 1967) lista, de forma mais explícita, a forma em espanhol: *En casa de Gonzalo, más puede la gallina que el gallo,* com a significação figurada, isto é: "Denota que en algunas casas suele tener más dominio la mujer que el marido". [FSP/LP/MEL/SILV/NAS/6392/LAU/] (*)

GALOCHA

Chato de galocha(s): sujeito delicado, mas excessivamente maçante. *Só mesmo um chato de galocha para reclamar desse jogo.* Expressão usada com várias combinações e verbos, inclusive na função predicativa, com o verbo *ser*. A expressão hoje tem emprego menos frequente que outrora, talvez porque o referente "galocha", antes de uso generalizado, agora está circunscrito a alguns grupos de trabalhadores. *Chato* é sinônimo de "plano, adj."; por ext. "importuno, irritante". Substantivado, em zoologia, ficou como sinônimo de "piolho pubiano", que provoca coceira, tornando-se *chato* (extremamente importuno). Quanto ao emprego de *galocha(s)*, há uma distância aparentemente indiscernível de evidência para o sentido figurado, levando à suposição de que a galocha, usada nos anos 1950 e 1960, era um utensílio útil, porém "chato, desconfortante e irritante" de ser usado; daí a conotação a pessoas com essas características. [MEL/HOU/AUR/NASE/1856] (*)

GAMBÁ

Bêbado como/que nem/feito um/uma gambá: beber demais, ficar embriagado. *Chegou em casa já de manhã, bêbado feito um gambá.* O gambá, animal comum nas zonas rurais e urbanas, é facilmente atraído pelo cheiro de cachaça, colocada num pote, a qual ele bebe, ficando embriagado e, facilmente, capturado. Essa afirmação popular se encontra, com reserva, até em certos manuais de zoologia. Combina-se também com diversos verbos. [MEL/SILV/RIB/NAS/AUR] (*)

GANDAIA

Cair/Andar/Viver na gandaia: farrear, vadiar, viver ao deus-dará. *Depois que terminou o namoro, caiu na gandaia.* "Gandaia" pode ser o ato de revolver o lixo em busca de coisas de algum valor, condição de vadio. Mas, talvez, e melhor, se vincule à "gandaia", rede fina para cabelo e espécie de distintivo dos bandoleiros catalães, que tinham uma vida desregrada e viviam ao deus-dará. Entretanto, vale considerar que a expressão "a gandaia" significa "a esmo, à toa, ao léu, sem destino", o que dá, ou ajuda a dar, discernibilidade ao sentido de "farrear, vadiar, viver ao deus-dará." [PUG/MEL/HOU/RMJ/VIA/PIM] (*)

GARGANTA

Atravessado na garganta ou *Trazer/Ter alguém uma espinha atravessada na garganta*: algo não estar assimilado, algo estar entalado na garganta, guardado como remorso, como ressentimento. *Aquele comentário dela ainda está atravessado na garganta*. Em relação à expressão *Atravessado na garganta*, há em francês fórmula correspondente: *Rester en travers de la gorge*. [NAS/1022/SILV/PIP] (*)

GATILHO

Ser rápido no gatilho: muito rápido. *Ele foi rápido no gatilho no pagamento da conta*. Frase intensificadora. Em inglês há a expressão correspondente, em versão literal: *Quick on the trigger*. Mas se diz também: *Quick as a flash*. Cf. ainda: *Ser rápido como um raio/relâmpago. Ser rápido e rasteiro*. [RMJ2/BAR] (*)

GATO

Brigarem/Viverem como/que nem/feito gato e cachorro ou **cão e gato**: Cf.: CACHORRO.

Comprar/Vender/Comer/Levar gato por lebre: enganar/ser vergonhosamente enganado, entregando/recebendo coisa pior do que a esperada. *Ele deu bom dinheiro por esse anel de vidro pensando que era uma joia; comprou gato por lebre. Pediu pão fresco e levou pão dormido, ou seja, comprou gato por lebre*. No século XIII comia-se gato, raposa, lebre etc. Como a carne de gato era muito mais barata e podia enganar pelo sabor, era comum a venda de gato por lebre, passando com o tempo à significação de "enganar". [LAU] entende que a expressão remonta à formulação original já usada no século XVII: "Em caminho francês, vende-se gato por rês". Caminho francês, explica Bataglia, eram as estradas por onde de França e de Portugal se dirigiam os romeiros para Santiago de Compostela. Eram também rota comercial. Além dos verbos *comprar, vender*, são usados também c*omer, levar, dar, entregar, oferecer, passar, trocar*, atendida naturalmente a semântica desses verbos, inclusive seus valores ativo e passivo etc. Em espanhol há similar correspondente por tradução literal, com os mesmos referentes: *Comprar gato por liebre*. [ALV/LP/WER/RAM/LAU/LCC/FRI/JRF] (*)

De noite, todo(s) gato(s) é(são) pardo(s): na escuridão não se percebem detalhes. *Na escuridão, o travesti enganou todo mundo, de noite, todos os gatos são pardos*. A mesma ideia, com os mesmos ou outros referentes, aparece desde o latim, espalhando-se nos idiomas espanhol, francês, italiano e inglês, a saber: *Lucerna sublata nihil discriminis inter mulieres; De noche todos los gatos son pardos; La nuit, tours les chats sont gris; Al buio tutte le gate sono bigie; In the night all cats are gray*. [FRI/LMOT/2949/AM] (*)

Fazer (de alguém) gato (e) sapato: fazer alguém de joguete, maltratar, ludibriar, troçar, abusar. *Foi castigada por fazer do irmão gato sapato*. Não é possível encontrar nenhum processo metafórico ou metonímico, mas João Ribeiro lembra a fala de uma personagem no teatro de Manuel de Figueiredo, onde aparece a mesma ideia: "Assim he: o marotinho procedeu mal... vamos ao caso... fazem de mim gato-çapato, logram-me como um criado a um amo, uma mulher a um marido...". Mas, à falta de sugestões metafóricas ou metonímicas, vale a pena jogar com as hipóteses de metaplasmos (gato "sob pata" de um cão > sopata > sapata), terminando com o arranjo rimático (gato x sapato) que tem particular responsabilidade na vulgarização da expressão. Cf: *Aos trancos e barrancos*. Por outro lado, "gato sapato" era um jogo parecido com o da cabra-cega, no qual se dava com um sapato na pessoa que tinha os olhos vendados. Não admite inversão de ordem. [ALV/SILV/MEL/WER/XAre/CDAs/FUL/LP/PIM/4237] (*)

Gato escaldado tem medo de água fria: quem já passou por experiências ruins tem receio de se submeter a outras iguais. *Não vou procurá-lo mais, já me destratou uma vez, gato escaldado tem medo de água fria*. Ideias semelhantes e muito próximas ocorrem em outros idiomas, como no latim: *Horrescit gelidas felis adustus aquas*; no espanhol: *Gato escaldado de agua fría tiene miedo*; em francês: *Chat echaudé craint l'eau froide;* no italiano: *Cane scottato d'acqua calda ha paura, poi dela fredda*; em inglês: *A scalded cat fears cold water*. [FRI/LMOT/MEL/MEF/SILVA] (*)

Gato(s)-pingado(s): espectador raro, pessoa sem meios, pobre, sem importância. *No teatro havia apenas uns três gatos--pingados*. A expressão estaria associada, até o final do século XVI, ao castigo de escravos negros e mouros com pingos de gordura fervente, e/ou ao pequeno número de serventuários no acompanhamento de enterros da Misericórdia de Lisboa, que levavam o esquife com os pobres mortos, denominados justamente "gatos-pingados"; daí a alusão normalmente a poucas pessoas: *três, quatro ou seis gatos-pingados, meia dúzia de gatos-pingados*. Com efeito, José de Sousa faz explícita alusão ao tal castigo: "Fervente azeite lhe escorro/Bem no meio do espinhaço/E porque enterrava o sonho/Fiz dele *gato pingado*". Bento Antônio, por outro lado, define a expressão *gatos-pingados* como os que levam o esquife; daí a alusão a poucas pessoas. No Rio de Janeiro, o cartunista Henfil, falecido em 1988, criou o personagem Gato Pingado, simbolizando a torcida do América, sempre muito reduzida nos estádios. Expressão usada alternativamente com diversos verbos, como *haver* etc. [4616/TOG/LCC/JRF/NAS/PUG/RIB/WER/FSP] (*)

Quem não tem cão/cachorro caça com gato: Cf.: CÃO.

GELO

Quebrar o gelo: animar, promover a cordialidade, desfazer o ambiente cerimonioso, reservado e frio, acabar com uma situação desconfortável. *Para quebrar o gelo contou uma boa piada antes do início da reunião*. Há similar em inglês, registrando a mesma expressão com os mesmos referentes: *Break the ice* [RMJ2/WER/7321/AUR] (*)

GENTE

Conversando é que a gente se entende: a conversa é um meio ideal de as pessoas se entenderem sem constrangimento, aborrecimento ou violência. *Mesmo ele* *me devendo, não precisava temer a minha reação, conversando é que a gente se entende*. Expressão já documentada em dicionário em 1935. A título de curiosidade, destaque-se o aproveitamento da expressão para nome do livro *Conversando é que a gente se entende*, de Nelson Cunha Mello, com prefácio de Evanildo Bechara, em 2009. Cf.: *É que*. [MEL/2240/LMOT] ^(*)

GILETE

Ser gilete: ser indivíduo bissexual, aquele que se relaciona sexualmente com homens e mulheres; pederasta ativo e passivo. *Em geral o indivíduo gilete é dado à promiscuidade. O cara ainda por cima é gilete, que dá o que fazer*. Alusão à lâmina de barbear descartável "gilete", que corta/ funciona dos "dois" lados, tratando-se de marca registrada da *Gillette*, que passou a designar o seu gênero (lâmina); nome do industrial King Camp Gilette, nascido em 1855 e falecido em 1932, que a criou. As lâminas chegaram ao Brasil, trazendo na embalagem foto de King, de bigode e escanhoadíssimo. Caso semelhante, de marca registrada, usada como substantivo comum e expressão, é "Brastemp". Cf.: p. 34, g. [MEL/HOU/GER/PIM/CF] ^(*)

GOL

Chute/Gol de letra: toque bonito na bola ou gol em que o atleta trança a perna usada por trás da perna de apoio, como que desenhando a letra X e muda o pé que chuta. Gol batizado em 1942 por Mário Filho, irmão de Nelson Rodrigues. *Ela fez um gol de letra ao ser escolhida Miss São Paulo*. A expressão vulgarizou-se fora do âmbito do futebol. Usa-se com o verbo *fazer*, entre outros. [/MEL/4636] ^(*)

Gol de placa: no futebol, gol memorável, digno de ser celebrado com registro em placa, feito extraordinário. *Ela fez um gol de placa ao ser escolhida a melhor atriz*. A expressão nasceu de um extraordinário gol de Pelé, no Maracanã, em 5/3/1961: o Santos de Pelé jogava contra o Fluminense de Castilho. Aos 41 minutos do segundo tempo, tudo aconteceu de forma espetacular. Pelé domina a bola na meia-lua da sua área, parte para o gol de Castilho. Depois de passar por seis adversários, toca a bola para o fundo do gol. O jovem cronista esportivo da época, Joelmir Beting, sugeriu ao seu jornal, *O Esporte*, que mandasse fazer uma placa comemorativa de bronze que eternizasse o extraordinário lance de Pelé. A placa foi feita, afixada no saguão do Maracanã e descerrada pelo próprio Pelé. [MEL/GUR/PIM/4640] ^(*)

GONGO

Ser salvo pelo gongo: livrar-se de uma situação difícil ou embaraçosa no último momento. *Ele ia me pedir dinheiro emprestado, quando você chegou e fui salvo pelo gongo*. Alusão ao instrumento de percussão (gongo) que, por meio de sinal emitido, marca o início ou o fim de disputas ou apresentação de candidatos em programas de calouros. Mas há várias outras versões, sobretudo inglesas. A mais conhecida refere-se à expressão homônima, *Saved by the bell*. Trata-se da ideia usada quando coveiros perceberam arranhões por dentro em caixões reabertos para serem reaproveitados, o que denunciava o sepultamento de pessoas eventualmente vivas com surtos de catalepsia. Passou-se a prender um sino a uma fita que se amarrava no pulso de pessoa enterrada. Se o indivíduo "ressuscitasse", um movimento do seu braço acionava o sino e o indivíduo acabava "salvo pelo gongo", ou, melhor, pelo sino. A explicação tinha certa lógica e dramaticidade e, por isso, talvez, ficou muito vulgarizada. [AUR/HOU/RMJ/MEL/SILV/WER/7926] (*)

GOSTO

Cair no gosto de: usada no sentido comum: cair no agrado de. *O padre Marcelo caiu no gosto do povo, virou pop music. É sucesso nacional/Cair no gosto da multidão/E ainda pegar no carnaval.* (Chico Buarque & Paulo Pontes). Embora *Cair no gosto de* pareça denunciar a expressão de feição mais comum e popular, tem-se como a original e a oficial *Cair no goto de*. Cf.: *Cair/Dar no goto*. [SILV] (*)

Gosto não se discute: não se deve criticar o gosto dos outros. *Você não gosta de cinema nacional, mas eu adoro, gosto não se discute*. Sinônimos: *O amor é cego. O que seria do amarelo se todos gostassem do azul*. Expressão usada alternativamente com diversos verbos, como *estar, ficar*. Em latim, espanhol, francês, italiano e inglês há expressões com ideias semelhantes ou mais completas: *De gustibus et coloribus non est disputandum; En materia de gustos, no hay disputa; Des gouts et des couleurs il ne faut pas disputer; Dei gusti e qua non si discute mai; It is of no use disputing about tastes.* Cf.: *Quem ama o feio bonito lhe parece; Mãe coruja*. Há quem entenda que gosto se discute sim; o que não se discute é o direito a ter determinado gosto. [MEL/4653WER/LP/FUL/LMOT] (*)

Vale mais/Mais vale um gosto do que quatro vinténs: é melhor desfrutar que economizar, as alegrias não têm equivalência financeira, a satisfação de um desejo merece, às vezes, um sacrifício. *Muitas vezes satisfazer um prazer vale mais do que muito dinheiro, pois vale mais um gosto do que quatro vinténs*. Embora de origem e uso mais frequente em Portugal e feição proverbial, merece destaque neste *Dicionário*, que privilegia expressões populares brasileiras, pela simplicidade da ideia e interesse dos pesquisadores. Além do mais lembra a expressão mais corrente no Brasil, *Ter quatro vinténs*, que significa "possuir boa fortuna", enriquecendo a ideia do provérbio. O provérbio seria resultado da fixação do preço do açúcar por D. João V em quatro vinténs; mais valia o gosto de comer doces do que os quatro vinténs que custava o açúcar. A mesma ideia está traduzida em espanhol e italiano, naturalmente com outros referentes para o sentido de "grande fortuna" (aqui expressa por "quatro vinténs"): *Un gusto vale más que cien reales; Val piu un gusto che cento dobolo.* [5226/LEL/JRF/LCC/RMJ/MIC/NAS] (*)

GOTA

Uma gota/Um pingo d'água no oceano: algo insignificante, comparativamente.

Para ela esse dinheiro é uma gota d'água no oceano. Sinônimo: *Um grão de areia no deserto*. Há similar em inglês, registrando a mesma ideia expressa com referentes semelhantes: *Drop in the bucket* (*Gota no balde*). Constrói-se com vários verbos, inclusive como predicativo com o verbo *ser*. [RMJ2/NAS/8722] (*)

GOTO

Cair/Dar no goto (do povo): agradar, causar simpatia, cair nas graças. *Apesar de não ser uma obra-prima, aquele filme caiu no goto do público. O Ronaldo caiu no goto do povo*. A expressão, nos sentidos apontados, apesar da estranheza formal da palavra "goto" no lugar de gosto ("goto" seria a forma popular de "glote"), tida como original e formal é *Cair/Dar no goto*, a se dar crédito às diversas fontes que a apontam, ou seja: [8248/GUR/NAS/MEL/AUR/HOU/LEL/CA/MIC/ABL/RAM/SIM], e não *Cair no gosto de alguém*, que parece, à primeira vista, mais comum e popular. A única fonte que registra *Cair/Dar no gosto* é [SILV], consignando também paralelamente *Cair no goto*. Parece, todavia, haver alguma discrepância nas fontes. [LUFT], por sua vez, registra *Cair* ou *Dar no goto*, mencionando como significados "cair no gosto" ou nas graças de, agradar. Como se percebe, ao incluir nos significados, não a aponta como expressão propriamente dita, mas como linguagem comum. [NAS], por sua vez, comenta: "*Cair no goto* – Provocar tosse por ter entrado na glote por ocasião da deglutição (alimento). *Fig*. Agradar. *Goto* é forma popular de *glote*. Castro Lopes, *Origens*, 273, dá uma explicação pouco convincente. Quando se está comendo, diz ele, pode acontecer que uma parcela do alimento caia na glote, o que produz forte tosse, violenta, e até sufocação. "Ora, uma coisa que nos agrade muito, que nos dá grande prazer, faz-nos rir a braguilhas despregadas, e até nos provoca tosse, pelo que se a pessoa experimenta esse excessivo prazer e gosto, se parece com quem, na ocasião da deglutição, sentiu cair-lhe na glote alguma parcela de comida". *Dar no goto* – idem. [8248/GUR/NAS/MEL/AUR/HOU/LEL/CA/MIC/ABL/RAM/SIM/CF] (*)

GRAÇA

De graça é caro: favor ou tipo de presente ilusório, prejudicial. *A promoção da loja, de graça é cara. Ajuda desse tipo, de graça é caro*. Sinônimo: *Não querer nem de graça*. [LAU] entende que a expressão remonta à formulação original já usada no século XVII: "Horta sem água, casa sem telhado, marido sem cuidado de graça é caro". [LAU/5840] (*)

GRÃO

De grão em grão a galinha enche o papo: pouco a pouco se consegue o que se pretende, aos poucos se alcançam os objetivos. *Aos poucos está formando uma boa clientela; de grão em grão a galinha enche o papo*. Há três configurações mais antigas, com pequenas nuances no adjunto adnominal e inversão de sujeito: *A grão e grão enche a galinha o papo; Grão a grão enche a galinha o papo* e *Grão e grão enche a galinha o papo*. A metáfora vem desde o latim, passa pelo italiano e chega até nós: *Molli paulatim flavescit campus arista; Grano a grano, inche la gallina el papo.* [LMOT/MEL] (*)

GREGO

Agradar a gregos e troianos: agradar ou insinuar agradar a todos, amigos e inimigos, ainda que falsamente, na base de bajulação. *O chefe de V. Ex.ª passou a ser assediado por gregos e troianos. O acordo salarial satisfez, ainda que aparentemente, a patrões e empregados, a gregos e troianos. Um prefeito não pode agradar a gregos e troianos.* A expressão deve sua origem, ainda que indiretamente, ao evento histórico da guerra de Troia, cidade cercada durante dez anos pelos gregos, só conquistada graças a um suposto presente dos gregos aos seus inimigos troianos, representado por um cavalo, que era, na realidade, uma cilada. Levando-se em conta a feroz animosidade de gregos e troianos no episódio, o verbo "agradar" pode ter sido inspirado no gesto dos gregos, aparentemente oferecendo presente para agradar os troianos. Em francês apontam-se expressões com ideias próximas, mas com jogo semântico e textual bem diferentes: *Ménager la chevre et le chou* (traduzível figuradamente como jogar com pau de dois bicos, proceder com duas pessoas, separadas por interesses bem diferentes, de modo a tentar ficar bem com as duas). Usa-se também com o verbo *conciliar*: *É difícil conciliar gregos e troianos.* Cf.: *Presente de grego.* Em princípio, não admite inversão de ordem. [RAM/CDAs/SILV/MEL/PIP/AZE/0513/RMJ] (*)

Falar/Ser grego: ser obscuro, ininteligível, de forma completamente estranha. *Para mim certas mensagens técnicas lidas no computador é grego. Parece que eu estou falando grego, ninguém me obedece.* E a ideia já vem do latim: reminiscência do *Graecum est, non legitur*, medieval. [MEL/SILV/NAS/7882] (*)

GUARDA

Baixar a guarda: moderar a rispidez da conversa. *Ela sentiu o rosto ardendo de raiva durante a discussão. Pedro baixou a guarda, mais conciliador.* Há expressão correspondente em espanhol: *Bajar la guarda.* [SILV/MEL/LAT] (*)

H

HÁBITO

O hábito não faz o monge: as atitudes e/ou a aparência exterior nem sempre dizem o que a pessoa é. *Fica nervoso à toa, mas é uma pessoa boa, o hábito nem sempre faz o monge.* A versão literal (de formulação negativa) do provérbio é antiga, advém do latim com correspondentes em espanhol, francês, italiano e inglês, a saber: *Habitus non facit monaclum; El hábito no hace el monje; L'habit ne fait pas le moine* ou *La robe ne fait pas l'ermite; L'abito non fa il monaco; It is not the cowl that makes the friar.* Cf.: *O hábito faz o monge*, versão posterior, conforme claramente comenta José de Alencar, no folhetim *Ao correr da pena*, de 3/11/1854: "Hoje mesmo, apesar do rifão antigo, todo mundo entende que o hábito faz o monge; e, senão, vista alguém uma calça velha e uma casaca de cotovelos roídos; embora seja o homem mais relacionado do Rio de Janeiro, passará por toda a cidade incógnito e invisível, como se tivesse no dedo o anel de Giges". E com o mesmo sentido em que Alencar aplica o rifão, existe em inglês o provérbio: *Fine feathers make fine birds* (*A bela plumagem faz os pássaros belos*). E vale observar a maliciosa referência feita pelo *Dicionário moderno* (Bock, Rio de Janeiro, 1903, apud PRETI), de índole erótica, ao acrescentar: "mas encobre muita pouca vergonha". [MEL/SILVA2/RMJ/LMOT/6192/AM] (*)

HOMEM

Homem com H maiúsculo: indivíduo de palavra, digno, honesto. *Sou um homem com H maiúsculo, não admito que duvidem da minha honestidade.* Mas cabe observar, paralelamente, que mais vale a letra M de "mulher", por ser foneticamente articulada, do que a letra H de "homem", que é muda, ainda que maiúscula. [MEL] (*)

Homem que toca/de/dos sete instrumentos: indivíduo capaz de executar diferentes atividades. *Além de escritor, é médico, professor e administrador, é um homem de sete instrumentos.* Trata-se de um faz-tudo. Em francês e inglês há ideias parecidas, e em inglês, particularmente, há provérbio pejorativo, a saber: *Homme-orchestre; Jack of all trades* e *Jack all trade, most of none*, este significando que aquele que exerce muitas profissões não vence em nenhuma ou não domina nenhuma. A expressão comporta também outros verbos alternativos. [MEL/PUG/RMJ/8516] (*)

O homem faz e Deus desfaz: deve-se aceitar os desígnios de Deus. *O que nos parece impossível de ocorrer muitas vezes acontece; muitas vezes o homem faz, mas Deus desfaz.* Sinônimo: *O homem põe e Deus dispõe.* Há correspondentes literais em espanhol e italiano, a saber: *El hombre hace y Dios deshace; L'uomo fa e Dio disfà.* [LMOT/6193] (*)

O homem põe e Deus dispõe: deve-se aceitar os desígnios de Deus. *O imponderável pode acontecer, muitas vezes o homem põe, mas Deus dispõe.* Sinônimo: *O homem faz e Deus desfaz.* A máxima advém literalmente do latim, tendo-se propagado também literalmente em vários idiomas, como o espanhol, francês, italiano e inglês, a saber: *Homo proponit, sed Deus disponit; El hombre pone, y Dios dispone; L'homme propose et Dieu dispose; L'uomo propone e Dio dispone; Man proposes and God disposes.* [MEL/FRI/SILVA2/LMOT/JRF/6193] (*)

Um homem prevenido vale por dois: quem se previne não se expõe a riscos, evita problemas, contratempos, levando vantagem sobre os outros. *O tempo está* *firme, mas vou levar guarda-chuva, um homem prevenido vale por dois.* Há expressões – ou provérbios – similares em latim, espanhol, francês, italiano e inglês, a saber: *Praemonitus, praemunitus; El hombre apercebido no es facilmente acometido* ou *Hombre prevenido vale por dos; Un homme averti en vaut deux; Uomo avvisato è mezzo salvato; Forewarned, forarmed.* Embora em português, espanhol, francês e italiano o provérbio contenha a palavra "homem", pode-se usar, ainda que pareça inusitado, o provérbio na flexão feminina: *Uma mulher prevenida vale por duas.* Advirta-se, todavia, que, seja como provérbio (que expressa ideias genéricas), seja pela instabilidade do artigo (*un/um/zero* ou *el*), o enunciado pode ser considerado "genérico" (Cf.: Rocha, 1995, p. 95-99). Considere-se, também, que o inglês não registra a palavra "homem", parecendo simples tradução do latim, que também não registra: *Praemonitus, praemunitus,* porém o formula na flexão masculina. [MEL/LMOT/8709/STEIN/LAC] (*)

HORA

Cheio de nove horas: ser pretensioso, cerimonioso, cheio de melindres. *É cheio de nove horas, só usa roupas caras.* Sinônimo: *Cheio de não me toques.* Constrói-se com frequência com os verbos *ser* e *estar.* Origem metafórica não discernível e gênese irrecuperável. Mas há especulações de sua sobrevivência. [LAU] entende que a expressão remonta à formulação original já usada no século XVII: "Às nove, deita-te e dorme". Sendo o anoitecer muito cedo, o jantar é em torno das 18 horas. Assim, nove horas, durante muitos séculos, era a hora limite imposta pelas normas de boa educação. A expressão liga-se, talvez, à frequente invocação dessa norma; por exemplo, a visita que, cerimoniosamente, diz: "Já são nove horas, devo ir", tem como resposta: "Não, ainda não são nove horas". É expressão usada com verbos alternativos, como *ser* e *estar,* inclusive como predicativo. [LCC] reporta-se a várias situações e passagens históricas explicando a evolução para chegar à figura cerimoniática do "Cheio de Nove Horas" do século XIX, da criatura infalível em se prender a regras, restrições, limites às alegrias dos outros, memorialista dos pecados alheios etc., passando pelos limites legais de permanência nas ruas, nos bares. Às nove horas caía o pano sobre a representação do cotidiano. [MEL/FUL/SILV/LCC/PIM/1874] (*)

De hora em hora Deus melhora: nunca se deve perder a esperança. *Não se desespere, tenha fé, de hora em hora Deus melhora.* A popularidade da expressão certamente está na simplicidade da forma e conteúdo, na cadência e rimas e no fundo religioso. Há expressão com ideia semelhante desde o latim, propagada no espanhol, a saber: *Utile quid nobis novit Deus omnibus horis; En pequeña hora, Dios mejora.* [LMOT/MEL/FRI/MEF] (*)

Hora H: hora determinada para a execução ou início de uma operação bélica; hora decisiva, hora de atacar, hora de ação, no momento marcado para a realização de um ato. *Na hora H ele roeu a corda.* Expressão usada em combinação com diversos verbos. Embora pertença ao jargão militar, usada na conflagração europeia de 1914, parece ter surgido na gíria dos malfeitores dos Estados Unidos, vulgarizando-se depois fora desses âmbitos. O *H*, como letra inicial de "hora" em português, simboliza a palavra "Hora", como em francês o *H* simboliza *heure* na expressão correspondente *L'heure H*. Em inglês há uma expressão equivalente, com a formulação: *Zero hour* ("hora zero"), apesar do *hour* com *H*. É usada com diversos verbos alternativos, inclusive como predicativo com o verbo *ser*. Cf.: *Dia D*. [RMJ/WER/NAS/MEL/AUR/HOU/PIP/CF] (*)

HORTA

Chover na horta: dar tudo certo. *Deus é grande e vai chover na minha horta. Choveu na horta dele, conseguiu um contrato milionário.* Trata-se de criação do locutor esportivo Valdir Amaral, conforme a imprensa, noticiando seu falecimento na década de 1990. [SILV/MEL/GUR] (*)

HUMANO

Errar é humano: forma simplista de justificar um erro ou se conformar com ele. *Todos reclamam da minha filha, mas errar é humano.* Tradução de *errare humanum est,* passando a ser usada universalmente, às vezes com pequena modalização: *Engañarse es propio de l'hombre; Il est de la nature de l'homme se tromper; È umano errare; To err is human.* Há quem diga que se trata da primeira parte de uma sentença maior tomada da Bíblia, mas não há comprovação. Aparece às vezes com o acréscimo: *sed perseverare in errore diabolicum est.* [MEL/LAR/STEIN/LMOT/RMJ/SILVA2] (*)

I

ÍCARO

Ícaro: pessoa muito e inconsequentemente pretensiosa, que sofre, por isso, consequências desastrosas ou funestas. *Ele deu uma de ícaro ao abusar da velocidade incompatível na corrida e se estrepou.* Ícaro é a figura mitológica com asas inventadas e coladas com cera pelo pai Dédalo para fugir voando do labirinto de Creta. Dédalo recomendara a Ícaro que não voasse a grandes alturas, mas este foi desobediente e se aproximou tanto do Sol que a cera se derreteu e ele acabou caindo e morrendo nas águas traiçoeiras do Mar Egeu. A ideia de "se arriscar quem não possui certas imunidades" lembra duas máximas paralelas italianas quanto ao conteúdo: *Chi ha il capo di cera non vada al sole* (Quem tem cabeça de cera não vá ao sol) e *Non bisogna mettere la paglia accanto al fuoco* (Não se deve pôr a palha junto ao fogo); a primeira parafraseando a imagem de "asa de cera" pela imagem mais forte de "cabeça de cera". É frequente o emprego de nomes próprios em expressões. Cf.: p. 34, g. A palavra tornou-se substantivo comum, costuma ser empregada com inicial minúscula e é usada com vários verbos alternativos, inclusive como predicativo com o verbo ser. [RMJ/LEL/HOU/AUR/AM] (*)

IGNORÂNCIA

Apelar/Partir para a ignorância: recorrer a expediente(s) em que há violência ou grosseria de palavras ou ações, deixar de lado alguns argumentos normais e usar a brutalidade. *Tudo ia bem, mas quando se falou no caso do desfalque, aí ele apelou para a ignorância.* Paralelamente, pode-se lembrar, dentro da lógica ou retórica, o "sofisma em que se exige que o adversário aceite a prova apresentada se não tiver outra melhor". [AUR/0804] (*)

ILUSÃO

Ilusão de ótica/óptica: percepção visual parcial de algo objetivamente existente em virtude das qualidades ambíguas da imagem desse algo, enigma ou questão visual ambígua e curiosa, proposta para interpretação, que demonstra quanto as aparências enganam, miragem ou efeito ótico distorcido, produzido por reflexão da luz solar na superfície, visão fantasiosa e enganosa. *Nada de errado, é pura ilusão de ótica, pode-se ver uma moça ou uma velha na mesma imagem.* Na falta, aqui, das imagens ilustrativas, lembramos "ilusões" que podem ser pesquisadas no Google, como Mulher vaidosa ou Caveira? Duas faces ou Uma? Um coelho ou Um pato? Uma mulher idosa ou Uma garota? entre inúmeras outras, e com várias versões cada uma. Usa-se com vários verbos, inclusive com o verbo ser. Cf.: *As aparências enganam.* [HU] (*)

IMPRESSÃO

A primeira impressão é que fica: normalmente não se esquece o que acontece pela primeira vez. *Vá bem arrumado para a entrevista, porque a primeira impressão é que fica.* Em inglês há a expressão *First impressions are the most lasting*, com a ideia equivalente. [RMJ2/MEL] (*)

INANA

(Re)Começar a inana: surgirem aborrecimentos, encrencas, esboçar uma dificuldade ou acontecimento desagradável. *Já vem aquele chato outra vez para recomeçar a inana.* "Inana" era o nome de uma mulher que trabalhava num espetáculo de ilusionismo, flutuando no espaço. À porta de um teatro do Rio de Janeiro, para fazer entrarem os assistentes, um indivíduo apregoava: "Vai começar a Inana! Vai começar a Inana!". Pronuncia-se inãna ou inhana, contaminando-se de nasalidade a vogal [ã] entre as duas consoantes nasais [n], semelhante ao que ocorre na primeira variante gráfica do par cãibra/câimbra. [SILV/HOU/AUR/CA/BRIT/2086/CA/CF] (*)

INÊS

Inês é morta: agora é tarde; ação infrutífera, por ter sido realizada tardiamente. *Agora Inês é morta, não preciso mais da sua ajuda*. *Inês é morta* ou *morreu Inês* são frases que facilmente se explicam, dada a notoriedade do fato histórico que lhe deu origem: a morte de *Inês de Castro* (1320-1352), que foi amante de Dom Pedro (1320-1367), cantada dois séculos depois, por Camões, por Antônio Ferreira, por João de Barros e muitíssimos outros. Por ter sido tão amplamente divulgada essa notícia, depois de algum tempo passou a ser corriqueira trivialidade a notícia de que *morreu Inês* ou de que *Inês é morta*. Embora genuinamente portuguesa, [TC] afirma que a frase *Inês é morta* é muito mais usada entre nós do que entre os criadores. O significado atual corresponde a *agora é tarde*. João Ribeiro relaciona essa frase a *Aí morreu Neves*. É frequente o uso de nomes em expressões. Cf.: *Até aí morreu (o) Neves* como possível. Cf. também: p. 34, g. [JRF/MEL/CA/SILV/SILVA/PIM/4772] (*)

INFERNO

Inferno astral/zodiacal: momento ruim, de grande tormento, de extrema dificuldade. *A perda seguida de títulos levou o clube a um inferno zodiacal*. A referência "zodiacal" está conectada com o zodíaco e signos zodiacais. Trata-se de expressão conhecidíssima aos iniciados na astrologia. Expressão usada combinada com diversos verbos, como *viver, estar* etc. [MEL/GUR] (*)

INGLÊS

Para inglês ver: o que se destina apenas a uma função visual, artificial, somente aparência, de fachada, para iludir, gestos, manobras, movimentos simulados, visando a efeito momentâneo, coisa fantasiosa, ilusória, não real, ser apenas ensaio, sem validez. *Elogiou-me apenas para inglês ver; na minha ausência, criticou-me severamente*. É expressão usada com vários verbos alternativos, inclusive no predicativo com o verbo *ser*. Há expressões com ideias próximas em francês, vinculadas possivelmente ao português, como *Pour épater les bourgeois* (este dito tem há tempos um correspondente similar: "para o rei Alberto ver", em lembrança de sua visita ao Brasil), ou *Pour la firme: uniquement pour sauvegarder les apparences*. A expressão parece explicar-se no âmbito brasileiro. Há várias tentativas de explicação para a origem da expressão. Uma é ter sido a frase do príncipe-regente D. João, na noite de 22/1/1808 na Bahia de Todos os Santos. A cidade de Salvador iluminara-se em homenagem ao soberano. Este, indicando a nau do almirante Jervis, comboiando sua frota, rumo ao Rio de Janeiro, teria dito: "— Está bem bom para o inglês ver!". Demonstrava que o Brasil o aguardava festivamente. Em outra, bem posterior, Eloi Pontes (*A vida contraditória de Machado de Assis*, Rio de

Janeiro, 1939) registra: "Os navios ingleses, em cruzeiros permanentes nas costas brasileiras, combatiam o tráfico. Mas os contrabandos eram pertinazes. Todos os dias transpunha a barra um navio nacional, à caça dos navios negreiros. Os contrabandistas, porém, tinham meios de escapar às vigilâncias. O povo irônico, cada vez que um navio passava o Pão de Açúcar, dizia: 'É para inglês ver...' E a frase ficou". Na linha dessa versão, explica-se ainda que a expressão surgiu durante o Império, quando o Brasil firmou convênios com a Inglaterra, no sentido da repressão do tráfico de escravos, sendo estabelecidos tribunais mistos de julgamento para os navios negreiros apreendidos. Tinha o Brasil a obrigação de patrulhar as costas, as quais eram também patrulhadas pelos navios britânicos. Mas o tráfico continuava, fazendo o governo vista grossa à traficância. Dizia-se, por isso, que o nosso patrulhamento era fictício, *isto é, apenas "para inglês ver"*. Machado de Assis, na crônica de *A Semana*, de 8/1/1893, escreve a propósito das posturas municipais: *"Que se cumpram algumas, é já uma concessão utilitária; mas deixai dormir as outras todas nas coleções edis. Elas têm o sono das coisas impressas e guardadas. Não se pode dizer que são feitas para inglês ver"*. [LCC/WER/SIM /MOU/VIO/PIP/RMJ/ MEL/SILV/HOU/7128] (*)

de bonzinho, porque de boas intenções o inferno está cheio. A frase parece ter uso universal, já que possui versões basicamente correspondentes – e até interpretativas – em vários idiomas, como o latim, francês, italiano, espanhol, inglês, catalão, alemão, inclusive com variáveis: *Propositum capiunt Tartara, facta Polus* ou *Verum velle, parum est; L'enfer est pavé de bonnes intentions* (1749); *Di buona volontà è pieno l'inferno* ou *Di buone volontà è pien l'inferno; De buenas intenciones está el infierno lleno y de malas, infierno y medio* ou *De buenas intenciones está empedrado el infierno* ou *El infierno está lleno de buenos propósitos y de buenas obras el cielo. Hell is paved with good intentions* ou *Hell is full of good meanings and wishes* ou, ainda, *The road to hell is paved with good intentions*. No latim e espanhol, porém, como se observa, há acréscimos modalizadores relativizadores. Há quem atribua a frase a São Bernardo (1091-1153). A versão latina parece mais literária e dela parece sido realizada a tradução por uma das variáveis do espanhol, a saber: *El infierno está lleno de buenos propósitos, y de buenas el cielo*, bem como a ideia de "pavimentação", contida em palavras como *calçado, empedrado, paved*. [PUG/LMOT/2727/STEIN/LAC/ DAPR/SILVA/FRI/MEF] (*)

INTENÇÃO

De boas intenções/bons propósitos o inferno está cheio/calçado: boas intenções não são suficientes para desculpar malfeitos ou más ações; não importa a intenção, importa o ato ou o resultado. *Não se faça*

INVEJA

(A) inveja matou Caim: por inveja estraga-se a própria vida. *Pra que tanta inveja? Lembra que a inveja matou Caim*. Na verdade, deve-se entender: a inveja fez Caim tornar-se um fratricida, estragando a própria vida. Segundo a Bíblia (Genesis), Caim, filho primogênito de Adão e Eva, cheio de inveja, matou o irmão Abel, porque o Senhor preferiu o sacrifício oferecido por Abel ao de Caim. Cf.: p. 34, g. [0152/LEL/LMOT] (*)

IR

(Ou) Vai ou racha: exigir decisão, custe o que custar, não importam as consequências. *Agora, ou vai ou racha, investirei tudo naquele negócio.* Expressão cristalizada, que não admite outra flexão verbal. Entretanto, *ad cautelam* e para fins de eventuais pesquisas, foi registrado também aqui, na palavra-chave *IR,* a expressão. O francês tem um modo próprio de dizer: *Ça passe ou ça casse.* Cf.: *Virar e mexer; (Ou) Dá ou desce; Vaivém.* Cf. também *(Ou) Vai ou racha.* [SILV/MEL/WER/FUL/6381/LMOT/PIP] (*)

J

JEITO

Dar um jeito/jeitinho (brasileiro): encontrar uma solução conveniente ainda que à margem da lei, habilidade de encontrar soluções engenhosas para contornar dificuldades burocráticas ou legais. *Vou ter que dar um jeitinho brasileiro para me livrar da multa. Com um jeitinho brasileiro, ele conseguiu livrar-se de todas as multas.* Em 1859, o poeta Bruno Seabra estrofou: *Com jeito se leva o mundo,/De tudo o jeito é capaz,/O caso é ajeitar o jeito/Como muita gente faz.* Cf.: *Levar vantagem; Lei de Gerson.* O escritor húngaro Peter Kellemen dedicou no seu livro *O Brasil para principiantes* um capítulo a essa particularidade da conduta brasileira. E cabe lembrar ainda a frase do ex-jogador de futebol da seleção brasileira, Gerson, numa propaganda de cigarro, que personaliza o "jeitinho brasileiro": "Eu gosto sempre de levar vantagem em tudo, certo?"; ficando conhecida como a "lei de Gerson". Entre elas não há vinculação de origem, mas há paralelismo de ideias. Cf.: *Levar vantagem.* [MEL/WER/SILV/RMJ/4893/5114] (*)

JOÃO

Dar uma de joão sem braço: fazer-se de bobo ou de desentendido para levar vantagem. *Vou dar uma de joão sem braço; se colar, tudo bem, vou em frente.* Vale a pena ilustrar o verbete com trecho de carta do escritor João Antônio dirigida ao amigo Caio

Porfírio Carneiro, em 10/3/1966: "Você não perde a mania de me chamar de João. Já lhe disse um bilhão de vezes que o meu nome é João Antônio. E que João, após o advento do Garrincha, mestre ora exilado em São Paulo ou Corinthians Paulista, a palavra João ficou sendo apenas joão (sem maiúscula). Isto é, substantivo simples, comum, nome de coisa e não de gente". Uma das explicações para a atribuição do nome "joão" à ave "joão-de-barro" é que João é um nome muito comum, o que caberia para explicar também o joão da expressão em tela. É frequente o uso de palavras antroponímicas em expressões, às vezes com explicações plausíveis, às vezes nem tanto. Cf. p. 34, g. [WER/SILV/MEL/DI/PRA2/PUG/PIM] (*)

JOGO

Azar/Infeliz no jogo, sorte/feliz no amor: a falta de sorte no jogo não corresponde à falta de sorte no amor, ter azar em determinada situação, às vezes, não implica necessariamente azar em outra, antes pode coincidir com uma situação favorável. *Perdia dinheiro no bingo quando conheceu uma bela mulher; infeliz no jogo, feliz no amor.* A versão brasileira *Infeliz no jogo, feliz no amor* coincide com a espanhola (*Desdichado en juego, afortunado en amores*) e a italiana (*Infelice nel giuoco, felice nell'amores*). Já configurações invertidas (naturalmente com sentidos também invertidos) coincidem entre si numa versão francesa (*Hewureux au jeu, malheureux en femmes ou en amour*) e inglesa (*Lucky in gambling, unlucky in love*). O francês apresenta, ainda, uma versão como a brasileira: *Malheureux au jeu, hereureux en amour.* [MEL/MEF/4774/ROB/AZE/BAR/LMOT] (*)

Ter jogo de cintura: ter muito jeito para sair de situações difíceis. *Ele teve que ter muito jogo de cintura para acalmar o irmão.* Há correspondente em espanhol com a mesma estrutura sintática e os mesmos referentes: *Tener juego de cintura.* [ALV/MEL/SILV/LP/WER] (*)

JOIO

Separar o joio do trigo: retirar o que não presta, separar uma pessoa ou coisa ruim de outra boa, para evitar contaminação. *Nem todos os alunos merecem ser punidos, convém separar o joio do trigo.* Tem vinculação bíblica. Embora essa seja a versão e a lógica do ensinamento bíblico, usa-se, às vezes, a configuração inversa: Separar o trigo do joio (Mateus 13:30). [MEL/SILV/NAS/7823] (*)

JOSÉ

E agora, José?: pergunta poética simulada para alguém indeterminado que se encontra em dificuldades sem solução. *E agora, José, como você vai se virar sem o carro?* Tem origem no poema "José", de Carlos Drummond de Andrade, em que são simuladas várias situações de dificuldade de alguém, simbolizado pelos nomes muito comuns de José e Joaquim, cujos primeiros versos são: "E agora, José/a festa acabou,/a luz apagou,/o povo sumiu,/a noite esfriou,/e agora, José/E agora, Joaquim?/E agora, você?" [CF] (*)

JUDAS

Onde (o) Judas perdeu as botas: em lugar muito distante, de difícil acesso. *Atualmente ele está trabalhando onde o Judas perdeu as botas.* Sinônimos: *Pra lá da caixa-pregos. No fim do mundo. Nos cafundós do Judas.* Alusão ao apóstolo Judas Iscariotes (de Cariote, uma aldeia de Judá), que traiu Cristo por trinta moedas, acusando-o no sinédrio, o tribunal supremo dos judeus em Jerusalém, mas que, depois, "não podendo expiar sua culpa, e tocado de arrependimento, retirou-se e foi pendurar-se num laço" (Bíblia, Mateus 27:5). É claro que esse traidor nunca usou – e portanto – nunca perdeu referidas botas, que só viriam a aparecer na Idade Média. Simbolizavam os viajantes, os peregrinos, os andarilhos e sugerem movimento, viagem, inquietação ambulatória. As botas da expressão levam alguns estudiosos à referência à lenda do Judeu Errante, o Ahasvero ou Ahasverus, sapateiro que lembra botas, mas que só é referido no século XVI, não no século XIII. Parece curiosa a seguinte explicação de Judas a Quevedo sobre o uso das botas: "*No porque yo las truje, mas quisieron significar que poniendome botas, que anduve siempre de camio para al infierno, y por ser dispensero*" (*Los sueños*, 1608). É frequente o uso de nomes próprios em expressões. Cf.: p. 34, g. [LCC/WER/CDAs/FUL/MEL/NAS/RMJ/PIM/6342] (*)

JUIZ

Ninguém é/ pode ser juiz em causa própria: agir como juiz nos próprios interesses. *Condenou o assassino do pai, como um juiz em causa própria.* É expressão – e brocardo jurídico — já veiculada em latim, tendo-se divulgado em italiano e inglês: *Judex in causa propria nemo esse potest; Nessuno é giudice in causa propria; No man should be a judge in his own cause.* Cf.: *Fazer justiça com as/ pelas próprias mãos.* [SILVA2/LMOT] (*)

JUSTO

Pagar o justo pelo pecador: ser punido quem não tem culpa, ficando impune o culpado. *Não se precipite, se punir todos, poderá também punir inocentes ou o justo pagará pelo pecador.* A mesma ideia já aparece em latim como *Unius peccata tota civitas luit* (ou *Capere poenam pro aliquo*, ou, ainda, *Poenas pro inocentibus pendere*) e se propagou no espanhol: *Pagan justos por pecadores*; e inglês: *The just man pays for the sinner.* [MEL/SILV/LMOT/CRE/FRI] (*)

LADRÃO

Ladrão que rouba ladrão tem cem anos de perdão: quem tira de quem costuma tirar dos outros não deve ser castigado, nem ficar com dor na consciência. *Como advogado, ele cobra muito dos corruptos; ladrão que rouba ladrão tem cem* *anos de perdão*. A ideia tem guarida em vários idiomas, inclusive no latim, ainda que com nuances referenciais: *Callidus est latro qui tollet furta latroni*; em espanhol: *Ladrón que roba a ladrón tiene cien años de perdón*; francês: *Est bien larron que larron dérobe*; inglês: *He is through thief who robs a thief.* Uma versão antiga consagra: *Quem engana ao ladrão, cem dias ganha de perdão.* [MEL/LMOT/FRI /MEF/SILVA2/4978] (*)

LÁGRIMA

Chorar lágrimas de crocodilo: lágrimas fingidas, choro falso e hipócrita, sem vontade, manifestação de pesar ou de solidariedade insincera; mostras pérfidas, traiçoeiras, de tristeza, de arrependimento. *Chorou lágrimas de crocodilo no enterro do marido, que ela odiava.* Shakespeare já usava em *Othelo*. São reproduzidas a seguir observações, opiniões e explicações sobre essa expressão, algumas talvez fantasiosas. Assim, diz-se que o crocodilo chora, embora se tenha como óbvio que animal não "chore", nem teria motivo na medida em que está se saciando ao comer sua presa. Por isso, teria surgido a expressão popular: ao devorar uma presa, aplica-se ao caso de uma pessoa fingir pena pelo que sucede a outra, quando, no íntimo, se regozija com o fato. Daí, a lembrança de "amigo falso", por semelhança ao crocodilo traiçoeiro. Uma versão de outrora diz que o crocodilo fingia gemer para atrair a presa. Também se acreditava que o crocodilo "chorava de pena", após ter devorado uma criatura humana, o que também não cabe, pois as lágrimas do animal são lágrimas fisiológicas, lubrificantes, e não reflexo emocional – que o animal obviamentre não tem. Na realidade, o crocodilo dá impressão de que ri, mas o que parece riso é sofrimento físico, motivado pelas cócegas por ele experimentadas, ou, por outro lado, pela pressão muito forte sobre o céu da boca, quando ele está ingerindo sua presa, o que estimula suas glândulas lacrimais, dando a impressão de que o animal está chorando, e aí suas lágrimas seriam naturais, não fingidas. De certo, há, na medicina e neurologia, até uma síndrome com o nome de *Síndrome de/ das lágrimas de crocodilo*, definida como entidade de patogenia obscura, que consiste em lacrimejamento durante a mastigação; ocorre após paralisia facial residual, por causa de lesão nervosa que desvia as glândulas salivares fazendo que elas passem a inervar as glândulas lacrimais. A denominação provém do fato de que os crocodilos lacrimejam quando mastigam. E nessa sensação pode, igualmente, ser capturado. Quando se diz que uma pessoa está chorando "lágrimas de crocodilo", quer se dizer que ela está fingindo, chorando de uma forma falsa. Há expressões correspondentes em inglês, latim e espanhol, registrando traduções literais com iguais referentes: *Crocodile tears* (portanto, expressão bem antiga); *Crocodili lacrimae; Lágrimas de cocodrilo.* [NOG/HOU/NAS/RMJ2/WER/ FSP/SILV/ALV/AUR/PIM/LAT/BRIT](*)

LANÇA

Quebrar lança(s) por: combater, proteger, defender ardorosamente. *Quebrou lanças* *pelo filho do amigo até arranjar-lhe um bom emprego*. A lança, arma da nobreza, era usada para as justas e torneios. "Quebrar lanças" significava a dedicação fidalga ou motivo eleito para o prelo. [NAS/MEL/SILV/AUR] (*)

LANTERNA

Ser lanterna/lanterninha: ser o último colocado em competições. *Nas eleições para deputado, ele foi o lanterna do seu partido. Ficou em último lugar*. Como se sabe, "lanterna" é um aparelho para iluminação, sinalização. Provém do francês *lanterne rouge*, lanterna vermelha, que brilha para sinalizar o último vagão das composições ferroviárias. A expressão foi parar em Portugal, mas no Brasil se reduziu simplesmente à lanterna ou lanterninha. Por extensão de sentido de "chegar, ficar em último", lanterninha adquiriu também o sentido de funcionário que, com a luz da lanterna, indica na penumbra dos cinemas e teatros um lugar a quem chega com a sessão já em andamento. [MEL/PIM] (*)

LEÃO

Ficar com/Tomar a parte do leão: escolher para si a(s) melhor(es) parte(s). *Seus pais não estavam sujeitos a regimes feudais em que o dono da terra fica com a parte do leão*. A expressão nasceu de uma fábula clássica (da vitela, da cabra e da ovelha em sociedade com o leão), de que há versões em Esopo, Fedro e La Fontaine. O leão convidara os três animais para caçar, com a combinação de dividirem depois os despojos. Mataram um veado. O leão, tomando para si a primeira peça, falou: "Esta é minha porque eu me chamo leão; a segunda me cabe pelo direito do mais forte; a terceira eu reclamo por ser o mais valente; a quarta, se alguém tentar tocar, será estrangulado". Outra expressão, de verbalização erudita e hermética com origem na mesma fábula, usada como brocardo jurídico, é a chamada cláusula leonina ou o contrato leonino, em que se favorece uma parte com prejuízo de outra, ferindo, assim, o princípio da equidade. No Brasil, o leão é, ironicamente, o órgão arrecadador do imposto de renda. [NAS/RMJ/SILV/RIB/MOT/PIM] (*)

LEBRE

Levantar a lebre: incitar uma ideia, excitar uma questão, iniciar um debate, trazer à luz algo escondido, descobrir. *Ela ficou constrangida ao levantarem a lebre sobre o seu envolvimento com o chefe*. Embora o sentido metafórico pareça indiscernível, ele estaria vinculado ao fato de fazer uma lebre, enquanto caçada, sair em disparada da toca, com a aproximação dos cães caçadores. [FUL/NAS/WER/FSP/MEL/SILV] (*)

LEITE

Chorar o (pelo/sobre o) leite derramado: lastimar-se, lamentar um acontecimento irremediável. *Viveu uma vida de desperdícios, agora não adianta chorar o leite derramado.* Há similar em inglês, registrando tradução literal com iguais referentes: *Cry over the spilt milk.* Usa-se principalmente na forma negativa, proverbial: *Não adianta chorar sobre o leite derramado; It is no use crying over spilt milk.* [RMJ2/WER/DI/ALV/SILV/1915] (*)

LENHA

Botar/Colocar/Pôr (mais) fogo/lenha na fogueira: atiçar uma discussão. *O Banco Central está jogando mais lenha na fogueira.* Além do possível uso dos verbos que encabeçam o verbete, aparece também o verbo *jogar*. São usados ainda outros verbos, como: *atear, deitar, jogar, lançar.* Em espanhol há expressão correspondente: *Echar leña al fuego.* [WER/SILV/MEL/SILV/LAT] (*)

LÉU

Ao léu: sem rumo, à toa, a esmo, à vontade. *Encontrei-o andando pela praia, ao léu. Seguiu ao léu, sem pensar em nada.* Registre-se que "léu" (*s.m.*) significa ociosidade, inércia, ocasião, ensejo. Embora o dicionário [ABL] informe que "léu" é usado apenas na locução "ao léu", [AUR] abona "léu" como palavra usada solitariamente em: "Por sinal, que nas terras onde assistia o dito cacique, a expedição de Oreliana esteve mais de uma vez acampada para construir um bergantim, tendo, pois, léu suficiente para fazer indagações" (Afonso Arinos, *Lendas e tradições brasileiras*, p. 42). Compõe-se com verbos como *andar, viver, ficar,* entre outros. [ABL/MEL/AUR/AUL/0754/JRF] (*)

LÍNGUA

Dar/Bater com a língua nos dentes: revelar um segredo, ser bisbilhoteiro, tagarelar, falar indiscretamente, falar demais. *Se ela desconfiasse, saía logo batendo com a língua nos dentes. Foi advertido porque, após a reunião sigilosa, deu com a língua nos dentes.* Sinônimo: *Abrir o jogo.* [LAU] entende que a expressão remonta à formulação original já usada no século XVII: "Mente quem dá com a língua no dente". [SILV/MEL/FRI/MEF] (*)

Engolir/Enrolar/Morder a língua: calar, reprimir-se no ímpeto de falar alguma coisa por conveniência. *Quando lhe perguntei por que faltara à reunião, engoliu a língua. Não diga que não vai mais à praia, que você vai morder a língua.* É usada alternativamente também com outros verbos, como *segurar, prender.* Há similar em francês usando os mesmos referentes: *Mordre [se] la langue.* [SILV/MEL/PIP/ROB/ALV/3767] (*)

Língua de palmo/de palmo e meio/de sogra/de trapo: língua de mexerico, de maldizente, indivíduo fofoqueiro. *Não se deve fazer confidências a quem tem língua de trapo.* Cf.: *Língua afiada/comprida/solta.* Essas expressões são usadas com vários verbos, inclusive o verbo *ser*.

Há quem entenda que a origem de *Língua de palmo/de palmo e meio* remonta à forca, e ao mísero gesto dos enforcados. [AUR/MEL/JRF] (*)

LIVRO

Ser um livro aberto: não ter/não manter segredos. *Sua vida é um livro aberto, sua ficha é limpa.* Há uma propaganda de aguardente num copo brinde, na base de um trocadilho, retextualizado para: *Minha vida é um litro aberto.* [SILV/7943] (*)

LOBO

Lobo com/em pele de cordeiro: indivíduo que dissimula a sua maldade, sujeito mal-intencionado, agindo com disfarces. *Não pense que ele é bonzinho, é um lobo em pele de cordeiro.* "Cordeiro" é filho de carneiro e tido como animal manso e inofensivo. No sentido figurado, cordeiro é uma pessoa pacífica, incapaz de fazer mal a alguém. A expressão teria vindo de uma lenda grega, segundo a qual um lobo entrou num rebanho, disfarçado envolto numa pele de lã. Lá, saciou sua fome, devorando várias ovelhas indefesas. Por outro lado, na Bíblia, o cordeiro é vinculado por Isaías à figura do Messias, sendo símbolo de inocência, mansidão e obediência, e, como "cordeiro sacrificial de Deus", é repetido pelo celebrante na missa. Admite frase com diversos verbos alternativos. [MEL/MOT/RIB/BAR/FRI/5152] (*)

LOGO

Até logo: saudação de despedida quando se pretende ou espera um reencontro ou voltar mais tarde, o que na prática frequentemente não acontece, tendo-se a fórmula se tornado uma "fórmula de rotina", praticamente esvaziada de sentido, semelhante ao *Bom dia! Boa tarde! Agora tenho de ir embora, até logo!* [0990/NAS/HOU] (*)

LOUCO

Cada louco com sua mania: cada pessoa tem seu modo de pensar e agir, sua mania. *Se ele gosta, não ligue, cada louco com sua mania.* Embora classificável como provérbio, é muito usado coloquialmente. Há similares em outros idiomas, reportando-se praticamente aos mesmos referentes: *A chaque fou sa marotte; Every fool rides his own hobby.* [MEL/LMOT/FER] (*)

LOURO

Dormir sobre os louros (da vitória): descansar após ser bem-sucedido. *Não devemos apenas dormir sobre os louros da vitória, mas sim usar esses momentos para buscar mais força e motivação.* Louros pressupõem repouso merecido, depois de numerosos sucessos. Em francês há expressão com ideia igual com formulações e referentes literalmente iguais: *Se reposer sur ses lauriers* ou *S'endormir sur ses lauriers.* [PIP/NAS] (*)

M

MACACO

Cada macaco no seu galho: cada pessoa tem sua função e lugar a serem respeitados. *Não quero que ninguém se meta no meu serviço, cada macaco no seu galho.* João Ribeiro faz alusão à possível confusão entre "galo" e "galho" no provérbio *Cada galo em seu poleiro* (desde Sêneca) para justificar o *Cada macaco no seu galho* no Brasil. Embora classificável como provérbio, é muito usado coloquialmente. [WER/MEL/MOT/JRF] (*)

Macaco (velho) não mete/põe a mão em/na cumbuca: refere-se à exposição a um risco sem nenhum resultado prático e antes com prejuízo certo ou possibilidade de cair em armadilha, quem tem experiência da vida não comete imprudências. *Pela sua desonestidade jamais serei seu sócio, macaco velho não mete a mão em cumbuca. Não farei nenhum negócio com ele para não meter a mão em cumbuca.* A expressão provém de uma armadilha para apanhar macacos, que consiste em introduzir uma espiga de milho verde numa cumbuca feita de cabaça seca, em cuja abertura a espiga só pode passar em sentido vertical. Introduz-se a espiga na cumbuca e amarra-se a cumbuca a uma árvore frequentada por macacos. Quando um macaco mete a mão na cumbuca para apanhar a espiga, sua mão fica presa nela. Não querendo retirar a mão sem a espiga, o macaco não pode fugir e fica preso. O mais velho registro brasileiro, referente a essa curiosa captura de bugios, é de 1618, mas há quem aponte como fonte mais antiga um apólogo de Epicteto, do primeiro século da Era Cristã, referindo-se à origem oriental, literária e moralizante. De qualquer forma a ideia mais geral já aparece no latim com a personagem "raposa": *Annosa vulpes non capitur laqueo*. Usa-se também, apenas, o recorte da expressão original: *Botar/Colocar/Meter/Pôr (a) mão em/na cumbuca*, inclusive na forma imperativa: *Não meta a mão em cumbuca.* [MEL/SILV/LCC/RMJ/HOU/AUR/CDAs/MEF/SILVA2] (*)

MADALENA

Ser (uma) madalena arrependida: diz-se de pessoa que se comportou mal e depois se arrependeu. *Madalena arrependida, ele diz que não devia ter apoiado políticos corruptos.* Usa-se de diversas formas, com vários verbos alternativos. Reminiscência da personagem bíblica Maria Madalena, do Novo Testamento (Lucas 7:37; Mateus 26:6; Marcos 14:3). Madalena vivia na riqueza e na luxúria; arrependeu-se e, com lágrimas, lavou os pés do Senhor. Atente-se ao uso da expressão por pessoa também do sexo masculino. É frequente o uso de nomes em expressões. Cf.: p. 34, g. [NAS/MEL/SILV/PIM] (*)

MADEIRA

Bater na madeira: isolar, afastar coisa ruim. *Nem me fale, bato na madeira. É bom você bater na madeira antes de começar a prova.* Costuma ser acompanhada gestualmente de toques num objeto de madeira e usa-se alternativamente com diversos verbos. Lembrando que "madeira/madeiro" é muitas vezes figura de "cruz", instrumento antigo de suplício, a expressão pode estar associada a essa ideia, ao menos no imaginário popular. Por outro lado, há quem a associe aos celtas, aos druidas ou à Roma antiga, por baterem na madeira, sobretudo nas árvores, como o carvalho, considerando-as coisas sagradas protegidas por, ou morada dos, deuses na medida em que "atraem" raios. [MEL/SILV] (*)

MÃE

Mãe coruja: aquela que exalta com exagero e infidelidade as qualidades dos filhos ou das pessoas que ama. *Ela é uma mãe coruja, diz a todo mundo que o filho cursa a faculdade de medicina.* Vem de uma fábula de La Fontaine: "A águia e a coruja", na qual as duas aves de rapina celebram um tratado de paz, prometendo a primeira não comer os filhotes da segunda. Entretanto, como não os conhecia, queria a águia que a coruja lhe desse uma descrição segura. Diz a coruja: "Nada mais fácil que reconhecê-los! São os mais encantadores, mais elegantes, mais sedutores, entre os bichos de pena que há na terra". Dias depois, a águia partiu em busca de caça. Logo encontrou um ninho com três monstrengos lá dentro. Faminta e livre de qualquer dúvida, devorou os três bíchinhos. Ao retornar para a toca, a triste coruja chorou amargamente e, de imediato, foi tirar satisfação. A águia respondeu: "— Aqueles monstrinhos eram teus filhos? Juro que nada se pareciam com a descrição que deles me fizeste". Moral: *Quem ama o feio, bonito lhe parece.* Cf. esse verbete e mais: *Mãe coruja; Gosto não se discute.* Há variáveis como *Pai coruja; Avó coruja* etc. Usa-se com vários verbos alternativos diferentes, inclusive o verbo *ser* como predicativo. [MOT/MEL/NAS/RIB/AUR] (*)

MAIOR

De maior: maior de idade. *Fulano é de maior. Por ser de maior, poderá ser condenado, se cometer um delito.* Trata-se de expressão que deve ter aparecido na década de 1970. A 1ª edição do *Novo dicionário Aurélio*, de 1975, já registrava tal e qual a de 2009. Outros dicionários passaram a registrar a expressão regularmente só a partir de 2009. É, entretanto, uma expressão gramaticalmente condenada; parece um expletivo usado por pseudocorreção. Cf.: DE. [MEL/AUR/NEV] (*)

MAL

Dos males, o menor: entre várias situações ruins, considera-se a menos ruim. *Pensava que seria reprovado, mas ficou em apenas uma disciplina; dos males, o menor.* Em inglês se diz: *Of two evils choose the less* (*Entre dois males,* *escolha o menor*). Este provérbio em inglês já era corrente ao menos desde 1546 e, em latim, uma sentença de Cícero corresponde mais de perto à portuguesa: *Ex malis eligere minima oportere*. Outra frase também latina diz, sinteticamente: *Minima de malis*. E a ideia passa, ainda, por registros em espanhol: *Mal por mal, el más chico tomarás*; em francês: *Des maux choisir le moindre;* e, em italiano: *Di due mali il minore*. [MEL/WER/RMJ2/SILVA2/3415/LMOT] (*)

Dizer mal de alguém: falar contra as qualidades, talentos, costumes de alguém, difamar. *Para dizer bem ou dizer mal de alguém, a pessoa precisa ter e revelar motivos sólidos*. Conquanto comporte significados entre si compatíveis e discerníveis, chama atenção a curiosa versão aparentemente indiscernível italiana *Tagliare panni addosso a uno* (*Cortar os panos em cima de alguém*). [SILV/NAS] (*)

Há males que vêm para/por bem: às vezes, suportam-se dificuldades para se obter uma coisa boa ou chegar-se a um objetivo. *Precisou ficar reprovado para tomar gosto pelos estudos, há males que vêm para bem*. Sinônimo: *Deus escreve certo por linhas tortas*. A mesma ideia, ou semelhante, tem sido recorrente em vários idiomas, desde o latim: *Nunc bene navigavi, cum naufragium feci*, com repercussão no espanhol: *Muchas veces el bien, vestido de mal vien*; em francês: *À quelque chose malheur est bon*; em italiano: *Spesso da un gran male nasce un gran bene*; e em inglês: *Often a great good comes from a great evil*. [MEL/LMOT/WER/FRI/MEF/SILVA2] (*)

Ir de mal a/para pior: passar de uma situação difícil para outra mais precária ainda.

Infelizmente a situação dos aposentados vai de mal a pior. Em inglês se diz em versão literal: *From bad to worse*. [MEL/SILV/WER/RMJ2/FRI/LMOT] (*)

Mal e porcamente: sem cuidado, perícia e/ou zelo. *Fez o trabalho mal e porcamente e ainda queria cobrar mais*. Há quem entenda que se trate de corruptela de *Mal e parcamente*, estando "porcamente" pelo advérbio extraído do adjetivo "parco", nada tendo que ver com "porco", tendo ocorrido o obscurecimento da significação de "parco". Constroem-se frases com diversos verbos alternativos, além de *fazer*. [MEL/PIM/5236/NAS] (*)

Quem canta seus males espanta: cantar expressa alegria e cura ou evita males. *Sempre de bom humor, ele vive cantando, quem canta seus males espanta*. A expressão, ou provérbio, tem similares em espanhol, francês, italiano e inglês, a saber: *Quien canta, sus males espanta; Qui chante, son mal enchante; Chi canta, il soffrir incanta; He who sings drives away his grief*. [MEL/LMOT/7352] (*)

MANGA

Botar/Pôr/Deitar as mangas/manguinhas de fora: 1. atrever-se. 2. revelar qualidades, defeitos ou intenções, ocultados até então. 3. praticar ousadias, querer aparecer. 1. *Foi só ela viajar e ele já pôs as manguinhas de fora. Depois que nos casamos, ela pôs as manguinhas de fora.* 2. *Era vez de o filho botar as manguinhas de fora, pois ele sabia onde a mãe guardava os trocados*. 3. *Convivendo com o grupo, ele acabou pondo as manguinhas de fora*. A origem da expressão provém de uma das histórias mais antigas do mundo, vulgarizadas universalmente e trazidas ao Brasil. É a história de João e Maria perdidos na floresta e aprisionados por uma feiticeira que pretendia devorá-los. Ela exigia que lhe mostrassem com frequência os dedos ou as mãos para saber se estavam gordos e bons para serem devorados. As crianças, porém, lhe mostravam ossinhos para enganá-la. Numa ilustração da cena, idealizada para o dicionário humorístico de Millôr Fernandes, o ilustrador Nani jogou com a polissemia e homonímia da palavra "manga" (manga de roupa e manga fruta). Desenhou algumas "manguinhas" (frutas) oferecidas pelas mãozinhas, saídas das "mangas" das camisas das crianças, complementando o propósito humorístico do dicionário e traduzindo mais um viés das expressões idiomáticas. [6960/MEL/SILV/JRF/MF] (*)

Tirar da manga de colete: algo muito raro de acontecer. *Deixou-se enganar novamente, sua esperteza é manga de colete.* Na realidade, o "algo" é igual a nulo e "muito raro" é impossível, pois colete não tem manga. Trata-se, portanto, de expressão ilógica, construída por confusão ou ironia em relação à expressão lógica *Tirar do/Trazer no bolso do colete.* Cf.: esse verbete. [MEL/SILV/WER/PIM/NAS] (*)

MANO

Mano a mano: em pé de igualdade, familiarmente, com intimidade. *Alguns times disputaram o campeonato mano a mano.* A expressão deve vir do espanhol e, mais particularmente, da Argentina a se louvar em [NAS], no comentário da expressão argentina *Quedar a mano.* [NAS/AUR/MEL] (*)

MÃO

Botar/Colocar/Meter/Pôr a(s) mão(s) no fogo: 1. ter confiança cega. 2. assegurar a inocência. 1. *Por ela eu ponho a mão no fogo.* 2. *Eu sou totalmente inocente, ponho a mão no fogo.* Reminiscência de antiga prova judiciária do fogo. A origem está provavelmente nos medievos julgamentos de Deus, entre cujos suplícios se contava o de queimar uma das mãos. Na Idade Média, se o indiciado pegasse uma barra de ferro em brasa e ficasse curado em três dias, significaria ausência de culpa. A prova perdurou até o reinado de Luís IX (São Luís). O acusado era obrigado a agarrar a barra de ferro incandescida com a mão direita e a transportá-la por dez passos. Existia a crença de que, sendo inocente, Deus curava as queimaduras em três dias. Em 1324, há referência a um episódio famoso, em que Marina, esposa de Estêvão Gontines, em Leça do Balio, Portugal, acusada de adultério, sujeitou-se ao *ferro caldo sem se queimar.* Em francês há a expressão paralela: *J'en mettrais la main au feu.* [MEL/RMJ/FON/HOU/AUR/SILV/WER/LCC/NAS/PIM/AM] (*)

Botar/Colocar/Meter/Pôr as mãos na cabeça: 1. fazer gesto de contrariedade ou desespero, arrependendo-se ou prevendo catástrofe ou problemas. 2. ato de iniciação aos rituais e doutrinas afro-brasileiros. 1. *O pai, desesperado com a cena, botou as mãos na cabeça.*

Cf.: INICIAÇÃO: ato de iniciar-se, de aprender os segredos dos rituais e doutrinas afro-brasileiros e fixar o orixá pessoal na cabeça de alguém. Na umbanda, ato de o chefe do terreiro se responsabilizar espiritualmente por um(a) filho(a) de santo, ao fazer sua iniciação. Frase relacionada ao ato judaico de abençoar alguém, colocando as duas mãos sobre a cabeça, ao mesmo tempo que recita breve oração em hebraico. Na realidade vários ritos religiosos procedem dessa forma, colocando sempre a(s) mão(s) sobre a cabeça dos neófitos. [LP/SIM/SILV/NAS] (*)

Botar/Colocar/Meter/Pôr a(s) mão(s) na massa: 1. entrar em ação, empenhar-se. 2. trabalhar. 3. discutir. 4. *Gír.*: roubar. 1. *Bote a mão na massa, senão você não lava esse carro hoje.* 2. *Já que estou com a mão na massa, vou fazer o trabalho todo.* 3. *Enquanto não quiserem pôr a mão na massa, não resolveremos esse enigma.* 4. *Nós bobeamos, ele colocou a mão na massa e a firma faliu.* A expressão pode compor-se ainda com outros verbos, como *estar com*. Há similar espanhol em tradução literal: *Coger con las manos en la masa*. [SILV/AUR/MEL/GUR/ALV] (*)

Com as/De mãos abanando: chegar/sair sem conseguir nada. *Todos trouxeram um presente, menos ele que veio com as mãos abanando.* Sinônimo: *De/Com as mãos vazias*. Uso alternativo com vários outros verbos, entre os quais, *entrar, estar, ficar, ir embora, vir*. Na época da imigração aqui no Brasil, era comum exigir que os imigrantes que chegassem para trabalhar nas terras trouxessem suas próprias ferramentas. Caso viessem de mãos vazias, era sinal de que não estavam dispostos ao trabalho. Portanto, "chegar de mãos abanando" é não carregar nada. Usa-se também alternativamente com os verbos *chegar, entrar, vir, ir embora, retirar-se, sair*. [MEL/SILV/WER] (*)

Dar a(s) mão(s) à palmatória: admitir o erro, dar-se por vencido. *Foi obrigado a dar a mão à palmatória, diante das evidências de que estava errado.* Expressão remanescente dos tempos em que eram admitidos castigos corporais nas escolas. Nas sabatinas, os alunos que erravam a resposta à pergunta feita pelo mestre recebiam palmadas dos que acertavam. Sinônimo: *Dar o braço a torcer*. [MEL/NAS/2422/AUR/RMJ] (*)

De mão beijada: de graça. *Ganhou de mão beijada todo o enxoval para o casamento.* Desde o século XV, referia-se às doações do rei, satisfeitas com o simples gesto de beijar a mão em agradecimento; cerimônia do beija-mão. Em documento de 1555, o papa Paulo IV aludia aos meios regulares de provento sem ônus, com a *mão beijada*, isto é, as dádivas generosas para o esplendor do culto e propagação da fé (*Gratis pro Deo*). Depois do século XVI "beijar a mão" passou a ser o gesto de etiqueta de, respeitosamente, se beijar a mão do rei; depois, ainda, veio a forma de polidez de um homem beijar a mão de uma mulher num encontro e/ou cumprimento. Além dos verbos apontados, são usados outros alternativos, como *receber, conseguir, dar, ganhar, entregar* etc. [HOU/AUR/WER/LCC/SILV/MEL/MOU/PIM] (*)

Engraxar/Molhar a(s) mão(s): subornar, dar propina. *Teve que molhar a mão do guarda para não ser multado.* A

expressão tem versão similar em francês: *Graisser la patte à quelqu'un.* Cf.: PROPINA. [MEL/PUG/SILV/AM] (*)
Lavar as mãos: furtar-se às responsabilidades. *Não tenho culpa dos problemas havidos durante a festa, por isso lavo as minhas mãos.* A expressão é inspirada no episódio bíblico em que Pilatos lava suas mãos frente ao povo, tentando eximir-se da responsabilidade da condenação de Jesus, e pode ser considerada redução da expressão matriz: *Lavar as mãos como Pilatos*, que tem similar em tradução espanhola: *Lavarse las manos como Poncio Pilatos.* [HOU/AUR/WER/SILV/ALV/PIM] (*)
Mão(s) fria(s), coração quente: superstição dessas virtualidades, proferida normalmente como um comentário-resposta a um aperto de mão; aqui se acredita ou se finge acreditar haver uma relação inversa entre a temperatura das mãos e dos afetos, uma relação física traduzindo relação emocional. *" — Muito prazer, que mão fria!/ — Mão fria, coração quente."* Há expressões correspondentes em inglês, espanhol, francês e italiano, a saber: *A cold hand and a warm heart; Manos frías, corazón caliente; Mains froides, chaudes amours; Mano fredda, cuore caldo.* Cf.: *Mão(s) quente(s), coração frio.* [STEIN/LMOT/FUL/5318/AM] (*)
Uma mão lava a outra (e as duas lavam o rosto): as pessoas devem se ajudar mutuamente; quando isso acontece, mais facilmente conseguem os objetivos comuns. *Se um ajudar o outro, vão acabar mais rápido, uma mão lava a outra. Se nos ajudarmos, seremos vitoriosos; uma mão lava a outra e as duas lavam o rosto.* [LAU] admite a redução de: *Huma mam lava a outra e ambas o rosto*, retomando o clássico: *Manus manum lavat.* (Petrônio, 68 DC). A frase completa tem origem antiga e trânsito praticamente universal, a se levar em conta as seguintes versões: latim: *Dextra fricat laevam, vultus fricatur ab illis;* francês: *L'une des mains lave l'autre, et les deux lavent le visage;* italiano: *Una mano lava l'altra e tutte due lavano il viso;* inglês: *One hand washes the other and both wash the face.* Ademais, em termos de significado literal, não deixa de ser discernível, uma vez que, para "lavar o rosto", duas mãos são evidentemente mais eficientes do que apenas uma. [MEL/LAU/DI/WER/LMOT/FRI/SILVA2/AM] (*)
(Um) Mão de vaca: sovina, indivíduo avarento. *O meu vizinho era chamado de mão de vaca pela mulher porque ele nunca comprava o que ela queria. O cara é um mão de vaca, não abre a mão nem pra dar bom dia.* Sinônimos: *Ser (um) mão-fechada. Pão-duro.* A justificativa para o emprego da locução encontra-se na própria forma da pata da vaca, que não tem dedos que se espalham como a mão humana; tem na realidade duas partes, fendidas. A expressão é usada com diversos verbos alternativos, inclusive na função predicativa com o verbo *ser*. [FUL/MEL/SILV/XAcm/LP/NAS/RIB/GUR/5313] (*)

MARGARIDA

Apareceu a margarida (olê, olê, olá!): diz-se em relação a alguém esperado, mas atrasado ou que há muito tempo não aparece. *Apareceu a margarida! Até* *que enfim você apareceu*. Margarida é nome de flor ou de mulher, originado certamente do nome da flor, que é uma espécie ornamental de influorescência vistosa. O sentido da expressão provém de uma cantiga de roda, daí talvez sua prolação com certo ritmo musical e é tida como bordão, aparentemente sem sentido discernível, a não ser sua vinculação à referida cantiga, que também virou marchinha de carnaval, em que se destacam alguns versos: "Onde está a Margarida? Olê, olê, olá!/Olê, seus cavaleiros! Ela está em seu castelo. Olê, olê, olá!/Apareceu a Margarida. Olê, olê, olá! Eu quero vê-la. Olê, olê, olá!". A cantiga e a expressão referem-se certamente ao nome de mulher, mas seu uso frequentemente se generaliza, abrangendo a referência também a homem. É frequente o emprego de nomes em expressões. Cf.: p. 34, g. [MEL] (*)

MARIA

Maria vai com as outras: pessoa fraca, sem personalidade. *Aquele cara não tem vontade própria: é uma Maria vai com as outras*. Usada de vária formas, inclusive como predicativo com o verbo *ser*. Há algumas versões explicativas. Uma refere-se à sequência de 50 ave-marias do rosário, cada dez delas separada por um dos cinco padre-nossos. A uma Maria seguem-se as demais. Mas a versão mais plausível pelo sentido figurado da frase alude a *Lá vai dona Maria com as outras*, que o povo dizia quando via sair a passeio, acompanhada de suas damas de honra, a rainha D. Maria I, mãe de D. João VI, avó de D. Pedro I, que ficou louca, e por isso foi proibida de governar em 1792. Pelo seu estado de saúde, saía muito pouco do palácio, e sempre acompanhada de várias damas de companhia. Em francês há ideia equivalente, porém com feição linguística e naturalmente origem circunstancial bem diferente: *Il faut hurler avec les loups* (uivar com os lobos). É expressão substantivada que não varia no plural. Nesse sentido vale a pena conferir os mais de 40 verbetes gírios ou expressões no [AUR] encabeçados por "maria". É frequente o emprego de nomes em expressões. Cf.: p. 34, g. [MEL/NADS/JRF/5343/NEV/AZE] (*)

MARMELADA

Fazer marmelada: manipular o resultado, para torná-lo favorável a alguém em um jogo, competição, eleição etc. *Fizeram uma marmelada no final do campeonato*. Sinônimo: *Fazer uma mamata*. Marmelada é um doce feito de marmelo. A ideia de negócio desonesto, arranjo, pode provir do fato de não raramente o doce feito de marmelo receber adição fraudulenta de chuchu, que funciona como liga; o chuchu não tem gosto de nada. [MEL/HOU/PIM/4258] (*)

MÉDICO

De médico (poeta) e louco todo mundo tem/todos nós temos um pouco: em geral as pessoas recomendam remédios às outras, fazem algumas loucuras e gostam de poesia. *Ele vive querendo me dar* *receitas; de médico e louco todo mundo tem um pouco*. Em espanhol há expressão literalmente igual: *De medico y de loco todos tenemos un poco*. [MEL/LMOT/ FRI/MEF/2931] (*)

MEDO

Ter medo (até) da própria sombra: assustar-se por tudo, apavorar-se à toa. *Anda tão preocupado com a violência, que tem medo da própria sombra*. Referência a Bucéphalo ou Bucéfalo, o cavalo de Alexandre Magno, filho de Felipe II da Macedônia. Um tessálio, Filoneico, levou a Felipe um cavalo (com cabeça semelhante à de um boi, daí o nome bucéfalo, em grego "boi"), pelo qual pedia um preço exorbitante. Quiseram experimentar o animal, mas ele se encabriava e Felipe queria desistir. Mas Alexandre, seu filho, que tinha 15 anos, insistia em domá-lo. Ele notara que o cavalo tinha medo da própria sombra: por isso fez-lhe dar meia-volta e colocou-o contra o sol, montando-o rapidamente e saindo a todo o galope, domando-o completamente. Daí certamente também a referência a sujeito tido como imbecil. Foi então que Felipe, prevendo o futuro, exclamou: "Meu filho, procura um outro reino que seja digno de ti, pois a Macedônia não te basta". Depois da morte de Bucéfalo em batalha contra o rei da Índia, às margens do Hidaspe, Alexandre mandou celebrar no local uma magnífica cerimônia fúnebre e fundou a cidade de Bucéfalo. [HOU] registra "Bucéfalo" figuradamente como indivíduo ignorante e/ou pouco inteligente, e etimologicamente como do latim *Bucephalus*, "cavalo de Alexandre Magno, assim designado em função de sua cabeça semelhante a de um boi". [SILV/NAS/MEL/LEL/PIM/8312] (*)

MELHOR

É melhor prevenir que remediar: é preferível evitar o problema a arcar com as suas consequências. *Está calor, mas vou viajar levando agasalho, é melhor prevenir que remediar*. Há similar em inglês em versão literal: *Prevention is better than cure*. [LMOT/MEL/3463] (*)

MEMÓRIA

Memória de elefante: memória extraordinária, com grande capacidade de fixação. *O menino decora com a maior facilidade; ele tem memória de elefante*. O elefante é um aprendiz e lembra de tudo o que lhe é ensinado. Essa é a razão pela qual é usado em espetáculos circenses. Nada a ver com o tamanho do animal, mas sim com sua capacidade de repetir ordens e comandos. A expressão é usada com diversos verbos, como *ter, possuir*, entre outros. Cf.: *Memória de galo/de galinha*. [MEL/RIB/NAS /SILVA2/AUR] (*)

MENTIRA

A mentira tem perna(s) curta(s): não se pode sustentar uma mentira por muito tempo. *Não adiantou inventar aquela história; a mentira tem perna curta*. Trata-se de provérbio, mas de uso coloquial frequente. Há duas versões para explicá-la. A primeira a vincula a *Mendacia curta semper habent crura*, do latim. Aparece ainda no espanhol: *La mentira no tiene pies* e *La mentira tiene las pernas cortas*; no francês: *Les mensonges ont des jambes courtes*; no italiano: *Le bugie hanno le gambe corte;* e no inglês: *A lie has short legs* ou *Lies have short legs*. A outra versão, menos confiável, a vincula a Toulouse-Lautrec, do século XIX, de estatura muito baixa, por causa de um defeito físico que lhe atrofiava as pernas, e conhecido como não muito amigo da verdade. Evidentemente, se os latinos antigos já usavam de alguma forma o provérbio, não tem sentido vinculá-lo a fato bem mais recente. [0198/MEL/LAC/STEIN/LMOT/FRI] (*)

MESA

Mesa-redonda: reunião de interesses mútuos, entre membros em pé de igualdade, em torno de uma mesa (redonda ou não). *Fizeram uma mesa-redonda para discutir seriamente o problema. Vou participar de uma mesa-redonda científica.* É usada com vários verbos, como *fazer, participar*, entre outros. Reminiscência da mesa redonda (távola redonda) do legendário rei Artur, do País de Gales, no século VI DC, mesa idealizada para não implicar quem deveria ocupar o lugar de destaque da cabeceira. A expressão só começou a ser usada no sentido de debate de assuntos de interesse público depois de uma reunião em casa de Sir William Harcourt, em 14/1/1887, do Partido Liberal inglês. [NAS/PIM/AUR/5466] (*)

METAL

Vil metal: o dinheiro, para quem acha que outras coisas são mais importantes, o dinheiro pejorativamente considerado. *Por só pensar no vil metal, não dá valor às coisas. Por causa de vil metal, desentendeu-se com a família.* Usa-se também, alternativamente, com diversos verbos. Na realidade, o dinheiro tem como sinônimos denotativos, "técnicos", papel-moeda, dinheiro oficial de um país, impresso em papel, que é o mais usual, e "moeda sonante", metal transformado em moeda, por oposição a papel-moeda, moeda corrente. [MEL/NAS/HOU/AUR/6270] (*)

MICO

Pagar (o) mico: colocar-se em situação embaraçosa, passar vergonha, dar vexame, ser enganado. *Ela pagou mico quando chegou com aquela roupa ridícula.* No jogo infantil de baralho do Mico-Preto, cada carta corresponde a um animal, com macho e fêmea. Somente o mico não tem par; daí carta sem valor. Os jogadores têm que formar os pares. No fim da partida, o jogador que fica com a carta do mico na mão perde o jogo. Sinônimo imperfeito: *Pagar o pato*. [RIB/MEL/SILV/HOU/6420/AUR/AUL] (*)

MINHOCA

Com minhoca(s) na cabeça: ter ideias malucas, fantasiosas, planejar algo perigoso. *Assumiu uma dívida que não poderá* *pagar, ela tem minhoca na cabeça. Não vou botar minhoca na cabeça de ninguém, não interessa.* Em francês, Bally, em 1951, já registrava a mesma ideia com outros referentes: *Il a une araignée au plafond.* A expressão pode ser composta encabeçada alternativamente com os verbos *estar, ficar, viver, andar, ter,* entre outros. [BAL/DI/MEL/SILV/WER/8313] (*)

MOLHADO

Chover no molhado 1. perder tempo. 2. repetir. 3. insistir em coisa muito batida. 1. *Dar conselhos a ela é chover no molhado.* 2. *Ele chove no molhado ao insistir nessa resposta.* 3. *Assim não é possível, é chover no molhado.* Há quem vê no francês *Faire double emploi* ideia semelhante à expressão portuguesa. Mas em italiano há versão literal à portuguesa: *Piovere sul bagnato.* Já os espanhóis entendem de usar, para tal, a expressão *lugar común: Decirte que tú te lo mereces seria recurrir a un lugar común, pero tú sabes que has trabajado duro para lograr este resultado fantástico.* (*Falar para você que você merece seria chover no molhado, mas você sabe o quanto trabalhou duro para conseguir este ótimo resultado*). [SILV/MEL/PIP/LAT] (*)

MONTANHA

Se a montanha não vem a Maomé, Maomé vai à montanha: deve-se preferir as soluções simples às complicadas; é bom ir atrás de quem se espera mas não vem, deve-se trabalhar em prol de seus interesses. *Já que você não me procurou, eu vim visitá-lo, se a montanha não vem a Maomé, Maomé vai à montanha.* Maomé, fundador do islamismo, nasceu em Meca em 570 e morreu em Medina em 632 da era cristã. Um dia, quando ele fazia sua pregação entre os árabes, alguns deles lhe pediram que provasse os seus dons de messias, realizando o milagre de mudar o Monte Safa, fazendo-o se aproximar. Maomé mandou que o monte se aproximasse, mas sem resultado. Sem se desconcertar, ele exclamou: "Deus foi misericordioso. Se ele tivesse ouvido as minhas palavras, a montanha teria caído sobre nós. Como a montanha não veio até mim, eu irei até ela para agradecer a Deus por nos ter poupado". Cf.: p. 34, g. [MEL/RMJ/7682] (*)

MORRER

Morrer de...: levando-se em conta que o verbo "morrer" nos dicionários e, basicamente, em muitas construções, possui o sentido figurado de "sentir falta, sofrer muito, ficar com vontade de, extinguir, satisfazer, em geral com grande ou demasia intensidade", pode-se arrolar expressões idiomáticas ou mais ou menos idiomáticas com adjuntos como: *Morrer de curiosidade/de sede/de fome/de inveja/de vergonha/de saudade/de raiva/de amor(es)/de medo/de rir* etc. *Eles morreram de rir quando lhes contei teus casos. Ela morria de amores pelo primo. Chegou morrendo de fome e devorou dois pratos de comida. Ela morre de inveja das roupas da colega. Quando era pequeno, o rapaz sempre morria de medo* *de ser raptado. Morre de sede, mas não consegue beber líquido. Quando vai almoçar na casa do futuro sogro, morre de vergonha. Eles morreram de rir quando lhes contei os teus casos.* Essa locução verbal, como muitas outras, combina-se, ainda, com vários acréscimos adicionais, lexicais ou frasais, até de valor semântico aparentemente contraditório, como *morrer de rir* e *morrer de amor*, mas muito casuais e contextuais, de acordo com a criatividade e gosto pessoais do falante, embora instáveis, por isso sem garantia de que se tornem usuais. Como vários outros vocábulos ou palavras, usa-se pré-posicionada. Possui alguns correspondentes em outros idiomas, como em francês: *Mourir de faim, de rire, d'amour, s'en faire mourir;* e inglês: *Dying to.* Cf.: *Matar...; Tinir de...; ...de amargar/arrasar (quarteirão)/arrepiar (os cabelos)/doer/enlouquecer/lascar/morrer/rachar.* Cf. também: DE. [SILV/MEL/FUL/RMJ2/WER/AUR/ABL/NAS] (*)

MOSCA

Acertar na mosca: demonstrar precisão em alguma coisa, acertar em cheio, perfeito conhecimento sobre; atingir o objetivo em cheio, atingir o coração do alvo, mostrar precisão em alguma coisa. *É isso mesmo: acertou na mosca. Os institutos de meteorologia nem sempre acertam na mosca.* Vem do esporte "tiro ao alvo". Alvo, do latim *albus*, branco. Bem no centro do alvo ou parte branca, havia um pontinho preto, do tamanho e da cor de uma mosca, no qual se devia acertar para conseguir a pontuação máxima. Hoje esse ponto nem sempre é preto; é vermelho, por exemplo. A trajetória da criação, evolução e idiomatização da expressão pode ser pensada da seguinte forma. Nasceu no ambiente do "tiro ao alvo", onde o ponto central do alvo lembrava uma "mosca". Naturalmente alguém do grupo ou algum atirador em particular sugeriu atirar/acertar na mosca imaginando o ponto preto mais visível dentro do alvo, como se fosse uma "mosca". Na realidade, *Acertar na mosca* é redução de *Acertar na mosca do alvo,* recurso, isto é, a redução, muito comum na criação e cristalização de expressões idiomáticas. Assim se generalizou no grupo. Depois extrapolou o grupo, generalizando-se fora dele, ainda com o sentido de "acertar no centro do alvo". Posteriormente, atingiu a generalização máxima e a idiomatização. Parece ser criação francesa, onde já aparecia no fim do século XIX como *Faire mouche; mouche* é mosca, inseto que, por analogia de cor e forma, lembra o ponto negro dentro do alvo. [NAS/RMJ/JRF/MEL/PAS/HOU/WER/SILV/O454/MOT/RIB/PIP/ROB] (*)

Em boca fechada não entra mosca/mosquito: às vezes é preferível ficar calado a falar o que não deve. *É bom você não falar nada sobre o que você viu, em boca calada, não entra mosquito.* A ideia já está em latim, vulgarizada posteriormente em correspondentes em português, espanhol, francês, italiano e inglês, a saber: *Tutum silentium praemium; En boca cerrada no entra mosca; En bouche serrée n'entrent des mouches; In bocca chiusa non entrò mai mosca; A closed mouth catches no flies.* [MEL/LMOT/FRI/SILVA2/3512] (*)

Ser picado pela mosca azul: ficar deslumbrado, cheio de orgulho. *O senador foi picado pela mosca azul, agora acha que é o rei da cocada preta*. Pode-se consultar a famosa poesia "A mosca azul", de Machado de Assis, de 1901 (*Poesias completas*, 4ª parte, Ocidentais), poema em que o rei, deslumbrado, dissecou e fez sucumbir a mosca azul, representando uma ilusão da vida. Perdendo-a, "dizem que ensandeceu". [SILV/MEL/2017] [*]

MUNDO

Mundos e fundos: quantia muito vultosa. *Gastou mundos e fundos com a doença do filho*. Expressão usada com verbos alternativos, como *prometer, mover, gastar* etc. Parece que "fundos" significa os meios para conseguir os "mundos", mas a expressão, como muitas outras, ganha força pela rima. Na realidade *mundo* é a superfície sólida e o firmamento que a abriga em abóboda; notadamente a Terra, povoada com interesses humanos ou, na terminologia religiosa, o mundo terrestre em oposição ao mundo celeste (céu). *Boca do mundo* é uma expressão típica da multidão anônima, opinando. *Fundo* é o mar, fundura, o abismo oceânico. É a imagem dominadora de Honduras, palavra que, em espanhol, significa profundezas, provocada pela impressão abissal do Mar das Caraíbas aos olhos dos navegadores espanhóis. E a quadrinha é documental: *O Céu pediu estrelas,/O peixe pediu fundura,/O homem pediu amores/E a mulher formosura*. João Ribeiro explica: "Hoje [1908] damos às palavras o valor de substantivos, quando dizemos: *Prometer mundos e fundos*. É esta fórmula, creio, já alteração moderna de outra mais primitiva e composta de dois adjetivos: *mundo e fundo*, isto é, limpo e profundo. Como hoje *mundo* não é mais o contrário de imundo (isto é: *in* + mundo) e fundos tornou-se, à francesa, moedas e títulos ou inscrições, a frase ganhou o sentido de – prometer dinheiros largos ou recompensas excessivas. (...) É curioso aproximar desta expressão francesa — *Promettre monts et merveilles* — que lembra a antiga frase de Pérsio: *Magnos promittere montes"*. [MEL/FUL/RMJ2/LCC/SILV/JRF/PIM/AM] [*]

No mundo da lua: não estar vendo nada que está se passando. *Ele está no mundo da lua, não sabe de nada*. Sinônimos: *Estar em/Ficar fora de órbita. Estar com/Ficar com/Ter a cabeça no ar.* É usada alternativamente com verbos, como: *andar, ter, viver, estar, ficar*. Há expressão equivalente com referentes parcialmente iguais em espanhol: *Estar en la luna de Valencia*. Cf.: *(Com a cabeça) nas nuvens/no ar/no mundo da lua; Entrar em órbita*. [SILV/ALV/MEL/CA/AUR/NAS] [*]

O mundo é dos (mais) espertos: os vencedores são os mais espertos. *Sem pistolão, você não conseguirá esse empréstimo, o mundo é dos espertos*. Essa atitude é reconhecida também no italiano: *Il mondo è di chi se lo piglia;* e no inglês: *The world belongs to the bold man*. [MEL/LMOT/NAS/6205] [*]

MURO

Em cima do muro: indeciso, sem querer contrariar nenhum dos lados, ter uma atitude ambígua, não assumir uma posição. *Na hora de opinar sobre quem tinha razão, ficou em cima do muro.* A expressão pode ser composta encabeçada alternativamente com os verbos *estar, ficar, viver,* entre outros. O espanhol, à sua maneira, usa a mesma ideia sob outra referenciação (*Nadar en dos aguas*), e, em Portugal, há a expressão com a mesma ideia e com o verbo *jogar*: *Jogar com pau de dois bicos.* [MEL/LAT/MOU/] (*)

Muro das lamentações: lugar ou pessoa a que todos vão reclamar. *Agora minha casa virou o muro das lamentações.* Usa-se em construções frasais com diversos verbos, como *ser, virar, tornar-se* etc. O "muro das lamentações" é parte do muro que cercava o templo de Herodes na cidade de Jerusalém, considerado o lugar mais sagrado do judaísmo, e onde os judeus rezavam e se lamentavam pela destruição do seu templo. [AUR/MEL/5642] (*)

N

N: vários, muitos, quantidade ou número relativamente grande, mas normalmente indeterminado. *Apareceram aqui N pessoas procurando por você.* Semelhantemente ao D, posposto à palavra "dia" na construção *Dia D,* e ao H, posposto à palavra "hora" na construção *Hora H,* o N, letra inicial da palavra "número", é usado em construções formadas com substantivos contáveis, porém em situação anteposta. Cf.: *Dia D* e *Hora H.* [PIM/MEL] (*)

NARIZ

Botar/Pôr o nariz pra fora: sair de dentro de casa. *Hoje sequer pus o nariz pra fora, e isso me deixa louca.* É usada também com o verbo *meter.* Há correspondente em francês em tradução literal, com os mesmos referentes: *Mettre le nez dehors.* [XAcm] (*)

Botar/Colocar/Meter/Pôr o bico/o nariz onde não deve/onde não é chamado: intrometer-se em algo sem ser solicitado. *Quem é educado não mete o nariz onde não é chamado. Sem querer meter o nariz no que não é da minha conta, gostaria que você lhe desse um conselho.* Sinônimo: *Meter o bedelho. Botar/Colocar/Meter/Pôr a colher.* Em relação a *Botar/Colocar/Meter/Pôr o nariz onde não deve/onde não é chamado* há similar em inglês: *Pose the nose,* mas apenas com a palavra-chave e a ideia do núcleo temático. [MEL/SILV/WER/RMJ2/5472] (*)

NAVIO

Ficar a ver navios: esperar em vão, não conseguir o desejado, logrado. *Foi embora e me deixou a ver navios. Não me pagou e fiquei a ver navios.* Expressão usada alternativamente com vários outros verbos, como *deixar, estar* etc. Para sua origem, há versões discrepantes, embora paralelas: a) alusão aos armadores portugueses que nos séculos das conquistas ficavam no alto do miradouro de Santa Catarina em Lisboa esperando as caravelas que vinham das Índias, da África ou do Brasil, trazendo lucros; b) alusão ao milionário portuense Pedrossen que, do seu palácio da Torre da Marca, viu chegar sua frota, cujos navios foram soçobrando devido a um temporal, ficando assim na miséria; c) alusão aos portugueses que costumavam ficar num morro chamado Alto de Santa Catarina, observando o mar, esperando o retorno do seu monarca, Dom Sebastião, que havia desaparecido na África, na Batalha de Alcácer-Quibir, em 1578, época das grandes navegações. Como o rei morto jamais voltaria, ficavam apenas a ver navios. Na realidade, Dom Sebastião havia morrido na batalha de Alcácer-Quibir, mas seu corpo nunca foi encontrado. Por esse motivo, o povo português se recusava a acreditar na morte do monarca. Era comum as pessoas visitarem o Alto de Santa Catarina, em Lisboa, para esperar pelo rei, ficando apenas a ver navios. [ALV/0369/NAS/WER/MEL/LCC] (*)

NEGÓCIO

Negócio da China: negócio muito lucrativo. *Fez um negócio da China ao vender a sua casa. A compra do carro por aquele valor foi um negócio da China.* Expressão usada com diversos verbos alternativos, como o verbo *fazer* e como predicativo com o verbo *ser*. Reminiscência dos primeiros tempos do comércio marítimo com o Oriente. Está ligada às viagens de Marco Polo, depois de cujas narrativas a China passou a ser considerada uma terra de coisas mirabolantes, exóticas, atraindo a atenção de comerciantes. Cf.: p. 34, g. [WER/MEL/PIM/NAS] (*)

NEVES

Até (aí) morreu (o) Neves: até aí eu já sei, não é novidade. *Os políticos dizem que a fome é um flagelo social; até aí morreu o Neves. E a solução?* [LMOT] registra *Até aí morreu Neves afogado em cuspe,* significando "Não é novidade". [RMJ] comenta: *Até aí morreu o Neves:* "Locução popular, com que se atalham longas narrativas de coisas sabidas. É o mesmo que dizer: 'até aí eu já sei'". [JRF] diz que "pode ser que tenha origem em algum entremez, *vodevil* ou comédia". E acredita também que representa uma derivação da frase: *Inês é morta!* Ou *Morreu Inês*, que caracteriza as novidades cediças ou corriqueiras, o que [NAS] não acha muito provável. Na Inglaterra, diz-se, nas mesmas circunstâncias, *Queen Anne is dead,* referindo-se a uma rainha que morreu em 1714. Ainda com [JRF] pode-se levantar a hipótese: "Por desconhecer o fato da morte súbita de João Pereira de Araujo Neves (1814-1885), governador do Rio Grande do Norte, com noticiário derramado e contínuo na imprensa do Rio de

Janeiro e debates na Câmara dos Deputados, relaciona-se a frase *morreu Neves* ou *aí morreu Neves* com aquela que se refere ao assassínio de Inês de Castro, objeto do canto III em *Os Lusíadas* de Camões". Daí, *Inês é morta,* como possível sinônimo. Cf.: p. 34, g. [NAS/RMJ/JRF/MEL/PAS/5587/LMOT] (*)

NINGUÉM

Ninguém nasce sabendo: expressão autointerpretativa. *Eu aprendi, você tem que aprender; ninguém nasce sabendo.* Essa sabedoria popular tem origem ao menos desde o latim e passa por outros idiomas: *Nemo nascitur sapiens; Nadie nace enseñado.* Em português há, ainda, a expressão: *Ninguém nasce ensinado,* como no espanhol. [LMOT/6046] (*)

NÓ

Cortar o nó (górdio): busílis, vencer ou sair de uma dificuldade ou obstáculo aparentemente invencível ou insuperável, graças a uma resolução ou decisão inesperada, artificiosa, inteligente. *Só conseguiu chegar a um acordo porque cortou o nó da questão.* A origem da expressão prende-se ao fato histórico do chamado nó górdio. Liga-se ainda à umbanda, onde aparece para "anular a ação maléfica de um feitiço, libertar". Cf.: *Nó górdio; Desatar o(s) nó(s); Não dar ponto sem nó.* [NAS] (*)

Dar um nó: complicar. *Vou dar um nó nesse cara, vai pagar dobrado.* Cf.: *Cortar o nó (górdio); Desatar o(s) nó(s); Não dar ponto sem nó; Nó górdio.* [SILV/MELLCC/HOU] (*)

Desatar o(s) nó(s): deslindar o caso, resolver uma questão muito complicada. *Marcou uma reunião urgente para desatar o nó da empresa.* A expressão, de largo e generalizado uso, prende-se ao fato histórico do nó górdio, relatado do respectivo verbete. Sobre esse tema, pode-se lembrar ainda a invocação à Nossa Senhora Desatadora dos Nós, em que "nós" significa os pecados humanos: o pecado original e os demais pecados cotidianos, que caberiam à Nossa Senhora desatar, segundo um texto de Santo Irineu, bispo de Lyon do século III, que dizia: "Eva [pela desobediência] atou o nó da desgraça para o gênero humano. Maria, por sua obediência, o desatou". Essa devoção originou-se por volta de 1700, na Alemanha, quando um pároco da capela de St. Peter, na cidade de Augsburg, solicitou ao fervoroso pintor Johann Schimittder um quadro de Nossa Senhora. Johann, inspirando-se no referido pensamento de Santo Irineu, pintou um quadro com esse tema; e a devoção "pegou", bem como pegou também a ideia de "nó", como "dificuldade a ser solucionada". Cf.: *Nó górdio; Cortar o nó (górdio); Não dar ponto sem nó; Não atar nem desatar.* [SILV/MEL] (*)

Nó górdio: algo difícil e intrincado de superar. *Na pergunta estranha da mulher estava o nó górdio da questão e o marido replicou simplesmente que não tinha obrigação de responder.* A locução tem origem na pretensão e tentativa de Alexandre, o Grande, rei da Macedônia, que subira ao trono em 336 AC, de desatar, com sua alegada habilidade, o nó de um carro de bois, engenhosamente entrelaçado, sem que estivessem aparecendo suas extremidades. O carro tinha sido dedicado a Zeus (assimilado a Júpiter pelos romanos) num templo por Górdio, camponês da Frígia, escolhido pelo rei. O feito lhe daria a conquista da Ásia e o reino do Oriente. Não conseguindo, porém, desatar o referido nó, cortou-o, resoluta e violentamente, com a espada, iludindo o oráculo, e conseguindo o mesmo objetivo, fato que deu origem a outra expressão: *Cortar o nó górdio*. As expressões *Desatar o(s) nó(s)* e *Cortar o nó górdio* são, pois, duas expressões distintas, de origens específicas e sentidos diferentes, alusivas ao mesmo episódio, chamado "nó górdio": *Desatar o(s) nó(s) górdio(s)* e *Cortar o nó górdio*. Correndo o mundo, *Nó górdio, Desatar o nó górdio* (pretensão que foi frustrada) e *Cortar o nó górdio* aparecem literalmente no antigo latim, bem como, modernamente, no francês e inglês: *Nodus gordius; Noeud gordien; Trancher le noeud gordien; Gordian knot; To cut the Gordian.* Ademais, parecendo ligadas a esse fato, muitas noções aparecem registradas em dicionários, como *entrelaçamento, ligação, vínculo, nó cego, nó na garganta, dar o nó, ser um nó* e outras. Cf.: *Desatar o(s) nó(s); Não atar, nem desatar; Cortar o nó (górdio); Não dar ponto sem nó.* Cf. também: p. 34, g. [LEL/LAR/NEV/RNJ/NAS/SILV/AUR/HOU/AZE/6079/2308/CAC/CF] (*)

NUVEM

Cair das nuvens: ter grande surpresa. *Quando souber o que disseram dela, vai cair das nuvens. Caiu das nuvens quando soube da notícia.* Cf.: *Com os pés no chão.* Em inglês há a expressão na forma reduzida: *In the clouds,* e em francês registra-se a expressão em versão literal: *Tomber des nues,* cuja metáfora o português deve ter tomado de empréstimo. Cf.: *Com a cabeça nas nuvens/no ar/no mundo da lua.* [MEL/SILV/WER/PIP/BEC/NAS/CF] (*)

OCASIÃO

A ocasião faz o ladrão: as facilidades permitem os malfeitos. *Como não havia ninguém por perto, levou a bolsa da colega; a ocasião faz o ladrão.* Usada com vários verbos alternativamente. Classifica-se como provérbio, mas é muito usada coloquialmente como expressão. E tal provérbio tem origem latina: *Occasio facit* *furem,* mas está vulgarizado em outros idiomas, como o espanhol: *La ocasión hace al ladrón y el agujero al ratón*; o francês: *L'occasion fait le larron*; o italiano: *L'occasione fa l'uomo ladro*; o inglês: *Opportunity makes the thief.* [MEL/MEF/SILVA2/0225/AZE/LMOT] (*)

Agarrar a ocasião pelos cabelos/pela calva: aproveitar a ocasião/a oportunidade antes que ela passe e não volte mais. *Não espere: agarre a ocasião pelos cabelos.* A origem dessa expressão proverbial está presa às fábulas gregas e romanas sobre a deusa Ocasião ou Fortuna. Os gregos e romanos descreviam a deusa Ocasião ou Fortuna como uma mulher nua, cega e calva, embora tivesse um tufo de cabelos na testa, com asas nos pés, um deles sobre uma roda e o outro no ar, portanto, dificílima de agarrar ou apanhar, se não pelos cabelos, ou pelo referido tufo na parte calva. É ilustrativa a descrição contida no diálogo com a Fortuna, construído pelo poeta Posídipo: "— Por que tua cabeleira está na testa?/ — Para que me agarrem quando me encontrarem./ — E por trás por que Zeus te fez calva?/ — Para que aqueles que me deixarem passar com os meus pés alados não possam mais me agarrar". [SILV/AUR/504/JRF/RMJ/NAS] (*)

OITO

É/Ou/Oito ou oitenta: ou tudo ou nada, sem meio-termo. *Aplicou todo o dinheiro na Bolsa de Valores, ou oito ou oitenta.* Há ditado mais estendido em espanhol: *Ocho o ochenta importan poco en la cuenta.* [MEL/LMOT/NAS] (*)

OLHO

A olho: só pela vista, sem avaliação cuidadosa. *Calculou o tamanho a olho.* É usada alternativamente com vários verbos, como *calcular, comprar, escolher, fazer.* Há equivalente em italiano: *A occhio e croce* (*A olho e cruz*). É locução rebelde à explicação, quer em nossa língua, quer em outra. [FUL/0227] (*)

A olhos vistos: facilmente perceptível. *Ela está melhorando a olhos vistos.* É locução rebelde à explicação, quer em português, quer em outra língua. [JRF] levanta as hipóteses de *A olhos vistos, A olhos vistas, Ver pelo olho*, sem nos provocar maior convencimento; parece que, em termos de tentativa de análise, seja melhor entendê-la como uma construção depoente, em que a forma é passiva e o sentido é ativo, ou, por outras palavras, em nossa usual e vernácula frase *A olhos vistos* estaria um particípio, com função ativa. É como se disséssemos "a olhos que veem". Confrontem-se *esquecidos, desconfiados,* que se dizem de indivíduos que esquecem, que desconfiam. É usada com vários verbos alternativamente. Há correspondente em espanhol: *A ojos vistas.* [FUL/WER/TOG/0229/JRF/LAT] (*)

Abrir o(s) olho(s): ficar atento. *Abre o olho porque o novo chefe não é brincadeira.* [LAU] entende que a expressão remonta à formulação original já usada no século XVII: "Os mortos aos vivos abrem os olhos". [LAU/WER/SILV/6957] (*)

Custar os/pelos olhos da cara: ocasionar despesas excessivas, ser oneroso, demasiado caro, ser de preço muito elevado. *Esse anel custa os olhos da cara! Como posso comprá-lo?* Os franceses usam expressão correspondente: *Coûter les yeux de la tête*. Bally, em 1951, já registrava essa mesma ideia: *Cela coûte les yeux de la tête*. Em inglês, a expressão equivalente a "custar os olhos da cara" é *To cost a nominal egg*, mas a tradução literal é: "custar um ovo nominal". Na verdade, a expressão original, deturpada pela má compreensão, é *To cost an arm and a leg*, isto é, literalmente, "custar um braço e uma perna". Num cotejo do ponto de vista fonético, percebe-se a "corruptela" do original *To cost an arm and a leg* para *To cost a nominal egg*. Há quem veja reminiscência dos tormentos da Inquisição ou o costume bárbaro de tempo remoto, que consistia em arrancar os olhos de prisioneiros de guerra, soberanos depostos etc. perigosos à estabilidade do reino, os quais, cegos, se tornariam inofensivos. [BAL/XAre/WER/CDAs/LCC/JRF/SILV/LP/MEL/FRI] (*)

Dois olhos veem/enxergam mais e melhor que um: evidentemente, multiplicando-se os instrumentos de verificação e decisão, multiplicam-se as possibilidades de acerto. *Ele tentou me enganar, mas fiquei com os olhos bem abertos: dois olhos veem melhor que um*. A ideia original advém do latim: *Aspiciunt oculi duo lumina clarius uno*. Cf.: *Este olho é irmão deste; Duas cabeças pensam mais que uma*. [SILVA2] (*)

Longe dos olhos/da vista, longe do coração: não se fica comovido com o que não se presencia; o amor tende a diminuir quando a pessoa amada está distante. *Faz tanto tempo que não a vejo, que já a esqueci; longe dos olhos, longe do coração*. Sinônimo: *O que os olhos não veem o coração não sente*. Em relação à expressão *Longe dos olhos, longe do coração*, há expressões com ideias equivalentes ou semelhantes em vários idiomas, inclusive no latim, a saber: *Procul ex oculis, procul ex mente; Lo que de los ojos no está cerca, del corazón se aleja; Loin des yeux, loin du coeur; Lontano dagli occhi, lontano dal cuore; Out of sight, out of mind*. Cf. a variante proverbial: *Longe dos olhos, perto do coração*. Paulo Rónai observa, ao prefaciar o *Adagiário* de [LMOT], p. 51, que se trata de um provérbio muito brasileiro, mas, talvez, pensado há 2.000 anos. [MEL/FER/LMOT/5162/AM] (*)

Num abrir e fechar de olhos: num instante, rapidamente. *Fiz toda a tarefa num abrir e fechar de olhos*. Sinônimo: *Num piscar de olhos*. Em espanhol há expressão correspondente: *En un abrir e cerrar de ojos*. Não aceita inversão de ordem. Cf.: RELÂMPAGO. [AUR/MEL/NAS/LAT] (*)

Num piscar de olhos: muito rapidamente. *Com a chegada do filho, ela teve que arrumar o quarto num piscar de olhos*. Sinônimo: *Num abrir e fechar de olhos*. Há similar em inglês, registrando a mesma expressão com os mesmos referentes: *In a wink* (*Numa piscadela*). [RMJ2/WER/FUL/MEL/6137/BAR] (*)

O que os olhos não veem o coração não sente/não deseja/não sofre: se não se presencia um fato, também ele não é sentido. *Não se preocupou ao saber do acidente do irmão; os que os olhos não veem o coração não sente*. Essa ideia do provérbio veicula de modo paralelo, com pouca variação, internacionalmente: em espanhol: *Ojos que no ven, corazón no quebrantan* (*Os olhos que não veem* *não aborrecem o coração*); em francês: *Le coeur ne veut douloir ce que l'oeil ne peut voir* (*O coração não pode sentir o que o olho não pode ver*); em italiano: *Se l'occhio non mira, cuor non sospira* (*Se o olho não vê, o coração não suspira*); e em inglês: *What the eye does not see, the heart does not grieve for* (*O que o olho não vê o coração não sente*). [MEL/LMOT] (*)

Olho de lince: olhar agudíssimo, penetrante, perspicácia. *Nem com olho de lince podem-se perceber os defeitos dessa pintura*. Figuradamente se dá o nome de lince à pessoa de espírito muito atilado, penetrante, em virtude da vista penetrante que se atribui ao lince. O lince, como todos os felinos, enxega na escuridão. Usa-se normalmente com o verbo *ter*, entre outros. Possui expressões correspondentes em francês (*Avoir des yeux de lynx*) e espanhol (*Tener ojos de lince*). [NAS/MEL /SILV/CF] (*)

Olho por olho, dente por dente: reação com desforra total à ofensa ou dano sofrido, castigo igual ao crime cometido, vingança com a mesma intensidade da ofensa. *Sua relação com os inimigos é olho por olho, dente por dente. Comigo é assim, bateu, levou, olho por olho, dente por dente*. Trata-se de fórmula resumo da conhecida lei ou pena prevista na Bíblia, denominada "pena de talião", de uso idiomático praticamente universal, incluindo latim, espanhol, francês, italiano, inglês: *Oculum pro oculo, dens pro dente; Ojo por ojo, y diente por diente; Oeil pour oeil, dent pour dente; Occhio per occhio, dente per dente; An eye for an eye and a tooth for a tooth*. Essa lei ou pena foi, entretanto, revista e drasticamente corrigida por Cristo, quando disse: "Eu, porém, vos digo, não enfrenteis quem é malvado. Pelo contrário, se alguém te dá um tapa na face direita, oferece-lhe também a esquerda" (Mateus, 5:39). Cf.: *Pena de talião. Elas por elas*. [MEL/LMOT/SILVA2/6313] (*)

Os olhos são o espelho/a janela da alma: pelos olhos pode-se deduzir o estado de espírito, os olhos revelam o indivíduo, os olhos são um meio de expressão tão sutil que podem delatar a alma. *Ele é um cara falso, vê-se nos seus olhos; os olhos são o espelho da alma*. Embora se trate de adágio ou provérbio, é muito usado coloquialmente. Existem versões iguais ou semelhantes em latim, espanhol, francês, inglês e italiano: *Oculus animi index; Los ojos son el espejo del'alma; Les yeux sont le miroir de l'âme; The eye is the window of he soul; Gli occhi sono lo specchio dell'anima* ou *Gli occhi sono la spia del cuore*. Cícero (*De oratore*, 35, 59, 221) aborda a ideia com *Imago animi vultus, indices oculi* (*O rosto é a imagem da alma assim como os olhos são os seus delatores*). [LMOT/LAC] (*)

Ver com os olhos e comer/lamber com a testa ou **Comer com os olhos e lamber com a testa**: olhar, lasciva e insistentemente com desejo mal contido, fazer sexo mentalmente, cobiçar algo (pessoa ou coisa), inclusive literalmente alimentos, sem poder obter nem gozar. *Sem ter jantado ainda, o garçom comia com os olhos e lambia com a testa tudo que servia aos convidados. Enquanto fazia isto, suas mãos percorriam seus corpos; quando se separaram, ficaram se comendo com os olhos, tremendo*. Embora alguns entendam que se trata de expressão tipicamente brasileira, [LMOT], entretanto, localizou-a como luso-brasileira. As expressões aparecem às vezes reduzidas a *Comer com os olhos* ou *Comer com a testa,* que são, na realidade, formas sintetizadas, já que elas podem ser consideradas sinônimas. Ademais, apresentam-se, ainda, nas mais variadas combinações. Implicam, explícita ou implicitamente, a ideia de "ver", e, física ou mentalmente, a ideia de "comer". O verbo "comer", por sua vez, isoladamente, pode implicar a gíria "fazer sexo" (*Comi a dona ali encostado no muro mesmo*), permitindo-se a dedução do sentido figurado ou idiomático duplo das expressões. Graças a esse uso e sentido, então, constrói-se a expressão erótica. Em espanhol a expressão *Comer com os olhos*, com tradução literal, parece ter só sentido neutro: *Comerse (algo) con los ojos,* considerando-se apenas a seguinte exemplificação: *Miraba la torta de compleaños y la comía con los ojos.* Na realidade, graças ao complemento "com os olhos", aceita-se, paralelamente, a expressão neutra, literal, perdendo-se a conotação obscena. [LCC] fica na interpretação somente dos olhos no sentido próprio, físico, mas com a conotação de "força e poder do olhar". No caso de "testa", esta palavra, como metonímia de "cabeça", metaforiza "pensamento". [SILV/ MEL/GUR/VIO/PIP/NAS/LMOT/ RMJ/ FRI/2099/LCC/LAT] (*)

OMBRO

Encolher os ombros: mostrar indiferença, tratar com desdém. *O amigo encolheu os ombros quando foi convidado para pescar.* Sinônimo: *Dar de ombros.* A expressão tem correspondente em francês sob as versões *Regarder/Traiter quelq'un pas-dessus l'epaule.* [SILV/ NAS/AUR/AZE] (*)

ONÇA

Amigo da onça: falso amigo, hipócrita, que, ao invés de ajudar, atrapalha. *Que cara mais amigo da onça!* A origem da expressão repousa em versões de uma anedota de um caçador que, à beira de um abismo, encontrou no caminho obrigatório uma onça. Levou a espingarda à cara, mas ela não detonou. O caçador pergunta ao amigo o que ele achava que teria acontecido. O amigo responde: *A onça teria comido o caçador.* Este, então, indignado, pergunta: *Mas afinal de contas, você é meu amigo ou amigo da onça?* Outra versão, de [NOG], diz: "Um indivíduo bravateador apregoava a sua habilidade e coragem na caça da onça. O que ouvia procurava reduzir essas vantagens, argumentando com a agilidade e desmesurada força do animal. Afinal, o caçador, já impaciente, exclamou: "— Você parece mais amigo da onça que de mim!". O caricaturista pernambucano Péricles de Almeida Maranhão (14/8/1924 – 31/12/1961) criou um perfil cômico, baseado no seu próprio perfil físico, para a revista *O Cruzeiro* (que circulou de 1943 a 1961). Péricles se suicidou em 31/12/1961 (virada de ano, por causa da solidão, dois meses depois do fechamento da revista), com 37 anos. Na ocasião foi publicada a seguinte nota: "Péricles disse adeus ao Amigo da Onça. O criador do tipo humorístico mais famoso do Brasil não sabia rir da própria vida". Expressão nominal usada normalmente com o verbo *ser*. Cf.: *Amigo urso*. [NAS/FUL/RIB/MOT/FSP/WER/ALV/PIM/SILVB/GUR] (*)

ONTEM

Não ter nascido ontem: não ser tolo ou ingênuo. *Não tente me passar para trás, porque eu não nasci ontem*. Em espanhol se diz: *No tener un pelo de tonto*. [MEL/LAT] (*)

ÓRBITA

Entrar em órbita: estar ou ficar fora da realidade, ficar absorto. Estar ou ficar fora de si. *Não entendeu nada do que eu falei; parecia ter entrado em órbita. O malandro entrou em órbita, pirou e está nas estrelas*. Além do verbo *entrar*, é usada com outros verbos, como *estar*, *ficar* e *andar*. A expressão leva em conta, entre outras hipóteses, o sentido metafórico de órbita, como "campo de ação, esfera": *Esse problema é da órbita da gerência*. Sinônimo: *Estar/Ficar fora de órbita*. Cf.: *Sair de órbita*, expressão sinonímica de identidade relativa. [SILV/MEL/WER/AUR/HOU] (*)

Sair de órbita: 1. ficar fora do ar: desmaiar, ficar ausente. 2. fugir. 1. *Levou um susto tão grande, que chegou a sair de órbita*. 2. *Vou sair de órbita, enquanto é tempo; a barra tá pesada*. A expressão leva em conta, entre outras hipóteses, o sentido metafórico de "órbita", como "campo de ação, esfera": *Esse problema é da órbita da gerência*. Sinônimos: *Ficar fora do ar. Estar com/Ficar com/Ter a cabeça no mundo da lua. Estar com/Ficar com/Ter a cabeça no ar. Estar com/Ficar com a cabeça nas nuvens*. Cf.: *Entrar em órbita*, expressão sinonímica de identidade relativa. [MEL/SILV/AUR/HOU] (*)

ORELHA

Estar com a(s) orelha(s) ardendo/pegando fogo/quente(s): ser alvo de crítica de pessoas que estão em outro lugar. *Alguém está falando de mim, estou com a orelha ardendo*. Os latinos já acreditavam, como atesta Plínio, que, quando se falava bem de uma pessoa, a orelha direita dela tinia, quando se falava mal, sua orelha esquerda é que tinia. A expressão francesa lembra um pouco essa crença: *Les oreilles doivent vous avoir tinté*. [MEL/SILV/AM/NAS] (*)

Puxar/Torcer a(s) orelha(s): 1. passar um pito, admoestar, advertir. 2. ritual gestual espontâneo de parabenizar aniversariantes. 1. *O presidente puxou as orelhas do ministro que divulgara a notícia sem autorização*. 2. *Os amigos de Paulinho, presentes na sua festa de aniversário, puxaram suas orelhas nove vezes, lembrando os seus nove anos*. O sentido (1), o original, reporta-se ao costume de admoestar estudantes rebeldes à disciplina ou ao ritmo de estudos, válido como castigo para "malfeitos" de qualquer natureza. O gesto parece antiquíssimo, e de Portugal chegou até nós. A ideia também se traduz na frase *Dar/Aplicar um puxão* *de orelha(s)*. Já o sentido (2) procura, por gestos e por palavras, "lembrar" os anos que um aniversariante está completando. Com efeito, para os romanos, as orelhas eram a sede da memória, pois estavam consagradas à deusa Memória, Mnemósine. Pode-se realmente inferir serem elas a sede da memória, na medida em que por elas penetram as informações "memorizáveis". Daí, também, se falar em "memória auditiva". O puxão de orelha valia por um processo mnemônico para que o faltoso não se esquecesse de suas obrigações. Por outro lado, há quem entenda, entretanto, que, para os antigos, a sede da memória era o coração. Decorre daí o nosso "decorar", de "de + *cor*". Cf.: *De cor. Ganhar/Levar/Receber um puxão de orelha. Puxão de orelha(s). Ser da ponta/pontinha (da orelha)*, tratadas em verbetes próprios, reciprocamente complementares. [SILV/MEL/LCC/ALV/BEC/CF] (*)

OURO

Nadar em ouro: ser muito rico. *Quando o conheci, ele nadava em ouro, não sei como pôde ficar pobre.* Sinônimo: *Nadar em dinheiro*. Expressão hiperbólica. Em francês, Bally, em 1951, já registrava a mesma ideia com outros referentes: *Être tout cousu d'or*. A expressão evoca a imagem dos nobres e fidalgos de outrora cujo vestuário era ricamente ornado com fios de ouro. [BAL/WER] (*)

Nascer em berço de ouro: nascer no meio da riqueza. *É uma pessoa muito simples, apesar de ter nascido em berço de ouro.* Há equivalentes em francês e espanhol com referentes semelhantes: *Être né avec une cuillère d'argent dans la bouche; nacer en cuna*. [WER/SILV/MEL] (*)

Nem tudo o que luz/reluz é ouro: a boa aparência pode ser enganosa. *Irritou-se ao saber que o carro importado era emprestado; nem tudo que reluz é ouro.* É ditado antigo e de cunho universal, como atestam os usos desde o latim: *Non omne id quod fulget aurum est; No es oro todo lo que reluce; Tout ce que reluit n'est pas oro* ou, no século XIII: *N'est pas tot or ice que luist; Oro non é tutto quel che risplende; All is not gold that glitters*. Uma música carnavalesca carioca fez o Brasil inteiro cantar: "Nem tudo o que reluz é ouro/ nem tudo que balança cai", acoplando à expressão já existente o verso *nem tudo que balança cai*, lembrando talvez a sequência rítmica da versão completa antiga: *Nem tudo o que reluz é ouro, nem tudo o que alveja é prata.* Por outro lado, é curioso assinalar que esse segundo verso repete textualmente uma máxima de Montaigne, que diz: *Tout ce qui branle ne tombe pas,* e que está no capítulo IX dos *Ensaios*, sob o título "Da vaidade". Há equivalente em inglês, com versão literal: *All is not gold that glitters*. (*Nem tudo o que luz/ reluz é ouro*.) [MEL/WER/LMOT/RMJ/FRI/MEF/SILVA2/6024/AM/RMJ2] (*)

OUVIDO

Ser todo ouvidos: estar muito atento. *Pode falar que eu sou todo ouvidos*. Há similar em inglês, registrando a mesma expressão com os mesmos referentes: *To be all* *ears*. Cf.: *Dar ouvidos*. [RMJ2/WER/SILV/MEL/7936] (*)

Entrar por um ouvido e sair pelo outro: não ser levado em conta, não merecer atenção, não dar importância ao que se ouve. *O que você diz não me atinge: entra por um ouvido e sai pelo outro.* Está implícita a ideia popular de que há comunicação direta entre os dois ouvidos. Naturalmente isso ocorre, não direta, mas indiretamente, a menos que um ouvido esteja totalmente nulo por alguma deficiência congênita ou traumática. Entretanto, já há estudos ou soluções técnico-terapêuticas, em que, colocado um aparelho no ouvido deficiente, consegue-se uma intercomunicação saneadora entre o ouvido sadio e o doente. A ideia proverbial, todavia, é bem antiga, como atesta D. Francisco Manuel: *Antes aos de grande orelha lhes entra isso por um ouvido e lhes sai por outro*. [WER/MEL/SILV/NAS/AM] (*)

OVELHA

Ovelha negra (da família): ser pessoa desajustada, que sobressai num grupo pelas suas más qualidades. *Muito rebelde, ele é considerado a ovelha negra da família.* Ovelha negra, *black lamb, brebis noir*: figura corrente na Europa, Ásia e Américas. Fala-se, inclusive, em inglês: *To be the black sheep of the family*. Nas religiões pagãs antigas, todo animal preto era visto como força das trevas e dedicado às forças obscuras da terra, aos deuses telúricos; a ovelha negra é a predestinada para o sacrifício, a marcada pelo destino. Ela ficou, aos olhos cristãos, uma reminiscência viva da religião condenada do paganismo, expressão sacrificial ao pecado, ao erro. Assim como o bode e a cabra não conseguiram acolhida nas lendas cristãs, a ovelha negra é uma sobrevivência pagã legitimíssima. Além disso, a lã negra não servia para o tingimento, o que levava obviamente os pastores a desprezarem as ovelhas negras. Usa-se com vários verbos, inclusive como predicativo com o verbo *ser*. [SILV/MEL/6394/LCC/AUR/RIB/MOT] (*)

OVO

Ao/no frigir dos ovos: na hora da decisão, no momento da prova, no instante crucial. A locução é parte do provérbio *No frigir dos ovos é que se vê a manteiga*, do qual se separou, adquirindo autonomia. Na comédia *O diabo no corpo*, de Coelho Neto, o candidato a deputado, Dr. Libório, usa esse provérbio, dirigindo-se ao coronel: "(...) que valem circulares, coronel? Palavras, palavras, como dizia o outro. No frigir dos ovos é que se vê a manteiga". Sinônimo: *Ao fim e ao cabo*. [WER/NAS/RMJ/FRI/6076/AUR] (*)

Contar com o ovo dentro/na barriga/na bunda/no cu/no interior/da galinha: esperar algo pouco provável antecipadamente, fazer planos com base em coisa incerta. *Não vou contar com o ovo no cu da galinha, só posso gastar o que tenho no bolso.* A mesma ideia está traduzida em francês e italiano, como: *Il ne faut pas vendre la peau de l'ours avant qu'on l'ait pris; Vendere la pelle dell'orso* *prima ucciderlo.* [SILV/MEL/NAS /AM/ PAR/2223/AUR] (*)

Ovo de Colombo: realização fácil, mas impensada antes, para a solução de um problema. *A solução fácil que dei ao problema tornou-se um ovo de Colombo para todos.* A expressão se explica por um fato e uma frase respectiva; o fato, um ovo cozido posto em pé, graças à quebra proposital de uma de suas extremidades; a frase, dita em resposta aos presentes que contestaram o feito, sob a alegação de que assim qualquer um faria.

"Sem dúvida, só que ninguém pensou assim." O fato e a frase são atribuídos ao arquiteto florentino Filippo Brunelleschi (1377-1446) e, muito tempo depois, em 1565, ao descobridor do caminho do Novo Mundo, personagem muito mais famoso, Cristóvão Colombo; daí a expressão formulada com seu nome. Há ainda variantes dessa versão. A expressão é usada alternativamente com diversos verbos, inclusive como predicativo com o verbo *ser*. Cf.: p. 34, g. [MEL/SILV/ PRA2/RMJ/NAS] (*)

PÁ

Botar/Colocar/Pôr/Deitar uma (última) pá de cal em cima de/sobre: encerrar um assunto, esquecer. *Ele não devolverá o dinheiro e acabará botando uma pá de cal sobre.* A frase provém do uso (antigo) de se deitar uma pá de cal sobre o caixão de defunto na sepultura. Cf.: *Botar/Colocar/ Jogar/Pôr uma pedra em cima de/sobre/ em.* [MEL/SILV/4934/NAS/AUR] (*)

Da pá-virada: com qualidade excessivamente boa ou má, ser desordeiro, turbulento ou licencioso, debochado, insolente, preguiçoso; aplicada à mulher, diz-se que é da pá-virada a mulher ou moça de conduta irregular, leviana ou escandalosa, virago, "machona". *Uma peça da pá-virada. Todos reclamam do seu filho, ele é da pá-virada. Por ser da pá-virada foi remetida à madrinha de modo a perder as sapequices.* Sinônimo: *Ser de apá virada.* A expressão é usada com vários verbos alternativos, inclusive como predicativo com o verbo *ser* (ser *da pá-virada*). "Pá", tanto no Brasil quanto em Portugal, tem os sentidos de: 1. instrumento de trabalho, com uma parte larga para remover terra, areia etc., daí "pá de lixo", "pá de forno" etc.; e 2. parte mais larga e carnuda da perna das reses, mas no Brasil tem ainda a variável "apá". Em *Da pá-virada*, entendida *pá* como "pá de forno", talvez haja uma alusão a Da. Brites, a padeira de Aljubarrota, a qual com o instrumento de seu ofício matou uns tantos castelhanos. Como *pá* instrumento manual para remoção de terra, a expressão refere-se ao trabalho. Pá virada, emborcada, voltada para o solo, inútil, abandonada, em decorrência, o homem sem ocupação regular, entregue à irresponsabilidade da vagabundagem, vivendo de biscates, aproveitamentos, parasitagem, não trabalho. [LCC] crê ser de formação brasileira, possivelmente no século XIX. E em São Paulo sua versão do "pá-virada" parece entendida diversamente. O paulista pá-virada, destemido, largado, afoito, não se articula ao instrumento de trabalho manual, à verdadeira pá, mas ao apá ou pá, como dizem em Portugal, secção muscular mais larga nos membros dianteiros dos animais, omoplata, espádua, ombro. Crê que a figura da pá metálica e sua projeção na fraseologia popular, desde o século XVI, é responsável pelo contágio homonímico. [FUL/MEL/SILV/NAS/HOU/AUR/RMJ/VIL/2389/NAS/LCC/LEL/PAS/PIM] (*)

PACIÊNCIA

Ter (uma) paciência de Jó: ter muita paciência, resignação extrema. *Para aturar os teus filhos, é preciso ter paciência de Jó*. Reminiscência do sofrido Jó, personagem bíblico do Velho Testamento (Livro de Jó). É frequente o emprego de nomes em expressões. Cf.: p. 34, g. [PIP/MEL/SILV/NAS/6403] (*)

PÁGINA

Virar a página: falar de outro assunto. *O que passou passou, vamos virar a página e falar de outra coisa*. Existe em francês versão literal correspondente: *Tourner la page*. Sinônimo: *Mudar o disco*. Cf.: *Página virada*. [SILV/MEL/WER/PIP] (*)

PAI

O pai dos burros: sinônimo popular de dicionário. *Aquele político é burro que dói, precisa consultar mais o pai dos burros*. A título de curiosiodade, registre-se, em particular, a publicação do dicionário de lugares-comuns e frases feitas, *O pai dos burros*, de Humberto Werneck, em 2009. [AUR/6429/MOT] (*)

Tal pai, tal filho: diz-se quando o filho puxa ao pai (ou a filha, à mãe). *Assim como o pai, ele não gosta de trabalhar, tal pai, tal filho*. Sinônimo: *Filho de peixe peixinho é*. [LAU] entende que a expressão remonta à formulação original já existente no século XVII: "Qual o pay, tal o filho, qual o filho, tal o pay". A fórmula já era consagrada em versão literal em latim (*Qualis pater, talis filius*), vulgarizando-se tal e qual em francês, italiano e inglês: *Tel père, tel fils; Qual padre, tal figlio; Like father, like son*. [LAU/WER/MEL] (*)

PALAVRA

Engolir/Comer as (próprias) palavras: retratar-se, pronunciar confusamente as palavras. *Não diga que dessa água não beberá, pois você poderá engolir as próprias palavras*. Há similar em inglês, registrando ideia semelhante com semelhantes referentes: *Eat one's words*. [MEL/SILV/RMJ2] (*)

(Jogar) Palavras ao vento: coisas que se dizem e não são ouvidas e/ou levadas a sério. *Tudo o que eu disse para acalmá-los foram palavras ao vento, continuaram brigando.* Usa-se também em função predicativa com o verbo *ser*. Também se diz: *Palavras, leva-as o vento*, com ideias semelhantes desde o latim, passando pelo espanhol, francês, italiano e inglês: *Verba volant; Palabras y plumas, el viento las lleva; Les paroles s'envolent; Parole, il vento disperde; Words and feathers are borne away by the wind*. Em relação ao latim *Verba volant*, trata-se de um recorte do provérbio *Verba volant, scripta manent* (*Palavras (faladas) voam, o que foi escrito fica*). [MEL/6435/LAR/RMJ/LMOT] (*)

Palavras não enchem barriga: palavras não satisfazem, não produzem resultado, palavras apenas não são suficientes para convencer, não pagam dívidas. *Fui cobrar o que me devia, pois já estava passando necessidades; ele me encheu de palavras, mas palavras não enchem barriga.* A ideia mais ou menos equivalente já aparecia em 1780 (em português) e existe no francês: *Les belles paroles ne font pas boiullir la marmite* e *Belles paroles n'emplissent pas la bourse*, e em algumas versões no inglês: *Fine words butter no parsnips, Many words will not fill a bushel* e *Many words will not fill the firlot* [*a dray measure*]. [FRI/MEF/LAC] (*)

Palavra de rei não volta atrás: a pessoa honesta não deixa de cumprir o que promete. *Tenho certeza de que ele fará o que prometeu, palavra de rei não volta atrás.* Sinônimo: *Palavra de rei é escritura.* Há versões literais em espanhol: *Palabra de rey atrás no vuelve;* e italiano: *Parola di re non retorna mai.* [MEL/LMOT/FRI/NEF/AM] (*)

PALHA

Por dá cá aquela palha: por uma insignificância, sem motivo, por pretextos fúteis. *Por dá cá aquela palha, ele briga com a irmã.* Em Portugal, nos séculos XIV e XV, a citação judicial podia ser feita mediante a apresentação de uma palha, que o juiz entregava ao oficial de justiça. "Palha" significa coisa de pouco valor. [LCC] alude ainda a outras explicações e sentidos paralelos, inclusive usando-se a "palha" como condição contratual. [NAS/MEL/RAM/SIM/LCC] (*)

PÃO

Comer (d)o pão que o diabo amassou/enjeitou: passar grandes privações, atravessar um período muito ruim. *Casal sequestrado come o pão que o diabo amassou. No emprego antigo ele comia o pão que o diabo amassou.* Há expressão equivalente em francês: *Manger son pain noir.* [WER/ALV/XAre/ SILV/MEL] (*)

Pão, pão, queijo, queijo: às claras, sem rodeios. *É assim que as coisas têm que ser: pão, pão, queijo, queijo.* Em espanhol, há expressão similar com referentes e formulação parcialmente diferentes: *Al pan, pan y al vino, vino.* É usada nominalmente ou em frases verbais com vários verbos alternativos, inclusive na função de predicativo com o verbo *ser*. [MEL/WER/ALV/6458/PIP] (*)

Ser (um) pão-duro: ser avarento, egoísta. *O pão-duro saiu antes de pedirmos a conta.* Sinônimos: *Ser (um) mão de vaca. Ser (um) mão-fechada* etc. Lá pelas primeiras décadas do século XX, no Rio de Janeiro, havia um mendigo cujo apelido era *Pão Duro,* porque sempre pedia "nem que fosse um pedacinho de pão duro" e, quando morreu, deixou grandes depósitos em bancos e até várias casas nos subúrbios. Os jornais às vezes ainda noticiam outros casos semelhantes, ainda que sem originarem expressões. Miguel de Cervantes já havia criado um personagem chamado Sr. Pão Duro. E o famoso ator Procópio Ferreira, pouco depois da morte de Pão Duro, representou a comédia *Pão Duro.* [RMJ/SILV/PIM/5313] [*]

PAPA

Não ter papas na língua: falar com franqueza, ser franco, sem reservas. *Tudo o que eu penso falo mesmo, não tenho papas na língua.* [RMJ] e [JRF] atribuem-lhe origem castelhana: *No tener pepita en la lengua.* "Papa" estaria em lugar de *papita* (e *papita* em lugar de *pepita*). Há quem entenda que a forma inicial em espanhol seria *"No tiene pepitas en la lengua".* "Pepitas" igual a "pevides". "Pevides", em português, é semente achatada de diversos frutos; ou película mórbida na língua de algumas aves, que lhes impede de beber; ou parte carbonizada de pavio etc. Mas há também registro em espanhol de *No tener pelos en la lengua.* Não parecem plausíveis as tentativas de explicação; em português, pode ser vinculada mesmo a "papas", mingau.

Numa ilustração para o sentido literal da expressão, idealizada para o dicionário humorístico de Millôr Fernandes, o ilustrador Nani jogou com a polissemia e homonímia da palavra "papa" (papa de comida e papa autoridade máxima da Igreja). Desenhou algumas figuras clericais, como um padre, um bispo e um cardeal, menos um papa, sobre a língua de uma pessoa de olhar espantado, complementando o proposto humorístico do dicionário e traduzindo mais um viés das expressões idiomáticas. [ALV/WER/MEL/SILV/RMJ/HOU/NAS/JRF/PIM/5945] [*]

PAPO

Estar/Ficar em papos de aranha: em estado de grande preocupação ou pressa; em situação difícil, embaraçosa, viver perigosamente, atravessar momento angustioso. "O pobre Coruja via-se em papos de aranha com os nervos de Ernestina, cuja crise não fora tão passageira como afiançara aquele*"* (Aluísio de Azevedo, *O Coruja*). Sinônimo: *Estar em/numa sinuca.* Na verdade, a expressão na origem é *Em palpos de aranha.* Mas, pela etimologia popular e prosódia vulgar, e graças, ainda, à semelhança fonética, à compatibilização semântica e ao desconhecimento da palavra erudita "palpos", transformou-se em *"Em papos de aranha",* sem cabimento a correção por um eruditismo pedante para uma expressão popular como essa. Na realidade, o povo entende "papos" como estômago, barriga, saco digestivo. Contam que a aranha é insaciável. Nunca rejeita presa. O apetite é estado normal. *Estar em papos de aranha* é situação de encontrar-se semidevorado, condenado a tornar-se comida. A tradição famélica da aranha é suficiente formadora da imagem ameaçadora e voraz. A expressão é usada alternativamente com vários verbos, além dos mencionados, como *ver-se, andar*. [AUR/MOU/NAS/PAS/SILV/RMJ2/SAB/WER/LCC/6480] (*)

PARAFUSO

Estar/Ficar com um parafuso solto/frouxo/(a/de) menos: proceder de maneira estranha, revelando sintomas de insanidade mental. *Só quem tem um parafuso frouxo pode fazer tamanha maluquice*. Há similar em inglês, registrando a mesma expressão com os mesmos referentes: *Have a screw loose*. Além dos verbos *Estar/Ficar com*, a expressão às vezes é encabeçada pelos verbos *viver, andar* e *ter*, entre outros. [WER/RMJ2/MEL/SILV/BAR] (*)

PAREDE

As paredes têm ouvidos: tomar cuidado ao se falar de segredo, pois terceiras pessoas podem ouvir tudo. *Não conto nada, pois as paredes têm ouvidos*. Há similar em inglês, registrando uma tradução literal com os mesmos referentes: *Walls have ears*. É, portanto, um provérbio que circula em nosso idioma exatamente nos mesmos termos, com os mesmos referentes. No sentido figurado diz que as pessoas devem ter cautela ao falarem de seus negócios ou segredos, pois, sem se darem conta disso, terceiras pessoas podem ouvir tudo, seja num quarto vizinho, num corredor, ou mesmo um ouvinte indiscreto, não percebido, independentemente da existência de separação física. E há um ditado estendido: *Matos têm olhos, paredes têm ouvidos*, com similares em vários idiomas. E há recortes equivalentes à expressão portuguesa, extraídos de ditados maiores do espanhol, francês, italiano e inglês, sinalizando, pois, uma ideia mais ou menos universal, a saber: *Las paredes tienen oídos; Bois ont oreilles et champs ont oellets; La steppa non ha occhi, ma orecchie si; Woods have ears and fields have eyes*. Há um provérbio internacional, cuja forma portuguesa é: *Roupa suja lava-se em casa*, e a inglesa: *Wash your dirty linen at home* (*Lave a sua roupa suja em casa*), que corrobora o sentido não literal da expressão sob análise, isto é, os assuntos delicados, que envolvem a honra de uma família, devem ser discutidos por seus membros em suas reuniões privadas e não em público, na presença de vizinhos ou de estranhos. [RMJ2/WER/MEL/LMOT/AZE] (*)

Encostar/colocar (alguém) contra/na (à) parede: arruinar, derrotar, aniquilar inteiramente, encurralar. *Para saber a verdade, encostou o filho na parede. Jesus encostou os discípulos na parede: E vocês o que dizem que eu sou?* Há similares em inglês e francês, registrando a mesma expressão em tradução literal ou ideia com iguais ou diferentes referentes: *To drive someone to the wall*; *Mettre quelqu'un au pied du mur*. [RMJ2/MEL/SILV] (*)

Falar para/com as paredes: falar em vão, falar sem ser ouvido. *Enquanto a plateia conversava, o palestrante falava para as* *paredes*. Para expressar a mesma ideia, os falantes de Portugal dizem: *Falar para o boneco*. E vale a pena registrar a curiosa abonação portuguesa: *Já te falei três vezes que te fosses deitar! Ouviste ou estou a falar para o boneco?* [PIP/MEL/MOU] (*)

PARTO

Parto da montanha: resultado insignificante de um esforço muito grande e prolongado, promessa pomposa que acaba num resultado ridículo. *Depois de tanto trabalho, teve lucro mínimo, foi o parto da montanha.* Exemplificação comum do uso dessa expressão é no contexto político, particularmente nos casos de candidaturas inexpressivas que resultam de longas e ruidosas convenções partidárias. A expressão teve origem num pensamento expresso por Horácio, popularizado pela fábula de Fedro, "Mons parturiens", retomada por La Fontaine, como "La montagne qui accouche", na qual se lê: "Uma montanha em trabalhos de parto/ Fazia tão grande escarcéu/Que todos acudindo o alarido/Supunham que daria à luz com certeza/Uma cidade maior que Paris:/Ela deu à luz um rato". Serve para referir-se a autores que alardeiam os primores de suas obras literárias, criando expectativa exagerada. A expressão é usada vinculada alternativamente a diversos verbos, inclusive com o verbo *ser*. [MEL/RMJ/NAS/CF] (*)

PASSAGEM

De passagem: por alto, sem exame. *Falou de passagem sobre o próximo disco.* Constrói frases com diversos verbos, como *falar, dizer, abordar, examinar*. É muito usada, até no Brasil, em nível culto, como empréstimo, a expressão francesa *En passant*. [MEL/AUR/2971] (*)

PÁSSARO

Mais vale um pássaro/passarinho na mão que dois voando: é preferível ficar com o que já está garantido a tentar algo melhor. *O dinheiro que ele me dá é pouco, mas é garantido; mais vale um pássaro na mão do que dois voando.* Este provérbio também existe em outros idiomas, em alguns com ligeiras alterações, a saber: latim: *Plus valet passer in manibus quam sub dubio grus*; espanhol: *Más vale pájaro in mano que ver tres volando*; francês: *Mieux gigot voisin qu'un gros mouton lointain*; italiano: *Vale di più un uccello tra le mani che due volando*; inglês: *A bird in hand is worth two in the bush*. [MEL/RMJ] (*)

Olha o passarinho!: expressão dita pelo fotógrafo ao fotografado ao retratá-lo. *Olha o passarinho! Atenção, sorrindo!* Antigamente, quando as máquinas (verdadeiras caixas do tamanho de caixas de sapato) eram muito demoradas para fixar a imagem, os fotógrafos ou retratistas costumavam colocar uma gaiola com um passarinho em cima da máquina, pedindo a atenção do fotografado, dizendo: *Olha o passarinho!* [MEL/RIB] (*)

Ver passarinho verde: sentir felicidade, demonstrar alegria. *Chegou aqui tão eufórica, que parecia estar vendo o passarinho verde.* Segundo uma lenda, as moças comunicavam-se com os namorados colocando um periquito verde perto da grade da sua janela. Na literatura antiga, há relatos em que pássaros verdes, como o periquito, eram usados como portadores de bilhetes com recados amorosos. Ante uma mocinha muito alegre, é comum a pergunta, em tom de exclamação: *Viu o passarinho verde?!* [MOT/RIB/NAS/SILV/MEL] (*)

PASSO

Dar o/um passo/salto maior do que a(s) perna(s): tentar fazer algo além das suas possibilidades. *O cara se estrepou, dando o passo maior do que as pernas.* A expressão, originalmente, seria "dar o paço maior que as pernas". Paço no sentido de largo, praça. Foi o que teria dito um provedor de Minas ao arquiteto que queria fazer uma praça muito grande em Ouro Preto. Seria um paço muito grande para poucas pernas, e estaria além das possibilidades econômicas de Ouro Preto. A frase teria sido dita em 1655, segundo o historiador Albuquerque Jahu, em *História dos paços mineiros e outras histórias de Minas Gerais,* apud Mário Prata. [LAU] entende que essa ideia já circulava no século XVII, sob a fórmula: "Nam passes o pé além da mão". [PRA2/FUL/SILV/MEL/LAU] (*)

PATACA

De meia-pataca: de pouco ou sem valor. *Ele não passa de um advogado de meia-pataca.* "Pataca" era um moeda antiga que valia 320 réis. A palavra, de origem duvidosa, remonta ao provençal do século XIV. [MEL/NAS/HOU] (*)

PATAVINA

Não entender/falar patavina/bulhufas/lhufas: não entender ou não saber absolutamente nada. *Assistiu à palestra sobre medicina nuclear, mas não entendeu patavina.* Quanto à palavra "patavina", conta-se que Tito Lívio, historiador romano, não se fazia entender porque usava o latim de Pádua, sua terra, que, em italiano é Padova, e, em latim, Patavinum. Por essa prática outros escritores latinos, tidos por mais cultos, reprovavam suas expressões, próprias daquela região. Assim também os portugueses encontravam uma enorme dificuldade para entender o que falavam os frades italianos patavinos. Já "bulhufas" e sua redução "lhufas" não é susceptível de entendimento claro, podendo-se lhe atribuir a origem onomatopaica expressiva, ligada à ideia talvez de bolha de ar vazia ou bolha de água em ebulição, de pouca importância, compatível com o sentido da expressão. [FUL/FSP/CDAs/LCC/MEL/5765] (*)

PATO

Cair como/que nem/feito pato/patinho: deixar-se lograr ingenuamente. *Ele caiu feito um patinho naquela conversa.* Este "pato" não está diretamente vinculado ao "pato" real da expressão *Pagar o pato*, cujo referente é o animal, mas deve ter alguma ligação, na medida em que tal indivíduo faz o papel de tolo e ingênuo, como o da outra expressão, que pagou indevidamente pelo pato. [SILV/MEL/RMJ] (*)

Pagar o pato: pagar pelo que não fez, fazer o papel de tolo. *Ele quebrou a cadeira e o irmão pagou o pato*. Trata-se de expressão de uso muito antigo, já registrado no século XV na Itália e em Portugal, a partir de Gil Vicente. Sua origem, entretanto, não é manifestamente reconhecível e consensual, havendo várias versões ou invenções. Uma delas prende-se a um conto licencioso, escrito em latim por Giovanni Bracchiolini, em que um camponês recusou vender seus patos a uma leviana mulher da cidade, a não ser por "moeda especial". A mulher consentiu na moeda, mas houve depois discussão, sem que se julgassem quites, quando sobreveio o marido questionando a disputa. O rapaz declarou, então, que o pato não estava pago e o marido acabou pagando indevidamente o pato, agora em moeda oficial... e sem comê-lo. Em espanhol, além de versões literais, há um expressão com ideia próxima: *Pagar los platos rotos*. Cf. ainda: *Cair como um pato/um patinho*. [MEL/SILV/FUL/LCC/FSP/XAre/DI/WER/ALV/PIM/6413] (*)

PAU

A dar com/cum (o/um) pau: com grande quantidade, com fartura. *No show a que assistimos, havia público a dar com pau*. Sinônimos: *À beça*. *Para dar e vender*. Expressão intensificadora. Antigamente, uma grande quantidade de aves de arribação vindas da África, cansadas e famintas, pousava nas lavouras do Norte. Os sertanejos, sem outros meios para combatê-las, dizimavam-nas a pau. Por isso, o sentido da expressão: "em grande quantidade; em abundância". [SIM/SILV/NAS/FUL/MEL/PIM/0307] (*)

(Como/Que nem/Feito) Um dois de paus: imóvel, paralisado, pessoa sem importância, sem iniciativa, que não deve ser considerada, um tipo sem nenhuma utilidade ou valia. *Faça alguma coisa, não fique aí parado, parecendo um dois de paus. Não vai ser convidado de jeito nenhum, é considerado um dois de paus por todos.* Usa-se com vários verbos alternativos, como *parecer, ser* etc. O dois é uma das cartas mais baixas do baralho e "paus", na maioria dos jogos, são um dos naipes menos valorizados. Em francês, a expressão usual equivale a um ás de espadas, expressão que se aplica a um homem feio, mal-ajambrado, nulo em capacidade, sem habilidades, palhaço. Na comédia *Le dépit amoureux*, de Molière, a personagem Marinette grita, zangada, a Mascarille: *Taissez-vous, as de pique! (Cala-te, ás de espadas!)*. [NAS/SILV/MEL/PUG/3379/RMJ/AZE/PIP] (*)

Mexer (com) os pauzinhos: empregar os meios necessários, nem sempre lícitos, para obter bom resultado. *Ele estaria mexendo os pauzinhos para pôr o ministro no páreo da sucessão.* O espanhol tem expressão correspondente: *Mover los hilos*. [SILV/WER/FUL/MEL/5521/LAT] (*)

Pau que nasce torto morre torto: a pessoa que nasce com deformidade de caráter será assim até morrer. *Ele não tem jeito, sempre foi turrão, pau que nasce torto morre torto.* Embora se trate de provérbio, foi listado pela frequência de uso na linguagem coloquial e porque parece ter um caráter universal, uma vez que se vulgarizou com os mesmos referentes desde o latim, chegando ao italiano, espanhol e inglês: *Legnum tortum haud unquam rectum; Chi torto nasce, tarde o mai si drizza* (com versão muito próxima à sinônima em português: *Pau que nasce torto, tarde ou nunca se endireita*); *Arbor que torcido creció nunca se enderezó; What is bred in the borne will never be out of the flesh.* [MEL/LMOT/FRI/SILVA2] (*)

(Ser) Pau de virar tripa: pessoa alta e magra. *Entrou em regime desordenado e acabou um pau de virar tripa.* É usada com vários verbos alternativos, inclusive *ser*. Cf.: *Tomar chá de trepadeira*. As "tripeiras", para limpar as tripas dos bois, viram as mesmas pelo avesso, com varas compridas e finas. [8810/SILV/NAS/RMJ] (*)

PÉ

Ao pé da letra: literalmente. *Seguiremos ao pé da letra todas as suas orientações. Interpretou o recado ao pé da letra.* Usada com vários verbos alternativos, como *interpretar, responder, seguir, levar, tomar* etc. Expressão muito usada, inclusive em textos científicos. Sem origem metafórica discernível. Em francês, Bally, em 1951, já registrava a mesma expressão com os mesmos referentes: *Ne doit pas être pris au pied de la lettre* e há também correspondente em espanhol: *Al pie de la letra*. Explica-se por alusão à Bíblia na Carta aos Coríntios: "[Deus] nos fez capazes de ser ministros duma nova aliança não da letra, mas do espírito, porque a letra mata, mas o espírito vivifica". A letra, isto é, a interpretação literal, é presa às palavras, mas o espírito prende-se à intenção verdadeira inferida das palavras. Por outro lado, *pé* tem o sentido de "medida", não de pé (base). Sem origem metafórica discernível. Menos figuradas são as expressões latina (*Ad litteram*) e francesa, onde se diz também *À la lettre,* e em inglês há a fórmula também reduzida *To the letter.* [SAB/WER/TOG/BAL/0763/SILV/NAS/MEL/BAR/ROB/LAR/LAT] (*)

Botar/Colocar/Meter/Pôr os pés pelas mãos: intervir de maneira errada, atrapalhar-se e fazer tudo ao contrário. *Preciso pensar melhor para não meter os pés pelas mãos.* Há similares em inglês, em versão literal, em [MF] e no próprio dicionário bilíngue: *He stuck his feet through his hands; To put one's foot in it.* Parece ser uma alusão à pessoa tonta de sono, que, ao vestir-se ou ao colocar o pijama, enfia os pés pelas mangas da camisa. Além dos verbos que encabeçam o verbete, usa-se também *trocar*. [MF/XAre/WER/LCC/SILV/MEL/NAS/5497] (*)

Dar no pé: fugir, desaparecer. *O assaltante deu no pé quando o alarme disparou.* [LAU] entende que a expressão remonta à formulação original, usada no século XVII: "Dar ao pé, que tempo é". [LAU/WER/TOG/FUL/MEL/SILV] (*)

Dos pés à cabeça: em/por todo o corpo. *Vestiu-se a rigor dos pés à cabeça.* Sinônimo: *Da cabeça aos pés*. Expressão usada alternativamente com diversos verbos, como *comprometer-se*. Em espanhol se diz, por tradução literal: *De pies* *a cabeza,* e em francês também, porém, com "pé" no singular: *De pied en cap.* [TOG/NAS/MIC/AZE] (*)

Em pé de guerra: tensão que precede desentendimentos sérios, estar pronto para as hostilidades. *Os operários estão em pé de guerra com a direção do sindicato.* Expressão usada com diversos verbos, entre os quais *estar, ficar*. O francês tem correspondente em versão literal: *Sur le pied de guerre.* [MEL/SILV/AUR/AZE] (*)

Entrar/Começar com o pé direito: começar bem, com sorte. *Comecei este ano com o pé direito, obtendo sucesso. O deputado tá feliz, acordou com o pé direito.* Usa-se inclusive com os verbos *acordar, levantar*. A crendice popular imagina que dá sorte ou azar, conforme se comece algo com o pé direito ou esquerdo. As pessoas supersticiosas acreditam que só se deve entrar numa casa com o pé direito. A superstição vem da antiga Roma. Era regular em Roma o aviso aos convidados: *Dextro pede*! lembrando a obrigação de pisar com o pé direito à entrada do salão festivo, evitando o agouro, o *dextro agoiro*. Assim praticavam no Brasil figuras eminentes. Rui Barbosa, em 1914, saudou a posse do marechal Hermes da Fonseca, na presidência, nos seguintes termos: "Que o novo Presidente entre nas suas responsabilidades com o pé direito". Há similar em inglês, registrando tradução com referentes iguais ou semelhantes: *Best foot forward* (*O pé direito na frente*). Cf.: *Entrar/Começar com o pé esquerdo.* [SILV/MEL/RMJ2/XAre/WER/LCC/BEC] (*)

Estar/Ficar com o/um pé atrás: estar desconfiado, com reserva, prevenir-se, acautelar-se. *Foi conversar com o sócio com o pé atrás.* Sinônimo: *Com a pulga atrás da orelha.* Em francês, expressa-se ideia semelhante com referentes diferentes: *Prendre en grippe* ou *Se tenir sur ses gardes.* Há ainda as variáveis: *Estar/Ficar de pé atrás.* Além dos verbos *estar* e *ficar*, a expressão pode ser encabeçada pelos verbos *viver, andar, ter, manter*, entre outros. [2050/SILV/DI/PIP/BAL/MEL] (*)

Levar/Ganhar um chute/um pé/um pontapé (no traseiro/na bunda): ser despedido. *Para não levar um pé no traseiro aceitou a redução do salário.* Em francês Bally, em 1951, já registrava a mesma ideia com outros referentes: *Recevoir un coup de pied à l'endroit où le dos perd son nom.* Sinônimo: *Levar um pé na bunda.* [BAL/MEL] (*)

Pé/Tromba-d'água: aguaceiro. *Depois dos trovões, caiu um pé d'água sem tamanho.* Usada com diversos verbos, como *cair, desabar,* etc. O nome "tromba"-d'água refere-se ao meteoro que consiste na formação de uma grande massa de vapores espessos, alimentada de um movimento de translação e rotação, tendo a maior parte às vezes a forma de um cone com a base para as nuvens e o vértice para a terra, como a tromba de elefante. [NAS/CA] (*)

Pé(s) de chumbo: pessoa que anda lentamente, lerda, grosseira, "galego" como apelido altamente português especialmente de baixo nível cultural. (Observe: *À galega*, sem capricho.) *O pé de chumbo do Zeca ainda não chegou?* Usa-se como qualificativo, em função predicativa, com o verbo *ser*, ou, alternativamente, com diversos verbos. Conta-se que D. Pedro I, quando príncipe regente, mandou formar sua guarda portuguesa e convidou a dar um passo à frente os que quisessem aderir à causa da independência do nosso país. Havendo avançado poucos, ele se virou para os que não se moveram e gritou-lhes: *Pés de chumbo!* Há uma quadra popular que faz referência aos galegos pés de chumbo: "Ó galego, pé de chumbo. Calcanhar de frigideira. Quem te deu a confiança. De casar com brasileira?" [NAS/HOU /6654/PIM/CF] (*)

Sem pé(s) (e) nem/sem cabeça ou **Não tem pé(s) (e) nem cabeça**: sem sentido, coisa monstruosa, incompreensível. *Meus sonhos são todos sem pé nem cabeça. Emocionado, passou a falar coisas sem pé e sem cabeça. Aí ela veio com uma conversa sem pé e sem cabeça. Quis justificar a falta com uma história sem pé nem cabeça.* A expressão é usada alternativamente com vários verbos, dependendo dos diferentes contextos, e pode ser precedida de vulgarismos léxicos ou palavras afins, como: *coisa(s), negócio, história(s)* etc.: *Coisa sem pés nem cabeça.* Há similares em inglês, registrando a mesma ideia com um referente de conotação semelhante: *Without head or tail* ou *Have no head nor tail* ou, ainda, *Neither head nor tail*, e em espanhol: *No tener ni pie ni cabeza*. Normalmente "pé" aparece no singular; o plural já revela certo grau de elaboração, preocupação com o fato de "pés" serem sempre dois. [FUL/RMJ2/WER/7759/MEL/SILV/DSP/2014/NAS/FRI/LAT] (*)

Ser (um) pé-rapado: ser pobre, malvestido, descalço, pessoa sem expressão, a mais humilde categoria social. *Era ninguém, não, era um pé-rapado querendo emprego.* Sinônimo: *João-ninguém*. "Rapado", porque, depois de muito caminhar descalço, o indivíduo rapa ou raspa os pés para tirar a sujeira grossa. Era, no Brasil anterior a 1888, a primeira compra de escravo alforriado, índice da conquista autárquica. Nos seus versos a Anica, mulata baiana, que lhe pedira um cruzado para conserto dos sapatos, Gregório de Matos, na segunda metade do século XVII, defendia-se: "Se tens o cruzado, Anica/Manda tirar os sapatos,/E senão lembra-te o tempo/Que andaste de pé rapado". Outra referência à expressão aparece na Guerra dos Mascates contra o Partido da Nobreza de Olinda, 1710, em que os portugueses davam o apelido depreciativo de pés-rapados às tropas adversárias da aristocracia rural, por combaterem sem sapatos. [PIM/SILV/GUR/LcC]

Ser pé-frio: indivíduo azarento, ser azarado. *Deixe de ser pé-frio, vou procurar outro sócio.* Existe a gíria em inglês: *Cold feet.* É usada alternativamente com vários verbos, além do *ser*, na função de predicativo. Cf.: *Ser pé-quente*. [XAcm/WER/FUL/NAS/SILV/6690] (*)

PEDRA

Atirar a primeira pedra: julgar-se sem pecado e iniciar a punição de um pecador, ser o primeiro a acusar, provar jamais ter praticado atos desabonadores como o que ocorre no momento presente. *Que atire a primeira pedra aquele que nunca mentiu.* Na antiguidade hebraica, as mulheres adúlteras eram apedrejadas. A expressão é baseada nas palavras de Cristo que, protegendo a esposa adúltera contra a multidão enfurecida, disse: "Atire a primeira pedra quem dentre vós nunca tenha pecado". [RMJ/MEL/SILV/NAS] (*)

Dormir como/que nem/feito uma pedra: dormir profundamente. *Tirou o domingo para descansar, dormiu como uma pedra.* Expressão intensificadora. Evidentemente, não está em jogo qualquer comparação com o sono de uma pedra, já que pedra não dorme, mas com a imobilidade da pedra, semelhante à de um sono profundo. Em francês, Bally, em 1951, já registrava a mesma ideia com outros referentes: *Dormir comme une soupe.* [NAS/BAL/WER/FUL/MEL/SILV] (*)

Enquanto descansar, carregar pedra(s): fazer um trabalho ligeiro entre dois de responsabilidade, base de refrão que se fala a quem impõe a outro demasiado trabalho, sem deixar-lhe tempo para descansar. *Nos dias de folga ele faz muitos reparos em casa: enquanto descansa, carrega pedra.* Há exploração dessa ideia também em outros idiomas, como no espanhol, em tom de comando irônico: *Mientras descansas, machaca esas granzas.* [NAS/LMOT/DAPR/MEL/1744/AM] (*)

(Ser) Uma pedra no (meio do) caminho: ser um empecilho, um obstáculo. *A inveja das amigas é uma pedra no seu caminho.* Essa expressão deve ter inspirado Carlos Drummond de Andrade, em 1930, num tom de rebeldia gramatical do Modernismo, a escrever o seu enigmático e famoso verso *No meio do caminho tinha um pedra.* [AUR/AUL/WER/MEL] (*)

PEITO

Bater no(s) peito(s): arrepender-se, vangloriar-se. *Bate no peito, dizendo que é santista.* Observem-se os sentidos figurados praticamente opostos e lembre-se, quanto ao sentido de "arrepender-se", de que os católicos, durante a missa, recitam o *Confiteor, Confesso,* batendo no peito. [SILV] (*)

PEIXE

O peixe morre pela boca: a pessoa muito gulosa ou ousada pode sofrer consequências de sua ousadia e desequilíbrio. *Não coma tanto assim, o peixe morre pela boca.* [LAU] entende que a expressão remonta parcialmente, direta ou indiretamente, à formulação proverbial, mais ampla, estendida e contextualizante, já existente no século XVII, hoje esquecida: "Pela bocca morre o peixe e a lebre ao dente". [LAU/MEL/FRI/MEF/6216] (*)

Sentir-se/Ser/Estar como peixe fora d'água: desambientado, fora do seu elemento, de seu meio natural. *Ficou como peixe fora d'água no novo departamento.* Há similar em inglês, registrando a mesma expressão com os mesmos referentes: *Fish out of water.* [RMJ2/NAS/6741] (*)

PELE

Pele e osso: muito magro. *Na ditadura houve pessoas que saíram da prisão em pele e osso. Sarou, mas está pele e osso. Quando terminou a dieta, ela era só pele e osso.* Em francês, Bally, em 1951, já registrava a mesma expressão com os mesmos referentes: *N'avoir que les os et la peau.* É expressão usada também alternativamente com vários verbos, inclusive com *estar, ficar, ser* etc. [MEL/4399/FUL] (*)

PENA

Pena de talião é uma lei que remonta à Antiguidade mais remota, pois figura nos livros sagrados. A Bíblia esclarece, no Êxodo (21; 23ss) e no Levítico (24:10), que ela consiste em infligir ao autor de uma transgressão punição em tudo "igual" ao crime. E especifica: *vida por vida, olho por olho, dente por dente, mão por mão, pé por pé, queimadura por queimadura, chaga por chaga, ferida por ferida, nódoa negra por nódoa negra*. Segundo o abade Lamennais "a lei brutal de talião permite o mal pelo mal". Voltaire, ao contrário, dizia: "L'heureuse loi du talion/Est la loi plus équitable". E Saint-Beuve rimou: "Ce qu'un amant inflinge à l'autre/D'un autre il éprouve à son tour le talion est loi d'amour". Cristo, porém, revogou a lei de talião, pregando a doçura e condenando a vingança: "Se alguém te ferir na face direita, apresenta-lhe também a outra". O *Dicionário padrão da Bíblia*, [BAR] ratifica os dados e esclarece ainda mais a antiga lei penal de talião e sua correção no Sermão da Montanha (Mateus 38). A palavra "talião" lembra lei ou pena, com origem no latim em *talio*, de *talis*, igual. Cf.: *Elas por elas. Olho por olho, dente por dente*. [FUL/MEL/NAS/HOU/LMOT/RMJ/RMJ2/BAR/WER] (*)

PENDURA

Na pendura/pindura: sem nenhum dinheiro, recursos, em dificuldades. *Ficou na pendura por ter gastado todo o dinheiro na campanha eleitoral. Nada pior do que estar na pindura, ninguém olha pra gente.* Sinônimo: *Na pindaíba*. A palavra "pendura" vem de "pendurar", penhorar, comprar fiado; necessidade de penhorar algo ou comprar fiado por falta de dinheiro. "Pindura", possivelmente, deve-se ao natural fechamento de timbre para "i" ou, talvez, por influência da expressão sinônima *Na pindaíba*. A palavra "pindura", embora fora do padrão culto, é registrada em alguns dicionários de gíria e expressões e se justifica no padrão popular. Usa-se alternativamente com vários verbos, como *estar, ficar, andar, viver* etc. [SILV/AUR/MEL/2736/NAS/HOU/GUR/AUL/CARN] (*)

PENTE

Passar (o/um) pente fino: conferir detalhadamente, com crivo rigoroso. *Passando o pente fino na planilha de custo, descobriu vários erros*. Na história do Brasil, o pente fino liga-se a um episódio patético. Quando a família real portuguesa se mudou para o Rio de Janeiro, em 1808, as mulheres, que viajavam em precárias condições de higiene, foram atacadas por uma epidemia de piolhos que as obrigou ao uso do pente fino, quando não, a rasparem a cabeça. [MEL/SILV] (*)

PERNA

Passar a perna em: tomar a dianteira em alguma coisa, levar vantagem, derrotar, enganar, maneira astuta de suplantar alguém. *Os tucanos só temiam que FHC, na hora de passar a perna no PFL, mais* *uma vez desse para trás. Esperou o avô esticar as canelas para passar a perna na família*. Há quem queira classificar a expressão de "brasileirismo", mas há registros nas duas variantes linguísticas, talvez com menor uso em Portugal de outrora, onde cheirava à expressão pejorativa e/ou chula. A origem parece estar na aplicação, em sentido próprio: "estender a perna à frente de alguém para que ele caia, passar rasteira". Em espanhol há a expressão *Echar a uno la pierna encima*, "excederle o subrepujarle", e, em francês: *Passer a jambe à quelqu'un; Lui donner un croc-en-jambe*. [LCC/WER/SILV/ MEL/NAS/AMF] (*)

PÉROLA

Atirar/Dar/Deitar/Jogar/Lançar pérolas a/aos porcos: dizer palavras preciosas ou dar coisas de valor a quem não tem condições de entendê-las ou valorizá-las, obsequiar quem não merece. *Dar uma boa aula a aluno que não se interessa em aprender é atirar pérolas a porcos*. Trata-se de reminiscência do Novo Testamento (Mateus 7:6), segundo mandamento do próprio Cristo no "Sermão da montanha": "Não deis aos cães o que é sagrado, nem atireis as vossas pérolas aos porcos para que não as pisem, e, voltando-se contra vós, vos despedacem". Já [JRF] afirma que o anexim vem do fabulário antigo, em que se conta que um galo achou numa estrumeira uma pérola, quisera antes um grão de milho, fato recordado nos *Apólogos dialogais* de D. Francisco Manuel: "Que importa o achado da pérola ao galo de Esopo?! Mais vale a pérola que a migalha ao homem; porém, ao galo, mais vale a migalha que a pérola". Cf.: *Espírito de porco*. [MEL/NAS/RIB/PIM/ JRF/STEIN/CF] (*)

PERU

...do peru: extraordinário, interessante, muito engraçado, do barulho. *Ontem conseguimos uma vitória do peru*. O nome da ave galinácea, de grande porte, bela plumagem e grande cauda, parece ter-se originado do topônimo Peru, de onde Portugal, denominando-a "galo ou galinha do Peru", acredita ter provindo, no século XVI. A expressão parece pouco discernível ou transparente, a menos que se admita a fama de sua carne apreciada e plumagem dourada. Cf.: *...pra burro/cacete/cachorro/caralho/caramba/ chuchu/danar*. Usa-se, posposicionada, alternativamente com vários verbos, inclusive com o verbo *ser*. [MEL/SILV/ HOU/NASE/GUR] (*)

PESTANA

Queimar as pestanas: examinar com especial atenção, estudar muito, principalmente durante a noite. *Queimou as pestanas, mas não conseguiu passar no concurso*. Há similar em espanhol formulado com os mesmos referentes: *Quemarse las pestañas*. [ALV/WER/ SILV/MEL/NAS/MOU/7333] (*)

Tirar uma pestana/soneca: cochilar, dormir ligeiramente. *Chegou do trabalho, tirou uma soneca ligeira e foi para a faculdade*. O inglês tem expressão semelhante: *To* *take forty winks*. Cf.: *Fazer/Tirar a/uma sesta*. [MEL/SILV/NAS/BAR] (*)

PÍLULA

Dourar a pílula: usar meios sutis ou falsos para levar alguém a aceitar alguma coisa difícil de aceitar. *Às vezes os pais têm que dourar a pílula para que os filhos aprendam a ter limites*. Antigamente as farmácias embrulhavam as pílulas em papel dourado, para melhorar o aspecto do remedinho amargo. A expressão *dourar a pílula*, cujo "dourar" evidentemente não é "revestir de ouro", significa disfarçar, melhorar a aparência de algo. [LAU] entende que a expressão remonta à formulação original já usada no século XVII: "Se a pirola bem sobera, nam se dourara por fora". O remédio de gosto amargo, que "sabe" a amargo, é enfeitado para "enganar" o usuário. O verbo "saber", ainda hoje em Portugal, é muito usado para o sentido de "gosto". A prática era muito comum em vários países, tanto que a mesma ideia vem do latim: *Non quia sunt sapidae, pilulas mihi contegis auro;* e existe em versões literais em inglês: *To gild the pill;* em francês: *Dorer la pilule;* e em espanhol: *Dorar la píldora.* E vale um exemplo literário: "Le Seigneur Jupiter sait dorer la pilule" ("O Senhor Júpiter sabe dourar a pílula"), diz Sonia, na última cena do 3º ato de *Anfitrião*, de Molière. [LP/MEL/SILV/ MEF/LMOT/PIM/PIP/RMJ] (*)

PINDAÍBA

Na pindaíba/na pindaíva: estar em má situação, em dificuldades. *Vou ser franco; estou na pindaíba. Não posso comprar nada*. Usa-se alternativamente com outros verbos, como *andar, viver* etc. "Pindaíba" vem do tupi: "vara de anzol", de pinda-iwa (daí a variável: *Na pindaíva*). Figuradamente, "pindaíba" significa "falta de dinheiro", porque faz a pessoa estar na dependência de precisar pescar para ter o que comer. Usam-se também *estar* e *ficar* na cabeça da expressão. Compõe frases com diversos verbos, como *estar, ficar, viver* etc. Por eufemismo ou receio, afirma [JRB], "sem argumentos muito claros", é também costume dizer, em breve, *estar na pinda*, tal é o malefício da expressão própria e completa – *estar na pindaíba*. [SILV/NAS/RMJ/PIM/JRF/ MEL/HOU/LAU/GUR/2736/AUL/CA/ CARN/VIO/GUE] (*)

PIO

Dar/Não dar (nem) um pio: ficar calado, abster-se de falar. *Ouviu tudo o que o pai tinha a dizer e não deu um pio*. Usada normalmente na forma negativa. Muitas expressões são usadas com elipses; assim, neste caso, "pio" subentende-se "pio de ave". Cf.: *Dar/Não dar bola*, que em inglês se diz: *Don't care a hoot* ou *To not care (give) hoot*, literalmente: "não dar um pio de 'corujas'". [MEL/SILV/NAS/5475] (*)

PIQUE

Ir a pique: afundar, fracassar. *O bote foi a pique durante a pororoca*. Certamente alusão a "pique", posição inclinada, vertical do barco, do navio. Cf.: *Estar a* *pique. Perder o pique*. Em espanhol há uma versão literal: *Irse a pique*. [MEL/ SILV/HOU/AUR] (*)

PIRRAÇA

Fazer/Por birra/pirraça: irritar. *E eu voltei a frequentar o clube, mesmo para fazer pirraça ao caluniador. Eu voltei a frequentar o clube mesmo por pirraça. Derrubou o café por birra.* "Pirraça" significa atitude tomada para contrariar. Tem etimologia obscura; talvez de "perro" do espanhol, lembrando o comportamento birrento do cachorro. Já "birra" provém de *verrea* do latim, porco não capado, cujo sentido evoluiu para "capricho", teima, pelas características do animal. [SILV/2983/4231/7154/HOU] (*)

PITANGA

Chorar (as) pitanga(s): reclamar, suplicar, fazer choradeira. *Lá vem ela outra vez chorar as pitangas*. A frase foi criada pelos colegas do violoncelista Casimiro Lúcio de Sousa Pitanga na segunda metade do século XIX. Nos ensaios de determinada peça orquestral, ele tocava com muito sentimento um solo com seu instrumento. Quando chegava ao momento de ele tocar esse solo, os colegas diziam: *Chora, Pitanga!* Outra explicação associa essa expressão à expressão portuguesa "chorar lágrimas de sangue", combinada com o vermelho da carnação rubra do fruto pitanga; e a tudo somando-se, talvez, uma possível confusão sintático-semântica, de complemento e vocativo com nome próprio do músico e comum do fruto. Vale registrar o uso concreto da referência de Simões Lopes Neto a um imigrante vindo do estrangeiro: "cheio de boas patacas... e sempre chorando pitangas". Cf.: p. 34, g. [1916/ LCC/WER/SILV/RMJ/NAS] (*)

PIZZA

Acabar/Terminar em pizza: não dar em nada. *A CPI do Orçamento vai acabar em pizza e todos vão ficar com a grana roubada do povo*. Segundo o jornalista Eduardo Martins, a expressão surgiu no Palmeiras, na década de 1950. Um dia, após uma grande e calorosa discussão entre os diretores do clube, todos foram para uma pizzaria, deixando as desavenças para trás. Desde então, vem-se usando a expressão com o sentido de "não dar em nada", "não apresentar resultados", ganhando, sobretudo, o ambiente político e da magistratura. Mário Prata testemunha sua experiência em Portugal com a expressão *Terminar em água de bacalhau*: como todo mundo sabe, o bacalhau fica de molho ali, naquela água. Pois essa água, depois, é jogada fora, porque não serve para nada, não vai dar em nada. Então, quando alguém diz que certa coisa ou fato vai terminar em água de bacalhau, quer dizer que *não vai dar em nada*. Mais ou menos como um paulista dizer que tudo *vai acabar em pizza*. Realmente, em vários dicionários de expressões portuguesas, como [RAM], [SIM] e [VIL], aparece *Dar/Ficar em águas de bacalhau* com o sentido de "não vai dar em nada, fracassar uma tentativa".

[VIL] registra inicialmente a expressão nominal "águas de bacalhau", insucesso, malogro, e depois as expressões verbais *Dar em águas de bacalhau, Ficar em águas de bacalhau*. [SILV/MEL/WER/XAre/PRA2/RAM/SIM/VIL] (*)

POBRE

Quem dá aos pobres empresta a Deus: a doação é um ato nobre que leva à paz espiritual. *Eu me sinto bem ao ajudar aos necessitados, pois quem dá aos pobres empresta a Deus*. A ideia da esmola já aparece no latim, incorporando depois, coloquialmente, a metáfora do empréstimo em outros idiomas, como espanhol, francês, italiano e inglês: *Qui dat pauperi non indigebit*; *Lo que a los pobres se dá prestado va y Dios los pagará*; *Qui donne aux pauvres, prête à Dieu*; *Chi dona ai poveri impresta a Dio*; *He who gives to the poor lends to God*. [MEL/MEF/LMOT/SILVA2/7363] (*)

POÇO

Ser (um) poço de: pessoa que conhece a fundo vários assuntos, ter uma qualidade em alto grau. *Era um poço de vaidade, mas era também um poço de sabedoria*. Em francês se diz: *Puits de science*. Expressão pré-posicionada intensificadora. [PIP/SILV/AUR] (*)

PODRE

Podre de: em alto grau, muitíssimo. *É podre de rico e não ajuda ninguém*. Praticamente insubstituível no nível popular, que dificilmente usará o superlativo "riquíssimo". Como algumas outras locuções (como *morrer de; matar de*), intensifica o sentido e é de uso pré-posicionado. É antepositiva de muitos adjetivos, até aparentemente com semântica contraditória. A ideia tem equivalente em inglês: *Made of money*. Cf.: DE. [MEL/FUL/WER/SILV/AUR] (*)

POMO

Pomo da/de discórdia: coisa ou pessoa que causa discórdia. *O seu filho mais velho é o pomo de discórdia da família*. A locução é de origem mitológica e de uso poético. Conta uma lenda grega que no casamento de Tétis com Peleu, a deusa da discórdia, Éris, que não tinha sido convidada, ali apareceu com o propósito deliberado de vingar-se: a fim de perturbar a festa, atirou sobre a mesa uma maçã de ouro, exclamando: "Para a mais bela!" Juno, Minerva e Vênus, cada uma *de per si*, reclamara a fruta. Estabelecida a dúvida, a decisão foi entregue a Páris, que, no seu julgamento, deu ganho de causa a Vênus, entregando-lhe o pomo, a maçã. Sua atitude despertou a ira e a vingança de Juno e Minerva, a cujos despeitos a queda de Troia é atribuída. Não confundir com "pomo de adão", nome vulgar para a denominação oficial atual da "proeminência laríngea", protuberância do lado externo da garganta masculina, relacionada à lenda segundo a qual a saliência é fruto do engasgo de Adão, quando Eva no Paraíso lhe deu a comer o fruto proibido, a maçã. Mas a palavra maçã, como "fruto proibido", não é mencionada em nenhuma passagem da Bíblia do episódio do Gênesis (2:7-9 e 3:1-7), que, na verdade, só faz referência, e várias vezes, à "árvore da vida" e à árvore do conhecimento, cujo fruto jamais foi dito que se tratasse de "maçã". Ainda que o povo diga pomo de adão, maçã de adão, na Bíblia nunca há referência à maçã e mesmo a pomo. Aliás, a maçã, ao lado da pera e do marmelo, é apenas uma espécie de pomo. O que é dito na Bíblia é que: "A mulher viu que a árvore era boa e formosa à vista e que essa árvore era desejável para adquirir discernimentro" (Gênesis 3-6). Entretanto, registre-se que, em inglês, a palavra usada é, literalmente, "maçã": *Adam's apple*. Em francês há a expressão literal: *Pomme de discorde*. [MEL/NAS/RMJ/PIP/AZE/ABL/NEV/PIM/6221] (*)

PONTA

Na ponta da língua: perfeitamente, de cor, de memória, dar respostas sem hesitar. *Foi fazer a prova com toda a matéria na ponta da língua. Nos primeiros ensaios ele já sabia o papel na ponta da língua.* Sinônimos: *Saber de cor. Saber de cor e salteado.* Usada com diversos verbos alternativos, como *estar, ter, saber,* entre outros. O francês tem expressão muito próxima: *Savoir au bout des doigts*, ou seja, "saber na ponta dos dedos". [NAS/MEL/PUG/RMJ/5693] (*)

Ser da ponta/pontinha (da orelha): ser bom, excelente, de bom gosto. *O pudim está da pontinha da orelha.* É uma presença portuguesa recebida da França, e abundantemente citada em Eça de Queiroz. Reportando-se a comentário feito sobre a expressão *Puxar a orelha* (cf.), Bechara sugere que, talvez por extensão semântica, esteja nessa relação entre orelha e memória, a denotação daquilo que seja digno de ser lembrado, o estímulo iniciador do tão antigo quanto enigmático gesto de pegar no lóbulo da orelha e exclamar complementarmente: *É da pontinha, é da pontinha da orelha*, ou, de maneira sintética, verbalizar apenas: *É daqui ó!*, tocando, ao mesmo tempo, o lóbulo de uma orelha com os dedos polegar e indicador, puxando-o levemente para frente e para trás. [LCC] entende que tocar o lóbulo da orelha significa excelência. Já em princípios do século XVII, dizia-se em Portugal: "Este vinho é d'orelha, por São Prisco". E [LAR] informa sobre o *Vin d'une oreille, bon vin*. E parece que *Ser da pontinha* teria sido ressuscitado no sul do país, com a ideia avantajada de "excelência". Por isso, uma velharia já consignada por Fonseca Lebre, apud [LMOT], nos apresenta *Ser da ponta da orelha* com a acepção que ora lhe atribuímos no Brasil (*Locuções e modos de dizer usados na província de Beira Alta*). [NAS/2392/SILV/LCC/ALV/BEC/LMOT] (*)

PONTO

Botar/Colocar/Pôr os pingos/pontos nos is: explicar de maneira clara e minuciosa. *Vamos pôr os pingos nos is e deixar tudo em pratos limpos.* Sinônimo: *Pôr/Colocar em pratos limpos. Vamos pôr os ponto nos is e esclarecer tudo.* Sinônimo:

Pôr/Colocar em pratos limpos. [NAS] alude à sobreposição de ponto(s) ao "i" ou "ii" minúsculos(s) pelos copistas do século XIV, para não confundi-lo(s) com o "u" minúsculo, sem, entretanto, apontar isso como causa da origem da expressão. Comporta uso alternativo de outros verbos. [MEL/SILV/7068/FUL/LCC/LMOT/AUR] (*)

Não dar ponto sem nó: não dar ponto nulo, ser muito interesseiro, não fazer nada sem interesse. *Ele não dá ponto sem nó, só vai arranjar voto para o candidato que lhe der emprego.* [LAU] entende que a expressão remonta à formulação original já existente no século XVII: "Dá nó, nem perderás ponto". Cf.: *Desatar o(s) nó(s)*. [LAU/WER/SILV/MEL/FRI/5744/MEF] (*)

PORCA

Agora/Aí que a porca torce o rabo ou *Agora (é) que a porca torce o rabo* ou *Onde a porca torce o rabo* ou *Aqui torce a porca o rabo* ou *Aqui é que a porca torce o rabo* ou *A porca torce o rabo* ou, ainda, *Até aí, que a porca torce o rabo*: nesse ponto há um problema, uma complicação, aí é que está a dificuldade, agora é que vai decidir-se a questão. *O chefe vai conferir todo o trabalho, aí é que a porca torce o rabo.* Sinônimos: *Agora/Aí é que são elas.* "A este ditado popular – *aqui torce a porca o rabo* – se lhe tem dado interpretação indecente. O *rabo* do porco é torcido e mole e dele, como diz outro provérbio do adagiário de [FRI], *não se faz virote".* No *Cancioneiro* de Resende, falando da primeira noite de um noivo revelhesco, diz um trovador escarninho: *Dom Joam depois quê ceiou/Potages, pastes de pote,/Um rabo de porca achou/ Que muito que esfregou/Não pode fazer virote.* Observação: o verso fala em "rabo de porca", que "é torcido e mole"; como o do noivo revelhesco (ou revelhusco = um tanto velho) que, apesar de muito esfregado, não se tornou "virote", isto é, seta, [vara] dura [RAM]: *A porca torce o rabo*: [aí] está a maior dificuldade; [RIB]: a frase, provavelmente, venha de um antigo modo de apartar porcos no chiqueiro. A maneira mais prática de dominar o animal era pegá-lo pela cauda. Ele reagia, torcendo o traseiro. Em espanhol há similar com os mesmos referentes: *Donde la puerca torce el rabo*. Como se pode observar, a expressão admite várias configurações formais, sobretudo em termos de ordem. [XAre/FSP/LP/FRI/JRF/RAM/RIB/NAS/0543/PAS/LCC/WER/ALV/MEL/LMOT/AM] (*)

PORTA

Estúpido como/que nem/feito uma porta/pedra: muito estúpido. *Sem prestar atenção às aulas, o aluno, que já é burro, fica estupido como uma porta.* Expressão intensificadora. Em francês há ditado paralelo: *Être sourd, bete comme un pot.* Cf.: *Surdo como/que nem/feito uma porta/pedra*. [NAS/JRF] (*)

Surdo como/que nem/feito uma porta/pedra: muito surdo, totalmente surdo. Alusão à porta que continua fechada porque os de dentro não ouvem os de fora baterem nela. Expressão intensificadora. Pode-se reportar também ao costume do *occentare ostium*, século III, em Roma, entendido este como fazer-se grande ruído de injúrias, ou, no caso dos namorados, de súplicas. A alusão ao silêncio e surdez da porta e pedra obviamente está vinculada às suas próprias naturezas. Ou, na hipótese de [JRF], porque porta não tem orelhas, como seria a hipótese dos franceses, quanto a "pote", que não tem asas, figuradamente, orelhas: *Sourde comme un pot*. Mas os franceses têm também: *Être sourd, bete comme un pot*, o que dá luzes para o ditado *Estúpido como/que nem/feito uma porta/pedra* (Cf.), comentado por [JRF]. Expressão intensificadora. [NAS/WER/LCC/SILV/FUL/MEL/JRF/AZE] (*)

PORTEIRA

Fechar a porteira depois de arrombada: impedir a entrada, roubo ou dano evitável tardiamente. *Agora que roubaram tudo, não adianta fechar a porteira.* A ideia bastante próxima já vem do latim: *Accepto damno januam claudere.* [SILVA2] (*)

PORTUGAL

Quem vai a Portugal perde o lugar: aplica-se àqueles que abandonam suas posições ou ocupações mais sérias para se divertir, expondo-se a verem seu lugar ser ocupado por outros. *Ninguém mandou sair; quem vai a Portugal perde o lugar.* É ditado antigo, hoje usado de forma infantil, quase como brincadeira, haja vista a rima imperfeita. A suposição é de que antigamente muitos empregados portugueses que voltassem à sua terra, durante sua ausência perdessem o lugar, isto é, seu emprego. Cf.: p. 34, g. [LMOT/AM] (*)

POVO

(A) Voz do povo (é a) voz de Deus: Cf.: VOZ.

PRAIA

Morrer na praia: não conseguir o objetivo justamente na última etapa. *Depois de tanto esforço, vamos morrer na praia?* Expressão intensificadora. [LAU] entende que a expressão remonta à formulação original já existente no século XVII: "Nadar, nadar, ir morrer à Beira". Na realidade, [LMOT], referindo-se à frase *Nadar, nadar, vir morrer na beira* (com minúscula), diz que é frase feita entre nós, alusiva ao malogro de quem estava para triunfar num empreendimento qualquer. Isso não pode deixar de ser a transformação do portuguesismo *Andar, andar e ir morrer à Beira*. A modificação se operou porque a palavra "Beira" não é nome locativo nosso. Do "andar" para "nadar" foi um passo, simples metátese. [LAU/LP/WER/SILV/FRI/LMOT/5584] (*)

PRÁTICA

Mais vale a prática do que a gramática: a experiência vale mais do que a ciência, do que a teoria. *Não adianta vocês ficarem só na teoria; mais vale a prática do* *que a gramática*. Em inglês há a mesma ideia sob outra configuração verbal: *Custom makes all things easy*. [STEIN/5222]

PRATO

Botar/Colocar/Pôr (tudo) em pratos limpos: esclarecer por inteiro, completamente. *O mais importante é colocar tudo em pratos limpos. Só uma CPI terá condições de pôr tudo em pratos limpos. Só fico tranquilo quando o assunto estiver sido posto em pratos limpos*. Sinônimo: *Pôr/Colocar os pingos nos is*. A expressão comporta ainda uso alternativo de outros verbos. [AUR/NAS/3630]

Cuspir no prato/copo que/em que/onde comeu/bebeu: ser ingrato. *Reconheça tudo que fizeram por você, não cuspa no prato que comeu*. A expressão *Cuspir no prato que/em que comeu* é de origem árabe, em que no lugar de "cuspir" aparece outro verbo. Referia-se primitivamente a quem não devolvia o prato em que recebeu um bolo. Há expressão equivalente em francês: *Cracher dans la soupe*. [SILV/MEL/PIP/8079/AUR] (*)

PRESENTE

Presente de grego: presente que prejudica ou desagrada a quem o recebe; presente ou objeto, que, não sendo mau, tem pouca ou nenhuma importância prática. *O televisor que você deu a ela foi um presente de grego, só vive no conserto*. Sinônimo: *Elefante branco*. Usa-se com vários verbos, inclusive como predicativo com o verbo *ser*. Segundo a *Ilíada* de Homero, Troia se encontrava sob assédio havia dez anos sem dar sinais de capitulação, quando Palas, a fim de anular as suas defesas, aconselhou os gregos a fabricarem um grande cavalo de madeira, oco, dentro do qual escondessem parte de suas tropas, afastando dali as restantes. Assim se fez e os troianos, convencidos de que o cerco fora levantado (e os gregos ainda lhes deixaram um presente), resolveram ir buscar o enorme cavalo, sob o qual colocaram rodas. E, para conduzi-lo para dentro da cidade, abriram um brecha em suas próprias muralhas, e o puxaram para dentro. À noite, os soldados gregos, saindo do esconderijo, deitaram fogo à cidade, na qual penetrou o resto do exército sitiante para atacá-la e destruí-la. Cf.: *Agradar a gregos e troianos*. [AUR/MEL/NAS/RMJ/7162] (*)

PRESSA

A pressa é (a) inimiga da perfeição: tudo o que se faz apressadamente corre o risco de sair malfeito. *Faça tudo com calma, porque a pressa é inimiga da perfeição*. O latim e o inglês possuem ideias semelhantes com outras fórmulas: *Festinare docet* e *More haste, less speed* (*Quanto mais depressa, mais devagar*), que, entretanto, correspondem ao sentido da nossa. Cf.: *Devagar se vai ao longe*. [RMJ2/MEL/SILVA2/0268] (*)

PRETO

Botar/Pôr o preto no branco: passar a escrito qualquer declaração oral para não pairar dúvida, esclarecer completamente qualquer assunto. *Bote o preto no branco, diga logo o que pretende*. O espanhol e o francês verbalizam a mesma ideia, o espanhol de forma equivalente e o francês, literalmene: *Hablar a las claras* e *Mettre un noir sur le blanc*. Usa-se ainda alternativamente o verbo *deixar*. Sinônimo: *Botar/Colocar/Meter/Pôr em pratos limpos*. [AUR/SILV/NAS/MEL/ALV/7170] (*)

PREVENIR

É melhor prevenir (do) que remediar ou *Prevenir é melhor (do) que remediar*: é preferível evitar o problema a arcar com as suas consequências ou ter que arranjar solução para ele. *Está calor, mas vou viajar levando agasalho, pois é melhor prevenir que remediar*. Vale citar que essa frase proverbial já foi observada como terapêutica até em pesquisas da área da Saúde [HU]. O provérbio, que se usa coloquialmente, transita também no espanhol e inglês: *Mejor es evitar que remediar; Prevention is better than cure*. [MEL/MEF/LMOT] (*)

PROFETA

Ninguém é profeta na sua (própria) terra: não se valorizam as pessoas com quem se convive. *Embora o pai seja bom professor e se dedique às lições do filho, este não aprende nada; ninguém é profeta na sua terra*. Há versões semelhantes desde o latim, espalhando-se em outros idiomas: *Nemo propheta acceptus est in patria sua; Nadie es profeta en su tierra; Nul n'est prophète dans son pays; Nessun profeta è ala patria caro; No prophet is believed in his own country*. Tem origem bíblica: Mateus 13:57; Marcos 6:4; Lucas 4:24; João 4:44. Frase comum entre os árabes. Cf.: *Santo de casa não faz milagres*. [SILVA2/LMOT/6043] (*)

PROPINA

Dar propina(s): subornar, gratificar para obter vantagens. *Só ganharam a concorrência porque deram propina para intermediários do governo*. Sinônimo: *Dar bola* (versão popular mais antiga). Com valor passivo, usa-se *Aceitar/Receber propina(s)*. Em grego "propino" significava beber à saúde de outro (entre os gregos havia o costume de brindar alguém, deixando no copo um pouco do líquido, que seria bebido pelo homenageado). A palavra "propina", desde 1619, tem o sentido de gratificação. O sentido negativo de gratificação desonesta, ao menos no Brasil, é relativamente recente. [SILV/PIM/5079/6557] (*)

PUA

Baixar/Descer/Meter a lenha/a pua/a ripa/o pau/o porrete/o sarrafo: surrar, espancar, falar mal, criticar, ofender com palavras. *O lutador mais novo sentou a pua no adversário*. Além dos verbos já apontados, usa-se, também, *sentar*, entre outros. Em relação à "pua", o sentido metafórico parece-nos perfeitamente discernível, na medida em que se conhece o sentido literal de "pua": instrumento de carpintaria destinado a perfurar madeira, broca, ou pode-se entender a alusão ao brasileirismo com o sentido de espora de aço que se põe nos galos para rinha. [MEL/SILV/CF] (*)

Sentar a pua: agir com disposição e firmeza, trabalhar com determinação. *Se não sentar a pua, não conseguirá concluir o trabalho a tempo*. Sinônimo: *Mandar (a) brasa*. Foi lema da FAB, criado na Itália, em 1944, na II Guerra Mundial, a partir da frase *Senta a pua, avestruz*, atribuída ao major Pamplona, que a dizia ao tomar a camioneta para ir à pista. Mais tarde, nos EUA, o 1º Grupo de Caça resolveu tomá-la como legenda. A referência à avestruz, maior ave, que não voa, mas é muito veloz, talvez seja alusão ou apelido à camioneta do major. Cf.: *A cobra está fumando; A toque de caixa*. [NAS/MEL/SILV/7809] (*)

PULGA

Com a pulga atrás da/na orelha: desconfiar, suspeitar, ter dúvidas de alguém ou de algo. *Depois do que ela me disse, fiquei com a pulga atrás da orelha*. A origem da expressão, ainda que de cunho metafórico ou metonímico, não é aparentemente discernível. A expressão pode ser composta encabeçada alternativamente com os verbos *estar, ficar, viver, andar, ter*, entre outros. Em francês, Bally, em 1951, já registrava a mesma expressão com os mesmos referentes: *Mettre la puce à l'oreille*. Também aparece em italiano: *Mettere un pulce in un orecchio* e em espanhol: *Con la pulga atrás de la oreja*. E há até em inglês duas variáveis:

To put a flea in one's ear e *To put a bug in one's ear*. [MEL/SILV/AUR/FSP/BAL/FUL/ALV/AMM/RMJ/AM/BAR] (*)

PULO

O pulo do gato: recurso que consiste em fugir com destreza de uma situação desvantajosa, aquilo que o mestre não ensina ao discípulo. *Preparei um projeto que pode ser o nosso pulo do gato*. A explicação vem de uma história relacionada com um gato que ensinou suas artes a uma onça. Depois de ter aprendido tudo, a onça quis comer o gato. Então o gato, para salvar-se, deu um pulo para trás, coisa que não havia ensinado à onça. Usa-se com vários verbos, conforme os contextos. A título de curiosidade, registre-se, em particular, a publicação de *O pulo do Gato I, II, III e IV*, de Márcio Cotrim, e a publicação da revista mensal, *Pulo do gato*, de caráter comercial, sobre as qualidades desse animal. [7204/NAS] (*)

PUXÃO

Puxão de orelha(s): 1. gesto e/ou palavras de advertência, repreensão, censura. 2. ritual gestual espontâneo de alguém, lembrando-lhe dos anos completados do seu aniversário. 1. *O puxão de orelha do patrão fez com que ele tomasse jeito*. 2. *Paulinho levou 9 puxões de orelha pelo nono aniversário dia 25 último*. Sinônimos: *Dar/Passar um sabão. Dar (a/uma) (maior) bronca*. O gesto parece antiquíssimo, e de Portugal chegou até nós. O primeiro sentido, o original, reporta-se ao costume de admoestar e advertir os estudantes rebeldes à disciplina ou ao ritmo de estudos, uso ainda vigente nos tempos modernos, válido como castigo para "malfeitos" de qualquer natureza. Nesse sentido, o puxão de orelha valia por um processo mnemônico para que o faltoso não se esquecesse de suas obrigações. Na realidade, para os romanos, as orelhas eram a sede da memória, pois estavam consagradas à deusa Memória, Mnemósine. Pode-se realmente inferir serem elas a sede da memória, na medida em que por elas penetram as informações "memorizáveis". Daí, também, se falar em "memória auditiva". Observe-se, porém, de passagem, por outro lado, que, para os antigos, a sede da memória era o coração. Daí, decorre, por exemplo, o nosso "decorar", composto de "de + *cor*" (em latim, *cor, cordis,* "coração"). Já o segundo sentido procura, por gestos e por palavras, "lembrar" e cumprimentar um aniversariante pelos anos que está completando. Essa expressão nominal é usada paralelamente a *Puxar a(s) orelha(s); Torcer a(s) orelha(s),* ou com o verbo suporte "dar", *Dar um puxão de orelha(s) ou Torcer*, ao mesmo tempo que fornece suporte ainda para outras expressões verbais, que merecem cotejo: *Ganhar/Levar/Receber um puxão de orelha; Ser da ponta/da pontinha da orelha,* tratadas em verbetes próprios, reciprocamente complementares. Cf.: *Saber/Conhecer de cor (e salteado)*; *Estar com a(s) orelha(s) ardendo/pegando fogo/quente(s).* [SILV/MEL/LCC/ALV/BEC/1841] (*)

Q

Q

Q.I.: abreviatura de "quem indica" ou "quem indicou", lembrando o prestígio de uma pessoa, graças a cuja indicação alguém obtém um emprego ou vantagem. *Seu filho teve um ótimo Q.I., parabéns!* Trata-se de alusão irônica que se faz à sigla Q.I. Literalmente, Q.I. é "quociente intelectual ou de inteligência", que, na psicologia, se refere à proporção entre a inteligência de um indivíduo e a inteligência normal ou média para sua idade. [HOU/AUR/GUR] (*)

QUATRO

Fazer um quatro: trata-se de uma postura de equilíbrio, em que se desenha um 4 com o corpo. *Fez um quatro diante dos colegas para demonstrar que não estava bêbado.* Consiste em o indivíduo dobrar a perna direita em ângulo reto, apoiando o pé dessa perna na altura do joelho esquerdo, de tal forma que, mantendo-se em pé, desenhe o número 4, provando estar sóbrio, física e mentalmente. É um verdadeiro bafômetro natural. [SILV/MEL/4331] (*)

QUE

É que: expressão que alavanca e destaca uma palavra ou expressão, colocando-a como foco de interesse. *Eles é que têm razão. Falando da danada, é ela que aparece agora.* Locução expletiva, considerada um idiotismo da língua portuguesa. "Idiotismo [segundo alguns, sinônimo de expressão idiomática] é toda maneira de dizer que, não podendo ser analisada ou estando em choque com os princípios gerais da gramática, é aceita no falar culto" (Bechara, 1999, p. 603). Cf.: *Errando é que se aprende.* [NEV/BEC] (*)

Que só: como. *Brigar/Viver que só gato e cachorro. É esperto que só o irmão. Comeu que só um condenado. É metido que só ele. O pessoal do Rio gosta de praia que só vendo.* A expressão introduz a segunda parte de uma comparação, com o acréscimo de intensificação. [AUR/MEL/2168/HOU] (*)

QUEBRAR

Botar para/pra quebrar: decidir com pulso firme, agir com violência, radicalmente, às vezes inconsequentemente. *Se ele não quiser me receber, vou botar pra quebrar.* O conto de Rubem Fonseca "Botando pra quebrar" (do livro *Feliz Ano Novo*, Rio de Janeiro: Artenova, 1975) descreve perfeitamente esse comportamento. [MEL/SILV/1429/AUR] (*)

QUEM

Quem avisa amigo é: o verdadeiro amigo sempre alerta o outro sobre os perigos que corre. *Se eu fosse você, não iria a essa festa, quem avisa amigo é.* Há expressões semelhantes em espanhol e italiano: *No es mal amigo el que avisa; Chi l'ammenisce t'ama.* [MEL/LMOT] (*)

Quem cala consente: o silêncio é prova de culpa ou acordo. *Ao ouvir as críticas sem dizer nada, admitiu a culpa, pois quem cala consente.* A ideia e a própria configuração da expressão parecem muito antigas e universais, na medida em que vêm desde o latim, tendo correspondentes literais em espanhol, francês, italiano e inglês: *Qui tacet, consentire videtur; Quien calla, consiente; Qui ne dit mot, consent; Chi tace, acconsente; Silence gives consent.* Tem, ainda, valor de brocardo jurídico. [MEL/FUL/LAU/LMOT/JRF/SILVA2/7351/NOG] (*)

Quem diz/fala o que quer ouve o que não quer: é sempre bom medir as palavras para não provocar reações indesejadas. *Você o insultou, agora vai ter que aturá-lo, quem diz o que quer ouve o que não quer.* A mesma ideia *ipsis litteris* vem do latim: *Quis quae vult dicit, quae non vult audit*, e passa para o espanhol: *Quien dice lo que quiere, oye lo que no quiere.* [MEL/LMOT/FRI/MEF/SILVA2/7383/AM] (*)

Quem espera (sempre) alcança: não se deve desanimar ou perder a esperança.

Não se desespere. O seu emprego está garantido, quem espera sempre alcança. A ideia é veiculada também no francês, italiano e inglês, a saber: *Tout vient à point à qui sait attendre; Chi aspetta, sempre ottiene; Everything comes to the man who waits.* [MEL/MEF/LMOT/FRI] (*)

Quem não arrisca não petisca (ou lambisca): quem não se aventura não tem oportunidade de ganhar, de vencer, de obter vantagens. *Arriscou tudo que ganhara antes na loteria, quem não arrisca não petisca.* É provérbio muito usado coloquialmente, cuja matriz, *contrario sensu*, já está no latim: *Nihil lucri cepit qui nulla pericula subivit,* com espelhamentos em inglês: *Nothing ventured, nothing gained* ou, ainda, *Nothing stake nothing draw*; em francês, com La Fontaine: *Qui ne risque rien, n'a rien,* e em espanhol e no italiano a mesma fórmula do Brasil — orações rimadas: *Quien no arriesca no pesca* e *Chi non risica non rosica.* [AUR/SILVA2/ABL/RMJ2/STEIN/7404/AM/LMOT] (*)

Quem não deve não teme: quem não pratica nenhum ato desabonador, não deve temer. *Manteve a calma ao ser abordado pelo policial, quem não deve não teme.* É expressão ou provérbio de veiculação praticamente universal, com versões em espanhol: *Quien no la debe, no la teme* ou de forma indireta: *El que mucho teme, algo deve*; em italiano: *Chi non deve, non ha paura*; e em inglês: *Out of debt, out of danger.* [MEL/LMOT/AM] (*)

Quem procura (sempre) acha: quem se arrisca sem muita necessidade acaba tendo problemas. *Convém você parar de andar em alta velocidade, quem procura sempre acha.* Há similar desde o latim, passando pelo francês e inglês: *Qui bene perquirunt, promptius inveniunt; En cherchant, on trouve; Seek and you will find.* No passado aparecia uma fórmula rimada: *Quem procura sempre acha, se não é prego é uma tacha.* [MEL/LMOT/MEF/SILVA2/4578] (*)

Quem ri por último ri melhor ou **Ri melhor quem ri por último**: às vezes o último a obter algo leva a melhor. *Como último da fila, consegui um ótimo lugar no teatro; quem ri por último ri melhor.* Há versões literais em francês, italiano e inglês, a saber: *Rira bien qui rira le dernier; Ride bene chi ride l'ultimo; He laughs best who laughs last.* [MEL/LMOT/7433] (*)

QUERER

Querer é poder: com força de vontade se consegue tudo. *Não importam as dificuldades, seremos vitoriosos, querer é poder.* Parece um lema universal e muito antigo, ilustrado pelo latim, francês, italiano, inglês e espanhol, neste com arredondamento poético, rítmico e rima: *Volle est posse; Vouloir c'est pouvoir; Volere è potere; Will is power; Querer y poder hermanos vienen a ser.* [MEL/WER/LMOT] (*)

QUESTÃO

Ser ou não ser, eis a questão: expressão ou bordão de dúvida, de indecisão, generalizada universalmente. *A dúvida é cruel; ser ou não ser, eis a questão.* Tradução do começo do monólogo de Hamlet, personagem título da peça de teatro de William Shakespeare: *To be or not to be, that is the question*, que simboliza a suprema dúvida de um espírito atribulado. [WER/MEL/NOG/RMJ] (*)

QUINHENTOS

Isso/Aí/São outros quinhentos: tratar-se de outro assunto, já é outra história. *A venda da empresa para parentes já são outros quinhentos*. Esta quem contou foi o genial Millôr Fernandes. Um sujeito resolveu sair do interior para tentar a sorte na capital e deixou quinhentos contos de réis para o padre guardar. Nunca mais apareceu. Depois de vários anos voltou e foi pedir o dinheiro. O padre havia gasto na reforma da igreja e dizia que ele não tinha deixado dinheiro nenhum. O sujeito ficou possesso. Um "coronel" que ouvia a conversa, para limpar a barra do padre, disse: — Foi comigo que você deixou o dinheiro. No que ele, esperto, respondeu: — Isso são outros quinhentos, coronel! Rolando Boldrin (TV Cultura), no seu programa *O causo do dia*, tem uma variação dessa história, que pode ser assim parafraseada: Um caboclo precisou sair do interior e ir para a capital. Maliciosamente, espalhou pela cidade deixar quinhentos contos de réis para o pároco guardar, sem que, na realidade, o tenha feito. Na volta, em plena rua, cobrou do padre os quinhentos contos de réis que lhe tinha dado para guardar, contando com a testemunha de várias pessoas. O padre negava que tivesse recebido o dinheiro para guardar. Ante o desespero do padre, um coronel que ouvia a conversa, para contornar a situação, disse ao caboclo: — Não foi com o padre que você deixou o dinheiro, foi comigo. No que o caboclo, malandro e esperto, retrucou logo: — Esses são outros quinhentos. E há, ainda, outra explicação e uso – "outros quinhentos" – até de caráter histórico, da expressão: a partir do século XIII os fidalgos de linhagem, na Península Ibérica, inclusive em Portugal, podiam requerer satisfação de qualquer injúria, sendo condenado o agressor em 500 soldos. Os de outra linhagem alcançavam apenas 300. Se houvesse qualquer nova injúria e novo julgamento, seriam cobrados "outros quinhentos" soldos. Segundo informa [LCC], a frase é de emprego secular na mesma intenção contemporânea: assim Camões (na comédia *Filodemo*), Antônio José da Silva, o Judeu, Francisco Manuel do Nascimento etc. Em inglês a mesma ideia se reproduz de forma curiosa: *A horse of another color*. [LCC/WER/CDAs/FUL/NAS/MP/LP/PIM/7916] (*)

QUINTO

Ir para os/pros quintos do(s) inferno(s): Cf.: *Ir às favas*. Quinto era o imposto de vinte por cento (um quinto) cobrado pelo erário português das minas de ouro do nosso país, e *nau dos quintos* chamava-se à nau que levava ao reino esse imposto, trazendo de Portugal degredados para o Brasil, um lugar longínquo e desconhecido nas eras coloniais; tão infernal quanto a cobrança do "quinto". Daí, ou dessa combinação de circunstâncias, nasceu *Ir/Mandar pros quintos*. Causa, porém, espécie a forma marcada do plural em "quintos". [VIA] faz longo e profundo estudo, mas, como acontece no geral nas especulações sobre expressões, não é conclusivo. Levanta várias hipóteses diretas e considerações indiretas sobre essa expressão e variantes como *Morar nos quintos do inferno, Ir para os quintos dos infernos,* ou seja: 1. filiação aos círculos infernais da *Divina Comédia,* de Dante; 2. ligação ao imposto chamado *quinto;* com efeito, vale saber a locução antiga *nau dos quintos,* nau ou fragata que transportava anualmente do Brasil para Portugal o quinto do minério de ouro; 3. vinculação a *ir na nau dos quintos,* significando "ir degredado para o Brasil", lugar desconhecido e remoto, o fim do mundo, com a qual se associa a imprecação popular. [SILV/NAS/FUL/MEL/4843/4846/GUE/VIA/LP/PIM/AUR] (*)

QUIPROQUÓ

Quiproquó: equívoco, confusão de uma coisa com outra, isto por aquilo. *O Soares nunca chegou a levar-me ao constrangimento de um equívoco irremediável... aos quiproquós de uma situação difícil de explicar.* Aportuguesamento morfofonético do latim *Quid pro quo,* coisa que semelhantemente fizeram também o francês, o espanhol e o italiano. Já o inglês tomou a expressão latina de empréstimo *Quid pro quo.* [AUR/AZE/BAR/GAR/NOG] (*)

RABO

Arranca-rabo: discussão, briga, disputa, confusão, guerra. *No final da festa saiu o maior arranca-rabo entre as famílias dos noivos.* Constrói-se alternativamente com diversos verbos. Os primeiros guerreiros costumavam cortar o rabo das montarias dos inimigos para humilhá-los. Vangloriavam-se disso. E os rabos dos animais eram exibidos como troféus de guerra. [MEL] (*)

Com o rabo entre as pernas: ficar humilhado, amedrontado. *Saiu da sala com o rabo entre as pernas depois de admitir todos os seus erros.* A expressão pode ser composta, encabeçada alternativamente com verbos como *botar, colocar, meter, pôr, estar, ficar, viver, andar, entrar, sair,* entre outros. Lembra a atitude típica do cachorro, quando o dono ralha com ele. Pode configurar-se também da seguinte forma: *Sair como um cachorro com o rabo entre as pernas.* Há expressão correspondente em inglês: *With the tail between the legs.* [MEL/SILV/LCC/AUR] (*)

RACHAR

...de amargar/arrasar (quarteirão)/arrancar/arrepiar (os cabelos)/doer/enlouquecer/lascar/morrer/rachar etc.: expressões pospostas a diversos tipos de palavras indicativas de "coisas, pessoas, ações, estados, qualidades ou sensações diversas", formadas com "de + infinitivo" de alguns verbos, às vezes com os seus respectivos complementos, com função identificadora positiva ou negativa: espantoso, intensamente, muito bom, extraordinariamente, insuportável; com "rachar" implica sensação de rachadura no solo ou na pele, insuportável, impetuoso pelo frio ou calor. *No norte fazia um calor de rachar.* São expressões que admitem ainda combinação com vários outros verbos, inclusive o verbo *ser*. Há correspondente em francês, com mais riqueza de referentes: *Geler à pierre fendre, Fazer frio de rachar pedra.* Cf.: *Pra burro/cacete/cachorro/caralho/caramba/chuchu/danar.* [MEL/SILV /PIP/FUL/WER/NAS/3021/ROB] (*)

(Ou) Vai ou racha: exigir decisão, custe o que custar, não importam as consequências, ou tudo ou nada, não importam os riscos. *Agora, ou vai ou racha, investirei tudo naquele negócio.* Sinônimo: *Ou tudo ou nada.* Expressão cristalizada, que não admite flexão verbal. Há similar em francês: *Ça passé ou ça casse.* [SILV/MEL/WER/FUL/PIP] (*)

RAIO

Ser rápido como um raio/relâmpago: ser muito rápido. *Ela foi rápido como um raio contar para o namorado.* Frase intensificadora. Velho lugar-comum de muitos idiomas, inclusive inglês: *Quick as a flash.* [RMJ2] (*)

RECADO

Dar o (seu) recado: executar bem qualquer tarefa, transmitir com eficiência suas ideias, cumprir uma obrigação. *Na palestra de ontem o cientista deu bem o seu recado.* A expressão está presa ao sentido antigo de "recado", conta ou materiais para a boa execução de diversos serviços, como construção, ofício da missa etc. [SILV/MEL/NAS/AUR] (*)

REDE

Tudo o que cai na rede é peixe: o que vier é lucro, não se recusa nada, não se deve negligenciar pequenos negócios. *A Igreja não despreza as pequenas ofertas, tudo o que cai na rede é peixe. Estamos aceitando qualquer donativo, o que cai na rede é peixe.* Provérbio bastante usado coloquialmente. Usa-se também a frase reduzida: *Caiu na rede é peixe.* Há similar em inglês, registrando a mesma expressão com os mesmos referentes: *All is fish that comes to the net.* [RMJ/RMJ2/STEIN/MEL/AM] (*)

REGRA

Toda regra tem exceção: justificativa para algo diferente do normal, que foge à regra. *Entrou sem convite porque conhecia* *o produtor; toda regra tem exceção*. A ideia original da máxima aparece em latim, tendo-se espalhado sob formas iguais ou semelhantes em vários idiomas, como no inglês: *There are exceptions in every rule*. Cf.: *A exceção confirma a regra; Não há regra sem exceção*. [LMOT/5800 1/MEL/SILVA2] (*)

Não há regra sem exceção: justificativa para abrir discussão sobre uma regra, para reconsiderar algo diferente do normal, que foge à regra. A ideia original da máxima aparece em latim, tendo-se espalhado na formulação atual em vários idiomas, como o espanhol, francês, italiano e inglês, a saber: *Deviat a solitis regula cuncta viis; No hay regla sin excepción; Il n'y a point de règles sans exception; Non c'é regola senza eccezione; There is no rule without an exception*. Cf.: *A exceção confirma a regra*; *Toda regra tem exceção*. [MEL/RMJ/RMJ2/SILVA2/LMOT/NAS/5800] (*)

REI

Quem foi rei nunca perde a majestade: não perde as características básicas quem já as teve ao máximo. *Já idoso ainda é considerado um ídolo do futebol, quem foi rei nunca perde a majestade*. [LAC] registra como expressão correspondente *The sun is still beautiful though ready to set*, mas não parece convincente e não aparece em outros dicionários com versões em inglês. Num artigo com o título "Quem é rei nunca perde a majestade" (*Revista Samba*, Carnaval 2009, p. 86), o tradutor para o inglês verteu o título português para *Once a king, always a king*, que parece, embora de máxima contrária, decalque de *Once a thief, always a thief* (*Uma vez ladrão, sempre ladrão*). [RMJ2/MEL/LMOT/7390] (*)

Rei morto, rei posto: diz-se, comentando a substituição muito rápida de algum cargo ou função. *Já tem um novo diretor no lugar do que saiu; rei morto, rei posto*. A mesma ideia aparece em outros idiomas, com frases exclamativas, como no francês: *Le roi est mort, vive le roi!;* e no inglês: *The king is dead, long live the king!* [NAS/MEL/LMOT/MEF/7511] (*)

Ser mais realista do que o rei: ser perfeccionista, seguir um ponto de vista com rigor excessivo, tomar os interesses de alguém mais do que faria a própria pessoa. *Para ele jamais o comerciante poderia deixar de cobrar os dez centavos; ele é mais realista do que o rei*. A expressão, de origem francesa, vem da Revolução dos Bourbons em 1815: *Plus royaliste que le roi*. E em inglês se diz: *A greater royalist than the king himself*. [RMJ/NAS/SILV/PIP/LMOT/5217] (*)

REMÉDIO

Quando não/O que não/Se não tem remédio, remediado está: se o problema não tem solução, não há por que se preocupar com ele, manifestação de conformismo. *Tentei ajudá-lo, mas ele se recusou e se deu mal; o que não tem remédio, remediado está. O pobre nasceu para sofrer e o que não tem remédio, remediado está*. Trata-se de provérbio, mas é muito usado coloquialmente. Mais coloquialmente ainda se diz apenas: *Que remédio!* A máxima advém do latim e vulgarizou-se no espanhol, francês e inglês, a saber: *De re irreparabile ne doleas*; *En lo que no cabe remedio, olvidar es el mejor medio; Après le fait ne vaut souhait; It is not use wishing when the thing is done*. Cf.: *Falou, tá falado*. [MEL/6241/MEF/SILVA2/LMOT] (*)

RISO

Muito riso (é sinal de), pouco siso: os fanfarrões não têm senso de responsabilidade. *Passo-lhe um pito e ainda ri; muito riso, pouco siso*. Ideias semelhantes do provérbio, de uso popular, já ocorrem no latim e espanhol, a saber: *Per multum risum stultus cognoscitur; Reir con exceso es señal de poco seso*. [MEL/SILVA2/LMOT/FRI/5625] (*)

Riso/Sorriso amarelo: riso forçado ou sem graça, envergonhado, contrafeito. *Esboçou um riso amarelo ao saber que a sogra viria visitá-lo. Sorriu amarelo ao saber que não passou no concurso*. Seria uma referência ao costume dos povos orientais de rirem/sorrirem de maneira forçada, sem graça, por vergonha ou embaraço? Usam-se verbos como *dar, esboçar*, entre outros. [MEL/SILV/WER] (*)

RODA

Andar/Entrar numa roda-viva: não ter descanso, estar sobrecarregado, cheio de trabalhos urgentes. *Depois que organizei essa equipe, vivo numa roda-viva, não dá tempo para mais nada*. Reminiscência do antigo suplício da roda, conhecido como *roda de pau(s)*, que consistia em colocar-se o condenado, despido até a cintura, no meio de um círculo constituído por meia dúzia, ou mais, de indivíduos armados de ripas, flexíveis e resistentes varas. Sofria o castigo aplicado em sucessivos golpes, ininterruptos, obrigando-o a correr no centro da roda durante o tempo previsto, no mínimo uma hora interminável. Dizia-se: "Eles mereciam entrar na roda de paus". [SILV/NAS/LCC] (*)

ROMA

Roma não se fez num (só) dia: não se deve ter tanta pressa ou ansiedade para fazer as coisas; há tempo para tudo; adágio que se deve entender não só no sentido arquitetônico, próximo do literal, mas também no sentido político, mais figurado. Há variantes em diversos idiomas, desde o latim (*Non fuit in solo Roma peracta die*), e há várias fórmulas, às vezes com adaptações aos respectivos países: *Roma e Pavia não se fizeram num dia; Roma não se fez em uma hora; Zamora no se ganó en una hora* (alusão à grande batalha travada entre mouros e espanhóis, em que morreu Sancho II, o Forte). [RMJ/SILVA2/RMJ/MEL/MEF] (*)

ROSA

Não há rosa(s) sem espinho(s): não é fácil se conseguirem as coisas na vida sem trabalho e sacrifício. *Para você conseguir se formar, terá que se esforçar muito, não há rosas sem espinhos*. Há similares em espanhol, francês, italiano e inglês, a saber: *No hay rosas sin espinhas; Il n'y a point de roses sans épines; Non c'è rosa senza spine; No rose without thorns*. [MEL/LMOT/AM] (*)

ROTO

Falar/Rir-se o roto do esfarrapado: criticar alguém, estando em condições iguais ou piores do que as dessa pessoa. *Enfim, o PT tem de disfarçar os seus malfeitos, tentando buscar companhia nos bancos dos réus; nunca a frase o roto falando do esfarrapado foi tão correta.* Há frase semelhante em francês: *C'est la pelle que se moque du fourgon.* [NAS/SILV/MEF/LMOT/7534/AUR] (*)

ROUPA

Lavar (a) roupa suja: desvendar faltas mínimas, disputas entre membros da família devem ser resolvidas em casa, privadamente. *Seja mais discreto e não fique lavando roupa suja na frente dos outros.* Em espanhol há a expressão, em tradução literal: *Sacar los trapos sucios al sol.* Cf.: o provérbio paralelo: *Roupa suja se lava em casa.* [ALV/MEL/SILV/RMJ/5015/AM/LAT] (*)

Roupa suja se lava em casa: não se devem expor detalhes pouco lisonjeiros da vida de ninguém, que devem ser tratados em particular. *Não fale da sua vida conjugal em público, roupa suja se lava em casa.* Há expressões correspondentes em inglês: *Wash your dirty linen at home* ou *Dirty linen ought to be washed;* em italiano: *Panni sporchi in casa si lavano;* em espanhol: *La ropa sucia se lava en casa;* e em francês, conforme, aliás, teria sido inventado por Napoleão Bonaparte, mas já era corrente no século XVIII: *Il faut laver son linge sale en famille.* Cf.: *Lavar roupa suja.* [ALV/MEL/SILV/RMJ/5015/LMOT/AM] (*)

RUA

Rua da amargura: grande sofrimento, situação difícil, sequência de padecimentos, em estado de necessidades. *Abandonado pela mulher, hoje ele está na rua da amargura. Hoje ele vive na rua da amargura por não ter ouvido os conselhos da mãe.* Trata-se de denominação popular da via-sacra; imagem litúrgica do caminho percorrido por Jesus Cristo, carregando a cruz do pretório de Pôncio Pilatos ao Gólgota, onde seria crucificado. Em narrativa de 1563, fala-se da rua chamada *Rua da Amargura* na Terra Santa. Em espanhol se diz o mesmo em versão literal: *Calle de la amargura.* A expressão nominal é empregada também com o suporte dos verbos *ficar, estar, viver,* etc. [MEL/SILV/LCC] (*)

S

SABER

(O) Saber não ocupa lugar: o potencial do saber de uma pessoa é ilimitado, nunca é demais aprender. *Quanto mais eu sei, mais quero aprender, o saber não ocupa lugar.* Este provérbio parece inspirado na resposta, *Omnia mea mecum porto,* dita pelo sábio grego Bias de Priene, no século VI AC, ao fugir de sua cidade sitiada pelo inimigo, sem carregar nada, apenas o seu "saber". Ao contrário dele, seus concidadãos se preocupavam em carregar todos os seus haveres. Há versões semelhantes em espanhol: *El pensar no paga alcabala;* em italiano: *I pensieri non pagano gabella;* e em inglês: *Thoughts don't pay taxes.* [MEL/LMOT/RMJ/6249] (*)

SACO

De saco cheio: achar-se desapontado, enjoado, aborrecido, cansado, saturado, no último grau da tolerância. *Mas você acha que ele está de saco cheio de ser presidente?* A expressão pode ser composta encabeçada alternativamente com os verbos *estar, ficar, viver, andar,* entre outros. Sinônimo: *Encher o saco.* À semelhança de *Botar/Colocar/Pôr a(s) barba(s) de molho*, pode-se afirmar que, embora tenha um núcleo temático ligado à natureza biofísica do sexo masculino (saco, testículos), aparece usada (ou referida) por homens e mulheres. *A ex-mulher diz que vive de saco cheio por causa do ex e dos filhos.* É usada também com *Estar/Ficar com.* Cf.: *Puxar o saco.* [SILV/NAS/3034] (*)

Puxar o saco de (chulo): bajular, servir de capacho. *Puxou o saco do pai, até que ele liberasse o carro.* A expressão parece ter nascido da gíria militar, na época em que os oficiais, em viagem, conduziam sacos de roupas, que os seus ordenanças carregavam com humildade. Na origem, portanto, a expressão não seria "chula". A expressão adquiriu grande popularidade a partir de 1946, quando um samba carnavalesco carioca propagou-a por todo o país, asseverando que "o cordão dos puxa-sacos cada vez aumenta mais". Mas a frase já era popular na época da Primeira Grande Guerra. Moacir Piza, poeta satírico paulista, por essa época escreveu uma poesia satírica um tanto escabrosa contra um médico e político do seu estado, que apesar de extensa, vale a pena transcrever: "Enfermos o Eliseu cura/Por ser um galeno taco/Mas o em que ele mais se apura/É na puxança de um saco./D. Juan famoso e janota,/Até das damas se esquece,/Quando à vista lhe aparece/Um saco digno de nota.../Puxa em público e em segredo/com destreza malabares;/Seja o saco do Azevedo/Ou seja o do Raul Soares.../E puxa de tal maneira/ Que, se, entra em função acaso, Leva logo tudo raso,/Queira a vítima ou não queira!" Da forma verbal, saíram as variações gírias puxança, puxada, puxação, puxa-saquismo, puxador, puxa e puxeta. Cf.: *Servir de capacho; De saco cheio.* [AUR/MEL/RMJ/NAS/PIM/7221] (*)

Saco vazio não para em pé: expressão autointerpretativa, a alimentação é importante para as pessoas se manterem sadias. *Você precisa comer bem para aguentar o trabalho do dia a dia, saco vazio não para em pé.* Há similares em italiano, espanhol e inglês compostas dos mesmos referentes: *Sacco vuoto non istà ritto; Saco vacio no se tiene derecho; It is hard for an empty bag to stand upright.* [LMOT/MEL/MEF/7590/AM] (*)

SAIA

Saia justa/curta: situação desconcertante, desfavorável e/ou embaraçosa. *Não foi à festa para evitar uma saia justa encontrando-se com o ex-marido. No meio da festa ficou numa saia justa porque não fora convidado.* Expressões usadas com vários verbos alternativos, como *estar, ficar, evitar* etc. e, apesar do seu núcleo temático, são usadas tanto em contextos femininos quanto masculinos, à semelhança de *Botar/Colocar/Pôr a(s) barba(s) de molho* e *De saco cheio*. [MEL/PIP/7597] (*)

SALADA

Salada russa: desordem. Situação anárquica, confusão. *A entrevista dos estudantes foi uma salada russa.* No sentido literal, "salada russa" é uma salada com variados legumes, batata, presunto, ovos cozidos etc., temperada com maionese. A expressão parece ter surgido em 1917, ano da revolução que derrubou o czar Nicolau II. Compõe expressões com o verbo *fazer, aprontar, ser* com predicativo, entre outros. [AUR/NAS/7635] (*)

SALVAR

Salve-se quem puder: aviso ou comentário para que se busque proteção ou fuga contra perigo iminente. *O rio está transbordando, salve-se quem puder.* [LAU] entende que a expressão remonta à formulação original do século XVII: "barca é rota, salve-se quem poder". Há, ainda, similares em francês e inglês, formalizadas com os mesmos referentes: *Sauve qui peut!; Save themselves who can.* [LAU/WER/NAS/LMOT/FRI/MEL] (*)

SANGRIA

(Nenhuma) Sangria desatada: coisa que exige atenção ou providência imediata. *Esse trabalho pode esperar, não é sangria desatada. Pode almoçar com calma que o caso não é nenhuma sangria desatada.* Talvez seja usada mais na forma negativa e reforçada: *Não é (nenhuma) sangria desatada.* É empregada, auxiliada por vários verbos alternativamente, inclusive o verbo *ser*. "Sangria" é um ato médico consciente de sangrar uma veia, que tem que ser estancada logo, evitando que a pessoa se esvaia em sangue e morra. Em linguagem coloquial, usa-se o vocábulo "sangria" para designar o ato de extorquir dinheiro de alguém por meios fraudulentos ou ardilosos. [LMOT/MEL/RMJ/NAS/HOU/7660] (*)

SANGUE

Ter sangue de barata: ficar passivo ante provocações ou ofensas. *Engole muito sapo porque tem sangue de barata.* Julgado sangue mais fraco e esbranquiçado do que o sangue vermelho ou branco dos insetos e outros animais. Usa-se com frequência numa formulação negativa. Sinônimo: *Não ter sangue nas veias*, tendo essa mesma versão literal em espanhol, para um sentido não literal de caráter emocional. [MEL/SILV/FSP/RIB/WER/MF/LAT/7662] (*)

Ter sangue nas veias: ser genioso, esquentado, irritar-se facilmente. *Tenho sangue nas veias, não posso deixar de reagir a essas acusações levianas*. Usa-se com frequência numa versão negativa. E, no espanhol, usa-se num sentido não literal de caráter mais emocional, traduzido por *No tener sangre en las venas* = *Ter sangue de barata*, consoante, inclusive, com o exemplo: *Si me dices que no te emocionaste con esa película voy a pensar que no tienes sangre en las venas*. (= tens sangue de barata). [MEL/SILV/8376/AUR/LAT] (*)

SANTO

Descobrir/Despir um santo para cobrir/vestir outro: favorecer alguém em prejuízo de outrem ou de si mesmo, prover uma necessidade provocando outra. *Se eu te emprestar meu carro, vou ficar a pé; vou descobrir um santo para cobrir outro*. Em francês há fórmulas semelhantes com nomes dos respectivos santos ou dos seus respectivos altares: *Découvrir Saint Pierre pour couvrir Saint Paul*; *Découvrir un autel pour couvrir l'autre*, com correspondente em inglês: *Stripping Saint Peter's shrine to adorn Saint Paul's*. E há, ainda, correspondentes ou similares ao português em espanhol e italiano: *Descobrir a un santo para vestir a outro no es buen acomodo; Scopire un santo per coprire un altro*. [LMOT/MEL/NAS/AM] (*)

Para/Pra baixo todo(s) (os) santo(s) ajuda(m): numa descida não precisa se fazer esforço para descer, as coisas fáceis de serem feitas dispensam ajuda. *Mesmo sem combustível, desceu a ladeira em velocidade; para baixo todo santo ajuda. Mesmo com dores nas costas, desceu a rampa com tranquilidade; pra baixo todo santo ajuda*. Há correspondente em espanhol: *Hacia abajo, todos los santos ayudan*. A criatividade popular, na base de comentário e rima, às vezes faz um acréscimo jocoso: *Para cima toda coisa muda*. [MEL/MEF/LMOT/6489]

Santo de casa não faz milagre(s): ações praticadas dentro de casa, no ambiente comum, nem sempre são eficazes ou merecem crédito. *Sendo bom professor, não consegue ensinar o filho; santo de casa não faz milagre*. Há similar em francês com referentes semelhantes: *Le saint de la ville n'est pás prié*. Cf.: *Ninguém é profeta na sua (própria) terra*. [7669/MEL/LMOT/AM] (*)

Santo/Santinha de pau oco: pessoa hipócrita, hipocrisia, fingimento. *Não confie na sua aparência de jovem comportado; ele é mais é santo de pau oco*. Durante os séculos XVII e XVIII, o contrabando de ouro em pó, pedras preciosas e moedas falsas utilizou no Brasil o interior de imagens de madeira ocas, de grande vulto, levadas e trazidas de Portugal, recheando valiosamente o corpo dos santos. Com certa ironia, pode-se dizer: "Por fora, pureza religiosa; por dentro, a pecaminosa contravenção", ou, *mutatis mutandis*, *Por fora bela viola, por dentro pão bolorento*. A expressão admite o uso de vários verbos, inclusive o verbo *ser* na função predicativa. [XAre/WER/LCC/NAS/MEL/PIM/7670] (*)

SAPATO

Cada um sabe onde lhe dói/aperta o calo/o sapato: só quem vivencia um problema sabe avaliá-lo. *Se ele afirma que não está bem, eu acredito: cada um sabe onde lhe aperta o sapato.* Há expressão considerada semelhante já em latim: *Ad commodum suum quisquis callidus est.* E em inglês há correspondente em relação à expressão *Cada um sabe onde lhe aperta o sapato*: *Only the wearer knows where the shoe pinches.* [MEL/RMJ2/MEL/SILVA2/7559/AM] (*)

SAPO

Engolir sapo: tolerar situações desagradáveis sem reclamar. *Não foram poucas as vezes que tivemos de engolir sapo por causa das suas posturas.* Em francês há expressão com ideia semelhante e diferentes referentes: *Avaler des couleuvres* [DI/WER/XAre/PIP/MEL] (*)

Sapo de fora não chia: forasteiro não deve se manifestar. *Você não é do grupo, fique de lado; sapo de fora não chia.* [LAU] correlaciona essa expressão com a ideia de "*Quem não cria, sempre pia*" da obra *Adágios portuguezes reduzidos a lugares communs,* do século XVII. [LAU/7677/AM] (*)

SARDINHA

Estar/Ficar como/que nem/feito sardinha(s) em lata: estar/ficar extremamente apertado com outras pessoas em espaço pequeno. É usada alternativamente com diversos verbos como *estar, ficar, vir* etc. *Os passageiros vieram no ônibus como sardinha em lata.* Em inglês há: *Packed like sardines in a barrel* com ideia equivalente, mas com o item lexical diferente, mais adequado à cultura do inglês. [SILV/MEL/RMJ2] (*)

SEBO

Meter-se/Metido a sebo: presunçoso, pedante, metido a importante. *Só porque, outro dia, herdou uma casa, aquele peste anda se metendo a sebo.* Sinônimo: *Metido a besta.* Há quem sugira tratar-se de uma deformação de "metido a sábio". [NAS/SILV/5512] (*)

SEDE

Ir com (tanta/muita) sede ao pote: com sofreguidão, com tanta vontade, pressa, imprudência, ambição. *Não vá com tanta sede ao pote que acaba ficando sem emprego.* [LAU] entende que a expressão remonta sua formulação à formulação original já usada no século XVII: "Nem com toda a fome ao cesto nem com toda a sede ao pote". Usa-se com advertência, normalmente na forma negativa. [NAS/SILV/MEL/LAU] (*)

SEGURO

(O) Seguro morreu de velho: preocupação excessiva com a segurança de algo, quem não se arrisca não se compromete. *Além de instalar alarmes, contratou vigias* *para a empresa, pois o seguro morreu de velho.* Ao ditado [LMOT] acrescentou jocosamente "desconfiado inda veve", graças ao que se entende que "a prudência vive muito e é protetora da segurança", em conformidade com o francês e inglês: *La prudence est la mère de la sûreté; Distrust is the mother of safety;* e em espanhol: *Dona Prudencia murió de vieja.* [WER/LMOT/MEL] (*)

SENHOR

Ninguém pode servir/agradar a dois senhores (ao mesmo tempo): não se pode atender uma obrigação ou pessoa, sem se desprender de outra incompatível ou oposta, a lealdade é exclusiva. *Primeiro vou atender um, depois outro, não posso atender a dois senhores ao mesmo tempo. Ou você me obedece ou faz o que ele mandou, não se pode agradar a dois senhores.* A origem da expressão está no Evangelho (Mateus 6:24; Lucas 16:13) e se traduz literalmente no latim: *Nemo potest duobus dominis servire.* Mas aparece também no espanhol: *Quien a dos seniores serve, a alguno de ellos deserve*; no francês: *Qui a deux maitres sevira, à un de ceux il mentira*; no italiano: *Chi serve commune, serve nessuno*; e no inglês: *He who would two masters serve, is false to one or the other.* [MEL/NAS/FRI/LMOT/MEF/SILVA2/6948] (*)

SEXO

Discutir o sexo dos anjos: conversar sobre assunto sem importância, que não leva à conclusão alguma, perder tempo falando de questões sem importância. *Temos muita coisa a decidir, não podemos ficar o tempo todo discutindo o sexo dos anjos.* Durante a tomada de Constantinopla pelos turcos, o imperador foi morto juntamente com milhares de cristãos, enquanto as autoridades cristãs, reunidas num concílio, discutiam, entre outros assuntos, o sexo dos anjos, sobre o qual não chegaram a uma conclusão. [MEL/SILV] (*)

SI

Estar/Ficar fora de si: ficar exaltado, estar desorientado, sem saber o que fazer. *Ficou fora de si ao ser provocado pelos colegas.* Em espanhol há expressão como se fora tradução literal: *Estar fuera de sí* e particularmente em Portugal, no nosso mesmo idioma, se diz: *Andar às aranhas.* [ALV/MEL/MOU/AUR/NAS] (*)

SINUCA

Estar/Ficar em/numa sinuca (de bico): estar em apuros ou em dificuldades, sem alternativas, em situação embaraçosa, uma espécie de beco sem saída. *O cara tá numa sinuca, não sei como vai sair dessa. Com essa declaração, ele me deixou numa sinuca de bico.* Sinônimos: *Estar no vinagre.* No verbete sinuca, [HOU] explica que se trata de um jogo praticado no Brasil com oito bolas sobre uma mesa dotada de seis caçapas; bilhar ou *billiards* em inglês, e a palavra sinuca provém do inglês *snooker* (1889), correspondendo à situação em que uma ou mais bolas se encontram no caminho da trajetória pretendida pelo jogador, impossibilitando a tacada direta, rumo à bola-alvo. É usada também alternativamente com outros verbos encabeçando, além dos apontados neste verbete. Há expressões similares em inglês, registrando a mesma ideia, a saber: *Be in a jam; Behind the 8-ball; To be in a mess; To be stumped; Blind alley.* Já em Portugal, consoante sua cultura, os portugueses dizem: *Ir para a cabeça do touro,* como exemplifica a frase: *Freire não se intimidou diante da acusação: foi para a cabeça do touro e abriu um processo contra o delator.* Cf.: *Estar em papos de aranha; Estar num beco sem saída.* Cf.: *Estar/Ficar em maus* lençóis. [7992/SILV/HOU/RMJ/RMJ2/WER/TOG/GUR/MOU] (*)

SÓ

Antes só que mal acompanhado: é preferível ficar só a ter uma companhia desagradável. *Preferiu ficar solteiro; antes só que mal acompanhado.* Provérbio usado com caráter e valor de expressão coloquial. [LAU] entende que a expressão remonta à formulação original já usada no século XVII: "Mais val só, que mal acompanhado". A ideia vislumbrada no latim difundiu-se em vários idiomas, a saber: *Fecit iter longum, comitem qui liquit ineptum; Antes solo que mal acompanhado; Il vaut mieux être seul qu'en mauvaise compagnie; É meglio esser solo che mal acompañato; Better alone than in bad company.* [LAU/MEL/FRI/LMOT/MEL/SILVA2/AM] (*)

SOL

O sol nasce para todos: tão transparente quanto lugar-comum, teoricamente, todos têm direito à prosperidade. *Trabalhando, conseguimos tudo, o sol nasce para todos.* Citado muitas vezes como se fosse um provérbio de criação popular, esta expressão é, no entanto, de origem bíblica. Funda-se na Bíblia, no Evangelho de S. Mateus, traduzindo-se em latim como *Solem suum oriri facit super bonos et super males* (Deus fez o sol nascer sobre os bons e sobre os maus), o que popularmente deu em *Sol lucet omnibus.* E veicula em alguns idiomas modernos, a saber: *Cuando Dios amanece, para todos amanece; Le soleil luit pour tout le monde; Il sole illumina tutto; When God sends the day, He sends it for all.* Vale observar que a ideia do sol se estende como simbolização de Deus. [MEL/WER/MEF/SILVA2/LMOT/RMJ/6254] (*)

Tapar o sol com a peneira: fugir à evidência, tentar realizar tarefa totalmente impossível. Cf.: *Carregar água na peneira. A filha está grávida e a mãe fica tentando tapar o sol com a peneira. Atribuir a derrota do Santos ao técnico é querer tapar o sol com a peneira.* Há ideia semelhante em espanhol na expressão: *Tapar el sol con un dedo.* [RMJ2/WER/8139/SILV/MEL/ALV/AM] (*)

SOLA

Entrar de sola: agir grosseira e agressivamente. *Entrou de sola quando o filho mais velho foi pedir ajuda.* Originada no ambiente esportivo. Há equivalentes em inglês e espanhol: *Raise the studs; Entrar con los tacos por delante*. [FIELD/SILV/MEL/AUR] (*)

SOMBRA

Sombra e água fresca: despreocupação, ócio, máximo de comodidade possível, vida despreocupada, folgada. *Ela só quer saber de sombra e água fresca.* Expressão frequentemente modalizada por verbos como: *querer, desejar*. Uma canção popular vulgarizou essa expressão, que é aproximada de outra e de um provérbio que correm na França, com a mesma ideia: *D'amour et d'eau fraiche* e *Les amoureux vivent d'amour et d'eau fraiche* (*Os enamorados vivem de amor e água fresca*). Não admite inversão de ordem. [WER/MEL/XAre/NAS/AUR/8050/RMJ] (*)

SONECA

Tirar uma pestana/soneca: cochilar, dormir ligeiramente. *Chegou do trabalho, tirou uma soneca ligeira e foi para a faculdade.* O inglês tem expressão semelhante: *To take forty winks*. Cf.: *Fazer/Tirar a/uma sesta*. [MEL/SILV/NAS/BAR] (*)

SOPA

Cair a sopa no mel: vir a propósito uma coisa muito boa. *Caiu a sopa no mel você me dar o livro que eu procurava havia muito tempo.* Sopa não é o caldo contemporâneo, incompreensível para o entendimento da frase, mas uma fatia de pão torrado umedecida n'água em que se fervem carnes e hortaliças. Sobre esse pedaço de pão molhado em líquido de cocção constitui-se a sopa antiga. Era guloseima muito apreciada. A presença do mel, ao tempo em que não havia o uso do açúcar, duplicaria os valores do sabor e nutrição. Embora talvez não de sentido e uso coloquiais, o verbete foi aqui incluído em função de sua frequência e curiosa explicação por vários estudiosos. Há, inclusive, frase correspondente em espanhol: *Cayóse la sopa en la miel*. [MEL/SILV/LMOT/1571/LCC/NAS] (*)

Fazer (uma) sopa de pedra(s): conseguir vantagens, obtendo-as, ardilosamente, por partes, como quem não quer nada, para conseguir ao final a vantagem principal. *Não tem importância, deixa que eu farei a sopa de pedras e me sairei bem.* A expressão tem origem na conhecida história de um frade que, faminto, entrou na casa de uma pessoa para pedir um prato de comida, mas, percebendo logo que se tratava de um avarento e imaginando que "daquele mato não sairia coelho", pediu um pouco de água para fazer uma sopa de pedras, deixando intrigado o avarento. Depois que veio a água, o frade apanhou algumas pedras e colocou-as dentro da panela. O frade, em seguida, alegando que a sopa ficaria melhor se tivesse gordura, sal, ossos, legumes, foi aos poucos obtendo essas coisas do avarento. Pronta a sopa, o frade jogou fora as pedras que não tinham nenhuma serventia. Essa história é uma réplica de outra oriental em que um homem pediu a um sultão duas braças de terra e, depois, moveu questões aos vizinhos, fez medidas aqui e ali, removeu cercas e acabou latifundiário. [NAS/SILV/RMJ] (*)

SORTE

A sorte está lançada: seja o que Deus quiser, já se fez tudo o que podia ser feito, frase dita quando se vai tomar uma decisão importante e arriscada. *Todos se prepararam muito bem para o concurso e vão fazê-lo com muita esperança, a sorte está lançada*. Tradução da frase latina *Alea jacta est* atribuída a Júlio César ao se preparar, em 49 AC, para atravessar o rio Rubicão e rumar para a Itália, depois de ter sido destituído do comando da Gália. A frase latina, *ipsis litteris*, é de uso em muitos idiomas, tanto que [AUR] e [HOU] a registram nos seus dicionários de língua portuguesa; ademais, "alea" é dado de jogar. [MEL/LAR/SILVA2/AUR/HOU] (*)

SÓSIA

Ser um sósia: ser extremamente parecido, como os gêmeos idênticos. *Meu amigo Nicanor é muito parecido com o Pelé, um perfeito sósia, por isso comparece em muitos eventos no lugar do rei do futebol*. Sósia era o nome de um escravo na comédia *Anfitrião*, de Platão. Sob a aparência desse escravo, para mais facilmente cumprir sua missão, vem ao mundo o deus Mercúrio, em companhia de Júpiter. Os dois papéis são feitos pelo mesmo ator. No *Anfitrião* de Molière, como no de Jean Girandoux, sobrevive esse personagem, cujo nome, por fim, se converteu em substantivo comum, em francês e português. É frequente o emprego de nomes em expressões. Cf.: *Cuspido e escarrado*. Cf. também: p. 34, g. [RMJ] (*)

SOVA

Dar (uma) sova/surra/tunda: bater física ou moralmente. *Naquele debate o promotor deu uma sova feia*. Tanto "sova" quanto "surra" são formas regressivas respectivamente dos verbos "sovar", segunda pisa, esmagamento da uva, ou "surrar", bater, pisar, machucar, enquanto "tunda" se origina diretamente do latim *tunder,* significando paralelamente bater, malhar, o que explica o sentido das expressões. Cf.: *Baixar/Descer/Meter a lenha/a pua/a ripa/o pau/o porrete*. [SILV/HOU] (*)

SUA

Fazer das suas: praticar ações condenáveis, proceder mal, fazer loucuras, tolices, asneiras, traquinagens. *Distanciou-se do bom comportamento: saiu por aí, fazendo das suas*. Existe a mesma fórmula literal em francês, também com a elipse de palavras como *ações, malandragens* etc.: *Faire des siennes*. [SILV/FRI/AZE] (*)

SUJO

Falar/Rir-se o sujo do mal lavado: criticar alguém, estando em condições iguais ou piores do que as dessa pessoa. *Enfim, os políticos de cada partido no Brasil não têm mais como disfarçar; todos são corruptos e se acusam mutuamente;* nunca a frase o sujo falando do mal lavado foi tão correta. Ou, como diz a avó do articulista José R. Securato Jr. (DSP, 13/11/2016): "é a disputa do sujo com o imundo". Há curiosa expressão semelhante em francês: *C'est la pelle qui se moque du fourgon*. [NAS/SILV/MEF/LMOT/7534/MEL] (*)

T

TÁBUA

Fazer tábua rasa: suprimir totalmente, não fazer caso de, não levar em conta, recomeçar do zero. *Fez tábua rasa de todas as considerações da mulher e foi embora.* Tábua rasa é uma superfície lisa, virgem, preparada para receber inscrições. Tábua vem do latim *tabula*. Fazer tabula rasa é o mesmo que não deixar vestígio. Essa expressão, na linguagem filosófica, tem origem estoica. Diz-se que o espírito é uma *tabula rasa* e que as sensações é que o preenchem. [SILV/RMJ/NAS/JRF/HOU/4313] (*)

Levar (a/uma) tábua: sofrer um logro, sofrer uma desilusão, receber uma recusa a um convite ou pedido. *O Ricardo levou tábua da Jussara que tá noutra.* A expressão vem do jogo do gamão: "tábua" = corruptela de "tabola", pedra com que se joga o gamão. Em Portugal, "receber recusa a um convite ou pedido" se diz *Levar uma tampa*. [SILV/NAS/MOU/CDAs] (*)

TARDE

Antes tarde que nunca: o esperado é bem recebido, ainda que tardiamente atendido. *Ele demorou, mas se recuperou, antes tarde que nunca.* Trata-se de provérbio muito usado coloquialmente. Há correspondentes em vários idiomas, a começar, explicitamente, no latim: *Utilius tarde quam nunquam*, difundindo-se pelo espanhol: *Antes tarde que nunca*; francês: *Plutôt tard que jamais* e *Mieux vaut tard que jamais*; italiano: *Meglio tarde che mai*; inglês: *Better late than never*. [MEL/RMJ/FRI/LMOT]. (*)

TE

Conhece-te a ti mesmo: Expressão autoexplicativa; é um dos conceitos de inteligência emocional. Trata-se de clássico axioma que vem do latim, passando a veicular, em versões literais, nos idiomas modernos, como o francês, o italiano e o inglês: *Nosce te ipsum; Connais-toi toi même; Conosci a te stesso; Know thyself.* [LMOT] (*)

TECLA

Bater/Martelar/Tocar na mesma tecla/no/num (mesmo) assunto: insistir no mesmo assunto ou argumento. *Você se torna inconveniente por bater sempre na mesma tecla.* Tecla pode significar literalmente tecla de piano, de máquina de escrever, de teclado de computador, sugerindo o mesmo significado figurado. A variável *tocar* pode sugerir particularmente a tecla de piano. Usa-se também o verbo *insistir*. [WER/1179/NAS/MEL/HOU/AUR] (*)

TELHADO

Telhado de vidro: má reputação. *Você não pode falar mal de ninguém, pois seu telhado de vidro é enorme. Não fale da minha família, quem tem telhado de vidro não joga pedra no telhado dos outros. O chefe tem telhado de vidro, tá fodido.* Trata-se de provérbio, mas com largo uso no coloquial. Pode-se considerar redução de *Quem tem telhado de vidro não atira/joga pedra(s) no (telhado) dos outros*, ou este seria ampliação daquela expressão ou gíria. Por extenso, já existia no latim, com veiculação em vários idiomas, a saber: *Desinant maledicere malefacta ne noscant sua; El que tiene tejados de vidro no tire piedras al de su vecino; Celui qui a son toit de verre ne doit pas jeter de pierres sur celui de son voisin; Those who live in glass houses should not throw stones at their neighbours.* [MEL/SILV/NAS/LMOT/FRI/SILVA2/7448] (*)

TEMPESTADE

Depois da tempestade vem a bonança: após uma situação difícil, em geral vem um período de tranquilidade e prosperidade. *Esses momentos graves não serão para sempre, depois da tempestade vem a bonança.* O provérbio, que parece ter nascido no seio do latim, tem veiculação nas línguas modernas, como espanhol, francês, italiano e inglês: *Post nubila, Phoebus; Tras una gran tempestad, una gran serenidad; Après la pluie, le beau temps; Alla tempesta succede la calma; After rain comes sunshine* ou *After a storm comes a calm.* São provérbios correspondentes até em latim, onde a prosperidade é representada por Phoebus, Apolo, deus da luz, das artes e da adivinhação, uma das entidades mitológicas, que comparece muitas vezes nos provérbios antigos. [LMOT/MEL/MEF/SILVA2/RMJ2] (*)

Fazer/Armar (uma) tempestade num copo d'água: discutir ou brigar por pouca coisa, fazer um escândalo por nada. *Onde anda o Nicolau? Estão fazendo uma tempestade num copo d'água.* Usa-se numa eventual composição o verbo *levantar*. Há equivalentes em alguns idiomas. Como se observa, as ideias são equivalentes, mas os itens lexicais são diferentes, mais adequados à cultura de cada povo: *Much ado about nothing; Beaucoup de bruit pour rien* ou *C'est une tempête dans un verre d'eau.* Na realidade, tais referenciais atendem à cultura de cada povo, em cumprimento ao princípio de *Cada terra com seu uso, cada roca com seu fuso*. Mais especificamente se explicam as versões *Raise a tempest in a tea cup* ou *Storm in a tea cup* (*versus* copo d'água) na Inglaterra, onde o chá (*teacup*) goza de um verdadeiro culto. [8166/FUL/SILV/DI/LMOT/RMJ2/RMJ] (*)

TEMPO

O tempo corre/voa/não para!: expressões exclamativas, usadas como lugares-comuns. *Mal comecei a trabalhar, já está na hora do almoço, o tempo não para!* Na língua inglesa a expressão tem a mesma correspondência literal, acrescida de ideia complementar: *Hour by hour, time quickly flies*. Mas a ideia vem do latim e passa ainda pelo italiano: *Cito pede labitur aetas; Ad ora, ad ora, vola tutto il tempo*. Cf.: *Correr contra o tempo/contra o relógio*. [WER/RMJ2/SILVA2/LMOT] (*)

(O)/Tempo é o melhor remédio: só o tempo cura os maus momentos. *Dez anos depois da morte do marido, ela volta a ter alegria, o tempo é o melhor remédio*. Já em latim existia a fórmula mais simples, aliterada: *Tempus tempora temperat* e a ideia chegou ao espanhol: *El tiempo es gran médico*. [SIP/MEL/FRI/SILVA2/LMOT] (*)

Tempo das vacas gordas/magras: tempo de fartura, de prosperidade, de riqueza/tempo de escassez, de penúria, de pobreza. *No tempo das vacas gordas, jantávamos fora quase todos os dias. Mesmo sendo rico, ele não se esquece do tempo das vacas magras*. Sinônimo: *Tempo em que se amarrava cachorro com linguiça*. A origem das expressões está na Bíblia, Gênesis 40. Refere-se aos sonhos do Faraó do Egito, interpretados pelo escravo hebreu José. O Faraó sonhara que estava à ribanceira do rio e que do rio saíam sete vacas formosas e gordas, que pastavam num paul. Depois saíam outras sete vacas desfiguradas e magras, que devoraram e consumiram as sete primeiras, sem que, entretanto, ficassem fartas. Em seguida o Faraó tivera outro sonho: eram sete espigas cheias de grãos, que foram devoradas por outras sete espigas chupadas que apareceram depois. José então interpretou, dizendo que as sete vacas gordas e as sete espigas tão cheias de grãos significavam sete anos de fertilidade, e as sete vacas magras e as sete espigas chupadas significavam sete anos de fome, e que o Egito precisava, nos sete anos de fartura, armazenar para suprir os sete anos vindouros de esterilidade, o que foi idealizado e realizado pelo próprio José, nomeado administrador pelo Faraó. [MEL/NAS/LMOT/PIM] (*)

Tempo do Onça: tempo remoto, tempo muito antigo. *Que saudades do tempo do Onça, quando ladrão só roubava galinha*. Naturalmente chama atenção o "do Onça" (artigo masculino e a maiúscula). Na realidade, trata-se de apelido de Luís Vahia Monteiro, que foi governador e capitão geral do Rio de Janeiro na era colonial, de 1715 a 1732, quando foi deposto pela Câmara por desavenças com a própria Câmara e a Justiça. Deu-lhe o povo a alcunha de Onça, pela coragem pessoal e pela violência de temperamento, reclamando de tudo e de todos. Onça serviu para denominar o tempo do seu governo e coisas antigas, valendo também a alusão à antiga unidade de peso ou moeda de ouro (século XV). Desde então tornou-se comum a frase – isto é do tempo do Onça – para declarar-se qualquer coisa antiga. Outra versão para a expressão, sempre ligada ao apelido do governador, diz respeito a uma prostituta recusada por ser feia quando apresentada a um pretendente, mas que tinha sido bela. Foi-lhe dito então: "Ela foi bela no tempo do Onça". E o dito generalizou-se para mulheres que tinham sido belas. É frequente o emprego de nomes em expressões. Cf.: *Amigo da onça* e p. 34, g. [WER/FSP/NAS/MEL/AUR/HOU/LCC/PIM/3358] (*)

Tempo do padre Inácio: tempo muito antigo. *Ele tem um toca-discos do tempo do padre Inácio.* Referência à figura excêntrica do padre Inácio, primeiro noviço português na Companhia de Jesus, em 1547, falecido em 1598. Consta que era uma figura excêntrica, quase cômica, a defender sua *Cartilha*, de pouco valor, adotada obrigatoriamente em todas as escolas. Possivelmente pela personalidade fora do comum e pela data longeva de sua vida, tem explicação a referida expressão, semelhante à dada à expressão *Tempo do Onça*. E o dito generalizou-se para mulheres que tinham sido belas. É frequente o emprego de nomes em expressões. Cf.: p. 34, g. [LCC/3358] (*)

Tempo é dinheiro: a perda de tempo implica sempre algum tipo de prejuízo, normalmente traduzido em perda de dinheiro. *Não parem o trabalho para conversar, tempo é dinheiro.* Há equivalentes em inglês, onde parece que a expressão se origina: *Time is money* e em francês: *Le temps, c'est de l'argent*. A expressão inglesa *Time is money* pode ser considerada internacional ou universal, tal é o seu uso emprestado para vários idiomas. Tais expressões, nascidas em um idioma, viajam o mundo e normalmente, como verdadeiros empréstimos, mantêm sua forma original. Cf.: *To be or not to be*. [MEL/LMOT] (*)

Tempo (em) que se amarrava(m) cachorro/cães com linguiça: tempo de muita fartura, muito antigo, de métodos ultrapassados. *Encontrei meio de ganhar alguns tostões, muito dinheiro para os bolsos infantis daqueles tempos em que se amarrava cachorro com linguiça.* O ditado moderno resulta do acréscimo da ideia de "tempo muito antigo" à frase popular *amarrar cães com linguiça*, que seria um extraordinário costume na fantasiosa terra de Bengodi, descrita por Boccaccio no *Decameron*. Aqui há projeção para a ideia do tempo antigo. O tema do tempo é frequente nos ditados, com projeção para o passado, o presente, ou o futuro; seja determinado, incerto ou inexistente, como *Quando as galinhas tiverem/criarem dentes*. [SILV/NAS/CDAs/RIB/MEL/8173/AUR/SILVB/JRF/AM] (*)

TERRA

(A) Terra de ninguém: situação ou assunto em que todos se intrometem, lugar sem comando, o espaço entre duas trincheiras inimigas, não dominado por nenhuma delas. *Se a violência não for contida, nossa cidade se tornará terra de ninguém.*

A expressão vem da Primeira Grande Guerra: *No man's land*, adaptada ao sabor brasileiro. [MEL/NAS] (*)

Cada terra com seu uso, cada roca com seu fuso: cada terra, cada região tem seus costumes e se comporta de acordo com eles. *Principalmente nas mensagens formuladas, cada povo e cada pessoa manifesta seus hábitos e costumes, pois cada terra com seu uso, cada roca com seu fuso.* [JRF] acentua que o provérbio é do século XVIII e apresentava duas formas: *Cada terra com seu uso* e *Cada terra com seu costume*. O acréscimo *cada roca com seu fuso* foi posterior. O espanhol, o francês, o italiano e o inglês têm a mesma ideia e fórmula linguística (frases nominais bimembres), embora com alguns referenciais diferentes: *Cada tierra con su uso y cada rueca con su huso; Chaque pays chaque coutume; Ogni terra col suo uso, ogni rocca col suo fuso; So many countries so many customs*. [LMOT/FRI/MEF/JRF] (*)

Em/Na terra de cego(s) quem tem um olho é rei: no meio de pessoas ignorantes, quem sabe um pouco acaba brilhando. *É admirado por ser o único com algum estudo; em terra de cegos, quem tem um olho é rei*. Trata-se de provérbio com uso coloquial em vários idiomas, inclusive no latim, a saber: *Beati monoculi in terra coecorum*; no espanhol: *En la casa de ciego, rey es el tuerto*; no francês: *Au royaume des aveugles les borgnes sont rois*; no italiano: *Nel regno dei ciechi chi há un sol occhio è re*; no inglês: *In a country of blind people, the one-eyed man is king*. [MEL/LMOT/FRI/SILVA2] (*)

TESTA

Franzir a testa: desconfiar, estar carrancudo, não concordar. *Quisemos saber se os índios eram bravos. Ele franziu a testa e se encolheu*. Há similar em inglês em versão literal: *Frown upon*. [SILV/RMJ2] (*)

Ser testa de ferro: 1. ser todo-poderoso. 2. pessoa que fica à frente de um negócio como fachada de outrem. 1. *O testa de ferro está cheio de gás, tá com a bola toda*. 2. *Naquele negócio, o chefe era o testa de ferro do dono da empresa*. "Testa de ferro" lembra o aríete (do latim *aries, etis*, carneiro), máquina de guerra, que abria caminho para a retaguarda avançar. Era um robusto tronco dotado de uma testada de ferro ou bronze, geralmente com forma da cabeça de um carneiro. No tempo do Império, a Lei de Imprensa, punindo a calúnia e a injúria, sem admitir prova das acusações, fez com que surgissem testas de ferro profissionais, que se apresentavam, mediante propina, como autores de verrinas e a pedidos, mesmo sem serem jornalistas e ainda quase analfabetos. Vale a pena o cotejo da nossa expressão com as do francês, *Homme de paille*, do italiano, *Uomo di paglia* e do inglês, *Straw man*, todas com a palavra "palha" figurada. [GUR/NAS/HOU/RMJ/8425] (*)

TIGELA

De meia-tigela: sem importância, insignificante, sem valor, medíocre. *Era um machucadinho de meia-tigela*. Expressão usada em várias combinações sintagmáticas; por exemplo: *gente de meia-tigela*, inclusive com verbos como *ser*: *Eles eram políticos de meia-tigela*. No tempo da monarquia, em Portugal, os moços vindos do interior que chegavam à corte para fazer os serviços domésticos não tinham direito à moradia, mas apenas à alimentação, que podia consistir em tigela inteira (gente de tigela inteira) e em meia tigela (gente de meia tigela), e, ainda, se falava em fidalgo de quarto de tigela. Por essa razão eram tratados pelos mais antigos como "fidalgos de meia-tigela". Daí a expressão ser usada, hoje, com caráter depreciativo. Em espanhol há a mesma ideia usada na expressão *De medio pelo*. [XAre/2933/PIP/LAT/MEL/PIM] (*)

TIRIRICA

Estar/Ficar tiririca (da vida): irritar-se, zangar-se. *Ele vai ficar tiririca com todas essas críticas. Ele ficou tiririca e pôs-se a berrar.* Sinônimos: *Estar/Ficar fulo (da vida). Estar/Ficar puto (da vida). Estar/Ficar pê da vida. Estar/Ficar lançando fumaça (pelas ventas). Ficar uma arara.* "Tiririca", seja como substantivo, seja como adjetivo, carrega sentidos negativos que devem ter se alastrado ao sentido figurado da gíria ou expressão, a saber: erva daninha rasteira com capacidade de invadir e destruir terrenos cultivados; agitação contínua em certos trechos do rio Pará com ondas elevadas; punguista; pessoa irritada e furiosa. [MEL/SILV/HOU/AUR] (*)

TIRO

O tiro sair pela culatra: quando tudo dá errado, acontecer o contrário do esperado.

Planejou fazer tudo às escondidas, mas o pai descobriu, e o tiro saiu pela culatra. Sinônimo: *O feitiço virar-se/voltar-se contra o feiticeiro.* "Culatra" é parte posterior do cano de qualquer arma de fogo. Mas na gíria militar é "ou era" o bolso traseiro da calça ou as nádegas. "Sair pela culatra" é redução de "tiro que saiu pela culatra", que corresponde literalmente ao espanhol: *Salir el tiro por la culata,* sugerindo, igualmente, o sentido figurado do português. [WER/SILV/MEL/8926/RMJ/AM] (*)

TOA

À toa: sem destino, sem rumo, a esmo, desprezível, sem razão, sem utilidade, sem importância, irrefletidamente, a reboque do destino. *Andava à toa pela praia quando foi assaltado por um sujeito à toa.* "Toa" é corda estendida de uma embarcação a outra, ou cabo para rebocar essa outra, é o cabo de reboque. A embarcação que vem à toa não tem destino certo. "Toa" tem origem no século XV, no termo da Marinha *tow*, reboque, rebocar. No Brasil, no rio São Francisco, "à + toa", diz-se da navegação sem propulsão, em que as embarcações são levadas pela ação da correnteza, praticamente sem a intervenção de remadores. O barco que ia à toa navegava à mercê desse cabo ou corda, sem atividade própria e, por extensão, sem objetivo. Perdido o sentido próprio, literal, na linguagem comum, a locução passou metaforicamente à significação, ao sentido não literal, de "sem objetivo, irrefletidamente, desprezivelmente", e outros paralelos que os dicionários registram. A expressão compõe frases graças a diferentes verbos, porém semanticamente paralelos, como *andar, viver, ficar, navegar*, entre muitos outros compatíveis. Para o significado dessa expressão portuguesa, o espanhol usa a expressão, também de uso no português: *Sin ton ni son*. Cf.: *Sem tom nem som. Sem pé(s) (e) nem/sem cabeça*. [MEL/BAR/AUR/LCC/NAS/PIM/NASE/HOU/SILV/LAT] (*)

TOALHA

Jogar a toalha: desistir, reconhecer a própria derrota. *Você não pode jogar a toalha agora, no último ano da faculdade*. Sinônimo: *Entregar os pontos*. A origem, em 1960, está ligada ao boxe, quando o técnico de um boxeador atira a toalha na lona do ringue, pedindo o fim da luta. [MEL/SILV/LP/4913] (*)

TOM

Sem tom nem som: sem jeito, à toa, desordenadamente, sem trelho nem trabelho/trebelho, disparatadamente, sem jeito nem maneiras, sem ordem nem harmonia, sem propósito, inadmissível, uma coisa não tem tom nem som quando não faz sentido ou é manifestamente absurda. *Veio com uma roupa sem tom nem som*. Na Espanha usam-se duas expressões: *Sin ton ni sonido* ou *Sin ton ni son*, esta literalmente igual à portuguesa. Em francês há uma expressão equivalente: *Il n'y a ni rime ni raison*. Maurice Rat mostra que Alphonse de Lamartine a utilizou nesta frase: *Des propôs sans rime ni raison*. (*Assuntos sem rima nem razão*). Os ingleses dizem como os franceses: *Without either rhyme or reason*. Os italianos dizem: *Senza luogo o sala*, que corresponde ao nosso *Sem cabimento* ou, em expressão idiomática equivalente: *Sem pé(s) (e) nem/sem cabeça*. Em todos os idiomas, inclusive o português, explora-se a fonética ou trocadilhos mais que a semântica, praticamente indiscernível: *Foi entrando e sentando, sem trelho nem trebelho. Foi apresentando as ideias sem trelho nem trabelho*. Cf.: *À toa; Sem pé(s) (e) nem/sem cabeça*. A expressão compõe frases com diferentes verbos, porém semanticamente paralelos, como *andar, viver, ficar*, entre muitos outros compatíveis. [AUR/NASD/7782/RMJ/CF/LAT] (*)

TOQUE

A toque de caixa: com muita pressa. *Arrumou as malas a toque de caixa, para não perder o avião*. Usada com vários verbos, inclusive com o verbo *fazer*. O toque de caixa indicava, nos regimentos e regulamentos, ordem urgente, que devia ser executada a toda pressa. Daí se dizer também: *Ser corrido a toque de caixa*, isto é, ao som dos tambores. [MEL/SILV/PIM/NAS] (*)

TORTO

A torto e a direito: de um jeito ou de outro, indiscriminadamente, às cegas. *Ao ser agredido, saiu distribuindo socos e pontapés a torto e a direito*. Usa-se alternativamente com diversos verbos. [LAU] entende que a expressão remonta à formulação já usada no século XVII, ainda que proverbial, mais ampla e contextualizante, com "tyeito" no lugar de "torto", justificável apenas para perfazer a rima, já que "torto", como se sabe, tem origem latina no *tortu* "torcido". Cf.: sobre a importância e significado das rimas, *Aos trancos e barrancos*. Em princípio, não admite inversão de ordem. [WER/TOG/LP/LAU/FUL/MEL/FRI] (*)

TRABALHO

Trabalho bem começado, (é) meio caminho andado: uma tarefa bem planejada e iniciada acaba bem, começar bem já é um grande passo. *O coordenador convocou todos os envolvidos para planejarem bem o trabalho; começar bem é meio caminho andado.* A expressão como aqui configurada já constava em latim: *Demitium facti bene, coepit habet* e está reproduzida em espanhol: *Buen principio, la mitad es hecha;* em francês: *La mitié fait qui commence bien;* em italiano: *Buon principio è la metà dell'opera;* e em inglês: *Well begun is half done*. Também se diz em português: *Um bom começo é meio caminho andado.* Cf.: *Meio caminho andado.* [SILVA2/LMOT/8608] (*)

TRANCO

Aos trancos e barrancos: com muita dificuldade, sem método, dispersamente, aos empurrões, marcha violenta através de obstáculos. *Conseguiu chegar aos trancos e barrancos* (usada alternativamente com vários verbos indeterminados, entre os quais, *andar*). Há similar em inglês, registrando o mesmo sentido com referentes diferentes: *By fits and starts* (*Em marchas e contramarchas*). [ALI] explica-a graças à expressividade das rimas, a partir da frase *andar a trancos*, isto é, aos saltos. Acrescentou-se *e barrancos*. Lucrou a imaginativa e perdeu a lógica. A imaginativa ganha, porque com a frase ampliada se pintam mais os acidentes do terreno que aceleram e, momentaneamente, sustam os tombos e saltos. A lógica fica prejudicada porque não se devem ligar coisas heterogêneas. *A saltos* exprime a maneira de andar; advérbio de modo; *e barrancos* está por *e a barrancos*. Mas *é* advérbio de lugar. Devia nomear-se a preposição *por* em lugar de subentender-se *a*. [LCC] hipotetiza-a com a citação de Alfonso Martinez de Toledo, que escreveu: "aunque no tenga para comer, *a trancas o barrancas* también ella se los hace a revienta". A imagem veio de Portugal, onde *barranco* é cava, rasgão, valo aberto pelas enxurradas, quando no Brasil é ribanceira fluvial, monte de barro, piçarra, elevação calcária. O mesmo que *barranca*. "Tranco" é o inopinado salto do cavalo; esbarro, empurrão, choque com o ombro. Não admite inversão de ordem. [0793/RMJ2/TOG/0793/LCC] (*)

TRÁS

Mijar para/pra trás: faltar com a palavra dada. *Você agora não vai poder mijar pra trás, prometeu, tem que cumprir.* Deveria ser referida apenas às mulheres, uma vez que diz respeito a ato próprio das mulheres que urinam sentadas. Diz-se, entretanto, também do homem que não tem varonilidade, ou se considera uma expressão machista, ao descrever o modo feminino de urinar (isto é, em relação ao modo masculino), e a expressão ganha uma conotação muito forte, figuradamente falando. [MEL/SILV/AUR/CF] (*)

TRASEIRO

Levar um chute/um pé/um pontapé (no traseiro/na bunda): ser despedido. *Para não levar um pé no traseiro aceitou a redução do salário*. Sinônimo: *Levar um pé na bunda*. Em francês há expressões semelhantes e, Bally, em 1951, já registrava a mesma ideia com outros referentes: *Recevoir un coup de pied à l'endroit où le dos perd son nom*. Cf.: *Dar um chute/um pé/um pontapé (no traseiro/na bunda)*. [BAL/MEL] (*)

TRATO

Dar tratos à bola: imaginar, raciocinar, pensar muito, trabalhar muito. *Para resolver esse problema, você terá que dar tratos à bola*. Sinônimo: *Fundir a cuca* (vulgar). "Bola" é metáfora para cabeça, extensivo para cérebro, juízo. Há equivalente em inglês, formalizada com referentes semelhantes: *To beat one's brains*. [RMJ2/MEL/SILV] (*)

TRAVE

Bater na trave: chegar perto do alvo, quase acertar. *Ele não adivinhou o que eu queria, mas bateu na trave*. Provém do futebol. Há correspondentes em inglês e espanhol: *Hit the post; Pegar en el poste*. Numa "chamada" de jornal aparece: *O título do São Paulo literalmente bateu na trave (...) o zagueiro André Dias acertou o pé do poste esquerdo de Fernando Henrique* (*Metrô News*, 1/12/2008); o exemplo revela uso literal, denotativamente assumido, aproveitando o valor do trocadilho. [1174/FIELD/LP] (*)

TRELA

Dar trela: 1. dar chance. 2. dar conversa. 3. corresponder ao namoro, aceitar os galanteios, demonstrar interesse. 4. dar confiança, dar liberdade, dar folga. 1. *Não dou trela para inimigo meu*. 2. *O rapaz não dava muita trela para ela. Encontrei o Sílvio e fiquei dando trela*. 3. *Deu trela ao namorado durante a festa toda*. 4. *Deram trela aos empregados e tiveram que trocar todos. Deu trela ao criado*. Sinônimo: *Dar corda*. As aplicações figuradas da expressão giram sobre a palavra-chave "trela", que corresponde a dois sentidos distintos entre si, sendo o segundo normalmente classificado como gíria. O primeiro significa correia, tira de couro que prende o cão de caça, de que resultam *Dar trela*, isto é, alargar o espaço, dar folga; *Soltar a trela*, isto é, afrouxar a rédea, libertar o cão para a perseguição, figuradamente, libertar; e *Não dar trela*, isto é, prender o cão junto ao caçador, figuradamente, restringir a liberdade. O segundo é a gíria: conversa, prosa, de que resulta *Dar trela*, isto é, dar atenção, dar confiança. As aplicações figuradas da *trela*, como são empregadas no Brasil, são também de uso em Portugal. A expressão *Dar trela* deve estar mais "atrelada" (conforme o sentido do dicionário comum), na sua origem, à *trela*, significando "corda ou tira de couro com que se conduz um cão", com cujo sentido se afina a citada variante *Soltar a trela*. Vale ainda registrar a longevidade da expressão: em 1530, Antonio Prestes escrevia em Lisboa: "Quereis *dar trela* a madraços"; e no *Anfitriões* de Camões aparece: "*Dou-lhe trela* as travessuras", no sentido de dar liberdade às travessuras. A palavra "conversa", por outro lado (segundo sentido), também tem origem longeva, do século XIV ou XV, mas talvez só bem mais tarde tenha integrado o sentido da expressão. Ademais, em *trela* parece ter havido interferência e/ou intromissão de sentido e de forma da palavra *taramela* (de 1587), metaforicamente "língua", de onde surgem *dar/fechar/soltar* a taramela, isto é, usar, prender, soltar a língua. Por fim, elas devem se ter contaminado semanticamente: *Dar trela* com o sentido de *dar folga, afrouxar a rédea*, mais comportamental, com *Dar trela* significando *soltar a língua/soltar a conversa*. [GUR/VIO/SIM/AUR/HOU/LEL/ABL/2606/LCC/SILV/JRF/WER] (*)

TRÊS

A três por dois: amiúde, frequentemente. *Ele encrenca a três por dois*. [LAU] entende que a expressão remonta à formulação original já usada no século XVII: "A duas palavras, tres porradas". Sinônimo: *Volta e meia*. [0351/LAU]

TRIPA

Fazer das tripas coração: fazer um grande e corajoso esforço para conseguir algo. *Fez das tripas coração para comer a comida que lhe serviram*. "Coração" entra na expressão como símbolo de coragem, graças à sua própria etimologia, e parece que tal provérbio ou expressão era usado já no século XVI. [WER/SILV/MEL/LP/FRI/LMOT/4198] (*)

TRISTEZA

Tristezas não pagam dívidas: não se deve deixar abater por causa de dívidas ou dificuldades. *Você não pode ficar para baixo por dever muito, tristezas não pagam dívidas*. Há expressões similares literais ou com ideias muito próximas em espanhol, francês, italiano e inglês, a saber: *Tristezas no pagan deudas; La melancolie ne paye point de dettes; Cento cara di pensieri non pagheranno un'oncia di debito; A hundred years fret will not pay a penny of debt*. [MEL/MEF/LOT/8649] (*)

TRIZ

Por um triz: quase nada, quase. *Por um triz o menino não foi atropelado*. Tomando-se "triz" do grego significando "fio de cabelo", explica-se a iminência de um acontecimento; daí o sentido "fração de segundo", válido também para a expressão em espanhol, explicada pelo mesmo referente "cabelo": *Por los pelos*. Sinônimo: *Por um fio (de cabelo)*. O espanhol, aliás, parece pródigo na utilização de "fio(s) de cabelo" em expressões em que ele(s) representa(m) a ideia de pequenez: *de medio pelo* (*de meia-tigela*), *no tener pelo de tonto* (*não ter nascido ontem*), *por los pelos* (*por um triz*), *venir al pelo* (*ser uma mão na roda*), *de pelo en la venta* (*agressivo*), *no tener pelos en la lengua* (*não ter papas na língua*) etc. [WER/FUL/MEL/LCC/PIP/PIM/7097/LAT] (*)

TROUXA

Bancar/Ser (o/um) trouxa: deixar-se enganar, ser fácil de ser enganado. *Você foi muito trouxa por se deixar enganar.* É usada com vários verbos alternativos, inclusive com o verbo *ser*. Cf.: *Fazer alguém de trouxa*. "Trouxa" é sinônimo de "embrulho"; a expressão parece, pois, explicar-se, entendendo-se embrulho figuradamente, como "artifício para enganar alguém". [WER/SILV/AUR/MEL/2096] (*)

TUDO

Quem tudo quer tudo perde: a ambição desmedida pode levar a não conseguir nada. *Por não querer dividir a herança com os irmãos, o pai o deserdou; quem tudo quer tudo perde.* A expressão aparece em versões literais no espanhol, italiano e inglês: *Quien todo lo quiere, todo lo perde; Chi tutto vuole, tutto perde. He who wants everything loses all.* [LMOT/MEL/FRI] (*)

U

ÚLTIMO

Os últimos serão os primeiros: todos têm oportunidades iguais, independentemente de suas posições. *Fui o último a chegar, mas sei que serei bem atendido, os últimos serão os primeiros.* Trata-se de provérbio de origem bíblica (Mateus, 20:1-16; 19:30) em que se confrontam os conceitos de "justiça" e de "contrato", e é muito usado coloquialmente. O provérbio tem versões literais em espanhol: *Los pósteros son primeros y los primeros pósteros;* e em italiano: *Gli ultimi saranno i rimi.* [MEL/FON/JRF/LMOT/6369/LAC] (*)

UM

Quando um não quer, dois não brigam: duas pessoas deixam de fazer algo comum que só poderiam fazer juntas, a culpa duma briga cabe a ambos os briguentos. *Não houve casamento porque* o noivo desistiu, quando um não quer, dois não brigam*. A ideia já estava em latim: *Unus duntaxat non preliatur*, tendo chegado ao inglês: *It takes two to make a quarrel*. [MEL/LMOT/FRI/7253] (*)

UNHA

Com unhas e dentes: com tenacidade, com todas as forças. *Tenho que agarrar esta última oportunidade com unhas e dentes*. É expressão usada alternativamente com vários verbos, como *agarrar, atacar, lutar, defender* etc. Há evidente alusão ao comportamento de animais ferozes que atacam e se defendem com garras e dentes. Há similar espanhol em tradução literal: *Defender con uñas y dientes*. [FUL/LCC/MEL/ABL/FRI] (*)

UNIÃO

A união faz a força: quando as pessoas se unem para um objetivo comum, conseguem êxito. *Vamos todos juntos pedir juntos, a união faz a força*. Trata-se de provérbio, mas é bastante usado coloquialmente. A expressão vem desde o latim: *Vis unita fortior*, e, com vocação universal, se espalhou, de forma literal, por outros idiomas, como italiano, inglês e francês: *L'unione fà la forza; Union is strength* e *L'union fait la force*. [MEL/MEF/RMJ/0362/LMOT] (*)

URUBU

Um urubu pousou na minha sorte: presságio de coisa ruim, frase agourenta, de má predição. *Não consigo mais nenhum emprego; ah! um urubu pousou na minha sorte*. Trata-se do verso 'Ah! Um urubu pousou na minha sorte!", muito conhecido, de Augusto dos Anjos, que ressalta a praga do urubu na culminância do seu pouso. Outra ave de mau agouro é a coruja, com seu canto semelhante ao tique-taque de uma tesoura de costureira, a que se atribuem vários infaustos eventos de morte. Cf.: *Ave de mau agouro*. [MOT] (*)

USEIRO

Ser useiro e vezeiro: que costuma fazer várias vezes alguma coisa, habituado e obstinado. Ter por hábito repetir algo normalmente repreensível. *Ele é useiro e vezeiro em contar mentiras. Ela é useira e vezeira em falar mal dos outros*. É usada com vários verbos, quase sempre com valor negativo. Forma enfática de apontar alguém que faz repetidamente a mesma coisa. Emprega-se normalmente no sentido negativo, até porque "vezo", que não tem vinculação com "vez", e que originou *vezeiro*, vem do latim *vitium*, vício, que é o hábito ou costume de fazer algo repreensível. Em princípio, não admite inversão de ordem. [8772/NAS/MEL/PIM/HOU/CF] (*)

ÚTIL

Juntar/Unir o útil ao agradável: fazer duas coisas boas ao mesmo tempo, ainda que de naturezas diferentes. *Uniu o útil ao agradável, vendendo bijuterias durante a viagem*. A ideia já transitava sucintamente no latim: *Utile dulci*. [SILVA2/MEL/SILV/8760] (*)

VACA

A vaca ir para o/pro brejo: malograr-se, dar tudo errado. *O otimista acha que a vaca foi pro brejo e o pessimista acha que não vai ter brejo pra tanta vaca. Investiu muito na lavoura, mas, com a falta de chuva, a vaca foi pro brejo.* Normalmente formulada com o verbo "ir" flexionado, ocorrem formulações em perífrases, como com o verbo *deixar* e o verbo "ir" no infinitivo: *não se pode deixar a vaca "ir" para o brejo.* Cf.: p. 17; p. 40, l e *Ir para o/pro brejo*. A título de curiosidade, registre-se, em particular, a publicação póstuma da 1ª edição do livro *The cow went to the swamp* (*A vaca foi pro brejo*), de Millôr Fernandes, em 2014. Na realidade, uma primeira versão dessa obra foi publicada em 1988, no Rio de Janeiro, pela Editora Record, sendo resenhada em 1990, por Miriam Lemle. Nesse livro, Millôr faz humor com as expressões idiomáticas. A circunstância configurada no sentido literal e narrada adiante permite interpretar com certa clareza o sentido não literal: a vaca ir para o brejo ocorre tendo em vista que ela se atola no brejo, porque, faminta, vai lá no tempo de seca, em busca dos últimos brotos de capim verde. Ao contrário de quando está em terra firme, fica "estaqueada" no fundo do lodo e, afundando aos poucos, acaba por respirar água pelas narinas, quando não, morre por inanição ou sede, mesmo dentro d'água. A perda de uma vaca significa um prejuízo de grande monta. Apenas um trator, cabos e pelo menos seis homens conseguem tirar a vaca atolada, com sucesso, de um brejo, após uma operação extenuante e delicada, de várias horas de duração e revezes. Isso tudo explica as metáforas aplicáveis às várias situações, a partir da comparação com a situação real: "malograr-se", "ferrou-se", "fodeu-se", "já era" etc. [SILV/MEL/LP/FSP/WER/4791/AUR] [*]

Fazer uma vaca/vaquinha: quantia que se obtém por meio de contribuição voluntária de várias pessoas para ajuda de alguém ou para compra de alguma coisa em benefício do grupo. *Os funcionários fizeram uma vaquinha para comprar o presente do chefe. Nós fizemos uma vaca e jogamos no número 12.* A expressão está vinculada à gíria "vaca", sociedade de várias pessoas no jogo ou para compra e realização de alguma coisa. Vale transcrever o verbete espanhol: "dinero que juegan en común dos o más personas" e o seguinte diálogo: "A — Quer fazer uma vaca? B — Uma vaca?!! C — Não sabe que é vaca? Entramos com partes iguais"*,* e a explicação do filólogo peruano: "VACA – Contrato, en varias Repúblicas de nuestra lengua y en Puerto Rico, en virtud del cual cada socio pone cierta suma para, luego, repartir las ganancias en proporción. Comunísimo es este vocablo entre los peruanos, pero muy general es la expresion: Echar en *vaca* o ir en *vaca*. Particularmente, en el juego de la lotería". Há, ainda, uma versão de que a origem estaria ligada à estratégia da torcida do time do Vasco de fazer rateio para premiar com 25 mil réis os jogadores, conforme o resultado das partidas inspiradas nos números do jogo do bicho. O maior prêmio correspondia ao melhor resultado e levava o número 25, que é o número da vaca no jogo do bicho, daí 25 mil réis. [FSP/SILV/MEL/RAM/VIO/LEL/GUR/ALB/4343] (*)

Voltar/Tornar/Ir à vaca-fria: retomar um assunto já ventilado, discutido, interrompido ou abandonado, após divagação em temas ou digressões periféricos, retóricos, reatar a conversação, voltar ao assunto principal, interrompido e maliciosamente abandonado. "Vaca-fria" é sinônimo de assunto principal, interrompido. *Voltando à vaca-fria, o que é mesmo que você veio fazer aqui? Mas, voltando à vaca-fria, asseguro ao senhor que entrei no cangaço por causa das injustiças dos poderosos.* São conhecidas várias versões para sua origem, sendo essa expressão abordada por muitos estudiosos. Em francês se usa a expressão *Revenons à nos moutons* (*Voltemos aos nossos carneiros*), cuja origem é literária, com essa mesma ideia. Popularizou-se através da *Farsa do advogado Pathelin* ou *Maître Pathelin*, obra anônima do século XV (entre 1465-1470). "Revenons à ces moutons" diz o juiz, quando o advogado de defesa começa a fazer longas digressões, que nada têm a ver com a causa, isto é, com os carneiros, que foram furtados pelo ladrão que defende. Pierre Pathelin é um advogado esperto e trapalhão, que compra fiado uma peça de pano a um mercador, finge-se de doente para iludir o credor, e depois aparece no tribunal, para defender um criado do mesmo, acusado de furto. Tantas faz que absolve o criado, apresentando-o como idiota. Mas, ultimado o julgamento, quando quer receber seus honorários, o ex-réu lhe responde imperturbavelmente: "Béébéé. Béééé...". E não há meio de arrancar-lhe um níquel. "Voltemos à vaca-fria" seria adaptação portuguesa de *Revenons à ces moutons*. Os carneiros passaram à vaca-fria pelo esquecimento na exaltação dialética. Por outro lado, conta-se que um advogado, na defesa de um cliente acusado de roubo de uma vaca, fazia uma digressão interminável a respeito do incêndio de Troia, quando o juiz observou-lhe que seria melhor deixar o assunto voltar à vaca-fria, inspirando-se talvez na farsa *Maître Pathelin*. Ou, a troca de "carneiro" por "vaca", na adaptação para a língua portuguesa, deve-se, possivelmente, a um antigo costume da culinária portuguesa de servir um prato frio, feito de carne de vaca, como abertura para as refeições. Alguns comensais passavam direto aos pratos quentes, desprezando a "vaca fria". Além do verbos *voltar* e *tornar*, podem aparecer outros na formulação da expressão. [RMJ/NAS/LCC/SILV/RIB/ROB/WER/LMOT/AUR/HOU/FRI/PIM/8782] (*)

VAI

(Ou) Vai ou racha: exigir decisão, custe o que custar, não importam as consequências. *Agora, ou vai ou racha, investirei tudo naquele negócio.* Expressão cristalizada, que não admite outra flexão verbal. Entretanto, *ad cautelam* e para fins de eventuais pesquisas, foi registrado também um verbete na palavra-chave *IR*. O francês tem um modo próprio de dizer: *Ça passe ou ça casse*. Cf.: *Virar e mexer; Ou dá ou desce; Vaivém. (Ou) Vai ou racha* e *IR*. [SILV/MEL/WER/FUL/6381/LMOT/PIP] (*)

VAPOR

A todo (o) vapor: com força total, a pleno vapor. *Saiu a todo vapor, ao perceber que estava atrasado. Sob nova direção, a fábrica está trabalhando a todo vapor.* Em inglês há expressão literalmente igual: *Full blast*. [MEL/NAS/RMJ2] (*)

VASO

Vaso/Vasilha ruim não quebra (fácil): em geral as pessoas más dificilmente sofrem vicissitudes, ao contrário das boas. *Apesar de fazer mal a muita gente, nada lhe acontece; vaso ruim não quebra.* Em inglês há frase com alguma equivalência: *Only the good die young*. Mas em latim *Vaso ruim não quebra* já tinha expressão literalmente igual (*Vas malum non frangitur*). [MEL/SILVA2/LMOT/8816] (*)

VELA

Acender uma vela a Deus e outra ao diabo: agradar, simultaneamente, a dois lados contrários. *Querer ficar bem com o governo e a oposição é acender uma vela a Deus e outra ao diabo.* A expressão se origina do caso de Robert de la Marck. Esse fidalgo, segundo conta Brantôme, se fez retratar ajoelhado diante de Santa Margarida com uma vela em cada mão. A santa se apresenta com um dragão ao pé. Uma legenda dizia: "Se Deus não me ajudar, ao menos não me falte o diabo". Esta velha frase veicula também na França, mas com outra fórmula: *Porter une chandelle à Saint Michel et l'autre à son serpente*. A expressão portuguesa pode ter sido uma adaptação da francesa em que Deus e o diabo tomam o lugar do santo e do dragão. Cf.: *Ninguém pode servir a dois senhores (ao mesmo tempo); Não se pode servir a Deus e ao diabo*. [MEL/SILV/NAS/RMJ] (*)

VENTO

De vento em popa: progredir aceleradamente. *O negócio vai de vento em popa, acumulando um contrato atrás do outro.* Usada normalmente com o verbo *ir*. Tenha-se em mente que "popa" é a parte traseira de uma embarcação, sujeita à força do vento. Em espanhol há expressão similar: *Ir viento en popa*. [LP/MEL/SILV/3083/AUR/LAT] (*)

Quem semeia vento(s) colhe tempestade: aquele que faz mal arcará com graves consequências. *Sendo violento, todos se voltarão contra ti, quem semeia vento colhe tempestade.* A ideia do provérbio vem desde o latim e tem versão literal em inglês: *Ventum seminabunt et turbinem metent; Sow the wind, and reap the whirlwind*. [SIP/LMOT/MEL/STEIN/SILV/SILVA2] (*)

VER

Ver para/pra crer: só acreditar vendo. *Eu sou como São Tome: ver para crer*. A frase tem apoio na Bíblia, no Novo Testamento, na dúvida do apóstolo sobre a ressurreição de Cristo, em que só acreditou após tocar as suas chagas. Como *slogan* comercial de lojas que anunciam liquidações quase de graça surgiu na França em 1815. Em francês a ideia é expressa quase em tradução literal: *Il faut le voire pour le croire* ou *Quand on voit la chose, on la croit*. Em latim a ideia se traduz por *Oculis magis habenda fides quam auribus*. Mas há versões praticamentre literais em espanhol: *Para creer, no hay cosa como ver*; em italiano: *Vedere per credere*; e em inglês: *Seeing is believing*. [FUL/RMJ/SILVB/MEL/SILVA2/LMOT/8863] (*)

VERDADE

A verdade (sempre) vem à tona: a verdade sempre aparece. *Não adianta querer enganar, a verdade sempre vem à tona*. Há ideias equivalentes em espanhol e inglês com estratégia comparativa: *La verdad anda siempre sobre la mentira, como el aceite sobre el agua; Truth always rises above falsehood, as oil above water*. [LMOT/0372] (*)

VERDE

Botar/Jogar/Plantar verde para colher maduro: estimular alguém com perguntas hábeis a fazer uma declaração, a contar um assunto. Tentar uma confissão, simulando não necessitar dela. *Tive que jogar verde para colher maduro, não sei nada sobre sua namorada*. A forma paulista, segundo [AM], é *Plantar verde para colher maduras*. O francês traduz mais ou menos a mesma ideia menos figuradamente: *Plaider le faux pour savoir le vrai* (*Advogar o falso para saber a verdade*). [MEL/LMOT/NAS/4936/AM] (*)

VERO

Si non è vero, è bene trovato: se não é verdade, verdadeiro, é muito bem "achado", é um belo "achado"; é muito provável que o seja. *Não há regra sem exceção; ainda que possa não ser verdadeiro, vale pensar: si non è vero, è bene trovato*. Essa é uma expressão italiana que pode ser considerada de curso universal, tal é o seu uso em vários idiomas. Seu uso foi cristalizado na língua italiana, vulgarizando-se em muitos idiomas, nos quais, inclusive no português, pode ser considerada, pois, um "empréstimo". Deve ser variante extraída da frase maior "(...) se non è vero, egli è stato un bel trovato", aparecida em 1552, no livro *Marmi*. Tais expressões, nascidas em um idioma, viajam o mundo e normalmente mantêm sua pronúncia original, como acontece em vários idiomas. Cf.: *Ser ou não ser* de *To be or not to be*, e, ainda, *A cobra está fumando*. [RMJ] (*)

VIA-SACRA

Fazer a via-sacra: ir a casa de todos os conhecidos ou outros lugares para obter alguma coisa. *Fez a via-sacra na vizinhança, colhendo donativos. Fez a via-sacra nas lojas, mas nada comprou.* "Via-sacra" é uma devoção e procedimento durante a Semana Santa da Igreja Católica de percorrer as estações que lembram a paixão de Cristo. [MEL/SILV/AUR] (*)

VIDA

A vida começa aos quarenta: aos quarenta anos a pessoa atinge o auge do amadurecimento, tem início um novo ciclo de vida. *O dito popular "a vida começa aos quarenta" não é simplesmente fruto de reflexão e raciocínio, é também conclusão empírica: agora que ele fez quarenta anos está realmente em condições de grandes realizações*. Trata-se de título de um romance de Walter B. Pitkin, *Life begins at forty,* o que constitui mais uma publicação coincidente com a expressão em tela. [0373/NAS] (*)

VIOLA

Por fora bela viola, por dentro pão bolorento: diz-se de pessoa que oculta problemas ou doenças, mantendo aparência normal e saudável; diz-se de pessoas amigas de aparências enganosas; diz-se de coisa em mau estado que mantém aparência ao contrário. *Parece bem disposto, mas não está bem, por fora bela viola, por dentro pão bolorento.* São conhecidas muitas variantes, entre as quais se selecionam: *Por fora muita farofa, por dentro molambo/mulambos só; Por fora muita farofa, por dentro não tem miolo.* Machado de Assis chega a usar abreviadamente: *Por fora muita farofa* etc. Nos *Apólogos dialogais* (século XVII), de D. Francisco Manuel, já aparece *Por fora pau e viola, por dentro pão bolorento.* Em latim e em espanhol a ideia semelhante se traduz por outras palavras, como se observa: *Res modo formosae foris, intus erunt maculosae; Por fuera hermosa, mas por dentro es otra cosa.* [MEL/SILVA2/LMOT/7012/AM/RMJ] (*)

VIOLÃO

Comigo não, violão: expressão de repúdio. *Não admito que se refiram a mim desse jeito, comigo não, violão. Comigo você não tira vantagem: comigo não, violão.* Expressão sem sentido literal ou figurado discerníveis, valendo pela rima e pelo aspecto puramente pragmático de interação. A título de "brincadeira linguística", o humorista Millôr Fernandes traduziu literalmente: *Not with me, guitar!,* e há quem formule a seguinte expressão paralela de contraponto: *Comigo sim, bandolim.* De qualquer forma, não há expressão realmente idiomática, nem equivalente, muito menos correspondente, em inglês. [2138/MEL/WER/MF/LMOT] (*)

VITÓRIA

Vitória de Pirro: vitória difícil, em que as perdas do vencedor são tão grandes quanto as do vencido, vitória sem valor. *Meu time ganhou, mas não conseguiu a classificação, foi uma vitória de Pirro.* Esta locução serve para caracterizar todas as vitórias alcançadas à custa de imensos sacrifícios. Trata-se de Pirro II ou Pyhrro (318-272 AC), rei de Epiro. Ele dirigiu uma expedição à Itália, e, graças à surpresa que os seus elefantes causaram aos romanos, venceu-os em Heracleia em 280 (essa vitória, demasiadamente sangrenta, deu origem à expressão: "Uma vitória de Pirro") e depois em Ásculo em 279, mas foi derrotado em Benevento em 275, perdendo a flor do seu exército no sangrento encontro. Quando fazia a guerra na Grécia, foi morto em Argos, em 272. A vitória de Ásculo ficou-lhe tão cara que às felicitações dos seus generais, o monarca respondeu: "Mais uma vitória como esta e estou perdido", frase que se cita para caracterizar um êxito muito dificilmente alcançado; Pirro foi morto na tomada de Argos por uma velha que, de cima de um telhado, lhe atirou uma telha na cabeça. O rei Pirro não é responsável pela origem das palavras pirrônico e pirronismo, ligadas à ideia de ceticismo, de teimosia, de obstinação. Essas palavras derivam da doutrina de seu homônimo, o filósofo Pirro, mais ou menos da mesma época, que foi o fundador da escola cética. Essa doutrina só admitia como verdade aquilo que pudesse ser provado, e só aceitava como realidade as sensações. É frequente o uso de nomes em expressões. Cf.: p. 34, g. [MEL/RMJ/AUR/CF] (*)

VIVALMA

Vivalma/Viva alma: absolutamente ninguém. *Quem estará a tocar a estas horas? Olha em torno e não vê vivalma. Não tinha vivalma no barraco. Ouvi um barulho esquisito. Fui ao corredor e não vi uma viva alma.* Emprega-se normalmente com os verbos *haver, ver, aparecer,* e quase sempre em frases negativas ou em que se pressupõe negação. Em francês, Bally, em 1951, já registrava a mesma expressão com os mesmos referentes: *Il n'y a pas âme qui vive,* mas, como se vê, apenas com estrutura sintática diferente. [BAL/MEL/AUR/SIM/GUR] (*)

VIVER

Vivendo e aprendendo: expressão exclamada ao se aprender ou vivenciar, de modo inesperado e às vezes tardio, alguma coisa. *Vivendo e aprendendo; depois de idoso, entendeu o jeitinho brasileiro.* Em inglês, fala-se *Live and learn* (*Viva e aprenda*). Uma anedota atribui a frase a Camões, doente de morte, a quem, faltando o lume, o escravo Jau levara uma brasa, na palma da mão, sobre um espessa camada de areia. Esta anedota lembra outra semelhante, de sítio, cuja frase, porém, devidamente adaptada, era *Morrendo e aprendendo.* [MEL/WER/RMJ2/RMJ/7263] (*)

VOTO

Voto de Minerva: voto de desempate, voto decisivo. *O presidente da mesa definiu o resultado com o voto de Minerva.* Usa-se normalmente com o verbo *dar*. Orestes, filho de Clitemnestra, foi acusado pelo assassinato da mãe. No julgamento, houve empate entre os acusados. Coube à deusa Minerva [etimologicamente, de *mens* "espírito"], deusa romana que personificava o poder do pensamento e se identificava com a deusa grega Palas Atena, da sabedoria, o voto decisivo, que foi em favor do réu. Cf.: p. 34, g. [MEL/ SPAL,1972/NAS/AUR] (*)

VOZ

(A)Voz do povo (é a) voz de Deus: o que o povo pensa e diz está certo. *O povo elegeu, está certo; a voz do povo é a voz de Deus*. Provérbio de origem latina muito usado coloquialmente. Trata-se de ditado praticamente universal, a partir do latim e da tradição religiosa (atente-se, porém, às considerações de [LCC] no final do verbete), como ilustram as formulações seguintes: *Vox populi, vox Dei; Voz del pueblo, voz de Dios; La voix du peuple est la voix de Dieu; Voce de populo, voce de Dio; The people's voice, God's voice*. [LAU] entende que a expressão remonta à formulação original já usada no século XVII: "Voz do povo, voz de Deos". A expresssão latina tem sido vertida frequentemente para *Voz do povo voz de Deus*, sem a introdução de artigos e o verbo *ser*, fórmula usual, e mais moderna nas línguas neolatinas (Cf.: *Dura lex sed lex*, A lei é dura mas é a lei; *Alea jacta est*, A sorte está lançada), como constam normalmente em [AUR] e [HOU]. Vale a pena levar em conta, entretanto, algumas das considerações de [LCC], válidas no geral: "Os Deuses falam pela boca anônima do consenso humano. (...) Em Farae, na Acaia, norte do Peloponeso, Hermes, o Mercúrio de Roma, possuía um templo onde se manifestava, respondendo às consultas dos devotos pela singular e sugestiva fórmula das vozes errantes e vagas nas praças públicas e nas ruas. (...) É o mais antigo registro do costume contemporâneo. (...) Acultura-se com égides católicas, ...a 'Salve-Rainha'... Indiscutível que o processo de provocar a manifestação sobrenatural através de palavras ocasionais do Povo podia ter determinado a locução *Vox Populi, vox Dei*, e não a indeterminada convergência intemporal da opinião pública". [LAU/ SAB/WER/LCC/LMOT/MEF/SILVA2/0385/8973/MEL/HOU /AUR] (*)

X

X/O xis do problema/da questão: questão de difícil solução. *Tente descobrir a solução desse xis da questão*. Usam-se vários verbos na composição de suas frases, inclusive o verbo *ser*. Trata-se talvez de alusão ao símbolo da incógnita na matemática. Cf.: *Busílis*. [NAS/AUR/PUG/HOU] (*)

X.P.T.O.

X.P.T.O. (Xispeteó): excelente. *Na realidade, aquele fato foi todo ele X.P.T.O. A festa de formatura e o baile foram xispeteó.* "A origem da expressão é curiosa porque encerra um interessante fato histórico do cristianismo. Quando, em Roma, nos tempos das perseguições, viviam os cristãos nas catacumbas, sem poder praticar seu culto à luz do dia, não podendo escrever todo o nome de Cristo, por extenso, *Christos* em grego, pois a língua predominante dos primeiros séculos do cristianismo foi o grego, extraíram uma abreviatura grega com apenas quatro letras, o famoso tetragrama sagrado *X (ch)* + *P (rô,* isto é, *r),* + *T (tau, tê)* + *O (ómicron,* o breve*)* e fizeram XPTO, isto é *Xristos.* Com o passar do tempo, vindo o triunfo religioso com Constantino, não sendo mais necessário ocultar-se nas catacumbas nem recorrer ao tetragrama porque podiam escrever o nome de Cristo por completo, foi esquecido esse código sagrado. De forma simples, pode-se dizer que X.P.T.O. é a abreviatura paleográfica de *Cristo,* com o sentido de excelente que cabe a esse nome. Já no final do século XVIII e início do XIX, um fabricante de vinhos desejou reservar para o sacrifício da missa o melhor de sua fabricação. Recorreu a um padre para que lhe desse um nome que servisse de marca. Lembrou-se o padre do conhecido tetragrama e mandou que pusesse, como marca do vinho, as quatro letras X.P.T.O. Como já ninguém soubesse grego, o símbolo *P (rô),* que em grego representa o r, foi tomado por *P* do alfabeto latino e, assim, leram *Xispeteó.* Sendo o vinho o melhor que havia, o excelente, tudo o que fosse excelente tomou o nome de *Xispeteó*: uma festa, um baile, um doce, um livro xispeteó, isto é, ótimo. Assim, a expressão burlesca passou a significar excelência ou primor de qualquer coisa. Por outro lado, tem-se notícia da inscrição X.P.T.O. em caixotes de uma marca inglesa de cobertores ao preço de dez libras, ou seja, "*X P(ondera) T(ectoria) O(ptima),* óptimos cobertores a dez libras". Como linguagem erótica, já em 1903 consta do *Dicionário Moderno (O Coió)* (Bock, Rio de Janeiro, 1903, apud PRETI), como sinônimo de "chupeta", não existe melhor. Cf.: CHUPETA. [LEL/CF/HOU/AUR]

XAVIER

Ficar/Sair xavier/xavi/chavi/chavié: ficar sem graça, chateado, e com manifesto desapontamento, sair do jogo, perdendo, ser traído pela mulher. *Perdeu tudo no jogo, naturalmente saiu xavier.* "Xavier" significa um tipo de manga (fruta); é usada como gíria, ligada ao antropônimo Xavier, aparentemente sem vinculação claramente discernível, a não ser, talvez, uma eventual implicação fonética. Cf.: p. 34, g. [AUR/SILV/VIO/MIC] (*)

ZÉ

Zé-povinho: arraia-miúda, tipo característico do homem do povo em Portugal. *Quero ver aplicar isso ao zé-povinho.* Figura criada pelo caricaturista Rafael Bordalo Pinheiro, que atuou em várias folhas, como *O Mosquito*, por exemplo, e o introduziu. Cf.: p. 34, g. [NAS/8994] (*)

ZERO

Zero à esquerda: pessoa ou coisa inútil, sem nenhum valor ou préstimo. *Em casa, ele não apita nada, é um zero à esquerda.* Usada normalmente em função predicativa, com o verbo *ser*. Em francês, Bally, em 1951, já registrava a mesma ideia com outros referentes: *C'est la cinquième roue d'un char*: é a quinta roda de um carro, isto é, roda inútil. Vale a pena observar a extrema identidade de ideias, sob roupagem tão diferente. [BAL/MEL/WER] (*)

REFERÊNCIAS

Códigos de autores e obras

[ABL]　ACADEMIA BRASILEIRA DE LETRAS. *Dicionário escolar da língua portuguesa*. 2. ed. São Paulo: Cia. Editora Nacional, 2008.

[ALB]　ALBUQUERQUE. A. T. D. *O novo vocabulário*. Rio de Janeiro: Editora Getúlio Costa, s.d.

[ALI]　ALI, S. *Meios de expressão e alterações semânticas*. Rio de Janeiro: FGV, 1971.

[ALV]　ALVAREZ, M. L. O. Entre (linhas) e palavras: o nível semântico das expressões idiomáticas. In: OLIVEIRA, E. G. de; SILVA, S. (Orgs.). *Semântica e estilística*: dimensões atuais do significado e do estilo. Homenagem a Nilce Sant'Ana Martins. Campinas: Pontes Editores. 2014.

[AM]　AMARAL, A. *Tradições populares*, com um estudo de Paulo Duarte. 3. ed. São Paulo/Brasília: Hucitec/INL, 1982 [1. ed. 1948].

[AMF]　MACHADO, A. da M. *Aventuras de um caçador de palavras*. Rio de Janeiro: Acadêmica, 1969.

[AMM]　MACHADO, A. da M. *Miscelânea de estudos em honra de Antenor Nascentes*. Rio de Janeiro: [s.n.], 1941.

[AUL] AULETE, C. *Minidicionário contemporâneo da língua portuguesa*. Rio de Janeiro: Lexikon, 2012.

[AUR] HOLANDA, A. B. de. *Novo dicionário Aurélio da língua portuguesa*. 4. ed. Curitiba: Positivo, 2009.

[AZE] AZEVEDO, D. *Grande dicionário francês-português de Domingos de Azevedo*. Lisboa: Bertrand, 1975.

[BAL] BALLY, C. *Traité de stylistique française*. 3. ed., nouveau tirage. Geneve: Librairie C. Klincksidek, 1951 [1909]. v. 1 e 2.

[BAR] BARSA. *The new Barsa dictionary of the English and Portuguese languages.* New York: BARSA, 1968.

[BEC] BECHARA, E. *Ensino da gramática:* Opressão? Liberdade? São Paulo: Ática, 1985.

[BRIT] DICIONÁRIO BRASILEIRO DA LÍNGUA PORTUGUESA. 7. ed. São Paulo: Encyclopaedia Britannica do Brasil Publicações, 1972.

[CA] CABRAL, T. *Dicionário de termos e expressões populares*. Fortaleza: Universidade Federal do Ceará, 1982.

[CAC] CACIATORE, O. G. *Dicionário de cultos afro-brasileiros*. Rio de Janeiro: Forense Universitária, 1977.

[CARN] SILVA, E. C. *Dicionário da gíria brasileira.* Rio de Janeiro: Bloch Editores, 1973.

[CDAs] ANDRADE, C. D. (apud SILVA, 2014) [ver SILVA].

[CF] FRANCO, C. *Dicionário de expressões populares brasileiras*. São Paulo: Editoras Unidas, s.d. 3 v.

[CRE] CRETELLA JÚNIOR, J.; CINTRA, G. U. *Dicionário latino-português.* São Paulo: Cia. Editora Nacional, 1950.

[DI] BALLARDIM, E.; ZOCCHIO, M. *Pequeno dicionário ilustrado de expressões idiomáticas*. São Paulo: Editora DBA, 1999.

[DAPR] DICCIONARIO DE AFORISMOS, PROVÉRBIOS Y REFRANES. Barcelona: Sintes, 1967 [1954].

[DSP] DIÁRIO DE S. PAULO. [Várias edições] São Paulo.

[FIELD] FIELD. *Dicionário de expressões do futebol*. Disponível em: <http://dicionariofield.com.br/langselect>. Acesso em: 14 dez. 2014.

[0000] FONTES FILHO, A. *O dito pelo não dito:* dicionário de expressões idiomáticas. São Paulo: Libra Três, 2006.

[FON] FONTOURA, M.; ROCHA, I. *Como diz o ditado*. Curitiba: Gramofone Cultural, 2005.

[FRI] ADÁGIOS, PROVÉRBIOS, RIFÃOS E ANEXINS. Impresso por Francisco Rolland. Recompilação de F. R. I. L. E. L. Lisboa: Typografia Rollandiana, 1780.

[FSP] FOLHA DE S. PAULO. [Várias edições] São Paulo.

[FUL] FULGÊNCIO, L. *Expressões fixas e idiomatismos do português brasileiro*. 2008. Tese (Doutorado em Linguística) — Pontifícia Universidade Católica de Minas Gerais, Belo Horizonte.

[GAR] GARCIA, H. de. *Dicionário português-espanhol*. Rio de Janeiro/Porto Alegre: Globo, 1963.

[GOM] GOMES, E. *Machado de Assis:* influências inglesas. Rio de Janeiro/Brasília: INL, 1976.

[GUE] GUÉRIOS, M. *Tabus linguísticos*. 2. ed. São Paulo/Curitiba: Editora Nacional/Universidade Federal do Paraná, 1979.

[GUM] SARAIVA, G. *A gíria brasileira:* dos marginais às classes de elite. Belo Horizonte: Editora Itatiaia, 1988.

[GUR] SERRA E GURGEL, J. B. *Dicionário de gíria:* modismo linguístico; o equipamento falado do brasileiro. 5. ed. Brasília: Editoração eletrônica, 1998.

[HOU] HOUAISS, A. *Dicionário Houaiss da língua portuguesa*. Rio de Janeiro: Objetiva, 2001.

[HU] URBANO, H. (Pesquisa particular.)

[JRF] RIBEIRO, J. *Frases feitas*: estudo conjetural de locuções, ditados e provérbios. São Paulo/Belo Horizonte: Editora Paulo de Azevedo, 1960.

[JRL] RIBEIRO, J. *A língua nacional*. Notas aproveitáveis. São Paulo: Cia. Editora Nacional, 1933.

[LAC]   LACERDA, R. C. de. *Dicionário de provérbio*: francês, português, inglês. Rio de Janeiro: Lacerda Editora, 1999.

[LAP]   LAPA, M. R. *Estilística da língua portuguesa*. 8. ed. Coimbra: Coimbra Editora, 1975.

[LAR]   PEQUENO DICIONÁRIO KOOGAN LAROUSSE. Rio de Janeiro: Larousse do Brasil, 1978.

[LAT]   LATORRE, L. M. *Expresiones idiomáticas, proverbios y refranes:* expressões idiomáticas, provérbios e ditos populares. Barueri: On Line Editora, 2007.

[LAU]   LAUAND, J. *500 provérbios portugueses antigos*: educação moral, mentalidade e linguagem. Disponível em: <http://www.hottopos.com/vdletras4/jeans2.htm//#_ftnre50>. Acesso em: 20 mar. 2014.

[LCC]   CASCUDO, L. C. *Locuções tradicionais no Brasil*. Rio de Janeiro: Funarte, 1977.

[LEL]   LELLO UNIVERSAL. *Novo diccionario encyclopédico luso-brasileiro*. Porto: Lello e Irmão, s.d. 4 v.

[LMOT] MOTA, L. *Adagiário brasileiro*. Fortaleza: Imprensa Universitária/UFC, 1982.

[LP]   REVISTA LÍNGUA PORTUGUESA. [Vários números] São Paulo: Segmento.

[LUF]   LUFT, C. P. *O romance das palavras*. São Paulo: Ática, 1996.

[MAS]   ASSIS, M. *A cartomante*. São Paulo: Edições M – Miniatura, 1963.

[MEF]   MELLO, F. R. *Nova recolha de provérbios e outros lugares-comuns portugueses*. Lisboa: Editora Afrodite, 1974.

[MEL]   MELLO, N. C. *Conversando é que se entende*: dicionário de expressões coloquiais brasileiras. São Paulo: Leya, 2009.

[MF]   FERNANDES, M. *The cow went to the swamp = A vaca foi pro brejo*. São Paulo: Cia. das Letras, 2014.

[MIC]   MICHAELIS. *Moderno dicionário da língua portuguesa*. São Paulo: Melhoramentos, 1996.

[MOU]   MOURA, I. *Por outras palavras*. Lisboa: Ledo, 1995.

[MOT]   MOTA, M. *Os bichos na fala da gente*: contribuição à sociologia da expressão brasileira. Recife: UFPE, 1969.

[NAS]   NASCENTES, A. *Tesouro da fraseologia brasileira*. 2. ed. São Paulo/Rio de Janeiro: Freitas Bastos, 1966.

[NASE] NASCENTES, A. *Dicionário etimológico resumido*. Rio de Janeiro: MEC/Instituto Nacional do Livro, 1966.

[NEV]   NEVES, M. H. M. *Guia de uso do português*: confrontando regras e usos. São Paulo: Editora Unesp, 2003.

[NOG]   NOGUEIRA, J. *A linguagem usual e a composição*. 14. ed. Rio de Janeiro/São Paulo: Freitas Bastos, s.d.

[PAR]   PARLAGRECO, C. *Dicionario portoghese/italiano italiano-portoghese*. Milano: Antoniko Vallardi Ed., 1973.

[PAS]   PASSOS, A. *A gíria baiana*. Rio de Janeiro: Livraria São José, 1973.

[PER]   PERINI, M. A. *Gramática descritiva do português*. São Paulo: Ática, 1995.

[PIM]   PIMENTA, Reinaldo. *A casa da mãe Joana 1 & 2:* curiosidades nas origens das palavras, frases e marcas. 1. ed., Rio de Janeiro: LTC, 2016.

[PIP]   XATARA, C.; OLIVEIRA, W. L. *Novo PIP:* dicionário de provérbios, idiomatismos e palavrões em uso: francês-português, português-francês. São Paulo: Editora DCE Cultura, 2008.

[PRA1] PRATA, M. *Dicionário português-brasileiro:* schifaizfavoire. São Paulo: Globo, 1990.

[PRA2] PRATA, M. *Mas será o Benedito?* 5. ed. São Paulo: Globo, 1996.

[PUG]   PUGLIESI, M. *Dicionário de expressões idiomáticas*: locuções usuais da língua portuguesa. São Paulo: Parma, 1981.

[RAM]   RAMALHO, E. *Dicionário estrutural, estilístico e sintáctico da língua portuguesa*. Porto: Lello e Irmão, 1985.

[REC]   RECTOR, M. *A linguagem da juventude*. Petrópolis: Vozes, 1975.

[RIB]   RIBOLDI, A. *O bode expiatório:* origem das palavras, expressões e ditados populares com nomes de animais. 3. ed. Porto Alegre: AGE, 2008.

[RIB]   RIBOLDI, A. *O bode expiatório 2:* origem das palavras, expressões e ditados populares com nomes de animais. Porto Alegre: AGE, 2009.

[RMJ]   MAGALHÃES JÚNIOR, R. *Dicionário brasileiro de provérbios, locuções e ditos curiosos.* 3. ed. Rio de Janeiro: Editora Documentário, 1974 [1940].

[RMJ2] MAGALHÃES JÚNIOR, R. *Dicionário de coloquialismos anglo--americanos:* provérbios, idiomatismos e frases feitas. Rio de Janeiro: Civilização Brasileira, 1964.

[ROB]   REY, A.; CHANTREAU, S. *Dictionnaire des expressions et locutions.* Paris: Le Robert, 2003.

[SAB]   SABINO, F. *Lugares-comuns.* Departamento de Imprensa Nacional, Serviço de Documentação, MEC, 1952.

[SILV] SILVEIRA, J. G. da. *Dicionário de expressões populares da língua portuguesa:* riqueza idiomática das frases verbais: uma hiperoficina de gírias e outros modismos luso-brasileiros. São Paulo: Martins Fontes, 2010.

[SILVA] SILVA, J. P. da. *A origem das frases feitas usadas por Drummond.* Disponível em: <http://filologia.org.br/pereira/textos/aorogemdasfrasesaorigemdasfrases.htm>. Acesso em: 3 maio 2014.

[SILVA2] SILVA, J. P. da. *A fraseologia nas crônicas de Carlos Drummond de Andrade.* Disponível em: <http://filologia.org.br/pereira/textos/aorigemdasfrasesaorigemdasfrases.htm>. Acesso em: 3 maio 2014.

[SILVB] SILVEIRA, J. G. da. *Bichos intrometidos na boca do povo.* 2. ed. Rio de Janeiro: Travassos, 2016.

[SIM]   SIMÕES, G. A. *Dicionário de expressões portuguesas.* Lisboa: Império, 1984.

[SOU]   SOUTO MAIOR, M. *Dicionário do palavrão e termos afins.* Recife: Guararapes, 1980.

[SPAL] SPALDING, T. O. *Dicionário da mitologia latina.* São Paulo: Cultrix, 1972.

[STEIN] STEINBERG, M. *1001 provérbios em contraste:* ditados ingleses e norte--americanos e seus equivalentes em português. São Paulo: Nova Alexandria, 2002.

[TAG] TAGNIN, S. O. *Expressões idiomáticas e convencionais*. São Paulo: Ática, 1989.

[TOG] TOGNOLI, C. *A sociedade dos chavões:* presença e função do lugar--comum na comunicação. São Paulo: Escrituras, 2001.

[VIA] VIARO, M. E. *Etimologia*. São Paulo: Contexto, 2011.

[VIL] VILLAR, M. *Dicionário contrastivo luso-brasileiro*. Rio de Janeiro: Editora Guanabara, 1989.

[VIO] VIOTTI, M. *Novo dicionário da gíria brasileira*. São Paulo: Gráfica Bentivegna, 1956.

[WER] WERNECK, H. *O pai dos burros*: dicionário de lugares-comuns e frases feitas. Porto Alegre: Arquipélago Editorial, 2009.

[XAcm] XATARA, C. O campo minado das expressões idiomáticas. *Alfa,* São Paulo, n. 42, p. 147-59, 1998.

[XAre] XATARA, C. O resgate das expressões idiomáticas. *Alfa*, São Paulo, n. 39, p. 195-210, 1995.

OUTRAS REFERÊNCIAS

ALMEIDA, N. M. de. *Dicionário de questões vernáculas*. São Paulo: Caminho Suave, 1981.

_____. *Gramática metódica da língua portuguesa*. 32. ed. São Paulo: Saraiva, 1983.

BECHARA, E. *Moderna gramática portuguesa*. 3. ed. rev. ampl. Rio de Janeiro: Lucerna, 1999.

CÂMARA JÚNIOR, J. M. *Estrutura da língua portuguesa*. 23. ed. Petrópolis: Vozes, 1995.

CASCUDO, L. da C. *Literatura oral no Brasil*. 3. ed. Belo Horizonte/São Paulo: Itatiaia/Editora da USP, 1984.

GARCIA, O. M. *Comunicação em prosa moderna.* 8. ed. rev. Rio de Janeiro: Fundação Getúlio Vargas, 1980. p. 101-102.

GUIMARÃES, R. *Dicionário da mitologia grega.* São Paulo: Cultrix/INL, 1972.

LEDA, J. *Vocabulário de Rui Barbosa.* 3. ed. Rio de Janeiro: Bruno Buccini Ed., 1966.

LEMLE, M. Resenha de Millor Fernandes, *The cow went to the swamp = A vaca foi pro brejo. Revista Delta*, São Paulo: Editora PUC/SP, v. 6, n. 1, 1990.

LUFT, C. P. *Grande manual de ortografia Globo.* Rio de Janeiro: Globo, 1985.

MALHEIROS-PAULET, M. E. Locuções com valor intensivo em português, transferências semânticas, graus de lexicalização. In: ISQUERDO, A. N.; ALVES, I. M. (Orgs.). *As ciências do léxico*: lexicologia, lexicografia, terminologia. Campo Grande/São Paulo: Ed. UFMS/Humanitas, 2007.

NOGUEIRA, L. M. *Estudo das expressões idiomáticas na área dos sentimentos (análise contrastiva português europeu/português brasileiro).* 2013. Dissertação (Mestrado em Língua Portuguesa) — Faculdade de Letras, Universidade Federal do Rio de Janeiro.

PRETI, D. *A linguagem proibida*: um estudo sobre a linguagem erótica: baseado no *Dicionário moderno* de Bock, de 1903. São Paulo: T. A. Queiroz, 1983.

RECTOR, M. *Comunicação não verbal*: a gestualidade brasileira. Petrópolis: Vozes, 1985.

ROCHA, R. *A enunciação dos provérbios*: descrição em francês e português. São Paulo: Annablume, 1995.

URBANO, H. A gíria: um aspecto de sua criação numa amostragem dicionarizada da fala popular moderna. In: URBANO, H. et al. (Org.). *Dino Preti e seus temas*: oralidade, literatura, mídia e ensino. São Paulo: Cortez, 2001.

_____. *A frase na boca do povo.* São Paulo: Contexto, 2011.

_____. Um aspecto na fraseologia popular: frases, expressões e ditados populares. *Philologus,* Rio de Janeiro: CiFFil, ano 19, n. 56, maio/ago. 2013.

_____. Expressões e ditados populares: entre a língua e o discurso. In: AQUINO, Zilda G. O. de; GONÇALVES-SEGUNDO, P. R. (Orgs.). *Estudos do discurso*: caminhos e tendências. São Paulo: Paulistana, 2016. p. 159-73.

Sobre o autor

HUDINILSON URBANO é paulista, nascido no sítio do Tijuco Preto, nas redondezas de Jaboticabal. Trabalhou no Banco do Brasil. É bacharel em Ciências Jurídicas e Sociais pela Faculdade de Direito do Largo São Francisco e doutor em Letras (Área de Filologia e Língua Portuguesa) pela Faculdade de Filosofia, Letras e Ciências Humanas (FFLCH), ambas da Universidade de São Paulo (USP). Na Faculdade de Direito participou, inclusive, da Academia do Centro Onze de Agosto. Na FFLCH ministrou, até se aposentar, cursos de graduação em todas as áreas do DLCV (Departamento de Letras Clássicas e Vernáculas), e cursos de pós, antes e depois de se aposentar, tendo criado, em 1993, a disciplina *Oralidade na escrita*. Orientou, durante anos, vários candidatos ao Mestrado e Doutorado. Teve atuação ativa dentro do "Projeto da Gramática do Português Falado", de que resultou a *Gramática do português culto falado no Brasil* (2006), da qual é coautor, e teve e tem atuação ativa no Projeto de Estudo da Norma Linguística Urbana Culta, NURC/SP (Núcleo USP). Neste, realizou e publicou, em todos os volumes da primeira série, de que foi também coorganizador, e da segunda, artigos sobre pesquisas e estudos dentro de diferentes enfoques da língua oral e sua relação com a escrita. Tem também publicado, dentro do tema e da mesma coerência científica, ensaios e artigos em revistas especializadas, e realizado palestras, inclusive na Academia Brasileira de Letras (ABL, 2008). Obras: *Oralidade na Literatura: o caso Rubem Fonseca* (Cortez, 2000) e *A frase na boca do povo* (Contexto, 2011). Foi um dos organizadores e coordenadores da obra *Dino Preti e seus temas: oralidade, literatura, mídia e ensino* (Cortez, 2001), coletânea de artigos e depoimentos em homenagem ao Professor Dino Preti, livro que concorreu ao *Prêmio Jabuti em 2002* e passou a integrar, no mesmo ano, o acervo bibliográfico do *CAPH* (Centro de Apoio à Pesquisa em História "Sérgio Buarque de Holanda"), da FFLCH/USP. Participou, por vários anos, da coordenação e direção dos grandes concursos vestibulares, como FUVEST e ENEM.

Este livro foi impresso na
LIS GRÁFICA E EDITORA LTDA.
Rua Felício Antônio Alves, 370 – Bonsucesso
CEP 07175-450 – Guarulhos – SP
Fone: (11) 3382-0777 – Fax: (11) 3382-0778
lisgrafica@lisgrafica.com.br – www.lisgrafica.com.br